1

Industrie-kaufleute

Lernfelder 1 – 5

Autoren:
Hans-Peter von den Bergen
Kai Franke
Hans-Peter Klein
Michael Rottmeier
Gisbert Weleda

unter Mitarbeit der
Verlagsredaktion

Cornelsen

Industrie-kaufleute 1

Verlagsredaktion: Jenny Bartz, Sascha Heinrich, Dörte Lütvogt, Sabine Schneider, Rebecca Syme
Außenredaktion: text.[Marke] Katja Müllenmeister, Hamburg
Bildredaktion: Joscha Belling, Gertha Maly
Umschlaggestaltung und Layoutkonzept: Ungermeyer
Technische Umsetzung: PER MEDIEN & MARKETING GmbH, Braunschweig

Dieses Buch wurde erstellt unter Verwendung von Materialien von Senta Amann, Jens Bodamer, Sabrina Böing, Oliver Dillmann, Peter Engelhardt, Silvia Faustmann, Christian Fritz, Bettina Glania, Marita Herrmann, Ariane Hoffmann, Ludger Katt, Antje Kost, Sven Labowsky, Antje Licht, Dagmar Linzenich, Ute Morgenstern, Klaus Otte, Elena Pestel, Michael Piek, Roswitha Pütz, Alexander Rauch, Bernhard Rausch, Katrin Rohde, Benjamin Schmorl, Heike Scholz, Anja Seiler, Alexander Siegmund, Claudia Simons-Kövér, Carsten Zehm.

Sämtliche Personenbezeichnungen in diesem Band (z. B. „Schüler", „Lehrerin") gelten selbstverständlich für alle Geschlechter.

www.cornelsen.de

1. Auflage, 2. Druck 2025

Alle Drucke dieser Auflage sind inhaltlich unverändert und können im Unterricht nebeneinander verwendet werden.

Druck: Drukarnia Dimograf Sp. z o.o., Bielsko-Biała

ISBN 978-3-06-451796-7

PEFC
PEFC/32-31-076
PEFC-zertifiziert
Dieses Produkt stammt aus nachhaltig bewirtschafteten Wäldern und kontrollierten Quellen
www.pefc.pl

Vorwort

Schön, dass Sie sich für den Band **Industrie**kaufleute **1** entschieden haben!

Die Neuordnung eines klassischen Ausbildungsberufs wie den der Industriekaufleute stellt für die Autoren und die Redaktion eines Lehrbuches eine reizvolle Herausforderung dar. Es besteht die durchaus anspruchsvolle Aufgabe, die zuweilen abstrakt-formalen Festlegungen von Ausbildungsordnung und Rahmenlehrplan in für Sie als Auszubildende nachvollziehbare Sachinhalte, Ablaufbeschreibungen und Beispiele umzusetzen.

Trotz zahlreicher inhaltlicher Veränderungen setzt diese Neubearbeitung bewährte Elemente der vorherigen Industriereihe wie den jahrgangsbezogenen Zuschnitt fort, sodass nicht eine Vielzahl von Fachbüchern für den jeweiligen Fachunterrichts mitzuführen sind. So enthält dieser **erste Band die Lernfelder 1 – 5** mit allen berufsfeldspezifischen Inhalten des ersten Ausbildungsjahres. Bewährt hat sich auch die Ergänzung dieses Lehrbuches durch ein entsprechendes **jahrgangsbezogenes Arbeitsbuch**. Dieses ergänzt und vertieft nicht nur die Inhalte dieses Lehrbuches, sondern fördert über die Ausgestaltung in Form von Lernsituationen die eigenständige Informationssuche und die Entwicklung individueller Lösungsstrategien.

Um einen praxisnahen Einstieg herzustellen, beginnen neue Kapitel mit einer betrieblichen Ausgangssituation und vermitteln im Anschluss die zur Bearbeitung notwendigen Sachinhalte. In der Regel wird dazu das **Modellunternehmen Fly Bike Werke GmbH** verwendet, ein mittelgroßer Fahrradproduzent aus Oldenburg, Das Modellunternehmen wird im Arbeitsbuch ausführlich beschrieben. Es ist so gewählt, dass Sie sich ohne Vorkenntnisse in die Betriebsaufgaben hineinversetzen können. Die Kapitel enden mit einem Strukturüberblick sowie den **„Alles klar"-Aufgaben**, mit Hilfe derer Sie den eigenen Lernerfolg abschätzen können.

Im Hinblick auf eine bessere Lesbarkeit wurde auf eine genderbezogene Sprachgestaltung verzichtet, selbstverständlich sprechen personenbezogene Tätigkeitsbezeichnungen wie Schüler, Mitarbeiterin, Einkäufer etc. **immer alle Geschlechter** an.

Nun aber wünschen Autorenteam und Verlag allen Leserinnen und Lesern viel Spaß und Erfolg bei der Arbeit mit **Industrie**kaufleute **1**. Für Verbesserungsvorschläge und Fehlerhinweise sind wir immer dankbar. Schließlich soll diese Unterrichtsreihe Sie optimal bei der Erreichung Ihres Ausbildungsziels unterstützen.

Autoren und Redaktion

im Juni 2024

Folgende Lernsituationen finden Sie im Arbeitsbuch:

Inhaltsverzeichnis

LF 1 Das Unternehmen vorstellen und die eigene Rolle mitgestalten

LF 2 Projekte planen und durchführen

LS 24 → Kaufverträge abschließen und erfüllen

LF 4 Beschaffungsprozesse planen, steuern und kontrollieren

LF 5 Wertströme buchhalterisch dokumentieren und auswerten

LF 1

Das Unternehmen vorstellen und die eigene Rolle mitgestalten

AB → Lernsituation 1

1 Ausbildung in einem Industrieunternehmen

1.1 Der Ausbildungsberuf Industriekaufmann/-frau

Die Ausbildung zum Industriekaufmann bzw. zur Industriekauffrau führt zu einem staatlich anerkannten Berufsabschluss. Eine staatlich anerkannte Berufsausbildung bedeutet:

- Es gibt eine festgelegte Ausbildungsordnung, in der die Ausbildungsinhalte verbindlich vorgegeben sind.
- Der Ausbildungsvertrag wird im Verzeichnis der Berufsausbildungsverhältnisse bei der jeweils zuständigen Kammer (für Industriekaufleute ist dies meist die IHK) registriert.
- Die Ausbildung wird an zwei Lernorten – Ausbildungsbetrieb und Berufsschule – durchgeführt (und evtl. zusätzlich in überbetrieblichen Schulungseinrichtungen).
- Der Ausbildungserfolg wird in Teilprüfungen (in Form von Zwischen- und Abschlussprüfungen oder einer gestreckter Abschlussprüfung) nachgewiesen, die von der jeweils zuständigen Kammer durchgeführt werden.
- Für die zu prüfenden Inhalte gibt es einen Prüfungskatalog und eine Prüfungsordnung. Für den schulischen Teil ist ein Rahmenlehrplan vorgegeben.
- Die minimale Ausbildungsdauer beträgt im kaufmännischen Bereich 2 Jahre.

Die Ausbildung zum Industriekaufmann / zur Industriekauffrau lag im Jahr 2022 mit über 15.000 abgeschlossenen Ausbildungsverträgen auf Platz 7 der beliebtesten Ausbildungsberufe.

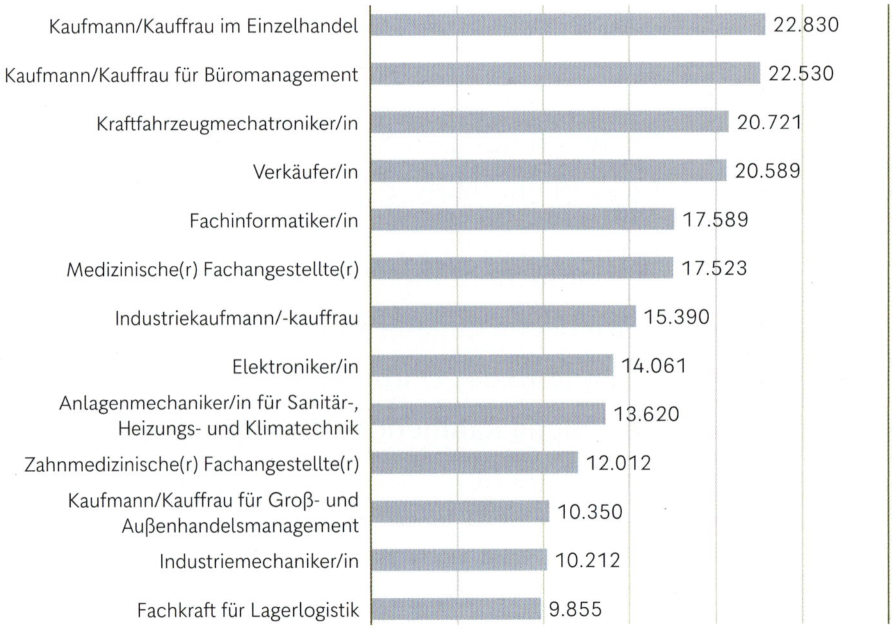

Quelle: Statista 2024

Zum 1. August 2024 trat eine Neuordnung dieses Ausbildungsberufs in Kraft. Zuvor waren die Ausbildungsinhalte grundlegend überarbeitet worden, um den geänderten Anforderungen im Umgang mit datentechnischen Systemen, Vorgaben der Datensicherheit, neuen Arbeitsformen und dazu benötigten sozialen Kompetenzen gerecht zu werden.

Industriekaufleute steuern betriebswirtschaftliche Abläufe in Unternehmen. In der Materialwirtschaft vergleichen sie Angebote, verhandeln mit Lieferanten und betreuen die Warenannahme und -lagerung. In der Produktionswirtschaft planen, steuern und überwachen sie die Herstellung von Waren oder Dienstleistungen und erstellen Auftragsbegleitpapiere. Kalkulationen und Preislisten zu erarbeiten und mit den Kunden Verkaufsverhandlungen zu führen, gehört im Verkauf zu ihrem Zuständigkeitsbereich. Außerdem erarbeiten sie Marketingstrategien. Sind sie in den Bereichen Rechnungswesen bzw. Finanzwirtschaft tätig, bearbeiten, buchen und kontrollieren Industriekaufleute die im Geschäftsverkehr anfallenden Vorgänge. Im Personalwesen ermitteln sie den Bedarf an Mitarbeitern, wirken bei der Personalbeschaffung bzw. -auswahl mit und planen den Personaleinsatz.

Quelle: Eckwertekonzept zur Neuordnung des Ausbildungsberufes Industriekaufmann und Industriekauffrau

1.2 Der Ausbildungsbetrieb

Die Ausbildung der Industriekaufleute findet weit überwiegend in Industrieunternehmen statt, daneben kann sie auch in produktionsnahen Dienstleistungsbetrieben und in größeren Handwerksbetrieben erfolgen.

Was ein Ausbildungsbetrieb bieten muss
Gründe von Schülern, sich für einen Ausbildungsbetrieb zu entscheiden

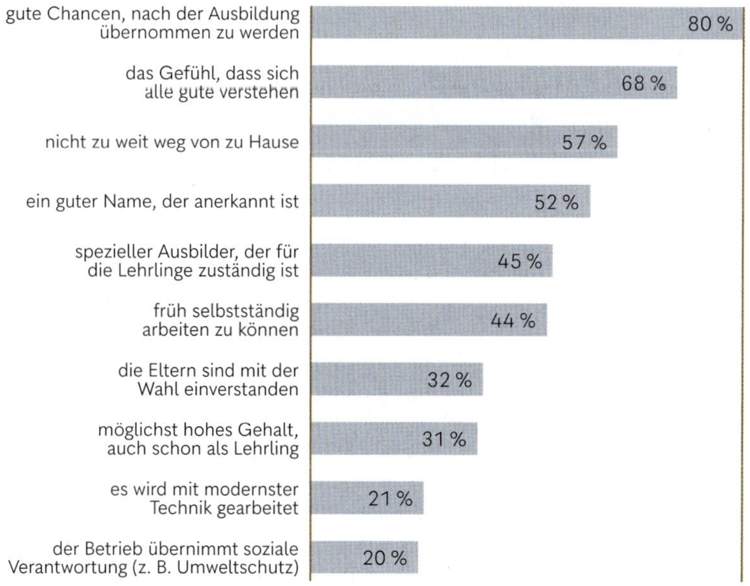

Quelle: IFD Allersbach, Statista

Industrie- und Handwerksunternehmen haben gemeinsam, dass sie im Gegensatz zu (reinen) Dienstleistungsbetrieben Sachgüter produzieren. Dennoch unterscheiden sie sich in wesentlichen Merkmalen. Industriebetriebe sind dadurch gekennzeichnet, dass sie

- Güter **in großem Umfang** (Massen- statt Einzelfertigung)
- für einen überwiegend anonymen Markt
- ohne Produktionsarbeit des Inhabers,
- dafür mit einem hohen Einsatz von innerbetrieblicher **Arbeitsteilung** und
- unter Einsatz umfangreicher technischer Betriebsausstattung (viele Maschinen, wenig Handarbeit), produzieren,
- eine mindestens **mittlere Betriebsgröße** aufweisen (gemessen z. B. an der Anzahl von Mitarbeitern),
- sich in Zeiten der Globalisierung an **weltweiten Beschaffungs- und Absatzmärkten** orientieren.

Für Industriebetriebe gibt es eine Vielzahl möglicher Einteilungskriterien. Sie lassen sich beispielsweise nach dem Produktionsfluss den folgenden Gruppen zuordnen:

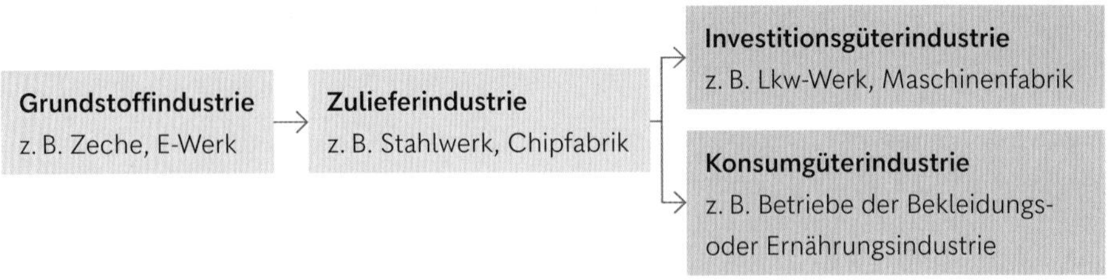

→ Kap. 5.2.1

- Die Grundstoffindustrie befasst sich mit der Gewinnung von Rohmaterialien für die Zulieferindustrie.
- Die Zulieferindustrie verarbeitet diese weiter zu Zwischenprodukten und beliefert damit die Investitions- und/oder die Konsumgüterindustrie.
- Die Investitionsgüterindustrie fertigt daraus Betriebsmittel, die für die Produktion anderer Güter eingesetzt werden.
- Die Konsumgüterindustrie fertigt aus den Zwischenprodukten der Zulieferindustrie Endprodukte für private Verbraucher.

→ Kap. 6.5.2

Industrieunternehmen weisen ihre Betriebsaufgaben spezialisierten Abteilungen zu. Auch innerhalb der Abteilungen unterscheiden sich die Tätigkeitsfelder, die die einzelnen Mitarbeiter wahrnehmen. Die jeweilige betriebliche Aufgabengliederung wird in Organigrammen dargestellt.

Aufgabengliederung

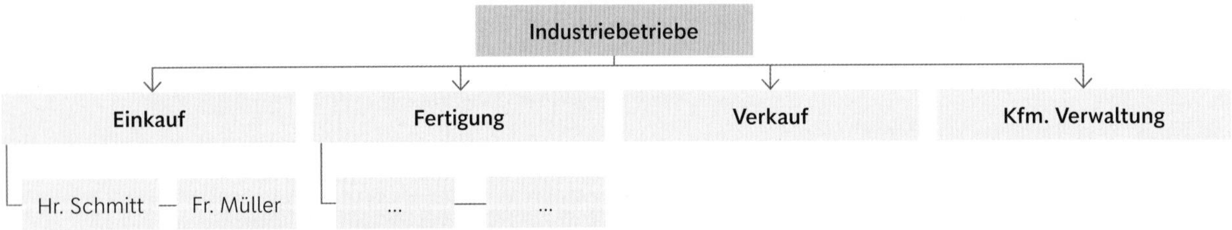

Dementsprechend erstrecken sich die Tätigkeitsfelder von Industriekaufleuten über den gesamten Betriebsablauf von der Ermittlung des Materialbedarfs bis zur Mahnung säumiger Kunden.

die fachlichen Inhalten der Berufsausbildung → Kap. 2.1.1

Um diese Aufgaben zu bewältigen, vermitteln Industriebetriebe ein breites Spektrum an Kompetenzen, wie sie auch im Ausbildungsberufsbild dargestellt werden. Neben den fachlichen Kompetenzen benötigen Industriekaufleute auch:

- **Methodenkompetenz**, d. h. analytisches Denken (insbesondere das Erkennen von Problemen und Zusammenhängen), die Kenntnis unterschiedlicher Lösungsstrategien, die Fähigkeit zur Priorisierung von Aufgaben (Unterscheidung nach Bedeutung und Dringlichkeit) sowie zur selektiven Auswertung von Informationen, ein ausgeprägtes Selbstmanagement (disziplinierte Verfolgung selbst gesteckter Ziele) usw.
- **Sozialkompetenz**, d. h. eine selbstständige Arbeitsweise, Kommunikationsfähigkeit, Bereitschaft zur Teamarbeit, Flexibilität, Einsatzbereitschaft und Verhandlungsgeschick.

Zusätzlich werden von Industriekaufleuten besondere kognitive Fähigkeiten (Denkfähigkeiten) wie Konzentrationsfähigkeit und Zahlenverständnis, Kenntnis internationaler Handelssprachen oder ein sicherer Umgang mit modernen (elektronischen) Kommunikationsformen verlangt.

Da eine Reihe von Industrieunternehmen kaum noch über klassische Produktionsaufgaben verfügt, wurde das Berufsbild der Industriekaufleute insofern angepasst, als auch „produktionsnahe" Dienstleister (z. B. Ingenieurbüros für technische Beratung, Wartungsdienste, Leiharbeitsunternehmen) den Beruf ausbilden können.

1.3 Überbetriebliche Ausbildungsinstitutionen

1.3.1 Industrie- und Handelskammer (IHK)

Als berufsbezogene Organisationen überwachen die Kammern (z. B. Industrie- und Handelskammer, Handwerkskammer, Rechtsanwaltskammer, Landwirtschaftskammer) u. a. die Berufsausbildung in den jeweiligen Berufsfeldern. Sie nehmen beispielsweise die Abschlussprüfungen ab. Alle Industrieunternehmen sind in der Industrie- und Handelskammer Pflichtmitglieder.

Die zuständige Industrie- und Handelskammer überwacht die Durchführung der Berufsausbildung.

Sie überwacht als zuständige Stelle gemäß §§ 71 und 76 BBiG die Durchführung der Berufsausbildung und Umschulung und fördert diese durch Beratung der Ausbildenden und Auszubildenden. Zu diesem Zweck bestellt sie **Ausbildungsberater**, die bei der Durchführung ihrer Aufgaben an die gesetzlichen Bestimmungen, insbesondere an die Bestimmungen des Berufsbildungsgesetzes, und an die geltenden Vorschriften gebunden sind. Die Ausbildungsberater der Industrie- und Handelskammer sind berechtigt und verpflichtet, die notwendigen Auskünfte für die Überwachung zu verlangen, entsprechende Unterlagen einzusehen und die Ausbildungsstätten zu besichtigen. Bei Besichtigungen und Aussprachen haben sie auf die Beteiligung des Betriebsrats hinzuwirken.

Dem Ausbildungsberater obliegt im Rahmen seiner Tätigkeit insbesondere
- die Beratung der an der Ausbildung Beteiligten in Fragen der beruflichen
- Bildung,
- die Feststellung und Überwachung der persönlichen und fachlichen Eignung der Ausbildenden und Ausbilder sowie der Eignung der Ausbildungsstätte,
- die Überwachung der Berufsausbildung dahingehend, dass sie in einer durch ihren Zweck gebotenen Form planmäßig, zeitlich und sachlich gegliedert durchgeführt wird.

Der Ausbildungsberater erfüllt seine Aufgaben der Beratung und Überwachung durch den Besuch der Ausbildungsstätten, durch Beteiligung an Sprechstunden und Sprechtagen und Durchführung von Informationsveranstaltungen sowie Einzel- und Gruppenberatungen für Ausbildende, Ausbilder und Auszubildende.

Er ist ein wichtiger Ansprechpartner, um mögliche Konflikte zwischen den Ausbildungspartnern zu schlichten, und hilft auch bei Fragen zur Verkürzung oder Verlängerung von Ausbildungszeiten.

1.3.2 Gewerkschaften

Die Gewerkschaften sind in mehrerer Hinsicht mittelbare Ausbildungsbeteiligte. Zum einen erarbeiten sie gemeinsam mit Arbeitgeberverbänden, Kultusministerien und Bundeseinrichtungen die Ausbildungsordnungen für die berufliche Bildung, zum anderen sind sie auch der Sozialpartner bei der Gestaltung tariflicher Arbeitsbedingungen und sichern so die Teilhabe der Beschäftigten an der wirtschaftlichen Entwicklung.

Tarifverträge sind die gemeinschaftliche (kollektive) Regelung von Arbeitsbedingungen. Sie gelten für alle tarifgebundenen Betriebe, dort auch für die Auszubildenden:

Tarifvertrag
→ Kap. 3.3

- **Manteltarifverträge** gelten langfristig und regeln meist die regelmäßige Arbeitszeit, den Urlaubsanspruch, Regeln zur Arbeitssicherheit, Verfahren zur Krankmeldung, tarifliche Kündigungsfristen, aber auch ggf. bestehende Übernahmeansprüche für ausgelernte Auszubildende.
- **Entgelttarifverträge** regeln die Höhe der zu leistenden Arbeits- oder Ausbildungsvergütungen.

Obwohl viele Ausbildungsbetriebe nicht dem jeweiligen Fachverband angehören und damit nicht tarifgebunden sind, orientieren sich die Arbeitsbedingungen der Auszubildenden oft an tariflichen Vereinbarungen.

Tarifverträge werden auf der Grundlage der Tarifautonomie vereinbart. In unserer Wirtschaftsordnung hat diese sich als wirksames Mittel gezeigt, um die bestehenden Interessenkonflikte zwischen Arbeitgeber und Beschäftigten unter Berücksichtigung der Erfordernisse des Marktes und gesamtgesellschaftlicher Belange auszutragen. Tarifautonomie ist das Recht der Sozialpartner (Gewerkschaften, Arbeitgeberverbände) auf eigenverantwortliches Aushandeln der Arbeitsbedingungen ohne Einflussnahme des Staates.

Das Grundgesetz erkennt das Recht auf die Bildung von Gewerkschaften und die Tarifautonomie in Artikel 9 Abs. 3 des Grundgesetzes an:

> Das Recht, zur Wahrung und Förderung der Arbeits- und Wirtschaftsbedingungen Vereinigungen zu bilden, ist für jedermann und für alle Berufe gewährleistet. Abreden, die dieses Recht einschränken oder zu behindern suchen, sind nichtig, hierauf gerichtete Maßnahmen sind rechtswidrig. [...]

Weitere Einzelheiten dazu werden im Tarifvertragsgesetz (TVG) geregelt. In § 1 Abs. 1 des TVG heißt es:

Tarifparteien sind Gewerkschaften, einzelne Arbeitgeber sowie Arbeitgeberverbände (§ 2 Abs. 1 TGV).

> Der Tarifvertrag regelt die Rechte und Pflichten der Tarifparteien und enthält Rechtsnormen, die den Inhalt, den Abschluss und die Beendigung von Arbeitsverhältnissen sowie betriebliche und betriebsverfassungsrechtliche Fragen ordnen können.

1.3.3 Bundesagentur für Arbeit

Die Bundesagentur für Arbeit ist selbst kein Ausbildungsträger, aber sie berät junge Menschen vor einer Berufswahl, vermittelt Ausbildungsplätze und bietet zahlreiche Unterstützungsangebote für den erfolgreichen Abschluss der Berufsausbildung.

Zu den möglichen Leistungen (Stand 2024) zählen u. a.:
- ausbildungsvorbereitende Maßnahmen zur Förderung der Ausbildungsfähigkeit oder Erhöhung der Vermittlungschancen
- assistierte Ausbildung („AsA"), z. B. in Form von Stützunterricht zur Stabilisierung des Ausbildungsverhältnisses
- Berufsausbildungshilfe als finanzielle Unterstützung zum Lebensunterhalt bei weiter Entfernung zwischen Ausbildungsort und Elternhaus. Die Agentur übernimmt die Fahrtkosten oder – falls die Entfernung einen Wohnortwechsel erfordert, die zusätzlichen Kosten für den Lebensunterhalt sowie einen angemessenen Mietzuschuss
- Zuschuss zur Ausbildungsvergütung für Menschen mit Behinderungen

Seit 2021 besteht für Auszubildende zudem die Möglichkeit, Unterstützungsangebote der assistierten Ausbildung flexibel (AsAflex) wahrzunehmen. Weiterer Informationen finden Sie unter: **www.arbeitsagentur.de**

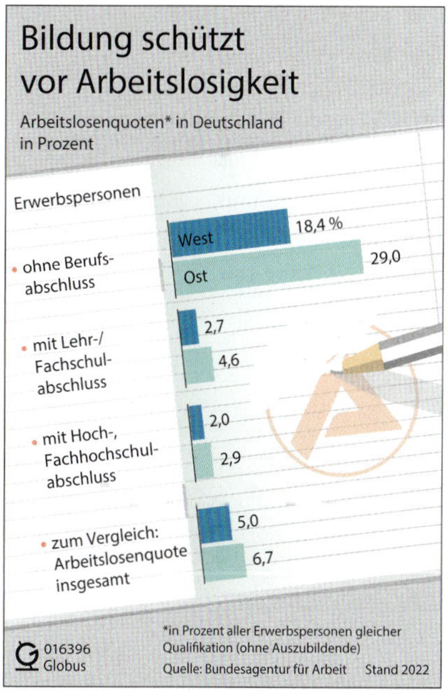

Eine weitergehende Rolle nimmt die Arbeitsagentur bei Umschulungen als Zweitausbildung ein: Haben Menschen aufgrund des technisch-organisatorischen Wandels und einer nicht mehr benötigten Qualifikation keine reellen Einstellungschancen, können sie bei der Arbeitsagentur eine Umschulung beantragen. Die Arbeitsagentur schlägt ihnen einen Umschulungsberuf und einen Ausbildungsträger vor und bei Genehmigung der Maßnahme gibt es neben der Vergütung des Maßnahmenträgers auch Unterhaltsgeld, einen Fahrtkostenzuschuss und kostenfreie Bildungsmittel.

Bildungsförderung durch die Bundesagentur für Arbeit und dem Bundesministerium für Arbeit und Soziales von 2015 bis 2022 (in Milliarden Euro)

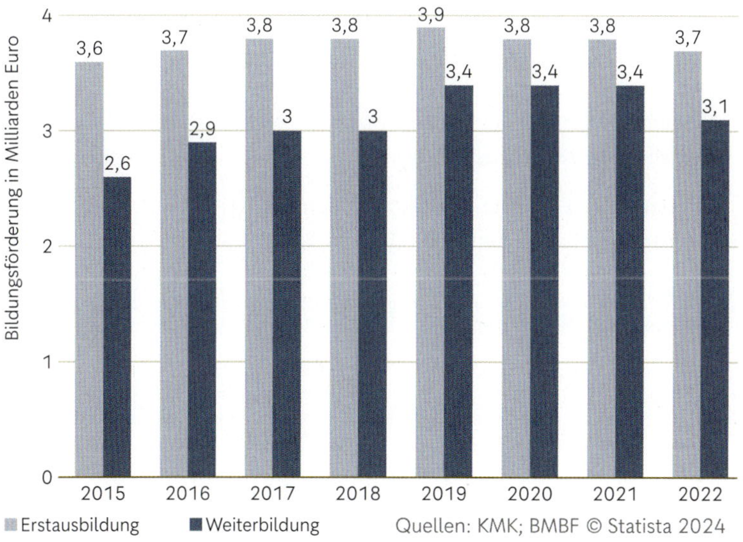

ÜBERSICHT: Ausbildung in einem Industrieunternehmen

Ausbildungsberuf Industriekaufmann/ Industriekauffrau	staatlich anerkannte Berufsausbildung	– Ausbildungsordnung mit verbindlichen Inhalten – Registrierung des Ausbildungsvertrags im Verzeichnis der Berufsausbildungsverhältnisse – zwei Lernorte (Betrieb und Berufsschule) – Zwischen- und Abschlussprüfungen – Prüfungsordnung, Prüfungskatalog, Rahmenlehrplan
	Neuordnung 2024	grundlegende Überarbeitung der Ausbildungsinhalte für Industriekaufleute
Besonderheiten von Industrieunternehmen	Merkmale von Industrieunternehmen	– Fertigung in großem Umfang – innerbetriebliche Arbeitsteilung – umfangreiche technische Ausstattung – mindestens mittlere Betriebsgröße
	Einteilung nach dem Produktionsfluss	– Grundstoffindustrie – Zulieferindustrie – Investitionsgüterindustrie – Konsumgüterindustrie
Tätigkeitsfelder und Kompetenzen von Industriekaufleuten	industrietypische Tätigkeitsfelder	– Materialwirtschaft und Logistik – Produktion – Marketing und Vertrieb – Personalverwaltung – Rechnungswesen
	Grundlagenwissen	– Organisation des Ausbildungsbetriebs, Berufsbildung sowie Arbeits- und Tarifrecht – Sicherheit und Gesundheit bei der Arbeit – Umweltschutz und Nachhaltigkeit – Digitalisierte Arbeitswelt
	weitere Kompetenzen	– Methodenkompetenz – Sozialkompetenz
überbetriebliche Ausbildungsinstitutionen	Industrie- und Handelskammer	– Überwachung der Berufsausbildung – Abnahme der Abschlussprüfungen
	Gewerkschaften	– Mitwirkung an Erarbeitung der Ausbildungsordnung – Sozialpartner bei Gestaltung der Tarifverträge
	Bundesagentur für Arbeit	– Beratung – Unterstützungsleistungen

Alles klar?

1 Erkundigen Sie sich, in welchem Bereich Ihres Ausbildungsbetriebs die meisten kaufmännischen Mitarbeitenden beschäftigt sind. Vergleichen Sie diese Angaben mit den Angaben Ihrer Mitschülerinnen und Mitschüler.

2 Fragen Sie ältere Arbeitskolleginnen und -kollegen, wie sich deren berufliche Arbeitsinhalte und Anforderungen in den letzten 20 Jahren verändert haben. Entdecken Sie Gemeinsamkeiten zwischen deren Aussagen?

3 Welcher Branche und welchem Industrietyp (siehe Kapitel 1.2) ordnen Sie Ihren Ausbildungsbetrieb zu?

4 Sind die folgenden Gegenstände Produkte der Investitions- oder der Konsumgüterindustrie? Ordnen Sie zu.
- a ein Abendkleid
- b ein Gabelstapler
- c eine Schreibtischlampe
- d Katzennahrung
- e eine Garage
- f ein Transportband
- g ein Zeiterfassungsgerät
- h das Silvesterfeuerwerk

5 Bei welchen Produkten in Aufgabe 4 sind mehrfache Zuordnungen möglich? Nennen Sie Gründe hierfür.

6 Greift Ihr Betrieb bei bestimmten Arbeiten auf externe Dienstleister zurück? Wenn ja, nennen Sie die Funktionen, die von den Dienstleistern übernommen werden.

7 Auch Auszubildende können Mitglied einer Gewerkschaft werden.
- a Finden Sie heraus, welche Gewerkschaft für Ihre Branche zuständig ist.
- b Welche Leistungen bietet die Gewerkschaft für Auszubildende?
- c Welchen Monatsbeitrag müssten Sie leisten?

8 Geben Sie an, welche Abteilungen es in Ihrem Ausbildungsbetrieb gibt und welche Hauptaufgabe(n) diese übernehmen.

9 Überlegen Sie zu zweit: Mit welchen Daten, Informationen und Unterlagen arbeitet
- a ein Einkäufer,
- b eine Buchhalterin,
- c eine Verkäuferin,
- d ein Servicemitarbeiter

hauptsächlich?

10 In unterschiedlichen Berufen gibt es unterschiedliche Schwerpunkte bei den geforderten Fähigkeiten. Wo liegen Ihrer Meinung die Unterschiede
- a zwischen kaufmännischen, technisch-gewerblichen und sozial-pflegerischen Berufen?
- b zwischen Kaufleuten im Handel und Kaufleuten in der Industrie?

11 Wie lassen sich die Kontaktdaten „Ihres“ zuständigen Ausbildungsberaters (der IHK) ermitteln? Haben Sie bereits seine Kontaktdaten gefunden?

12 Mit welchen Anliegen könnten Sie sich an Ihren zuständigen Ausbildungsberater wenden?

AB → Lernsituation 2

2 Lernen im dualen System

Berufsbildungsgesetz und weitere rechtliche Grundlagen der Ausbildung → Kap. 3

Grundlage einer einheitlichen und ordnungsgemäßen Berufsausbildung ist das **Berufsbildungsgesetz (BBiG)**. In diesem Gesetz sind auch die berufliche Fortbildung und die berufliche Umschulung geregelt. Das BBiG sieht vor, dass Ausbildungsberufe durch Ausbildungsordnungen beschrieben werden müssen (§ 25 BBiG).

Eine **Ausbildungsordnung** entsteht dadurch, dass die betrieblichen Sozialpartner, d. h. Arbeitgeber- und Arbeitnehmervertreter, ein gemeinsames Eckwertekonzept erarbeiten. Nach einem längeren Prozess unter Beteiligung von Verbänden, Landesministerien und dem Bundesinstitut für Berufsbildung wird die neue Ausbildungsordnung schließlich vom zuständigen Bundesministerium per Verordnung in Kraft gesetzt. In der **Verordnung über die Berufsausbildung Industriekaufmann/-kauffrau** sind die Inhalte für den **Lernort Betrieb** aufgeführt.

Rahmenlehrplan → Kap. 2.2

Der entsprechende **Rahmenlehrplan** für den **Lernort Berufsschule** wird von der Kultusministerkonferenz (KMK) beschlossen.

2.1 Ausbildungsordnung

Die Ausbildungsordnung legt für den jeweiligen Beruf folgende Inhalte fest:

1. **Die Bezeichnung des Ausbildungsberufs:** Für die kaufmännische Ausbildung im Industriesektor ist der Ausbildungsberuf Industriekaufmann/-kauffrau staatlich anerkannt.

Industrie- und Handelskammer → Kap. 1.5

2. **Ausbildungsdauer:** Die Berufsausbildung dauert in der Regel drei Jahre. Verkürzungen am Anfang oder am Ende der Ausbildungszeit sind jedoch möglich. Die Ausbildung endet mit der bestandenen Kaufmannsgehilfenprüfung vor der zuständigen Industrie- und Handelskammer (IHK).

Ausbildungsberufsbild → Kap. 2.1.1

3. **Die Fertigkeiten und Kenntnisse, die Gegenstand der Berufsausbildung sind (Ausbildungsberufsbild):** Im Ausbildungsberufsbild werden bestimmte Kenntnisse und Fertigkeiten festgelegt, die den Auszubildenden im Lernort Betrieb vermittelt werden sollen. Welche Kenntnisse und Fertigkeiten für den Beruf Industriekaufmann/-frau aufgeführt werden, finden Sie auf der nächsten Seite.

Ausbildungsrahmenplan → Kap. 2.1.2

4. **Eine Anleitung zur sachlichen und zeitlichen Gliederung der Berufsausbildung im Lernort Betrieb (Ausbildungsrahmenplan):** Die sachliche Gliederung ordnet den Anforderungen des Ausbildungsberufsbildes die Inhalte zu, die den Auszubildenden im Betrieb vermittelt werden müssen. Die zeitliche Gliederung legt fest, in welchem Abschnitt der dreijährigen Ausbildung dies geschehen soll.

Abschlussprüfung → Kap. 2.1.3

5. **Prüfungen:** Die Ausbildungsordnung enthält auch genaue Regelungen zur Abschlussprüfung, mit deren Bestehen die Ausbildung beendet ist.

2.1.1 Ausbildungsberufsbild

Unter einem Ausbildungsberufsbild versteht man Kenntnisse, Fähigkeiten und Fertigkeiten, die den Auszubildenden während der Ausbildung mindestens vermittelt werden müssen. Das Ausbildungsberufsbild für Industriekaufleute nach der Neuordnung 2024 umfasst:

- **berufsprofilgebende Kernkompetenzen:** Kenntnisse, Fähigkeiten und Fertigkeiten, die alle Industriekaufleute aufweisen müssen,
- **einsatzgebietsspezifische Kompetenzen:** Kenntnisse, Fähigkeiten und Fertigkeiten, die in einer bestimmten Betriebs- und Arbeitssituation von Bedeutung sind,
- **Standardberufsbildpositionen:** Kenntnisse, Fähigkeiten und Fertigkeiten, die für alle Ausbildungsberufe relevant sind.

Im Einzelnen sollen u. a. vermittelt werden:

Ausbildungsberufsbild für Industriekaufleute

Kernkompetenzen	Ausbildungsinhalte (Auszug) lt. Rahmenplan
1. Leistungserstellung planen und koordinieren	Produkte und Dienstleistungen des Betriebs beschreiben, Wertschöpfungskette erläutern, Leistungserstellung planen und koordinieren, Kunden- und Lieferanteneinflüsse einbeziehen
2. Logistik und Lagerprozesse planen und steuern	Ziele und Aufgaben von Logistikketten erläutern, Logistik- und Lagerkonzepte analysieren, Transportmittel auswählen, Bestände erfassen und bewerten
3. Beschaffung planen und steuern	Materialbedarf ermitteln und Materialdisposition durchführen, Bestellmengen und Bestellzeitpunkte festlegen, Lieferantenmanagement durchführen, Bestellungen ausführen und Vertragserfüllung überwachen
4. Marketingmaßnahmen planen und umsetzen	Leistungsspektrum des Ausbildungsbetriebs einordnen, Marketingaktivitäten erläutern, Marktanalyse und Marktbeobachtung für die Entwicklung von Marketingmaßnahmen nutzen, Wirksamkeit von Marketingmaßnahmen überprüfen
5. Vertriebsprozess umsetzen	Kalkulationen zur Preisermittlung durchführen, Angebote erstellen, Aufträge erfassen und abwickeln, Koordination mit anderen Betriebsabteilungen vornehmen, Rechnungen erstellen, Reklamationen verfolgen, Serviceleistungen kundengerecht organisieren
6. Personalprozesse umsetzen	Personalbedarfs- und Einsatzplanung unterstützen, Personalauswahlprozess unterstützen, Verträge vorbereiten, Entgeltbescheinigungen erstellen, Qualifizierungsmaßnahmen organisieren, arbeits- und tarifrechtliche Regelungen beachten
7. kaufmännische Steuerung und Kontrolle durchführen	Geschäftsfälle prüfen und bewerten, Kosten- und Leistungsrechnung anwenden, betriebliches Controlling als Steuerungsinstrument nutzen, Kennzahlen ermitteln, Finanzierungsmöglichkeiten bewerten, Jahresabschluss durchführen
Einsatzgebietsspezifische Kompetenzen	**Ausbildungsinhalte (Auszug) lt. Rahmenplan**
1. Einsatzgebietsspezifische Lösungen erarbeiten	sich über betriebsspezifische Abläufe und Anforderungen informieren, betriebliche Verfahren und Methoden nutzen, einsatzspezifische Lösungen erarbeiten, Entscheidungsvorlagen präsentieren
2. einsatzgebietsspezifische Aufgaben und Prozesse koordinieren	mit in- und externen Partnern kooperieren, Ressourcen und Leistungen planen, Teilprozesse verknüpfen, betriebliche Qualitätssicherungsprozesse steuern

Standardberufsbildpositionen	
für alle Ausbildungsberufe	1. Organisation des Ausbildungsbetriebs, Berufsbildung sowie Arbeits- und Tarifrecht 2. Sicherheit und Gesundheit bei der Arbeit 3. Umweltschutz und Nachhaltigkeit 4. Digitalisierte Arbeitswelt
zusätzlich für Industrie-kaufleute	5. Digitale Geschäftsprozesse im Unternehmen gestalten 6. Zusammenarbeit, Kommunikation und individuelle Arbeitsorganisation gestalten

2.1.2 Ausbildungsrahmenplan

Der Ausbildungsrahmenplan ist eine Anleitung zur sachlichen und zeitlichen Gliederung der Berufsausbildung im Lernort Betrieb. Er ist der Ausbildungsordnung als Anlage beigefügt.

Die **sachliche** Gliederung ordnet den in der Verordnung genannten Ausbildungsbildpositionen konkrete Inhalte zu. Diese sind auszugsweise auf der vorherigen Seite aufgeführt. Die **zeitliche** Gliederung unterteilt die Ausbildungszeit in zwei Abschnitte:
- Abschnitt 1: 1 – 15 Monat
- Abschnitt 2: 16 – 36 Monat

und gibt an, in welchem Abschnitt die einzelnen Inhalte auszubilden sind. So sollen die Kernkompetenzen in „Leistungserstellung“, „Logistik/Lagerhaltung“ und „Beschaffung“, der Buchführungsteil aus der „Kfm. Steuerung“ sowie die Standardberufsbildpositionen zur „Zusammenarbeit und Kommunikation“ und der Teil Betriebliche Anwendungssysteme aus „Digitale Geschäftsprozesse“ im Ausbildungsabschnitt 1 behandelt werden. Andere Kernkompetenzen und alle einsatzspezifischen Kompetenzen sind entsprechend für den zweiten Abschnitt vorgesehen. Die noch nicht genannten Standardberufsbildpositionen haben keine feste Zuordnung, sondern sind integrativ während der gesamten Ausbildungszeit zu vermitteln.

2.1.3 Betrieblicher Ausbildungsplan

Der Ausbildungsrahmenplan stellt nur eine grobe zeitliche Einordnung von Ausbildungsinhalten her. Die dort enthaltenen Spielräume kann der Betrieb nutzen, um für jeden seiner Auszubildenden einen individuellen Ausbildungsplan festzulegen, welcher den Abteilungs- und Qualifizierungsdurchlauf während der gesamten Ausbildungsdauer festlegt. Hierdurch wird vermieden, dass die Auszubildenden eines Jahrgangs alle gleichzeitig eine Abteilung mit Ausbildungsaufgaben belasten bzw. sichergestellt, dass jede Auszubildende ausreichend praktische Mitarbeitsmöglichkeiten hat.

Ausbildungsplan Jenny Liu: Ausbildungsjahrgang: 20X4, Ausbildungsberuf: Industriekauffrau

Zeitraum	8/20X4	9-12/20X4	1-3/20X5	4-6/20X5	7-9/20X5	10/20X5	11-12/20X5	1-2/20X6	3-8/20X6	9-12/20X6	1/20X7	2-5/20X7	6-7/20X7
Abteilung/Bereich													
Einführungsseminar													
Lagerverwaltung													
Einkauf													
Arbeitsvorbereitung													
Fertigungssteuerung													
Projektarbeit													
Vertrieb Inland													
Vertrieb Ausland													
Rechnungswesen													
Controlling													
Seminar Arbeitsrecht													
Personalwesen													
Prüfungszeitraum													

2.1.4 Abschlussprüfung

Für Industriekaufleute sieht die neue Ausbildungsverordnung 2024 eine gestreckte **Abschlussprüfung (GAP)** vor.

- Der **erste Teil**, der die bisherige Zwischenprüfung ersetzt, soll im vierten Ausbildungshalbjahr stattfinden. Er konzentriert sich auf die bis dahin behandelten fachtheoretischen Inhalte. Diese werden in Form von gebundenen wie auch ungebundenen schriftlichen Aufgaben abgeprüft.
- Der **zweite Teil** findet am Ende der Ausbildung statt. Er umfasst die noch nicht geprüften Lernfelder und enthält neben dem fachtheoretischen auch einen fachpraktischen (mündlichen) Teil.

Gestreckte Abschlussprüfung (GAP) für Industriekaufleute

	Prüfungsbereich	Dauer	Prüfungsverfahren	Gewichtung
Teil 1 der gestreckten Abschlussprüfung	– Leistungserstellung – Logisitik – Beschaffung – Buchführung	90 Min.	schriftliche Bearbeitung	25 %
Teil 2 der gestreckten Abschlussprüfung	– Marketing – Vertrieb – Personalwesen – kfm. Steuerung und Kontrolle	150 Min.	schriftliche Bearbeitung	35 %
	Wirtschafts- und Sozialkunde	60 Min.	schriftliche Bearbeitung	10 %
	Fachaufgabe im Einsatzgebiet	30 Min.	Dokumentation und Präsentation mit anschließendem Fachgespräch	30 %

Für die Fachaufgabe in Teil 2 stehen sieben Einsatzgebiete zur Auswahl, die den klassischen Betriebsfunktionen entsprechen (Vertrieb, Marketing, Beschaffung, Logistik, Personalwirtschaft, Leistungserstellung, kaufmännische Steuerung und Kontrolle). In einem dieser Einsatzgebiete werden im letzten Ausbildungsdrittel vertiefte Kompetenzen erworben.

Die Prüfung gilt als bestanden, wenn sowohl das Ergebnis von Teil 2 als auch das Gesamtergebnis von Teil 1 und 2 mindestens „ausreichend“ ist. Dabei darf in Teil 2 maximal ein Prüfungsbereich „mangelhaft“ und keiner „ungenügend“ sein.

Ist im Teil 2 mehr als ein Prüfungsbereich „mangelhaft“ oder einer „ungenügend“, kann der Auszubildende eine Ergänzungsprüfung beantragen, um so noch ein Bestehen nach der o.g. Regelung herbeizuführen. Bei der Fachaufgabe im Einsatzgebiet ist jedoch keine nachträgliche Aufwertung möglich.

2.2 Rahmenlehrplan

Die Ausbildung in der Berufsschule ist in Lernfelder (thematische Einheiten) untergliedert, denen bestimmte Zeitrichtwerte für die drei Ausbildungsjahre zugeordnet sind. Ausbildungsrahmenplan und Rahmenlehrplan sind aufeinander abgestimmt, da schulische Wissensvermittlung und betriebspraktische Umsetzung am effektivsten wirken, wenn sie parallel erfolgen.

Von dem Grundsatz der Parallelität wird aber teilweise auch abgewichen. Zum einen können einzelne Bundesländer unter Beachtung der jeweiligen bildungsgesetzlichen Grundlagen abgewandelte Landeslehrpläne entwickeln, die dann für den jeweiligen Berufsschulunterricht verbindlich sind.

Zum anderen können Unterschiede zwischen Ausbildungsordnung und Lehrplänen durch das Streben nach einer zweckmäßigen didaktischen Heranführung an fachtheoretische Inhalte begründet sein. So muss im kaufmännischen Berufsschulunterricht oft erst einmal ein Grundverständnis für ökonomische Zusammenhänge entwickelt werden. Hinzu kommt, dass für den möglichen Zusatzerwerb formaler Bildungsabschlüsse (z. B. die Fachoberschulreife) der allgemeinbildende Charakter der Ausbildung an der Berufsschule stärker betont sein muss als im Betrieb.

Nach der Neuordnung 2024 erstreckt sich der schwerpunktbezogene Berufsschulunterricht für Industriekaufleute auf nun 13 Lernfelder:

Lernfelder des Rahmenlehrplans 2024

Nr.	Lernfeldbezeichnung	Unterrichtsstunden	Zeitpunkt der Vermittlung
1	Das Unternehmen vorstellen und die eigene Rolle mitgestalten	80	1. Ausbildungsjahr
2	Projekte planen und durchführen	40	
3	Kundenaufträge planen und überwachen	80	
4	Beschaffungsprozesse planen und steuern	40	
5	Wertströme buchhalterisch dokumentieren und auswerten	80	
6	Leistungserstellung planen, steuern und kontrollieren	80	2. Ausbildungsjahr
7	Logistik- und Lagerprozesse koordinieren, umsetzen und überwachen	40	
8	Kosten- und Leistungsrechnung zur Vorbereitung unternehmerischer Entscheidungen durchführen	80	
9	Marketingkonzepte planen und umsetzen	80	
10	Jahresabschluss vorbereiten, auswerten und für Finanzierungsentscheidungen nutzen	80	3. Ausbildungsjahr
11	Geschäftsprozesse an gesamtwirtschaftlichen Rahmenbedingungen ausrichten	80	
12	Personalprozesse planen, steuern und kontrollieren	80	
13	Betriebliche Problemlösungsprozesse innovativ durchführen	40	

ÜBERSICHT: Lernen im dualen System

Ausbildungsbetrieb: fachpraktische Ausbildung	Ausbildungsordnung: Regelungen und Lerninhalte für den Lernort Betrieb	– Bezeichnung des Ausbildungsberufs – Ausbildungsdauer – Ausbildungsberufsbild (Fertigkeiten, Kenntnisse und Fähigkeiten) – Ausbildungsrahmenplan (Umsetzung im betrieblichen Ausbildungsplan) – Abschlussprüfung
Berufsschule: Vermittlung theoretischer Fachkenntnisse	Rahmenlehrplan: Lerninhalte für den Lernort Berufsschule	– Gliederung nach Ausbildungsjahren und Lernfeldern – Zeitrichtwerte – Lernzielformulierungen – Abschlusszeugnis

Alles klar?

1 Erläutern Sie, was der Begriff „duales System" hinsichtlich der Berufsausbildung bedeutet.

2 Nennen Sie das Gesetz, das die Grundlage für eine einheitliche und anerkannte Berufsausbildung ist.

3 Grenzen Sie
  a Ausbildungsrahmenplan und betrieblichen Ausbildungsplan,
  b Ausbildungsrahmenplan und Rahmenlehrplan
  voneinander ab.

4 Warum entwickeln die Sozialpartner und staatliche Instanzen in der Ausbildungsordnung so detaillierte Vorgaben über die Inhalte und den zeitlichen Ablauf einer Berufsausbildung? Nehmen Sie Stellung zu der Aussage: Die Ausbildungsbetriebe wissen doch auch so, welche Qualifikationen benötigt werden.

5 Mit welchem Dokument kann die Einhaltung der Ausbildungsordnung geprüft werden?

6 Wieso werden im Rahmenlehrplan „Kundenanfrage", „Beschaffung" und „Leistungserstellung" in dieser Reihenfolge behandelt?

7 Selbst bei mehreren Auszubildenden im gleichen Ausbildungsjahr und Berufsbild existieren für sie oft deutlich abweichende Ausbildungspläne. Warum ist das so?

8 Nicht immer können die einmal erstellten Ausbildungspläne auch ganz genau umgesetzt werden. Nennen Sie denkbare Ursachen, die zu Abweichungen zwischen Ausbildungsplan und (tatsächlichem) betriebspraktischem Einsatz führen können.

9 Nennen Sie mögliche Gründe für die Unterschiede zwischen Ausbildungsrahmenplan und Rahmenlehrplan.

10 Diskutieren Sie in Kleingruppen, welche Vor- und Nachteile eine gestreckte Abschlussprüfung Ihrer Meinung nach bietet. Zum Vergleich: In der früheren Ausbildungsordnung für Industriekaufleute gab es eine rein informative Lernstandserhebung als Zwischenprüfung. Alle Leistungsnoten ergaben sich allein durch die Abschlussprüfung am Ende der Berufsausbildung.

3 Rechtsgrundlagen des Ausbildungsverhältnisses

Die Bedingungen eines Ausbildungsverhältnisses ergeben sich aus dem Ausbildungsvertrag, den Bestimmungen des Berufsbildungsgesetzes (BBiG), den eventuell bestehenden tarifvertraglichen Regelungen sowie den geltenden Arbeitsschutzgesetzen.

AB → Lernsituation 3
AB → Lernsituation 4
AB → Lernsituation 5

3.1. Der Ausbildungsvertrag

3.1.1 Der Vertragsabschluss

Das Berufsbildungsgesetz schreibt in den §§ 11 und 12 den Abschluss eines **schriftlichen** Ausbildungsvertrags vor. Mündliche Vereinbarungen begründen deshalb kein Ausbildungsverhältnis.

§ 10 BBiG Vertrag
Wer andere Personen zur Berufsausbildung einstellt (Ausbildende), hat mit den Auszubildenden einen Berufsausbildungsvertrag zu schließen.

Seit 2025 kann ein Ausbildungsvertrag auch in digitaler Form abgeschlossen und online an die zuständige IHK gesendet werden. Nach einer rechtlichen Prüfung erfolgt vonseiten der IHK die Freigabe des Vertrages. Nun kann der Vertrag heruntergeladen, unterschrieben und sein Abschluss gegenüber der IHK bestätigt werden.

→ § 11 BBiG

Da der Vertragsabschluss allein noch nichts über die Inhalte aussagt, schreibt das BBiG **Mindestangaben** vor, die der Ausbildungsvertrag enthalten muss.

Inhalte des Ausbildungsvertrags nach § 11 BBiG

Mindestanforderung	Erläuterung
1. Art, sachliche und zeitliche Gliederung sowie Ziel der Berufsausbildung, insbesondere die Berufstätigkeit, für die ausgebildet werden soll	
2. Beginn und Dauer der Berufsausbildung	Das Ausbildungsverhältnis soll nicht mehr als drei Jahre und nicht weniger als zwei Jahre dauern. Die Ausbildung endet mit Bestehen der Abschlussprüfung, unabhängig von der im Vertrag festgelegten Ausbildungsdauer.
3. Ausbildungsmaßnahmen außerhalb der Ausbildungsstätte	z. B. Seminare, andere Betriebsstätten oder Zweigstellen
4. Dauer der regelmäßigen täglichen Ausbildungszeit	richtet sich nach gesetzlichen und tariflichen Bestimmungen
5. Dauer der Probezeit	Die Probezeit muss zwischen 1–4 Monate betragen. Während der Probezeit kann das Ausbildungsverhältnis von beiden Vertragsparteien ohne Einhalten der Kündigungsfrist und ohne Angabe von Gründen gekündigt werden.
6. Zahlung und Höhe der Vergütung	richtet sich nach gesetzlichen und tariflichen Bestimmungen
7. Dauer des Urlaubs	richtet sich nach gesetzlichen und tariflichen Bestimmungen
8. Voraussetzungen, unter denen der Berufsausbildungsvertrag gekündigt werden kann	Nach der Probezeit kann das Ausbildungsverhältnis nur gekündigt werden – aus einem wichtigen Grund (wie z. B. die Aufnahme eines Studiums o. Ä.) ohne Einhalten der Kündigungsfrist (innerhalb von zwei Wochen, nachdem der wichtige Grund bekannt wurde). – vom Auszubildenden mit einer Frist von vier Wochen, wenn der Auszubildende die Berufsausbildung aufgeben oder einen anderen Berufsweg einschlagen will.
9. ein allgemein gehaltener Hinweis auf die Tarifverträge, Betriebs- oder Dienstvereinbarungen, die auf das Berufsausbildungsverhältnis anzuwenden sind	

Vertragspartner eines Ausbildungsverhältnisses sind der/die **Auszubildende** und der **Ausbildende**, d. h. der Ausbildungsbetrieb. Dieser beauftragt einen **Ausbilder** bzw. eine Ausbilderin mit der Organisation und Durchführung der betrieblichen Berufsausbildung. Der Ausbilder bzw. die Ausbilderin ist jedoch nicht selbst Vertragspartner.

Nach §§ 27-33 BBiG müssen der Ausbildungsbetrieb und der Ausbilder bzw. die Ausbilderin ihre organisatorische, persönliche und fachliche Eignung nachweisen.

Bei minderjährigen Auszubildenden müssen die Erziehungsberechtigten in das Vertragsverhältnis einwilligen und den Ausbildungsvertrag mitunterschreiben.

Im Ausbildungsvertrag kann nicht alles frei vereinbart werden. Manche Vereinbarungen sind grundsätzlich ungültig (nichtig), z. B.

- den Auszubildenden nach Abschluss der Berufsausbildung zur Weiterarbeit im Betrieb zu verpflichten,
- die Vereinbarung von Vertragsstrafen für den Fall der (rechtlich zulässigen) Kündigung des Ausbildungsverhältnisses oder
- der Ausschluss oder die Beschränkung von gegenseitigen Schadensersatzansprüchen.

3.1.2 Rechte und Pflichten vor Beginn der Ausbildung

Die Freigabe des Ausbildungsvertrags durch die IHK gibt dem Auszubildenden die Sicherheit, dass der ausbildende Betrieb und der Ausbilder auch die notwendige Eignung besitzen. Denn ausbilden darf nur, wer dazu persönlich und fachlich geeignet ist (§ 28 BBiG). Dazu muss der Ausbilder einen entsprechenden Nachweis, in der Regel durch die Ausbildereignungsprüfung, erbringen.

Die **Steueridentifikationsnummer** wird vom Bundeszentralamt für Steuern erteilt. Der Sozialversicherungsausweis ist entfallen, aber die Sozialversicherung schickt jedem neuen Beschäftigten seine Sozialversicherungsnummer zu.

Nach Abschluss des Ausbildungsvertrags, also noch vor Beginn der eigentlichen Ausbildung, muss der Ausbildende die **Eintragung in das Verzeichnis der Berufsausbildungsverhältnisse** bei der zuständigen Industrie- und Handelskammer beantragen. Diese Pflicht entfällt bei einem elektronischen Ausbildungsvertrag, der schon bei der Freigabe durch die IHK registriert ist. Die Empfangsbestätigung des Auszubildenden aktiviert diese Registrierung nur noch. Außerdem muss der Ausbildende den Auszubildenden bei der **zuständigen Berufsschule** anmelden.

Auszubildende unter 18 Jahren dürfen nur beschäftigt werden, wenn sie innerhalb der letzten 14 Monate von einem Arzt auf ihre Berufstauglichkeit untersucht worden sind und hierüber eine **ärztliche Bescheinigung** vorliegt.

Vor Beginn der Ausbildung wird über jeden Auszubildenden eine Personaldatei angelegt, in der die persönlichen Daten festgehalten werden. Während der Ausbildung wird diese Datei weitergeführt und ergänzt, z. B. durch die Abteilungsbeurteilungen, dem Ergebnis der Zwischenprüfung, Ausbildungsmaßnahmen außerhalb der Betriebsstätte oder Seminare.

Spätestens zum Beginn der Ausbildung müssen dem Ausbildenden die **Steueridentifikationsnummer**, die **Sozialversicherungsnummer** und denund der **Krankenversicherungsnachweis** übergeben werden, damit die Angaben in der Personaldatei vermerkt werden können und der Ausbildungsbetrieb die notwendigen Anmeldungen (bei Berufsgenossenschaft und Finanzamt) vornehmen kann.

Schließlich ist noch eine Überweisungsroutine mit der Kontonummer des oder der Auszubildenden einzurichten, damit die Ausbildungsvergütung pünktlich eingeht.

3.1.3 Rechte und Pflichten mit Beginn der Ausbildung

In §§ 13 – 16 des BBiG werden die allgemeinen Rechte und Pflichten des Auszubildenden während der Berufsausbildung beschrieben. Die Rechte und Pflichten können durch vertragliche Einzelreglungen ergänzt werden.

Pflichten des Ausbildenden und des Auszubildenden nach dem BBiG

Der Ausbildende verpflichtet sich,	Der Auszubildende verpflichtet sich,
– den Auszubildenden eine dem Ausbildungsziel entsprechende Handlungsfähigkeit zu vermitteln.	– sich um den Erwerb der erforderlichen beruflichen Handlungsfähigkeit zu bemühen.
– den Auszubildenden die erforderlichen Werkzeuge und Arbeitsmittel kostenlos zur Verfügung zu stellen.	– die ihm im Rahmen seiner Berufsausbildung aufgetragenen Aufgaben sorgfältig auszuführen.
– Auszubildende zum Besuch der Berufsschule sowie zum Führen von schriftlichen Ausbildungsnachweisen anzuhalten.	– an Ausbildungsmaßnahmen teilzunehmen, für die er nach § 15 freigestellt wird.
– selbst auszubilden oder einen persönlich und fachlich geeigneten Ausbilder zu beauftragen.	– die Betriebsordnung zu beachten.

– dafür zu sorgen, dass Auszubildende charakterlich gefördert sowie sittlich und körperlich nicht gefährdet werden.	– den Weisungen zu folgen, die ihm im Rahmen der Berufsausbildung von Ausbildenden, von Ausbildern oder Ausbilderinnen oder von anderen weisungsberechtigten Personen erteilt werden.
– die Auszubildenden für die Teilnahme am Berufsschulunterricht und an Prüfungen freizustellen. Das Gleiche gilt, wenn Ausbildungsmaßnahmen außerhalb der Ausbildungsstätte durchzuführen sind.	– Werkzeug, Maschinen und sonstige Einrichtungen pfleglich zu behandeln.
– bei Beendigung des Berufsausbildungsverhältnisses ein schriftliches Zeugnis auszustellen.	– über Betriebs- und Geschäftsgeheimnisse Stillschweigen zu wahren.

3.2 Weitere Regelungen des Berufsbildungsgesetzes

Neben den Bestimmungen zum Ausbildungsvertrag, zur Ausbildungsordnung, zum Verhalten während der Berufsausbildung und zum Zeugnisanspruch enthält das BBiG noch weitere wichtige Regelungen:

Die aktuelle Mindestvergütung ist im Bundesgesetzblatt veröffentlicht und einzusehen.

Weitere Regelungen des BBiG

Vergütungsanspruch	Auszubildende haben Anspruch auf eine jährlich ansteigende Vergütung, es besteht hierzu eine festgelegte Mindestvergütung.
Freistellung außerhalb des Berufsschulbesuchs	Auszubildende sind unter Anrechnung der vollen betriebsüblichen Arbeitszeit auch außerhalb des Berufsschulbesuchs – vorher freizustellen, wenn der Berufsschulunterricht vor 9 Uhr beginnt, – nachher freizustellen, wenn der Berufsschulbesuch mehr als 5 Unterrichtsstunden umfasst hat. Letzterer Anspruch besteht jedoch nur an einem Berufsschultag die Woche.
Freistellung bei Prüfungen	Eine Freistellung erfolgt auch an dem Arbeitstag, der der Abschlussprüfung unmittelbar vorausgeht.
Probezeit	Eine Probezeit ist vorgeschrieben, ihre Dauer beträgt mindestens 1 Monat und höchstens 4 Monate.
Kündigungsrecht während der Probezeit	In der Probezeit kann das Ausbildungsverhältnis jederzeit fristlos gekündigt werden.
Verkürzung oder Verlängerung der Ausbildungsdauer	Eine Verkürzung der im Ausbildungsvertrag vereinbarten Ausbildungsdauer kann auf gemeinsamen Antrag von Ausbildendem und Auszubildendem erfolgen, wenn das Ausbildungsziel auch in der verkürzten Zeit erreicht werden kann. Auszubildende können in Ausnahmefällen auch eine Verlängerung beantragen, wenn dies aufgrund persönlicher Umstände erforderlich ist.
Teilzeitausbildung	Ausbildungsverhältnisse können auch in Teilzeit durchgeführt werden, wobei die tägliche oder wöchentliche Ausbildungszeit um maximal 50 % reduziert werden kann. Die Ausbildungsdauer erhöht sich entsprechend, wobei sie maximal das 1,5-Fache der in der Ausbildungsordnung vorgesehenen Dauer betragen kann.

Ein Schadensersatzanspruch kann in solchen Fällen durch Abschluss eines Aufhebungsvertrags umgangen werden.

Schadensersatz bei vorzeitiger Beendigung	Kündigt eine Vertragspartei nach der Probezeit unrechtmäßig (z. B., weil der Auszubildende die gleiche Ausbildung in einem anderen Betrieb fortsetzt), so besteht die Pflicht zur Leistung eines Schadenersatzes an den anderen Teil.
Weiterarbeit nach Bestehen der Abschlussprüfung	Wird der Auszubildende nach Bestehen der Abschlussprüfung auch ohne ausdrückliche Vereinbarung weiterbeschäftigt, so kommt ein unbefristetes Arbeitsverhältnis zustande.

3.3 Tarifverträge

Obwohl die Tarifbindung auch im verarbeitenden Gewerbe deutlich abgenommen hat, unterlagen 2022 noch 51 % der Mitarbeitenden im verarbeitenden Gewerbe tariflichen Vereinbarungen. Dies wird in etwa auch auf die neu beschäftigten Auszubildenden übertragbar sein.

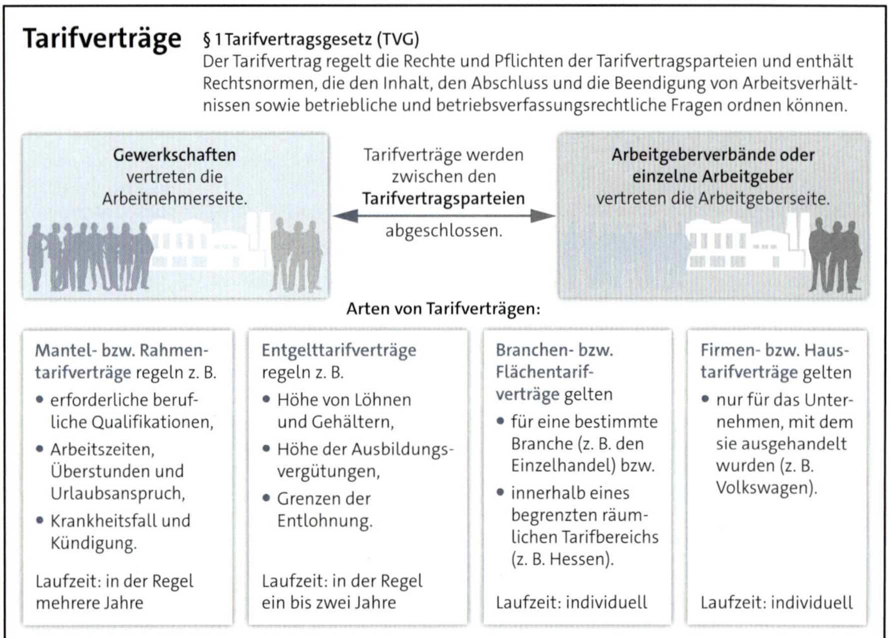

© Cornelsen/Claudia Hild

Günstigkeitsprinzip
Wenn in einem Fall mehrere Regelungen angewendet werden können, ist die für den Betroffenen günstigere anzuwenden.

Tarifverträge sind die Rechtsgrundlagen eines Ausbildungsverhältnisses, wenn sie – im Sinne der **Günstigkeitsprinzips** – dem oder der Auszubildenden bessere Bedingungen bieten als die Regelungen im Ausbildungsvertrag oder die Inhalte von Arbeitsschutzbestimmungen. So steigt bei tarifgebundenen Auszubildenden die Ausbildungsvergütung schon vor Ablauf des jeweiligen Ausbildungsjahres und liegt auch für die Folgezeit über den Sätzen des Ausbildungsvertrags, wenn die Tarifparteien eine Entgelterhöhung vereinbaren. Verkürzungen der Arbeitszeit oder die Ausweitung von Urlaubsansprüchen wirken ebenfalls auf das Ausbildungsverhältnis. Es gibt auch Tarifverträge, die eine befristete Übernahme von Auszubildenden vorsehen.

3.4 Arbeitnehmerschutzgesetze

AB → Lernsituation 6

Die Arbeitnehmerschutzgesetze gelten nicht nur für Auszubildende. Sie setzen Mindeststandards für die betriebliche Beschäftigung von Personen.

3.4.1 Jugendarbeitsschutzgesetz

BEISPIEL:

Dirk: Bei uns ist das Betriebsklima sehr gut und ich arbeite schon voll mit. Mein Chef hat mich heute gefragt, ob ich diese Woche ausnahmsweise auch am Samstag zur Arbeit kommen kann. Zwei Kollegen sind krank und wir können unseren Liefertermin sonst nicht halten, sagt er.

Tim: Samstagsarbeit – ist das für Azubis nicht verboten?

Dirk: Wieso denn – ich bin doch einverstanden, und meine Eltern haben auch nichts dagegen. Außerdem kann ich das Extrageld gut für den Führerschein brauchen.

Junge Menschen sind, da sie sich noch in der Entwicklung befinden, weniger belastbar als Erwachsene. Das Jugendarbeitsschutzgesetz (JArbSchG) schützt deshalb jugendliche Beschäftigte zwischen 15 und 18 Jahren vor gesundheitsschädigenden Belastungen bei der Arbeit. Der Gesetzgeber betrachtet Vierzehnjährige noch als Kinder, deren Beschäftigung – von wenigen Ausnahmen abgesehen (z. B. ein Betriebspraktikum während der Schulzeit) – grundsätzlich verboten ist. Einige Bestimmungen, insbesondere die Freistellungsregelungen, wurden mittlerweile in das aktuelle Berufsbildungsgesetz übernommen. Deshalb gelten sie nun auch für volljährige Auszubildende:

Arbeitszeit	– nicht mehr als 8 Stunden täglich, nicht mehr als 40 Stunden wöchentlich, Ausnahme: 8,5 Stunden täglich, aber höchstens 40 Stunden wöchentlich – Grundsätzlich gilt die Fünf-Tage-Woche, Wochenendarbeit ist nur in Ausnahmefällen zulässig. Hier ist noch in der gleichen Woche ein Ausgleichstag zu gewähren. – Weitere Anpassungen sind durch Tarifverträge möglich. – Beschäftigung grundsätzlich nur von 6 bis 20 Uhr (Ausnahmen: z. B. im Gaststättengewerbe, in mehrschichtigen Betrieben, in der Landwirtschaft, in Bäckereien und Konditoreien) – Zwischen Feierabend und Arbeitsbeginn am nächsten Tag müssen mindestens zwölf Stunden ununterbrochene Freizeit liegen.
Ruhepausen	– Arbeitsunterbrechung von 15 Minuten gilt als Ruhepause – mindestens 30 Minuten bei 4,5 bis 6 Arbeitsstunden – mindestens 60 Minuten bei mehr als 6 Arbeitsstunden – erste Pause spätestens nach 4,5 Arbeitsstunden
Urlaub	Wenn der Jugendliche zu Beginn des Kalenderjahres – noch nicht 16 Jahre alt ist: mindestens 30 Werktage – 16 Jahre alt ist: mindestens 27 Werktage – 17 Jahre alt ist: mindestens 25 Werktage

Berufsschulbesuch	– Jugendliche müssen für den Berufsschulunterricht freigestellt werden. – keine Beschäftigung vor einem vor 9 Uhr beginnenden Unterricht – keine Beschäftigung an einem Berufsschultag mit mehr als 5 Unterrichtsstunden (45 Minuten), einmal in der Woche – Anrechnung des Berufsschultags mit 8 Stunden auf die Arbeitszeit – Freistellung für die Teilnahme an Prüfungen und Ausbildungsmaßnahmen – Freistellung am Arbeitstag unmittelbar vor der schriftlichen Abschlussprüfung – Anrechnung der Prüfungszeit auf die Arbeitszeit (bei schriftlicher Abschlussprüfung 8 Stunden) – kein Entgeltausfall aufgrund des Berufsschulbesuchs bzw. Teilnahme an Prüfungen und Ausbildungsmaßnahmen
Beschäftigungsverbote und -beschränkungen	– für gefährliche Arbeiten, z. B. Arbeiten, die die Leistungsfähigkeit übersteigen und mit Unfallgefahren verbunden sind (z. B. Akkordarbeit), und Arbeiten, bei denen die Jugendlichen großer Hitze, Kälte, Nässe, gesundheitsschädlichem Lärm, gefährlichen Strahlen und gefährlichen Arbeitsstoffen ausgesetzt sind – Ausnahmen davon bestehen nur, wenn die Ausbildung dies erfordert.

3.4.2 Arbeitszeitgesetz

Im Durchschnitt arbeiteten Vollzeiterwerbstätige in Deutschland 40,5 Stunden die Woche. Diese Zeit setzt sich aus der vertraglichen bzw. tariflichen Arbeitszeit plus den geleisteten Überstunden zusammen.

Die vertragliche bzw. tarifliche Arbeitszeit aller Beschäftigten einschließlich der Auszubildenden ist seit dem Ende des Zweiten Weltkriegs deutlich gesunken:

Das Arbeitszeitgesetz ist daher nicht als Vorgabe anzuwenden, sondern formuliert einen Mindeststandard zum Schutz der Beschäftigten vor Arbeitsüberlastung. Es enthält u. a. folgende Regelungen, die auch für volljährige Auszubildende gelten:

Regelungen des Arbeitszeitgesetzes

tägliche Arbeitszeit	Die regelmäßige werktägliche Arbeitszeit darf 8 Stunden nicht überschreiten. Da auch der Samstag als Werktag zählt, beträgt die maximal zulässige regelmäßige Wochenarbeitszeit 48 Stunden. Die werktägliche Arbeitszeit kann bis auf 10 Stunden verlängert werden, wenn durch Zeitausgleich innerhalb von 6 Monaten der 48-Stunden-Durchschnitt wiederhergestellt wird.
Pausenanspruch	Bei einer täglichen Arbeitszeit von mehr als 6 Stunden sind Pausen von insgesamt mindestens 30 Minuten, bei einer Arbeitszeit über 9 Stunden von insgesamt mindestens 45 Minuten zu gewähren.
Ruhezeit	Zwischen zwei Arbeitstagen muss der Arbeitgeber eine Ruhezeit von mindestens 11 Stunden einräumen. Hierzu gibt es in einigen Branchen eine Verkürzungsmöglichkeit auf 10 Stunden bei entsprechendem Ausgleich an anderen Tagen
Nachtarbeitsausgleich	Auch wenn keine tarifvertragliche Regelung besteht, ist die besondere Beanspruchung bei Nachtarbeit durch eine Zusatzvergütung oder zusätzliche Urlaubstage auszugleichen
Sonntagsruhe	Grundsätzlich besteht an Sonn- und Feiertagen Beschäftigungsverbot. Dies ist allerdings mit zahlreichen Ausnahmen, z. B. in Not-, Rettungs- und Verkehrsbetrieben, im Gastgewerbe, in Erholungseinrichtungen, bei Funk und Presse oder in der Landwirtschaft, versehen.

3.4.3 Bundesurlaubsgesetz

Das Bundesurlaubsgesetz für Arbeitnehmer (Bundesurlaubsgesetz) sieht folgende Mindeststandards vor:

Regelungen des Bundesurlaubsgesetzes

Wartezeit	Arbeitnehmer können erst nach 6 Monaten über ihren vollen Urlaubsanspruch verfügen.
Urlaubsdauer	Der Mindestanspruch auf Urlaub beträgt 24 Werktage, das sind 4 Wochen oder (bei einer Fünftagewoche) 20 Arbeitstage.
Verfall	Der Urlaubsanspruch des Vorjahres verfällt, wenn der Urlaub nicht bis zum 31. März des Folgejahres genommen wurde. Im Einzelfall können Ausnahmen vereinbart werden.
Krankheit im Urlaub	Nachgewiesene Krankheitstage im Urlaub werden nicht auf den Jahresurlaub angerechnet.

3.4.4 Mutterschutzgesetz

Werdende und stillende Mütter genießen den besonderen Schutz des Staates. In der Phase der Schwangerschaft und der Stillzeit danach sollen berufstätige Frauen keinen Belastungen ausgesetzt werden, die schädlich für Mutter oder Kind sein könnten. Auch sollen Schwangere und Mütter keine Einkommensverluste hinnehmen müssen. Der Arbeitgeber muss deshalb besondere Vorkehrungen zum Schutz von Schwangeren am Arbeitsplatz treffen. Deshalb muss die Arbeitnehmerin ihren Arbeitgeber über die Schwangerschaft und den voraussichtlichen Entbindungstermin informieren.

Das Mutterschutzgesetz enthält alle Regelungen zum Schutz von Müttern und ihren Kindern. Ein weiteres wichtiges Gesetz ist das Bundeselterngeld- und Elternzeitgesetz, das Bestimmungen zur Vereinbarkeit von Familie und Beruf enthält. Im Folgenden die wichtigsten Regelungen im Überblick:

Regelungen des Mutterschutzgesetzes sowie des Bundeselterngeld- und Bundeselternzeitgesetzes

Kündigungsschutz	Werdende Mütter sind nach der Meldung einer Schwangerschaft vor Kündigung durch den Arbeitgeber geschützt. Wurde eine Kündigung ausgesprochen, kann die Meldung einer bestehenden Schwangerschaft auch noch zwei Wochen rückwirkend erfolgen. Die Nachmeldefrist kann überschritten werden, wenn die Frau dies nicht zu vertreten hat (z. B., weil sie zum Kündigungszeitpunkt selbst nichts von der Schwangerschaft wusste). Der Kündigungsschutz endet 4 Monate nach der Geburt des Kindes. Wird anschließend nach dem Bundeselterngeld- und Elternzeitgesetz Elternzeit beantragt, so verlängert sich der Kündigungsschutz auf die gesamte Elternzeit von maximal 3 Jahren. Die Elternzeit kann auch in einzelne Abschnitte aufgeteilt sein.
Beschäftigungsverbote	Werdende Mütter dürfen nicht mit Arbeiten beschäftigt werden, die das eigene und das Wohl des ungeborenen Kindes gefährden. Verboten sind deshalb: - Nachtarbeit zwischen 20 und 6 Uhr - Schichtarbeit - Sonn- und Feiertagsarbeit - schwere körperliche Arbeiten - Akkordarbeiten - alle sonstigen gefährdenden Tätigkeiten Kann der Arbeitgeber keinen geeigneten Arbeitsplatz bereitstellen, muss er die werdende Mutter (bei voller Entlohnung) freistellen.
Freistellung	Die werdende Mutter ist 6 Wochen vor und 8 Wochen nach der (errechneten) Niederkunft von der Arbeit freizustellen. Auf eigenen Wunsch kann die werdende Mutter bis zur Geburt des Kindes weiterbeschäftigt werden, nach der Geburt ist die Schutzfrist immer verbindlich. Bei einer vorzeitigen Geburt wird die 8-Wochen-Frist nach der Geburt entsprechend verlängert, sodass die Freistellung insgesamt immer mindestens 12 Wochen beträgt.
Arbeitszeit	Die werktägliche Arbeitszeit ist auf 8,5 Stunden beschränkt. Je Doppelwoche dürfen nicht mehr als 90 Arbeitsstunden anfallen.
Ruhezeit	Es ist eine Mindestruhezeit von 11 Stunden zu gewähren. Das Gesetz sieht keine Ausnahmen vor.
Mutterschaftsgeld	Während der Freistellungsphase erhalten gesetzlich Krankenversicherte ein Mutterschaftsgeld von 13,- Euro je Tag. Der Arbeitgeber ist verpflichtet, dieses per Zuschuss auf die Höhe des durchschnittlichen Nettoentgelts aufzustocken. Wird nach dem Bundeselterngeld- und Elternzeitgesetz Elternzeit beansprucht, so können beide Elternteile für insgesamt 14 Monate ein staatliches Elterngeld in Höhe von 67 % des ausfallenden Nettoentgelts beziehen. Es besteht allerdings eine Höchstgrenze. Die Verteilung unter den Eltern ist prinzipiell frei, jedoch muss jeder Elternteil mindestens 2 und kann höchstens 12 Monate in Anspruch nehmen. Mit dem sogenannten „Elterngeld +“ kann die Bezugsdauer des Elterngeldes verdoppelt werden, allerdings halbiert sich dadurch auch seine Höhe.

ÜBERSICHT: Rechtsgrundlagen des Ausbildungsverhältnisses

Berufsbildungsgesetz (BBiG)	– schreibt den Abschluss eines schriftlichen Ausbildungsvertrags vor – schreibt Mindestanforderungen an den Ausbildungsvertrag vor – regelt Rechte und Pflichten vor und nach Beginn der Ausbildung – enthält viele weitere wichtige Regelungen
Tarifverträge	– gelten in tarifgebundenen Unternehmen auch für Auszubildende
Jugendarbeitsschutzgesetz (JArbSchG)	– enthält besondere Schutzbestimmungen für jugendliche Beschäftigte und nicht volljährige Auszubildende
Arbeitszeitgesetz (ArbZG)	– formuliert Mindeststandards zum Schutz der Beschäftigten vor Arbeitsüberlastung
Bundesurlaubsgesetz	– regelt den Mindestanspruch von Beschäftigten auf Urlaub
Mutterschutzgesetz (MuSchG)	– enthält alle Regelungen zum Schutz von werdenden und stillenden Müttern und ihren Kindern
Bundeselterngeld- und Elternzeitgesetz (BEEG)	– enthält Bestimmungen zur Vereinbarkeit von Familie und Beruf, insbesondere zur Elternzeit und zum Elterngeld

3.5 Betrieblicher Arbeitsschutz und Unfallverhütung

Die tägliche Arbeitsleistung ist für Arbeitnehmerinnen und Arbeitnehmer mit vielfachen, oft nicht direkt erkennbaren und manchmal erst langfristig wirkenden Gesundheitsrisiken verbunden. Dies sind z. B. Wegeunfälle, Verletzungen bei der Ausübung der Arbeit oder chronische Erkrankungen aufgrund einseitiger körperlicher oder mentaler Beanspruchung. Arbeitsunfälle können unterschiedliche Ursachen haben:

Als Unfallursachen lassen sich unterscheiden:	
technische Unfallursachen	z. B. fehlende Schutzvorrichtungen, sicherheitswidrige Zustände durch Verschleiß, falsch konstruierte oder mangelhaft erstellte Arbeitsmaschinen, elektrische Anlagen oder Arbeitsschutzmittel
physische Unfallursachen	z. B. Seh- und Hörstörungen, Ermüdungserscheinungen
psychische Unfallursachen	z. B. persönliche Trägheit, übergroße Nervosität, Bequemlichkeit oder Gereiztheit und Unaufmerksamkeit durch einen vorangegangenen Streit mit dem Kollegen oder Vorgesetzten
soziale Unfallursachen	z. B. sicherheitswidrige Verhaltensweisen (Angeberei, „Mutproben") sowie mangelhafte Aufsicht

Durch verbesserte Arbeitsschutzmaßnahmen ist die Zahl der Arbeitsunfälle in den Betrieben aber seit vielen Jahren rückläufig.

Bei den Berufskrankheiten ist hingegen ein starker Anstieg zu verzeichnen. So stieg nach einer DGUV-Statistik die Anzahl der anerkannten Berufserkrankungen zwischen 2012 und 2022 von 15.391 auf 199.542 Fälle.

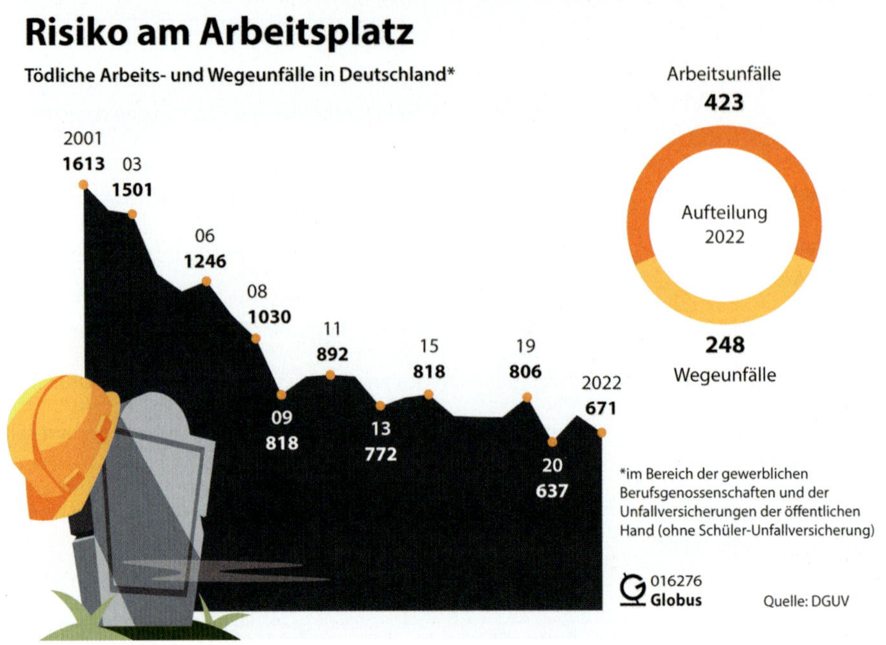

Allerdings sind dabei Sondereinflüsse zu berücksichtigen. So wurden z. B. neue Krankheitsbilder in den Katalog anerkannter Berufskrankheiten aufgenommen und es gab aufgrund der Corona Pandemie ein dramatisch erhöhtes Infektionsgeschehen mit Spätfolgen auch am Arbeitsplatz.

Auf den ersten Blick scheinen Berufskrankheiten eher eine Folge physisch anstrengender Tätigkeit zu sein und werden deshalb vorrangig dem Produktionsbereich zugeordnet. Tatsächlich jedoch sind Mitarbeitende im Verwaltungsbereich im gleichen Maße davon betroffen. Zu den häufigsten Berufskrankheiten zählen u. a. Rückenprobleme, Infektionskrankheiten und psychische Erkrankungen. Diese Liste macht klar, dass insbesondere das ständige Sitzen, die Bildschirmarbeit und der empfundene Arbeitsstress erhebliche Belastungsfaktoren darstellen. Diese können auf Dauer zu starken gesundheitlichen Beeinträchtigungen führen.

Die allgemeinen Grundlagen des Arbeitsschutzes sind im Arbeitsschutzgesetz (ArbSchG) festgelegt:

§ 1 ArbSchG Zielsetzung und Anwendungsbereich
(1) Dieses Gesetz dient dazu, Sicherheit und Gesundheitsschutz der Beschäftigten bei der Arbeit durch Maßnahmen des Arbeitsschutzes zu sichern und zu verbessern. Es gilt in allen Tätigkeitsbereichen.

Das Arbeitsschutzgesetz legt außerdem die genauen Pflichten von Arbeitgeber und Beschäftigten, die Maßnahmen der Ersten Hilfe und die jeweils zuständigen Überwachungsbehörden bzw. -institutionen fest. Darüber hinaus gibt es für den Gesundheitsschutz eine Reihe weiterer rechtlicher Normen:

Die **Arbeitsstättenverordnung** setzt die allgemeinen Anforderungen an Betriebsräume und Arbeitsstätten in Bezug auf Belüftung, Temperatur, Beleuchtung und Lärmschutz fest. Außerdem soll körperlichen und psychischen Belastungen entgegengewirkt werden, die sich durch die Arbeit an Bildschirmgeräten ergeben. Um dies zu gewährleisten, sind in der Arbeitsstättenverordnung ergonomische Anforderungen an Bildschirmarbeitsplätze detailliert definiert worden. Das ergonomische Prinzip besagt dabei, dass die Arbeitsplatzgestaltung an die Bedürfnisse der menschlichen Physis anzupassen ist. Ein Basis-Arbeitsplatz ist demnach wie folgt zu gestalten:

- Arbeitstisch: Dieser soll in der Höhe einstellbar und frei von Lichtspiegelungen sein. Außerdem muss er eine hinreichende Tiefe haben, sodass die Handballen vor der Tastatur abgelegt werden können.

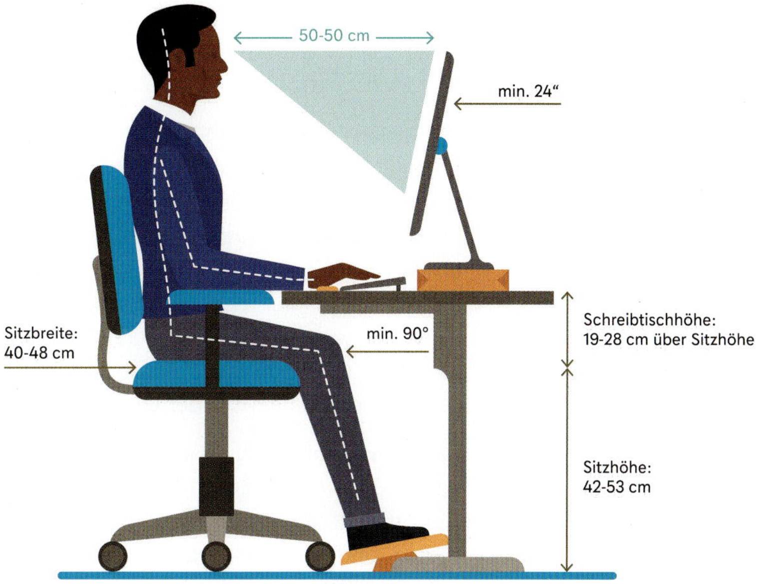

- Bürodrehstuhl: Wie der Tisch sollte er in der Höhe, zusätzlich aber auch in der Neigung der Rückenlehne einstellbar sein. Weiterhin sollte er über Armlehnen und eine Stützfunktion im Lendenwirbelbereich verfügen.
- Monitor: Der optimale Sehabstand sollte zwischen 50 und 70 cm liegen, mit leichter Blickneigung nach unten. Der Monitor soll flimmer- und spiegelfrei sein und die elektromagnetische Strahlung niedrig gehalten werden. Die Monitorgröße sollte mindestens 24 Zoll betragen und eine entsprechende Bildschirmauflösung mit gut lesbaren Zeichen haben.
- Tastatur: Sie muss vom Bildschirm getrennt und frei beweglich sein. Grundsätzlich sollte vor der Tastatur genügend Platz zum Auflegen der Handballen sein.
- Maus: Empfohlen wird eine flache Ausführung, um ohne Hebebewegung zwischen Maus und Tastatur wechseln zu können. Die Maus muss frei beweglich und für Rechts- und Linkshänder leicht bedienbar sein.
- Mobile Endgeräte: Am Büroarbeitsplatz sollten sie mithilfe einer Docking-Station mit größeren stationären Bildschirmen und externer Tastatur und Maus genutzt werden. Aus ergonomischer Sicht sind mobile Endgeräte nicht für die Dauerverwendung zulässig.
- Umgebung: Dort, wo Tageslicht nicht möglich ist, sollen Raster- oder Prismenleuchten eine gleichmäßige Raumausleuchtung herstellen. Die Beleuchtung darf nicht blenden und sich nicht im Bildschirm spiegeln. Vorteilhaft sind Bildschirmarbeitsplätze, die mit Blickrichtung auf die Fenster ausgerichtet sind, um so einen augenschonenden Fokuswechsel zu erlauben. Zu diesem Zweck eignen sich auch gedeckt-farbig gestaltete Innenwände und eine abwechslungsreiche Ausstattung mit Grünpflanzen.

Das **Arbeitssicherheitsgesetz** regelt den Gesundheitsschutz und die Arbeitssicherheit der Beschäftigten durch medizinische und sicherheitstechnische Beratung und Betreuung. Der Arbeitgeber ist verpflichtet, Betriebsärzte und Fachkräfte für Arbeitssicherheit zu bestellen oder in größeren Betrieben selbst anzustellen.

Das **Geräte- und Produktsicherheitsgesetz** enthält Vorschriften über den Einsatz technischer Arbeitsmittel. Die eingesetzten Geräte müssen den Anforderungen zur Gerätesicherheit nach den EU-Richtlinien entsprechen.

Das Ziel der **Gefahrstoffverordnung** ist es, den Menschen und die Umwelt vor stoffbedingten Gefahren und Schädigungen zu schützen, indem gefährliche Stoffe gekennzeichnet werden müssen und die Beschäftigten bei allen Tätigkeiten mit Gefahrstoffen durch Maßnahmen des Arbeitgebers geschützt werden müssen.

Zuständig für den Arbeitsschutz sind der Betrieb, der Staat und die jeweilige Berufsgenossenschaft.

Das Arbeitsschutzgesetz verpflichtet den Arbeitgeber, nach dem Stand von Technik, Arbeitsmedizin, Hygiene und arbeitswissenschaftlichen Erkenntnissen für entsprechende Arbeitsbedingungen zu sorgen.
Die Überwachung des Arbeitsschutzes erfolgt durch die zuständigen (Landes-)Behörden in Zusammenarbeit mit den Trägern der gesetzlichen Unfallversicherung.

Im **Betrieb** überwachen **Sicherheitsbeauftragte** in ihrem jeweiligen Arbeitsbereich die Einhaltung von Sicherheitsvorschriften sowie die Funktionsweise von Sicherheitseinrichtungen. Eine **Fachkraft für Arbeitssicherheit** berät auf Betriebsebene die Geschäftsleitung in Fragen des Gesundheitsschutzes und bei der Einführung neuer Betriebseinrichtungen. Die oberste Verantwortung für den Arbeits- und Gesundheitsschutz liegt davon abgesehen jedoch immer bei der **Geschäftsführung**.

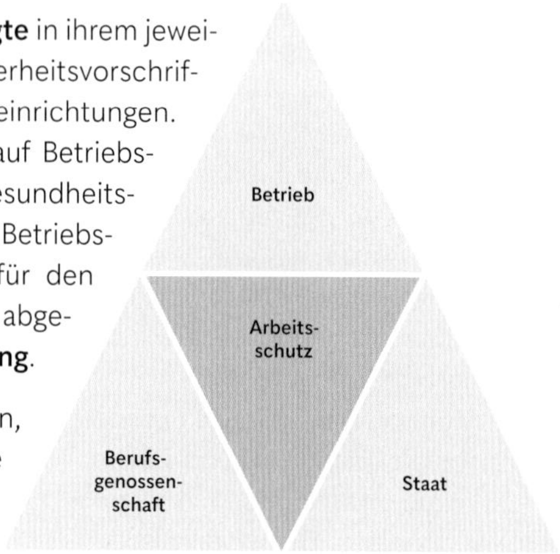

Der **Staat** setzt durch Gesetze, Verordnungen, Verwaltungsvorschriften und technische Normen die Mindeststandards bei Arbeitsschutz und Unfallverhütung. Die Überwachung der staatlichen Arbeitsschutzvorschriften ist Aufgabe der Bundesländer, zuständig sind je nach Bundesland die Gewerbeaufsichtsämter, Ämter für Arbeitsschutz oder die Bezirksregierungen.

Nach Arbeitsunfällen, Wegeunfällen oder bei Berufskrankheiten bieten die Berufsgenossenschaften ihren Versicherten verschiedenartige Leistungen an: z. B. medizinische Versorgung, Heil- und Hilfsmittel, häusliche Krankenpflege, Behandlung in eigenen Krankenhäusern sowie im Bedarfsfall auch Umschulungen und Entgeltersatzleistungen.

Die **Berufsgenossenschaften** sind zugleich Träger der gesetzlichen Unfallversicherung und erstellen in ihren Fachausschüssen eigene Unfallverhütungsvorschriften. Die Berufsgenossenschaften sind nach Gewerbezweigen getrennt. Jedes Unternehmen ist Pflichtmitglied der Berufsgenossenschaft seiner Branche und zur Einhaltung der entsprechenden Regeln verpflichtet. Ein wirksamer Unfallschutz ist auch im Eigeninteresse der Unternehmen. Denn die Höhe der Versicherungsbeiträge orientiert sich an der Gefahrenklasse der dem Unternehmen zugehörigen Arbeitsplätze. Eine Häufung von Arbeitsunfällen führt fast zwangsläufig zu einer Höherstufung und damit zu einer Beitragserhöhung.

Wenn in einem Betrieb ein Arbeitsunfall passiert, der mehr als drei Tage Arbeitsunfähigkeit verursacht, zieht dies ein umfangreiches Prozedere nach sich. So muss innerhalb von drei Tagen eine Unfallanzeige an die zuständige Berufsgenossenschaft gesendet werden. Diese Anzeige muss über die näheren Umstände des Vorfalls informieren.

Bei größeren Ereignissen – wie besonders schweren Verletzungen oder Unfällen mit mehreren Betroffenen – beginnen vonseiten der Berufsgenossenschaft eigene Untersuchungen. Im Zusammenwirken mit der betriebsinternen Fachkraft für Arbeitssicherheit und der Gewerbeaufsicht können diese unter Unterständen zu Änderungen oder zusätzlichen Auflagen im Arbeitsprozess führen. Wie schon erwähnt, kann es außerdem zu einer Neubewertung der Risikostufe kommen.

Eine schwer fahrlässige Missachtung von Sicherheitsvorschriften kann auch strafrechtlich verfolgt werden.

Damit betriebliche Gefahrenquellen möglichst sicher erkannt werden können, hat die DGUV eine Reihe von Sicherheitskennzeichen entwickelt, die im Bereich der jeweiligen Gefährdung anzubringen sind. Im Folgenden ist eine Auswahl abgebildet:

DGUV Deutsche Gesetzliche Unfallversicherung (Dachverband der gewerblichen Berufsgenossenschaften und der Unfallkassen)

Sicherheitszeichen

Verbotszeichen

Für Fußgänger verboten

Feuer, offenes Licht und Rauchen verboten

Kein Trinkwasser

Mit Wasser löschen verboten

Gebotszeichen

Augenschutz tragen

Gehörschutz tragen

Schutzhelm tragen

Schutzhandschuhe tragen

Warnzeichen

Warnung vor Flurförderfahrzeugen

Warnung vor gefährlicher elektrischer Spannung

Warnung vor einer Gefahrenstelle

Warnung vor schwebender Last

Rettungszeichen

Hinweis auf Erste Hilfe

Rettungsweg

ÜBERSICHT: Arbeitsschutz und Unfallverhütung

Gesundheitsrisiken von Arbeitnehmerinnen und Arbeitnehmern	Arbeitsunfälle	- können technische, physische, psychische oder soziale Unfallursachen haben
	Berufskrankheiten	- z. B. Hauterkrankungen, Lärmschwerhörigkeit, Rückenprobleme, Lungenerkrankungen, Infektionskrankheiten, psychische Erkrankungen
Zuständig für den Arbeitsschutz	Betrieb	- Sicherheitsbeauftragte, Fachkraft für Arbeitssicherheit, Geschäftsführung
	Staat	- Arbeitsschutzgesetz - Arbeitsstättenverordnung - Arbeitssicherheitsgesetz - Geräte- und Produktsicherheitsgesetz - Gefahrstoffverordnung
	Berufsgenossenschaft	- Träger der gesetzlichen Unfallversicherung - eigene Unfallverhütungsvorschriften - Unfalluntersuchung, Aufklärung, Beratung

Alles klar?

1 Begründen Sie, warum die Ausbildungsordnung für Industriekaufleute eine Ausbildungsdauer von drei Jahren vorsieht.

2 Beschreiben Sie Sachverhalte, die zu einer Verkürzung des Ausbildungsverhältnisses führen können, und solche, die eine Verlängerung der Ausbildungsdauer erforderlich machen.

3 Nennen Sie zu den Rechten und Pflichten von Auszubildenden je ein selbst gewähltes Beispiel, wie gegen die Bestimmung verstoßen werden kann.

4 Begründen Sie, warum das Berufsbildungsgesetz eine Probezeit in allen Fällen vorschreibt.

5 Geben Sie an, welcher Schaden einem Ausbildungsbetrieb dadurch entstehen könnte, dass ein Auszubildender das Ausbildungsverhältnis entgegen den Bestimmungen des BBiG kündigt.

6 Begründen Sie, warum das Jugendarbeitsschutzgesetz erst für Jugendliche ab 15 Jahren gilt.

7 Das Jugendarbeitsschutzgesetz wird oft mit dem Jugendschutzgesetz verwechselt. Recherchieren Sie, womit sich das Jugendschutzgesetz befasst.

8 Geben Sie an, wo ein Verstoß gegen die Bestimmungen des Jugendarbeitsschutzgesetzes vorliegt:

Name	Ahmed	Birgit	Claudia
Alter	15	16	17
Beginn der tägl. Arbeitszeit (Mo. – Fr.)	6:00	5:30	9:00
erste Pause	10:00 – 10:15	9:30 – 10:00	13:00 – 13:30
zweite Pause	12:00 – 12:45	12:00 – 12:30	15:00 – 15:15
Ende der tägl. Arbeitszeit (Mo. – Fr.)	15:30	14:30	17:45

9 Verena ist am 4. April 2008 geboren und trat zum 1. August 2024 ihre Ausbildung zur Industriekauffrau an. Ihr Ausbildungsbetrieb ist nicht tarifgebunden. Das Ausbildungsverhältnis geht über drei Jahre und endet vertraglich am 31. Juli 2027. Ermitteln Sie, welcher Jahresurlaub Verena laut Jugendarbeitsschutzgesetz in den Jahren 2024, 2025 und 2026 zusteht. Berücksichtigen Sie hierbei auch den Zeitanteil der Beschäftigung im Jahr 2024.

10 Nurcan ist 17 Jahre, Erika ist 18 Jahre und Franz ist 19 Jahre alt. Alle befinden sich im zweiten Jahr ihrer Ausbildung zur Industriekauffrau/-kaufmann. Beurteilen Sie, ob die folgenden Aussagen richtig sind, und kreuzen Sie an:

Aussage	richtig	falsch
Nurcan muss 25 Arbeitstage Urlaub erhalten.		
Erika unterliegt nicht mehr den Bestimmungen des Jugendarbeitsschutzgesetzes.		
Franz hat dienstags sechs Stunden Berufsschulunterricht. Er ist an diesem Tag von der Arbeit freizustellen.		
Erika darf auch samstags beschäftigt werden, wenn der gültige Tarifvertrag dies zulässt.		
Nurcan soll heute bis 21 Uhr arbeiten.		
Für Erika beginnt die Berufsschule um 9:30 Uhr. Der Ausbildende kann verlangen, dass sie bis 9:10 Uhr im Betrieb arbeitet, da der Weg bis zur Berufsschule nur 15 Minuten beträgt.		
Die einzige Pause im Betrieb für alle drei Auszubildenden ist die Mittagspause von 45 Minuten Dauer.		

11 Begründen Sie, warum der Gesetzgeber den Zugriff auf den Jahresurlaub erst nach sechs Monaten erlaubt.

12 Wie wird verhindert, dass ein Arbeitnehmer bei Betriebswechsel den Urlaubsanspruch doppelt geltend macht? Informieren Sie sich hierzu in § 6 des Bundesurlaubsgesetzes.

13 Nennen Sie Gründe, warum der Gesetzgeber dem Schutz schwangerer Frauen durch die sehr umfangreiche Gesetzgebung so eine hohe Bedeutung beimisst.

14 Begründen Sie, warum
a die Zahl der Arbeitsunfälle in den letzten Jahren gesunken ist.
b die Zahl der Berufserkrankungen in den letzten Jahren gestiegen ist.

15 Recherchieren Sie, welche Erkrankungen – neben Haltungsschäden – besonders häufig mit Büroarbeit verbunden sind.

16 Diskutieren Sie, mit welchen Maßnahmen Sie sich schon frühzeitig vor Rückenproblemen bzw. Haltungsschäden schützen können.

17 Begründen Sie, warum ein wirksamer Unfallschutz im Eigeninteresse eines jeden Unternehmens ist.

18 Beschreiben Sie, was nach einem Arbeitsunfall geschieht, der mehr als drei Tage Arbeitsunfähigkeit verursacht.

19 Recherchieren Sie, welche Rolle ein sogenannter „D-Arzt" im Zusammenhang mit einem Arbeitsunfall übernimmt.

AB → Lernsituation 7

Lernvideo:
Betriebliche Mitbestimmung

4 Betriebliche Mitbestimmung

4.1 Betriebsrat

BEISPIEL: Bettina ist volljährige Auszubildende in einem Industrieunternehmen, das Bremssysteme für Fahrräder herstellt. Die Arbeitnehmer des Unternehmens haben einen Betriebsrat gewählt. Im dritten Ausbildungsjahr soll sie kurz vor Pfingsten Überstunden machen und nach Geschäftsschluss noch Lieferscheine zusammen mit dem Lagerleiter fertigstellen. Ihr passt das nicht, denn sie hat schon Pläne für ihre Freizeit. Sie geht zum Vertriebsleiter und beschwert sich.
Bettina: Ich sehe nicht ein, dass ich Überstunden machen muss. Ich habe eine Verabredung gleich nach der Arbeit. Bisher war es sowieso nicht üblich, dass wir Auszubildenden Überstunden machen mussten!
Vertriebsleiter: Wir machen alle Überstunden heute, um vor den Pfingsttagen noch unsere Kunden beliefern zu können. Wenn die Ware erst morgen rausgeht, wird sie nicht mehr rechtzeitig ankommen und wir würden mit Sicherheit einige unserer Großkunden verlieren. Was das bedeuten würde, ist dir doch wohl klar!
Bettina: Mag schon alles sein, aber für eine Ausbildungsvergütung mache ich keine Überstunden! Nach mehr als zwei Ausbildungsjahren müsste ich eigentlich zumindest den Lohn einer Hilfskraft bekommen, mit Überstundenzuschlag.
Vertriebsleiter: Du bekommst, was dir zusteht. Die Überstunden sind von dir jetzt gleich, hier und heute zu machen, ansonsten riskierst du deine Kündigung. Also, nun leg schon los, der Lagerleiter will schließlich auch mal Feierabend haben.

Der Fall von Bettina ist typisch für viele **Interessenkonflikte**, die alltäglich **am Arbeitsplatz** entstehen. Ähnliche Konflikte können entstehen um die Festlegung von Beginn und Ende der täglichen Arbeitszeit, die Pausenregelung, sowie Kündigungen, Versetzungen im Betrieb, und Anweisungen von Vorgesetzten bei der täglichen Arbeit.

Wo Betriebsräte häufig/selten zu finden sind
Anteil der Beschäftigten in Betrieben mit Betriebsrat nach Branchen 2019 (in %)

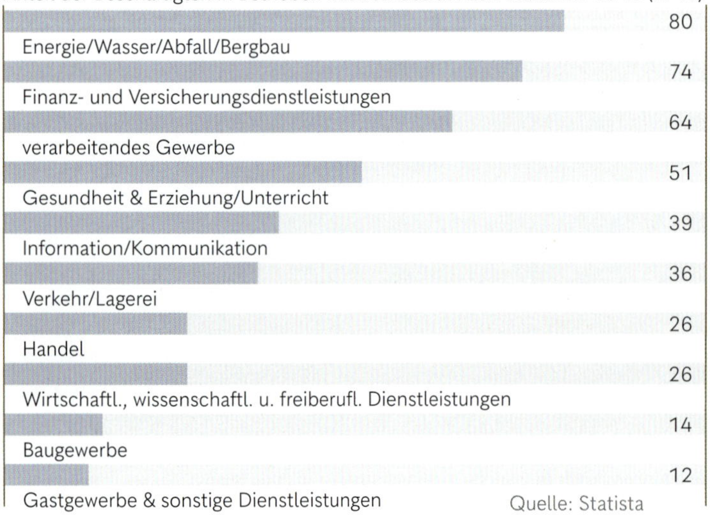

Beide Seiten, Arbeitnehmer und Arbeitgeber, verfolgen eigene Interessen, die auch berechtigt sein können. In manchen Situationen können diese Interessen miteinander in Konflikt geraten. Dieser Konflikt muss dann im Konsens der Beteiligten geregelt werden.

Einzelnen Arbeitnehmerinnen und Arbeitnehmern fällt es oft schwer, ihre Interessen gegenüber dem Arbeitgeber nachdrücklich zu vertreten. Ihre Verhandlungsposition ist zudem deutlich schwächer. Aus diesem Grunde hat der Gesetzgeber im **Betriebsverfassungsgesetz (BetrVG)** eine gemeinschaftliche Interessenvertretung der Arbeitnehmer eines Betriebs durch die Wahl eines Betriebsrats ermöglicht.

Ein Betriebsrat nimmt im Einzelnen die folgenden Aufgaben wahr:

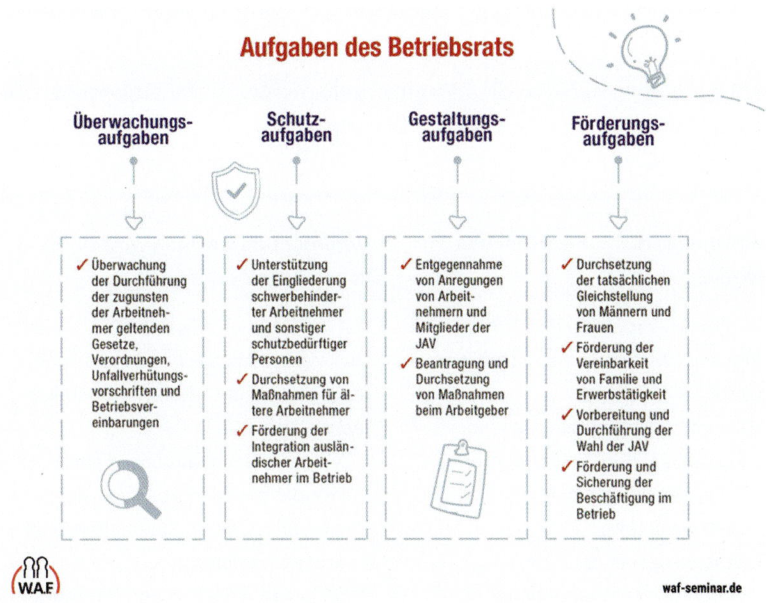

Die Anzahl der zu wählenden Betriebsräte ist von der Beschäftigtenzahl des Betriebs abhängig, die Wahl wird in einer Betriebsversammlung durchgeführt. Für die Wahl eines Betriebsrats nennt der § 1 BetrVG als Minimalvoraussetzung:

§ 1 BetrVG Errichtung von Betriebsräten
(1) In Betrieben mit in der Regel mindestens fünf ständigen wahlberechtigten Arbeitnehmern, von denen drei wählbar sind, werden Betriebsräte gewählt. Dies gilt auch für gemeinsame Betriebe mehrerer Unternehmen.
[...]

Betriebsrat: Wahlberechtigte und wählbare Arbeitnehmer/-innen

Wahlberechtigte Arbeitnehmer/-innen	– Wahlberechtigt sind alle abhängig Beschäftigten, die das 16. Lebensjahr vollendet haben. – Dazu gehören auch Leiharbeiter, die mehr als 3 Monate im Betrieb tätig sind. – **Nicht** wahlberechtigt sind leitende Beschäftigte (z. B. angestellte Geschäftsführer/-innen oder Prokurist/-innen, Personalchefs), Schulpraktikant/-innen oder rechtlich selbstständige Dienstleister.
Wählbare Arbeitnehmer/-innen	– Wählbar sind alle volljährigen Beschäftigten, die seit mindestens 6 Monaten im Betrieb sind. – **Nicht** wählbar sind leitende Angestellte, Leiharbeiter/-innen, Schulpraktikant/-innen und rechtlich selbstständige Dienstleister. – Ebenfalls **nicht** wählbar sind Personen unter 18 Jahren. – Problematisch ist die Wahl von Mitarbeitenden mit Zeitverträgen, da diese meist vor Ablauf der Wahlperiode enden.

§ 15 BetrVG schreibt vor, dass bei mindestens drei Betriebsratsmitgliedern das Geschlecht, welches in der Minderheit ist, gemäß seinem Anteil an der Belegschaft berücksichtigt sein muss. Die Amtsdauer eines Betriebsrats oder einer Betriebsrätin beträgt vier Jahre. Er bzw. sie kann beliebig oft wiedergewählt werden. Grundsätzlich

→ § 15 BetrVG

dürfen Betriebsräte nicht in das Direktionsrecht des Arbeitgebers eingreifen. Dieser allein bestimmt Arbeitsort, Arbeitsgegenstand sowie Art und Weise der Aufgabenerfüllung.

Allerdings gibt es in Fragen, die in die Persönlichkeitsrechte der Mitarbeitenden eingreifen, ein abgestuftes Mitspracherecht des Betriebsrats:

Rechte des Betriebsrats

Mitbestimmungsrecht in sozialen Angelegenheiten	Mitwirkungsrecht in personellen Angelegenheiten	Unterrichtungsrecht in wirtschaftlichen Angelegenheiten
Der Betriebsrat hat, soweit eine gesetzliche oder tarifliche Regelung nicht besteht, u. a. in folgenden Fällen mitzubestimmen: 1. Betriebsordnung und Arbeitnehmerverhalten 2. Beginn, Ende und Verteilung der täglichen Arbeitszeit, Pausen 3. Urlaubsplan 4. Einführung von technischen Einrichtungen zur Überprüfung von Verhalten und Leistung der Arbeitnehmer 5. Unfallverhütung 6. Sozialeinrichtungen im Betrieb 7. betriebliche Entlohnungsgrundsätze 8. Akkord- und Prämiensätze 9. betriebliches Vorschlagswesen	Der Betriebsrat ist bei der Durchführung einer Maßnahme zu beteiligen durch: 1. Informationsrechte: Einstellung, Ein- und Umgruppierung, Versetzung (z. B. Einsicht in Personalakten) 2. Vorschlagsrechte: Durchführung betrieblicher Bildungsmaßnahmen 3. Aktionsrechte: Kündigung	Der Arbeitgeber muss den Betriebsrat bzw. Wirtschaftsausschuss unterrichten, sich mit ihm beraten (Beratungsrecht) über: 1. wirtschaftliche und finanzielle Lage 2. Produktions- und Absatzlage 3. Investitionen und Rationalisierungen 4. Arbeitsmethoden 5. Stilllegen, Verlegen und Zusammenschließen von Betrieben 6. Änderungen der Betriebsorganisation 7. Gestaltung des Arbeitsplatzes

Quelle: in Anlehnung an: Workshop Zukunft, Hans-Böckler-Stiftung, Themenheft 10, Mitbestimmen, Mitgestalten, Mitverantworten, S. 8

Mitbestimmungsrecht bedeutet, dass ohne Zustimmung des Betriebsrats eine geplante Maßnahme des Arbeitgebers nicht umgesetzt werden kann.

Mitwirkungsrecht bedeutet, dass ein Widerspruch des Betriebsrats die Maßnahme aufschiebt und das Arbeitsgericht über die Umsetzung entscheidet. Im Falle einer Kündigung beschränkt sich das Widerspruchsrecht des Betriebsrats allerdings auf konkrete Sachverhalte, z. B., wenn ein betriebsbedingt Gekündigter einen freien anderen Arbeitsplatz im Unternehmen besetzen könnte. Vor einer Kündigung muss der Arbeitgeber den Betriebsrat aber in jedem Fall informieren. Sonst ist diese Kündigung unwirksam.

Unterrichtungsrecht bedeutet, dass der Arbeitgeber den Betriebsrat über geplante Betriebsveränderungen informieren muss und der Betriebsrat dazu eine Stellungnahme abgeben kann. Doch auch bei Ablehnung der Maßnahme kann der Arbeitgeber diese durchführen.

Es ist möglich, dass Betriebsräte und Betriebsrätinnen bei der Ausübung ihrer Rechte in eine Konfliktlage mit ihrem Arbeitgeber geraten. Deshalb sind sie nicht nur während ihrer Amtszeit, sondern auch noch ein Jahr danach vor einer ordentlichen Kündigung geschützt.

4.2 Einigungsstelle

Nicht immer kommt bei zustimmungspflichtigen oder widerspruchsfähigen Betriebsangelegenheiten eine Einigung zwischen Arbeitgeber und Betriebsrat zustande. Um eine Lähmung unternehmerischer Entscheidungen und zeitaufwendige Gerichtsverfahren zu vermeiden, kann eine betriebliche Einigungsstelle eingerichtet und von einer der beiden Parteien angerufen werden.Eine Einigungsstelle kann nach Bedarf oder (durch eine entsprechende Betriebsvereinbarung) auch als ständige Instanz eingerichtet werden.

§ 76 BetrVG Einigungsstelle
(2) Die Einigungsstelle besteht aus einer gleichen Anzahl von Beisitzern, die vom Arbeitgeber und Betriebsrat bestellt werden, und einem unparteiischen Vorsitzenden, auf dessen Person sich beide Seiten einigen müssen. Kommt eine Einigung über die Person des Vorsitzenden nicht zu Stande, so bestellt ihn das Arbeitsgericht. Dieses entscheidet auch, wenn keine Einigung über die Zahl der Beisitzer erzielt wird.

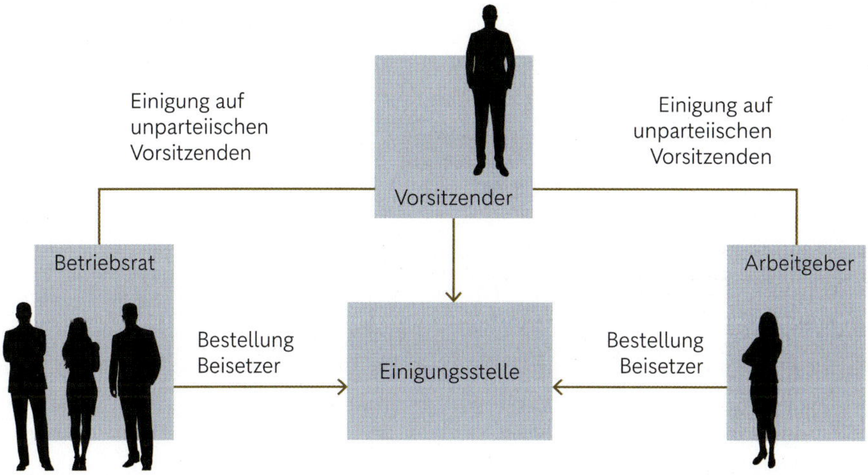

4.3 Wirtschaftsausschuss

In Unternehmen mit mehr als 100 Beschäftigten ist nach § 106 BetrVG ein Wirtschaftsausschuss zu bilden. Dieser ist ein Nebenorgan des Betriebsrats. Im Wirtschaftsausschuss muss die Geschäftsführung Vertreter/-innen des Betriebsrats ausführlich über wirtschaftliche Angelegenheiten informieren und diese mit ihnen beraten.

Beispiele solcher wirtschaftlichen Angelegenheiten sind:
- die wirtschaftliche und finanzielle Lage des Unternehmens
- Produktions-, Investitions- und Rationalisierungsvorhaben
- die Stilllegung oder Verlegung von Betrieben oder Betriebsteilen
- der Zusammenschluss von Betrieben

Da dem Betriebsrat kein Mitbestimmungs- oder Mitwirkungsrecht bei wirtschaftlichen Entscheidungen zusteht, hat auch der Wirtschaftsausschuss keine Möglichkeiten, auf solche Entscheidungen direkt einzuwirken.

Seit der Reform des BetrVG werden auch Fragen des betrieblichen Umweltschutzes im Wirtschaftsausschuss thematisiert. Darüber hinaus erhält auch der Betriebsrat Mitwirkungsrechte beim betrieblichen Umweltschutz (§ 89 BetrVG).

4.4 Gesamt- und Konzernbetriebsräte

Die Wahl von Betriebsräten erfolgt immer auf Betriebsebene. Jede einzelne Betriebsstätte, welche die gesetzlichen Vorgaben erfüllt, wählt einen eigenen Betriebsrat. Doch Großunternehmen besitzen zumeist mehrere Betriebsstätten. So hat der Fahrzeughersteller Audi AG neben dem Hauptstandort Ingolstadt auch in Neckarsulm und Zwickau große Produktionsstandorte. Da viele Entscheidungen, z. B. zum Vergütungssystem, aber allein in der Unternehmenszentrale getroffen werden, ist es nicht sinnvoll, sich damit an jedem einzelnen Standort auseinanderzusetzen. In diesem Fall muss nach § 47 BetrVG ein **Gesamtbetriebsrat** am Unternehmenssitz bzw. Hauptstandort eingerichtet werden, in den die Betriebsräte jedes Betriebs eine vorgegebene Anzahl von Vertreter/-innen entsenden.

Der Gesamtbetriebsrat ist für alle Sachfragen und Entscheidungen zuständig, die für alle Betriebsstätten gleichermaßen wirksam werden, und verhandelt diese mit der Unternehmensleitung. Der Gesamtbetriebsrat hat keine feste Amtsdauer, sondern ist ein ständiges Gremium mit wechselnder Besetzung.

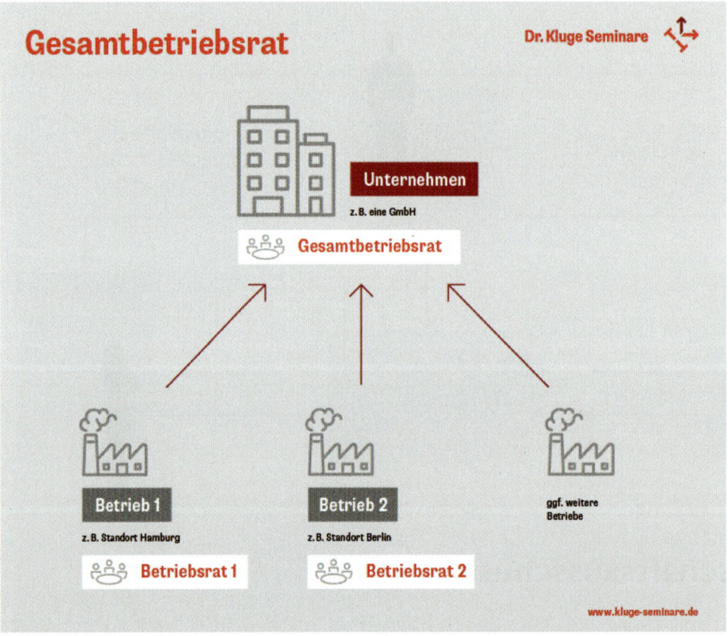

Oft sind jedoch selbst Großunternehmen wirtschaftlich nicht selbstständig, sondern über Kapitalmehrheiten in Konzerne eingegliedert. So ist z. B. die Audi AG ein Bestandteil des VW-Konzerns, dem auch andere Fahrzeughersteller wie Porsche oder Skoda zugehören. Sogar die Unternehmensleitung der Audi AG kann also unternehmerische Entscheidungen oft nicht selbst treffen und ausgestalten. Um Einfluss ausüben zu können, ist es daher sinnvoll, Arbeitnehmervertreter/-innen in der Konzernzentrale zu installieren. Die Einrichtung eines **Konzernbetriebsrats** ist gesetzlich nicht vorgeschrieben und muss von den Gesamtbetriebsräten der zugehörigen Unternehmen beschlossen werden. Im Regelfall entsendet jeder Gesamtbetriebsrat zwei Mitglieder in den Konzernbetriebsrat.

4.5 Europäischer Betriebsrat

Das Recht zur Bildung von Betriebsräten wie auch die Mitbestimmung von Arbeitnehmer/-innen in den Aufsichtsräten von Unternehmen werden durch die inländische Gesetzgebung (Betriebsverfassungsgesetz, Mitbestimmungsgesetz u. a.) garantiert.

Je nach Unternehmensform und Mitarbeiterzahl können Arbeitnehmervertreter/-innen auch im Aufsichtsrat eines Unternehmens Mitwirkungsrechte wahrnehmen. Dies wird durch das Mitbestimmungsgesetz (MitbestG) geregelt.
→ Kap. 5.7

Bei Unternehmen, deren Hauptsitz im Ausland liegt, können diese Rechte jedoch nur auf die inländischen Betriebsstätten angewendet werden. Für andere Standorte gelten die jeweiligen nationalen Regeln. Diese sind auch innerhalb Europas von Land zu Land sehr unterschiedlich.

Ein weiterer Aspekt: Befindet sich der Hauptsitz eines Unternehmens im Ausland, ist keine Bildung von Gesamt- und Konzernbetriebsräten nach deutschem Recht möglich. So kann die Verlegung der Unternehmenszentrale in ein europäisches Nachbarland der Arbeitnehmerschaft große Teile ihrer Mitentscheidungsmöglichkeiten entziehen.

Um eine „harmonische Entwicklung" der Wirtschaft europaweit zu sichern, fordern die Gewerkschaften eine europäische Mitbestimmung. Ohne eine solche Regelung befürchten die Arbeitgeber **Wettbewerbsvorteile** für Unternehmen ohne Mitbestimmung und die Gewerkschaften befürchten ein **„social dumping"**, d. h. ein Abwandern von Unternehmen in Länder mit kostengünstigeren Mitbestimmungsregelungen. Aber eine Mitbestimmungsregelung, die in allen EU-Staaten zugleich gelten soll, ist äußerst schwierig, denn die bestehenden Formen der Mitbestimmung in den einzelnen Mitgliedstaaten sind höchst unterschiedlich und teils unvereinbar. Aufgrund eines Vorschlags der EU-Kommission wurde daher das Gesetz über Europäische Betriebsräte (EBRG) verabschiedet. In gemeinschaftsweit operierenden Unternehmen oder Unternehmensgruppen mit mindestens 1 000 Beschäftigten sind **europäische Betriebsräte (EBR)** zu bilden. Von diesen Beschäftigten müssen mindestens 150 Arbeitnehmer in mindestens zwei Mitgliedstaaten beschäftigt sein (§ 3 EBRG). Diese Europäischen Betriebsräte nehmen ausschließlich Informations- und Beratungsfunktionen wahr. Echte Mitbestimmungsrechte besitzen Europäische Betriebsräte nicht.

Europäische Gesellschaft (SE) auch als „Europäische Aktiengesellschaft" bezeichnet
→ Kap. 10.3.4

Mitbestimmung im Aufsichtsrat
→ Kap. 5.7

Aktiengesellschaft (AG)
→ Kap. 10.3.1

Für die Gründung eines EBR ist zunächst ein Verhandlungsgremium der Arbeitnehmerschaft einzusetzen. Die Arbeitnehmer/-innen aus den einzelnen Länderniederlassungen sind darin gemäß ihren Anteilen am Gesamtunternehmen vertreten. Das Gremium versucht, mit der Unternehmensleitung wichtige Regularien wie die Anzahl der EBR-Mitglieder, die Tagungshäufigkeit, Beteiligungsrechte, zu bildende Ausschüsse, finanzielle Ausstattung usw. festzuschreiben. Kommt es zu keiner Vereinbarung, wird gemäß §1 EBRG ein Europäischer Betriebsrat kraft Gesetz errichtet. Die Leitungsspitze hat nun die Pflicht, den EBR einmal im Jahr über die geschäftliche Entwicklung und die Perspektiven der gesamten Unternehmensgruppe zu informieren.

Wenn sich europaweit tätige Unternehmen in eine Europäische Gesellschaft (Societas Europaea = SE) umwandeln, ist auch die Mitbestimmung der Arbeitnehmer/-innen im Aufsichtsrat gefährdet. Nach der aktuellen Rechtslage werden bei der Umwandlung einer AG in eine SE die Mitbestimmungsstandards der neuen Gesellschaft wiederum zwischen einem Verhandlungsgremium und der Leitungsebene ausgehandelt. Dabei muss der bestehende Status in den jeweiligen Ländern gewahrt bleiben.

AB → Lernsituation 8

4.6 Jugend- und Auszubildendenvertretung (JAV)

→ §§ 60 ff. BetrVG

Der gewählte Betriebsrat vertritt ein weites Spektrum von Arbeitnehmerinteressen gegenüber der Geschäftsleitung. Dabei hat er das Wohl der gesamten Belegschaft im Auge. Durch die Vielfalt der Anliegen, das fortgeschrittene Lebensalter und die weit zurückliegende Ausbildungserfahrung vieler Betriebsratsmitglieder besteht die Gefahr, dass die speziellen Sorgen und Wünsche jüngerer Menschen nicht die notwendige Berücksichtigung finden. Jugendlichen Arbeitnehmer/-innen und Auszubildenden räumt das Betriebsverfassungsgesetz deshalb das Recht auf die Wahl einer eigenen Interessenvertretung ein.

§§ 60
(1) In Betrieben mit in der Regel mindestens 5 Arbeitnehmern, die das 18. Lebensjahr noch nicht vollendet haben (jugendliche Arbeitnehmer) oder die zu ihrer Berufsausbildung beschäftigt sind, werden Jugend- und Auszubildendenvertretungen gewählt.

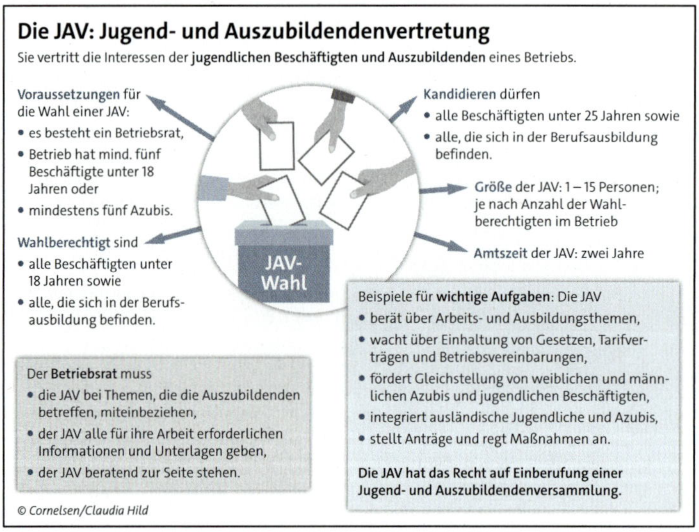

Wahlberechtigt sind alle Beschäftigten unter 18 Jahren sowie alle, die sich in der Berufsausbildung befinden. Für die JAV kandidieren dürfen alle Beschäftigten unter 25 Jahren sowie alle, die sich in der Berufsausbildung befinden. Eine bestimmte Dauer der Betriebsangehörigkeit ist hier nicht vorgeschrieben. Wer Mitglied des Betriebsrats ist, darf aber nicht gleichzeitig für die JAV kandidieren.

Ähnlich wie beim Betriebsrat ist die Anzahl der JAV-Mitglieder von der Größe des wahlberechtigten Personenkreises abhängig. Ihre Wahl erfolgt auf zwei Jahre. Sind mindestens drei JAV-Mitglieder wählbar, muss das Geschlecht, das sich in der Minderheit befindet, entsprechend seinem Anteil an den Wahlberechtigten vertreten sein. Während ihrer Amtszeit und auch noch ein Jahr danach sind JAV-Mitglieder vor betriebsbedingter Kündigung geschützt. Auszubildende JAV-Vertreter müssen in diesem Zeitraum auch nach Abschluss ihrer Ausbildung weiterbeschäftigt werden.

→ § 78 a BetrVG

Zu den Aufgaben der JAV zählt – neben der allgemeinen Interessenvertretung von Jugendlichen und Auszubildenden – insbesondere die Beantragung von Fördermaßnahmen, sei es zur beruflichen Entwicklung, zur Gleichstellung von Mann und Frau oder zur Integration junger ausländischer Betriebsangehöriger. Wichtig dabei ist: Die JAV hat kein Vertretungsrecht gegenüber dem Arbeitgeber, dieses wird allein vom Betriebsrat ausgeübt. Die JAV kann die Interessenvertretung nur über die Teilnahme und Mitarbeit in den Betriebsratssitzungen ausüben. Dies bedeutet auch: Gibt es keinen Betriebsrat, kann auch keine JAV gewählt werden!

Das Zusammenwirken zwischen Betriebsrat und JAV ist in §§ 30 und 60 BetrVG geregelt. Bei Betriebsratssitzungen mit allgemeinen betriebsbezogenen Fragen ist grundsätzlich ein JAV-Mitglied teilnahmeberechtigt, hat jedoch kein Stimmrecht. Beinhaltet die Tagesordnung hingegen mindestens eine Jugend- oder Ausbildungsfrage, so sind während der Beratung dieser Sachfrage(n) sämtliche JAV-Mitglieder anwesenheitsberechtigt. Diese haben bei Betriebsratsbeschlüssen, die vorwiegend die Betriebssituation von Jugendlichen oder Auszubildenden betreffen, auch das volle Stimmrecht.

→ §§ 30 und 60 BetrVG

4.7 Mitbestimmung im Aufsichtsrat

Kapitalgesellschaften
→ Kap. 10.3

In Unternehmen, die vor dem 18. August 1994 ins Handelsregister eingetragen worden sind und keine Familiengesellschaften sind, gilt das Drittelbeteiligungsgesetz von 2004 auch dann, wenn weniger als 500 Arbeitnehmer beschäftigt sind.

Bei **Kapitalgesellschaften** ab einer bestimmten Anzahl von Mitarbeitern sind die Arbeitnehmer auch im Aufsichtsrat vertreten. Dieses Recht wird durch die folgenden Gesetze bestimmt:
- **Drittelbeteiligungsgesetz von 2004:** Dies gilt für Kapitalgesellschaften mit Belegschaften von 501 bis 2 000 Mitarbeitern.
- **Mitbestimmungsgesetz von 1976:** Dies gilt für Kapitalgesellschaften mit mehr als 2 000 Mitarbeitern.
- **Montan-Mitbestimmungsgesetz von 1951:** Dies gilt für Kapitalgesellschaften im Bergbau sowie in der Eisen- und Stahlindustrie mit mehr als 1 000 Mitarbeitern.

Die Aufgabe des Aufsichtsrats besteht im Wesentlichen in der Überwachung des Leitungsgremiums (Vorstand oder Geschäftsführung). Während die Vertreter/-innen der Kapitalseite die Entscheidungen der Unternehmensleitung insbesondere auf Wirtschaftlichkeit und Renditechancen prüfen, sind die Beschäftigten an guten sozialen Leistungen und der Sicherung von Arbeitsplätzen interessiert.

Im Einzelnen hat der Aufsichtsrat einer Aktiengesellschaft folgende Aufgaben:
- Ernennung und Abberufung des Vorstands,
- Überwachung des Vorstands,
- Kontrolle und Einsicht in alle Geschäftspapiere,
- Bestellung der Wirtschaftsprüfer, die den Jahresabschluss testieren,
- Arbeitsbericht in der Hauptversammlung,
- Vertretung von Schadensersatzansprüchen gegenüber dem Vorstand,
- bei außergewöhnlichen Umständen: Einberufung einer außerordentlichen Hauptversammlung.

Durch die Ernennung und Kontrolle des Vorstands und durch die Berichterstattung in der Hauptversammlung hat der Aufsichtsrat die Möglichkeit, sowohl die Geschäftsleitung als auch die Eigentümer (Aktionäre) direkt anzusprechen. Damit kann er auch in allgemeinen wirtschaftlichen Angelegenheiten einen Einfluss geltend machen, der dem Betriebsrat gemäß BVerfG nicht zusteht.

Hierzu gibt es unterschiedliche gesetzliche Grundlagen:

KGaA
= Kommanditgesellschaft auf Aktien

VVaG
= Versicherungsvereine auf Gegenseitigkeit

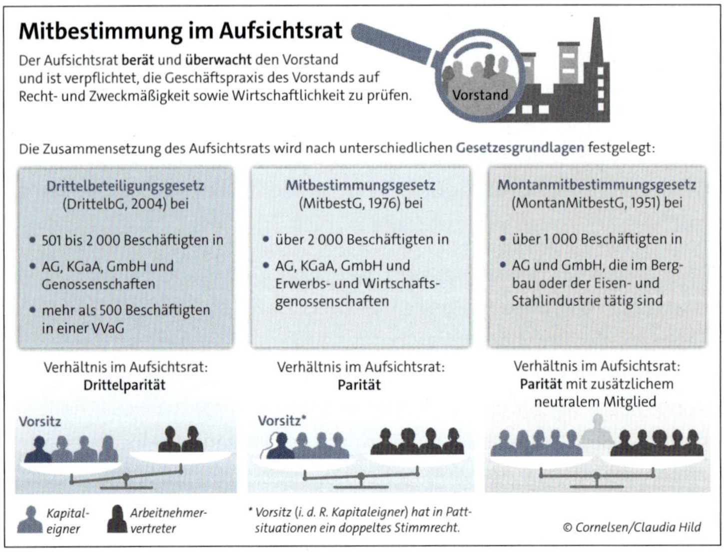

4.7.1 Drittelbeteiligungsgesetz

Die Mitbestimmung nach dem Drittelbeteiligungsgesetz gilt für Kapitalgesellschaften außerhalb des Montanbereichs. Das Verhältnis von Arbeitgeber- zu Arbeitnehmervertretern im Aufsichtsrat beträgt hier 2:1 (Drittelparität).

Folglich behält die Kapitalseite bei Abstimmungen regelmäßig die Majorität (Mehrheit).

Das Drittelbeteiligungsgesetz (DrittelbG) löste 2004 die entsprechenden Bestimmungen des Betriebsverfassungsgesetzes ab.

Beteiligung nach dem Drittelbeteiligungsgesetz-Modell für einen Aufsichtsrat aus 9 Mitgliedern

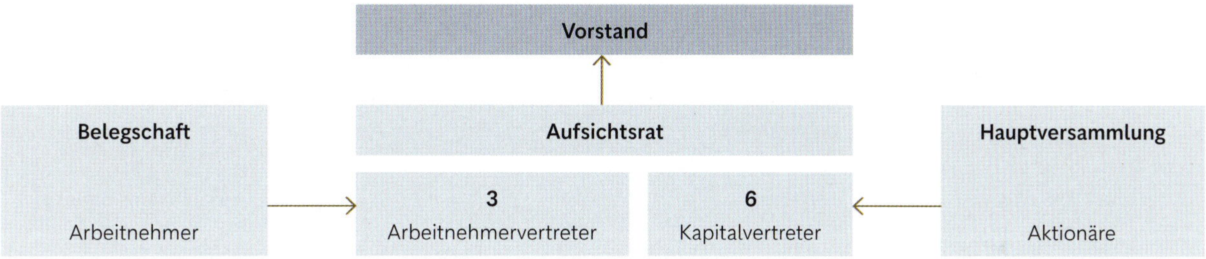

4.7.2 Mitbestimmungsgesetz

Im Unterschied zum Drittelbeteiligungsgesetz wird nach diesem Gesetz von 1976 der Aufsichtsrat in Kapitalgesellschaften mit über 2 000 Beschäftigten, die nicht der Montanindustrie angehören, paritätisch besetzt, d. h. zu gleichen Teilen von Arbeitnehmervertretern und Arbeitgebervertretern.

In der Praxis ist diese Stimmengleichheit jedoch dadurch aufgehoben, dass
- zu den Arbeitnehmervertreter/-innen auch leitende Angestellte zählen, deren Abstimmungsverhalten eher eigentümerfreundlich ist,
- der oder die Vorsitzende bei Pattsituationen ein doppeltes Stimmrecht ausübt und in der Regel von der Kapitalvertreterseite ernannt wird.

Parität bedeutet Gleichgewichtigkeit. Entsprechend bedeutet „paritätische“ Mitbestimmung eine Gleichverteilung der Stimmen von Arbeitgebern und Arbeitnehmern im Aufsichtsrat.

Das Besondere am Mitbestimmungsgesetz ist, dass auf der Ebene des Vorstands vom Aufsichtsrat ein Arbeitsdirektor bestellt werden muss. Dieser **Arbeitsdirektor** ist für die Personal- und Sozialangelegenheiten des Unternehmens wie Einstellungen, Versetzungen oder Lohnfragen zuständig. Er verantwortet die Personalplanung, Personalentwicklung und Personalbetreuung. Sein besonderes Augenmerk gilt der Einhaltung arbeits- und tarifrechtlicher Standards. Um seinen Einfluss zu gewährleisten und die Mittlerfunktion zwischen Arbeitnehmer- und Unternehmensinteressen auszufüllen, ist er selbst Mitglied des Vorstands.

Mitbestimmung nach dem Mitbestimmungsgesetz-Modell für ein Unternehmen mit mehr als 20 000 Arbeitnehmern

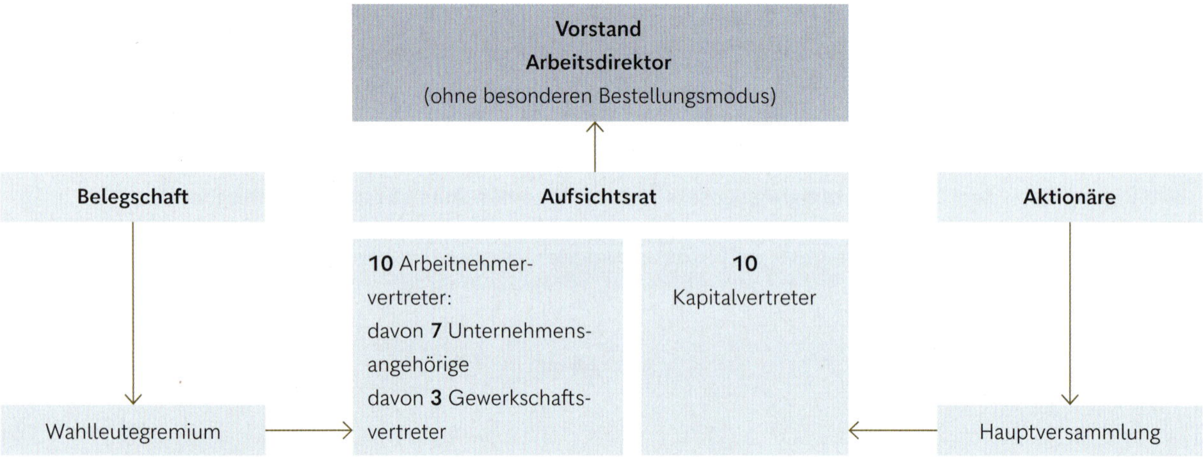

auf Wunsch der Belegschaft: Urwahl

4.7.3 Montan-Mitbestimmung

Das Montan-Mitbestimmungsgesetz von 1951 mit seiner Ergänzung von 1956 schreibt für Unternehmen der Montanindustrie (also Bergbau, Eisen- und Stahlindustrie) mit über 1 000 Beschäftigten einen besonders zusammengesetzten Aufsichtsrat vor.

Die Aufsichtsräte der montanindustriellen Unternehmen sind nach diesem Gesetz paritätisch von Anteilseignern (Aktionären) und Arbeitnehmervertretern zu besetzen. In der Regel besteht der Aufsichtsrat aus elf Mitgliedern, und zwar aus vier Vertretern der Anteilseigner und einem „weiteren" Mitglied, vier Arbeitnehmervertretern und einem „weiteren" Mitglied und einer elften, vom Gesetz ebenfalls „weiteres" Mitglied genannten Person. Diese elfte Person – auch **neutrales Mitglied** genannt – soll verhindern, dass es bei Abstimmungen im Aufsichtsrat zum Patt (Stimmengleichheit) kommt. Diese elfte Person muss mit der Mehrheit beider Gruppen gewählt werden und ist in der Regel eine (frühere) Person des öffentlichen Lebens, z. B. eine soziale Wirtschaftspolitikerin, ein ehemaliger Ministerpräsident o. Ä.

Auch in Montanunternehmen ist ein Arbeitsdirektor vom Aufsichtsrat in den Vorstand zu bestellen, er darf hier jedoch nicht gegen die Stimmen der Arbeitnehmervertreter berufen oder abberufen werden, selbst wenn die Stimmenmajorität eine andere Entscheidung vorsieht.

Mitbestimmung nach dem Montan-Mitbestimmungsgesetz

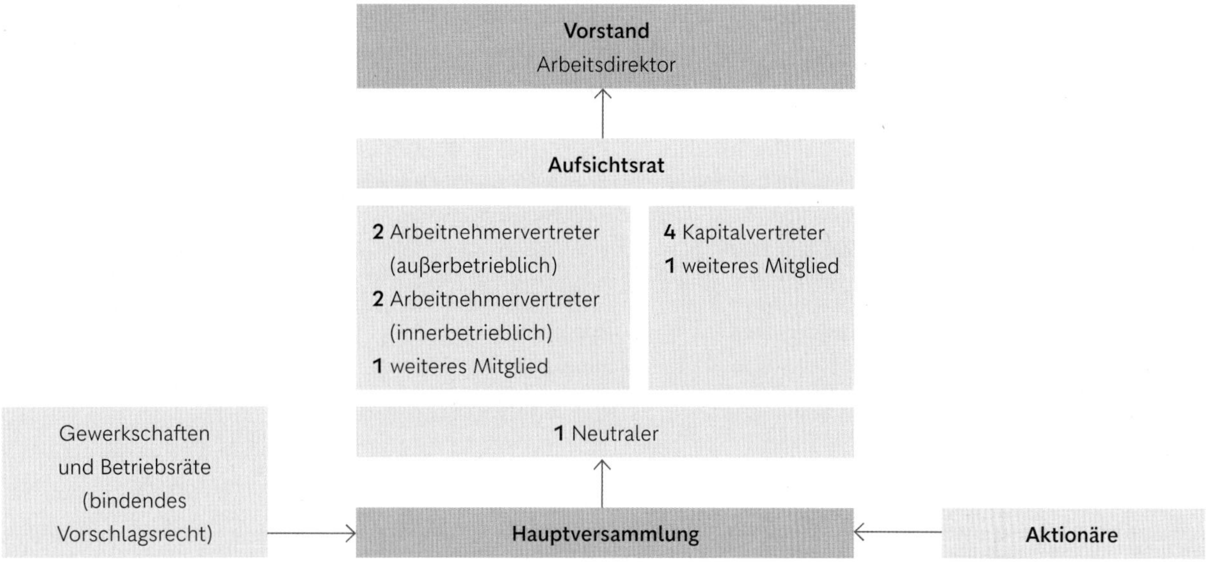

Das Montan-Mitbestimmungsgesetz von 1951 wurde als Motor der sozialpolitischen Demokratisierung gefeiert. In keinem anderen Bereich sind die Mitwirkungsrechte der Belegschaft so ausgeprägt. Da aber die Anzahl der Bergbau-, Eisen- und Stahlunternehmen in den letzten Jahrzehnten drastisch zurückgegangen ist, wird das Montanmitbestimmungsgesetz heute in deutlich weniger als 50 Unternehmen angewandt.

ÜBERSICHT: Mitbestimmung auf Betriebsebene

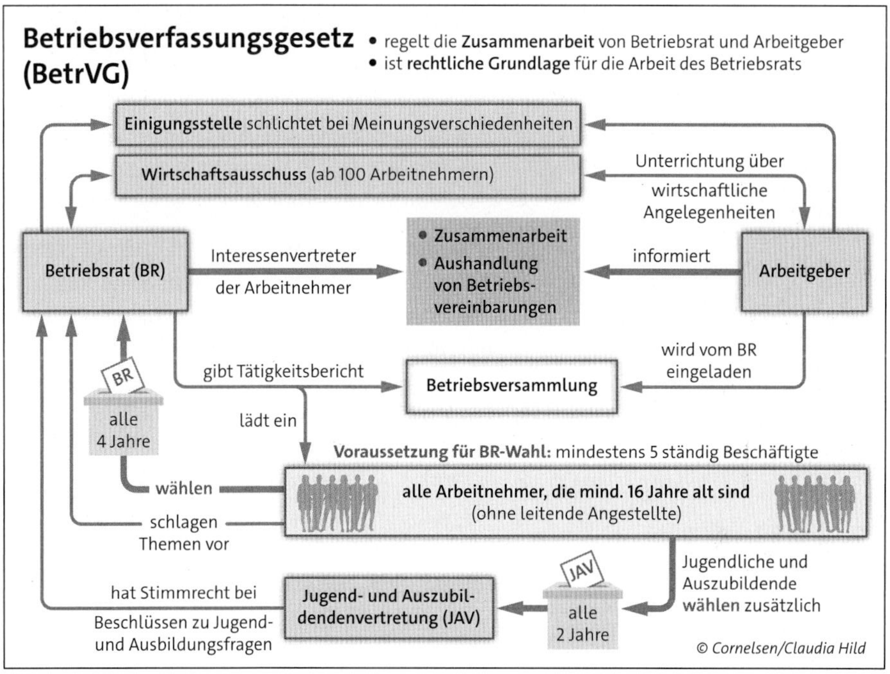

ÜBERSICHT: Mitbestimmung im Aufsichtsrat

- In Kapitalgesellschaften ab einer bestimmten Anzahl von Mitarbeitern sind die Arbeitnehmer zusätzlich im Aufsichtsrat vertreten.
- Die Mitbestimmung im Aufsichtsrat ist in folgenden Gesetzen geregelt:

Gesetz	Drittelbeteiligungsgesetz 2004	MitbestG 1976	Montan-MitbestG 1951
gilt für	alle Kapitalgesellschaften zwischen 501 und 2 000 Arbeitnehmern	alle Kapitalgesellschaften über 2 000 AN	alle Kapitalgesellschaften im Bergbau bzw. in der Eisen-/Stahlindustrie
Zusammensetzung des Aufsichtsrats	Drittelparität (Verhältnis Arbeitgeber : AN = 2:1)	- paritätisch besetzt - ferner: Arbeitsdirektor als Vorstandsmitglied	- paritätisch besetzt + neutrales Mitglied („elfter Mann") - Beteiligung der AN im Vorstand durch Arbeitsdirektor

Alles klar?

1 Lesen Sie das Beispiel in Kapitel 4.1 noch einmal aufmerksam durch.

a Beschreiben Sie, welche Interessen hinter den Positionen des Vertriebsleiters und der Auszubildenden Bettina stehen.

b Halten Sie diese Interessen für berechtigt? Begründen Sie Ihre Meinung.

2 In einem kleinen Industriebetrieb sind folgende Personen beschäftigt:

- der Inhaber und Geschäftsführer Albert Bohrer, 53, seit 5 Jahren im Unternehmen tätig (A),
- der Facharbeiter Kurt Half, 37, seit 9 Jahren im Unternehmen tätig (B),
- der Facharbeiter Melan Yaldiz, 21, in der Probezeit (C),
- der Außendienstmitarbeiter Karim Cücük, 33, seit 1 Jahr im Unternehmen beschäftigt (kein deutscher Pass) (D)
- die Bürokraft Melanie Schmelz, 36, seit 4 Jahren als Teilzeitkraft tätig (E),
- der Leiharbeiter Vladko Radcic, 33, seit 5 Monaten im Unternehmen tätig (F)
- die kaufmännische Auszubildende Cordula Lastop, 17, im 2. Ausbildungsjahr (G),
- der Schulpraktikant Milan Henkes, 15 (H).

a Welche dieser Personen sind bei einer möglichen Betriebsratswahl wahlberechtigt? Geben Sie die jeweiligen Kennbuchstaben (A – H) an.

b Welche dieser Personen sind als Betriebsrat wählbar? Geben Sie die jeweiligen Kennbuchstaben (A – H) an.

c Begründen Sie, ob unter diesen Voraussetzungen eine Betriebsratswahl möglich wäre.

3 In vielen Betrieben existiert kein Betriebsrat, obwohl die rechtlichen Voraussetzungen dafür gegeben wären. Stellen Sie Vermutungen an, was die Gründe hierfür sein könnten.

4 Entscheiden Sie, welches Recht der Betriebsrat in den folgenden Fällen hat: (1) ein Informations- und Beratungsrecht, (2) ein Mitwirkungsrecht oder (3) ein Mitbestimmungsrecht?

a Entscheidung über eine Standortverlagerung

b Festlegung der Pausenzeiten

c Versetzung eines Mitarbeiters

d Einführung einer Nachtschicht

e Erstellung eines Beurteilungsbogens für Mitarbeitende

f Einführung moderner Produktionstechnik

5 Geben Sie an, in welchen Fällen der Betriebsrat bei Kündigungen ein Widerspruchsrecht hat. Lesen Sie hierzu § 102 BetrVG.

6 Nennen Sie Gründe, warum Beschäftigte erst nach einer Betriebsangehörigkeit von sechs Monaten in den Betriebsrat gewählt werden können.

7 Entscheiden Sie, ob die folgenden Aussagen über die betriebliche Mitbestimmung richtig oder falsch sind.
- a Jeder Betrieb hat auch einen Betriebsrat.
- b Der Betriebsrat wird in der Hauptversammlung gewählt.
- c Die Amtsdauer beträgt vier Jahre.
- d Einem Betriebsratsmitglied kann unter keinen Umständen gekündigt werden.
- e Der Betriebsrat hat bei sozialen Fragen volles Mitbestimmungsrecht.
- f Der Anteil weiblicher und männlicher Betriebsratsmitglieder muss gleich sein.
- g Aufgabe des Betriebsrats ist es u. a., die Einhaltung arbeitsrechtlicher Vorschriften zu überwachen.
- h Nur volljährige Beschäftigte können den Betriebsrat wählen.
- i Das Betriebsverfassungsgesetz gilt nur für die in Deutschland ansässigen Betriebe internationaler Unternehmen und Konzerne.

8 Welche Anliegen könnten Sie gegenüber einer Jugend- und Auszubildendenvertretung vorbringen? Nennen Sie drei Beispiele.

9 Begründen Sie, warum der Gesetzgeber der JAV kein Direktvertretungsrecht gegenüber der Geschäftsführung einräumt.

10 Holger Vrede, ein 22-jähriger Auszubildender, wurde zum 01.12.20X2 in die JAV seines Betriebs gewählt. Er begann seine Ausbildung zum 01.09.20X2, diese dauert 3 Jahre. Es ist eine Probezeit von 4 Monaten vereinbart.
- a Der Betrieb ist mit Holger Vrede nicht zufrieden und möchte ihn zum Ende der Probezeit entlassen. Klären Sie die Rechtslage.
- b Holger Vrede wurde nach 2 Jahren als JAV-Vertreter wiedergewählt. Seine Abschlussprüfung schloss er am 02.07.20X5 erfolgreich ab. Geben Sie an, bis wann er weiterbeschäftigt werden kann.
- c Kann Holger Vrede sich für eine 3. Amtszeit als JAV-Vertreter bewerben?

11 Begründen Sie, warum die Geschäftsführung oder der Vorstand einer Kapitalgesellschaft von einem Aufsichtsrat überwacht werden muss.

12 Nennen Sie unternehmerische Handlungen des Vorstands, die von den Arbeitnehmervertreter/innen in besonderer Weise geprüft werden.

13 Beschreiben Sie die Unterschiede zwischen dem Aufsichtsrat nach dem Mitbestimmungsgesetz von 1976 und dem Montan-Mitbestimmungsgesetz 1951.

14 Begründen Sie, warum der Gesetzgeber beim Mitbestimmungsgesetz von 1976 auf eine „echte" Parität verzichtet hat.

5 Leistungsschwerpunkte und Stellung des Industriebetriebs in der Wirtschaft

5.1 Das Industrieunternehmen in der Gesamtwirtschaft

Klassischerweise bestimmt sich die Aufgabe und Stellung eines Betriebs innerhalb der Gesamtwirtschaft nach der Art seines Beitrags zur nationalen Wertschöpfung. Betriebe werden deshalb dem primären, sekundären oder tertiären Wirtschaftssektor zugeordnet.

Der **primäre Sektor** wird auch als Urerzeugung bezeichnet. Er umfasst Betriebe, die ihren Input der Natur entnehmen, d. h. keine Abnehmerbeziehung zu anderen Betrieben unterhalten. Hierzu gehört die Landwirtschaft, der Bergbau oder die Fischerei.

Der **sekundäre Sektor** wird auch als Weiterverarbeitung bezeichnet. Typisch für diesen Sektor ist die Umwandlung von Ausgangsmaterialien zu nutzenstiftenden Produkten und Dienstleistungen. Diese Umwandlung kann auch stufenweise zwischen einzelnen Betrieben erfolgen, jeder Betrieb steht dabei in einer Lieferanten-Abnehmer-Beziehung. Zum sekundären Sektor zählen neben Baugewerbe, Handwerk und Energieerzeugern auch alle Industriebetriebe.

Betreiben landwirtschaftliche Betriebe die Erzeugung von Lebensmitteln (Milch, Fleisch, Korn) in so großem Stil, dass sie die Produktion nicht auf Grundstoffe aus dem eigenen Erzeugungsbereich stützen können, sondern wichtigen Input (wie Futtermittel, Düngemittel, Zuchtkälber etc.) von Lieferanten beziehen, so wird hier von einer Agrarindustrie gesprochen. Diese übernimmt auch weitere Kennzeichen des sekundären Sektors wie Massenproduktion, hochgradige Arbeitsteilung und starke Technisierung.

Der **tertiäre Sektor** wird auch als Dienstleistungsbereich bezeichnet. Er vereinigt alle Typen von Betrieben, die mit immateriellen Leistungen einen Nutzen stiften. Charakteristischerweise kann eine Dienstleistung nicht aufbewahrt werden, sondern wird mit ihrer Erbringung bereits verbraucht. Zum tertiären Sektor zählen Banken, Versicherungen, Transportunternehmen, Gesundheitsdienste und vieles mehr.

Das Gewicht der einzelnen Wirtschaftsbereiche hat sich in den letzten Jahrzehnten stark gewandelt. Noch bis zu Beginn des 20. Jahrhunderts war der Primärbereich bei den Beschäftigtenzahlen dominant, bis in die 60er-Jahre des 20. Jahrhunderts verzeichnete der sekundäre Sektor einen stetigen Bedeutungszuwachs für die nationale Wirtschaftsleistung und das Arbeitsplatzangebot. Zumindest den Hauptanteil an Erwerbstätigen übernahm dann bereits in den 70er-Jahren der tertiäre Bereich, auch wenn dessen Wertbeitrag zunächst noch geringer ausfiel. Der Prozess dieser Gewichtsverlagerung wird auch als Strukturveränderung bezeichnet. Im Jahr 2023 war die Wertschöpfung des tertiären Bereichs schon mehr als doppelt so hoch wie der des verarbeitenden Gewerbes (2,58 zu 1,16 Billionen €).

Allerdings hat sich der Anteil des produzierenden Gewerbes in der jüngeren Vergangenheit stabilisiert. Ursache könnte der hohe Automatisierungsgrad sein, der auch in Hochlohnländern eine kostengünstige Produktion erlaubt und das Vorhandensein von gut ausgebildeten Fachkräften für Produktionssteuerung und Wartung erfordert.

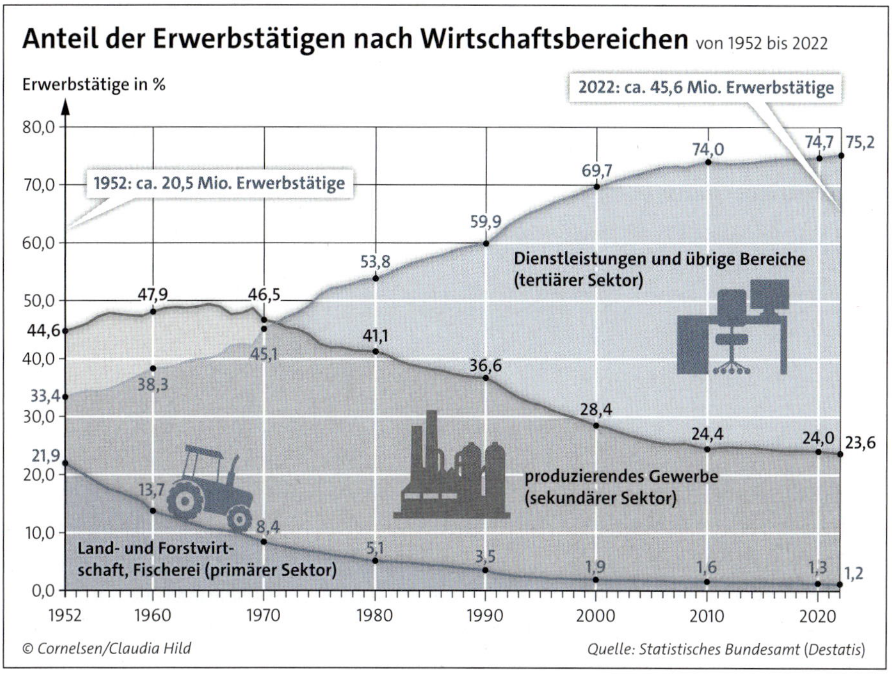

5.2 Kennzeichen eines Industriebetriebs

5.2.1 Betriebstypen und Betriebsfunktionen

→ Kap. 1.2

Nach dem Produktionsfluss können Industriebetriebe der Grundstoff-, der Zuliefer-, der Investitionsgüter- oder Konsumgüterindustrie zugeordnet werden.

Eine andere häufig gewählte Einteilung ist die nach dem vorwiegend eingesetzten Inputfaktor. Je nach Aufwandsanteil der Faktoren unterscheidet man:
- materialintensive Betriebe (z. B. Edelmetallverarbeitung, Schmuckindustrie)
- arbeitsintensive Betriebe (z. B. Textilindustrie)
- energieintensive Betriebe (z. B. Aluminiumherstellung)
- anlagenintensive Betriebe (z. B. Fahrzeugproduktion)

Bei **materialintensiven** Betrieben stellen Roh-, Hilfs- und Betriebsstoffe sowie bezogene Halbfertigteile den größten Kostenfaktor dar; dies ist z. B. in der Schmuckindustrie (z. B. Goldverarbeitung) der Fall.

Häufiger jedoch ist **menschliche Arbeit** der größte Kostenfaktor. Solche **arbeitsintensiven** Betriebe findet man im Maschinenbau, der Luftfahrt- oder der optischen Industrie.

Dort, wo menschliche Arbeit durch maschinelle Anlagen ersetzt wurde, entwickeln sich Finanzierung und Unterhalt der zahlreichen Betriebsmittel zum bedeutendsten Kostenfaktor. Solche **anlagenintensiven Betriebe** werden auch als **Schwerindustrie** bezeichnet; Beispiele sind die Zement- und die Stahlindustrie oder der Automobilbau.

Mit dem Einsatz mechanisierter Betriebsmittel steigt in der Regel auch der **Energiebedarf**; wird er – wie z. B. bei Aluminiumwerken – zum wichtigsten Kostenfaktor, spricht man von einem energieintensiven Betrieb.

Allen Industriebetrieben gemeinsam sind die folgenden Grundfunktionen:

Betriebliche Funktionen eines Industriebetriebs

Materialwirtschaft	Produktion	Verwaltung	Vertrieb
– Beschaffung/Einkauf – Warenannahme/-prüfung – Lagerhaltung – Transport	– Planung – Konstruktion – Herstellung – Prüfung	– Rechnungswesen – Finanzierung – Personalwirtschaft	– Marketing – Verkauf – Versand

Das Auslagern von einzelnen Produktionsschritten an Fremdfirmen wird auch als „verlängerte Werkbank" bezeichnet.

Obwohl auch heute noch ca. 8,5 Millionen Beschäftigte (Stand 2023) im verarbeitenden Gewerbe beschäftigt sind, hat der mit der internationalen Konkurrenz verbundene Kostendruck dazu geführt, dass Industrieunternehmen ihre Produktion oftmals auslagern. Dies kann z. B. durch den Aufbau von eigenen Produktionsstätten im Ausland (**„offshoring"**) oder durch Stilllegung eigener Produktionskapazitäten und Beauftragung externer Verarbeiter (**„outsourcing"**) geschehen.

5.2.2 Produktionsmodell

In seiner einfachsten Darstellungsweise kann die betriebliche Produktion als Input-Output-Modell beschrieben werden.

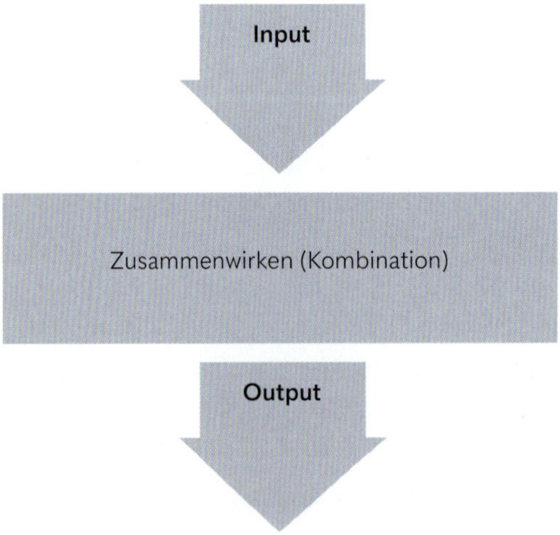

alles, was für die Produktion benötigt wird	Input	– technisches Wissen und Leitung – Hilfs- und Betriebsstoffe – Maschinen und Werkzeuge – Personal
was bei der Produktion geschieht	Zusammenwirken (Kombination)	Beispiel: Mensch legt Rohmaterial in Maschine ein und Maschine formt Endprodukt.
alles, was vom Betrieb erzeugt wird	Output	– Sachgüter – Dienstleistungen – Rechte (z. B. Patente)

Input ist alles, was für die Produktion verwendet wird (sogenannte **Produktionsfaktoren**). Der **Output** besteht nicht nur aus dinglichen Gütern, sondern der typische Industriebetrieb bietet auch eine Reihe anderer Leistungen und Rechte an, z. B. die Reparatur defekter Erzeugnisse, Produktschulungen, Finanzierungshilfen oder Lizenzen.

Gerade unter den heutigen Marktbedingungen wird es zunehmend schwieriger, über die technische Leistungsfähigkeit oder den Preis um die Käufergunst zu werben. Deshalb wird der Wettbewerb immer häufiger über großzügige Serviceangebote ausgetragen. „Produktion" findet deshalb nicht allein in der Werkshalle, sondern auch im Forschungslabor, im Seminarraum oder an der Beratungstheke statt.

5.2.3 Produktionsfaktoren

AB → Lernsituation 9

Der Begriff „Produktionsfaktor" umfasst alle an der Erzeugung des Produkts (des materiellen Guts, der Dienstleistung oder des Rechts) beteiligten Elemente:

Produktionsfaktor	dispositive Arbeit	Betriebsmittel	Werkstoffe	objektbezogene Arbeit
Beschreibung	planende, leitende und kontrollierende Tätigkeiten	alle betrieblichen Produktionseinrichtungen	alle Verbrauchsmaterialien	ausführende Tätigkeiten
mögliche Erscheinungsform	– Designer/in – Produktionsleiter/in – Buchhalter/in	– Betriebsgrundstück – Werkshalle – Maschine – Werkzeuge	– Halbfertigteile – Roh-, Hilfs- und Betriebsstoffe – Energie (z. B. Strom, Gas)	– Bandarbeiter – Reinigungskraft

BEISPIEL: In einer Textilfabrik wird eine Jeans genäht:

dispositive Arbeit → z. B. Schnittmuster des Designers
Betriebsmittel → z. B. Nähmaschine, Schere
Werkstoffe → z. B. Jeansstoff, Faden, Nieten
objektbezogene Arbeit → z. B. Näherin

Diese in der Betriebswirtschaft gebräuchliche Einteilung weicht nur auf den ersten Blick gravierend von den volkswirtschaftlichen Produktionsfaktoren Boden, Arbeit und Kapital ab. Die volkswirtschaftliche Einteilung entstammt der vorindustriellen Zeit, in der die landwirtschaftliche Erzeugung mit Acker (= Boden), Bauern (= Arbeit) und Pflug (= Kapital) der vorherrschende Produktionstyp war. Mit aufkommender Industrialisierung wich das Bearbeitungsobjekt „Boden" dem Bearbeitungsobjekt „Werkstoff", das „Kapital" als Ausdruck des Vorhandenseins von Produktionsmitteln, die von Menschen hergestellt wurden, findet sich im Begriff der „Betriebsmittel" wieder.

betriebswirtschaftliche Produktionsfaktoren		volkswirtschaftliche Produktionsfaktoren
Werkstoffe	≙	Boden
dispositive und objektbezogene Arbeit	≙	Arbeit
Betriebsmittel	≙	Kapital

Betriebsmittel und Werkstoffe unterscheidet man danach, ob sie nach der Produktion noch unverändert vorhanden sind: Betriebsmittel sind unverändert vorhanden, Werkstoffe nicht.

Dagegen ist die Unterscheidung von dispositiver und ausführender Arbeit oft deutlich schwieriger. Dispositive Arbeit kommt im Gegensatz zur objektbezogenen Tätigkeit nicht mit dem Produkt in Berührung. In fast allen Berufsbildern sind jedoch beide Elemente vorhanden. Die in Deutschland übliche Facharbeiterausbildung genießt gerade deshalb international ein hohes Ansehen, weil sie die Mitarbeiter in die Lage versetzt, Arbeitsprozesse in hoher Selbstständigkeit und Eigenverantwortung zu bewältigen. Das heißt, der typische Facharbeiter vereint dispositive und objektbezogene Arbeit.

5.2.4 Produkte als Leistungsbündel

Industrielle Erzeugnisse sind Leistungsbündel, d. h. der Käufer betrachtet bei seiner Kaufentscheidung den Gesamtnutzen, der sich aus dem Erwerb eines Produkts oder einer Dienstleistung ergibt. So fließt z. B. in die Kaufentscheidung für einen Fernseher nicht nur ein möglichst brillantes Bild, sondern auch der Stromverbrauch oder ein zeitgemäßes Design mit ein. Die Qualität des Bündels bestimmt die Attraktivität des Angebots.

BEISPIEL: Leistungsbündel eines LED-TVs:

- geringer Stromverbrauch
- beeindruckende Bildschirmgröße
- zur Wohneinrichtung passendes Gehäuse
- lange Garantie
- Ratenzahlung möglich
- hohes Markenprestige
- beherrschbare Fernbedienung
- Lieferservice

Bei Gewerbekunden spielen außerdem die Lieferfristen und Zahlungsbedingungen eine wichtige Rolle. Bei langen Zahlungsfristen können im Idealfall so die Materialrechnungen mit den Verkaufserlösen der daraus hergestellten Güter beglichen werden. Auch sind bei Herstellung und Vertrieb betrieblicher Erzeugnisse evtl. bestehende Schutzrechte anderer Unternehmen zu beachten.

Das Leistungsangebot von Industriebetrieben umfasst deshalb neben der „Grundleistung" des Produkts selbst in der Regel noch damit verbundene „Zusatzleistungen" wie Beratung, Lieferung oder Finanzierung. Es kann auch durch die Gewährung von Rechten (Lizenzen) ergänzt werden.

Betriebliche Leistung	Sachgut	Dienstleistung	Rechte
Beschreibung	dingliches Produkt (materielles Gut)	Hilfestellung bei Produkterwerb und Produktnutzung	Nutzungsanspruch
mögliche Erscheinungsformen	Pkw, Jeans, Fernseher	Beratung, Finanzierung, Schulung	Patent, Marke

5.3 Industrielle Leistungserstellung

5.3.1 Material-, Dienstleistungs-, Geld- und Informationsflüsse

Die industrielle Leistungserstellung kann als Input-Output-Prozess verstanden werden, in dem alle im Betrieb anfallenden
- Material- und Dienstleistungsflüsse
- Geldflüsse und
- Informationsflüsse

sinnvoll aufeinander abgestimmt werden.

Produktionsmodell
→ Kap. 5.2.2

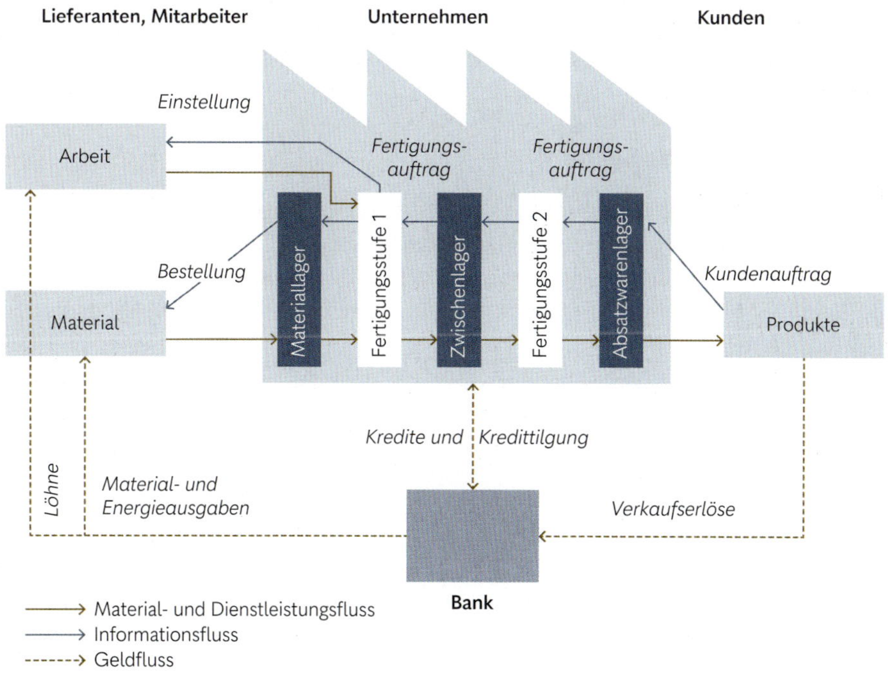

Im Gegensatz zu Arbeitern und Material müssen die Betriebsmittel (Gebäude, Maschinen) nicht für jede Produktion wieder neu „eingekauft" werden. Sie sind also Konstanten und werden deshalb hier nicht abgebildet.

- **Materialfluss:** Er durchläuft die Beschaffung/Lagerhaltung als Roh-, Hilfs-, Betriebsstoff oder als Bauteil, wird in der Produktion zum betrieblichen Erzeugnis umgeformt und schließlich als Endprodukt dem Kunden ausgeliefert. Im weiteren Sinne ist auch die menschliche Arbeit diesem Fluss zuzuordnen, da diese von den Mitarbeitern in den Betrieb „eingebracht“ wird.
- **Dienstleistungsfluss:** Er unterscheidet sich vom Materialfluss nur insofern, als im Unternehmen erbrachte Dienstleistungen seltener Vorleistungen benötigen, die bezogen werden müssen.
- **Geldfluss:** Er verläuft in umgekehrter Richtung zu den Material- und Dienstleistungsflüssen. Dort, wo das Unternehmen z. B. Material erhält, muss es Geldmittel abgeben, dort, wo es die Kunden mit Erzeugnissen beliefert, fließt ihm der Verkaufserlös zu.
- **Informationsfluss:** Auch die Informationen (Kundenauftrag, Fertigungsauftrag, Arbeitsanweisungen, Materialbestellungen) verlaufen gegensätzlich zum Material- und Informationsfluss, da sie die Aktivität der jeweiligen Vorstufe erst auslösen. So bedeutet der Kundenauftrag und die damit einhergehende Entnahme von Erzeugnissen aus dem Fertigwarenlager für die Endmontage den Auftrag, den fehlenden Lagerbestand nachzuproduzieren. Die Produktionsaufnahme in der Endmontage wiederum bedeutet einen Fertigungsauftrag (Bedarfsmeldung) an die Vormontage, hier die benötigten Baugruppen bereitzustellen. Dieser Prozess läuft bis auf die Materialbestellung beim Zulieferer zurück.

Aus finanzwirtschaftlicher Sicht dabei zu beachten: Grundsätzlich sollten die Verkaufserlöse der fertigen Erzeugnisse dazu ausreichen, alle in Zusammenhang mit dem Einkauf und der Herstellung entstehenden Kosten zu tragen (und zusätzlich einen Gewinn zu erzielen). Allerdings fallen die Ausgaben weitaus früher an als die Einnahmen. Deshalb ist es oft erforderlich, Materialbezüge und Löhne durch einen Bankkredit zwischenzufinanzieren. Dabei sind die Kreditzinsen nicht nur von der Kredithöhe, sondern auch stark von der Laufzeit abhängig.

Eine kurze Durchlaufzeit des Materials vom Eingang bis zur Auslieferung des Endprodukts (und damit dem Eingang der Kundenforderung) ist also ein wichtiger ökonomischer Erfolgsfaktor.

5.3.2 Logistisches System

Der Begriff der „Logistik“ stammt aus dem Militärwesen. Logistik bedeutete ursprünglich die „Sicherung einer geregelten Nachschubversorgung“ für die (kämpfende) Truppe. Auf industriespezifische Sachverhalte umgestellt, ist es Aufgabe der Logistik, eine störungsfreie Material- und Produktversorgung aller Betriebsteile und Abnehmer zu gewährleisten.

Die Logistik trägt dafür Sorge, dass
- das richtige Material/Produkt
- in der richtigen Menge
- zum richtigen Zeitpunkt
- am richtigen Ort
- zur Verfügung steht.

Im Rahmen eines mehrstufigen Leistungserstellungsprozesses ist die Güterversorgung an verschiedenen Stationen notwendig. In Abhängigkeit von diesen Abwicklungsstadien unterscheiden sich auch die **Logistikarten**:

Beschaffungslogistik sorgt für eine ständige Materialversorgung in der Produktion.

Distributionslogistik sorgt für eine rasche Auslieferung und optimale Transportwege.

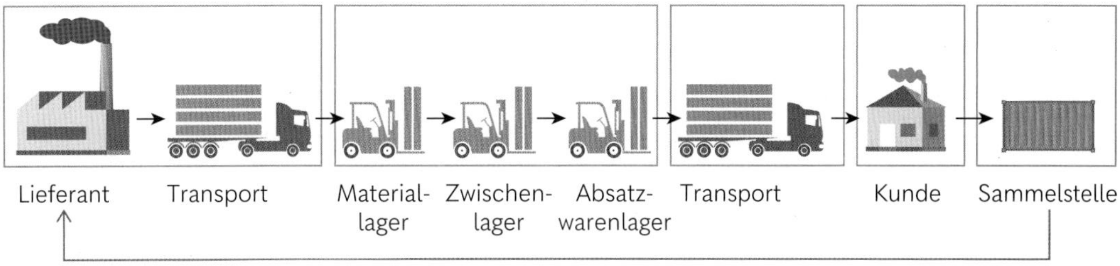

Produktionslogistik sorgt für einen liegezeitarmen Produktionsfluss.

Entsorgungslogistik sorgt für die Rückführung von Altmaterial (Sekundärrohstoffen).

Bei der Warenbehandlung lassen sich folgende Logistikfunktionen erkennen:
- Transport
- Lagerung
- Kommissionierung (Zusammenstellen von Einzelmaterialien zu Sendungen)
- Verpackung
- Entsorgung

Da der betriebliche Materialfluss nur durch entsprechende Steuerungsinformationen in Gang gesetzt wird, erstreckt sich die logistische Gestaltung gleichzeitig auf die Anpassung der **Informationsflüsse**. Hierbei ist festzulegen,
- welche Stelle eine Materialbewegung auslöst und
- welche Teilinformationen eine Materialanforderung enthalten muss, damit der Materialfluss auch der gewünschten Versorgung entspricht.

Je nach zeitlichem Zusammenhang zwischen Material- und Informationsfluss unterscheidet man:

vorauslaufende Informationsflüsse	Informationsfluss liegt zeitlich weit vor dem Materialfluss	z. B. Bedarfsplanung, Rahmenverträge
begleitende Informationsflüsse	Informationsfluss liegt unmittelbar vor dem Materialfluss	z. B. Rechnungsdaten, Reklamation
nachfolgende Informationsflüsse	Informationsfluss liegt nach dem Materialfluss	z. B. Fertigungsauftrag, Lieferabruf

Bei der Auftragsabwicklung kann auch die Richtung der Informationsflüsse unterschiedlich gestaltet werden, daraus entwickeln sich dann klassische oder moderne Produktionssteuerungskonzepte wie das **Bring**-(Push-) oder das **Hol**-(Pull-)Prinzip.

Das Hol-Prinzip wurde zuerst in Japan eingeführt und ist deshalb auch als KANBAN-Prinzip bekannt. KANBAN bezeichnet dabei eine „Signalkarte", wie sie früher bei einer Lagerentnahme an die vorgelagerte Produktionsstufe gesendet wurde.

Beim modernen **Hol-Prinzip** informiert die jeweils nachgelagerte Arbeitsstation die vorhergehende darüber, dass sie infolge eines Produktionsvorgangs das Zwischenlager geleert hat und dies nun wieder aufgefüllt werden muss.

Beim klassischen **Bring-Prinzip** hingegen informiert die vorhergehende Arbeitsstation die jeweils nachfolgende, dass der Arbeitsschritt fertiggestellt ist und das Zwischenprodukt nun weitergegeben werden kann.

5.3.3 Wertschöpfungskette

Der Wert einer Ware oder Dienstleistung wird von dem Nutzen bestimmt, den sich der potenzielle Käufer davon verspricht. Beginnend mit dem Ausgangsmaterial, steigt der Wert des Erzeugnisses mit jedem Verarbeitungsschritt, der es näher an den gewünschten Endzustand führt. So hat z. B. ein teilmontiertes Fahrrad schon einen höheren Wert als die losen Bauteile, aus denen es besteht. Aber auch das schon fertiggestellte Produkt kann noch eine weitere Wertsteigerung erfahren, indem es mit Serviceleistungen ausgestattet wird (z. B. Garantie), die den Nutzen des Geräts für seinen Käufer weiter erhöhen.

BEISPIEL: Wertschöpfungsprozess am Beispiel eines Sonnenkollektors

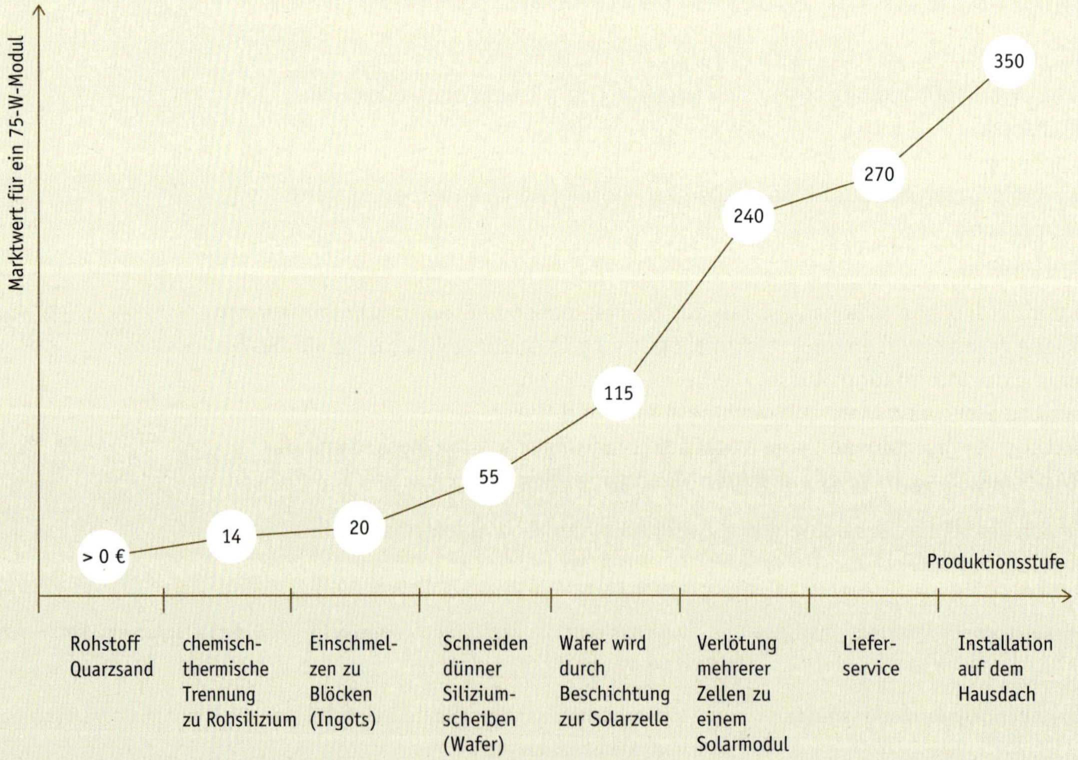

Hier führen alle Fertigungsschritte zu einer Wertsteigerung des Erzeugnisses.

Als Wertschöpfung bezeichnet man die Wertdifferenz zwischen dem Eingangszustand und dem Ausgangszustand.

BEISPIEL: Die Wertschöpfung im Beispiel beträgt für das Schneiden der Wafer 35,00 € (55,00–20,00 €), die Wertschöpfung des Lieferservices beträgt 30,00 € (270,00–240,00 €).

In der Praxis existieren aber auch viele Arbeitsschritte, die keine Wertschöpfung auslösen, da sie dem Kunden keinen höheren Nutzen bringen.

Beispiele für wertschöpfende Tätigkeiten	Beispiele für wertneutrale Tätigkeiten
– Rohstoffgewinnung (Abbau)	– Lieferantensuche
– Materialtransport	– Personalverwaltung
– Materialverarbeitung und -veredelung	– Buchführung
– Forschung und Entwicklung	– EDV-Betrieb
– Marketing und Vertrieb	– Reinigung und Entsorgung
– Beratung	– Betriebsführung und -organisation
– Liefer- und Einbauservice	– Terminüberwachung
– Finanzierungshilfen für den Kunden	– Kapitalbeschaffung

Wertschöpfende Tätigkeiten werden auch als Kernprozesse bezeichnet.
→ Kap. 5.4.2

Eine der wichtigsten unternehmerischen Entscheidungen besteht nun darin, festzulegen, welche Fertigungsstufen im eigenen Unternehmen vollzogen und welche an Lieferanten oder Abnehmer abgegeben werden. Dies ist auf der einen Seite von der Wettbewerbsstärke möglicher Konkurrenten abhängig und auf der anderen Seite von der Überlegung, welche Stufen eine besonders hohe Wertschöpfung versprechen.

BEISPIEL: Im obigen Beispiel könnte eine plausible unternehmerische Entscheidung darin bestehen, sich in Zukunft ganz auf die letzten vier oder fünf Stufen zu konzentrieren, weil diese 80 % der gesamten Wertschöpfung ausmachen.

5.4 Industrielle Geschäftsprozesse

AB → Lernsituation 10

5.4.1 Definition und Elemente

Ein Geschäftsprozess besteht aus verschiedenen Elementen:
- **Startereignis:** der prozessauslösende Impuls, z. B. Eingang eines Kundenauftrags
- **Input/Ressourcen:** die für die Abwicklung des Geschäftsprozesses notwendigen Materialien, Arbeitsleistungen und Informationen, Geld- und Betriebsmittel
- **Funktionen:** die zur Leistungserbringung notwendigen Einzeltätigkeiten (Arbeitsgänge)
- **Zwischenereignisse:** die im Laufe des Geschäftsprozesses abgeschlossenen Teilprozesse, z. B. Prüfung der Kreditwürdigkeit beim Kundenauftrag
- **Durchlaufzeit:** der Zeitbedarf von Beginn bis Ende des Geschäftsprozesses
- **zuständiger Betriebsteil:** der jeweilige Verantwortungsträger für den (Teil-)Prozess
- **Ziel- oder Endereignis:** der prozessbeendende Zustand, z. B. vollständige Bezahlung unserer Ausgangsrechnung durch den Kunden

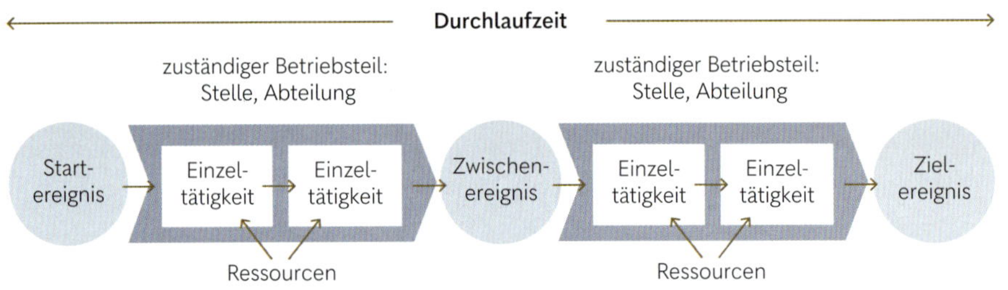

angelehnt an: Vahs, D.:, Organisation – Einführung in die Organisationstheorie und -praxis, 5. Auflage, Schaeffer-Poeschel Verlag, Stuttgart 2005, S. 214

5.4.2 Arten von Geschäftsprozessen

Geschäftsprozesse können in drei Arten eingeteilt werden:

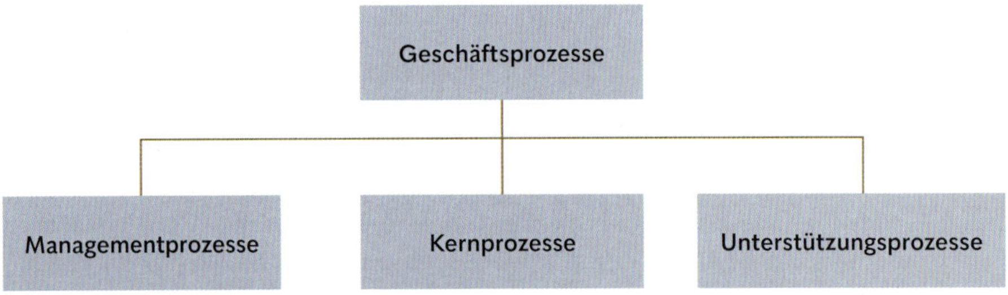

Managementprozesse steuern die Zielerreichung und das Zusammenwirken von Kern- und Unterstützungsprozessen. Sie finden in der Leitungsebene eines Unternehmens statt.

Kernprozesse sind in der Regel kundennahe Prozesse, bei denen das Unternehmen eine Leistung herstellt, für den ein Kunde bereit ist, Geld zu bezahlen. Kernprozesse steigern also unmittelbar den Kundennutzen und zeichnen sich durch einen hohen Wertschöpfungsgrad aus. Sie bestimmen die Kernkompetenz des Unternehmens.

Unterstützungsprozesse sind nicht wertschöpfend, jedoch unbedingt notwendig, um den reibungslosen Ablauf der Kernprozesse zu gewährleisten. Unterstützungsprozesse sind nicht kundennah und können unter Umständen ausgegliedert werden, da sie nicht zu den Kernkompetenzen des Unternehmens gehören.

Alle diese Prozesse können zur besseren Übersicht in kleine Teilprozesse aufgeteilt werden.

BEISPIEL:

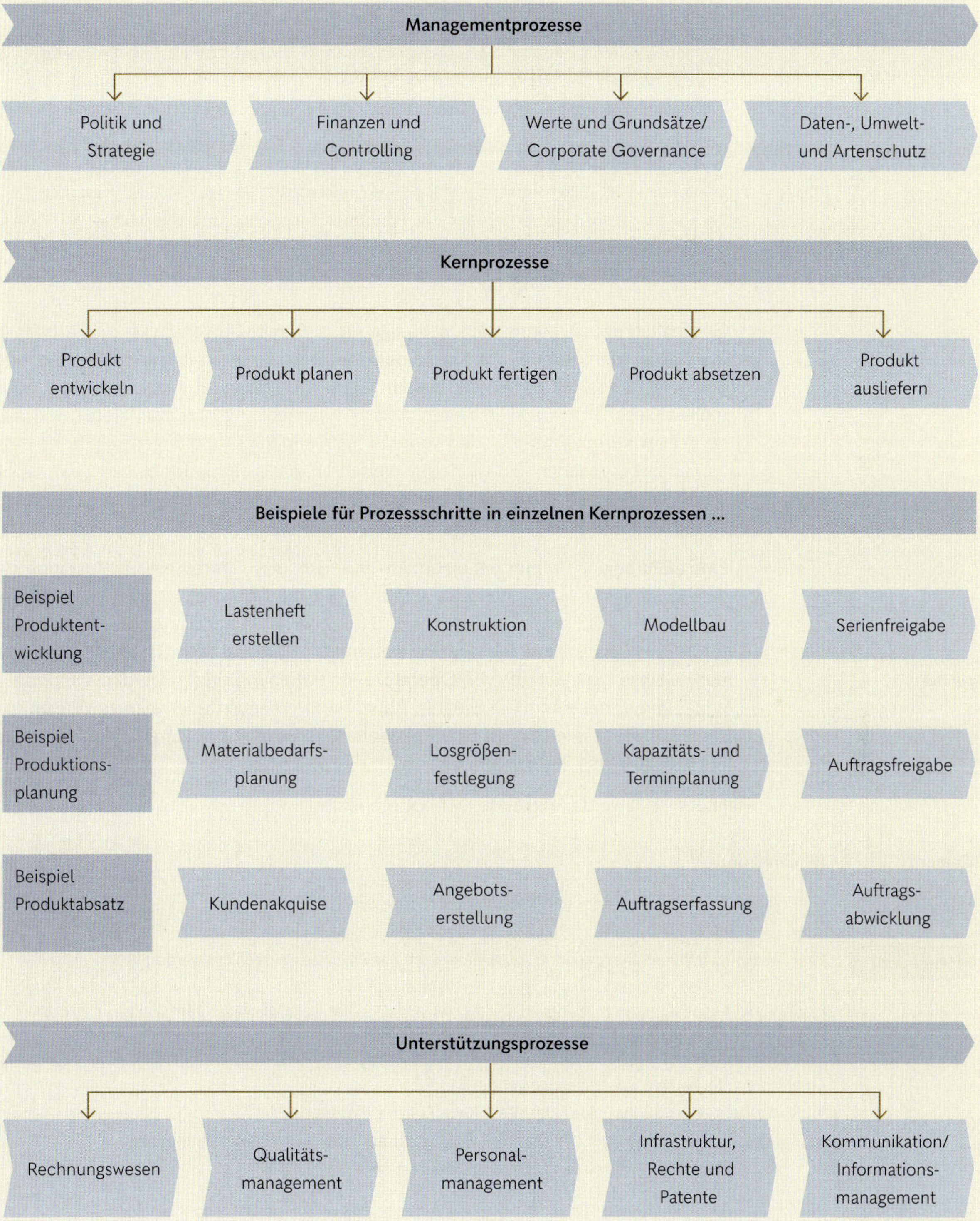
Managementprozesse
Politik und Strategie
Finanzen und Controlling
Werte und Grundsätze/ Corporate Governance
Daten-, Umwelt- und Artenschutz
Kernprozesse
Produkt entwickeln
Produkt planen
Produkt fertigen
Produkt absetzen
Produkt ausliefern
Beispiele für Prozessschritte in einzelnen Kernprozessen ...
Beispiel Produktent-wicklung
Lastenheft erstellen
Konstruktion
Modellbau
Serienfreigabe
Beispiel Produktions-planung
Materialbedarfs-planung
Losgrößen-festlegung
Kapazitäts- und Terminplanung
Auftragsfreigabe
Beispiel Produktabsatz
Kundenakquise
Angebots-erstellung
Auftragserfassung
Auftrags-abwicklung
Unterstützungsprozesse
Rechnungswesen
Qualitäts-management
Personal-management
Infrastruktur, Rechte und Patente
Kommunikation/ Informations-management

5.4.3 Darstellung von Geschäftsprozessen

BEISPIEL: Ein Fahrradkäufer macht gegenüber der Fly Bike Werke GmbH ihr Garantieversprechen geltend, das über die gesetzliche Gewährleistungsfrist hinausgreift. Bei bestimmungsmäßigem Gebrauch haftet die Fly Bike Werke GmbH auch noch 5 Jahre nach dem Kauf für alle Mängel an Rahmen und Achsen inklusive der Federgabel. Die Fly Bike Werke haben die Abwicklung von Garantieansprüchen in solchen Fällen wie folgt festgelegt:
- Kunde reicht Garantieantrag ein,
- Kunde erhält Aufforderung zur Mängelbeschreibung und Vorlage des Quittungsbelegs,
- Kundenangaben werden mit den internen Umsatzaufzeichnungen überprüft,
- Ersatzteil wird dem Kunden angeboten,
- Ersatzteil wird an Kunden versendet.

Geschäftsprozesse können auf vielfältige Art, z. B. mithilfe von Fluss- und Arbeitsablaufdiagrammen, Termin- und Maschinenbelegungsplänen als Balkendiagramme, oder der Netzplantechnik dargestellt werden. Da in der effizienten Gestaltung von industriellen Geschäftsprozessen wesentliches Kostensenkungspotenzial steckt, will man sie in ihrer Komplexität mit allen Verbindungen und Rückkopplungen so gut wie möglich erfassbar machen. Ein modernes Verfahren, das sich hierfür bewährt hat, ist die Darstellung eines Arbeits- oder Geschäftsprozesses in einer **erweiterten ereignisgesteuerten Prozesskette (eEPK)**.

Operator
auch: Konnektor oder Verknüpfung genannt

Eine **eEPK** beginnt immer mit einem Ereignis, d. h. dem Eintreten eines Zustands, der eine betriebliche Handlungskette auslöst. Auf ein Ereignis folgt immer eine Tätigkeit (in der eEPK als Funktion bezeichnet), die wiederum zu einem veränderten Ereignis führt. Ein Ereignis kann auch mehrere alternative oder parallele Tätigkeiten (Funktionen) auslösen, die mithilfe von **Operatoren** in Beziehung gesetzt werden. Der Prozess endet immer mit einem Zielereignis. Außerdem werden in der erweiterten ereignisgesteuerten Prozesskette auch die Organisationseinheiten (Abteilung) und Objekte (benötigten Arbeitsmittel) abgebildet.

In der eEPK werden folgende Symbole genutzt:

Element	Beschreibung
Ereignis	Ein Ereignis ist ein Auslöser oder das Ergebnis eines Prozesses.
Funktion	Eine Tätigkeit, auch Funktion genannt, muss während eines Prozesses ausgeführt werden.
⟶	Richtung bzw. Kontrollfluss, in der bzw. dem der Prozess verläuft und Ereignisse und Tätigkeiten sich in logischer und zeitlicher Reihenfolge abwechseln.
⊗ XOR, (V) OR, (Λ) AND	Operatoren, die bei Verzweigungen verwendet werden. XOR = Es kann entweder das eine oder das andere Ereignis eintreten. V = Es können das eine oder das andere Ereignis eintreten oder auch beide gleichzeitig. Λ = Es müssen beide Ereignisse gleichzeitig eintreten.
Objekt	Ein Objekt ist eine Ressource, die für die Tätigkeit benötigt wird, z. B. eine Datei oder ein Formular.
Organisationseinheit	Eine Person, welche die Tätigkeit ausführt, oder eine Abteilung, in der die Tätigkeit ausgeführt wird.

BEISPIEL: Vereinfachte Darstellung des Prozesses aus der Eingangssituation mithilfe der erweiterten ereignisgesteuerten Prozesskette

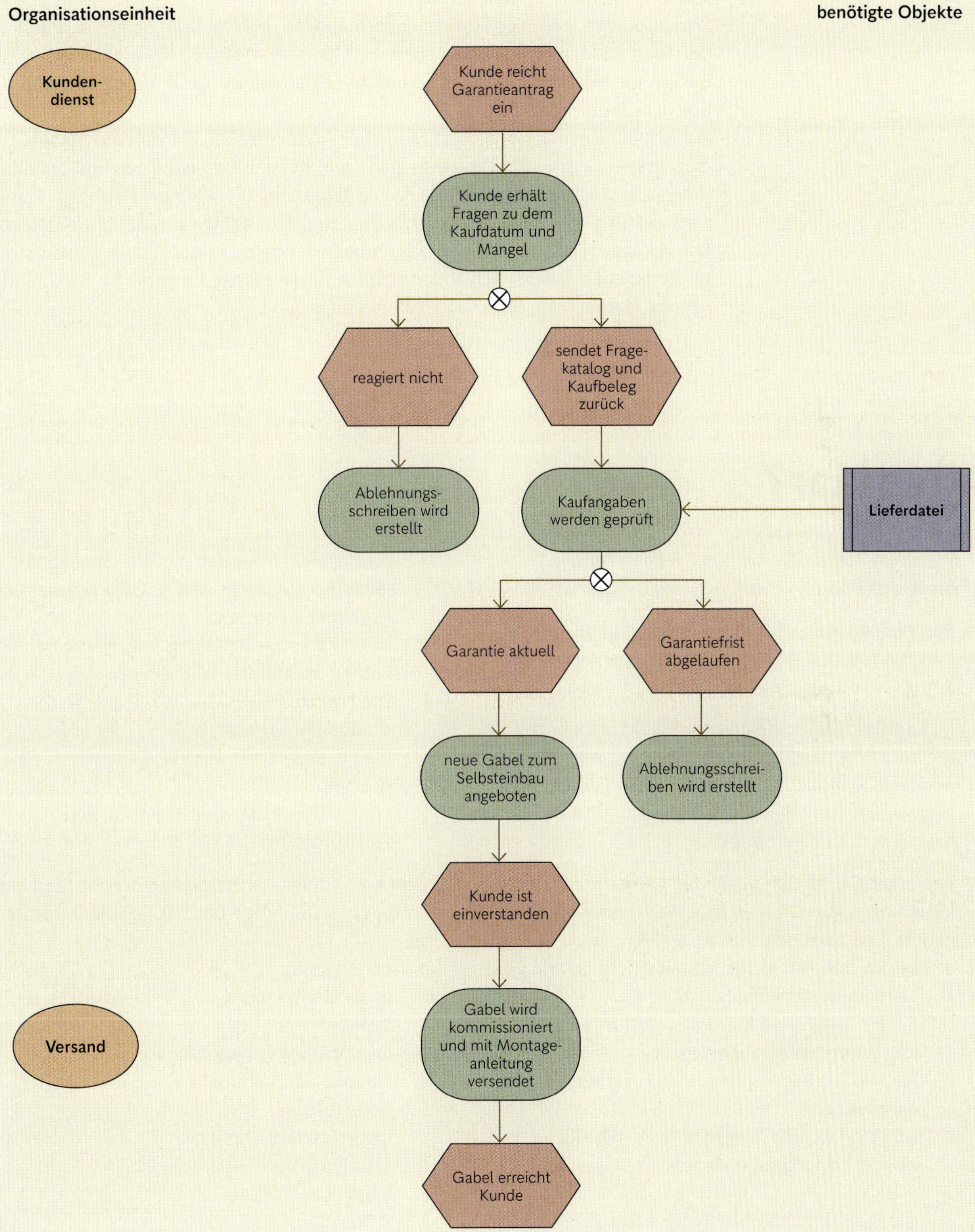

Die Vorteile der Prozessdarstellung mithilfe der EPK sind:
- Symbole sind frei anzuordnen, sodass die Platzverhältnisse auf der Darstellungsfläche gut genutzt werden können.
- Prozessbrüche, unnötige Prozesswiederholungen und Datenverluste sind durch den Fachmann leicht zu erkennen.
- Eine schnelle Darstellung auch komplexer Zusammenhänge ist durch spezielle Software-Tools möglich.
- Die EPK-Darstellung ist mittels zahlreicher Programme leicht in andere Ablaufdiagramme, Organisationsanweisungen oder Stellenbeschreibungen umwandelbar.
- Wenn man Bearbeitungszeit für einzelne Tätigkeiten (Funktionen) hinzufügt, kann sie auch für die Planung von Durchlaufzeiten und Terminen verwendet werden.
- Schwer abzubilden sind jedoch prozessbegleitende Funktionen, deren Ablaufstruktur sich nicht deutlich nach außen sichtbar in Handlungen zeigt, wie z. B. laufende Arbeitsüberwachung oder rein kreative Tätigkeiten.

Alles klar?

1 Welchem Betriebstyp ordnen Sie Ihren Ausbildungsbetrieb zu?

2 Beschreiben Sie das Leistungsangebot Ihres Ausbildungsbetriebs. Welche Leistungen gehören zum Kerngeschäft, welches sind Zusatzleistungen?

3 Ihr altes Handy ist defekt/verloren und Sie möchten deshalb ein Ersatzmodell erwerben. Was ist Ihnen beim Kauf wichtig? Legen Sie nach Bedeutung auch eine Reihenfolge der Erwartungen fest, die Sie mit dem Kauf verbinden.

4 Beurteilen Sie bei den folgenden betrieblichen Handlungen, ob durch sie eine Wertschöpfung eintritt, und begründen Sie diese Meinung:
- a Ein Fly-Bike-Fahrrad erhält mit einem Standlicht eine zusätzliche Funktion.
- b Ein Fly-Bike-Fahrrad wird ab sofort in jeder RAL-Wunschfarbe ausgeliefert.
- c Für Fly-Bike-Räder gibt es eine kostenlose Finanzierung.
- d Ab sofort werden ausgediente Fly-Bike-Räder zwecks Entsorgung kostenlos zurückgenommen.
- e Die Fly Bike Werke GmbH führt das Just-in-time-System ein.
- f Fly-Bike-Räder werden nun aus einer superleichten, aber nicht sehr stabilen Magnesiumlegierung hergestellt.
- g Die Fly Bike Werke GmbH engagiert einen beliebten Sportler als Werbeträger.
- h Die Fly Bike Werke GmbH tauscht die Geschäftsführung aus.
- i Für Fly-Bike-Räder wird die Garantiezeit verdoppelt.
- j Für Fly-Bike-Räder gibt es eine allgemeine Preissenkung um 5 %.

5 Ordnen Sie folgende Tätigkeiten den Prozesstypen Kern-, Unterstützungs- und Managementprozess zu:
- a Buchhaltung
- b Investitionsplanung
- c Service
- d Lagerhaltung (Verkaufslager)
- e Personalbeschaffung
- f Konstruktion
- g Qualitätskontrolle
- h Erstellung Unternehmensleitbild
- i Kapitalbeschaffung
- j Produktion
- k innerbetriebliche Datenverarbeitung

6 Ergänzen Sie das nachstehende Schaubild um die fehlenden Bezeichnungen:

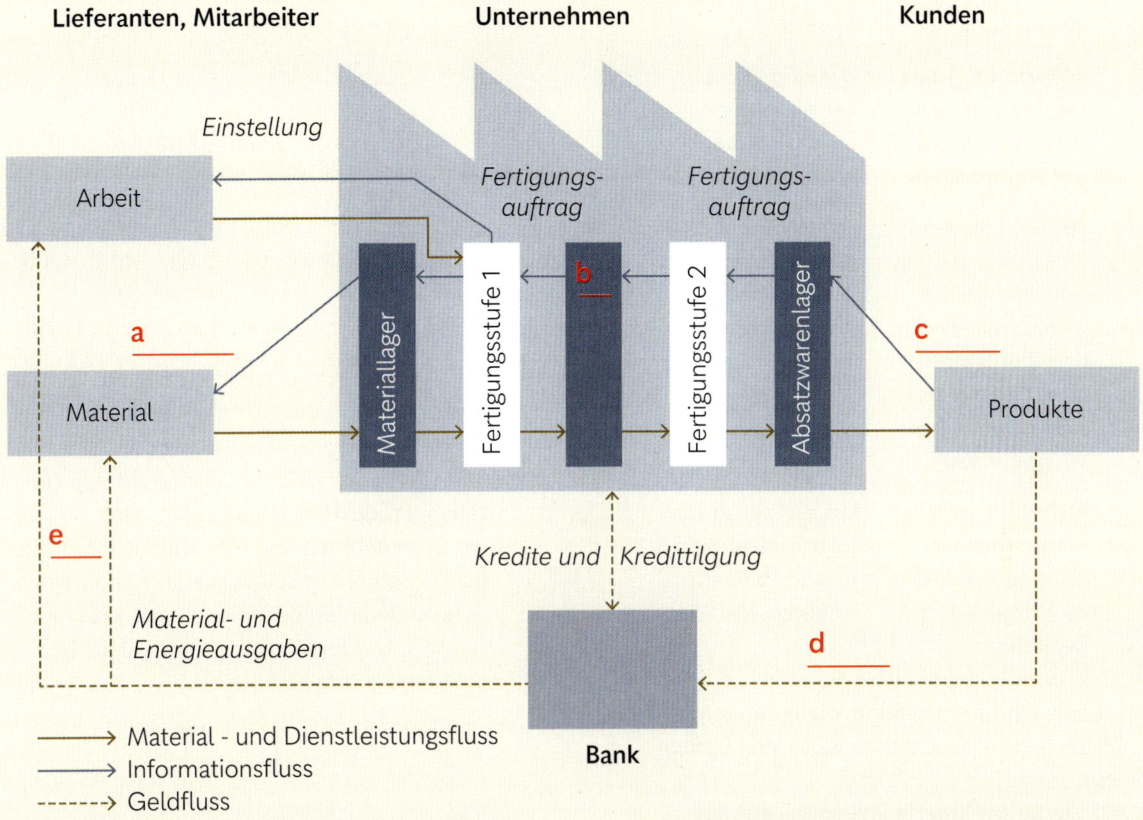

7 Für die Überwachung der Zahlungseingänge bei Ausgangsrechnungen in der Fly Bike Werke GmbH ist eine „ereignisgesteuerte Prozesskette" zu entwerfen. Die folgenden Teilaufgaben sind bei diesem Entwurf zu berücksichtigen:
- Die Prozesskette „Überwachung von Zahlungseingängen" wird durch die im Rechnungswesen erstellten und gebuchten Rechnungen (Rechnungen an Kunden) ausgelöst.
- Bei der Überwachung der Zahlungseingänge wird darauf geachtet, ob die Kunden die offenen Forderungen innerhalb der vereinbarten Zahlungsfrist begleichen.
- Trifft die Kundenzahlung innerhalb der vereinbarten Fristen ein, so wird der Zahlungseingang gebucht.
- Trifft die Zahlung nicht innerhalb der vereinbarten Frist ein, so wird das außergerichtliche Mahnverfahren eingeleitet.

Orientieren Sie sich bei Ihrem EPK-Entwurf an den Symbolen in Kapitel 5.4.3.

8 Der Auswahlprozess neuer Auszubildender in einem Industriebetrieb ist wie folgt festgelegt:
- Die Geschäftsleitung beschließt, neue Auszubildende einzustellen, und teilt dies der Personalabteilung mit.
- Die Personalabteilung schreibt die Ausbildungsstellen aus und sammelt die eingehenden Bewerbungen. Diese müssen die üblichen Informationen (Lebenslauf, Schulzeugnisse) enthalten.
- Durch Vorauswahl wird festgelegt, ob die Bewerber die Mindestanforderungen (Alter, Schulbildung etc.) erfüllen. Ist dies der Fall, werden sie zum Test eingeladen, andernfalls erhalten sie eine Absage.
- Nach Durchführung des Tests werden die Ergebnisse ermittelt. Die drei besten Bewerber erhalten das Angebt für eine Ausbildungsstelle, den anderen wird abgesagt.
- Mit den ausgewählten Kandidaten wird ein Ausbildungsvertrag geschlossen.

Stellen Sie den Ablauf mit einem EPK dar.

9 Schauen Sie die Tabelle an:

Operator	Beschreibung	Beispiel
⊗	**XOR:** nur eines dieser Ereignisse kann eintreten, sie schließen sich gegenseitig aus.	Der Rahmen des Rennrades besteht entweder aus Alu oder aus Kevlar.
Ⓥ	**OR:** mindestens eins dieser Ereignisse muss eintreten, damit die nachfolgende Funktion erfüllt werden kann. Die Ereignisse schließen sich gegenseitig nicht aus.	Je nach Ausführung hat das Rennrad Schutzbleche oder eine Beleuchtungsanlage.
Ⓐ	**AND:** alle Ereignisse müssen eintreten, damit die nachfolgende Funktion erfüllt werden kann.	Um ein Fahrrad anzutreiben ist ein Pedal links und ein Pedal rechts erforderlich.

Entscheiden Sie anschließend, ob in den folgenden Fällen eine AND, OR oder XOR-Verknüpfung vorliegt:

a Das fertig produzierte Erzeugnis geht entweder ins Ausgangslager oder wird direkt an den Kunden ausgeliefert.

b Wird defekte Ware angeliefert, kann man die Annahme verweigern oder dem Lieferanten die Anforderung Ersatzlieferung schicken.

c Ein besonders fähiger Mitarbeiter wird von seinem Chef mit einem neuen Firmenwagen belohnt oder er erhält eine Gehaltserhöhung.

d Um einen Firmenparkplatz zu erhalten, muss man sowohl seinen Personalausweis als auch den Fahrzeugschein vorlegen.

e Je nachdem, ob man die Abschlussprüfung besteht, erhält man einen Arbeitsvertrag oder die Ausbildungszeit verlängert sich.

10 Ein Produkt wird von der Urerzeugung bis zum Handel in sechs Stufen bearbeitet. Zu den einzelnen Stufen gibt es folgende Informationen:

Stufe	1	2	3	4	5	6
Wert nach Bearbeitung in €	10,00	18,00	30,00	33,00	40,00	45,00
Kosten dieser Bearbeitungsstufe in €	8,00	7,00	8,00	3,00	3,00	4,00

a Berechnen Sie zunächst die Wertschöpfung auf jeder Produktionsstufe.

b Berechnen Sie, welcher Gewinn auf den einzelnen Produktionsstufen erzielt wird.

c Ein Unternehmen überlegt, welche dieser Produktionsstufen es selbst ausführt und welche es an Lieferanten oder Abnehmer auslagern soll. Wie würden Sie hier entscheiden? Begründen Sie Ihre Meinung.

6 Betriebliche Organisation

AB → Lernsituation 11

BEISPIEL: Lars Baumann, seit zwölf Jahren als Verkaufssachbearbeiter bei der Fly Bike Werke GmbH beschäftigt, ist stinksauer. Er kommt gerade aus einem Gespräch mit der Abteilungsleiterin Vertrieb, die ihm vorgehalten hat, durch die schleppende Auftragsbearbeitung seien mittlerweile große Terminrückstände aufgetreten. „Was soll ich denn machen? Die Revisionsleitung hat mich angewiesen, zusätzlich zur Auftragsbearbeitung noch mal alle Aufträge der letzten fünf Jahre neu zu erfassen. Beides geht halt nicht gleichzeitig." „Das ist doch nur eine Ausrede", habe seine Chefin geantwortet.
Herrn Baumanns Stellenbeschreibung und ein Ausschnitt aus dem Organigramm machen die Situation deutlich:

Stellenbeschreibung (Ausschnitt)

Die Stelle **„Verkaufssachbearbeiter/in"** ist in die Abteilung „Vertrieb" eingegliedert.

Die Stelle **„Verkaufssachbearbeiter/in"** ist der Revisionsleitung uneingeschränkt berichtspflichtig.

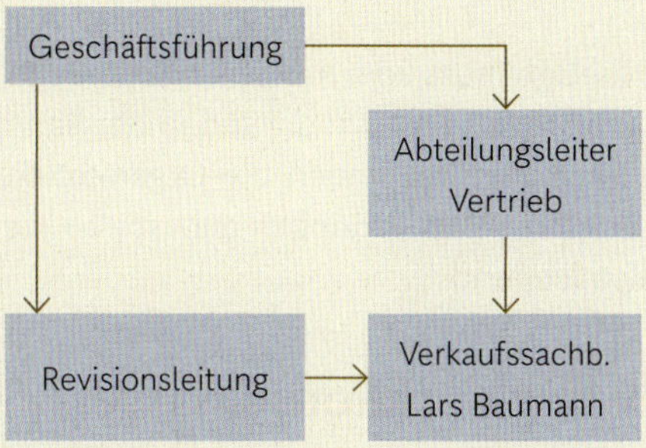

Lars Baumann hat also tatsächlich zwei direkte Vorgesetzte. Das führt offensichtlich in diesem Fall zu Problemen, ist also „schlecht organisiert". Das folgende Kapitel beleuchtet die Möglichkeiten und Grenzen der organisatorischen Gestaltung.

6.1 Notwendigkeit betrieblicher Organisation

In vorindustrieller Zeit (also bis ca. 1850) wurde das wirtschaftliche Geschehen durch Kleinbetriebe wie Bauernhöfe und Werkstätten geprägt, in denen der Inhaber alle wesentlichen Aufgaben selbst wahrnahm.

Seitdem sind die Betriebe ständig gewachsen, ein typischer Industriebetrieb verfügt heute trotz vielfacher Rationalisierungsanstrengungen meist über Hunderte, oft über Tausende von Arbeitern und Angestellten. Immer dann, wenn die Arbeitsaufgabe nicht mehr durch eine Person erfüllt werden kann, ist ein System von Regelungen notwendig, um die Tätigkeiten aller Mitarbeiter koordiniert und zielgerichtet aufeinander abzustimmen.

Dies gilt umso mehr, als jeder Mitarbeiter aufgrund seiner Persönlichkeitsstruktur und Leistungsbereitschaft unterschiedliche Prioritäten bei der Ausübung seiner Tätigkeit setzt und nur ein funktionierendes Leitungssystem dafür sorgen kann, dass die Erfüllung des Betriebsziels oberste Bedeutung erlangt.

6.2 Organisation, Disposition, Improvisation

In einem Betrieb existieren meist drei Regelsysteme nebeneinander: Organisation, Disposition und Improvisation.

Organisation	beschreibt **dauerhaft** gültige Regelungen	Beispiel: Die Stelle „Rechnungsprüfung" ist der Abteilung „Einkauf" zugeordnet.
Disposition	beschreibt **einmalig** gültige Regelungen	Beispiel: Der Materialeingang von „Trennscheiben" wird heute auf Lagerplatz C34 platziert.
Improvisation	beschreibt eine **vorläufig** gültige Regelung	Beispiel: „Wir versenden unsere Güter per Lkw, solange der Bahnstreik dauert."

Improvisation muss kein minderwertiger Regelungszustand sein, da oft eine dauerhafte Lösung wegen sich ständig ändernder Rahmenbedingungen gar nicht sinnvoll wäre. Umgekehrt muss sich auch die Organisation im Zeitablauf neuen technischen und ökonomischen Entwicklungen anpassen – die Grenzen zwischen den Regelsystemen sind also fließend.

6.3 Organisationsanlässe

Eine betriebliche Neuorganisation kann aus verschiedenen Anlässen notwendig werden:
- betriebliche Neugründung oder Erweiterung
- Einführung neuer Produkte
- Eintritt in neue Märkte
- Änderung der Produktionstechnik, Bürotechnik und Arbeitsorganisation
- Inkrafttreten neuer arbeitsrechtlicher Bestimmungen, insbesondere zum Arbeitsschutz
- Widerstände gegen und Probleme mit vorhandenen Lösungen

6.4 Organisationsprozess: Aufgabenanalyse und -synthese

Der durch diese Anlässe in Gang gesetzte Organisationsprozess unterliegt einer festen Reihenfolge:

↓	**1. Aufgabenanalyse**	Zerlegung einer betrieblichen Aufgabe in Teilaufgaben, Handlungen und Handlungselemente
	2. Aufgabensynthese	Zusammenfassung der Handlungselemente zu Stellen und Abteilungen → Bildung der **Aufbauorganisation** zeitlich-räumliche Reihung der Handlungselemente → Bildung der **Ablauforganisation**

Beispiel zur Aufgabenanalyse

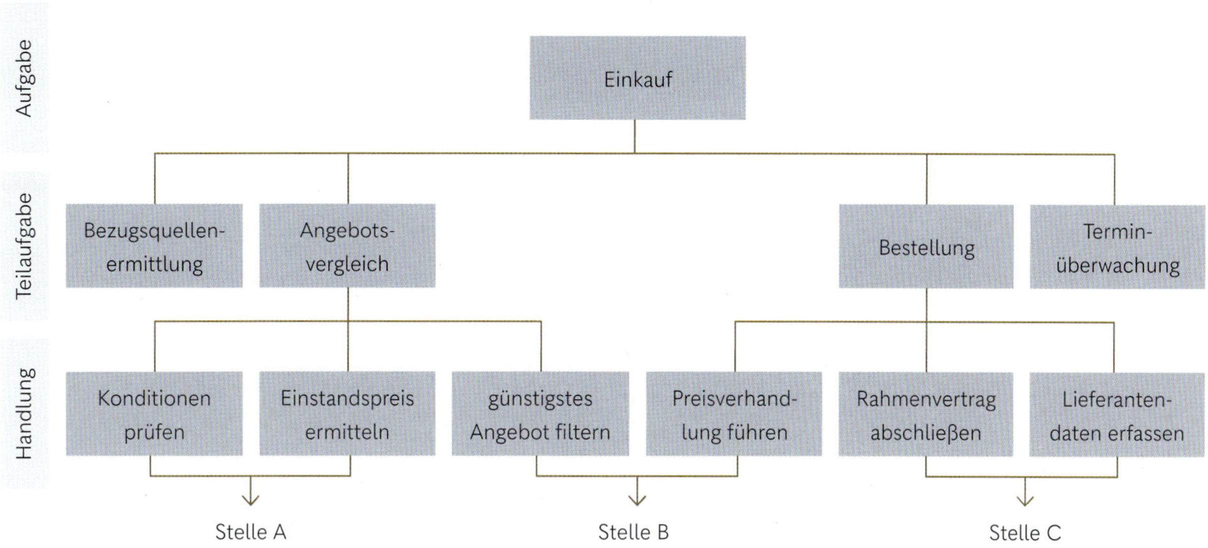

Stellen entstehen durch die sinnvolle Zusammenfassung von Handlungen oder Teilaufgaben und deren Zuordnung zu einem menschlichen Aufgabenträger. Sie sind die kleinsten organisatorischen Einheiten in der Aufbauorganisation. Abteilungen entstehen durch Zusammenfassung von Stellen unter einer Leitung.

6.5 Aufbauorganisation

Lernvideo: Aufbauorganisation

Die Aufbauorganisation legt fest, welche Teilaufgaben, Handlungen oder Handlungselemente den einzelnen Stellen zugewiesen werden und welche Weisungsbeziehungen zwischen den einzelnen Stellen bestehen.

6.5.1 Stellenbeschreibung

Die Zuweisung von Handlungen oder Teilaufgaben zu einer Stelle und deren hierarchische Einbindung sind in der Stellenbeschreibung festgehalten. Daneben lassen sich aus ihr auch Kompetenzen, Qualifikationserfordernisse und tarifliche Einstufung des Stelleninhabers ablesen.

BEISPIEL: Stellenbeschreibung

1. Bezeichnung der Stelle: Sachbearbeiter/in Einkauf

2. Organisatorische Einordnung:
- Vorgesetzte des Stelleninhabers/der Stelleninhaberin: Abteilungsleiter/in Einkauf
- Untergebene des Stelleninhabers/der Stelleninhaberin: keine
- gleichrangige Mitarbeiter/innen: Sachbearbeiter/in Einkauf

3. Stellvertretung:
- vertritt selbst: Abteilungsleiter/in Einkauf
- wird vertreten von: Sachbearbeiter/in Einkauf

4. Zielsetzung:
- Beschaffung der gewünschten Ware in der entsprechenden Qualität zu den günstigsten Konditionen zur richtigen Zeit am richtigen Ort in der richtigen Menge

5. Aufgaben:
- Prüfung des tatsächlichen Bestands nach Liste
- Erstellen von Einkaufslisten
- Einholung und Prüfung von Angeboten
- Bestellung oder Erteilung von Aufträgen
- Warenverteilung und Information der entsprechenden Filialen/Abteilungen
- Kontrolle der Eingangsrechnungen und Freigabe zur Überweisung
- Erstellung und Auswertung von einkaufsbezogenen Statistiken
- Beratung des/der Vorgesetzten bei Rahmenverträgen

6. Befugnisse:
- Zeichnungsbefugnis bis zu einem Betrag von 50.000,00 € im Rahmen der beschriebenen Aufgabenstellungen

7. Anforderungen an den Stelleninhaber / die Stelleninhaberin:
- Vorbildung und Kenntnisse
- Schulbildung: mittlerer Bildungsabschluss
- Ausbildung: Industriekaufmann/-frau oder vergleichbare kfm. Ausbildung
- Berufserfahrung: mehrjährige Berufserfahrung im Einkauf
- Kenntnisse und Fertigkeiten: Waren- und Marktkenntnisse
- Persönlichkeitsmerkmale: Teamfähigkeit, Selbstständigkeit

8. Einstufung: EG7

Vorteile der Stellenbeschreibung	Nachteile der Stellenbeschreibung
klare Kompetenzen und Weisungsbeziehungen	hoher Erstellungs- und Aktualisierungsaufwand
erleichtert Einarbeitung in eine neue Arbeitsaufgabe	lässt Gesamteinordnung der Stelle schwer erkennen
präzise Vorgabe für Personalbeschaffungs- oder Personalentwicklungsmaßnahmen	Organisationslücken werden nicht erkannt.

6.5.2 Organigramm

Das Organigramm zeigt die organisatorische Verknüpfung von Stellen und Abteilungen.

BEISPIEL: **Organigramm der Fly Bike Werke GmbH**

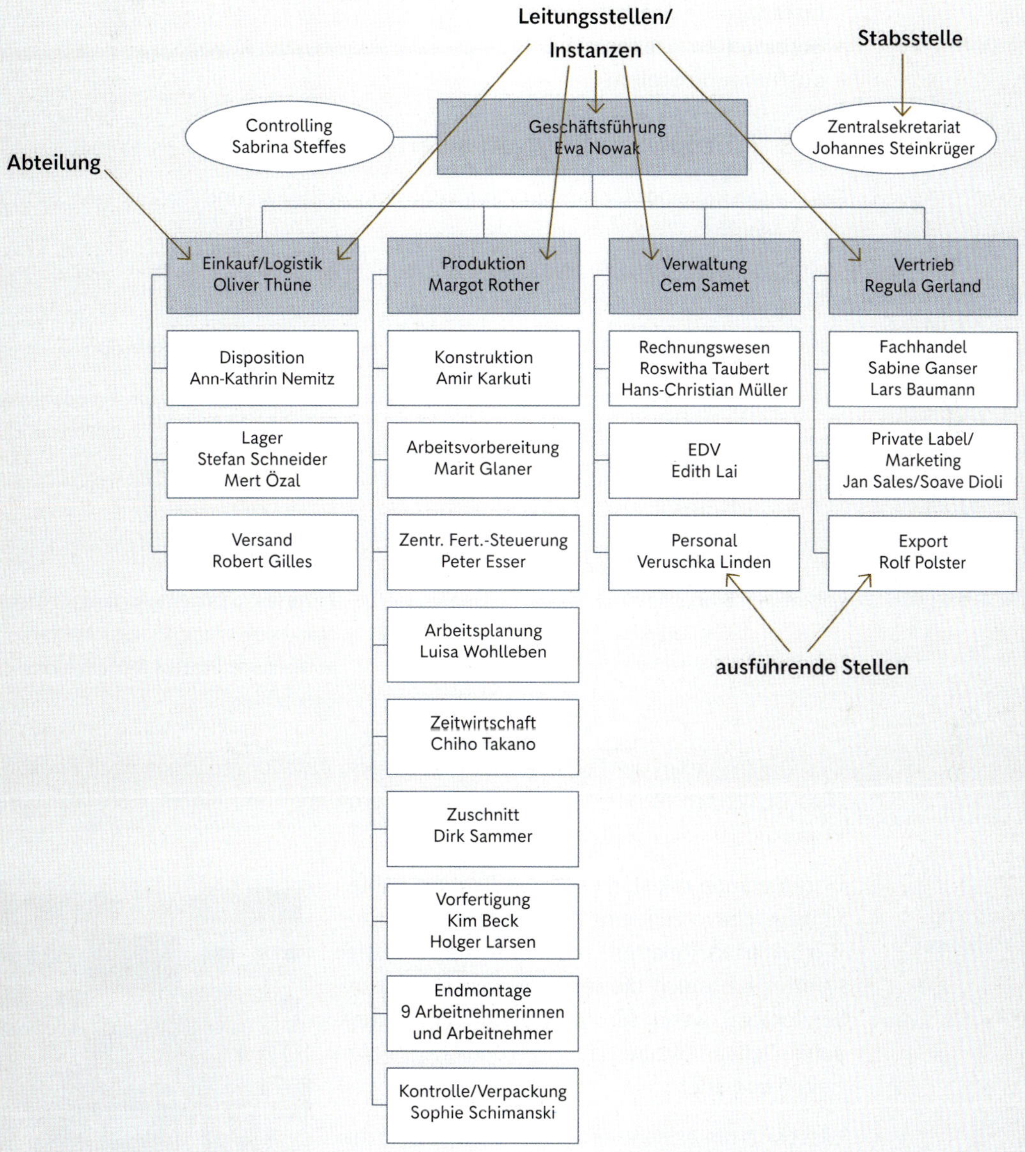

Sicherheitsbeauftragter:	Peter Esser
Umweltbeauftragter:	Oliver Thüne
Qualitätsbeauftragte:	Sophie Schimanski
Datenschutzbeauftragter:	Cem Samet
Betriebsratsmitglieder:	Sabine Ganser, Saskia Engel, Mahmoud El-Saadi
technischer Auszubildender:	Elias Schumacher
kfm. Auszubildende:	Jenny Liu

Aus dem Organigramm gehen
- das **Prinzip der Aufgabenverteilung**,
- die **Anzahl der Leitungsebenen** und
- das **Weisungssystem** (die Art der Unterordnungsbeziehungen) hervor.

Ein Organigramm setzt sich aus folgenden Stellentypen zusammen:
- **Instanzen** (Leitungsstellen)
- **Stabsstellen** (Stellen mit Beratungs- oder Assistenzfunktion)
- **ausführende Stellen**

Stabsstellen
→ Kap. 6.5.5

6.5.3 Prinzipien der Aufgabenverteilung

Die Aufteilung einer Gesamtaufgabe auf einzelne Stellen und Abteilungen kann nach den folgenden Prinzipien erfolgen:

Stellen- und Abteilungsbildung

nach dem Funktionsprinzip	nach dem Objektprinzip	nach dem Prozessprinzip
Verschiedene Abteilungen oder Stellen üben verschiedene **Tätigkeiten** aus.	Verschiedene Abteilungen oder Stellen betreuen verschiedene Planungs- oder **Arbeitsgegenstände**.	Verschiedene Abteilungen oder Stellen sind in unterschiedlichen **Phasen des Arbeitsprozesses** aktiv.
↓	↓	↓
mögliche Abteilungen: Einkauf/Logistik, Produktion, Verwaltung, Vertrieb	mögliche Objekte: Produktarten (Sparten), Regionen, Kundengruppen, Projekte, strategische Geschäftsfelder	mögliche Prozesse: Prozess Produktentwicklung, Prozess Markteinführung, Prozess Auftragsabwicklung, Prozess Reklamationsbearbeitung

Das Organigramm der Fly Bike GmbH zeigt eine Abteilungsbildung nach Funktionen. Dies ist typisch für kleine und mittlere Unternehmen mit einem nicht allzu breiten Produktions- und Absatzprogramm.

Diversifikation
Erweiterung der Geschäftstätigkeit um neue Produkte

Unternehmen mit starker **Diversifikation** wählen hingegen bevorzugt eine Abteilungsbildung nach Produktarten (Sparten). Für international tätige Konzerne ist auch die regionale Gliederung unverzichtbar, wenn sie Märkte mit sehr unterschiedlichen Kulturen und Verbrauchsgewohnheiten bedienen.

Lässt sich die Abnehmerschaft in klar abgrenzbare Kundengruppen aufteilen, so werden deren Bedürfnisse mit einer kundenorientierten Organisation am besten bedient. Ein relativ seltener Ansatz ist die prozessorientierte Organisation, die die Abteilungen entlang der Wertschöpfungskette bzw. des Betriebsablaufs einteilt.

Bei Industrieunternehmen sind in der Praxis jedoch am häufigsten Mischformen anzutreffen, die auf den einzelnen Stufen der Leitungskette (Hierarchie) unterschiedliche Prinzipien verbinden:

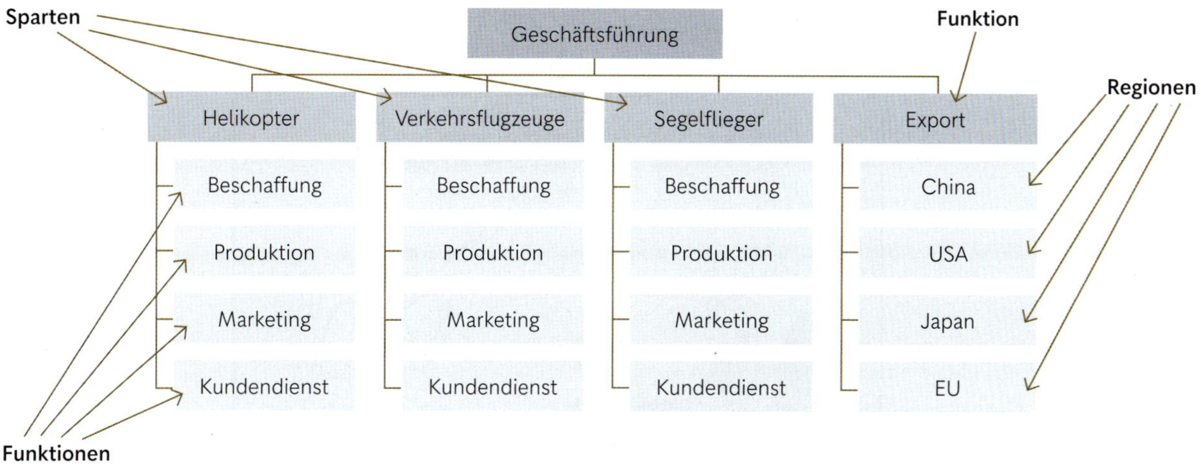

6.5.4 Strategische Geschäftsfelder

Eine Vermischung von produkt- und kundenorientierter Aufbauorganisation findet auch bei der Bildung strategischer Geschäftsfelder statt. Hier werden bestimmte Teilmärkte (mit entsprechenden Käuferschichten) hinsichtlich ihrer Aufnahmefähigkeit und Konkurrenzsituation genauer untersucht, um daraufhin die Erfolgsaussichten für das eigene Unternehmen zu analysieren. Für erfolgversprechende Teilmärkte wird dann eine schlagkräftige Sortiments- und Wettbewerbsstrategie ausgewählt.

BEISPIEL: Projektauftrag: Tag der offenen Tür für Schulabgänger/-innen

Geschäftsfeld 1:	Produkt: Rennräder	+	Abnehmerkreis: Profi-Rennfahrer
Geschäftsfeld 2:	Produkt: Rennräder	+	Abnehmerkreis: Hobbyfahrer
Geschäftsfeld 3:	Produkt: Mountainbikes	+	Abnehmerkreis: Jugendliche

Für die Bearbeitung jedes Geschäftsfeldes werden relativ selbstständige strategische Geschäftseinheiten gebildet, i. d. R. mit einem eigenen Rechnungswesen zur Ermittlung ihres Erfolgsbeitrags. Im Extremfall können diese Geschäftseinheiten auch in rechtlich selbstständige Unternehmen ausgegliedert werden.

Die weite Verbreitung dieses Organisationsansatzes wird mit dem **Hauptargument** begründet, gerade innerhalb großer Unternehmen erreichten nur kleinere, schlagkräftige und spezialisierte Organisationseinheiten die nötige Flexibilität und Marktnähe, um auf Änderungen der Bedarfs- und Konkurrenzsituation in angemessener Geschwindigkeit reagieren zu können. **Kritiker** bemängeln, die Bildung strategischer Geschäftsfelder im Unternehmen sei oft nur als Umbenennung der vorhandenen Spartenorganisation gestaltet.

6.5.5 Weisungssysteme

FÜR ORGANISATIONEN MIT EXTREM LANGEN ENTSCHEIDUNGSWEGEN EMPFIEHLT SICH DER EINSATZ VON WURMLÖCHERN.

Schließlich kann man in einem Organigramm auch die vorgesehenen Informations- und Anweisungswege erkennen. Obere Instanzen (Leitungsstellen) üben ihre Anweisungsbefugnis gegenüber den unterstellten Instanzen aus und übernehmen als **Kostenstellenleiter** die Verantwortung für den wirtschaftlichen Erfolg ihres Bereichs.

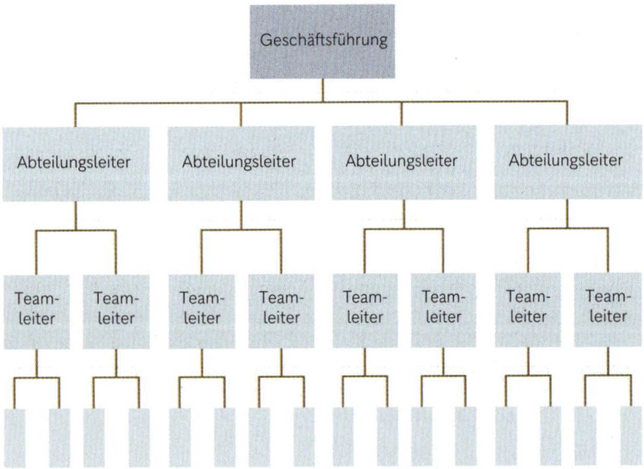

Auch bei der Gestaltung des Instanzenweges gibt es eine Reihe von Alternativen:
- Einliniensystem
- Stabliniensystem
- Mehrliniensystem
- Matrixorganisation

Einliniensystem
Den einfachsten Aufbau bietet das Einliniensystem. Es zeichnet sich dadurch aus, dass jede Stelle außer der obersten Leitung genau einen Vorgesetzten hat.

Vorteile des Einliniensystems:	Nachteile des Einliniensystems:
- einfacher und eindeutiger Anweisungsweg - kein Kompetenzgerangel - hohe Kontrolle der Vorgesetzten über den Informationsfluss - keine widersprüchlichen Anweisungen	- langer Anweisungsweg über mehrere Instanzen, verspätete Umsetzung von Entscheidungen - Gefahr von Entscheidungsverzögerung und Fehlentscheidung durch Überlastung der obersten Instanz - Auf dem Instanzenweg können wichtige Informationen verfälscht oder (absichtlich oder zufällig) nicht weitergeleitet werden.

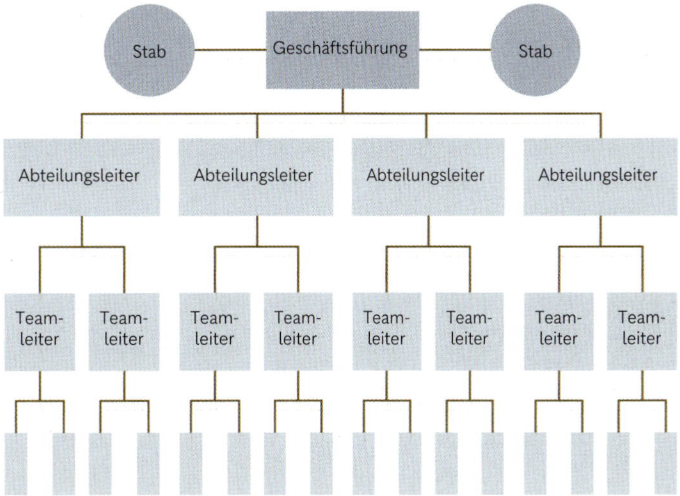

Stabliniensystem

Das Problem einer Überlastung des obersten Managements kann durch die Beistellung von Beratern und persönlichen Mitarbeitern deutlich gemildert werden. Solche Instanzen, die in den oberen Führungsebenen angesiedelt sind, aber keine Entscheidungsbefugnis besitzen, nennt man Stäbe, das daraus resultierende Weisungssystem heißt Stabliniensystem.

Typische Beratungs- und Assistenzfunktionen werden z. B. ausgeübt durch Rechtsanwälte, PR-Berater, Qualitätsbeauftragte, Finanzassistenten.

PR-Berater: Öffentlichkeitsarbeiter (PR = Public Relations)
LF 10

Vorteile des Stabliniensystems:	Nachteile des Stabliniensystems:
– wie Einliniensystem – erhöhte Entscheidungsqualität durch fachgerechte Beratung	– wie Einliniensystem (außer Überlastung) – unklare Arbeitsteilung zwischen Instanz und Stab – Demotivation der Stabsmitarbeiter durch empfehlungswidrige Entscheidungen

Mehrliniensystem

Eine Alternative zur Einstellung von Beraterstäben liegt in der strikten fachlichen Spezialisierung von Entscheidungsträgern. Hierdurch entsteht ein Mehrliniensystem.

Hier hat ein Mitarbeiter mehrere direkte Vorgesetzte, die jeweils (nur) für ein bestimmtes Entscheidungsfeld zuständig sind. Ein Beispiel ist die Aufteilung in eine technische und eine kaufmännische Abteilungsleitung.

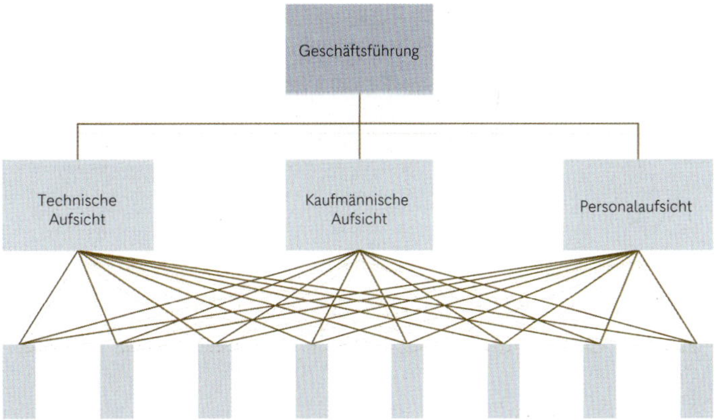

Vorteile des Mehrliniensystems:	Nachteile des Mehrliniensystems:
– hohe Fachkompetenz der Vorgesetzten – Entlastung der obersten Leitung – kurze Dienstwege	– Weisungskonflikte möglich – Kompetenzen der Vorgesetzten sind nicht eindeutig abzugrenzen.

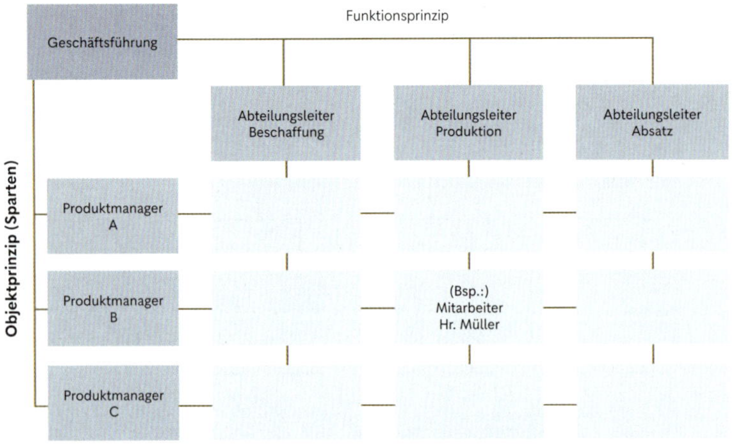

Matrixorganisation

Eine Weiterentwicklung des Mehrliniensystems ist die Matrixorganisation. Hier werden immer zwei Aufgabenverteilungsprinzipien miteinander kombiniert.
- In der **Waagerechten** wird die disziplinarische Unterstellung vorgenommen: Welcher Gruppe und Abteilung ist die Stelle regelmäßig zugeordnet?
- In der **Senkrechten** ist die fachliche Unterstellung zu erkennen: Bei welchen Sachbereichen oder in welchen Sachfragen sind andere Leitungskräfte weisungsberechtigt?

Im abgebildeten Beispiel
- ist die regelmäßige disziplinarische Unterstellung in Form einer **Funktionalorganisation** vorgenommen,
- darüber hinaus bilden einzelne **Sparten** (Produktgruppen) eine zweite, fachliche Unterstellung.

BEISPIEL: Bei der Qualitätskontrolle von Produkt B kann der Mitarbeiter Herr Müller sowohl Anweisungen vom Abteilungsleiter Produktion als auch vom Produktmanager B erhalten.

Als weitere mögliche fachliche Zuordnungsmerkmale können in der Praxis auch Projekte, Absatzgebiete, Kundengruppen oder überbetriebliche Betriebsfunktionen (wie Datenverarbeitung, Ausbildung, Controlling u. a.) dienen.

Vorteile der Matrixorganisation:	Nachteile der Matrixorganisation:
- ganzheitliche Problembetrachtung und -lösung möglich - dichtes Kommunikationsnetzwerk - Förderung umfassender Mitarbeiterqualifikationen (Projekte dienen auch der Personalentwicklung)	- hohe Belastung der Mitarbeiter - Aufgabenpriorität oft unklar - hoher Koordinationsaufwand, langwierige Entscheidungsfindung - Kompromisse zwischen den Instanzen ersetzen oft optimale Lösungen.

6.5.6 Key-Account-Management

Eine bei marktorientierten Unternehmen sehr häufig anzutreffende organisatorische Variante ist das Key-Account-Management (KAM). Als Key Account bezeichnet man sogenannte „Schlüsselkunden", also Kunden, mit denen ein sehr hoher Umsatz erzielt wird und die deshalb für den Unternehmenserfolg von besonderer Bedeutung sind (A-Kunden). Deshalb wird ein Key-Account-Manager dafür abgestellt, die Beziehung zu diesen A-Kunden besonders zu pflegen und die Kundenwünsche und -bedürfnisse zu vertreten.

Typische Aufgaben von Key-Account-Managern und -Managerinnen sind:
- technische Beratung und Bedarfsanalyse,
- Angebotserstellung und Auftragsgewinnung (Akquise),
- Integration und Koordination der Leistungen aller Unternehmensbereiche,
- Aufbau eines persönlichen Vertrauensverhältnisses zum Kunden,
- Ansprechpartner/-in für den Kunden in allen Belangen.

Der Key-Account-Manager wirkt als Schnittstelle zwischen der betrieblichen Organisation und den Schlüsselkunden. Da er bei jeder Art von Betriebsorganisation eingesetzt werden kann, ist er für viele Unternehmen eine kostensparende Alternative zu einer rein kundenorientierten Aufgabengliederung.

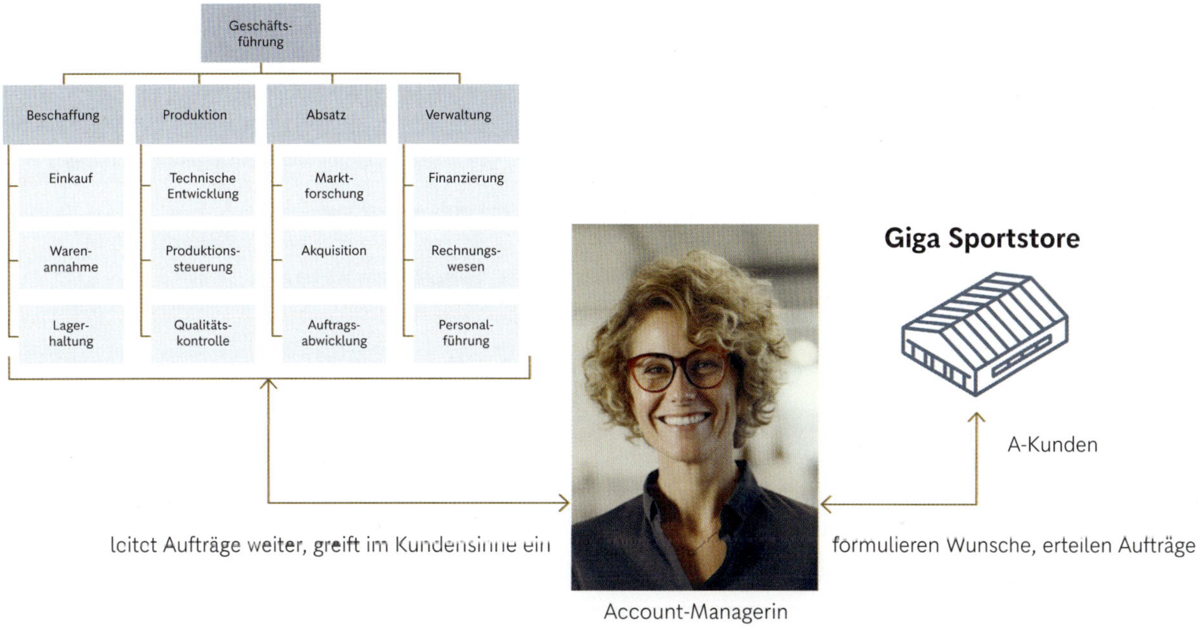

6.6 Ablauforganisation

Lernvideo: Ablauforganisation

Die Ablauforganisation regelt die zeitlich-räumliche Reihung der Handlungselemente. Sie legt Folgendes fest:
- den **Arbeitsort**, an dem das Handlungselement verrichtet wird (räumliche Synthese),
- den **Arbeitszeitpunkt**, zu dem das Handlungselement ausgeführt wird (zeitliche Synthese),
- die **Person**, die das Handlungselement ausführt (personelle Synthese).

Für die Darstellung ablauforganisatorischer Regelungen gibt es eine Reihe von Darstellungstechniken wie
- Netzplantechnik,
- Arbeitsablaufdiagramm,
- Programmablaufplan,
- Termin- und Maschinenbelegungsplan als Balkendiagramme,
- ereignisgesteuerte Prozessketten (EPK)
- erweiterte ereignisgesteuerte Prozessketten (eEPK)

Darstellungstechniken → Kap. 5.4.3

Ziel der Ablauforganisation ist die störungslose Abwicklung der jeweiligen Arbeitsaufgabe sowie die gleichmäßige/maximale Auslastung von Personal und Betriebsmitteln.

Zielsetzungen der ablauforganisatorischen Gestaltung:

Ziel	Unterziele
– minimale Durchlaufzeiten	– Verringerung der Bearbeitungszeiten – Vermeidung von Prüf- und Wartezeiten
– maximale Kapazitätsauslastung	– Bildung angepasster Kapazitäten – Störungsvermeidung – flexible Nutzung von Betriebsmitteln
– Termineinhaltung	– Erstellung von Terminplänen – redundante Terminüberwachung (Rückmeldung von absehbaren und eingetretenen Verzögerungen zwecks Einleitung von Gegenmaßnahmen)
– hohe Informationsgeschwindigkeit	– hohe Vernetzung – geringe Reaktionszeiten (Weitergabezeiten) – zielgerichtete Weitergabe

6.7 Organisationsentwicklung

Die Betriebsorganisation ist nicht statisch (immer gleichbleibend), sondern muss sich ständig Marktveränderungen, neuen Techniken, veränderten Kundenbedürfnissen und Mitarbeiteransprüchen anpassen. Hier wurden in der Vergangenheit oft disruptive (die alte Ordnung zu einem Stichtag auslöschende) Konzepte umgesetzt.

Direktionsrecht
Recht des Arbeitgebers, den Arbeitnehmer/-innen Weisungen zu erteilen

Die neue Organisationsstruktur wurde dabei vielfach von externen Beratern (Consulting-Firmen) entworfen und unter Anwendung des **Direktionsrechts** eingeführt. In der Praxis erwiesen sich die Konzepte dann oft als nicht (voll) realisierbar und ihr Scheitern war mit hohen Kosten infolge mangelnder Produktivität verbunden. Als Gründe für das Scheitern gelten u. a.:

- Die Ausgangs- und Umsetzungsbedingungen (Zeitplanung, technische Bereitstellung, Personalqualifikation, Integrationsfähigkeit von bestehenden Systemen) wurden nicht realistisch eingeschätzt.
- Die Ziele der Organisationsveränderung wurden nicht (hinreichend) kommuniziert.
- Die Ängste von Mitarbeitenden vor Besitzstands- oder Arbeitsplatzverlusten wurden nicht berücksichtigt, mit der Folge, dass Managementanweisungen unterlaufen wurden.

Aus diesen Erfahrungen heraus hat sich eine neue Denkweise im Umgang mit notwendigen Anpassungen des Betriebsaufbaus und -ablaufs entwickelt.

Organisationsentwicklung

- Betrachtung der Auftragssituation
- Betrachtung der Mitarbeiterqualifikation und -motivation

- Schwachstellenanalyse des Ist-Zustands
- Ermittlung des Optimierungspotenzials

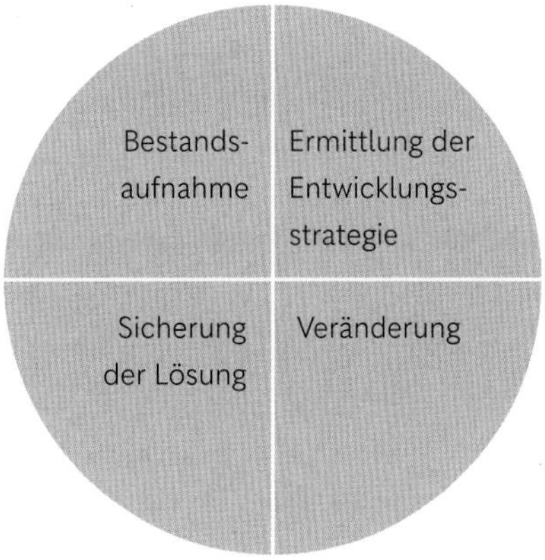

- kontinuierliche Verbesserung: laufende Fortschrittskontrolle und -sicherung

- Kommunikation von Zielen
- Festlegung von Etappen
- Förderung der Mitarbeiter

Kernelemente des neuen Konzepts der Organisationsentwicklung sind:
- eine Schwachstellenanalyse des bestehenden Systems,
- Einbeziehung des Erfahrungswissens der betroffenen Mitarbeiter,
- Vorstellung und Diskussion des neuen Organisationsmodells,
- Verzicht auf Weisungsrechte,
- etappenweise Umsetzung mit einer Nachbesprechung der jeweiligen
- Umsetzungsziele,
- begleitende Schulungen und sonstige Fördermaßnahmen.

Wenn bei den Nachbesprechungen Anpassungsprobleme erkennbar werden, soll nicht um jeden Preis am angestrebten Endszenario festgehalten werden (auch weil dieses am Ende der Umstrukturierung oft schon wieder überholt ist). Vielmehr geht es darum, den Veränderungsprozess als solchen aufrechtzuerhalten.

ÜBERSICHT: Organisationsprozess

Aufgabenanalyse: Aufgaben → Teilaufgaben → Handlungen → Handlungselemente

↓

Aufgabensynthese: Handlungselemente → Handlungen → Stellen → Abteilungen

Aufbauorganisation: Stellen- und Abteilungsbildung

Prinzipien der Aufgabenteilung:
- Funktionen
- Produkte/SGF
- Regionen
- Kunden
- Prozesse

Weisungssysteme:
- Einliniensystem
- Stabliniensystem
- Mehrliniensystem
- Matrixsystem
- Key-Account-Management

↓

Darstellung:
z. B. Organigramm und Stellenbeschreibung

Ablauforganisation: zeitlich-räumliche Reihung der Handlungselemente

↓

Darstellung:
z. B. Ablaufdiagramm und EPK

Alles klar?

1 Geben Sie an, welche der folgenden Informationen Sie einem Organigramm entnehmen können.
- a Entlohnung des Abteilungsleiters
- b oberste Hierarchieebene
- c Prinzip der Aufgabenverteilung
- d Weisungsbeziehungen
- e Anzahl der Abteilungen
- f Dauer der Auftragsabwicklung
- g Beschreibung der Stellenaufgaben
- h Gesellschafter

2 Beschreiben Sie anhand des Organigramms in Kapitel 6.5.2 die Organisationsform der Fly Bike Werke GmbH. Berücksichtigen Sie dabei
- die Zahl der Hierarchieebenen,
- das Organisationsprinzip zur Abteilungsbildung,
- das Weisungssystem,
- die Stellenarten.

3 Die Fly Bike Werke GmbH erwägt, ihr Weisungssystem umzustellen. In einer Sitzung der Geschäftsführung findet jede Form ihre Befürworter und Gegner. Stellen Sie fest, welche Argumente und Gegenargumente zutreffen und welche nicht:

4 Studieren Sie die Unternehmensbeschreibung der Fly-Bike GmbH und erstellen Sie danach je ein Organigramm für eine mögliche
- a Spartenorganisation
- b kundenorientierte Organisation
- c Regionalorganisation

Beurteilen Sie jeweils, ob Ihr Vorschlag zweckmäßig ist.

5 Mehrliniensysteme sind oft nur im Produktionsbereich eines Industriebetriebs anzutreffen. Stellen Sie Vermutungen an, warum sie dort besonders zweckmäßig sind.

6 Key-Account-Manager haben gemäß ihrer Stellenaufgabe ein persönliches Vertrauensverhältnis zu wichtigen Kunden aufzubauen. Könnten sich daraus auch Probleme für den Arbeitgeber entwickeln?
Nennen Sie mögliche Gründe.

Weisungssystem	Einführungsargument	Gegenargument
Liniensystem	„Der Aufbau ist klar und übersichtlich."	„Es droht Kompetenzgerangel."
Stabliniensystem	„Die Beratungsfunktion ist für die Stabsstellen sehr motivierend."	„ein sehr langer Instanzenweg"
Mehrliniensystem	„sehr fachkompetente, spezialisierte Vorgesetzte"	„Oberste Geschäftsführung wird vom Informationsfluss abgeschnitten."
Matrixsystem	„Mitarbeiter können sich ganz auf ihre Stellenfunktion konzentrieren."	„hoher Koordinationsaufwand"

7 Zielsystem des Unternehmens

BEISPIEL: Bei der letzten Betriebsversammlung der Fly Bike Werke GmbH hat die Geschäftsleitung u. a. die wirtschaftlichen Ziele für das neue Geschäftsjahr vorgestellt:

	Aktuelles Jahr	Planjahr
Eigenkapital	0,85 Mio. €	0,85 Mio. €
Umsatz	6,90 Mio. €	7,70 Mio. €
Gesamtaufwand	6,75 Mio. €	7,2 Mio. €
davon Personalaufwand	2,25 Mio. €	2,15 Mio. €
Beschäftigtenzahl	40	37
Eigenkapitalrendite	17,6 %	58,8 %

Der Betriebsrat ist empört und beklagt sich darüber, dass nun auch bei der Fly Bike Werke GmbH trotz günstiger Wirtschaftslage „auf Kosten der Beschäftigten rigoros gespart" werde. Die Geschäftsführerin Frau Nowak entgegnet: „Ein wesentliches Ziel der Geschäftspolitik muss es sein, unser Unternehmen insbesondere für Eigenkapitalgeber interessanter zu machen." Sie setzt hinzu: „Es kommt nun darauf an, den Shareholder-Value zu steigern!"

7.1 Unternehmenskultur, Unternehmensleitbild und Corporate Identity

AB → Lernsituation 12

Jedes Unternehmen gleicht einem Organismus. Täglich werden zwischen den Beschäftigten unzählige Botschaften ausgetauscht und viele verschiedene Verhaltensweisen sind zu beobachten. Dabei entwickelt das Unternehmen im Laufe der Zeit eigene ungeschriebene Standards und Gesetzmäßigkeiten, z. B. für Führungsstile, Arbeitsweisen, Kommunikationsformen oder typische „Hauskleidung".

Diese rein traditionellen Normen machen die **Unternehmenskultur** aus, sie äußern sich gelegentlich in Formulierungen wie „Bei uns wird keiner entlassen" oder „Führungskräfte kommen immer aus dem eigenen Haus". Basieren diese Aussagen jedoch nicht allein auf dem gemeinsamen subjektiven Empfinden der Beschäftigten, sondern werden sie (ggf. unter Mitarbeiterbeteiligung in einem Prozess der Erkenntnisfindung und des Interessenausgleichs) von der Geschäftsleitung als Prinzipien unternehmerischen Handelns formuliert, so reifen sie je nach Verbindlichkeit zur **Unternehmensphilosophie** oder zum **Unternehmensleitbild**.

Vorteile eines Unternehmensleitbildes:
- Das „Wir"-Gefühl der Mitarbeiter wird gestärkt, ihre Identifikation mit dem Unternehmen gefördert. Damit steigen Arbeitsmotivation und Leistung, während die Fluktuationsquote sinkt.
- Durch einheitliche Entscheidungsgrundsätze wird die Führung des Unternehmens vereinfacht, das Setzen verbindlicher Prioritäten beugt langwierigen Interessenkonflikten vor.
- Durch das Leitbild und die damit einhergehende Selbstverpflichtung werden die Handlungen des Unternehmens in der Öffentlichkeit besser legitimiert, das Unternehmen erzeugt so Sympathien, seine Produkte gewinnen an Attraktivität.

- Das Leitbild fördert die Unterscheidbarkeit der Anbieter auf Massenmärkten.
- Ein gut formuliertes und verbreitetes Leitbild kann die Rekrutierung neuer Mitarbeiter wesentlich erleichtern, es kann auch ideell weniger geeignete Stellensuchende von einer Bewerbung abhalten.
- Die Kenntnis der Entscheidungsgrundlagen macht das Unternehmen bei Lieferanten und Kunden berechenbarer, ein Leitbild ist deshalb auch ein Instrument zur Vertrauensbildung.

Der größte **Nachteil** ist, dass das Leitbild in unvorhergesehenen Situationen das Feld möglicher Entscheidungen und Maßnahmen stark einengen kann.

BEISPIEL: Leitbild eines internationalen Industrieunternehmens aus der Grundstoffindustrie (hier Zementindustrie).

Unser Unternehmensleitbild

In der Corporate Mission werden unsere Unternehmenskultur und unsere Werte beschrieben.

- Wir bauen auf die drei Pfeiler einer nachhaltigen Entwicklung: Ökonomie, Ökologie und gesellschaftliche Verantwortung.
- Unser wirtschaftliches Ziel ist eine kontinuierliche Steigerung der Ergebnisse durch Kostenführerschaft und langfristiges, am Ergebnis orientiertes Wachstum.
- Wir streben eine langfristige, von Verlässlichkeit und Integrität geprägte Kundenbeziehung an.
- Unser Erfolg basiert auf kompetenten, engagierten Mitarbeitern und einer exzellenten Führungsmannschaft.
- Klimaschutz und Ressourcenschonung sind unsere vorrangigen Ziele im Umweltschutz.
- Unsere Informationspolitik ist transparent, wahrheitsgetreu und verantwortungsbewusst.
- Aktive und offene Kommunikation prägt unseren Umgang miteinander.

Quelle: http://www.heidelbergcement.com/global/de/company/home.htm, Stand: 14.04.2011

Ein Leitbild besteht in der Regel aus drei Elementen:

Mission
Wozu gibt es uns?

→

Vision
Was wollen wir erreichen?

→

Werte
Was sind unverwechselbare Kennzeichen unseres Handelns?

Insbesondere dem Aspekt eines einheitlichen, unverwechselbaren Auftritts des Unternehmens in der Öffentlichkeit widmet sich das Konzept der „Corporate Identity“. Ziel ist es, bei allen Mitarbeitern und Außenstehenden, insbesondere aber bei den Konsumenten, ein klares Bild des Unternehmens zu verankern. Dies kann nur gelingen, wenn sich alle Unternehmensaktivitäten aus dem Blickwinkel des Kunden harmonisch zusammenfügen.

Im Einzelnen wird das Erscheinungsbild von folgenden Faktoren geprägt:

Corporate Identity

Corporate Behaviour	Corporate Design	Corporate Communications
beschreibt das tatsächliche Handeln des Unternehmens und seiner Beschäftigten, z. B. bei internen Konflikten oder im Haftungsfall.	beschreibt das einheitliche optische Erscheinungsbild des Unternehmens, z. B. Architektur der Gebäude, verwendete Zeichen und Farben sowie Firmenkleidung.	beschreibt die Botschaften, die das Unternehmen aussendet, und Wege, mit Außenstehenden in Kontakt zu treten, z. B. Absatzwerbung, Public Relations, Sponsoring.

Im Zusammenhang mit dem „Corporate Behaviour" wird vielfach auch der Begriff **„Corporate Governance"** erwähnt. Dieser spielt insbesondere für die Vertrauensbildung der Anleger in internationalen börsenorientierten Unternehmen eine wichtige Rolle. Dahinter steht eine Selbstverpflichtung des Managements, die gültigen Handels- und Steuergesetze des jeweiligen Wirtschaftsraums genauestens zu beachten und die Standards verantwortungsvoller, nachhaltiger und transparenter Unternehmensführung nicht zu verletzen (z. B. Verzicht auf Bestechung zur Erlangung von Aufträgen). Damit sollen insbesondere die Aktionäre vor einem unerwarteten Wertverlust ihrer Anteile durch schwebende Verfahren, staatliche Sanktionen (z. B. Bußgelder) oder Imageschädigung geschützt werden.

7.2 Ausrichtung auf das Unternehmensumfeld

Das strategische Management legt auf Basis der (normativen) Wertaussagen des Leitbildes die langfristige (strategische) Entwicklungsrichtung des Unternehmens fest und ist seinerseits die Grundlage für die spätere Ableitung einzelner (operative) Unternehmensziele.

Es trifft grundsätzlich Entscheidungen über
- die Festlegung der Märkte,
- die Wettbewerbsziele,
- die Kernkompetenzen des Unternehmens,
- die Bereitstellung der Ressourcen und
- die absatzpolitischen Maßnahmen.

Normative Ebene		Strategische Ebene	Operative Ebene
– Wohin gehen wir? – Wozu sind wir da?	– Woran glauben wir?	– Was wollen wir erreichen?	– Welche Zielen leiten sich ab?
– Vision – Normen und Werte	– Leitbild	– strategische Ziele – Unternehmen	– operative Ziele – Unternehmen

Bei jeder strategische Entscheidung muss auch das Unternehmensumfeld berücksichtigt werden. Das Unternehmensumfeld wird durch zahlreiche Anspruchsgruppen geprägt, neben den Shareholdern (Investoren = Eigenkapitalgebern) sind noch die Interessen zahlreicher anderer Gruppen, wie Mitarbeiter, Anwohner, Lieferanten, Staat – insbesondere aber Kunden zu berücksichtigen. Diese „sonstigen" Anspruchsgruppen werden unter dem Begriff „Stakeholder" zusammengefasst. Das strategische Management legt nicht zuletzt die Priorität fest, mit der diese unterschiedlichen Interessen bedient werden sollen.

Äußere Einflüsse und Interessengruppen des Unternehmens

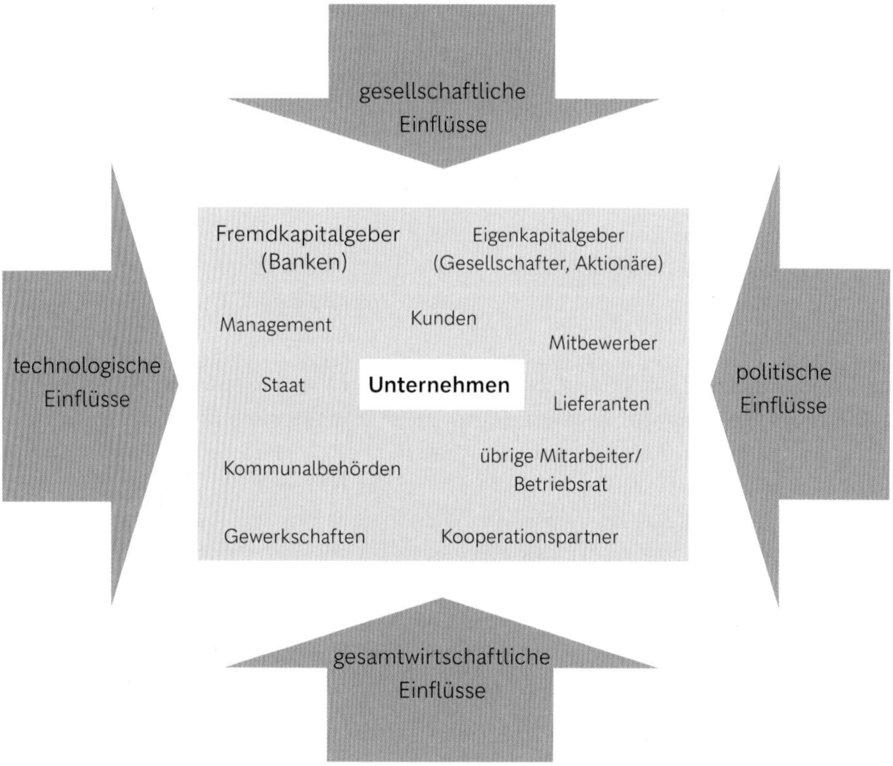

Interne Interessengruppen und ihre Ziele

- **Management (Führungskräfte):** Interesse der persönlichen Einflussnahme auf das Unternehmen bzw. auf den eigenen Verantwortungsbereich mit dem Ziel des wirtschaftlichen Erfolgs. Auch: Streben nach individueller Wertschätzung / öffentlichem Ansehen in Verbindung mit hohem Einkommen. Nicht immer stimmen die persönlichen Ziele des Managements mit denen des Gesamtunternehmens überein.
- **Übrige Mitarbeiter:** Individuelle Wertschätzung, berufliche Entwicklungsmöglichkeiten, soziale Sicherheit (Arbeitsplatz, Einkommen), zufriedenstellende Arbeitsinhalte und Arbeitsbedingungen, gutes Betriebsklima. Der Betriebsrat als Interessenvertreter der Mitarbeiter hat die Aufgabe, die Ziele der Mitarbeiter zu erreichen und zu erhalten.

Externe Interessengruppen und ihre Ziele

- **Eigenkapitalgeber** (Gesellschafter, Aktionäre, Shareholder) haben Kapital in das Unternehmen eingebracht und damit eine Investition getätigt. Folglich sind sie an einer möglichst hohen Rendite bzw. Gewinnausschüttung interessiert. Weitere Ziele: Einflussnahme auf Entscheidungen des Managements (z. B. bei Hauptversammlungen), Wahrnehmung günstiger Angebote bei Kapitalerhöhungen.
- **Fremdkapitalgeber** (z. B. Banken) stellen dem Unternehmen Kredite zur Verfügung. Interesse an einer möglichst hohen Verzinsung, pünktlicher Rückzahlung der Kredite, hinreichenden Sicherheiten für das zur Verfügung gestellte Kapital.

- **Kooperationspartner** treten zusammen mit dem Unternehmen Dritten gegenüber auf (z. B. Lieferanten) mit dem Ziel der Verfolgung gemeinsamer Interessen und zur Erlangung von (Verhandlungs-)Vorteilen. Interesse an Aufbau, Aufrechterhaltung und Ausbau der Zusammenarbeit.
- **Lieferanten:** Interesse an verlässlichen und längerfristigen Geschäftsbeziehungen, Zahlungsfähigkeit und pünktlicher Zahlung des Unternehmens.
- **Kunden:** Die Ziele und Erwartungen der Kunden an das Unternehmen stehen im Mittelpunkt aller unternehmerischen Aktivitäten. Kundenbezogene Interessen sind qualitativ hochwertige Produkte, möglichst günstige Preise, Erbringen von Nebenleistungen wie Beratung und sonstige Serviceleistungen. Die angemessene Berücksichtigung der Kundeninteressen ist schon allein deshalb zentral, da sie in Konflikt zu den unternehmenseigenen Interessen, wie z. B. der Gewinnmaximierung, stehen können.
- **Mitbewerber** verfolgen das Ziel, sich besser auf dem Markt zu positionieren, andere Unternehmen zu verdrängen und Kunden abzuwerben.
- **Kommunalbehörden und Staat** haben ein Interesse an der Schaffung von Arbeitsplätzen durch Unternehmen, an der Leistung von Beiträgen zur regionalen Infrastruktur, an der Einhaltung rechtlicher Rahmenbedingungen und natürlich an Steuereinnahmen.
- **Gewerkschaften** sind als Tarifpartner vor allem in Tarifverhandlungen daran interessiert, sich für die Interessen der Arbeitnehmer einzusetzen. Weitere Ziele: Gewinnung von Mitgliedern und Thematisierung von Gewerkschaftsanliegen im Unternehmen.

Aus unternehmerischer Sicht besteht die Herausforderung darin, die unterschiedlichen Interessenlagen bei der Verfolgung eigener strategischer Ziele im Blick zu behalten. Im Kern muss das strategische Management die Frage beantworten, ob den Interessen der Eigentümer (bzw. Eigenkapitalgeber) bei der Zielsetzung absolute Priorität gegenüber anderen beteiligten Gruppen eingeräumt wird oder ob die Interessen des gesamten Betriebsumfeldes (Eigentümer/Eigenkapitalgeber, Mitarbeiter, Anwohner, Lieferanten, Kunden, staatliches Gemeinwesen usw.) in die Zielsetzungen eingehen.

	Stakeholder-Ansatz	**Shareholder-Ansatz**
Unternehmenszweck	Das Unternehmen soll die Ansprüche aller Interessengruppen umsetzen.	Das Unternehmen soll das Vermögen der Eigentümer mehren.
Erfolgsmaßstab	Maximierung der Beiträge aller Beteiligten zur Unternehmensentwicklung	Maximierung des Gewinns
Erfolgsbeurteilung	schwierig, da auf subjektiven Nutzeneinschätzungen basierend	einfach, da auf Wertzahlen basierend

Quelle: abgewandelt nach Hungenberg: Strategisches Management im Unternehmen, 2006, S. 30

Der Shareholder-Value ist der Marktwert (möglicher Verkaufspreis) des Unternehmens abzüglich des aufgenommenen Fremdkapitals.

Eine Missachtung des Shareholder-Values kann dazu führen, dass wegen unattraktiver Kapitalrendite die bisherigen und potenziell neue Geldgeber eine anderweitige Investition bevorzugen und dem Unternehmen wichtige Finanzmittel entziehen.

Gegen die ausschließliche Ausrichtung am Shareholder-Value spricht jedoch, dass eine streng wertorientierte Zielsetzung früher oder später zu ernsthaften Konflikten mit den anderen Interessengruppen führt, z. B. zu Anwohnerprotesten bei hohen Lärmemissionen, zu Streiks bei Lohnsenkungen oder zu staatlichen Auflagen bei einer Neuansiedlung. Zunehmende Widerstände können das unternehmerische Handeln lähmen und damit letztlich auch die hochgesteckten Ertragsziele zunichtemachen.

AB → Lernsituation 13

7.3 Einteilung von Unternehmenszielen

7.3.1 Zieldimensionen

Die meisten Ziele lassen sich direkt oder indirekt aus dem Unternehmensleitbild ableiten. Oberstes Ziel ist immer die Existenzsicherung.

Häufig wird folgende Unterteilung des Zielsystems von Unternehmen vorgenommen:

Oberziel
Existenzsicherung

↓

Unterziele

Ökonomische Ziele:
- Umsatzsteigerung
- Kostensenkung
- Verdrängung von
- Konkurrenz
- Erhöhung des Marktanteils
- Eintritt in neue Märkte
- Risikostreuung
- Erhöhung der Kundenbindung

Ökologische Ziele:
- Senkung von Produktionsemissionen
- Gewinnung von Sekundärrohstoffen
- Schonung der natürlichen Ressourcen
- Nutzung umweltfreundlicher Transportmittel
- Lärmreduzierung

Soziale Ziele:
- gutes Betriebsklima
- ergonomische Arbeitsplatzgestaltung
- Aufstiegschancen bieten
- sicherer Arbeitsplatz
- Work-Life-Balance verbessern

Ethische Ziele:
- Berücksichtigung von Stakeholderinteressen
- gerechte Entlohnung
- faires Wettbewerbsverhalten
- Produktsicherheit gewährleisten
- Unterstützung gesellschaftlicher Anliegen

Für Großunternehmen bzw. multinationale Konzerne ist es darüber hinaus auch möglich, politische Ziele zu verwirklichen. Aufgrund ihrer Marktmacht können sie versuchen, politische Entscheidungsträger in ihrem Sinne zu beeinflussen (Lobbyismus), um z. B. missliebige Gesetzesvorlagen zu entschärfen oder Marktzutrittsbarrieren gegenüber der ausländischen Konkurrenz aufzubauen.

Formalziele (auch Erfolgsziele genannt) beschreiben einen konkret zu erzielenden ökonomischen Erfolg. Sie werden mit Kennzahlen wie Produktivität, Rentabilität oder Wirtschaftlichkeit ausgedrückt und sind dadurch messbar.

Sachziele hingegen beschreiben den gewünschten Beitrag einzelner Betriebsfunktionen oder Betriebsbereiche zum Erreichen der Formalziele, z. B. Qualitätsverbesserung in der Produktion, Stärkung der Kundenzufriedenheit beim Absatz o. Ä.

Ökonomische Kennzahlen zur Analyse von Formalzielen (Auswahl)

Kennzahl	Aussage	Formel
Wirtschaftlichkeit	wertmäßige Ergiebigkeit der Leistungserstellung	$\frac{\text{Leistung}}{\text{Kosten}}$ oder $\frac{\text{Ertrag}}{\text{Aufwand}}$
Produktivität	mengenmäßige Ergiebigkeit der Leistungserstellung	**Arbeitsproduktivität:** $\frac{\text{Produktionsmenge}}{\text{Menge der Beschäftigungsstunden bzw. Beschäftigten}}$ **Kapitalproduktivität:** $\frac{\text{Produktionsmenge}}{\text{Kapitaleinsatz}}$
Rentabilität	Verhältnis von Gewinn und Kapitaleinsatz	**Gesamtrentabilität:** $\frac{(\text{Gewinn} + \text{Zinsaufwand}) \times 100}{\text{Gesamtkapital}}$ **Eigenkapitalrentabilität:** $\frac{\text{Gewinn} \times 100}{\text{Eigenkapital}}$ **Fremdkapitalrentabilität:** $\frac{\text{Zinsaufwand} \times 100}{\text{Fremdkapital}}$ **Umsatzrentabilität:** $\frac{\text{Gewinn} \times 100}{\text{Umsatz}}$

Neben den ökonomischen Zielen gibt es noch soziale Ziele, die von einem Unternehmen verfolgt werden sollten. Ein gutes Betriebsklima, die mitarbeitergerechte Gestaltung von Arbeitsplätzen oder freiwillige Sozialleistungen sind Beispiele für soziale Ziele, die ein Unternehmen verfolgen kann. Ökologische Ziele beinhalten Vorgaben, die auf die Schonung der natürlichen Umwelt und ihrer Ressourcen im Rahmen des Leistungserstellungsprozesses abzielen. Ethische Ziele umfassen vor allem Richtlinien zu Fairness, Transparenz und Integrität gegenüber Mitarbeitenden, Geschäftspartnern und der Kundschaft. Soziale, ökologische und ethische Ziele haben wie andere Sachziele das Problem, dass die Zielerfüllung schwer operationalisierbar (messbar) ist. Welcher Zahlenwert kann beispielsweise ein gutes Betriebsklima ausdrücken? Die Messbarkeit wird oft auch noch dadurch erschwert, dass der Zeithorizont der Zielerreichung nicht klar vorgegeben wird, ein Problem, das auch Formalziele betreffen kann.

Sind Zeithorizonte angelegt, lassen sich operative (kurzfristig, bis 1 Jahr), taktische (mittelfristig, 1–5 Jahre) und operative (langfristige) Ziele unterscheiden.

7.3.2 Zielbeziehungen

Bei der Verwirklichung von Zielen ist zu beachten, dass sich manche Zielsetzungen gegenseitig ausschließen, hier spricht man von **Zielkonkurrenz**.

BEISPIEL: Die Ziele „Umsatzsteigerung" und „Kostensenkung" sind gegenläufig, weil eine Umsatzsteigerung meist auf Mehrproduktionen basiert, was wiederum höhere Kosten verursacht.

Andere Ziele lassen sich gut miteinander vereinbaren, hier besteht eine **Zielharmonie**.

BEISPIEL: Die Ziele „Erhöhung des Marktanteils" und „Erhöhung der Kundenbindung" passen zusammen, weil auch Wiederholungskäufe den Umsatzanteil des Unternehmens am Gesamtmarkt steigern.

Eine Steigerung der Zielharmonie stellt die **Zielsynergie** dar: Hier verstärken sich die Ziele sogar gegenseitig.

BEISPIEL: Die Ziele „Verjüngung der betrieblichen Altersstruktur" und „Kostensenkung" könnten synergetisch wirken, weil z. B. jüngere Arbeitskräfte aufgrund ihrer geringeren Betriebserfahrung geringere Gehaltsansprüche stellen können bzw. ein geringes Gehaltsniveau ältere Arbeitskräfte mit Unterhaltspflichten vom Eintritt abhält.

ÜBERSICHT: Zielsystem des Unternehmens

Unternehmenskultur

↓

Unternehmensleitbild, strategische Grundausrichtung

↓

Unternehmensziele

↓ ↓ ↓

Zielhierarchie:	**Zielgruppen:**	**Zielbeziehungen:**
- Oberziel	- ökonomische Ziele	- harmonisierende Ziele
- Unterziele	- soziale Ziele	- konkurrierende Ziele
- Einzelziele	- ökologische Ziele	- synergetische Ziele
	- politische Ziele	

Alles klar?

1 Erkundigen Sie sich, ob auch Ihr Unternehmen ein Unternehmensleitbild besitzt, und stellen Sie es der Klasse vor.

2 In der Hauptversammlung einer großen Aktiengesellschaft kommt es hinsichtlich der zukünftigen Ausrichtung des Unternehmens zu zahlreichen Wortmeldungen der Vorstände. Beschreiben Sie, ob sich darin eher das Verständnis von einem „Shareholder-“ oder von einem „Stakeholder-Value“ ausdrückt:

- a „Unser Ziel wird sein, die Rendite des Unternehmens um 20 % zu steigern.“
- b „Wir bemühen uns um eine einvernehmliche Lösung mit den Arbeitnehmervertretern bei der Umsetzung unseres Rationalisierungsprogramms.“
- c „Bei der Betriebsprüfung des Finanzamts wurde auch ohne richterliche Anordnung Einblick in alle Geschäftspapiere gewährt.“
- d „Wir schütten auch in diesem Jahr eine Dividende von 10 € je Aktie aus.“
- e „Durch die Übernahme des wichtigsten Konkurrenten haben wir einen weiteren Grundstein für die Wertentwicklung unseres Unternehmens gelegt.“
- f „Wir richten eine monatliche Pressekonferenz mit Fragestunden zu allen Unternehmensthemen ein.“

3 Beurteilen Sie, ob die jeweiligen Zielpaare harmonisieren, konkurrieren, sich gegenseitig verstärken (synergetische Wirkung) oder keinerlei Zusammenhang aufweisen:

- a Umsatzwachstum und Kostensenkung
- b Kundenzufriedenheit und Kostensenkung
- c Erhöhung des Marktanteils und Chancengleichheit
- d Umsatzwachstum und Arbeitsplatzsicherheit
- e Gewinnung von Sekundärrohstoffen und Kostensenkung
- f Mitarbeiterqualifizierung und abwechslungsreiche Arbeitsplatzgestaltung

4 Wie wird der Begriff „Wert“ verstanden

- a im Shareholder-Value-Ansatz?
- b im Leitbild des Zementherstellers (siehe Beispiel in Kapitel 7.1)?

5 Wie ist es möglich, dass im Vergleich zweier Unternehmen das eine einen höheren Gewinn, das andere aber eine bessere Wirtschaftlichkeit aufweist?

6 Für die Bemessung des ökonomischen Erfolgs sind in der Fly Bike Werke GmbH die folgenden Daten erhoben worden:

	Vorjahr	Aktuelles Jahr
produzierte Fahrräder (in Stück)	8.556	10.182
Umsatz	5.800.000 €	6.893.555,85 €
Anzahl der Mitarbeitenden	38	41
Gesamtkapital	2.049.600 €	2.402.225 €
Eigenkapital	700.000 €	850.000 €
Fremdkapital	1.349.600 €	1.552.225 €
Gesamtkosten	5.700.000 €	6.743.555,85 €
Zinsaufwand	60.480 €	47.628 €
Gewinn	100.000 €	150.000 €

- a Berechnen und vergleichen Sie die Arbeitsproduktivität beider Jahre. Gab es einen Produktivitätsfortschritt? Wenn ja, wie hoch ist dieser (in %)?
- b Berechnen und vergleichen Sie die Wirtschaftlichkeit beider Jahre. Hat sich diese positiv entwickelt?
- c Ermitteln Sie für beide Jahre die Gesamtkapital-, Eigenkapital-, Fremdkapital- und Umsatzrentabilität und treffen Sie eine Aussage zu deren Veränderung.
- d Wie beurteilen Sie die wirtschaftliche Situation des Unternehmens insgesamt?

7 Unternehmen sind mit Ansprüchen von vielen verschiedenen Seiten konfrontiert. Welche Ansprüche/Forderungen stellen

- a die Kunden
- b die Mitarbeitenden
- c die Regierung/staatliche Organe
- d die Medien

an ihren Ausbildungsbetrieb?

8 Rechtliche Rahmenbedingungen des Wirtschaftens

Im täglichen Leben treten viele Privatpersonen und/oder Unternehmen miteinander in Aktion, indem sie Kaufverträge abschließen, Dienstleistungen in Anspruch nehmen, Wohnraum mieten und vieles mehr. Damit all diese Vorgänge reibungslos ablaufen, ist ein rechtlicher Rahmen notwendig, der Verhaltensweisen, Rechte, Pflichten und – bei Problemen – auch Lösungen bereithält und regelt.

8.1 Rechtsordnung

Der rechtliche Rahmen bildet die Grundlage für das Handeln der Beteiligten. Er umfasst verschiedene Rechtsquellen sowohl auf europäischer als auch nationaler Ebene. Dabei sind die einzelnen Regelungen einander über- und untergeordnet und kommen in einer bestimmten Reihenfolge zur Anwendung: Dies bezeichnet man als **Rechtsordnung**.

Rechtsordnung
Gesamtheit aller in einem Rechtsstaat gültigen Vorschriften

Die Rechtsordnung regelt das menschliche Zusammenleben. Über sie können vielfältige Konflikte, die sowohl im Privat- als auch im öffentlichen bzw. Wirtschaftsleben auftreten können, gelöst werden. In Deutschland unterteilt man die Rechtsordnung in die Bereiche öffentliches Recht und **Privatrecht**.

Privatrecht
auch: Zivilrecht oder bürgerliches Recht

Das **öffentliche Recht** bildet die Grundlage für alle Rechtsbeziehungen zwischen Hoheitsträgern (z. B. Staat, Behörden) oder einem Hoheitsträger und den Bürgern (Privatpersonen). Diese Regelungen treten in Form von Ge- und Verboten sowie durch gerichtliche Verfolgung bei Verstößen gegen diese Regelungen auf. Dabei gilt der Grundsatz der Über- und Unterordnung der Regelungen. Öffentliches Recht ist größtenteils zwingendes Recht, d. h., es kann nicht abgeändert werden (z. B. durch Verträge). Somit kann man sich darüber auch nicht hinwegsetzen. Die Umsetzung des öffentlichen Rechts erfolgt durch **Verwaltungsakte**.

Verwaltungsakt
Verfügung, Entscheidung oder andere Maßnahme einer Behörde in Bezug auf eine konkrete Situation

Zum öffentlichen Recht gehören u. a. folgende Bereiche:
- Arbeitsrecht (z. B. Arbeitsschutz, Unfallschutz, Kündigungsschutz),
- Finanzrecht (Haushaltsordnungen der Länder),
- Gewerberecht (Gewerbeordnung, Handwerksordnung),
- Kirchenrecht,
- Prozessrecht (Straf- und Zivilprozessordnung),
- Sozialrecht (Sozialgesetzbuch, **BAföG**),
- Staats- und Verfassungsrecht (Grundgesetz, Länderverfassungen),
- Steuerrecht (z. B. Abgabenordnung, Einkommensteuergesetz, Körperschaftsteuergesetz, Umsatzsteuergesetz),
- Strafrecht (Strafgesetzbuch),
- Verwaltungsrecht (z. B. Beamtenrecht, Schulrecht, Kommunalrecht).

BAföG
Bundesausbildungsförderungsgesetz

Das **Privatrecht** regelt die Rechtsbeziehungen der Bürger untereinander. Für das Privatrecht ist das Prinzip der Gleichordnung der Beteiligten kennzeichnend. Es enthält Regeln, die grundsätzlich z. B. durch Verträge abgeändert werden können. Damit stellt das Privatrecht Handlungsspielräume bereit. Im Mittelpunkt des Privatrechts stehen der Abschluss und die Erfüllung von Verträgen sowie die Schadenersatzansprüche, die durch unrechtmäßiges Handeln entstehen. Das Privatrecht umfasst das Bürgerliche

Gesetzbuch **(BGB)** insbesondere für Rechtsbeziehungen zwischen Privatpersonen sowie das Handelsgesetzbuch **(HGB)** mit seinen Rechtsnormen für Kaufleute.

Das **BGB** enthält insbesondere folgende Vorschriften:
- Privatrecht (z. B. Rechts- und Geschäftsfähigkeit, Rechtsgeschäfte, Fristen und Verjährung),
- Recht der Schuldverhältnisse (Schuldrecht),
- Sachenrecht (z. B. Eigentum, Besitz),
- Familien- und Erbrecht.

Das **HGB** enthält u. a. folgende Vorschriften:
- Kaufmannseigenschaft,
- Firma,
- Handelsregister,
- Vorschriften zu handelsrechtlichen Vollmachten (z. B. Prokura, Handlungsvollmacht),
- Handelsgesellschaften (z. B. OHG, KG),
- Handelsbücher und Vorschriften zur Buchführung.

BEISPIEL: Die Großeltern von Jennifer sind im hohen Alter kürzlich verstorben. In ihrem Testament hinterlassen sie ihr eine Eigentumswohnung sowie mehrere Gemälde und Schmuckstücke. Zudem verfügen sie, dass Jennifer die neue Geschäftsführerin des Familienbetriebs wird, dessen Gesellschafter die Großeltern bislang waren. Durch diese Vorgänge sind viele verschiedene Gesetze betroffen: Für den Erbvorgang sowie die besitzrechtliche und eigentumsrechtliche Situation an den Gegenständen finden sich die entsprechenden Regelungen im BGB. Die Tätigkeit als Geschäftsführerin basiert auf Regelungen des HGB. Für die Beurteilung der steuerlichen Seite der Erbin hält das Steuerrecht aus dem öffentlichen Rechtsbereich Vorschriften bereit.

ÜBERSICHT: Öffentliches Recht und Privatrecht

Die Rechtsordnung ist die Gesamtheit aller in einem Rechtsstaat gültigen Rechtsnormen. In Deutschland werden zwei große Bereiche unterschieden:

Öffentliches Recht	Privatrecht
Über-/Unterordnungsprinzip **Staat** ↕ **Bürger**	**Gleichordnungsprinzip** **Bürger ⟷ Bürger**
– Völkerrecht – Verfassungsrecht – Verwaltungsrecht – Strafrecht – Steuerrecht – Verkehrsrecht – Arbeitsrecht (teilweise) – usw.	– Bürgerliches Recht (BGB) – Handelsrecht (HGB) – Gesellschaftsrecht (z. B. Aktien-, GmbH-Gesetz) – Arbeitsrecht (teilweise) – Urheberrecht und gewerblicher Rechtsschutz (Patentgesetz, Markengesetz u. a.) – Wertpapierhandels-, Scheck-, Wechselgesetz – usw.

8.2 Rechtsquellen

Parlament
= Legislative
= Bundestag, -rat und Landtage

Organe
= Exekutive
= Bundesregierung, Regierungen der Bundesländer

Körperschaft
Zusammenschluss meist mit eigener Rechtsfähigkeit, wird durch Organe vertreten, existiert außerhalb der Behörden, nimmt eigene Aufgaben wahr, unterliegt staatlicher Aufsicht und ist mitgliedschaftlich organisiert.

Anstalt
Verwaltungseinrichtung zur Erfüllung öffentlicher Aufgaben (z. B. Schule, Bibliothek); nicht mitgliedschaftlich organisiert

In Deutschland liegen die Rechtsquellen im Regelfall in schriftlicher Form vor. Zu den wichtigsten Rechtsquellen zählen u. a.:

- das **Grundgesetz** der Bundesrepublik Deutschland vom 23. Mai 1949 und die Landesverfassungen der einzelnen Bundesländer,
- von den **Parlamenten** in einem förmlichen Gesetzgebungsverfahren verabschiedete **Gesetze** wie z. B. das BGB und das HGB,
- **Rechtsverordnungen** von dazu ermächtigten Regierungs- und Verwaltungs**organen**, die weitere Einzelheiten der Gesetze regeln. Sie kommen nicht durch ein förmliches Gesetzgebungsverfahren zustande und stehen rangmäßig unter den Gesetzen.
- **Satzungen**, die von **Körperschaften**, **Anstalten** und Stiftungen des öffentlichen Rechts aufgrund ihrer Autonomie als Rechtsvorschrift erlassen werden und Aufgaben und Angelegenheiten der örtlichen Gemeinschaft regeln.

Zudem gibt es ungeschriebenes **Gewohnheitsrecht**, das durch Rechtsbildung und Rechtsprechung sowie die tatsächlich herrschende, allgemein anerkannte Praxis zwischen den Vertragsparteien entsteht. Solche Regelungen entstehen über einen längeren Zeitraum und werden schließlich als rechtsverbindlich anerkannt.

Gewohnheitsrechte finden insbesondere dort Anwendung, wo bislang entsprechende gesetzliche Regelungen fehlen, um so Gesetzeslücken auszugleichen. Darüber hinaus entstehen sie auch durch Auslegung schriftlicher Rechtsquellen durch die Rechtsprechung der Gerichte. Dafür werden eine notwendige Rechtsüberzeugung, eine gleichmäßige, dauernde Anwendung und ein stillschweigendes Einverständnis vorausgesetzt.

BEISPIEL: Die Familie Gruber nutzt schon seit vielen Jahrzehnten einen Fußweg über das Grundstück des Nachbarn. Durch die jahrelange Duldung kann dieses Wegerecht als Gewohnheitsrecht entstehen.

Alle vorhandenen Rechtsnormen wie Gesetzestexte, Gewohnheitsrecht, Handelsbräuche und die ständige Rechtsprechung bezeichnet man als **objektives Recht**. Es dient dazu, Konflikte zu lösen, und es gilt für jedermann. Damit werden allgemeine Rechtsregeln festgelegt und es wird ein Rahmen für das subjektive Recht geschaffen, in dem das einzelne Rechtssubjekt (Person) innerhalb des objektiven Rechts seine Interessen individuell ausgestalten kann.

Rechtssubjekt
→ Kap. 8.3

Als **subjektives Recht** bezeichnet man die individuellen Ansprüche eines Rechtssubjekts. Unter einem **Anspruch** versteht man dabei die Möglichkeit, von einem anderen ein Tun oder Unterlassen zu verlangen. Subjektive Rechte können als Schuld- oder Sachenrechte ausgestaltet sein.

Anspruch
→ § 194 BGB

- **Schuldrechte** (auch: relative Forderungsrechte) sind Ansprüche, die Rechtssubjekte gegenüber bestimmten anderen Rechtssubjekten haben, z. B. der Anspruch auf Erfüllung eines Kauf- oder Mietvertrags.
- **Sachenrechte** (auch: absolute Forderungsrechte) sind Ansprüche, die Rechtssubjekte gegenüber allen anderen Rechtssubjekten aus der Beziehung zu einer Sache haben (Eigentums- und Besitzrechte an Sachen, Urheber- und Patentrechte usw.).

Eigentum und Besitz
→ Kap. 8.4.2

BEISPIEL: In einem Geschäft kauft sich Sina eine Lampe für ihren Arbeitsplatz zu Hause. Aus dem Abschluss des Kaufvertrags entstehen Schuldrechte für Sina: Sie muss den Kaufpreis bezahlen und die Ware annehmen. Nach Erfüllung dieser Verpflichtung greifen Sachenrechte, denn Sina wird nicht nur Besitzerin, sondern auch Eigentümerin der Lampe und kann sie mit nach Hause nehmen.

Die Grundlage für diese Ansprüche bildet das **materielle Recht**, also die einzelnen Rechtsnomen. Die Vorschriften zur Anwendung und Durchsetzung des materiellen Rechts sind das **formelle Recht** wie z. B. das Verfahrensrecht.

Verfahrensrecht
- Zivilprozessordnung (ZPO)
- Strafprozessordnung (StPO)
- Verwaltungsgerichtsordnung (VwGO)

ÜBERSICHT: Rechtsquellen

schriftliche Regelungen	Gesetze, Verfassungen, Verordnungen, Satzungen
Gewohnheitsrecht	Recht, das sich ohne schriftliche Festlegung über einen langen Zeitraum ergeben hat
objektive Rechte	gegenüber jedermann geltende Rechte
subjektive Rechte	gelten nur zwischen bestimmten Personen
materielles Recht	Rechtsnormen als Begründung für Ansprüche
formelles Recht	Anwendung der Rechtsnormen in der Rechtsprechung

8.3 Rechtssubjekte

AB → Lernsituation 14

8.3.1 Natürliche und juristische Personen und Rechtsfähigkeit

Lernvideo: Rechtsfähigkeit

Rechtssubjekte sind Personen, die im Rahmen der Rechtsordnung handeln und dabei Rechte erwerben und Pflichten gegenüber anderen Personen eingehen. Dies tun sie beispielsweise durch den Abschluss von Kaufverträgen, aus denen sich rechtliche Verpflichtungen ergeben: Der Käufer ist verpflichtet, den vereinbarten Kaufpreis fristgerecht zu zahlen und die Ware abzunehmen, während der Verkäufer zur Bereitstellung der vereinbarten Kaufsache und Annahme des Kaufpreises verpflichtet ist.

Damit diese Personen am Rechtsleben teilnehmen können, müssen sie **rechtsfähig** sein. Sie sind dann Träger von Rechten und Pflichten aus ihrem Handeln.

§ 1 BGB

Das Gesetz unterscheidet natürliche und juristische Personen. **Natürliche Personen** sind alle Menschen, unabhängig vom Alter und ihrer geistigen oder körperlichen Leistungsfähigkeit. Die Rechtsfähigkeit eines Menschen beginnt mit Vollendung der Geburt und endet mit dem Hirntod.

BEISPIEL: Ein neugeborenes Kind kann bereits Empfänger einer Schenkung sein. Eine erwachsene Person kann rechtswirksam einen Kreditvertrag abschließen.

Bei **juristischen Personen** handelt es sich um organisierte Personenvereinigungen (z. B. um Gesellschaften, Vereine, Anstalten, Körperschaften) oder Vermögensmassen (Stiftungen), die bei Erfüllung bestimmter Voraussetzungen ebenfalls rechtsfähig sind. Im täglichen Rechtsverkehr werden sie durch ihre Organe (z. B. Geschäftsführung) vertreten.

juristische Person
Zusammenschluss von natürlichen oder anderen juristischen Personen

BEISPIEL: Die Fly Bike Werke GmbH ist eine juristische Person und wird durch die Geschäftsführerin Ewa Nowak geführt und nach außen vertreten, d. h. sie kann beispielsweise mit Geschäftspartnern Verträge schließen.

öffentliches Register
z. B. Handels- oder Gesellschaftsregister
→ Kap. 9.3

Öffentlich-rechtliche Körperschaften sind Zusammenschlüsse aus einer Vielzahl von Mitgliedern für bestimmte Aufgaben, z. B. Handwerkskammer.

Anstalten dienen einem bestimmten öffentlichen Zweck, z. B. Fernsehsendeanstalten.

Stiftungen verwalten ihr übertragenes Vermögen sicher und gewinnbringend und setzen es für gemeinnützige Zwecke ein.

Juristische Personen des Privatrechts (z. B. Gesellschaft mit beschränkter Haftung, Aktiengesellschaft) erlangen ihre Rechtsfähigkeit durch Gründung und Eintragung in ein **öffentliches Register**. Bei Auflösung oder Löschung aus einem solchen Register verlieren sie ihre Rechtsfähigkeit.

Juristische Personen des öffentlichen Rechts (z. B. Körperschaften, Anstalten oder Stiftungen) werden rechtsfähig durch Gesetz oder einen Verwaltungsakt (staatliche Verleihung) und verlieren sie durch Beschluss der jeweils zuständigen Behörde.

ÜBERSICHT: Rechtsfähigkeit und Rechtssubjekte

Rechtsfähigkeit		
= Fähigkeit, Träger von Rechten und Pflichten zu sein		
Rechtssubjekte		
= rechtsfähige Personen, die am Rechts- und Wirtschaftsleben teilnehmen		
natürliche Personen	juristische Personen des privaten Rechts	juristische Personen des öffentlichen Rechts
alle Menschen mit Vollendung der Geburt bis zum Hirntod	rechtsfähig durch Eintragung in ein Register bis zur Löschung dort	rechtsfähig per Gesetz oder Verwaltungsakt

8.3.2 Geschäftsfähigkeit

Lernvideo: Geschäftsfähigkeit

Rechtsfähige Personen können nur dann wirksam am Rechtsverkehr teilnehmen, wenn sie auch geschäftsfähig sind. **Geschäftsfähigkeit** ist die Fähigkeit, Rechtsgeschäfte selbstständig durch Abgabe oder Empfang rechtsgültiger Willenserklärungen abzuschließen.

ausdrücklich
schriftlich, mündlich

konkludent
wortlos durch ein bestimmtes Verhalten etwas andeutend

Eine **Willenserklärung** ist eine **ausdrückliche** oder **konkludente** Erklärung einer Person, eine bestimmte rechtliche Wirkung herbeizuführen, z. B. den Abschluss eines Kaufvertrags.

Juristische Personen sind durch ihre Rechtsfähigkeit ebenfalls geschäftsfähig. Bei natürlichen Personen hängt der Umfang der Geschäftsfähigkeit jedoch grundsätzlich vom Alter der Person ab. Dadurch sollen Kinder, Jugendliche und bestimmte andere Personengruppen vor den Rechtsfolgen unüberlegt abgeschlossener Rechtsgeschäfte geschützt werden.

BEISPIEL: Ein noch minderjähriges Kind mit fünf Jahren ist rechtsfähig und kann Erbe werden. Doch es kann selbst noch keine gültigen Kaufverträge abschließen. Dem Kind fehlt es an der Geschäftsfähigkeit.

§ 104 BGB Geschäftsunfähigkeit
Geschäftsunfähig ist:
1. wer nicht das siebente Lebensjahr vollendet hat,
2. wer sich in einem die freie Willensbestimmung ausschließenden Zustand krankhafter Störung der Geistestätigkeit befindet, sofern nicht der Zustand seiner Natur nach ein vorübergehender ist.

§ 105 BGB Nichtigkeit der Willenserklärung
(1) Die Willenserklärung eines Geschäftsunfähigen ist nichtig.
(2) Nichtig ist auch eine Willenserklärung, die im Zustand der Bewusstlosigkeit oder vorübergehender Störung der Geistestätigkeit abgegeben wird.

Eine **geschäftsunfähige Person** kann keine wirksame Willenserklärung abgeben. D. h., die Willenserklärung ist **nichtig** und somit von Anfang an unwirksam. Auch Willenserklärungen, die im Zustand der Bewusstlosigkeit o. Ä. abgegeben wurden, sind nichtig. Daher handelt für eine geschäftsunfähige Person immer der gesetzliche Vertreter, d. h. die Erziehungsberechtigten (z. B. Eltern) oder eine andere offiziell bestellte Person (z. B. Vormund, Betreuer).

nichtig
von Anfang an unwirksam

Eine Besonderheit liegt vor, wenn eine geschäftsunfähige Person als **Bote** handelt und damit den Willen einer anderen geschäftsfähigen Person lediglich übermittelt.

BEISPIEL: Die sechsjährige Elsa wohnt mit ihren Eltern über einer Bäckerei. Gewohnheitsmäßig darf Elsa mit einem Einkaufszettel sonntags die Brötchen für die Familie holen. Sie überbringt damit den Kaufwunsch der Eltern und agiert als Bote.

Eine weitere Besonderheit liegt bei einer **geschäftsunfähigen** Person nach § 105a BGB vor, die aber bereits **volljährig** ist. In diesem Fall gelten Geschäfte des täglichen Lebens wie z. B. Einkäufe von Nahrungsmitteln, Büchern, Inanspruchnahme öffentlicher Verkehrsmittel als wirksam, wenn sie mit geringwertigen Mitteln bewirkt werden.

Durch diese Regelung wird insbesondere die Stellung behinderter Menschen bei Bagatellgeschäften verbessert. „Geringwertig“ bedeutet dabei sowohl die Vornahme einer Barzahlung als auch eine Orientierung an den wirtschaftlichen Verhältnissen der Person.

§ 105a BGB Geschäfte des täglichen Lebens
Tätigt ein volljähriger Geschäftsunfähiger ein Geschäft des täglichen Lebens, das mit geringwertigen Mitteln bewirkt werden kann, so gilt der von ihm geschlossene Vertrag in Ansehung von Leistung und, soweit vereinbart, Gegenleistung als wirksam, sobald Leistung und Gegenleistung bewirkt sind. Satz 1 gilt nicht bei einer erheblichen Gefahr für die Person oder das Vermögen des Geschäftsunfähigen.

Eine natürliche Person gilt als **beschränkt geschäftsfähig**, wenn sie ihr siebtes Lebensjahr vollendet hat.

§ 106 BGB Beschränkte Geschäftsfähigkeit Minderjähriger
Ein Minderjähriger, der das siebente Lebensjahr vollendet hat, ist [...] in der Geschäftsfähigkeit beschränkt.

§ 107 BGB Einwilligung des gesetzlichen Vertreters
Der Minderjährige bedarf zu einer Willenserklärung, durch die er nicht lediglich einen rechtlichen Vorteil erlangt, der Einwilligung seines gesetzlichen Vertreters.

Als **minderjährig** gilt eine Person, wenn sie das 18. Lebensjahr noch **nicht** vollendet hat.

schwebend unwirksam
§ 108 BGB

Ist ein Minderjähriger beschränkt geschäftsfähig, so kann er Rechtsgeschäfte nur mit **Zustimmung** seiner **gesetzlichen Vertreter** wirksam schließen. Eine solche Zustimmung kann vorher als **Einwilligung** oder danach als **Genehmigung** erfolgen. Bis eine solche Zustimmung erfolgt, gilt das Rechtsgeschäft als **schwebend unwirksam**.

BEISPIEL: Die 15-jährige Nasle kauft sich ein neues T-Shirt. Im Vorfeld hatte sie dies bereits mit ihrer Mutter besprochen und hierfür die Zustimmung erhalten. Das Rechtsgeschäft ist wirksam. Der 16-jährige Eric kauft sich ohne Wissen seiner Eltern ein neues Videospiel. Solange die Eltern diesen Kauf nicht genehmigen oder widerrufen, ist er schwebend unwirksam.

Ein Rechtsgeschäft kann in manchen Fällen auch nur einen **rechtlichen Vorteil** mit sich bringen, d. h., es sind dann weder Verpflichtungen (rechtlicher Nachteil) damit verbunden, noch muss auf Rechte verzichtet werden. In diesen Fällen bedarf es keiner Zustimmung der gesetzlichen Vertreter.

BEISPIEL: Die Großmutter möchte ihrem Enkelkind einen Hund schenken, worüber die Eltern jedoch nicht erfreut sind. Ohne Zustimmung der Eltern kann dieses Rechtsgeschäft nicht vollzogen werden, da mit Besitz des Hundes entsprechende Nachteile verbunden sind, wie z. B. Kosten für Futter, Tierarzt.

Willenserklärungen einer beschränkt geschäftsfähigen Person sind dann wirksam, wenn sie mit **eigenen Mitteln** finanziert werden.

§ 110 BGB Bewirken der Leistung mit eigenen Mitteln
Ein von dem Minderjährigen ohne Zustimmung des gesetzlichen Vertreters geschlossener Vertrag gilt als von Anfang an wirksam, wenn der Minderjährige die vertragsmäßige Leistung mit Mitteln bewirkt, die ihm zu diesem Zweck oder zu freier Verfügung von dem Vertreter oder mit dessen Zustimmung von einem Dritten überlassen worden sind.

Diese Taschengeldregelung trifft grundsätzlich nur für Barkäufe zu. Andere Zahlungsformen wie z. B. Ratenkauf bringen grundsätzlich rechtliche Nachteile mit sich und bedürfen daher der Zustimmung der gesetzlichen Vertreter.

Dieser sogenannte **Taschengeldparagraf** ermöglicht es beschränkt Geschäftsfähigen, aus erhaltenen oder angesparten Geldmitteln wirksam Rechtsgeschäfte abzuschließen. Diese Geldmittel müssen aber zur **freien Verfügung** von den gesetzlichen Vertretern oder mit deren Zustimmung von einer dritten Person (z. B. Großeltern) überlassen worden sein. Ein exakter Geldbetrag, der von dieser Regelung gedeckt ist, findet sich im Gesetz nicht. Eine Orientierung kann hier die sogenannte Taschengeldtabelle der Jugendämter geben, die je nach Alter eine Empfehlung für die Höhe des frei verfügbaren Geldes benennt.

BEISPIEL: Die 8-jährige Iman kauft sich von ihrem Taschengeld eine Puppe. Der Kauf ist ohne Zustimmung der Eltern wirksam.

Die beschränkte Geschäftsfähigkeit kann erweitert werden, wenn der Minderjährige mit Zustimmung der gesetzlichen Vertreter und des Familiengerichts ein eigenes Erwerbsgeschäft betreiben darf. Es handelt sich dann um die **erweiterte Geschäftsfähigkeit**.

§ 112 BGB Selbständiger Betrieb eines Erwerbsgeschäft
(1) Ermächtigt der gesetzliche Vertreter mit Genehmigung des Familiengerichts den Minderjährigen zum selbständigen Betrieb eines Erwerbsgeschäfts, so ist der Minderjährige für solche Rechtsgeschäfte unbeschränkt geschäftsfähig, welche der Geschäftsbetrieb mit sich bringt. Ausgenommen sind Rechtsgeschäfte, zu denen der Vertreter der Genehmigung des Familiengerichts bedarf.
(2) Die Ermächtigung kann von dem Vertreter nur mit Genehmigung des Familiengerichts zurückgenommen werden.

Erwerbsgeschäft
Dazu zählt jede kaufmännische, handwerkliche, landwirtschaftliche oder freiberufliche Tätigkeit.
Dies ist heutzutage insbesondere für Content Creator auf den sozialen Medien interessant, wenn sie dies gewerblich betreiben.
Ausgenommen sind auch hier Rechtsgeschäfte, für die selbst der gesetzliche Vertreter eine Zustimmung des Familiengerichts bräuchte, wie z. B. Grundstückskäufe, Kreditaufnahme (§§ 1643 i. V. m. 1821, 1822 BGB).

BEISPIEL: Der 16-jährige Thomas startet für seine Social-Media-Projekte ein Gewerbe und kann im Rahmen dessen eine entsprechende Kameraausstattung selbst kaufen. Für sein Gewerbe hat er zuvor die Erlaubnis seiner gesetzlichen Vertreter und die des Familiengerichts erhalten.

Eine erweiterte Geschäftsfähigkeit liegt auch dann vor, wenn der Minderjährige eine berufliche Tätigkeit (keine Berufsausbildung) aufnimmt.

§ 113 BGB Dienst- oder Arbeitsverhältnis
(1) Ermächtigt der gesetzliche Vertreter den Minderjährigen, in Dienst oder in Arbeit zu treten, so ist der Minderjährige für solche Rechtsgeschäfte unbeschränkt geschäftsfähig, welche die Eingehung oder Aufhebung eines Dienst- oder Arbeitsverhältnisses der gestatteten Art oder die Erfüllung der sich aus einem solchen Verhältnis ergebenden Verpflichtungen betreffen. Ausgenommen sind Verträge, zu denen der Vertreter der Genehmigung des Familiengerichts bedarf.
(2) Die Ermächtigung kann von dem Vertreter zurückgenommen oder eingeschränkt werden.

Zu derartigen Rechtsgeschäften zählt z. B. die Eröffnung eines Girokontos, auf das die Vergütung überwiesen wird. Ausgenommen hiervon ist jedoch der Abschluss eines Berufsausbildungsvertrags.

BEISPIEL: Die 17-jährige Jasmina schließt mit Erlaubnis ihrer Eltern einen Arbeitsvertrag ab. Nach einigen Monaten schwindet das Interesse an diesem Arbeitsverhältnis und Jasmina kündigt dieses rechtswirksam ohne notwendiges Zutun der Eltern.

Mit Erreichen der Volljährigkeit (18 Jahre) erlangen alle natürlichen Personen die **unbeschränkte (volle) Geschäftsfähigkeit**, sofern sie nicht unter **Betreuung** stehen. Damit können sie sich uneingeschränkt rechtlich verpflichten oder Rechte erwerben.

Betreuung
Situation, bei der sich eine andere Person (Betreuer) um die Angelegenheiten einer psychisch kranken, körperlich, seelisch oder geistig behinderten Person kümmert. Die Betreuung kann in bestimmten Fällen die Geschäftsfähigkeit einschränken.

ÜBERSICHT: Geschäftsfähigkeit

Wer ist geschäftsfähig?
Alle natürlichen Personen, abhängig vom Lebensalter

geschäftsunfähig	beschränkt geschäftsfähig	voll geschäftsfähig
0 1 2 3 4 5 6	7 8 9 10 11 12 13 14 15 16 17	18 →
Der gesetzliche Vertreter handelt.	Rechtsgeschäfte sind schwebend unwirksam und von der Zustimmung des gesetzlichen Vertreters abhängig.	Rechtsgeschäfte können selbstständig in vollem Umfang abgeschlossen werden.

Ausnahmen der beschränkten Geschäftsfähigkeit gelten,
- wenn der Minderjährige nur rechtliche Vorteile erlangt,
- wenn Verpflichtungen vom Taschengeld bezahlt werden können,
- wenn Verpflichtungen im Rahmen des selbstständigen Betriebs eines Erwerbsgeschäfts mit Ermächtigung der gesetzlichen Vertreter und des Familiengerichts eingegangen werden,
- wenn im Rahmen des mit der Zustimmung der Erziehungsberechtigten aufgenommenen Berufs Willenserklärungen abgegeben werden.

8.3.3 Deliktsfähigkeit

Haftung
Pflicht, einen entstandenen Schaden zu ersetzen
§ 823 BGB

StGB
Strafgesetzbuch

Begeht eine natürliche Person eine unerlaubte Handlung und soll hierfür zur Verantwortung (**Haftung**) gezogen werden, so muss sie deliktfähig sein. Die **Deliktsfähigkeit** ist ein Begriff aus dem BGB, da hier Rechte und Ansprüche (z. B. Schadenersatz) aus dem BGB betroffen sind. Es handelt sich also um eine zivilrechtliche Fragestellung. Sollen hingegen Maßnahmen aus dem Strafgesetz (**StGB**) Anwendung finden, spricht man von **Strafmündigkeit**.

§ 823 BGB Schadensersatzpflicht
(1) Wer vorsätzlich oder fahrlässig das Leben, den Körper, die Gesundheit, die Freiheit, das Eigentum oder ein sonstiges Recht eines anderen widerrechtlich verletzt, ist dem anderen zum Ersatz des daraus entstehenden Schadens verpflichtet.
(2) Die gleiche Verpflichtung trifft denjenigen, welcher gegen ein den Schutz eines anderen bezweckendes Gesetz verstößt. Ist nach dem Inhalt des Gesetzes ein Verstoß gegen dieses auch ohne Verschulden möglich, so tritt die Ersatzpflicht nur im Falle des Verschuldens ein.

Der Umfang der Deliktsfähigkeit hängt, wie die Geschäftsfähigkeit, vom jeweiligen Alter der Person ab.

BEISPIEL: Ein vierjähriges Kind spielt mit Streichhölzern, die es zufällig gefunden hat, und verursacht einen Großbrand. Ist das Kind für den Schaden verantwortlich?

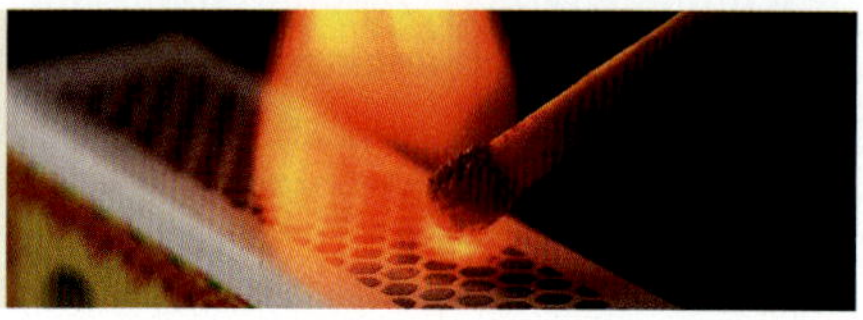

Um diese Frage zu beantworten, muss zunächst die Deliktfähigkeit geprüft werden.

§ 828 BGB Minderjährige
(1) Wer nicht das siebente Lebensjahr vollendet hat, ist für einen Schaden, den er einem anderen zufügt, nicht verantwortlich.
(2) Wer das siebente, aber nicht das zehnte Lebensjahr vollendet hat, ist für den Schaden, den er bei einem Unfall mit einem Kraftfahrzeug [...] einem anderen zufügt, nicht verantwortlich. Dies gilt nicht, wenn er die Verletzung vorsätzlich herbeigeführt hat.
(3) Wer das 18. Lebensjahr noch nicht vollendet hat, ist, sofern seine Verantwortlichkeit nicht nach Absatz 1 oder 2 ausgeschlossen ist, für den Schaden, den er einem anderen zufügt, nicht verantwortlich, wenn er bei der Begehung der schädigenden Handlung nicht die zur Erkenntnis der Verantwortlichkeit erforderliche **Einsicht** hat.

Einsichtsfähigkeit
Begreifen einer nicht rechtmäßigen Handlung und möglicher rechtlicher Konsequenzen daraus.
Die Einsichtsfähigkeit einer Person wird fallweise von Richtern und Sachverständigen festgestellt.
Im Strafrecht handelt es sich um die Schuldfähigkeit einer Person und dies bezieht sich damit auf deren Strafmündigkeit.

Grundsätzlich sind folgende Personen **nicht deliktfähig** und damit für einen möglichen Schaden nicht verantwortlich:
- minderjährige Personen unter 7 Jahren,
- minderjährige Personen zwischen 7 und 10 Jahren, wenn der Schaden mit einem Kraftfahrzeug verursacht (Verkehrsunfall) und nicht vorsätzlich herbeigeführt wurde,
- minderjährige Personen zwischen 7 und 18 Jahren, wenn für die Handlung und den daraus entstehenden Schaden die Einsichtsfähigkeit fehlt.

Wird einer minderjährigen Person zwischen 7 und 18 Jahren eine Einsichtsfähigkeit zugesprochen, handelt es sich um eine **bedingte (beschränkte) Deliktsfähigkeit**.

Mit Eintreten der Volljährigkeit wird jede Person grundsätzlich voll **deliktsfähig** und ist für die von ihr verursachten Schäden verantwortlich.

§ 832 BGB Haftung des Aufsichtspflichtigen
(1) Wer kraft Gesetzes zur Führung der Aufsicht über eine Person verpflichtet ist, die wegen Minderjährigkeit oder wegen ihres geistigen oder körperlichen Zustands der Beaufsichtigung bedarf, ist zum Ersatz des Schadens verpflichtet, den diese Person einem Dritten widerrechtlich zufügt. Die Ersatzpflicht tritt nicht ein, wenn er seiner Aufsichtspflicht genügt oder wenn der Schaden auch bei gehöriger Aufsichtsführung entstanden sein würde.
(2) Die gleiche Verantwortlichkeit trifft denjenigen, welcher die Führung der Aufsicht durch Vertrag übernimmt.

Bei minderjährigen Personen zwischen 7 und 10 Jahren können unter Umständen die Eltern für einen Verkehrsunfall haftbar gemacht werden, wenn sie ihre Aufsichtspflicht verletzt haben. Bei anderen Schäden können die Minderjährigen selbst haften, je nach Schadenshöhe und geistiger Entwicklung.

Den deliktsunfähigen Personen werden auch jene Personen unabhängig vom Alter gleichgestellt, die sich im Zustand einer Bewusstlosigkeit oder einer krankhaften Störung der Geistestätigkeit befinden und einen Schaden verursachen. Ausgenommen sind jedoch selbst verursachte Rauschzustände (z. B. durch Drogen).

§ 827 BGB Ausschluss und Minderung der Verantwortlichkeit
Wer im Zustand der Bewusstlosigkeit oder in einem die freie Willensbestimmung ausschließenden Zustand krankhafter Störung der Geistestätigkeit einem anderen Schaden zufügt, ist für den Schaden nicht verantwortlich. Hat er sich durch geistige Getränke oder ähnliche Mittel in einen vorübergehenden Zustand dieser Art versetzt, so ist er für einen Schaden, den er in diesem Zustand widerrechtlich verursacht, in gleicher Weise verantwortlich, wie wenn ihm Fahrlässigkeit zur Last fiele; die Verantwortlichkeit tritt nicht ein, wenn er ohne Verschulden in den Zustand geraten ist.

ÜBERSICHT: Rechte und Pflichten in Abhängigkeit vom Alter

Alter	Rechte und Pflichten
0	Beginn der Rechtsfähigkeit (Vollendung der Geburt)
6	Schulpflicht nach den Landesschulgesetzen; Kinobesuch bis 20:00 Uhr
7	Beschränkte Geschäftsfähigkeit; bedingte Deliktsfähigkeit
14	Bedingte Strafmündigkeit als Jugendlicher; Kinobesuch bis 22:00 Uhr
15	Ende des Beschäftigungsverbots, sofern man nicht vollzeitschulpflichtig ist; bedingte Beschäftigung von Jugendlichen für maximal 4 Wochen während der Schulferien; Führerscheinklasse AM (Kleinkrafträder)
16	Beschränkte **Testierfähigkeit**; Ausweispflicht (Personal- oder Reisepass); Führerscheinklasse A1 (Fahren eines Motorrads mit bestimmtem Hubraum); Wahlrecht für die Jugend- und Auszubildendenvertretung; Kinobesuch bis 24:00 Uhr
17	Führerscheinklasse B (Auto) bei begleitetem Fahren
18	Volljährigkeit; volle Geschäfts- und Testierfähigkeit; Ehemündigkeit; Strafmündigkeit als Heranwachsender; volle Deliktsfähigkeit; aktives und passives Wahlrecht zum Bundestag und den Länderparlamenten sowie zum Betriebsrat; Führerscheinklasse B (Auto), A2 (schnelle Motorräder)
21	Volle Strafmündigkeit

Testierfähigkeit
Fähigkeit, ein Testament rechtswirksam zu erstellen

AB → Lernsituation 15

8.4 Rechtsobjekte

8.4.1 Arten von Rechtsobjekten

Sachen
→ § 90 BGB
Tiere sind keine Sachen und werden durch Spezialgesetze geschützt; die Vorschriften für Sachen finden jedoch Anwendung (§ 90a BGB).
fungibel
→ § 91 BGB

Bei der Durchführung von Rechtshandlungen geht es um Rechtsobjekte. Rechtsobjekte können **körperliche (Sachen)** und **nicht körperliche Gegenstände (Rechte)** sein. Über diese Rechtsobjekte verfügen Rechtssubjekte im Rahmen ihrer Handlungen und der zugrunde liegenden Rechtsordnung, z. B. durch Kauf eines Buches oder Vermietung einer Wohnung.

Die Vielzahl an Sachen lässt sich in **bewegliche (Mobilien)** und **unbewegliche (Immobilien)** Sachen unterscheiden. Bewegliche Sachen sind **vertretbar (fungibel)**, wenn sie nach Anzahl, Maß oder Gewicht exakt bestimmt werden können und damit untereinander beliebig austauschbar sind. Alle anderen beweglichen Sachen sind hingegen **nicht vertretbar**, da sie aufgrund ihrer Einmaligkeit (Unikat) nur schwer wiederbeschafft werden können. Solche Sachen können daher nur nach ihrem Wert ersetzt werden.

BEISPIEL: In einem Geschäft sind Schuhe einer bestimmten Marke untereinander beliebig austauschbar, sofern sie die gleichen Merkmale wie z. B. Größe und Farbe besitzen. Sie sind also vertretbar, fungibel.

Ein Originalgemälde eines modernen Künstlers stellt als Unikat eine nicht vertretbare Sache dar. Technische Reproduktionen des Gemäldes sind hingegen gleichartig und damit fungibel.

Eine weitere Unterscheidung bezieht sich auf die Verbrauchbarkeit von beweglichen Sachen. **Verbrauchsgüter** werden bei ihrer Nutzung aufgebraucht und existieren danach nicht mehr in ihrer ursprünglichen Form, wie z. B. verwendetes Schreibpapier, Backzutaten oder Reparaturmaterial. Hingegen werden **Gebrauchsgüter** meist für eine bestimmte Zeitdauer wiederholt genutzt, wie z. B. eine Produktionsmaschine, Arbeitskleidung oder ein Auto.

Verbrauchsgüter
→ § 92 BGB
Bei Waren in einem Geschäft wird der Verkauf dem Verbrauch gleichgestellt.

Gebrauchsgüter unterliegen meist einem Verschleiß durch Nutzung und haben damit nur eine begrenzte Lebensdauer (= Abschreibung LF 5 → Kap. 8.3).

Bei **unbeweglichen Sachen** handelt es sich um Grundstücke. Diese werden in einem Grundbuch mit Ausweis des Eigentümers erfasst.

Das BGB beinhaltet auch einige Besonderheiten im Sachenrecht. So sind **wesentliche Bestandteile** einer Sache mit dieser Sache so verbunden, dass eine Trennung zur Zerstörung oder Veränderung der jeweiligen Eigenschaften führt. Der wesentliche Bestandteil kann daher nicht eigenständig anderen Rechten, z. B. Eigentumsrecht, wie die Sache selbst unterliegen.

wesentliche Bestandteile
→ § 93 BGB

BEISPIEL: Die Fahrzeugscheibe eines Autos ist wesentlicher Bestandteil und wird bei Entfernung zumindest beschädigt bzw. verändert die Fahreigenschaft des Autos. Eigentümer von Auto und Fahrzeugscheibe ist daher immer dieselbe Person.

§ 94 BGB Wesentliche Bestandteile eines Grundstücks oder Gebäudes
(1) Zu den wesentlichen Bestandteilen eines Grundstücks gehören die mit dem Grund und Boden fest verbundenen Sachen, insbesondere Gebäude, sowie die Erzeugnisse des Grundstücks, solange sie mit dem Boden zusammenhängen. Samen wird mit dem Aussäen, eine Pflanze wird mit dem Einpflanzen wesentlicher Bestandteil des Grundstücks.
(2) Zu den wesentlichen Bestandteilen eines Gebäudes gehören die zur Herstellung des Gebäudes eingefügten Sachen.

BEISPIEL: Das Wohngebäude und im Boden verwurzelte Pflanzen gehören zu den wesentlichen Bestandteilen eines Grundstücks. Im Inneren des Gebäudes zählen auch Fußböden, Fenster und Türen, die Heizungsanlage usw. als wesentlicher Bestandteil des Grundstücks.

Ein Baukran ist nur zeitweise mit dem Grundstück verbunden und gehört daher nicht zu dessen wesentlichen Bestandteilen (§ 95 BGB).

→ § 97 BGB
Daneben gibt es noch Früchte (z. B. Obst, Mieterträge) und Nutzungen, die zusätzlich Vorteile aus dem Gebrauch der Sache erbringen (§§ 99, 100 BGB).

Auf einem Grundstück können auch bewegliche Sachen vorhanden sein, die aber nicht als wesentlicher Bestandteil gelten. Solches **Zubehör** dient nur dem wirtschaftlichen Zweck des Grundstücks und befindet sich in räumlicher Nähe dazu, meist auf dem Grundstück.

BEISPIEL: Auf einem Grundstück eines Hotels wird ein motorisierter Rasenmäher für die Rasenpflege verwahrt. Im vorhandenen Gebäude befindet sich eine umfangreiche Möblierung. Rasenmäher und Möbel dienen dem wirtschaftlichen Zweck und sind damit lediglich Zubehör.

Hypothek
Für einen Kredit dient ein Grundstück als Sicherheit.

schuldrechtliche Ansprüche
auch: relative Rechte

sachenrechtliche Ansprüche
auch: absolute Rechte

Zu den Rechtsobjekten gehören neben Sachen auch noch **Rechte**, wie z. B. Forderungen, **Hypotheken**, Urheber- oder Eigentumsrechte. Diese Rechte können in Schuldrechte und Sachenrechte eingeteilt werden:

- **Schuldrechtliche Ansprüche** beinhalten Rechte **auf etwas**, das durch Verträge gesichert wird. Sie haben nur Gültigkeit zwischen bestimmten Rechtssubjekten wie z. B. Schadenersatzpflicht, Rücktrittsrecht, Abtretung usw.
- **Sachenrechtliche Ansprüche** beinhalten Rechte **an etwas**, z. B. Eigentumsrechte. Sie wirken gegen alle anderen Rechtssubjekte.

8.4.2 Eigentum und Besitz an Rechtsobjekten

Inwieweit eine Person über eine Sache verfügen kann, hängt vom Eigentum- und Besitzverhältnis an dieser Sache ab.

§ 903 BGB Befugnisse des Eigentümers
Der Eigentümer einer Sache kann, soweit nicht das Gesetz oder Rechte Dritter entgegenstehen, mit der Sache nach Belieben verfahren und andere von jeder Einwirkung ausschließen. Der Eigentümer eines Tieres hat bei der Ausübung seiner Befugnisse die besonderen Vorschriften zum Schutz der Tiere zu beachten.

Eigentumsvorbehalt
Übertragung des Eigentums erst bei vollständiger Bezahlung durch den Käufer

Das **Eigentum** ist das stärkste Sachenrecht und beschreibt die Verfügungsgewalt über eine Sache. Der Eigentümer kann über die Sache frei verfügen und über diese entscheiden. D. h., er kann sie beispielsweise verkaufen, verschenken oder auch vernichten. Eigentum ist damit die **rechtliche Herrschaft** über eine Sache.

§ 854 BGB Erwerb des Besitzes
(1) Der Besitz einer Sache wird durch die Erlangung der tatsächlichen Gewalt über die Sache erworben.
(2) Die Einigung des bisherigen Besitzers und des Erwerbers genügt zum Erwerb, wenn der Erwerber in der Lage ist, die Gewalt über die Sache auszuüben.

Eigentümer und Besitzer können grundsätzlich dieselbe Person oder unterschiedliche Personen sein.

Den **Besitz** über eine Sache übt diejenige Person aus, die die Sache in ihrer persönlichen Gewalt hat. Sie übt die **tatsächliche Herrschaft** über diese Sache aus und ist damit **unmittelbarer Besitzer**. Überlässt die Person den Besitz im Rahmen einer Rechtshandlung (z. B. Leihe) einer anderen Person, so wird sie (hier: Verleiher) **mittelbarer Besitzer** an der Sache.

BEISPIEL: Amira bringt ihren neuen bunten Markierstift mit in die Schule, den sie sich kürzlich von ihrem Taschengeld gekauft hat. Sie ist somit Eigentümerin und (unmittelbare) Besitzerin des Stiftes. Während des Unterrichts verleiht sie den Stift an ihre Sitznachbarin Estelle. Amira wird damit mittelbare, Estelle unmittelbare Besitzerin.

Zur Übertragung von Eigentum und Besitz auf eine andere Person sind bestimmte Rechtshandlungen notwendig.

§ 929 BGB Einigung und Übergabe
Zur Übertragung des Eigentums an einer beweglichen Sache ist erforderlich, dass der Eigentümer die Sache dem Erwerber übergibt und beide darüber einig sind, dass das Eigentum übergehen soll. Ist der Erwerber im Besitz der Sache, so genügt die Einigung über den Übergang des Eigentums.

Das Eigentum wird grundsätzlich übertragen, indem sich die beteiligten Personen darüber **einig** sind und die Sache an den neuen Eigentümer **übergeben** wird, sofern er diese Sache noch nicht in seinem Besitz hat.

§ 932 BGB Gutgläubiger Erwerb vom Nichtberechtigten
(1) Durch eine nach § 929 erfolgte Veräußerung wird der Erwerber auch dann Eigentümer, wenn die Sache nicht dem Veräußerer gehört, es sei denn, dass er zu der Zeit, zu der er nach diesen Vorschriften das Eigentum erwerben würde, nicht in gutem Glauben ist. In dem Falle des § 929 Satz 2 gilt dies jedoch nur dann, wenn der Erwerber den Besitz von dem Veräußerer erlangt hatte.
(2) Der Erwerber ist nicht in gutem Glauben, wenn ihm bekannt oder infolge grober Fahrlässigkeit unbekannt ist, dass die Sache nicht dem Veräußerer gehört.

Grundsätzlich kann das Eigentum nur vom bisherigen Eigentümer erworben werden. Handelt der Erwerber **gutgläubig**, kann er auch von einem Nichtberechtigten (z. B. Besitzer der Sache) das Eigentum an einer Sache erwerben. Der **gute Glaube** an die Rechtmäßigkeit des Eigentums des Veräußerers ersetzt dessen fehlende Verfügungsmacht. Allerdings kann sich der Erwerber nicht darauf berufen, wenn ihm das fehlende Eigentum des Veräußerers hätte bekannt sein müssen.

§ 935 BGB Kein gutgläubiger Erwerb von abhanden gekommenen Sachen
(1) Der Erwerb des Eigentums auf Grund der §§ 932 bis 934 tritt nicht ein, wenn die Sache dem Eigentümer gestohlen worden, verloren gegangen oder sonst abhanden gekommen war. Das Gleiche gilt, falls der Eigentümer nur mittelbarer Besitzer war, dann, wenn die Sache dem Besitzer abhanden gekommen war.
(2) Diese Vorschriften finden keine Anwendung auf Geld oder Inhaberpapiere sowie auf Sachen, die im Wege öffentlicher Versteigerung oder in einer Versteigerung nach § 979 Absatz 1a veräußert werden.

Das Eigentum an **gestohlenen** oder **verlorenen** Sachen kann auch bei gutem Glauben nicht erworben werden.

Der rechtmäßige Besitzer kann sich gegen jeden, der ihm den Besitz gegen seinen Willen entziehen will, aufgrund seines **Selbsthilferechts** mit Gewalt wehren. Gleichermaßen kann der Eigentümer vom Besitzer die Herausgabe der Sache verlangen.

§ 859 BGB Selbsthilfe des Besitzers
(1) Der Besitzer darf sich verbotener Eigenmacht mit Gewalt erwehren.
(2) Wird eine bewegliche Sache dem Besitzer mittels verbotener Eigenmacht weggenommen, so darf er sie dem auf frischer Tat betroffenen oder verfolgten Täter mit Gewalt wieder abnehmen.

§ 985 BGB Herausgabeanspruch
Der Eigentümer kann von dem Besitzer die Herausgabe der Sache verlangen.

Auflassung
→ § 925 BGB

Bei **Grundstücken** gestaltet sich die Übertragung des Eigentums aufwendiger: Hier benötigt es eine Einigung zwischen Veräußerer und Erwerber, die sogenannte Auflassung, sowie die anschließende Eintragung ins Grundbuch. Die Erklärungen über den Eigentumswechsel aller Beteiligten müssen notariell beurkundet werden.

ÜBERSICHT: Rechtsobjekte

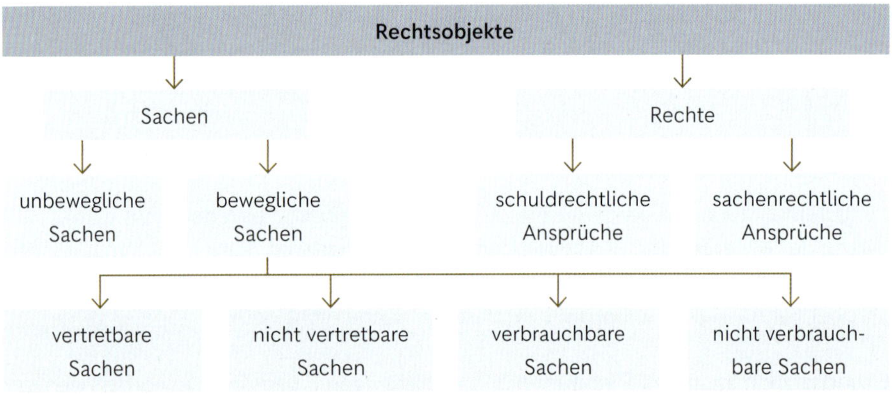

AB → Lernsituation 16

Lernvideo: Rechtsgeschäfte

8.5 Rechtsgeschäfte

8.5.1 Arten von Rechtsgeschäften

BEISPIEL: Bei der Fly Bike Werke GmbH ist täglich viel los: Die Einkaufsabteilung bestellt bei mehreren Lieferanten benötigte Materialien. Die Vertriebsmitarbeiter gewinnen neue Kunden und können dadurch mehrere Großaufträge an Land ziehen. Für eine Abteilung werden Büroräume für die Zeit der Renovierung angemietet und für die Buchhaltung wird eine Aushilfskraft eingestellt.

Sowohl im Privat- wie auch im Geschäftsleben werden eine Vielzahl und ganz unterschiedliche **Rechtsgeschäfte** abgeschlossen. Dabei handelt es sich um Vereinbarungen zwischen mehreren Beteiligten zu einem bestimmten Zweck, wie z. B. der Beschaffung von Waren (Kaufvertrag), der Einstellung neuer Mitarbeiter (Arbeitsvertrag), der Anmietung von Räumen (Mietvertrag) usw.

Damit ein Rechtsgeschäft entsteht, wird mindestens eine **Willenserklärung** von einer der beteiligten Personen benötigt. Sie bezieht sich dabei entweder auf die Beziehung zwischen den Personen (z. B. Schenkung) oder auf Rechtsobjekte (z. B. Kaufvertrag) und bewirkt eine bewusste und beabsichtigte Rechtsfolge (z. B. Übertragung von Eigentum).

Eine Willenserklärung besteht aus dem inneren (subjektiven) Willen (auch: Absicht) sowie der nach außen gerichteten tatsächlichen (objektiven) Erklärung gegenüber einer anderen Person.

Willenserklärungen können auf unterschiedliche Art geäußert werden: mündlich, schriftlich und stillschweigend (konkludent). Eine konkludente Willenserklärung ergibt sich aus dem Kontext (äußerer Rahmen).

BEISPIEL: Auf einer Kunstauktion bekommt Niklas durch Heben des Armes den Zuschlag und kann das Objekt käuflich erwerben.

Willenserklärungen können **empfangsbedürftig** sein (z. B. Kündigung). Solche Willenserklärungen werden erst mit Zugang beim Empfänger wirksam. Bei Anwesenden erfolgt der Zugang sofort. Unter Abwesenden erfolgt er, sobald die Willenserklärung in den gewöhnlichen Empfangsbereich des Empfängers mit Möglichkeit der Kenntnisnahme gelangt (z. B. also nicht während der Nachtzeit) – sofern sie nicht vorher oder gleichzeitig widerrufen wird.

Zugang einer Willenserklärung
- Einwurf im Briefkasten des Empfängers
- E-Mail im Posteingang

→ §§ 130, 131 BGB

Bei **nicht empfangsbedürftigen** Willenserklärungen wird der erklärte Wille bereits mit Abgabe wirksam, z. B. bei einem Testament.

Der Zugang einer Willenserklärung ist die Voraussetzung für die Wirksamkeit der abgegebenen Willenserklärung. Die Beweislast für den Zugang liegt beim Absender, sodass eine Willenserklärung in besonders wichtigen Situationen (z. B. Kündigung) unter Zeugen, per Einschreiben usw. abgegeben werden sollte.

Erscheint eine Willenserklärung nicht eindeutig genug, so muss der tatsächliche Wille, den die abgebende Person hatte, erforscht (interpretiert) werden.

§ 133 BGB Auslegung einer Willenserklärung
Bei der Auslegung einer Willenserklärung ist der wirkliche Wille zu erforschen und nicht an dem buchstäblichen Sinne des Ausdrucks zu haften.

Die Anzahl an Willenserklärungen, die für ein Rechtsgeschäft notwendig sind, kann unterschiedlich sein. Bei **einseitigen** Rechtsgeschäften muss nur von einem Beteiligten eine Willenserklärung vorliegen, um eine bestimmte Rechtswirkung herbeizuführen, wie z. B. bei einem Testament.

Bei **zwei-** oder **mehrseitigen** Rechtsgeschäften müssen von mindestens zwei Beteiligten entsprechende Willenserklärungen vorliegen, z. B. vom Käufer und vom Verkäufer bei Abschluss eines Kaufvertrags. Solche Rechtsgeschäfte können wiederum danach unterschieden werden, ob sich nur eine oder mehrere beteiligte Personen verpflichten. Eine **Schenkung** ist ein **einseitig verpflichtendes** Rechtsgeschäft, während ein **Kaufvertrag** ein **zweiseitig verpflichtendes** Rechtsgeschäft darstellt.

Schenkung → nur der Schenker verpflichtet sich

Kaufvertrag → Käufer und Verkäufer verpflichten sich

BEISPIEL: Oma Lisbeth möchte für ihren Enkel einen Teil der Führerscheinkosten übernehmen und schenkt ihm den entsprechenden Geldbetrag. Dabei verpflichtet sich nur Oma Lisbeth zu einer Leistung.

Über einen Online-Marktplatz verkauft Holger seine alte Spielzeugeisenbahn an Sophia. Dabei verpflichtet sich Holger, die Ware wie beschrieben abzugeben, und Sophie muss den vereinbarten Kaufpreis bezahlen.

Rechtsgeschäfte können weiterhin in **Verpflichtungsgeschäfte** und **Verfügungsgeschäfte** unterteilt werden. Aus einem Verpflichtungsgeschäft entsteht ein Schuldverhältnis. Verfügungsgeschäfte verändern hingegen vorhandene Rechte an Rechtsobjekten und gehören damit zum Sachenrecht. Sie haben unmittelbare Rechtsänderungen zur Folge und können ohne rechtswirksame Verpflichtungsgeschäfte vorgenommen werden.

Rechtsgeschäfte, an denen ausschließlich Nichtkaufleute beteiligt sind, werden als **bürgerliche** Rechtsgeschäfte bezeichnet. Dazu gehören die Bereiche des Schuld-, Sachen-, Familien- und Erbrechtes, die im BGB geregelt sind.

Handelsgeschäfte
Alle Geschäfte eines Kaufmanns, die zu seinem Handelsgewerbe gehören (§ 343 HGB).
Im Zweifel gelten Rechtsgeschäfte eines Kaufmannes als Handelsgeschäfte (§ 344 HGB).

Ist an einem Rechtsgeschäft ein Kaufmann beteiligt, so spricht man von einem **Handelsgeschäft**. Bei einem **zweiseitigen Handelsgeschäft** sind nur Kaufleute beteiligt, bei einem **einseitigen Handelsgeschäft** ist ein Beteiligter ein Nichtkaufmann (Verbraucher). Man spricht in diesem Fall auch von einem Verbrauchsgüterkauf. Die Regelungen des HGB werden dann um solche des BGB ergänzt.

Mit Blick auf die anzuwendenden Rechtsvorschriften – insbesondere auch bei Streitigkeiten – ist es wichtig, bürgerliche und Handelsgeschäfte zu unterscheiden. Denn die rechtlichen Regelungen des BGB und HGB sind in einigen Bereichen unterschiedlich. Dies betrifft z. B. die Schriftform bei einem Schuldanerkenntnis oder einer Bürgschaft, den gesetzlichen Zinssatz bei Zahlungsverzug, die Herabsetzungsmöglichkeiten bei Vertragsstrafen und die anzuwendenden Sorgfaltspflichten.

Die Regelungen des BGB und HGB sind weitgehend nachgiebiges Recht. Dies bedeutet, dass im Rahmen der **Vertragsfreiheit** abweichende Vereinbarungen getroffen werden können. Die Vertragsfreiheit beinhaltet die Abschluss-, Inhalts- und Formfreiheit.
- **Abschlussfreiheit** bedeutet, dass es jedem freisteht, einen Vertrag einzugehen oder nicht. Eine Ausnahme bildet der sogenannte Kontrahierungszwang, durch den z. B. die örtlichen Wasser- und Energieversorgungsunternehmen verpflichtet werden, Leistungen zu erbringen, um die Versorgung der Bevölkerung zu sichern.
- **Inhaltsfreiheit** bedeutet, dass die beteiligten Personen den Inhalt der Verträge und die damit verbundenen Verpflichtungen in der Regel frei aushandeln können.
- **Formfreiheit** bedeutet, dass Willenserklärungen zur Herbeiführung von Rechtsgeschäften im Allgemeinen an keine besondere Form (z. B. schriftlich) gebunden sind.

Für manche Rechtsgeschäfte wird die Formfreiheit durch klar vorgegebene Formvorschriften ersetzt. Diese erfüllen Funktionen wie Schutz, Warnung oder Beweis:
- die **Textform** als lesbare Erklärung mit Namensnennung auf einem dauerhaften Datenträger (z. B. Papier, E-Mail, SMS), → § 126b BGB
- die **Schriftform**, bei der die eigenhändige Unterschrift erforderlich ist, → § 126 BGB
- die **elektronische Form**, die die Schriftform unter bestimmten Voraussetzungen ersetzt, → § 126a BGB

- die **öffentliche Beglaubigung**, bei der die Echtheit der Unterschrift von einem Notar oder einer zuständigen Behörde beglaubigt wird,
- die **notarielle Beurkundung**, die eine vom Notar abgefasste öffentliche Urkunde darstellt, in der er die Rechtmäßigkeit des Inhalts des Rechtsgeschäfts bestätigt.

→ § 129 BGB

→ § 128 BGB

BEISPIEL: Das Schuldversprechen und das Schuldanerkenntnis, Privattestamente und Abzahlungsgeschäfte müssen in der Schriftform abgefasst werden. Eine **Bürgschaft**serklärung eines Nichtkaufmanns muss schriftlich sein, die eines Kaufmanns kann dagegen auch mündlich abgegeben werden.

Öffentlich beglaubigt werden müssen z. B. Anmeldungen zum Handelsregister und zum Grundbuch. Eine notarielle Beurkundung ist für Grundstückskaufverträge, Erbverträge, Schenkungsversprechen und Eheverträge sowie Beschlüsse der Hauptversammlung einer Aktiengesellschaft erforderlich.

Bürgschaft
Vertrag zwischen Gläubiger und Bürgen, in dem sich der Bürge verpflichtet, für die Verbindlichkeiten des Schuldners einzustehen

Aktiengesellschaft
→ Kap. 10.3.1

ÜBERSICHT: Rechtsgeschäfte

Rechtsgeschäft	
= durch mindestens eine Willenserklärung herbeigeführte Rechtsfolge hinsichtlich der Beziehung zwischen den beteiligten Personen oder über Rechtsobjekte	
Willenserklärung	
= bewusste und beabsichtigte Erklärung einer Person zum Abschluss eines Rechtsgeschäfts	
Einseitige Rechtsgeschäfte	**Zweiseitige Rechtsgeschäfte**

Nur ein Beteiligter verpflichtet sich.
– Empfangsbedürftig (erst mit Zugang beim Empfänger wirksam), z. B.:
  – Kündigung
  – Mahnung
– Nicht empfangsbedürftig (schon bei Abgabe wirksam), z. B.:
  – Testament
	Mehrere oder alle Beteiligten verpflichten sich, z. B.:
	– Kaufvertrag
	– Dienstvertrag
	– Leihvertrag
	– Werkvertrag
	– Darlehensvertrag

Bürgerliche Rechtsgeschäfte	**Handelsgeschäfte**
= Rechtsgeschäfte zwischen Nichtkaufleuten, die im BGB geregelt sind	= Rechtsgeschäfte zwischen Kaufleuten (zweiseitig, HGB) oder Kaufleuten und Nichtkaufleuten (einseitig, BGB und HGB)

8.5.2 Nichtigkeit von Rechtsgeschäften

Ein Rechtsgeschäft kann auch nur teilweise nichtig sein; in diesem Fall muss geklärt werden, ob das übrige Rechtsgeschäft weiterhin wirksam oder auch nichtig ist (Teilnichtigkeit, § 139 BGB).

Manche Rechtsgeschäfte können trotz Vertragsfreiheit nicht wie gewünscht abgeschlossen werden. So sind aufgrund gesetzlicher Vorschriften bestimmte Geschäfte von vornherein **unwirksam**, d. h., sie sind **nichtig**. Aus den abgegebenen Willenserklärungen entsteht somit kein Rechtsgeschäft und es werden keine Rechte erworben und Pflichten eingegangen.

Gesetzlich gibt es eine Reihe von Gründen, die zur Nichtigkeit eines Rechtsgeschäfts führen.

→ §§ 125 ff. BGB

Ein Rechtsgeschäft ist auch dann nichtig, wenn eine (vertraglich) vereinbarte Form nicht eingehalten wurde (§ 127 BGB).

Lernvideo: Nichtigkeit

a) Verstöße gegen Formvorschriften

Gilt für ein Rechtsgeschäft eine bestimmte vorgeschriebene Form, z. B. schriftlich mit eigenhändiger Unterschrift, elektronische Form mit einer qualifizierten elektronischen Signatur, notarielle Beglaubigung oder Beurkundung, und wurde diese Form nicht eingehalten, so ist das Rechtsgeschäft nichtig.

BEISPIEL: Günther besitzt am Waldrand ein wunderschönes Grundstück mit Häuschen, das er einem Bekannten zu einem guten Preis verkaufen möchte. Beide schließen einen selbst formulierten Kaufvertrag ab. Der Grundstückskauf ist ungültig, da hierfür grundsätzlich eine notarielle Beurkundung erforderlich ist.

→ § 134 BGB

b) Gesetzesverstöße

Rechtsgeschäfte sind nichtig, wenn sie gegen gesetzliche Vorschriften (z. B. Jugendschutz, Waffengesetze, Betäubungsmittelvorschriften) verstoßen.

BEISPIEL: Ein Minderjähriger (14 Jahre) möchte eine Flasche Bier im Lebensmitteleinzelhandel kaufen.

Im Darknet bietet jemand gesetzlich verbotene Betäubungsmittel zum Kauf an.

→ § 138 BGB

c) Verstöße gegen die guten Sitten

Bei den guten Sitten handelt es sich um Werte, Prinzipien und Anschauungen, die von einer Gesellschaft und der zugrunde liegenden Rechtsordnung grundsätzlich anerkannt werden. Ein typisches Beispiel für einen Verstoß gegen die guten Sitten ist **Wucher**, bei dem über das normale Maß hinausgehende Preise verlangt werden, zumeist unter Ausnutzung einer Notlage der Person.

Bei **Wucher** steht die Leistung meist in einem erheblichen Missverhältnis zur Gegenleistung (Geld).

BEISPIEL: Ein Handwerker benötigt dringend Geld, um Material zu kaufen und seinen Gesellen zu bezahlen. Für die hierfür notwendige Kontoüberziehung möchte sein Kreditinstitut Zinsen in Höhe von 25 %.

d) Kenntnis des geheimen Vorbehalts

→ § 116 BGB

Eine Person gibt eine Willenserklärung ab, ohne das, was sie erklärt hat, tatsächlich zu wollen. Kennt der Vertragspartner diesen Vorbehalt, ist das Rechtsgeschäft nichtig, andernfalls wirksam.

BEISPIEL: Anke möchte, dass ein Kollege ihren Pkw repariert. Deshalb verspricht sie ihm, seine alten Schallplatten zu kaufen. Insgeheim hat sie aber nicht die Absicht, dies zu tun. Der Kollege führt die Reparatur wie vereinbart durch, da er fest davon ausgeht, die Schallplatten an Anke verkaufen zu können.

e) Scheingeschäft

→ § 117 BGB

Alle beteiligten Personen wissen, dass eine Willenserklärung nur zum Schein abgegeben wird. Sie beabsichtigen, nur nach außen hin scheinbar ein Rechtsgeschäft abzuschließen. Die damit verbundenen Rechtsfolgen (Verpflichtungs- und Erfüllungsgeschäft) sollen jedoch überhaupt nicht eintreten.

BEISPIEL: Thomas verkauft an einen Bekannten sein Grundstück mit Haus zum Preis von 500.000,00 €. Um Steuern und Gebühren zu sparen, nennen sie beim Notar übereinstimmend eine Kaufsumme von 200.000,00 €.

f) Scherzerklärung

→ § 118 BGB

Wird eine Willenserklärung als nicht ernst gemeinte Erklärung abgegeben und davon ausgegangen, dass der andere die fehlende Ernsthaftigkeit erkennt, so ist das Rechtsgeschäft nichtig. Vertraute die andere Person auf die Willenserklärung, so kann sie Schadenersatz verlangen.

Schadenersatzpflicht nach Anfechtung des Rechtsgeschäfts
→ Kap. 8.5.3

BEISPIEL: Auf einer Party verkauft ein Gast sein Auto gegen fünf Kästen Bier und geht davon aus, der andere erkennt den Scherz.

g) Geschäfte mit Geschäftsunfähigen

Geschäftsfähigkeit
→ § 105 BGB
→ Kap. 8.3.2

Die Willenserklärung eines Geschäftsunfähigen oder einer Person, die vorübergehend bewusstlos ist oder eine vorübergehende Störung der Geistestätigkeit hat, ist nichtig.

h) Geschäfte mit beschränkt Geschäftsfähigen

→ § 108 BGB

Führt eine beschränkt geschäftsfähige Person ein Rechtsgeschäft herbei, zu dessen Wirksamkeit die Zustimmung der gesetzlichen Vertreter erforderlich ist, ist es zunächst schwebend unwirksam. Nach Aufforderung muss der gesetzliche Vertreter dem Rechtsgeschäft innerhalb von zwei Wochen zustimmen (Genehmigung) oder es untersagen (Ablehnung). Nach Verstreichen dieser Frist wird von einer Ablehnung ausgegangen. Das Rechtsgeschäft ist dann nichtig.

ÜBERSICHT: Nichtigkeit von Rechtsgeschäften

Nichtigkeit von Rechtsgeschäften	
Eine abgegebene Willenserklärung ist von Anfang an unwirksam, sodass kein Rechtsgeschäft zustande kommt.	
Gründe für Nichtigkeit	
Formverstoß	Verlangt ein Rechtsgeschäft eine bestimmte Form, z. B. notarielle Beglaubigung, die nicht eingehalten wird, so ist es nichtig.
Gesetzesverstoß	Verstößt ein Rechtsgeschäft gegen ein Gesetz, z. B. Rauschgifthandel, dann ist es nichtig.
Verstoß gegen die guten Sitten	Sittenwidrig ist ein Rechtsgeschäft, durch das ein anderer in Zwangslage erheblich benachteiligt wird, z. B. Wucherzinsen.
Geheimer Vorbehalt	Jemand gibt eine Willenserklärung gegenüber einem anderen ab, behält sich aber insgeheim vor, sie nicht einzuhalten. Weiß der andere dies, ist das Rechtsgeschäft nichtig.
Scheingeschäfte	Wird eine Willenserklärung, die einem anderen gegenüber abzugeben ist, mit dessen Einverständnis nur zum Schein abgegeben, so ist sie nichtig.
Scherzgeschäfte	Im Scherz abgegebene Willenserklärungen sind nichtig, wenn sie vom Partner als solche erkannt und aufgenommen werden.
Geschäftsunfähigkeit	Willenserklärungen von Kindern, die das siebente Lebensjahr noch nicht vollendet haben, Willenserklärungen im Zustand der Bewusstlosigkeit oder der (auch vorübergehenden) Störung der Geistestätigkeit sowie Willenserklärungen von beschränkt Geschäftsfähigen ohne die Zustimmung der gesetzlichen Vertreter sind nichtig.

Lernvideo: Anfechtbarkeit

8.5.3 Anfechtbarkeit von Rechtsgeschäften

Ein Rechtsgeschäft wird von den Beteiligten im Normalfall mit der Absicht abgeschlossen, das Geschäft wie vereinbart zu erfüllen. Allerdings gibt es Situationen, in denen man nachträglich den abgegebenen Willen ändern oder zurückziehen und damit das Rechtsgeschäft ungeschehen machen möchte. In bestimmten Fällen ist dies durch eine Anfechtung möglich, d. h., das zugrunde liegende Rechtsgeschäft wird rückwirkend nichtig. Für eine **Anfechtung** kennt das Gesetz verschiedene Gründe.

→ § 119 BGB

a) Irrtum

Bei einem Irrtum entspricht der eigentliche Wille einer Person nicht dem tatsächlich erklärten (geäußerten) Willen. Es liegt also eine unbewusste Abweichung vor.

BEISPIEL: Ein Kunde möchte im Online-Shop eines Händlers zwei Ordner bestellen, vertippt sich aber bei der Eingabe der Menge. Der erklärte Wille weicht vom tatsächlichen Willen ab.

Das Gesetz ermöglicht dem Irrenden die Anfechtung seiner abgegebenen Willenserklärung. Gleichzeitig soll aber auch der Vertragspartner, der auf die Gültigkeit dieser Willenserklärung vertraut hat, geschützt werden. Daher ist der Erklärende zum Ersatz des **Vertrauensschadens** verpflichtet. Der andere ist also so zu stellen, wie er gestanden hätte, wenn er sich erst gar nicht auf das Geschäft eingelassen hätte (negatives Interesse).

Vertrauensschaden
→ § 122 BGB

Das Vertrauensinteresse (negatives Interesse) ist vom Erfüllungsinteresse (positives Interesse) zu unterscheiden. Beim positiven Interesse ist der Vertragspartner so zu stellen, als wenn das Geschäft erfüllt worden wäre.

Ausgeschlossen ist ein Schadensersatz jedoch, wenn der Anfechtungsgegner die Anfechtbarkeit kannte oder hätte kennen müssen.

Eine Anfechtung wegen Irrtums ist nur dann möglich, wenn die Willenserklärung bei Kenntnis der Sachlage und bei verständiger Würdigung des Falles nicht abgegeben worden wäre. Außerdem ist eine Anfechtung ausgeschlossen, wenn es sich um einen nebensächlichen Punkt handelt.

Die Anfechtung wegen Irrtums muss **unverzüglich**, d. h. ohne schuldhaftes Zögern, nach Kenntnis des Grundes erfolgen und muss gegenüber dem Anfechtungsgegner (z. B. Verkäufer) erklärt werden. Damit wird das angefochtene Rechtsgeschäft rückwirkend und somit von Anfang an nichtig. Die Möglichkeit zur Anfechtung verjährt nach 10 Jahren.

ohne schuldhaftes Zögern
→ § 121 BGB

Erklärung
→ § 143 BGB

Nichtigkeit
→ § 142 BGB

Das Gesetz kennt verschiedene Ursachen, die zu einem Irrtum bei Abgabe einer Willenserklärung führen können: Inhalts-, Erklärungs-, Eigenschafts- und Übermittlungsirrtum.

Beim **Inhaltsirrtum** täuscht sich der Erklärende über den Inhalt seiner Erklärung. „Man weiß, was man sagt, aber nicht, was man damit sagt."

BEISPIEL: In einer Kunstgalerie wird ein Gemälde verkauft. Der Händler ist der Meinung, es handle sich um eine Kopie. Kurze Zeit später findet er heraus, es war ein Original.

Bei einer Produktpräsentation unterschreibt ein Unternehmer ein mehrseitiges Dokument in der Annahme, weitere Informationen damit zu erhalten. Stattdessen handelt es sich um einen Kaufvertrag.

Beim **Erklärungsirrtum** irrt man sich über die Erklärung selbst und wollte diese so nicht abgeben; man verspricht, vergreift oder verschreibt sich. „Man weiß nicht, was man sagt."

BEISPIEL: Bei einem versandten Angebot hat sich die Mitarbeiterin im Preis verschrieben und anstelle von 325,00 € einen Preis von 235,00 € angegeben.

Beim **Eigenschaftsirrtum** täuscht man sich über verkehrswesentliche Eigenschaften des zugrunde liegenden Rechtsobjekts.

BEISPIEL: Uwe findet Bilder des Künstlers „E. Müller" toll. In einer Galerie sieht er ein Bild mit der Unterschrift „E. Müller" und denkt sofort an seinen Lieblingskünstler. Da der Preis deutlich günstiger als bei anderen Werken ist, kauft er es sofort. Zu Hause stellt er nach näherer Recherche fest, dass das Bild von einem anderen Künstler mit gleichem Namen stammt, der aber deutlich günstiger gehandelt wird. Uwe hat sich also über die Zugehörigkeit des Bildes zu einem bestimmten Maler getäuscht.

→ § 120 BGB

Bei einem **Übermittlungsirrtum** wird eine Willenserklärung fehlerhaft übermittelt. Dabei ist es unerheblich, ob der Fehler durch eine Person oder die verwendete Technik verursacht wird.

BEISPIEL: Ein Auszubildender wird damit beauftragt, 50 Packungen Kopierpapier telefonisch zu bestellen. Beim Anruf verspricht er sich und bestellt stattdessen 500 Packungen.

In der Praxis tritt häufig auch der **Motivirrtum** auf. Hier geht eine Person von einer bestimmten Annahme aus, die jedoch nicht zutrifft. Rechtlich ist dieser Irrtum aber unerheblich und bietet somit keine Möglichkeit zur Anfechtung.

BEISPIEL: Ein Kapitalanleger kauft 150 Aktien eines Start-up-Unternehmens in der Annahme, der Kurs werde deutlich steigen. In der Folgezeit tritt jedoch keine Kurssteigerung ein.

→ § 123 BGB

b) Arglistige Täuschung

Bei einer arglistigen Täuschung kann es sich um ein aktives Tun oder Unterlassen einer Person handeln, z. B. die Vorspiegelung falscher Tatsachen, die Entstellung wahrer Tatsachen oder die Verweigerung wahrer Tatsachen bei Auskunftspflicht. Die arglistige Täuschung muss vorsätzlich sein. Oftmals geht dieses Verhalten auch mit Betrugsdelikten einher. Problematisch ist dabei immer, dass eine arglistige Täuschung von der anfechtenden Person bewiesen werden muss.

BEISPIEL: Der Verkäufer eines Unfallwagens verneint trotz mehrmaligen Nachfragens den Unfallschaden.

→ § 123 BGB

c) Widerrechtliche Drohung

Bei einer widerrechtlichen Drohung gibt der Erklärende seine Willenserklärung unter Druck ab und wird so zu einem Rechtsgeschäft gedrängt. Die Person befindet sich also in einer Zwangslage und empfindet die Drohung als (künftiges) Übel für sich oder jemand anderen.

BEISPIEL: Bei einem Wohnungsverkauf droht der Käufer damit, ohne Preisreduzierung die ihm bekannte Vorstrafe des Verkäufers zu veröffentlichen.

→ § 124 BGB
Schadenersatz
→ § 823 BGB

Eine Anfechtung wegen arglistiger Täuschung oder widerrechtlicher Drohung muss innerhalb eines Jahres erfolgen und beginnt mit Kenntnis der Täuschung bzw. mit Wegfall der Zwangslage. Die Möglichkeit zur Anfechtung verjährt nach Ablauf von 10 Jahren nach Abgabe der Willenserklärung. Bei arglistiger Täuschung und widerrechtlicher Drohung macht sich der Handelnde schadenersatzpflichtig.

ÜBERSICHT: Anfechtung von Rechtsgeschäften

Anfechtung		
= Die abgegebene Willenserklärung wird rückwirkend für nichtig erklärt.		
Gründe		
Irrtum	**Arglistige Täuschung**	**Widerrechtliche Drohung**
– Inhalt (man weiß, was man sagt, aber nicht, was man damit sagt) – Erklärung (man weiß nicht, was man sagt) – Eigenschaft bzgl. wesentlicher Merkmale – Motiv → kein Recht zur Anfechtung	Eine Vorspiegelung falscher Tatsachen führt zur Abgabe einer Willenserklärung.	Die Abgabe der Willenserklärung erfolgt unter Zwang.

8.6 Wichtige Rechtsgeschäfte und Vertragsarten

AB → Lernsituation 17

BEISPIEL: Bei der Fly Bike Werke GmbH ist eine neue Mitarbeiterin für Sachbearbeitungsaufgaben im Einkauf eingestellt worden. Das Personalwesen sendet ihr daher zunächst einmal den Arbeitsvertrag in zweifacher Ausfertigung zu. Da die neue Mitarbeiterin bereits in vier Wochen anfangen soll, die räumlichen Kapazitäten im bisherigen Einkauf aber begrenzt sind, soll sie bis zur Umstrukturierung in einem angemieteten Büro in einem gegenüberliegenden Bürogebäude untergebracht werden. Die EDV-Anlage für sie soll über einen Großhandel angeschafft werden. Die Büromöbel sollen wie bisher von einer Schreinerei maßgefertigt werden, mit der schon lange Geschäftsverbindungen bestehen. Das Holz dafür wird jedoch wie üblich von einem mit der Geschäftsführerin befreundeten Holzimporteur aus Hamburg geliefert.

Im Privat- und Wirtschaftsleben gibt es eine Vielzahl an unterschiedlichen Rechtsgeschäften und damit viele unterschiedliche vertragliche Vereinbarungen. Trotz dieser Vielfalt weisen sie gemeinsame Merkmale auf:

- Sie kommen durch **übereinstimmende Willenserklärungen** zustande. Dabei wird die erste Willenserklärung als **Antrag**, die zweite (übereinstimmende) als **Annahme** bezeichnet.
- Die sich aus einem Vertrag ergebenen **Rechte** des einen Vertragspartners sind die **Pflichten** des anderen und umgekehrt.
- Mit Vertragsabschluss (= **Verpflichtungsgeschäft**) verpflichten sich die Vertragspartner, den Vertrag vereinbarungsgemäß zu erfüllen (= **Erfüllungsgeschäft**).

Neben dem Kaufvertrag gibt es zahlreiche andere Verträge, die von Unternehmen geschlossen werden. Die wichtigsten und häufigsten Vertragsarten sind im besonderen Teil des Schuldrechts (§§ 433 bis 853 BGB) geregelt, andere haben sich in der Praxis herausgebildet (z. B. der Leasingvertrag oder die Fernabsatzverträge). Nicht selten werden auch die Wesensmerkmale mehrerer Vertragstypen kombiniert, man spricht dann von **gemischten Verträgen**.

Nach dem Vertragsgegenstand lassen sich vier Vertragsgruppen unterscheiden:

Vertragsgruppen

Veräußerungsverträge	Gebrauchsüberlassungsverträge	Dienstleistungsverträge	Verbraucherverträge
Verträge, die auf eine dauerhafte und endgültige Übertragung eines Gutes gerichtet sind, z. B.: Kauf-, Tausch- und Schenkungsvertrag	Verträge, die auf eine vorübergehende Gebrauchsüberlassung gerichtet sind, z. B.: Miet-, Pacht-, Leih- und Darlehensvertrag	Verträge, die auf die Verrichtung einer Tätigkeit gerichtet sind, z. B.: Dienst-, Werk-, Arbeits- und Geschäftsbesorgungsvertrag	Verträge, die auf den Verkauf einer Sache oder die Erbringung einer Leistung über Fernkommunikationsmittel gerichtet sind, z. B. Fernabsatzverträge

Die folgenden Ausführungen konzentrieren sich auf Verträge, die eine vorübergehende **Gebrauchsüberlassung** und die Verrichtung von Tätigkeiten **(Dienstleistungen)** zum Gegenstand haben, sowie Fernabsatzverträge. Die einzelnen Vertragsarten werden nicht detailliert, sondern nur überblicksartig dargestellt. Wie der Kaufvertrag kommen all diese Verträge durch Antrag und Annahme zustande.

8.6.1 Gebrauchsüberlassungs- und Darlehensverträge

Setzt der Unternehmer z. B. Maschinen in der Produktion ein, ist es nicht immer erforderlich, an diesen auch Eigentum zu erwerben. Oft genügt es, wenn Geschäftsräume, der Fuhrpark oder Maschinen für gewisse Zeit überlassen werden (siehe Übersicht auf der nachfolgenden Seite).

Wesentliche Unterschiede zwischen den Gebrauchsüberlassungsverträgen:
- Die **Miete** bezieht sich nur auf **Sachen**, die **Pacht** auf Gegenstände (d. h. auf **Sachen und Rechte**).
- Die **Miete** gewährt nur die **Gebrauchsüberlassung**, die **Pacht** berechtigt darüber hinaus, aus dem Gegenstand Früchte bzw. **Erträge** zu ziehen.
- **Miete und Pacht** sind Formen der **entgeltlichen** Gebrauchsüberlassung, die **Leihe** ist die **unentgeltliche** Gebrauchsüberlassung von Sachen.
- Beim **Darlehen** liegt ein besonderer Fall der Gebrauchsüberlassung vor: Geld oder andere vertretbare Sachen werden mit der Verpflichtung übereignet, nach Ende der Darlehenslaufzeit Sachen gleicher Art, Güte und Menge zurückzuerstatten. Beim Darlehen werden Sachen eben **nicht nur zum Gebrauch, sondern auch zum Verbrauch** überlassen.

Vertragsart	Rechtsgrundlage	Die Vertragsparteien heißen ...	Zeitweilig überlassen werden ...	Hauptpflichten der Vertragspartner	Beispiele
Gebrauchsüberlassungsverträge					
Mietvertrag	§§ 535–580a BGB	Vermieter und Mieter	Sachen	**Vermieter:** - dem Mieter den Gebrauch der Mietsache während der Mietzeit zu gewähren - die Mietsache in einem zum vertragsgemäßen Gebrauch geeigneten Zustand zu überlassen - die Mietsache während der Mietzeit in diesem Zustand zu erhalten **Mieter:** - dem Vermieter die vereinbarte Miete zu zahlen - die Mietsache am Ende der Mietzeit zurückzugeben	- Häuser, Wohn- und Geschäftsräume - DVDs/Videos
Pachtvertrag	§§ 581–597 BGB	Verpächter und Pächter	Gegenstände (Sachen) und Rechte	**Verpächter:** Zurverfügungstellung des verpachteten Gegenstandes und Gewährung des Genusses der Früchte/Erträge **Pächter:** Zahlung der vereinbarten Pacht	- Tankstellen - Gaststätten - Jagd- und Fischereirechte - landwirtschaftlich nutzbare Flächen
Leihvertrag	§§ 598–606 BGB	Verleiher und Entleiher	Sachen	**Verleiher:** unentgeltliche Überlassung der Sache zum Gebrauch **Entleiher:** Rückgabe der Sache nach Vereinbarung/Zweckerfüllung	Bücher
Darlehensverträge					
Sachdarlehensvertrag	§§ 607–609 BGB	Darlehensgeber und Darlehensnehmer	vertretbare Sachen	**Darlehensgeber:** Überlassung einer vertretbaren Sache **Darlehensnehmer:** evtl. Zahlung eines Darlehensentgelts und Rückerstattung von Sachen gleicher Art, Güte und Menge	1 Liter Milch vom Nachbarn
Gelddarlehensvertrag	§§ 488–498 BGB	Darlehensgeber und Darlehensnehmer	Geldbeträge	**Darlehensgeber:** Zurverfügungstellung des vereinbarten Geldbetrags **Darlehensnehmer:** Zahlung des vereinbarten Zinses und Rückzahlung des Darlehens bei Fälligkeit	- Dispositionskredit - Ratenkredit - Baukredit

Große wirtschaftliche Bedeutung hat die Überlassung von Wirtschaftsgütern in der Form des **Leasings** (to lease = mieten). Dabei überlässt der Leasinggeber dem Leasingnehmer Wirtschaftsgüter gegen entsprechende Leasingraten zur Nutzung. Der Leasingvertrag ist eine Sonderform des Mietvertrags mit der Option zum Erwerb.

8.6.2 Dienstleistungsverträge

Vertragsart	Rechtsgrundlage	Die Vertragsparteien heißen ...	Geschuldet wird gegen Entgelt ...	Hauptpflichten der Vertragspartner	Beispiele
Dienstvertrag i. w. S.	§§ 611–630 BGB	Dienstverpflichteter und Dienstberechtigter	die Erbringung versprochener Dienste. Nicht der Erfolg der Tätigkeit steht im Mittelpunkt der Dienste, sondern die Tätigkeit als solche, d. h. die sorgfältige Ausführung des Dienstes.	**Dienstverpflichteter:** Leistung der vereinbarten Dienste, i. d. R. persönlich **Dienstberechtigter:** Zahlung der vereinbarten Vergütung	– Steuerberater erstellt Steuerbilanz. – Anwalt führt einen Prozess.
Arbeitsvertrag (Dienstvertrag i. e. S.)	Spezialfall des Dienstvertrags; daher gelten die §§ 611–630 BGB, daneben v. a. spezielle arbeitsrechtliche Regelungen (z. B. KündigungsschutzG, MutterschutzG).	Arbeitgeber und Arbeitnehmer	eine bestimmte Menge unselbstständiger Dienste in persönlicher Abhängigkeit	**Arbeitnehmer:** persönliche Erbringung von Arbeitsleistungen **Arbeitgeber:** Zahlung des vereinbarten Gehalts/Lohns	Angestellte der Fly Bike Werke GmbH, z. B. Frau Nemitz als Sachbearbeiterin in der Disposition
Werkvertrag	§§ 631–651 BGB	Unternehmer und Besteller	ein bestimmtes Tätigkeitsziel, der „Erfolg“, das „Werk“	**Unternehmer:** Herstellung des versprochenen Werkes **Besteller:** Zahlung der vereinbarten Vergütung	– Errichtung eines Gebäudes – Reparatur eines Kfz – Transport von Gütern

Fernkommunikationsmittel sind gemäß BGB: Briefe, Kataloge, Telefonanrufe, Telekopien, E-Mails, über den Mobilfunkdienst versendete Nachrichten (SMS) sowie Rundfunk und Telemedien.

Verbraucherverträge → §§ 312 ff. BGB

Fernabsatzverträge → § 312 c BGB

8.6.3 Fernabsatzvertrag

Wenn ein Verbraucher in einem Ladenlokal etwas kaufen möchte, kann er sich dort informieren, die Sache anschauen und alle möglichen Fragen zur Kaufsache und zur Abwicklung sofort klären. Bei der Verwendung von **Fernkommunikationsmitteln** – also Kommunikationsmitteln, die ohne gleichzeitige körperliche Anwesenheit der Vertragsparteien eingesetzt werden können (§ 312 c Abs. 2 BGB) – ist dies nicht immer möglich. Daher wurden auf europäischer Ebene Richtlinien erlassen, die einheitlich den Verbraucher im europäischen Binnenmarkt schützen. In Deutschland wird diese besondere Vertriebsform **Fernabsatzvertrag** genannt und in den §§ 312 ff. BGB geregelt.

Ein Fernabsatzvertrag liegt immer dann vor, wenn für die Vertragsverhandlungen und für seinen Abschluss zwischen Verbraucher (= Käufer) und Unternehmer (= Verkäufer) ausschließlich Fernkommunikationsmittel verwendet wurden (§ 312 c Abs. 1 BGB) und der Verkäufer für gewöhnlich Geschäfte über diesen Verkaufsweg abwickelt.

Informationspflicht des Unternehmers

Bei Fernabsatzverträgen ist der Unternehmer verpflichtet, dem Verbraucher die wesentlichen Eckpunkte des Vertrags vor (§ 312 d BGB) und nach Vertragsschluss (§ 312 f BGB) zur Verfügung zu stellen. Wurde der Verbraucher nicht ausreichend über Versand- und sonstige Kosten informiert (§ 312 a und § 312 e BGB), muss er sie nicht bezahlen.

Widerrufsrecht des Verbrauchers bei Fernabsatzverträgen

Um den Verbraucher zu schützen, wird ihm bei Fernabsatzverträgen die Möglichkeit gewährt, sich durch einen Widerruf vom Vertrag zu lösen (§ 312 g Abs. 1 BGB). Dieses Widerrufsrecht gibt es im Kaufrecht nur bei Fernabsatzverträgen und Verträgen, die außerhalb von Geschäftsräumen geschlossen wurden, z. B. Haustürgeschäfte.

Widerrufsrecht
→ § 312 g Abs. 1 BGB

Die **Widerrufserklärung** ist eine **formlose empfangsbedürftige Willenserklärung** (§ 355 Abs. 1 BGB). Der Verbraucher muss also nur seinen Entschluss eindeutig dem Unternehmer gegenüber zum Ausdruck bringen, dass er die Sache nicht mehr möchte, eine Begründung ist nicht erforderlich. Eine kommentarlose Rücksendung der Ware reicht jedoch nicht aus!

Der Widerruf muss innerhalb von 14 Tagen nach Erhalt der Ware erfolgen (§ 355 Abs. 2 BGB in Verbindung mit § 356 Abs. 2 BGB). Voraussetzung für den Beginn der Widerrufsfrist ist eine **ordnungsgemäße Widerrufsbelehrung** durch den Unternehmer (§ 356 Abs. 3 BGB). Diese Belehrung ist, vereinfacht gesagt, eine Mitteilung an den Verbraucher, wie er sein Widerrufsrecht ausüben kann.

Widerrufsrecht
→ § 312 g Abs. 1 BGB

Das Widerrufsrecht erlischt auch ohne ordnungsgemäße Widerrufsbelehrung spätestens 12 Monate und 14 Tage, nachdem der Verbraucher die bestellte Ware erhalten hat (§ 356 Abs. 3 Satz 2 BGB).

Es gibt eine Reihe von Ausnahmen, in denen trotz eines Fernabsatzvertrags kein Widerrufsrecht besteht. Sie werden im § 312 g Abs. 2 BGB abschließend aufgezählt.

Eine Besonderheit stellt die **Internetauktion** dar. Juristisch gesehen ist sie keine Auktion im Sinne von § 156 BGB. Vielmehr ist sie ein ganz gewöhnlicher Kaufvertrag, der, sollte ein Unternehmer der Verkäufer und ein Verbraucher der Käufer sein, die Sonderform des Fernabsatzvertrags annimmt. In diesem Fall gelten alle verbraucherschützenden Regelungen des Fernabsatzvertrags, auch das Widerrufsrecht.

Meist ist es so, dass die vom Online-Auktionshaus vorgegebenen Auktionsbedingungen den Anbieter verpflichten, den Gegenstand am Ende der Auktionszeit an denjenigen zu verkaufen, der das höchste Angebot abgegeben hat. Folglich ist das Einstellen eines Artikels in eine Internetauktion eine bindende Willenserklärung und die vorzeitige Beendigung der Auktion kann nur durch Anfechtung dieser Willenserklärung unter den bekannten Anfechtungsgründen erfolgen.

Anfechtbarkeit
→ Kap. 8.5.3

Die mit Privatverkauf gekennzeichneten Internetauktionen sind keine Verbrauchsgüterkäufe, daher besteht hier auch kein Widerrufsrecht.

Juristen bezeichnen diese Verpflichtungen als **Rückgewährschuldverhältnis**.

Diese Pauschale ist für die Deckung von „Kosten eigener Mühewaltung“ des Verbrauchers gedacht.

Rechtsfolgen des Widerrufs

Ein fristgerechter Widerruf hat zur Folge, dass bereits empfangene Leistungen (Ware und/oder Kaufpreis) spätestens nach 14 Tagen zurückgegeben werden müssen (§ 357 BGB). Die Versandkosten, die der Verkäufer vom Käufer bei Lieferung der Ware verlangt hat, müssen ebenfalls zurückerstattet werden. Der Käufer muss allerdings auf Verlangen des Verkäufers die Kosten für die Rücksendung der Ware übernehmen.

Hat der Käufer die Ware an den Verkäufer zurückgeschickt und zahlt dieser nicht innerhalb von 14 Tagen nach Widerruf den Kaufpreis zurück, hat der Käufer ein Anrecht auf eine zusätzliche Pauschale in Höhe von 40,00 € (§ 288 Abs. 5 BGB).

ÜBERSICHT: Wichtige Vertragsarten

Art des Vertrags	Vertragsinhalt	Vertragspartner	gesetzliche Grundlagen
Kaufvertrag	Veräußerung von Sachen oder Rechten gegen Entgelt	Verkäufer – Käufer	§§ 433–480 BGB, §§ 373–381 HGB
Werkvertrag	Herstellen eines Werkes, Veränderung einer Sache, Herbeiführen eines bestätigten Erfolgs gegen vereinbarte Vergütung	Unternehmer – Besteller	§§ 631–650 BGB
Dienstvertrag	Erbringung einer bestimmten Dienstleistung, häufig über einen längeren Zeitraum hinweg	Dienstverpflichteter – Dienstherr	§§ 611–630 BGB
Mietvertrag	entgeltliche Überlassung einer Sache oder eines Rechtes	Mieter – Vermieter	§§ 535–580 BGB
Pachtvertrag	entgeltliche Überlassung von Sachen oder Rechten zum Gebrauch und Genuss der Früchte gegen einen vereinbarten Pachtzins	Verpächter – Pächter	§§ 581–597 BGB
Leihvertrag	unentgeltliche Überlassung einer Sache zum Gebrauch, wobei dieselbe Sache zurückgegeben werden muss	Verleiher – Entleiher	§§ 598–606 BGB
(Sach-)-Darlehensvertrag	entgeltliche oder unentgeltliche Überlassung einer Sache zum Gebrauch, wobei eine Sache gleicher Art, Güte und Menge zurückgegeben werden muss	Darlehensgeber – Darlehnsnehmer	§§ 607–609 BGB
(Geld-)-Darlehensvertrag	entgeltliche Überlassung von Geld mit der Verpflichtung zur Rückzahlung (Tilgung)	Darlehens-/Kreditnehmer – Darlehens-/Kreditgeber	§§ 488 ff. BGB
Fernabsatzvertrag	Vertrag zwischen einem Unternehmer und einem Verbraucher über den Verkauf einer Sache oder Erbringung einer anderen Leistung gegen Entgelt, der ausschließlich durch Fernkommunikationsmittel abgeschlossen wurde	Unternehmer – Verbraucher	§§ 312 ff. BGB
Berufsausbildungsvertrag	vergütete Ausbildung für eine Berufstätigkeit	Auszubildender – Ausbildender	Berufsbildungsgesetz §§ 10 ff. BBiG

Alles klar?

1 Erläutern Sie, weshalb es einer Rechtsordnung bedarf.

2 Unterscheiden Sie öffentliches und Privatrecht voneinander, indem Sie die grundsätzlichen Anwendungsbereiche berücksichtigen.

3 Beschreiben Sie, welche Bereiche das BGB und das HGB jeweils regeln.

4 Begründen Sie, weshalb man neben dem Bürgerlichen Gesetzbuch noch das Handelsgesetzbuch speziell für die Kaufleute geschaffen hat.

5 Ordnen Sie die folgenden Vorgänge dem öffentlichen oder dem privaten Recht zu und nennen Sie die jeweils infrage kommenden gesetzlichen Grundlagen:
- a Claudia wird bei illegalem Drogenbesitz gefasst und zu einer Jugendstrafe verurteilt.
- b Herr Schneider schließt einen Leasingvertrag für ein Auto ab.
- c Acht Arbeitskollegen gründen einen Kegelverein.
- d Klaus unterschreibt einen Ausbildungsvertrag zum Kaufmann für Büromanagement.
- e Frau König erhält vom Finanzamt eine Aufforderung, ihre Einkommensteuerschuld in Höhe von 7.500 € zu begleichen.
- f Die Bundesrepublik Deutschland schließt mit Burkina Faso einen Vertrag über verstärkte Entwicklungshilfe ab.

6 Schildern Sie rechtliche Vorgänge aus Ihrem Ausbildungsbetrieb, die auf Gewohnheitsrecht basieren.

7 Beschreiben Sie verschiedene Beispiele zu subjektivem und objektivem Recht.

8 Unterscheiden Sie Schuld- und Sachenrechte voneinander.

9 Um welche Rechtsquelle handelt es sich in den folgenden Fällen?
- a Der Bundestag beschließt eine Erhöhung der Mineralölsteuer.
- b Der Hessische Landtag führt eine Verpackungssteuer ein.
- c In einer kleinen Gemeinde in Bayern dürfen die Einwohner seit Jahren einen Privatweg des Bürgermeisters benutzen.
- d Der Gemeinderat verabschiedet das „bessere Müllkonzept".
- e Das Finanzamt der Stadt München erkennt ab sofort Arbeitszimmer nicht mehr als Werbungskosten an.

10 Unterscheiden Sie natürliche und juristische Personen voneinander.

11 Erläutern Sie, welche Bedeutung die Rechtsfähigkeit für Personen hat.

12 Beschreiben Sie, wie natürliche und juristische Personen rechtsfähig werden.

13 Geben Sie an, ob es sich um natürliche oder juristische Personen des öffentlichen oder des privaten Rechts handelt:
- a Kegelklub
- b Siemens AG
- c Ärztekammer Westfalen-Lippe
- d Rentenversicherung Bund
- e Mitteldeutscher Rundfunk
- f Evangelische Kirche Hessen/Nassau
- g AOK

14 Begründen Sie, weshalb die Prüfung der Geschäftsfähigkeit im Wirtschaftsleben eine wichtige Rolle einnimmt.

15 Erläutern Sie den Begriff der Willenserklärung und unterscheiden Sie, wie diese geäußert werden kann.

16 In welchem Maße sind die folgenden Rechtssubjekte rechts- bzw. geschäftsfähig?
- a ein Hund
- b ein Kegelklub
- c ein siebzehnjähriger Auszubildender
- d ein Drogensüchtiger
- e eine Gesellschaft mit beschränkter Haftung

17 Erläutern Sie, wann ein schwebend unwirksames Rechtsgeschäft zustande kommt und wie es geheilt werden kann.

18 Beschreiben Sie, welche Bedeutung der Taschengeldparagraf für Minderjährige hat.

19 Begründen Sie mithilfe des Gesetzes, inwieweit minderjährige Auszubildende selbstständig verkaufen dürfen.

20 Beschreiben Sie die Bedeutung der Deliktsfähigkeit.

21 Unterscheiden Sie die verschiedenen Stufen der Deliktsfähigkeit.

22 Begründen Sie, ob der Ausspruch „Eltern haften für ihre Kinder" grundsätzlich zutrifft oder nicht.

23 Beschreiben Sie anhand von jeweils einem Beispiel, was man unter Sachen und Rechten versteht.

24 Erläutern Sie die besonderen Merkmale einer fungiblen (vertretbaren) Sache anhand eines Beispiels.

25 Beschreiben Sie den Unterschied zwischen Verbrauchs- und Gebrauchssachen.

26 Erläutern Sie wesentliche Bestandteile und Zubehör bei einem Grundstück mit Wohnhaus.

27 Beschreiben Sie anhand eines Beispiels, was man unter einem schuldrechtlichen Anspruch versteht.

28 Beschreiben Sie anhand eines Beispiels die Bedeutung eines sachenrechtlichen Anspruchs.

29 Erläutern Sie die Begriffe Eigentum und Besitz anhand eines Beispiels aus Ihrem Klassenzimmer.

30 Beschreiben Sie, in welchem Beispiel Sie unmittelbarer und mittelbarer Besitzer sind.

31 Erläutern Sie die Übertragung von Eigentum an einer beweglichen Sache anhand eines Beispiels aus Ihrem Ausbildungsunternehmen.

32 Beschreiben Sie, wann Eigentum gutgläubig erworben werden kann.

33 Ordnen Sie die Begriffe Eigentümer, unmittelbarer Besitzer und mittelbarer Besitzer den folgenden Sachverhalten zu:
- a Karin wohnt in einer Wohngemeinschaft zur Untermiete.
- b Der Sachbearbeiter des Einkaufs darf mit dem Firmenwagen des Prokuristen fahren.
- c Zwei zehnjährige Jungen finden eine Geldbörse und bringen sie nicht zum Fundbüro.
- d Peter verleiht sein Fahrrad an Andreas.
- e Der Hausmeister wohnt zur Miete in dem Zwölffamilienhaus des Unternehmers.

34 Erläutern Sie, was man unter einer Willenserklärung versteht und welche Bedeutung sie im Rechtsleben hat.

35 Erläutern Sie anhand von jeweils einem Beispiel, wie Willenserklärungen geäußert werden können.

36 Charakterisieren Sie die folgenden Rechtsgeschäfte:
- a Ein Mieter kündigt seine Wohnung.
- b Herr Möller kauft sich zwei Gebrauchtwagen, einen von einem Vertragshändler, einen anderen von einer Privatperson.
- c Herr Schneider legt Widerspruch gegen einen Bußgeldbescheid ein.
- d Ein Großhandel verkauft an ein Einzelhandelsgeschäft Waren unter Eigentumsvorbehalt.
- e Frau Meyer mietet zwei Wohnungen, eine zur Betreibung ihrer Werbeagentur, die andere für ihren persönlichen Gebrauch.

37 Aus welchem Grund hat der Gesetzgeber für verschiedene Rechtsgeschäfte Formvorschriften erlassen?

38 Welche Formvorschriften sind für folgende Rechtsgeschäfte vorgeschrieben?
- a Kaufvertrag über ein Auto
- b Kaufvertrag über eine Eigentumswohnung
- c Vermietung einer Eigentumswohnung
- d Verpachtung eines Grundstücks
- e Bürgschaftserklärung eines Kaufmanns
- f Bürgschaftserklärung einer Privatperson
- g Aufsetzen eines Testaments einer Privatperson

39 Welches der folgenden Rechtsgeschäfte ist einseitig?
- a Kauf
- b Testament
- c Schenkung
- d Miete

40 Erläutern Sie den Begriff der Nichtigkeit anhand eines Beispiels.

41 Beschreiben Sie anhand jeweils eines Beispiels, in welchen Fällen Rechtsgeschäfte nichtig sind.

42 Erläutern Sie die Möglichkeit der Anfechtung von Rechtsgeschäften.

43 Beschreiben Sie die Gründe für eine Anfechtung wegen Irrtums.

44 Begründen Sie, wie lange man Zeit zur Anfechtung eines Rechtsgeschäfts hat.

45 Erläutern Sie, weshalb wegen eines Motivirrtums keine Anfechtung möglich ist.

46 Beurteilen Sie die Wirksamkeit folgender Verträge.
- a Herr Schneider ist stark verschuldet und erhält von einer Privatbank einen letzten Kredit mit 25 % Zinsen p. a.
- b Eine eigentlich zu 29,00 € kalkulierte Ware wird aufgrund eines Schreibfehlers zu 26,00 € angeboten.
- c Die sechsjährige Sophie kauft von ihrem Taschengeld eine Musikkassette.
- d Herr Meister verkauft zwei Jagdgewehre, für welche er keinen Jagdschein besitzt.
- e Die siebzehnjährige Heike kündigt gegen den Willen ihrer Eltern ihre Ausbildungsstelle als Friseurin.
- f Der betrunkene Horst unterschreibt einen Kaufvertrag über ein stark überteuertes Auto.
- g Um die Kosten für den Notar zu sparen, schließen zwei Geschäftsleute einen Kaufvertrag über ein Grundstück mündlich ab.
- h Die sechzehnjährige Martina, die 430,00 € in ihrer Ausbildung verdient, kauft sich einen Videorekorder zu 800,00 €.
- i Ein PC wird ohne schriftlichen Kaufvertrag verkauft. Nach drei Monaten stellt sich heraus, dass die Kapazität des Rechners zu gering ist.
- j Ein Motorrad wird mit der Zusicherung verkauft, es sei unfallfrei. Bei einer Inspektion in der Werkstatt stellt sich jedoch das Gegenteil heraus.

47 Grenzen Sie mithilfe des Gesetzestextes den Werk- und den Werklieferungsvertrag voneinander ab.

48 Um welche Art von Verträgen handelt es sich jeweils?
- a Klaus verleiht seine Stereoanlage gegen Entgelt.
- b Herr Ebert lässt sein Haus von einem Maler porträtieren.
- c Dieter lässt sein Auto in der Kfz-Werkstatt reparieren.
- d Frau Brose lässt sich ein Kleid von einem Textildesigner maßschneidern.
- e Herr Kröger überlässt seine Gaststätte Herrn Tewes zur Nutzung gegen eine monatliche Gebühr von 1.200,00 €.
- f Frau Krüger leiht ihrer Nachbarin zehn Eier.

49 Vergleichen Sie Ihren Berufsausbildungsvertrag mit denen Ihrer Mitschüler. Welche Bestandteile sind gleich, wo gibt es Unterschiede? Worauf sind die Unterschiede bei einzelnen Vertragsbestandteilen zurückzuführen?

50 Inwiefern sind für Ihren Ausbildungsbetrieb Mietverträge von Bedeutung?

51 Suchen Sie zu den einzelnen Vertragsarten Beispiele aus Ihrer Ausbildungspraxis.

52 Bestimmen Sie für die folgenden Fälle die jeweilige Vertragsart:
- a Einstellung der Bremsen in einer Pkw-Werkstatt
- b Überlassung einer Imbissbude zur Nutzung gegen Entgelt
- c Anfertigung eines Anzugs durch einen Schneider, wobei der Stoff vom Kunden geliefert wurde
- d Veräußerung von Patenten gegen Entgelt
- e Überlassung eines Computers zur Nutzung gegen Entgelt

53 Stellen Sie für folgende Rechtsgeschäfte jeweils Rechte und Pflichten der Vertragspartner gegenüber:
- Mietvertrag,
- Pachtvertrag,
- Ausbildungsvertrag.

54 Was ist der Unterschied zwischen einem Miet- und einem Pachtvertrag?

55 Was versteht man unter einer Bürgschaft? Warum sind die Vorschriften für Bürgschaften unter Kaufleuten anders als unter Nichtkaufleuten?

AB → Lernsituation 18

Lernvideo:
Rechtliche Grundlagen

9 Handelsrecht

BEISPIEL: Jenny Liu ist Auszubildende bei der Fly Bike Werke GmbH. Bevor sie sich für dieses Unternehmen entschieden hat, absolvierte sie mehrere Praktika und lernte so verschiedene Branchen und Unternehmenstypen kennen: Sie war bei Luigi Cappelli e. K., einem ortsansässigen Friseurladen, dem Hersteller Spielzeugkiste GmbH und auch bei der norddeutschen Niederlassung der Kraxlmeier AG, einem führenden Automobilhersteller aus Süddeutschland.

Die beispielhaft genannten Unternehmen bieten unterschiedliche Produkte und Leistungen an und unterscheiden sich sicherlich auch hinsichtlich der Anzahl an Mitarbeitern, ihrer Unternehmensgröße usw. Dennoch basieren sie auf den gleichen Rechtsgrundlagen des Handelsgesetzbuches, aus denen sich Regelungen bspw. für die Teilnahme am Wirtschaftsleben, der Geschäftsführung und Vertretung oder der Erteilung von Vollmachten ableiten.

9.1 Kaufmannseigenschaft

Land- und forstwirtschaftliche Betriebe sowie freie Berufe gelten nicht als Gewerbe.

Zu den **freien Berufen** (Freiberufler) zählen Personen, die selbstständig und eigenverantwortlich tätig sind und insbesondere eine wissenschaftliche, künstlerische, schriftstellerische, unterrichtende, erziehende oder selbstständige Tätigkeit ausüben, z. B. Ärzte, Anwälte, Architekten (§ 18 Abs. 1 EStG).

Unternehmen treten mit ihren wirtschaftlichen Tätigkeiten am Markt in Erscheinung. Sie handeln dabei selbstständig, für eigene Rechnung und in eigener Verantwortung. Ihre Tätigkeit ist dabei auf Dauer ausgerichtet. Damit betreiben sie ein **Gewerbe** und verfolgen im Regelfall eine Gewinnerzielungsabsicht. Diese Gewerbetreibenden sind meist auch gleichzeitig Inhaber des Gewerbebetriebs. Für sie gilt zusätzlich die Gewerbeordnung.

Davon abzugrenzen sind **Kaufleute**. Im täglichen Leben findet man diese Bezeichnung an vielen Stellen, so auch im Berufsbild des/der Industriekaufmanns bzw. -frau. Im juristischen Sinne definiert das HGB einen Kaufmann jedoch anders.

§ 1 HGB
(1) Kaufmann im Sinne dieses Gesetzbuchs ist, wer ein Handelsgewerbe betreibt.
(2) Handelsgewerbe ist jeder Gewerbebetrieb, es sei denn, dass das Unternehmen nach Art oder Umfang einen in kaufmännischer Weise eingerichteten Geschäftsbetrieb nicht erfordert.

Kaufmann zu sein setzt ein **Handelsgewerbe** voraus. Dafür ist es erforderlich, dass der Betrieb in kaufmännischer Weise eingerichtet (organisiert) ist, d. h. er benötigt eine Buchführung und bewahrt Geschäftsunterlagen geordnet auf, im Rahmen des Jahresabschlusses wird eine Inventur durchgeführt und eine Bilanz sowie Gewinn-und-Verlust-Rechnung erstellt. Auch wenn der Umsatz nicht entscheidend ist, so erfordert ein Handelsgewerbe meist eine gewisse Anzahl an Mitarbeitern und entsprechende Geschäfts- und Lagerräume. Sind all diese Voraussetzungen erfüllt, spricht man von einem **Istkaufmann**.

Istkaufmann
= Kaufmann kraft Gesetzes

BEISPIEL: Die Fly Bike Werke GmbH ist so groß, dass sie einen kaufmännisch eingerichteten Geschäftsbetrieb erfordert. So gibt es eine eigene Abteilung für das Personalwesen, das Marketing oder auch den Lager- und Produktionsbereich. Die Buchhaltung dokumentiert die wirtschaftlichen Vorgänge und erstellt auf dieser Basis jährlich eine Bilanz und Gewinn-und-Verlust-Rechnung. Im Rahmen der Inventur werden die Bestände kontrolliert.

§ 2 HGB
Ein gewerbliches Unternehmen, dessen Gewerbebetrieb nicht schon nach § 1 Abs. 2 Handelsgewerbe ist, gilt als Handelsgewerbe im Sinne dieses Gesetzbuchs, wenn die Firma des Unternehmens in das Handelsregister eingetragen ist. Der Unternehmer ist berechtigt, aber nicht verpflichtet, die Eintragung nach den für die Eintragung kaufmännischer Firmen geltenden Vorschriften herbeizuführen. Ist die Eintragung erfolgt, so findet eine Löschung der Firma auch auf Antrag des Unternehmers statt, sofern nicht die Voraussetzung des § 1 Abs. 2 eingetreten ist.

Ein Unternehmen, das kein Handelsgewerbe betreibt und dennoch als Kaufmann gelten möchte, kann sich freiwillig ins Handelsregister eintragen lassen und gilt dann als **Kannkaufmann**.

Handelsregister
→ Kap. 9.3.1

Kannkaufmann
= Kaufmann kraft Eintragung

BEISPIEL: Ein ortsansässiger Landwirt hat seinen Betrieb freiwillig in das Handelsregister eintragen lassen und ist seitdem Kannkaufmann.

§ 6 Abs. 1 HGB
Die in betreff der Kaufleute gegebenen Vorschriften finden auch auf die Handelsgesellschaften Anwendung.

Bei einer **Handelsgesellschaft** schließen sich mehrere natürliche und/oder juristische Personen zusammen und betreiben Handelsgeschäfte. Typische Unternehmensformen sind die Aktiengesellschaft (AG) oder Gesellschaft mit beschränkter Haftung (GmbH). Diese Unternehmen gelten allein aufgrund ihrer Rechtsform als **Formkaufleute**.

Handelsgesellschaften
→ Kap. 10.2 und 10.3

Formkaufmann
= Kaufmann kraft Rechtsform

BEISPIEL: Die Fly Bike Werke GmbH ist aufgrund ihrer Rechtsform Kaufmann.

Ein Gewerbetreibender galt aufgrund seiner Größe bisher nicht als Kaufmann. Durch eine wachsende Geschäftstätigkeit erfolgt eine Umwandlung in eine GmbH. Der Gewerbetreibende wird damit Formkaufmann.

Von den vorgenannten Kaufmannsarten ist der **Scheinkaufmann** abzugrenzen. Die jeweilige Person ist dabei kein Kaufmann und erfüllt auch die rechtlichen Anforderungen dafür nicht, erweckt aber im täglichen Rechts- und Wirtschaftsverkehr diesen Anschein, z. B. durch Eintragung ins Handelsregister. Dies führt dazu, dass sich ein Scheinkaufmann gegenüber anderen gutgläubigen Vertragspartnern als Kaufmann behandeln lassen muss und damit die einschlägigen Regelungen entsprechend Anwendung finden.

→ § 5 HGB

Als Kaufmann unterliegt man den Vorschriften des HGB vollständig. Diese haben damit u. a. Auswirkungen auf die Namensgebung (Firma) des Unternehmens, die Pflicht zum Führen von Büchern usw. Zudem müssen sich Kaufleute zumeist ins Handelsre-

Firma
→ Kap. 9.2

gister eintragen lassen. Für Kaufleute gelten bestimmte anerkannte Handelsbräuche, z. B. müssen sie dafür sorgen, dass ihnen schriftliche Mitteilungen auch bei Abwesenheit vom Geschäft (durch Urlaub, Krankheit usw.) zugestellt werden.

ÜBERSICHT: Kaufleute nach HGB

Istkaufmann	Kannkaufmann	Formkaufmann
... betreibt ein Handelsgewerbe, das einen in kaufmännischer Weise eingerichteten Geschäftsbetrieb erfordert.	... betreibt einen Gewerbebetrieb und lässt sich ins Handelsregister eintragen.	... betreibt eine Handelsgesellschaft.
Kaufmann kraft Gesetz	Kaufmann kraft freiwilliger Eintragung	Kaufmann kraft Rechtsform

9.2 Firma

BEISPIEL: Seit Gründung betreibt die Fly Bike Werke GmbH unter diesem Namen ihre Geschäfte und ist bei einem großen Kundenstamm bekannt. Groß war die Verwunderung, als vor Kurzem ein Händler in der Innenstadt von Oldenburg seinen Laden unter der Bezeichnung Fly Bike e. K. eröffnete. Die Geschäftsleitung ist verärgert und befürchtet eine Verwechslungsgefahr.

Gewerbetreibende treten mit ihrer **Geschäftsbezeichnung** am Markt in Erscheinung. Diese dient der Wiedererkennung sowie Werbung für das Unternehmen und kann von der jeweiligen Branche abgeleitet oder als Fantasiebezeichnung entstanden sein. Sie sollte sich grundsätzlich von den Bezeichnungen anderer Unternehmen unterscheiden und darf dabei nicht über die tatsächlichen Verhältnisse täuschen wie z. B. über die Größe oder Rechtsform des Unternehmens.

Bei Kaufleuten bezeichnet man die Geschäftsbezeichnung als **Firma**, für die das HGB genaue Vorgaben macht. Die Firma ist eine eindeutige Bezeichnung eines Kaufmanns, unter der er seine Geschäfte betreibt und Verpflichtungen (z. B. Kaufverträge) eingeht.

§ 17 Abs. 1 HGB
Die Firma eines Kaufmanns ist der Name, unter dem er seine Geschäfte betreibt und die Unterschrift abgibt.

→ § 17 Abs. 2 HGB

Der Kaufmann kann unter seiner Firma klagen und von anderen Personen darunter verklagt werden.

Für die Wahl und Gestaltung einer Firma gibt es verschiedene Möglichkeiten:
- **Personenfirma:** enthält einen oder mehrere Personennamen (mind. Nachnamen)
- **Sachfirma:** leitet sich vom Gegenstand (Produkt, Branche) des Unternehmens ab
- **Fantasiefirma:** leitet sich oftmals von einem Markennamen ab oder wurde völlig frei von Personennamen und Unternehmensgegenstand gewählt
- **Mischfirma:** Kombination aus Personen-, Sach- und/oder Fantasiefirma

Die Firma enthält zusätzlich noch einen gesetzlich vorgeschriebenen Zusatz über die Rechtsform, wie z. B. e. K. (eingetragener Kaufmann) oder GmbH (Gesellschaft mit beschränkter Haftung). Weitere Zusätze wie z. B. zur Kennzeichnung der Branche können freiwillig ergänzt werden. Diese Zusätze dürfen jedoch nicht über die tatsächlichen Verhältnisse des Unternehmens täuschen, z. B. über das Sortiment oder den Standort.

→ § 19 HGB
Anstelle von „e. K." sind auch „e. Kfm." oder „e. Kfr." möglich.

BEISPIEL: Die Firma der Fly Bike Werke GmbH leitet sich vom Unternehmensgegenstand ab und wird durch den Rechtsformzusatz GmbH ergänzt. Zusätze wie z. B. „International" oder „Global" sind jedoch nicht zulässig, wenn das Unternehmen keinen internationalen Handel betreibt.

Eine Firma muss in das Handelsregister eingetragen werden. Die Öffentlichkeit wird auf diese Weise über die Gründung des Unternehmens und die gewählte Firma informiert. Auf den Geschäftsbriefen des Unternehmens ist die Firma vollständig anzugeben.

→ §§ 29, 125 HGB

Bei der Firmenwahl muss der Kaufmann verschiedene **Firmengrundsätze** beachten.

§ 18 HGB
(1) Die Firma muss zur Kennzeichnung des Kaufmanns geeignet sein und Unterscheidungskraft besitzen.
(2) Die Firma darf keine Angaben enthalten, die geeignet sind, über geschäftliche Verhältnisse, die für die angesprochenen Verkehrskreise wesentlich sind, irrezuführen. Im Verfahren vor dem Registergericht wird die Eignung zur Irreführung nur berücksichtigt, wenn sie ersichtlich ist.

Firmenklarheit

Eine Firma muss **klar** sein und darf daher keine Zweifel oder falsche Schlussfolgerungen hervorrufen. Sie hat eine Namensfunktion (auch: Kennzeichnungsfähigkeit), d. h. die Firma muss sich als Name für ein Unternehmen eignen und von Dritten damit merken lassen.

Bei Eintragung der Firma ins Handelsregister wird dieser Grundsatz geprüft und stellt damit für Geschäftspartner sicher, dass Verwechslungen vermieden werden.

BEISPIEL: Ein IT-Unternehmen möchte sich als Firma den Namen „@@@@@" eintragen lassen. Dieser muss allerdings abgelehnt werden, da er nur schwer einprägsam ist.

Firmenwahrheit

Eine Firma muss **wahr** und darf damit **nicht irreführend** sein. Sie muss also den tatsächlichen (rechtlichen) Verhältnissen des Unternehmens entsprechen. Sie darf somit nicht z. B. über die Betriebsgröße oder die Rechtsform täuschen.

BEISPIEL: Ein regional tätiger Handwerksbetrieb für Möbel möchte als „International Furniture Manufacturer e. K." firmieren. Dies würde allerdings über seine tatsächliche Betriebsgröße und sein Absatzgebiet täuschen.

Firmenausschließlichkeit
→ § 30 Abs. 1 HGB

Beim Grundsatz der **Firmenausschließlichkeit** bzw. **-unterscheidbarkeit** geht es darum, dass sich die Firma zu anderen am selben Ort vorhandenen Firmen eindeutig unterscheidet.

Firmenbeständigkeit
→ §§ 21, 22 HGB

Bei der **Firmenbeständigkeit** geht es darum, dass bei einem Inhaberwechsel die bisherige Firma fortgeführt werden darf. Bei einer Änderung der Rechtsform erfordert die Firmenwahrheit jedoch, dass der Rechtsformzusatz entsprechend angepasst wird.

BEISPIEL: Der Handwerksbetrieb Oskar Maier e. K. erhält künftig Verstärkung durch seine Tochter, die in das Unternehmen einsteigt und eine weitere gleichberechtigte Teilhaberin wird. Hierdurch ändert sich die Rechtsform von einem eingetragenen Einzelunternehmen hin zu einer OHG. Der Firmenzusatz muss entsprechend geändert werden.

→ § 23 HGB

Eine Firma ist grundsätzlich untrennbar mit dem Handelsgeschäft verbunden, für das sie geführt wird. Daher kann sie nicht eigenständig verkauft werden.

Firmeneinheit
→ § 17 Abs. 1 HGB

Der Kaufmann darf für sein Handelsgeschäft nur eine Firma führen. Dies bezeichnet man als **Firmeneinheit**.

ÜBERSICHT: Firma

= Geschäftsbezeichnung eines Kaufmanns für sein Handelsgewerbe

Personenfirma	Sachfirma	Fantasiefirma
= abgeleitet vom (Nach-) Namen der Personen	= abgeleitet vom Unternehmensgegenstand	= abgeleitet von einer Marke oder Wortkreation

Firmengrundsätze
- **Firmenklarheit:** Firma muss sich als Name für das Unternehmen einprägen können
- **Firmenwahrheit:** Firma muss das wahre Bild des Unternehmens darstellen, keine Täuschung über Größe, Rechtsform usw.
- **Firmenausschließlichkeit:** Unterscheidbarkeit zu anderen Firmen am selben Ort
- **Firmenbeständigkeit:** Fortführung der Firma bei Verkauf oder Veränderung der Eigentumsverhältnisse
- **Firmeneinheit:** Firma und Handelsgesellschaft sind untrennbar verbunden.

9.3 Öffentliche Register

In Deutschland gibt es eine Reihe von öffentlichen Registern, in denen verschiedene Informationen über Unternehmen erfasst werden. Im Handelsrecht sind dies u. a. das Handels-, Unternehmens- und Gesellschaftsregister. **Öffentlich** sind diese Register, da die Inhalte jederzeit von jedermann eingesehen werden dürfen, und zwar, ohne ein bestimmtes Interesse vorweisen zu müssen.

Die Veröffentlichungen können z. B. über den Bundesanzeiger oder auch die Internetseite **www.handelsregister.de** eingesehen werden.

Einige Register (z. B. Handelsregister) genießen **öffentlichen Glauben**, d. h. Personen dürfen auf die Richtigkeit und Vollständigkeit der Eintragungen vertrauen und dies im Rechtsverkehr entsprechend geltend machen. Daher können eintragungspflichtige Tatsachen, die im Register jedoch noch nicht eingetragen sind, einem Dritten gegenüber nicht geltend gemacht werden.

9.3.1 Handelsregister

Für Kaufleute gelten teilweise andere (strengere) Vorschriften als für Nichtkaufleute. Bei Geschäftsbeziehungen müssen die Geschäftspartner daher wissen, ob ihr Gegenüber ein Kaufmann ist.

§ 29 HGB
Jeder Kaufmann ist verpflichtet, seine Firma, den Ort und die inländische Geschäftsanschrift seiner Handelsniederlassung bei dem Gericht, in dessen Bezirke sich die Niederlassung befindet, zur Eintragung in das Handelsregister anzumelden.

Das Handelsregister ist ein **öffentliches Verzeichnis** aller Kaufleute eines Amtsgerichtsbezirks. Es wird beim zuständigen Amtsgericht vollständig elektronisch geführt. Die Eintragungen dienen zur Information und zum Schutz der Öffentlichkeit. Bei Interesse hat daher jedermann das Recht, Einsicht in das Register sowie die dazugehörigen Dokumente (z. B. Verträge, Jahresabschluss) zu nehmen.

Das Handelsregister genießt grundsätzlich **öffentlichen Glauben**. → § 15 HGB

Eintragungen ins Handelsregister erfolgen auf Anmeldung des Kaufmanns mit notarieller Beglaubigung oder von Amts wegen z. B. bei Eröffnung eines Insolvenzverfahrens. Die Eintragungen werden anschließend durch das Amtsgericht veröffentlicht.

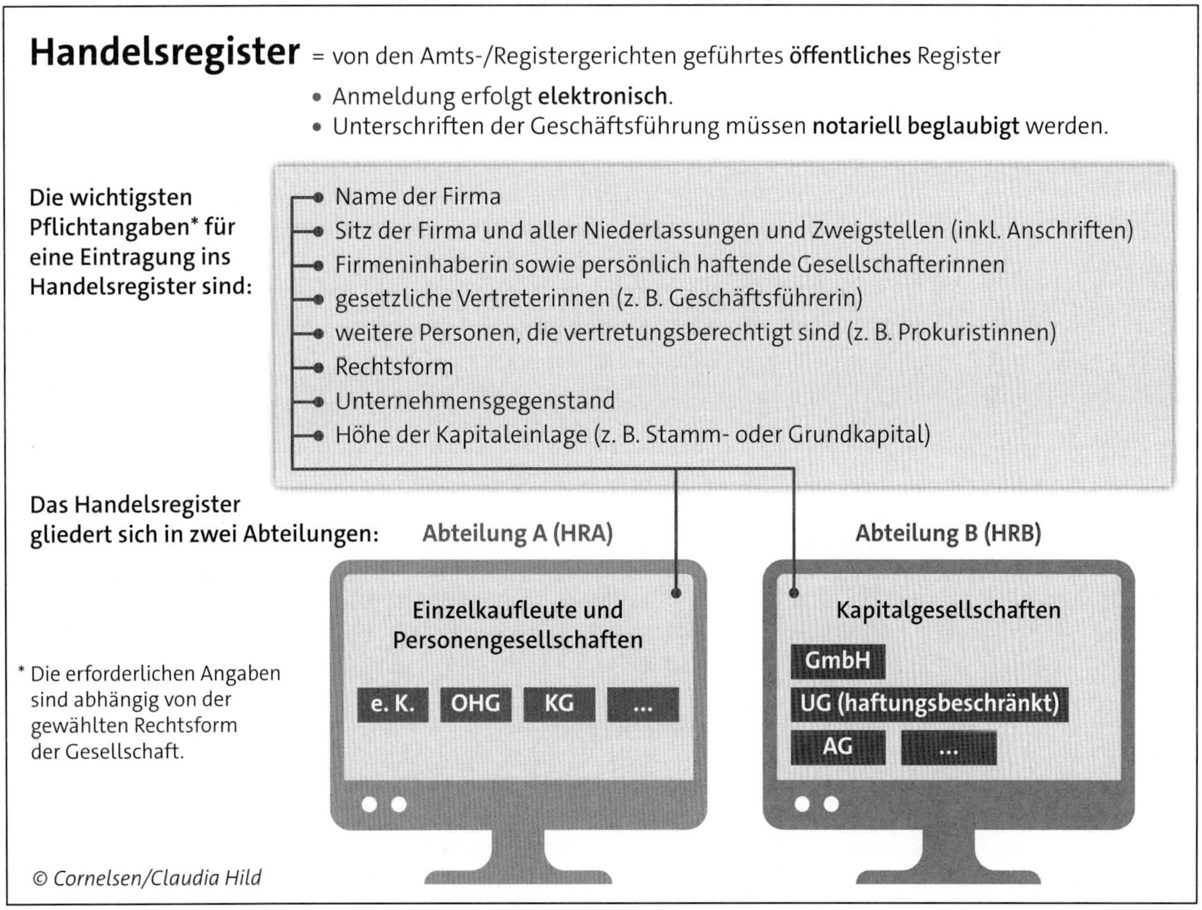

Eine Eintragung in das Register hat **rechtsbezeugende (deklaratorische) Wirkung**, wenn die ins Register aufgenommene Tatsache bereits vor dem Eintrag rechtsgültig ist. Die Eintragung macht diese Tatsache lediglich öffentlich bekannt.

BEISPIEL: Die Geschwister Sonja, Alexander und Alica gründen eine IT-Beratungsgesellschaft in der Rechtsform einer OHG. Die Gesellschaft entsteht mit Gründung, die Eintragung in das Handelsregister hat nur deklaratorische Wirkung.

Bei **rechtsbegründender (konstitutiver) Wirkung** wird die Tatsache erst mit Eintragung in das Handelsregister rechtswirksam.

BEISPIEL: Möchten die Geschwister ihre IT-Beratungsgesellschaft in der Rechtsform der GmbH errichten, so wird die Gesellschaft erst mit Eintragung ins Handelsregister rechtswirksam.

9.3.2 Gesellschaftsregister

GbR
→ Kap. 10.2.1

Außen-GbR
→ § 705 Abs. 2 BGB

Mit Inkrafttreten des Gesetzes zur Modernisierung des Rechts der Personengesellschaften (MoPeG) wurde für die Gesellschaft des bürgerlichen Rechts (GbR) das Gesellschaftsregister eingeführt. Eingetragen werden kann dabei jede GbR, die am Rechtsverkehr teilnimmt und damit nach außen (Außen-GbR) hin in Erscheinung tritt.

eGbR
eingetragene Gesellschaft bürgerlichen Rechts

BEISPIEL: Der Gewerbetreibende Can Özer möchte sich mit zwei Freunden selbstständig machen. Sie gründen eine Gesellschaft bürgerlichen Rechts und lassen sich in das Gesellschaftsregister als „Can Özer, Thomas Fischer und Ina Gerber **eGbR**" eintragen.

Dieses Register orientiert sich am Handelsregister und wird ebenfalls elektronisch bei den zuständigen Amtsgerichten geführt, in dessen Gebiet die Gesellschaft ihren Sitz hat. Das Gesellschaftsregister ist **öffentlich** und genießt zudem **öffentlichen Glauben**. Für Gläubiger und andere Personen werden damit wichtige Informationen zur Verfügung gestellt, die bislang nur schwer zugänglich waren, wie z. B. die Haftungsverhältnisse einer Gesellschaft bürgerlichen Rechts.

Eine Eintragung in das Register ist grundsätzlich freiwillig und erfolgt unter Einbindung eines Notars. Für die Anmeldung müssen der Name, der Vertragssitz und die inländische Anschrift der Gesellschaft angegeben sowie verschiedene Angaben zu den Gesellschaftern gemacht werden. Weiterhin sind Angaben über die Vertretungsbefugnisse erforderlich.

Eine Löschung aus dem Gesellschaftsregister ist vergleichbar mit dem Vorgehen beim Handelsregister, sodass nur bei einer nicht mehr vorhandenen GbR oder dem Wechsel zu einer Handelsgesellschaft eine Löschung möglich ist.

9.3.3 Unternehmensregister

www.bundesanzeiger.de
www.unternehmensregister.de

Das Unternehmensregister ist eine zentrale digitale Plattform, auf der verschiedene Unternehmensdaten öffentlich zur Verfügung gestellt werden. Zuständig für die Führung des Unternehmensregisters ist das Bundesministerium für Justiz. Dieses hat allerdings die Bundesanzeiger Verlag GmbH, das das gleichnamige Verkündungs- und Bekanntmachungsorgan der Bundesrepublik Deutschland herausgibt, mit der Führung und Pflege betraut. Auf diese Weise werden die einzelnen Registerinformationen zusammengeführt.

Das Unternehmensregister stellt u. a. folgende Informationen bereit:
- Eintragungen in das Handels-, Genossenschafts-, Gesellschafts- und Partnerschaftsregister sowie die dort eingereichten Dokumente
- Unterlagen der Rechnungslegung und Unternehmensberichte, die nach gesetzlichen Vorgaben (z. B. HGB) offenzulegen sind
- Mitteilungen über kapitalmarktrechtliche Veröffentlichungen
- Bekanntmachungen der Insolvenzgerichte
- usw.

→ § 8b Abs. 2 HGB

Genossenschaftsregister für Unternehmen mit der Rechtsform der Genossenschaft (eG)

Partnerschaftsregister für Gesellschaften der freien Berufe, z. B. Ärzte, Rechtsanwälte

ÜBERSICHT: Wichtige Register im Handelsrecht

Öffentliches Register = jede Person kann Einsicht in die Eintragungen und die dazu eingereichten Unterlagen erhalten	
Öffentlicher Glaube = Auf die Richtigkeit der Eintragungen kann vertraut werden.	
Registerarten	- Handelsregister für Kaufleute und die von ihnen geführte Firma, Gesellschaftsverhältnisse usw. - Gesellschaftsregister für GbR und deren Gesellschafterverhältnisse - Unternehmensregister für zentrale Informationen aus anderen Registern
Funktionen von Registern	- Sammlung von Daten über Unternehmen - Bereitstellung verschiedener Informationen über Unternehmen - Verlässlichkeit von Informationen, auf die sich Betroffene berufen können

9.4 Vollmachten im Handelsrecht

AB → Lernsituation 19

Lernvideo: Vollmachten

Bei kleinen Handwerksbetrieben oder inhabergeführten Unternehmen kann sich der Inhaber noch um nahezu alle Aufgaben selbst kümmern. Mit einem größer werdenden Kunden- und Lieferantenstamm oder einem größer werdenden Sortiment und damit steigendem Absatz benötigt er jedoch zunehmend Hilfe bei der Erbringung seiner Leistungen und Abgabe von Willenserklärungen, die zu Rechtsgeschäften führen.

Vor diesem Hintergrund vergeben Unternehmer an bestimmte Mitarbeiter Vollmachten. Eine **Vollmacht** ermächtigt den Mitarbeiter meist für eine bestimmte Zeitdauer, als Vertreter des Unternehmers für bestimmte Aufgaben(bereiche) tätig zu werden. Im Rahmen der Vollmacht abgegebene Willenserklärungen wirken direkt für und gegen den Unternehmer, da sie in seinem Namen abgegeben werden.

→ §§ 164 ff. BGB

Abzugrenzen hiervon ist der **Bote**, der eine vorformulierte Erklärung eines anderen übermittelt. Ein Bevollmächtigter entscheidet über Abgabe und Inhalt der Erklärung selbst (auch bei Weisungsgebundenheit im Innenverhältnis).

BEISPIEL: Bei der Fly Bike Werke GmbH ist Frau Veruschka Linden bevollmächtigt, die monatlichen Löhne und Gehälter an die Mitarbeiter zu überweisen.

Im Lager kümmert sich Frau Ann-Kathrin Nemitz um Warenbestellungen, wenn sich der Warenbestand einer kritischen Mindestmenge nähert. Hierfür ist sie entsprechend bevollmächtigt und entscheidet innerhalb bestimmter Rahmenbedingungen, wo und wann sie nachbestellt.

Eine Vollmacht kann grundsätzlich formlos erteilt werden und endet mit Beendigung des zugrunde liegenden Rechtsverhältnisses (z. B. Arbeitsvertrag), dem jederzeitigen Widerruf oder durch Tod des Bevollmächtigten.

Zu den wichtigsten Vollmachten im Handelsrecht zählen die Prokura und die Handlungsvollmacht, die somit einen Stellvertreter für den Kaufmann bevollmächtigen.

9.4.1 Prokura

§ 49 HGB
(1) Die Prokura ermächtigt zu allen Arten von gerichtlichen und außergerichtlichen Geschäften und Rechtshandlungen, die der Betrieb eines Handelsgewerbes mit sich bringt.
(2) Zur Veräußerung und Belastung von Grundstücken ist der Prokurist nur ermächtigt, wenn ihm diese Befugnis besonders erteilt ist.

→ § 48 HGB

Für die Erteilung von Prokura wird grundsätzlich kein Arbeitsverhältnis vorausgesetzt, so kann z. B. auch der Ehepartner des Inhabers Prokura erhalten.

Die Prokura ist die umfassendste Vollmacht, die ein Unternehmer einem Mitarbeiter erteilen kann. Dabei muss der Unternehmer Kaufmann sein und ein Handelsgewerbe führen. Der Bevollmächtigte erhält nahezu die gleichen Befugnisse wie der Unternehmer selbst. Daher muss sie vom Inhaber des Handelsgeschäfts oder seinem gesetzlichen Vertreter (z. B. Geschäftsführer) **ausdrücklich**, d. h. schriftlich oder mündlich, gegenüber dem Bevollmächtigten erklärt werden. Die verpflichtende Eintragung ins Handelsregister hat deklaratorische Wirkung.

Der Prokurist ist zu allen Arten von gerichtlichen und außergerichtlichen Geschäften und Rechtshandlungen ermächtigt, die der Betrieb eines Handelsgewerbes mit sich bringt. Hingegen ist er nicht zu sogenannten Grundlagengeschäften berechtigt, also Geschäften, die das Handelsgewerbe selbst betreffen.

Der Prokurist ist ermächtigt, ...	Der Prokurist ist nicht ermächtigt, ...
- Personal einzustellen, - Handlungsvollmachten zu erteilen, - Kredite aufzunehmen oder einzuräumen, - Schenkungen zu machen und fremde Verbindlichkeiten zu übernehmen, - Zweigniederlassungen zu eröffnen und zu schließen, - Unternehmen und Beteiligungen zu erwerben, - Grundstücke zu kaufen.	- das Handelsgeschäft einzustellen oder zu veräußern, - die Firma zu ändern, - neue Gesellschafter aufzunehmen, - Insolvenz anzumelden, - Anmeldungen zum Handelsregister vorzunehmen, - das Inventar und die Bilanz zu unterzeichnen, - Grundstücke zu belasten oder zu veräußern (außer mit Sondervollmacht).

§ 50 HGB
(1) Eine Beschränkung des Umfanges der Prokura ist Dritten gegenüber unwirksam.
(2) Dies gilt insbesondere von der Beschränkung, dass die Prokura nur für gewisse Geschäfte oder gewisse Arten von Geschäften oder nur unter gewissen Umständen oder für eine gewisse Zeit oder an einzelnen Orten ausgeübt werden soll.
(3) Eine Beschränkung der Prokura auf den Betrieb einer von mehreren Niederlassungen des Geschäftsinhabers ist Dritten gegenüber nur wirksam, wenn die Niederlassungen unter verschiedenen Firmen betrieben werden. Eine Verschiedenheit der Firmen im Sinne dieser Vorschrift wird auch dadurch begründet, dass für eine Zweigniederlassung der Firma ein Zusatz beigefügt wird, der sie als Firma der Zweigniederlassung bezeichnet.

Zwischen Unternehmer und Prokuristen (Innenverhältnis) kann der Umfang der Prokura und damit der Handlungsspielraum vertraglich eingeschränkt werden. Jedoch sind zum Schutz von Dritten (Außenverhältnis) solche Beschränkungen unwirksam. Bei Verstoß kann der Unternehmer jedoch Schadenersatz vom Prokuristen verlangen. Mit Dritten geschlossene Verträge (Rechtsgeschäfte) bleiben aber weiterhin gültig.

BEISPIEL: Im Innenverhältnis wird vertraglich vereinbart, dass der Prokurist weder Mitarbeiter einstellen noch entlassen darf. Diese Aufgabe soll dem Unternehmer vorbehalten bleiben. Während einer längeren Abwesenheit des Unternehmers stellt der Prokurist für den gestiegenen Arbeitsanfall eine Aushilfskraft ein. Trotz der vereinbarten Beschränkung bleibt das Arbeitsverhältnis rechtswirksam.

Eine gewisse Einschränkung der Prokura besteht dann, wenn der Handlungsrahmen insoweit eingeschränkt wird, als dass der Prokurist nur mit einer anderen Person gemeinsam das Unternehmen nach außen hin vertreten darf.

Arten der Prokura

Einzelprokura	Der Prokurist übt die Vertretung allein aus.
	Bei der Fly Bike Werke GmbH haben Cem Samet und Oliver Thüne jeweils Einzelprokura. Beide können unabhängig voneinander Rechtsgeschäfte abschließen.
Filialprokura	Die Prokura erstreckt sich nur auf eine Filiale oder Zweigniederlassung des Unternehmens.
	Chiara Müller wurde als Prokuristin für die Zweigniederlassung in München ernannt. Ihre Vollmacht erstreckt sich daher nur auf Rechtshandlungen dieser Niederlassung.
Gesamtprokura	Mehrere Personen erhalten gemeinschaftlich Prokura, sodass sie nur gemeinsam handeln können.
	Ein Unternehmer erteilt seinen beiden Kindern Gesamtprokura. Für die Aufnahme eines weiteren Kredits bedarf es der Unterschrift beider Prokuristen.

Für eine Beschränkung der Prokura muss sich die Filiale oder Zweigniederlassung durch eine eigene Firma von den anderen abgrenzen, z. B. Zweigniederlassung Fly Bike Werke München GmbH (§ 50 Abs. 3 HGB).

→ § 51 HGB

Zur Kennzeichnung der Prokura gegenüber Dritten unterzeichnet der Prokurist auf Geschäftsbriefen und anderen geschäftlichen Unterlagen stets mit dem Zusatz „ppa." (per procura) vor seinem handgeschriebenen Namen und unter bzw. über der Angabe der Firma (Firmenstempel). Da es sich um eine Ordnungsvorschrift handelt, bleibt bei Verstoß die Unterschrift und damit das jeweilige Rechtsgeschäft gültig.

9.4.2 Handlungsvollmacht

§ 54 HGB
(1) Ist jemand [...] zum Betrieb eines Handelsgewerbes oder zur Vornahme einer bestimmten zu einem Handelsgewerbe gehörigen Art von Geschäften oder zur Vornahme einzelner zu einem Handelsgewerbe gehöriger Geschäfte ermächtigt, so erstreckt sich die Vollmacht (Handlungsvollmacht) auf alle Geschäfte und Rechtshandlungen, die der Betrieb eines derartigen Handelsgewerbes oder die Vornahme derartiger Geschäfte gewöhnlich mit sich bringt.
(2) Zur Veräußerung oder Belastung von Grundstücken, zur Eingehung von **Wechsel**verbindlichkeiten, zur Aufnahme von Darlehen und zur Prozessführung ist der Handlungsbevollmächtigte nur ermächtigt, wenn ihm eine solche Befugnis besonders erteilt ist.

Wechsel
Urkunde, mit der der Aussteller (Zahlungspflichtige) meist eine Bank anweist, eine bestimmte Geldsumme an eine andere Person bei Fälligkeit zu zahlen

schlüssiges Verhalten
= konkludent

Eine Handlungsvollmacht kann von jedem Kaufmann erteilt werden. Die Erteilung bedarf keiner besonderen Form und kann auch durch **schlüssiges Verhalten** (z. B. durch die Duldung von Handlungen) gegenüber dem Bevollmächtigten erfolgen. Die Handlungsvollmacht wird nicht ins Handelsregister eingetragen.

Der Umfang einer Handlungsvollmacht kann sehr unterschiedlich gestaltet und damit an die jeweiligen Erfordernisse angepasst werden.

Arten der Handlungsvollmacht

Einzel- oder Spezialvollmacht	Die Vollmacht erstreckt sich nur auf einen einzelnen, konkret bestimmten Vorgang und erlischt sofort nach Erledigung wieder. Die Auszubildende Jenny Liu wird einmalig zum Kauf von Briefmarken zur Post geschickt. Nach Ausführung ist die Vollmacht wieder erloschen.
Artvollmacht	Der Unternehmer ermächtigt den Bevollmächtigten zur Vornahme gleichartiger und wiederkehrender Tätigkeiten. Die Personalsachbearbeiterin Veruschka Linden ist bevollmächtigt, mit Bewerbern Vorstellungsgespräche zu führen und alles Weitere für eine Einstellung vorzunehmen.
allgemeine oder Generalvollmacht	Der Bevollmächtigte darf alle gewöhnlichen Rechtshandlungen vornehmen, die der Betrieb dieses Handelsgewerbes mit sich bringt und damit alltäglich und branchentypisch sind. Der Leiter einer Warenhausfiliale darf Bestellungen und Verkäufe vornehmen, Verträge mit Lieferanten abschließen oder einer Mitarbeiterin die Erlaubnis zum Entgegennehmen von Kaufpreiszahlungen erteilen.

Ein Bevollmächtigter darf selbst Vollmachten mit geringerem Umfang an andere Personen erteilen. Ein Mitarbeiter mit Artvollmacht kann somit eine Einzelvollmacht, ein Mitarbeiter mit allgemeiner Handlungsvollmacht eine Art- oder Einzelvollmacht erteilen.

Handlungsbevollmächtigte dürfen ohne eine besondere Erlaubnis bestimmte Rechtsgeschäfte nicht vornehmen. Dazu zählen u. a. die Veräußerung oder Belastung von Grundstücken, die Aufnahme von Darlehen und die Prozessführung. → § 54 Abs. 2 HGB

Der Handlungsbevollmächtigte unterschreibt üblicherweise mit „i. A." (im Auftrag) als Einzel- oder Artbevollmächtigter bzw. mit „i. V." (in Vollmacht) oder „per" bei allgemeiner Handlungsvollmacht. Eine Verwechslung mit einem Prokuristen ist dabei stets zu vermeiden. → § 57 HGB

Für Angestellte in einem Laden oder offenen Warenlager mit Kundenkontakt gelten Besonderheiten im Rahmen ihrer Tätigkeiten. So dürfen sie auch ohne vorher erteilte Vollmacht Verkäufe tätigen und Geld oder Waren annehmen, sofern diese Tätigkeiten üblicherweise (gewöhnlich) in einem solchen Laden vorkommen. Damit geht man von der Vermutung aus, dass dort Handelnde für das Unternehmen agieren. → § 56 HGB

ÜBERSICHT: Vollmachten im Handelsrecht

	Prokura §§ 48 ff. HGB	**Handlungsvollmacht** §§ 54 ff. HGB
Erteilung	- persönliche, ausdrückliche Erklärung des Inhabers des Handelsgeschäfts oder dessen gesetzlichen Vertreters - Eintragung ins Handelsregister	- von jedem Kaufmann, bedarf keiner besonderen Form, auch durch konkludentes Handeln - keine Eintragung ins Handelsregister
Umfang	alle gerichtlichen und außergerichtlichen Geschäfte und Rechtshandlungen	alle gewöhnlichen (= alltäglichen, branchenüblichen) Geschäfte
	ausgenommen: Grundlagengeschäfte (die das Handelsgeschäft als solches betreffen)	ausgenommen: - Grundstücke belasten oder veräußern - Darlehen aufnehmen - Prozessführung
	Vertragliche Einschränkungen sind gegenüber Dritten unwirksam!	
Arten	- Einzelprokura - Filialprokura - Gesamtprokura	- Einzel-/Spezialvollmacht - Artvollmacht - allgemeine Handlungsvollmacht
Zeichnung	„ppa." + Unterschrift	„i. A.", „i. V.", „per" + Unterschrift

Alles klar?

1 Nach Abschluss Ihrer Ausbildung sind Sie Industriekaufmann/-frau. Begründen Sie, ob Sie damit Kaufmann gemäß HGB sind.

2 Begründen Sie, ob Ihr Ausbildungsunternehmen ein Handelsgewerbe betreibt und damit Istkaufmann ist.

3 Sammeln Sie Argumente, weshalb es für einen Gewerbetreibenden von Interesse sein kann, den Status als Kannkaufmann zu erhalten.

4 Erläutern Sie die Voraussetzungen, um als Formkaufmann zu gelten.

5 Erläutern Sie, um welche Kaufmannseigenschaften es sich in den folgenden Beispielen handelt:
- a Molkerei X. Franzerl (Familienbetrieb)
- b nextIdea Marketinggesellschaft mbH
- c Tischlerei Norbert Schwarz (ein Geselle)
- d Pharma AG (800 Mitarbeiter)
- e Buchgroßhandel Werner KG (20 Beschäftigte)

6 Erläutern Sie, welche Bedeutung ein Scheinkaufmann im Handelsrecht hat.

7 Erläutern Sie den Begriff der Firma anhand eines selbst gewählten Beispiels.

8 Unterscheiden Sie Personen-, Sach- und Fantasiefirma anhand von Beispielen aus der Praxis voneinander.

9 Erläutern Sie die Grundsätze der Firmenwahr- und -klarheit.

10 Erläutern Sie den Grundsatz der Firmenausschließlichkeit.

11 Erläutern Sie den Grundsatz der Firmenbeständigkeit.

12 Beschreiben Sie die Bedeutung einer Firma im Wirtschaftsleben.

13 Erläutern Sie, was man unter einem öffentlichen Register versteht.

14 Begründen Sie, weshalb der öffentliche Glaube eines Registers von Bedeutung ist.

15 Grenzen Sie Handels- und Gesellschaftsregister voneinander ab.

16 Erläutern Sie, warum Kaufleute im Handelsregister eingetragen sein müssen.

17 Erläutern Sie, welchen Zweck das Unternehmensregister erfüllt.

18 Erläutern Sie anhand von einem Beispiel, weshalb Unternehmer Vollmachten vergeben.

19 Beschreiben Sie, wo Ihnen bereits Bevollmächtigte begegnet sind
- a im privaten Umfeld und
- b in Ihrem Ausbildungsbetrieb.

20 Beschreiben Sie verschiedene Gründe, weshalb eine Prokura erteilt wird.

21 Die Fly Bike Werke GmbH möchte Frau Gerland Prokura erteilen.
- a Beschreiben Sie zunächst, welche Rechte die Prokuristin damit erhält.
- b Erläutern Sie das Vorgehen zur Erteilung der Prokura.

22 Auch wenn die Prokura die umfangreichste Vollmacht im HGB darstellt, so sind dennoch einige Verbote damit verbunden.
- a Nennen Sie verschiedene Rechtshandlungen, die ein Prokurist nicht vornehmen darf.
- b Welche Gründe könnte es für diese Verbote geben?

23 Alexander Schuster wird zum Prokuristen ernannt. Mit dem Unternehmer wird vertraglich vereinbart, dass eine kleine Anzahl von Stammkunden weiterhin vom Unternehmer selbst und nicht vom Prokuristen betreut werden sollen. Kurze Zeit später bittet einer dieser Stammkunden um ein Angebot. Herr Schuster erstellt ein attraktives Angebot und schickt es dem Kunden.
- a Welche rechtliche Wirkung hat die Zusendung des Angebots in diesem Fall?
- b Beschreiben Sie die Handlungsmöglichkeiten des Unternehmers, nachdem er vom versandten Angebot erfährt.

24 Entscheiden Sie bei den folgenden Situationen, um welche Art von Prokura es sich handelt.
- a Soraya Ciotola ist die einzige Prokuristin des Unternehmens.
- b Der Bäcker Michael Mahn betreibt neben seinem Hauptsitz noch zwei weitere Filialen und firmiert unter „Bäckerei Mahn e. K.“. Er ernennt seinen langjährigen Mitarbeiter Carlos Poltrona zum Prokuristen.
- c Der Einzelunternehmer Hubertus Wald möchte seine beiden Kinder an das Unternehmen heranführen und hat ihnen beiden gemeinschaftlich Prokura erteilt.
- d Die Fly Bike Werke GmbH ernennt für die Niederlassung „Fly Bike Werke München GmbH“ einen Prokuristen.

25 Überlegen Sie, welche Voraussetzungen ein Mitarbeiter wohl erfüllen muss, um zum Prokuristen ernannt zu werden.

26 Einem Mitarbeiter wird eine Handlungsvollmacht erteilt.
- a Erläutern Sie dem Mitarbeiter, was damit genau gemeint ist.
- b Beschreiben Sie, wie die Vollmacht konkret verliehen werden kann.

27 Begründen Sie, welche Art von Handlungsvollmacht in den folgenden Fällen jeweils vorliegt.
- a Kassiererin im Lebensmittelmarkt
- b Mitarbeiterin, die krankheitsbedingt heute in der Warenannahme aushilft
- c Filialleiter eines Baumarktes
- d Mitarbeiterin in der Marketing-Abteilung, die sich um die Produktion der Werbeflyer kümmert
- e Auszubildende, die heute einmalig Wechselgeld von der Bank holt

28 Unterscheiden Sie die Zeichnungsform eines Prokuristen und eines Handlungsbevollmächtigten voneinander.

29 Vor vielen Jahren gründete Sebastian Mahn seine eigene Möbelmanufaktur, die mittlerweile beachtlich gewachsen ist. Neben dem Stammsitz in Würzburg unterhält er noch eine Zweigniederlassung in Stuttgart, die von Henriette Klauser geleitet wird. Sie besitzt hierfür eine allgemeine Handlungsvollmacht. Damit sich Sebastian wieder stärker um die kreative Konzeption der Produkte kümmern kann, wurde Iman Barhi im letzten Jahr zur Prokuristin für das gesamte Unternehmen ernannt. Auch wenn es geschäftlich sehr gut läuft, so begann das Kalenderjahr für Sebastian nicht erfreulich: krankheitsbedingt muss er sich für mehrere Wochen aus dem Tagesgeschäft zurückziehen, weiß aber sein Unternehmen in guten Händen.
- a Unterscheiden Sie den Handlungsspielraum von Frau Klauser und Frau Barhi.
- b In der Stuttgarter Niederlassung fällt eine der Maschinen aus und muss durch eine neue ersetzt werden. Die Anschaffungskosten liegen im fünfstelligen Bereich und können nur über einen mittelfristigen Bankkredit finanziert werden.
- b1 Begründen Sie, ob Frau Klauser und/oder Frau Barhi den Kaufvertrag rechtswirksam abschließen können.
- b2 Klären Sie, von wem der notwendige Kreditvertrag wirksam geschlossen werden kann.
- b3 Aufgrund der notwendigen Kredithöhe verlangt die Bank eine Sicherheit in Form einer Grundschuld (Grundstücks). Beurteilen Sie das weitere Vorgehen von Frau Klauser bzw. Frau Barhi zur Erfüllung dieser Forderung.
- c Nach Klarung aller rechtlichen Voraussetzungen konnte der Kauf durchgeführt werden. Klären Sie, wer die künftig zu erstellende Bilanz und das aktualisierte Inventar unterzeichnen dürfen.
- d Ursprünglich sollte Frau Barhi eine Filialprokura für den Sitz in Würzburg erteilt werden. Welche Auswirkungen hätte dies auf die obenstehenden Entscheidungen gehabt?

30 Ein Unternehmer möchte einem Mitarbeiter Prokura erteilen. Diese soll aber auf bestimmte Geschäftsbereiche und damit Aufgabenfelder eingeschränkt werden. Beurteilen Sie die rechtliche Wirkung dieses Vorhabens.

10 Rechtsformen von Unternehmen

Ein Unternehmensgründer möchte für gewöhnlich seine Idee rasch umsetzen und am Markt damit präsent sein. Hierzu gilt es, Fragen der Beschaffung von benötigtem Material, Einstellung von Mitarbeitern oder die Nutzung passender Geschäftsräume zu klären. Genauso wichtig ist es jedoch, eine passende **Rechtsform** auszuwählen, d. h. den rechtlichen Rahmen für das eigene Unternehmen zu gestalten.

Das **Innenverhältnis** regelt die Rechtsbeziehungen der Gesellschafter zueinander, das Außenverhältnis die zu Dritten. Hierfür gelten die gesetzlichen oder, davon abweichend, die vertraglichen Vereinbarungen.

Zusätzlich können weitere Personen wie z. B. Personen mit Prokura oder Handlungsvollmacht unterstützen.
→ Kap. 9.4.1 und 9.4.2

Die Wahl der Rechtsform beeinflusst die **Geschäftsführung** (**Innenverhältnis**), d. h. wie viele Personen an der Führung des Unternehmens (Management) beteiligt sind. Die alleinige Geschäftsführung bringt die Freiheit mit sich, alle wichtigen Entscheidungen selbst zu treffen. Dies kann aber auch eine Belastung darstellen und unter Umständen zu Fehlentscheidungen führen. Dies lässt sich durch eine passende Rechtsform erreichen, bei der die Verantwortung auf mehrere Schultern verteilt wird.

Die **Vertretung** eines Unternehmens nach außen kann je nach Rechtsform unterschiedlich ausgestaltet sein und damit nur eine oder mehrere Personen betreffen.

Darüber hinaus spielen weitere Überlegungen eine wichtige Rolle bei der Wahl der passenden Rechtsform, die unterschiedliche Vor- und Nachteile mit sich bringen:
- Das **Eigenkapital** wird von den Inhabern des Unternehmens bereitgestellt. Handelt es sich dabei nur um eine Person, ist das mögliche Kapitalvolumen begrenzt und damit meist auch die Kreditwürdigkeit gegenüber Kapitalgebern.
- Eine große Bedeutung kommt auch der Frage der **Haftung** zu. Bei einigen Rechtsformen begrenzt sich diese auf das im Unternehmen vorhandene Kapital, bei anderen wird jedoch auch das Privatvermögen der Inhaber miterfasst. Das damit verbundene finanzielle Risiko steigt entsprechend für die jeweilige Person.
- Die Anzahl der Kapitalgeber wirkt sich auf die Verteilung eines erwirtschafteten **Gewinns** oder erzielten **Verlustes** aus und damit auf die individuelle Höhe der **Erfolgsbeteiligung**.
- Der Gesetzgeber besteuert einen erwirtschafteten Gewinn in Abhängigkeit von der jeweiligen Rechtsform teilweise sehr unterschiedlich. So kann er der **Körperschafts-** und/oder **Einkommensteuer** unterliegen und wird dadurch in seiner Höhe geschmälert.
- Die **Gründung** einiger Rechtsformen erfolgt mit einem relativ überschaubaren (formellen) Aufwand. Andere Rechtsformen haben bspw. besondere Formvorschriften für die Gründungsunterlagen, wodurch weitere Kosten entstehen.

Die Rechtsform wird im Regelfall für einen längeren Zeitraum gewählt. Passen jedoch im Laufe der Zeit die vorhandenen Rahmenbedingungen nicht mehr, besteht z. B. der Wunsch, die persönliche Haftung künftig auszuschließen, so kann das Unternehmen in eine andere Rechtsform umgewandelt werden.

BEISPIEL: Peter Meier betreibt einen Buchverlag, der sich in den letzten Jahren stetig weiterentwickelt und vergrößert hat. Daher ist die derzeitige Rechtsform der Einzelunternehmung nicht mehr passend und soll in eine Gesellschaft mit beschränkter Haftung (GmbH) umgewandelt werden.

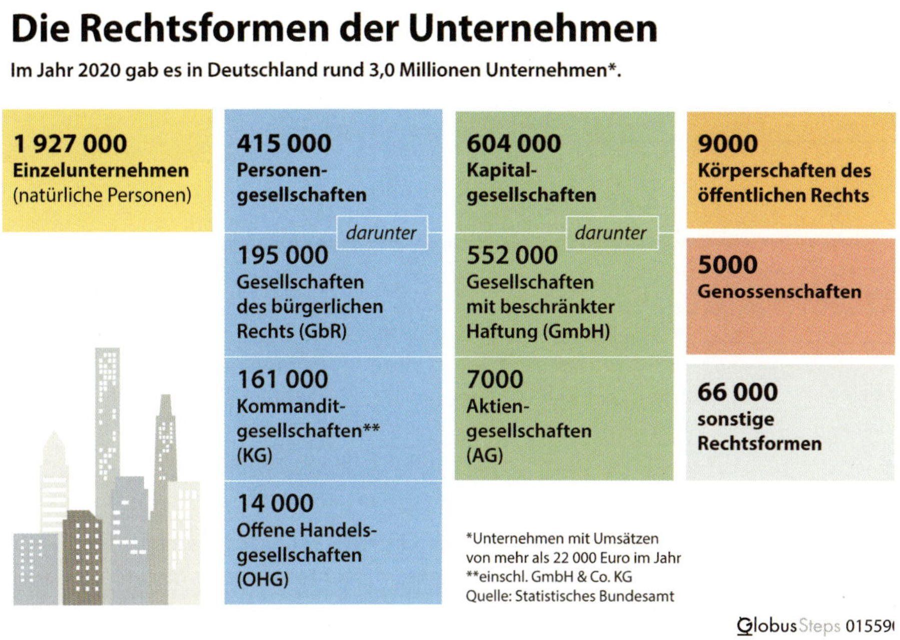

Die unterschiedlichen Rechtsformen lassen sich hinsichtlich der verfolgten Ziele in gemein- und erwerbswirtschaftliche Unternehmen unterteilen. Bei einem **gemeinwirtschaftlichen** Unternehmen stehen insbesondere die Interessen der Allgemeinheit im Vordergrund, d. h. sie verzichten (weitgehend) auf Gewinnmaximierung und verfolgen eine kostenorientierte Preisgestaltung. **Erwerbswirtschaftliche** Unternehmen erbringen wichtige Leistungen für den Markt, verfolgen jedoch das primäre Ziel der Gewinnmaximierung.

BEISPIEL: Bei den öffentlichen Verkehrsbetrieben einer größeren Stadt handelt es sich um ein gemeinwirtschaftliches Unternehmen. Hier geht es primär um die Bereitstellung der erforderlichen Mobilität und weniger um die Maximierung möglicher Gewinne.

Beteiligen sich zwei oder mehrere (natürliche und/oder juristische) Personen an einem Unternehmen, spricht man von einer Gesellschaft. Um eine **Handelsgesellschaft** handelt es sich dann, wenn sie **Handelsgeschäfte** betreibt. Dazu zählen u. a. die offene Handelsgesellschaft (OHG), die Kommanditgesellschaft (KG) sowie die Gesellschaft mit beschränkter Haftung (GmbH) und die Aktiengesellschaft (AG). Für diese Gesellschaften bildet das HGB die rechtliche Grundlage und wird durch verschiedene spezifische Gesetze ergänzt, wie z. B. GmbHG, AktG usw.

Steht bei einer Gesellschaft die Kapitalbeteiligung im Vordergrund, spricht man von einer **Kapitalgesellschaft**. Hat die persönliche Mitarbeit der Gesellschafter im Unternehmen einen größeren Stellenwert, handelt es sich um eine **Personengesellschaft**.

Handelsgeschäfte
Darunter versteht man alle Geschäfte eines Kaufmanns, die er im Rahmen seines Handelsgewerbes durchführt (§ 343 HGB).

Ausgewählte Rechtsformen

- **Rechtsformen von Unternehmen**
  - **Einzelunternehmen**
  - **Gesellschaften**
    - **Personengesellschaften**
      - Gesellschaft bürgerlichen Rechts (GbR)
      - offene Handelsgesellschaft (OHG)
      - Kommanditgesellschaft (KG)
      - GmbH & Co. KG
    - **Kapitalgesellschaften**
      - Gesellschaft mit beschränkter Haftung (GmbH)
      - Aktiengesellschaft (AG)

Diese öffentlich-rechtlichen Unternehmen können auch in Form einer Kapitalgesellschaft geführt werden. Zusätzlich gibt es verschiedene Mischformen aus privatrechtlichen und öffentlichen Körperschaften wie z. B. kommunale Verkehrs- und Versorgungsunternehmen, Wohnungsbaugesellschaften.

Neben diesen **privatrechtlich** organisierten Unternehmen gibt es noch eine Reihe **öffentlicher** Unternehmensformen. Die Eigentumsrechte an diesen Unternehmen liegen dabei in öffentlicher Hand, d. h. bei Körperschaften (Bund, Land, Gemeinde) bzw. Anstalten (z. B. Technisches Hilfswerk, Kreditanstalt für Wiederaufbau).

10.1 Einzelunternehmen

AB → Lernsituation 20

Lernvideo:
Rechtsform: Einzelunternehmen

BEISPIEL: Als großer Fahrradbegeisterter möchte sich Cem Yildirim nach seiner Ausbildung mit einem eigenen Fahrrad- und Reparaturservice selbstständig machen. Dabei will er Entscheidungen allein treffen und die Organisation des Betriebs weitgehend selbst übernehmen. Cem entscheidet sich daher zur Gründung einer Einzelunternehmung und meldet diese unter der Firma „Cem Bikes Service e. K." beim Handelsregister zur Eintragung an.

An einem Einzelunternehmen kann sich ein stiller Gesellschafter beteiligen, der aber meist nur als Kapitalgeber fungiert und am Gewinn beteiligt wird.

Beim Einzelunternehmen steht die Persönlichkeit des Gewerbetreibenden im Vordergrund, da er allein tätig wird und keine weiteren Personen wie bei einer Gesellschaft beteiligt sind. Er prägt durch seine Initiative und das Maß seiner Verantwortung den Aufbau und die Entwicklung des Unternehmens und ist dabei im Rahmen der bestehenden Wirtschafts- und Rechtsordnung frei in seinen Entschlüssen.

Handelsgewerbe erfordert einen kaufmännischen Geschäftsbetrieb.
→ Kap. 9.1

Das Einzelunternehmen ist daher eine sehr beliebte Rechtsform bei Gewerbetreibenden. Die Gründung ist nicht an bestimmte Formvorschriften gebunden. Erfüllt das Unternehmen die Anforderungen eines Handelsgewerbes, so muss es sich als Kaufmann ins Handelsregister eintragen lassen.

Gründer werden z. B. von der Kreditanstalt für Wiederaufbau (KfW) mit einem Existenzgründerdarlehen unterstützt, wenn die eigenen Kapitalquellen nicht ausreichen.

Das erforderliche Kapital muss der Unternehmer allein aufbringen und geht damit ein hohes finanzielles Risiko ein. Dafür liegen die Geschäftsführung und Vertretung allein bei ihm. Er trägt damit allerdings auch die gesamte Verantwortung für Mitarbeiter, Lieferanten und Kunden.

Für Schulden des Betriebs haftet der Unternehmer unbegrenzt, das bedeutet, sowohl mit dem Geschäfts- als auch mit seinem Privatvermögen. Dafür steht ihm als Entschädigung dieses Risikos auch der erwirtschaftete und versteuerte Gewinn allein zu.

Erfüllt der Einzelunternehmer die Voraussetzungen eines Kaufmanns, führt er nach Eintragung ins Handelsregister eine Firma. Aus dieser muss die Rechtsform über einen Zusatz hervorgehen, z. B. „eingetragener Kaufmann“ oder „e. K.“.

→ § 19 Abs. 1 HGB

Gilt der Einzelunternehmer als Kleingewerbetreibender, so muss er nach Handelsrecht lediglich eine Einnahmen-Überschuss-Rechnung aufstellen, mit der ein jährlicher Gewinn oder Verlust ermittelt wird. Erfüllt er jedoch die Voraussetzungen eines Kaufmanns, so unterliegt er den handelsrechtlichen Vorschriften zur Buchführung und Bilanzierung.

Ausnahmen zur Bilanzierung und Buchführung beim Kaufmann
→ Kap. 9.1

Vorteile	Nachteile
– alleinige Geschäftsführung bietet große unternehmerische Freiheit – geringer Gründungs- und Verwaltungsaufwand – geringer Kapitalbedarf zur Gründung – erwirtschafteter Gewinn muss nicht geteilt werden – relativ hohe Bonität (Kreditwürdigkeit)	– unbeschränkte Haftung mit Geschäfts- und Privatvermögen – hohe Arbeitsbelastung für den Unternehmer – beschränktes Wachstum durch begrenzte Arbeitskraft und begrenzte Geldmittel (Kreditbasis) – Ausfall des Unternehmers als Arbeitskraft (z. B. Krankheit) führt leicht zur Krise des Unternehmens – erzielte Erträge hängen von der Arbeitskraft und -leistung des Unternehmers ab

Einzelunternehmen

Einzel-unternehmen

Zweck: alleiniger Betrieb eines Gewerbes oder eines Handelsgewerbes

Gründungsvoraussetzungen	• eine Person (Gewerbetreibender) • Eintragung ins Handelsregister als Ist- oder Kannkaufmann
Mindestkapital und weitere Finanzierung	• kein Mindestkapital erforderlich • Kapitalaufbringung aus eigenen Mitteln
Unternehmensführung/ Vertretung	• alleinige Unternehmensführung • alleinige Vertretung (bei Kaufleuten per Prokura Delegation möglich)
Haftung	• persönliche und unbeschränkte Haftung • haftet auch mit seinem Privatvermögen
Verteilung von Gewinn und Verlust	• alleiniger Anspruch auf den Gewinn • muss den Verlust allein tragen
Steuern und Buchführung	• Gewerbesteuer, Umsatzsteuer, Einkommensteuer • als Kleingewerbetreibender lediglich Einnahmen-Überschuss-Rechnung • als Kaufmann Pflicht zur Bilanzierung und Buchführung nach Handelsrecht*

* Unter bestimmten Umständen erfolgt eine Befreiung von der handelsrechtlichen Buchführung und Inventarerstellung nach § 241a Satz 1 HGB bei kleinen Unternehmen.

AB → Lernsituation 20

Lernvideo:
Rechtsform: Personengesellschaft

Durch das MoPeG können die OHG, KG und GmbH & Co. KG nun auch für freie Berufe gewählt werden, sofern das jeweilige Berufsrecht dies zulässt (§ 107 Abs. 1 Satz 2 HGB).

Ausnahmen von diesen Grundprinzipien bestehen für die Kommanditisten einer KG (→ Kap. 10.2.3).

10.2 Personengesellschaften

Bei einer Personengesellschaft schließen sich mindestens zwei Personen für einen gemeinsamen Zweck (z. B. Betreiben eines Gewerbes) zusammen. Sie ist dabei keine juristische Person, wird aber in der Praxis diesen weitgehend gleichgestellt. Dadurch kann eine Personengesellschaft auch Rechte erwerben und Pflichten eingehen. Zu den Personengesellschaften gehören die Gesellschaft bürgerlichen Rechts (GbR), die offene Handelsgesellschaft (OHG), die Kommanditgesellschaft (KG) sowie die GmbH & Co. KG als Mischform.

Grundprinzipien von Personengesellschaften

Geschäftsführung und Vertretung	Die Gesellschafter müssen ihre Arbeitskraft in die Gesellschaft einbringen. Die Geschäftsführung kann daher nicht durch außenstehende Dritte wahrgenommen werden. Im Regelfall sind die Gesellschafter zur Vertretung berechtigt und verpflichtet.
Willensbildung	Entscheidungen innerhalb der Gesellschaft müssen einstimmig erfolgen.
Haftung	Die Gesellschafter haften mit dem Geschäfts- und ihrem Privatvermögen für Verbindlichkeiten der Gesellschaft **unmittelbar**, **unbeschränkt** und **gesamtschuldnerisch**.
Gesellschafterwechsel	Die Aufnahme neuer Gesellschafter bedarf der Zustimmung aller Mitgesellschafter. Kündigt oder stirbt ein Gesellschafter, so wird die Gesellschaft aufgelöst, sofern sie nicht weitergeführt wird.
Kaufmannseigenschaft	OHG und KG betreiben ein Handelsgewerbe und besitzen deshalb Kaufmannseigenschaft. Auf die gewerbetreibende GbR ist das Handelsgesetzbuch dagegen nur dann anwendbar, wenn sie ins Handelsregister als Kannkaufmann eingetragen ist.

unmittelbar
Die Gläubiger können sich direkt an einen der Gesellschafter wenden.

unbeschränkt
Haftung mit Geschäfts- und Privatvermögen

gesamtschuldnerisch
Jeder Gesellschafter haftet grundsätzlich für die gesamten Schulden der Gesellschaft (§ 126 HGB).

10.2.1 Gesellschaft bürgerlichen Rechts (GbR)

Bei der Gesellschaft bürgerlichen Rechts schließen sich mehrere natürliche und/oder juristische Personen zusammen. Dabei kann es sich sowohl um Gewerbetreibende als auch Angehörige der freien Berufe handeln. Die Gesellschaft ist auf eine gemeinsame Tätigkeit ausgerichtet, wobei diese nicht zwangsläufig gewerblicher Art sein muss. Nimmt die Gesellschaft am Rechts- und Wirtschaftsverkehr teil, spricht man von einer Außen-GbR.

Zu den **freien Berufen (Freiberufler)** zählen nach § 18 Abs. 1 EStG z. B. Ärzte, Architekten, Notare, Ingenieure, Wirtschaftsprüfer, Steuerberater, Heilpraktiker, Dolmetscher usw.

Demgegenüber spricht man von einer Innen-GbR, wenn lediglich das Verhältnis der Gesellschafter zueinander geregelt werden soll. Eine solche Innen-GbR tritt nicht nach außen in Erscheinung. Stattdessen handelt einer der Gesellschafter rechtswirksam und wird dadurch selbst berechtigt und verpflichtet.

Ist die GbR gewerblich tätig, kann sie nur als Kleingewerbetreibender agieren. Der Betrieb eines Handelsgewerbes erfordert eine andere Rechtsform, z. B. OHG.

BEISPIEL: Mehrere befreundete Personen spielen gemeinsam Lotto. Allerdings wird der Lottoschein nur auf den Namen einer der Personen eingereicht. Im Innenverhältnis liegt eine GbR vor, die aber selbst als solche nach außen hin nicht in Erscheinung tritt.

Der rechtliche Rahmen für die GbR ist im BGB geregelt. Die konkrete Ausgestaltung erfolgt durch einen **formlosen Gesellschaftsvertrag**, der u. a. die Art und Weise zur Erreichung des gemeinsamen Zwecks, Regelungen zur Geschäftsführung und Vertretung, der Haftung sowie der Gewinn- und Verlustverteilung enthält.

→ §§ 705 ff. BGB

§ 705 Abs. 2 BGB Rechtsnatur der Gesellschaft
Die Gesellschaft kann entweder selbst Rechte erwerben und Verbindlichkeiten eingehen, wenn sie nach dem gemeinsamen Willen der Gesellschafter am Rechtsverkehr teilnehmen soll (rechtsfähige Gesellschaft), oder sie kann den Gesellschaftern zur Ausgestaltung ihres Rechtsverhältnisses untereinander dienen (nicht rechtsfähige Gesellschaft).

Die (Außen-)GbR besitzt eine eigene **Rechtspersönlichkeit** und kann damit selbst Rechte erwerben und Verpflichtungen eingehen. Zudem kann sie ein eigenes Gesellschaftsvermögen bilden.

Eine Innen-GbR besitzt weder eine eigene Rechtspersönlichkeit noch ein Gesellschaftsvermögen.

Zur Erhöhung der **Publizität** einer GbR und damit der Bereitstellung von Informationen über Gesellschafter und Haftungsverhältnisse kann sich die (Außen-)GbR in das **Gesellschaftsregister** eintragen lassen. Dadurch eröffnen sich weitere Möglichkeiten für die GbR, indem z. B. Grundstücke auf den Namen der Gesellschaft erworben oder die Gesellschaft in andere Register (z. B. Handelsregister, **Grundbuch**) eingetragen werden kann. Insgesamt wird somit die Teilnahme am Wirtschaftsleben erleichtert.

Publizität
Bekanntmachung in der Öffentlichkeit

Grundbuch
öffentliches Verzeichnis aller Grundstücke in einem Bezirk (z. B. einer Gemeinde)

Durch die Eintragung ins Gesellschaftsregister führt die Gesellschaft bürgerlichen Rechts den Namenszusatz „eGbR“, der auf die Registereintragung hinweist.

Jeder Gesellschafter muss zur GbR einen Beitrag leisten. Dies können Geld-, Arbeitsleistungen, die Einbringung eines Kundenstamms oder Know-how sein, solange es den gemeinsamen Zweck fördert. Ohne besondere Vereinbarung haben die Gesellschafter gleiche Beiträge zu leisten und werden deshalb auch zu gleichen Anteilen am Gewinn und Verlust beteiligt. Andernfalls erfolgt die Gewinn- und Verlustverteilung nach den vorhandenen Beteiligungsverhältnissen der Gesellschafter.

→ § 709 BGB

Die erbrachten Einlagen sowie die durch die Geschäftsführung erworbenen Gegenstände werden gemeinschaftliches Vermögen der Gesellschafter **(Gesellschaftsvermögen)**. Für Schulden der Gesellschaft haftet sowohl das Gesellschafts- als auch Privatvermögen der Gesellschafter. Die persönliche Haftung lässt sich nur dann einschränken, wenn es sich bei einem Gesellschafter um eine juristische Person handelt (z. B. GmbH). Eine solche Haftungsbeschränkung muss aber auch im Namen der Gesellschaft erkenntlich sein, z. B. als GmbH & Co. eGbR.

Haben die Gesellschafter vertraglich keine speziellen Vereinbarungen getroffen, steht ihnen die **Geschäftsführung** und **Vertretung** gemeinschaftlich zu (Grundsatz der Einstimmigkeit). Hierdurch können sich die Gesellschafter untereinander kontrollieren. Bei sogenannten Grundlagengeschäften wie z. B. der Änderung des Gesellschaftsvertrags müssen immer alle Gesellschafter zustimmen.

Gesellschaft bürgerlichen Rechts (GbR)

Zweck	Zusammenschluss von natürlichen und/oder juristischen Personen für jede gesetzlich zulässige Tätigkeit
Geschäftsführung und Vertretung	Gesellschafter müssen sich mit ihrer Arbeitskraft persönlich für die Gesellschaft einsetzen (Prinzip der Selbstorganschaft). Damit können keine Dritten die Geschäftsführung oder Vertretung übernehmen.
Haftung	– Unmittelbare, unbeschränkte und gesamtschuldnerische Haftung – Gesellschafts- und Privatvermögen
Gesellschafter-wechsel	Aufnahme von Gesellschaftern nur mit Zustimmung aller Mitgesellschafter
Ausscheiden eines Gesellschafters	Bei Kündigung eines Gesellschafters löst sich die GbR auf. Vertraglich kann die Fortführung der Gesellschaft vereinbart werden. Bei Tod eines Gesellschafters können dessen Erben entweder die Mitgliedschaft kündigen oder als Kommanditisten in die Gesellschaft eintreten (sofern die Gesellschaft ins Handelsregister eingetragen werden kann).
Kaufmanns-eigenschaft	Die GbR kann sich als gewerbetreibende Gesellschaft freiwillig ins Handelsregister eintragen lassen und ist damit Kannkaufmann.

10.2.2 Offene Handelsgesellschaft (OHG)

Das MoPeG öffnet die OHG nun auch für freie Berufe, wie z. B. Ärzte, Rechtsanwälte.
Die Firma muss zwingend einen Zusatz enthalten, der die OHG erkennen lässt (§ 19 Abs. 1 Nr. 2 HGB).

Zur Gründung einer OHG schließen sich mehrere Personen zusammen und betreiben im Regelfall ein **Handelsgewerbe** unter gemeinschaftlicher Firma. Die OHG bietet den Vorteil, dass die Kapitalbeschaffung auf mehrere Schultern verteilt wird und dadurch das Kapitalvolumen deutlich größer als bspw. bei einem Einzelunternehmen sein kann.

Eine OHG ermöglicht durch den Zusammenschluss, dass mehrere Personen ihre Fähigkeiten und Kenntnisse kombinieren und sich gegenseitig unterstützen können. Weiterhin kann auch ein Einzelunternehmen als OHG fortgeführt werden, wenn aus Altersgründen mehrere Nachfolger oder bei Tod die Erbengemeinschaft als Gesellschafter übernehmen („Familiengesellschaft“).

→ § 105 Abs. 2 HGB

Die OHG ist zwar **keine juristische Person**, sie wird diesen aber in der Praxis gleichgestellt, sodass die OHG auch Rechte erwerben und Verpflichtungen eingehen kann.

Für die Gründung einer OHG ist zunächst der Abschluss eines **Gesellschaftsvertrags** notwendig. Für diesen gelten keine bestimmten Formvorschriften, d. h. er kann mündlich oder schriftlich geschlossen werden. Wird ein Grundstück als Vermögenswert eingebracht, muss er jedoch zwingend notariell beurkundet werden.

→ § 107 HGB

Durch das Betreiben eines Handelsgewerbes gilt die OHG als Istkaufmann und muss sich ins Handelsregister eintragen lassen. Mit Aufnahme der Geschäfte und unter der Voraussetzung, dass alle Gesellschafter hierzu zugestimmt haben, oder spätestens durch die Registereintragung entsteht die OHG rechtlich Dritten gegenüber.

Alle Gesellschafter sind zur **Geschäftsführung** berechtigt und verpflichtet. Sie erstreckt sich grundsätzlich auf alle gewöhnlichen Geschäfte, unter der Voraussetzung, dass alle Gesellschafter hierzu zugestimmt haben, eines Handelsgewerbes. Für alle darüber hinaus gehenden Geschäfte (z. B. Änderung des Gesellschaftsvertrags, Kauf und Verkauf von Grundstücken, Umwandlung in eine andere Rechtsform) ist ein Beschluss aller Gesellschafter erforderlich.

→ § 116 HGB
Prokura kann daher nur von allen geschäftsführungsbefugten Gesellschaftern erteilt werden; entzogen werden kann sie jedoch von jedem Einzelnen.

Das HGB geht von einer **Einzelgeschäftsführungsbefugnis** aus, das heißt, jeder Gesellschafter ist berechtigt, allein zu handeln. Im Gesellschaftsvertrag kann eine abweichende Regelung vereinbart werden z. B., dass sie nur zusammen handeln dürfen. Bei dieser sogenannten **Gesamtgeschäftsführungsbefugnis** bedarf es dann für jedes Geschäft der Zustimmung aller Gesellschafter. Dritten gegenüber sind solche Vereinbarungen jedoch unwirksam.

Im Außenverhältnis gegenüber Dritten gilt grundsätzlich eine **Alleinvertretung**, d. h. jeder einzelne Gesellschafter darf die Gesellschaft allein vertreten und Rechtshandlungen vornehmen. Im Gesellschaftsvertrag kann eine abweichende Regelung getroffen werden (z. B. Beschränkung der Vertretung, Gesamtvertretung). Dies muss ins Handelsregister eingetragen werden.

→ § 124 HGB

Für Schulden der OHG **haften** die Gesellschafter den Gläubigern gegenüber **unmittelbar**, **unbeschränkt** und **gesamtschuldnerisch (solidarisch)**. Die Gläubiger können somit direkt auf das Geschäfts- und Privatvermögen der Gesellschafter zugreifen, es ist sozusagen „offen" im Falle einer Haftung. Auf diese Weise ergibt sich zwischen den Gesellschaftern eine enge Bindung, da sie für das Handeln der anderen mit einstehen (haften) müssen.

→ § 126 HGB
Die Haftung kann vertraglich nicht ausgeschlossen oder beschränkt werden.

BEISPIEL: Lars Zimmer, Emilia Reichle und Soraya Gertle führen seit einigen Jahren eine OHG. Durch die derzeitige wirtschaftliche Flaute stagnieren die Umsätze, während die Verbindlichkeiten der Gesellschaft längst überfällig sind. Einer der Gläubiger verlangt nun von Lars die vollständige Begleichung seiner offenen Forderung.

Die umfangreiche Haftung stärkt die Kreditwürdigkeit der OHG insbesondere gegenüber Banken und anderen Kreditgebern.

Tritt in eine OHG ein neuer Gesellschafter ein, so haftet er für alle bereits bestehenden Verbindlichkeiten der Gesellschaft. Scheidet ein Gesellschafter aus einer OHG aus, so haftet er im Regelfall weiterhin. Diese Haftung kann sich auf einen Fehlbetrag (Verbindlichkeiten übersteigen Gesellschaftsvermögen) oder offene Verbindlichkeiten erstrecken, die innerhalb von fünf Jahren nach Ausscheiden fällig werden (Nachhaftung).

Haftung bei Eintritt
→ § 127 HGB
Haftung bei Austritt
→ §§ 136, 137 HGB

Erwirtschaftet die OHG einen **Gewinn**, so wird dieser nach den vereinbarten Beteiligungsverhältnissen im Gesellschaftsvertrag verteilt. Ohne entsprechende Vereinbarungen wird der Gewinn unabhängig von der tatsächlichen Beteiligung gleichmäßig auf die Gesellschafter verteilt (Verteilung nach Köpfen). Die Gesellschafter können sich zudem ihren Gewinnanteil auszahlen lassen, sofern sie ihren Beitrag (Kapitaleinlage) geleistet haben und die Auszahlung nicht zum Nachteil der OHG wird. Ein erwirtschafteter Verlust wird nach den gleichen Regelungen verteilt. Das vereinbarte Beteiligungsverhältnis kann vom tatsächlichen Kapitalanteil auch abweichen.

Anteil am Gewinn
→ § 709 BGB
Auszahlung
→ § 122 HGB

Die bisherige Regelung einer 4%igen Verzinsung der Kapitalanteile ist durch das MoPeG entfallen.

→ § 138 HGB
→ § 729 BGB

Die **Auflösung** einer OHG findet statt, wenn einer der im Gesetz genannten Auflösungsgründe vorliegt oder ein im Gesellschaftsvertrag festgelegter Zustand eintritt. Dies kann z. B. bei einer zeitlich befristeten Gesellschaft, Eröffnung des Insolvenzverfahrens über das Gesellschaftsvermögen, durch Beschluss der Gesellschafter oder durch Kündigung sein.

OHG – Offene Handelsgesellschaft

Personengesellschaft

Zweck: Betrieb eines **Handelsgewerbes** unter gemeinschaftlicher Firma oder Ausübung freier Berufe

Gründungsvoraussetzungen	• mind. zwei Gesellschafter • mündliche Vereinbarung; besser: schriftlicher Gesellschaftsvertrag • Eintragung ins Handelsregister
Mindestkapital und weitere Finanzierung	• kein Mindestkapital erforderlich* • Finanzierung: z. B. Kapitaleinlage erhöhen, Aufnahme neuer Gesellschafter
Unternehmensführung/ Vertretung	• jeder Gesellschafter: Geschäftsführungs- und Vertretungsrecht
Haftung	• persönlich und gesamtschuldnerisch • mit dem Geschäfts- und Privatvermögen
Verteilung von Gewinn und Verlust	• Gewinn- und Verlustverteilung nach vereinbarten Beteiligungsverhältnissen; andernfalls gleichmäßig (nach Köpfen) auf alle Gesellschafter
Steuern und Buchführung	• Gewerbesteuer, Umsatzsteuer, Körperschaftsteuer (optional) • Gesellschafter unterliegen der Einkommensteuer. • Pflicht zur doppelten Buchführung

* per Gesellschaftsvertrag: individuelle Regelungen möglich

10.2.3 Kommanditgesellschaft (KG)

→ § 161 HGB
Auch die KG wurde durch das MoPeG für freie Berufe geöffnet.

Die Kommanditgesellschaft weist große Ähnlichkeiten zur OHG auf. Sie verfolgt ebenfalls als Gesellschaft das Ziel, ein **Handelsgewerbe** unter einer gemeinschaftlichen Firma zu betreiben.

Allerdings gibt es bei der Haftung der Gesellschafter einen wesentlichen Unterschied zur OHG: Bei der KG gibt es eine Gruppe von Gesellschaftern, die nur beschränkt mit ihrer erbrachten Kapitaleinlage haften. Dabei handelt es sich um die sogenannten **Kommanditisten** (Teilhaber).

Die sogenannten **Komplementäre** (Vollhafter, persönlich haftende Gesellschafter) haften hingegen unbeschränkt, gemeinschaftlich und unmittelbar wie die OHG-Gesellschafter.

Eine KG kann von mindestens jeweils einem Komplementär und einem Kommanditisten gegründet werden und wird durch das Betreiben eines Handelsgewerbes als Istkaufmann ins Handelsregister eingetragen. Der Gesellschaftsvertrag kann dabei formlos geschlossen werden.

Auch die KG entsteht rechtlich entweder bereits durch Aufnahme ihrer Geschäftstätigkeit mit Dritten oder spätestens durch Eintragung ins Handelsregister.

Aus der Firmenbezeichnung muss das Haftungsverhältnis erkennbar sein, sodass der Zusatz „Kommanditgesellschaft“ oder „KG“ angefügt werden muss.

Die **Haftungssumme** der Kommanditisten muss ins Handelsregister eingetragen werden. Wurde die Kapitaleinlage durch einen Kommanditisten vollständig erbracht, so kann er für die Verbindlichkeiten der Gesellschaft nicht mehr unmittelbar in Anspruch genommen werden.

→ § 171 HGB

Die **Geschäftsführung** und **Vertretung** nach außen kann nur durch die Komplementäre wahrgenommen werden. Dabei gelten die gleichen Grundsätze wie bei der OHG (Einzelgeschäftsführung und Alleinvertretung). Dem Kommanditisten steht jedoch ein umfangreiches Informationsrecht zu, sofern dies zur Wahrnehmung seiner Rechte notwendig ist.

→ § 164 HGB
Kommanditisten können durch Prokura an der Geschäftsführung und Vertretung beteiligt werden.

Aufgrund des Umfangs ihrer Kapitalbeteiligung üben Kommanditisten in der Praxis oft einen großen oder sogar beherrschenden Einfluss auf die Geschäftsführung aus. In diesen Fällen kommt der Abfassung und Ausgestaltung des Gesellschaftsvertrags eine große Bedeutung zu.

Informationsrecht
→ § 166 HGB

Im Gesellschaftsvertrag kann den Kommanditisten ein **Mitspracherecht** eingeräumt werden. Dies wird häufig dann praktiziert, wenn ein Gläubiger in die Gesellschaft eintritt und seine Forderungen in Kommanditanteile umwandelt.

Die Verteilung eines erwirtschafteten **Gewinns** erfolgt, vergleichbar zur OHG, entsprechend den vereinbarten Beteiligungsverhältnissen oder bei Fehlen einer entsprechenden Vereinbarung gleichmäßig auf alle Gesellschafter. Die Gewinnauszahlung ist beim Kommanditisten jedoch eingeschränkt und nur möglich, wenn die vereinbarte Einlage nicht durch Verluste aus den Vorjahren reduziert wurde.

→ § 169 HGB

Für die Auflösung einer KG kommen grundsätzlich vergleichbare Gründe wie bei der OHG infrage. Lediglich beim Tod eines Kommanditisten treten dessen Erben an seine Stelle und die Gesellschaft kann fortgeführt werden.

→ § 177 HGB

KG – Kommanditgesellschaft

Personengesellschaft

Zweck: Betrieb eines **Handelsgewerbes** unter gemeinschaftlicher Firma oder Ausübung der freien Berufe

Gründungsvoraussetzungen	• mind. eine Komplementärin und eine Kommanditistin • formfreier Gesellschaftsvertrag (Empfehlung: schriftlich) • Eintragung ins Handelsregister
Mindestkapital und weitere Finanzierung	• kein Mindestkapital erforderlich (Festlegung der Einlagen per Gesellschaftsvertrag) • Finanzierung: z. B. neue Kommanditistinnen aufnehmen
Unternehmensführung	• Komplementärin: Geschäftsführungs- und Vertretungsrecht* • Kommanditistin: kein Geschäftsführungs- und Vertretungsrecht
Haftung	• Komplementärin: persönlich, unbeschränkt und gesamtschuldnerisch • Kommanditistin: in Höhe der Haftungssumme
Verteilung von Gewinn und Verlust	• Gewinn- und Verlustverteilung nach vereinbarten Beteiligungsverhältnissen; andernfalls gleichmäßig (nach Köpfen) auf alle Gesellschafter
Steuern und Buchführung	• Gewerbesteuer, Umsatzsteuer, Körperschaftsteuer (optional) • Persönliche Gewinnanteile unterliegen der Einkommensteuer. • Pflicht zur doppelten Buchführung

* per Gesellschaftsvertrag: individuelle Regelungen möglich

10.2.4 GmbH & Co. KG

Für einen Gründer allein scheint zunächst nur die Einzelunternehmung mit der umfangreichen persönlichen Haftung infrage zu kommen. Das Gesellschaftsrecht bietet jedoch die Möglichkeit, auch ohne einen weiteren Gesellschafter eine Personengesellschaft zu gründen.

GmbH
→ Kap. 10.3.2

In diesem Fall rückt die Kommanditgesellschaft in den Fokus. Der Unternehmer gründet zunächst eine Gesellschaft mit beschränkter Haftung (GmbH), bei der er als alleiniger Gesellschafter die Geschäftsführung übernimmt und Kapitaleigner ist. Danach gründet er eine Kommanditgesellschaft, bei der der Unternehmer als Kommanditist mit beschränkter Haftung auftritt. Als Komplementär tritt die GmbH in die Gesellschaft ein. Es liegt nun also eine Gesellschaft vor, bei der die Haftung insgesamt auf die jeweilige Kapitaleinlage beschränkt ist und gleichzeitig die Vorzüge einer Personengesellschaft gelten.

Die Geschäftsführung und Vertretung der KG liegen in Händen des Unternehmers, der gleichzeitig Geschäftsführer der GmbH und damit Komplementär der KG ist.

Die GmbH gehört zwar zu den Kapitalgesellschaften, jedoch ist die entstandene Mischform weiterhin eine Personengesellschaft in der Grundstruktur einer Kommanditgesellschaft.

Die unbeschränkte Haftung als typisches Merkmal einer Personengesellschaft liegt dabei bei der GmbH, wobei dadurch letztlich nur eine auf das Gesellschaftsvermögen begrenzte Haftung existiert.

Zu den Vorteilen zählt insbesondere die beschränkte Haftung dieser Personengesellschaft. Jedoch ist die Gründung (insbesondere der GmbH) mit höheren Kosten und Formalitäten verbunden.

AB → Lernsituation 21

Lernvideo:
Rechtsform: Kapitalgesellschaft

10.3 Kapitalgesellschaften

Bei Kapitalgesellschaften steht eine **kapitalmäßige Beteiligung** im Vordergrund und nicht die persönliche Einbringung der Gesellschafter. Sie können sich daher nur mit einer Kapitaleinlage beteiligen, ihre persönliche Mitarbeit ist nicht notwendig. Eigentum an der Gesellschaft und Geschäftsführung sind hier grundsätzlich getrennt. Der Einfluss der Gesellschafter beschränkt sich häufig auf ein Stimmrecht in der Gesellschafter- bzw. Hauptversammlung. Das Risiko ist auf die jeweils geleistete Einlage beschränkt.

Kapitalgesellschaften sind **juristische Personen** und können rechtsfähig am Geschäftsleben teilnehmen und damit Rechte erwerben und Verpflichtungen eingehen.

Das einzubringende Mindestkapital ist bei Kapitalgesellschaften gesetzlich festgelegt. Das Kapital kann grundsätzlich von natürlichen oder juristischen Personen kommen, die damit auch Gesellschafter werden.

Die **Geschäftsführung** sowie **Vertretung** nach außen wird durch eigene **Organe** (Vorstand, Geschäftsführer) wahrgenommen, die nicht zwangsläufig auch Kapitalgeber sein müssen. Diese Leitungsorgane erstellen zusätzlich den Jahresabschluss und sind gegenüber den anderen Organen der Gesellschaft (z. B. Gesellschafterversammlung) berichtspflichtig.

Die Kontrolle der Geschäftsführung sowie deren Bestellung oder Abberufung erfolgt durch einen **Aufsichtsrat**. Dieser nimmt seine Aufgaben im Interesse der **Kapitalgeber** wahr und bestimmt gemeinsam mit der Unternehmensleitung die Grundsätze der Geschäftspolitik.

Kapitalgeber
auch: Anteilseigner, Aktionär

Aufsichtsrat
Kontroll- und Beratungsorgan

Die **Gewinnbeteiligung** ist abhängig von der Höhe der Kapitaleinlage jedes einzelnen Gesellschafters. Verluste gehen zulasten der **Kapitalkonten** der Gesellschaft. Sie werden als Verlustvortrag in der Bilanz ausgewiesen. Durch die Haftungsbeschränkung auf die Einlage ist keine persönliche Verlustbeteiligung der Kapitalgeber vorhanden.

Kapitalkonto
gezeichnetes Kapital der Gesellschaft

10.3.1 Aktiengesellschaft (AG)

Die Aktiengesellschaft (AG) ist als Kapitalgesellschaft die geeignete Rechtsform für große Unternehmen. Sie ermöglicht es, große Kapitalbeträge aufzubringen, indem die Gesamtsumme (Grundkapital) meist auf sehr viele Schultern verteilt wird.

Das **Grundkapital** einer Aktiengesellschaft beträgt mindestens 50.000,00 € und wird in einzelne Aktien aufgeteilt. Eine Aktie lautet dabei entweder auf einen bestimmten Nennbetrag (mindestens 1,00 €) oder einen bestimmten Anteil am Grundkapital (Stückaktie). Der rechnerische Anteil einer Stückaktie darf dabei 1,00 Euro nicht unterschreiten.

Die Summe aller Nennbeträge entspricht dem gesamten **Grundkapital** der AG. Die Aktien können als handelbare **Wertpapiere** an der Börse ge- und verkauft werden, wenn die Aktiengesellschaft an der Börse notiert (gehandelt) ist. Der Kurswert (Preis) einer Aktie bestimmt sich nach Angebot und Nachfrage und unterliegt damit Schwankungen mit steigenden oder fallenden Kursen.

Wertpapier
Urkunde (papiergebunden oder digitalisiert), die ein Vermögensrecht verbrieft. Die damit verbundenen Rechte (z. B. Ertrag) sind an die Urkunde gebunden. Wird keine papiermäßige Urkunde ausgestellt, spricht man von Wertrechten (= Bucheffekten).

Die Aktiengesellschaft kann mit dieser Form der Kapitalbeschaffung ein breites Publikum erreichen und damit große Kapitalbeträge ansammeln.

Die **Gründung** einer AG erfolgt durch eine oder mehrere Personen. Sie schließen einen Gesellschaftsvertrag – auch Satzung genannt – mit notarieller Beurkundung ab. Dieser enthält u. a. die Firma und den Sitz der Gesellschaft, die Höhe des Grundkapitals und die Zusammensetzung von Aufsichtsrat und Vorstand. Die AG emittiert Aktien in Höhe des Grundkapitals, die von den **Aktionären** gegen Zahlung der Einlage übernommen werden. Können die Aktien mit einem über dem Nennwert liegenden Betrag ausgegeben werden (Aufgeld, Agio), fließt dieser in die gesetzliche Rücklage der AG. Die Aktionäre werden am Gewinn der AG durch eine sogenannte **Dividende** beteiligt, deren Höhe auch von gesetzlichen Vorschriften zur Rücklagenbildung abhängt (gesetzliche Rücklage).

Die Ausgabe von Aktien durch eine AG bezeichnet man als Emission.

Aktionär
Gesellschafter und Kapitalgeber einer AG

Dividende
Anteil am Bilanzgewinn pro Aktie

Als Kapitalgesellschaft gilt die AG grundsätzlich als Handelsgesellschaft auch ohne Betreiben eines Handelsgewerbes. Sie muss sich ins Handelsregister eintragen lassen und ist damit **Formkaufmann** mit eigener **Rechtsfähigkeit**.

→ §§ 1, 3 AktG

Die **Firma** muss einen Zusatz über die Rechtsform enthalten, z. B. „Aktiengesellschaft“ oder AG.

→ § 4 AktG

Die **Haftung** ist bei der AG auf das Gesellschaftsvermögen beschränkt. Das Risiko der Aktionäre beschränkt sich damit auf maximal die Höhe ihrer Kapitaleinlage.

Zur Erfüllung unterschiedlicher Aufgaben verfügt die Aktiengesellschaft über eigene **Organe:** Vorstand, Aufsichtsrat und Hauptversammlung.

→ §§ 76 ff. AktG

Der **Vorstand** übt die **Geschäftsführung** und **Vertretung** der Aktiengesellschaft aus. Als leitendes Organ vertritt er die AG gerichtlich und außergerichtlich und ist dabei nicht an die Weisungen der anderen Organe gebunden. Der Vorstand wird vom Aufsichtsrat für fünf Jahre bestellt und besteht aus einer oder mehreren Personen, die grundsätzlich keine Aktionäre sein müssen. Bei mehreren Vorstandsmitgliedern handeln diese gemeinschaftlich (Gesamtgeschäftsführungsbefugnis), sofern die Satzung keine abweichende Regelung enthält.

→ §§ 95 ff. AktG

Zusammensetzung des Aufsichtsrats bestimmt sich nach Drittelbeteiligungsgesetz oder Mitbestimmungsgesetz.

Der **Aufsichtsrat** besteht aus mindestens drei Mitgliedern. Er besteht im Regelfall zu zwei Dritteln aus Vertretern der Anteilseigner, die von der Hauptversammlung gewählt werden und nicht dem Vorstand angehören oder leitende Angestellte der AG sind. Der andere Teil besteht aus Arbeitnehmervertretern, die je nach Unternehmensgröße zwei Drittel oder die Hälfte des Aufsichtsrats ausmachen. Zu seinen Aufgaben zählen insbesondere die **Bestellung**, **Überwachung** und **Abberufung** des **Vorstands**. Er hat umfassende Informationsrechte (z. B. Einblick in Geschäftsbücher und -unterlagen, vierteljährlicher Bericht über Umsatz, Geschäftslage).

→ §§ 118 ff. AktG

Entlastung
Vertrauensbeweis der Aktionäre gegenüber dem Vorstand und Billigung seiner bisherigen Geschäftsführung

Hauptversammlung
- ordentlich: einmal jährlich (§ 175 AktG)
- außerordentlich: bei besonderen Situationen, z. B. Fusion

Die **Hauptversammlung** besteht aus allen Aktionären und wird einmal jährlich vom Vorstand einberufen. Als beschlussfassendes Organ wahrt sie die Interessen der Aktionäre und beschließt z. B. über die Verwendung des Bilanzgewinns, die **Entlastung** des Vorstands und Aufsichtsrats und wählt Vertreter in den Aufsichtsrat. Für die Beschlussfassung ist eine einfache Stimmenmehrheit erforderlich. Handelt es sich jedoch um Entscheidungen mit besonderer Tragweite (z. B. Satzungsänderungen, Kapitalerhöhungen), so bedarf es einer qualifizierten Mehrheit von 75 % des bei der Beschlussfassung vertretenen Grundkapitals.

BEISPIEL: An der Hauptversammlung der Chip AG mit einem Grundkapital von 10 Mio. € nehmen Aktionäre teil, die zusammen 8,5 Mio. € halten. Für eine geplante Satzungsänderung sind daher so viele Stimmen notwendig, dass die Summe ihrer Kapitalanteile mindestens 6,375 Mio. € erreicht.

→ § 134 AktG

Das **Stimmrecht** richtet sich nach den Nennbeträgen oder der Anzahl der Stückaktien, die ein Aktionär hält. Er muss sein Stimmrecht dabei nicht selbst ausüben, sondern kann sich durch einen Bevollmächtigten vertreten lassen. Aktionäre lassen ihre Aktien im Regelfall bei Banken in Depots verwahren, die dann auch das Stimmrecht stellvertretend nach Kundenauftrag ausüben.

Kapitalgesellschaften unterliegen wegen ihrer Haftungsbeschränkung einer besonderen **Offenlegungspflicht** (Publizitätspflicht). Nach dem HGB ist der Jahresabschluss im elektronischen Bundesanzeiger zu veröffentlichen. Der Vorstand hat in den ersten drei Monaten des Geschäftsjahres den Jahresabschluss des Vorjahres zu erstellen. Neben der Bilanz und Gewinn-und-Verlust-Rechnung gehört zur ordnungsgemäßen Rechnungslegung einer AG auch das regelmäßige Erstellen von Geschäftsberichten.

AG – Aktiengesellschaft

Kapital-gesellschaft

Zweck: Betrieb einer **Handelsgesellschaft** unter gemeinschaftlicher Firma

Gründungs-voraussetzungen	• mind. ein Gesellschafter • schriftl. Gesellschaftsvertrag erforderlich (notariell beurkundet) • Eintragung ins Handelsregister
Mindestkapital und weitere Finanzierung	• Grundkapital beträgt 50.000,00 Euro (zerlegt in Aktienanteile) • Finanzierung: z. B. durch Ausgabe neuer Aktien
Unternehmens-führung	• Vorstand ist für die Geschäftsführung verantwortlich. • Aufsichtsrat (gewählt von HV*) beruft und überwacht u. a. Vorstand • Hauptversammlung (Beschlussorgan); besteht aus den Aktionären
Haftung	• AG haftet mit Gesellschaftsvermögen (Haftungssumme wird im Handelsregister vermerkt) • keine persönliche Haftung der Aktionäre
Verteilung von Gewinn und Verlust	• Gewinn: Auszahlung als Dividende; Höhe nach Anzahl der Aktien sowie Bildung einer Gewinnrücklage • Verlust: AG haftet in Höhe des Haftkapitals; keine Dividenden
Steuern und Buchführung	• Gewerbesteuer, Umsatzsteuer, Körperschaftsteuer • Aktionäre unterliegen der Einkommensteuer. • Pflicht zur doppelten Buchführung

* HV = Hauptversammlung

10.3.2 Gesellschaft mit beschränkter Haftung (GmbH)

Die GmbH ist eine Kapitalgesellschaft, zu deren Gründung nur eine Person erforderlich ist. Bei einer solchen Ein-Personen-GmbH ist der einzige Gesellschafter meistens auch gleichzeitig der Geschäftsführer. Diese Rechtsform ist daher besonders für kleine und mittlere Unternehmen ideal.

Das **Stammkapital** der GmbH muss mindestens 25.000,00 € betragen und wird durch die Gesellschafter in Form ihrer individuellen Geschäftsanteile (mindestens 1,00 €, auf volle Euro lautend) erbracht. Die Einlage kann entweder als Geld- oder Sachleistung erbracht werden. Letztere müssen mit ihrem veranschlagten Betrag im Gesellschaftsvertrag festgehalten werden.

→ § 5 GmbHG

Geschäftsanteil
früher gebräuchlich: Stammeinlage

Für die Überlassung des Geschäftsanteils erhalten die Gesellschafter einen Anteil am erwirtschafteten **Gewinn** – unter Verrechnung eines Gewinn- bzw. Verlustvortrags – entsprechend im Verhältnis der Geschäftsanteile.

→ § 29 Abs. 3 GmbHG

Die **Gründung** einer GmbH ist aufwendiger als die einer Personengesellschaft, da der Gesellschaftsvertrag notariell beurkundet und von allen Gesellschaftern unterzeichnet werden muss. Der **Vertrag** enthält die Firma und den Sitz der Gesellschaft, den Gegenstand (Zweck) des Unternehmens sowie die Höhe des Stammkapitals und die jeweiligen Geschäftsanteile der Gesellschafter.

Ein vereinfachtes Gründungsverfahren ist dann möglich, wenn lediglich drei Gesellschafter und ein Geschäftsführer vorhanden sind. In diesem Fall kann ein Musterprotokoll verwendet werden, solange keine vom Gesetz abweichenden Regelungen getroffen werden.

→ § 2 Abs. 1a GmbHG
Musterprotokoll als Anhang zum GmbHG

→ § 13 GmbHG
Zur Anmeldung beim Handelsregister müssen auf jede Einlage mindestens 25 % eingezahlt sein, sodass mindestens 50 % des Stammkapitals erreicht sind. Sachleistungen müssen voll erbracht worden sein (§ 7 GmbHG).

Nachschusspflicht
Unter bestimmten Voraussetzungen können die Gesellschafter zur Erbringung weiterer Geldleistungen verpflichtet sein (§§ 26, 27 GmbHG).

Die GmbH muss nicht zwangsläufig auf den Betrieb eines Handelsgewerbes ausgerichtet sein, sondern jede gesetzlich zulässige Tätigkeit ist möglich. Sie gilt als **Handelsgesellschaft** und muss als **Formkaufmann** ins Handelsregister eingetragen werden. Die GmbH ist juristische Person und kann eigene Rechte erwerben und Verpflichtungen eingehen.

Da die GmbH eine Kapitalgesellschaft ist, beschränkt sich die **Haftung** gegenüber Gläubigern der Gesellschaft auf das Gesellschaftsvermögen. Eine persönliche Haftung der Gesellschafter ist ausgeschlossen, sobald die Einlage erbracht wurde. Im Gesellschaftsvertrag kann jedoch eine beschränkte oder unbeschränkte Nachschusspflicht vereinbart werden.

Aufgrund der beschränkten Haftung muss die **Firma** zwingend den Zusatz „Gesellschaft mit beschränkter Haftung“ oder „GmbH“ enthalten.

Zur Erfüllung unterschiedlicher Aufgaben besitzt die GmbH verschiedene **Organe:** Geschäftsführer, Aufsichtsrat und Gesellschafterversammlung.

→ § 35 GmbHG

Die **Geschäftsführung** und **Vertretung** werden durch einen oder mehrere **Geschäftsführer** wahrgenommen. Diese Aufgabe kann sowohl von Gesellschaftern als auch von Nichtgesellschaftern übernommen werden. Die Geschäftsführer werden entweder durch den Gesellschaftsvertrag oder mit Beschluss der Gesellschafterversammlung bestellt. Sind mehrere Geschäftsführer bestellt, so vertreten sie die GmbH gemeinschaftlich, sofern keine andere Regelung vereinbart wurde. Für diese Tätigkeit erhalten die Geschäftsführer ein vereinbartes Gehalt.

→ §§ 41, 43 GmbHG
→ § 246 Abs. 1 HGB

Zu den Aufgaben der Geschäftsführer gehört es, für eine ordnungsgemäße Buchführung zu sorgen. Sie müssen innerhalb der ersten drei Monate des Geschäftsjahres die Bilanz sowie eine Gewinn-und-Verlust-Rechnung für das Vorjahr aufstellen. In Angelegenheiten der Gesellschaft müssen sie die Sorgfalt eines ordentlichen Kaufmanns anwenden. Bei Verletzung dieser Pflichten haften sie der Gesellschafterversammlung gegenüber solidarisch für entstandene Schäden.

→ §§ 46, 48, 49 GmbHG

Die **Gesellschafterversammlung** wird von der Geschäftsführung einberufen und entscheidet über wesentliche Aufgaben wie z. B.:
- Feststellung des Jahresabschlusses und Verwendung des Gewinns
- Einforderung von Einlagen
- Rückzahlung von Nachschüssen
- Bestellung und Abberufung von Geschäftsführern und deren Entlastung
- Bestellung von Prokuristen und Handlungsbevollmächtigten

Prokura und Handlungsvollmacht
→ § 47 GmbHG
→ Kap. 9.4

Beschlüsse der Gesellschafterversammlung werden mit der Mehrheit der abgegebenen Stimmen getroffen. Jeder Euro eines Geschäftsanteils gewährt eine Stimme.

→ § 52 GmbHG

Ein **Aufsichtsrat** wird entweder durch Gesellschaftsvertrag oder bei mehr als 500 Beschäftigten bestellt. Er setzt sich aus Vertretern der Gesellschafter und der Arbeitnehmer zusammen. Seine Aufgabe besteht vor allem in der Überwachung der Geschäftsführung und der Prüfung von Jahresabschluss und Lagebericht.

GmbH – Gesellschaft mit beschränkter Haftung

Kapital-gesellschaft

Zweck: Betrieb einer **Handelsgesellschaft** unter gemeinschaftlicher Firma

Gründungs-voraussetzungen	• mind. ein Gesellschafter • schriftl. Gesellschaftsvertrag erforderlich (notariell beurkundet) • Eintragung ins Handelsregister
Mindestkapital und weitere Finanzierung	• Stammkapital von mind. 25.000,00 Euro • Finanzierung: z. B. Kapitalerhöhung, stille Teilhaber, Kredite
Unternehmens-führung	• mind. ein Geschäftsführer • Gesellschafterversammlung (beruft die Geschäftsführung) • Aufsichtsrat (ab 500 Angestellten; überwacht die Geschäftsführung)
Haftung	• GmbH haftet mit dem Gesellschaftsvermögen. • persönliche Haftung der Gesellschafter nur in Ausnahmefällen
Verteilung von Gewinn und Verlust	• Gewinn: Verteilung auf die Gesellschafter nach Geschäftsanteilen* • Verlust: Bilanzierung des negativen Werts im Eigenkapital (Verlustvortrag)
Steuern und Buchführung	• Gewerbesteuer, Umsatzsteuer, Körperschaftsteuer • Gesellschafter unterliegen der Einkommensteuer. • Pflicht zur doppelten Buchführung

* per Gesellschaftsvertrag: individuelle Regelungen möglich

10.3.3 Unternehmergesellschaft (UG)

Die GmbH ist die klassische Rechtsform für kleine und mittelständische Unternehmen. Die Gründung ähnlicher Gesellschaftsformen im EU-Ausland ist aber weniger zeitaufwendig und kostenintensiv. Vor diesem Hintergrund sieht das Gesetz die Möglichkeit vor, eine Mini-GmbH zu gründen. Sie wird auch als Unternehmergesellschaft (UG) bezeichnet.

Das Stammkapital einer Unternehmergesellschaft liegt zwischen 1,00 € und maximal 24.999,99 €. Eine Anmeldung zum Handelsregister darf erst erfolgen, wenn das Stammkapital vollständig einbezahlt ist. Zudem sind Sacheinlagen ausgeschlossen.

→ § 5a GmbHG

Aufgrund eines geringeren Stammkapitals trägt die Gesellschaft einen Zusatz in der Firmenbezeichnung, der darauf hinweist: „Unternehmergesellschaft (haftungsbeschränkt)“ oder „UG (haftungsbeschränkt“).

Im Unterschied zur normalen GmbH können die Gesellschafter über den erwirtschafteten Gewinn nicht vollständig frei verfügen. Zum Schutz der Gläubiger müssen jeweils 25 % des Jahresüberschusses (Gewinns) abzüglich eines Verlustvortrags aus dem Vorjahr in die gesetzliche Rücklage eingestellt werden. Diese Rücklage kann dann für eine **Kapitalerhöhung aus Gesellschaftsmitteln** verwendet werden, um so das für eine GmbH notwendige Stammkapital von 25.000,00 € zu erreichen. Ist dies geschehen, kann die UG in eine GmbH umgewandelt werden.

Kapitalerhöhung aus Gesellschaftsmitteln
→ § 57c GmbHG
Gebildete Rücklagen werden in Stammkapital umgewandelt.

BEISPIEL: Die beiden Freunde Turkey und Emre möchten sich mit ihrer Produktidee selbstständig machen und gründen eine UG mit einem Stammkapital von 10.000,00 €. Das Geschäftsjahr lief erfreulich gut und sie konnten einen Gewinn von 8.500,00 € erwirtschaften. Den Verlustvortrag von 3.000,00 € aus dem Vorjahr ziehen sie davon ab und können so einen Betrag von 1.375,00 € in die gesetzliche Rücklage einstellen.

Berechnung:
(8.500,00 – 3.000,00) · 0,25
= 1.375,00 €

UG – Unternehmergesellschaft (haftungsbeschränkt)

Kapitalgesellschaft

Zweck: Betrieb einer **Handelsgesellschaft** unter gemeinschaftlicher Firma

Gründungsvoraussetzungen	• mindestens eine Gesellschafterin • schriftl. Gesellschaftsvertrag erforderlich (notariell beurkundet) • Eintragung ins Handelsregister
Mindestkapital und weitere Finanzierung	• Stammkapital von mind. 1,00 Euro und max. 24.999,99 Euro; ab 25.000,00 Euro Umfirmierung zu einer GmbH möglich • Finanzierung: z. B. Kredite
Unternehmensführung	• mind. eine Geschäftsführerin (kann gleichzeitig Gesellschafterin sein) • Gesellschafterinnen bestellen die Geschäftsführung.
Haftung	• UG haftet mit dem Gesellschaftsvermögen. • persönliche Haftung der Gesellschafterinnen nur in Ausnahmefällen
Verteilung von Gewinn und Verlust	• Gewinn: 25 % als gesetzliche Rücklage (Thesaurierungspflicht); 75 % nach den Geschäftsanteilen der Gesellschafterinnen* • Verlust: Bilanzierung des negativen Werts im EK (Verlustvortrag)
Steuern und Buchführung	• Gewerbesteuer, Umsatzsteuer, Körperschaftsteuer • Gesellschafterinnen unterliegen der Einkommensteuer. • Pflicht zur doppelten Buchführung

* per Gesellschaftsvertrag: individuelle Regelungen möglich

10.3.4 Societas Europaea (SE)

Europäische Gesellschaftsformen sind innerhalb der Europäischen Union einheitlich geregelt und gelten parallel zu den nationalen Rechtsformen. Eine europäische Rechtsform kann immer dann gewählt werden, wenn das Unternehmen in mehreren europäischen Ländern tätig ist.

Die SE ist eine juristische Person in der Form einer Aktiengesellschaft. Das Grundkapital von mindestens 120.000,00 € ist in einzelne Aktien aufgeteilt, die auch an einer Börse gehandelt werden können. Wie bei inländischen Kapitalgesellschaften ist die Haftung auf die Höhe der Beteiligung beschränkt. Der Sitz der **SE** ist in dem Land, in dem sich die Hauptverwaltung befindet.

Diese Gesellschaftsform eignet sich dazu, eine europa-übergreifende **Holding**-Struktur aufzubauen, bei deren Tochterunternehmen es sich jeweils um nationale Unternehmen wie z. B. AGs und GmbHs handelt. Daneben wird auch eine **Fusion** aus unterschiedlichen nationalen Gesellschaften erleichtert. Damit sind primär Kapitalgesellschaften beteiligt und eine Gründung durch natürliche Personen ist somit ausgeschlossen.

Die Firmenbezeichnung muss den Zusatz „Europäische Aktiengesellschaft" oder „SE" enthalten und wird ins Handelsregister eingetragen.

SE
umgangssprachlich auch Europa-AG

Holding
Beteiligung an anderen Unternehmen meist in beherrschender Form

Fusion
wirtschaftlicher und rechtlicher Zusammenschluss von vorher selbstständigen Unternehmen

Zu den Organen einer SE gehören die Hauptversammlung der Aktionäre sowie ein Aufsichtsrat und ein Leitungsorgan. Damit entspricht die Struktur der SE dem Vorbild der deutschen Aktiengesellschaft (dualistisches System). Sie kann aber auch ähnlich einem angloamerikanischen Board-System aus der Hauptversammlung und einem Verwaltungsorgan bestehen (monoistisches System).

10.4 Wechsel der Rechtsform

AB → Lernsituation 16

Die wirtschaftlichen Aktivitäten eines Unternehmens können sich im Laufe der Zeit verändern und erfordern dann u. U. andere Rahmenbedingungen. Dadurch kann der Kapitalbedarf steigen und Anpassungen in der Geschäftsführung können Erleichterungen mit sich bringen. Ein Wechsel der Rechtsform kann somit sinnvoll sein.

Fokus: Kapitalbeschaffung, Verantwortung, Haftung
Bei Existenzgründern ist das Einzelunternehmen die am häufigsten gewählte Rechtsform, da sie mit dem geringsten Gründungsaufwand verbunden ist. Im Vergleich zu anderen Rechtsformen ist sie jedoch mit zahlreichen Nachteilen behaftet:
- Die Kapitalbeschaffung ist deutlich schwieriger,
- die alleinige Verantwortung liegt beim Inhaber und
- die Haftung ist unmittelbar und unbeschränkt.

Um diese Nachteile auszugleichen, bietet sich die Aufnahme weiterer Gesellschafter an. Damit geht oftmals die Umwandlung in eine GmbH einher, die zwar mit einem größeren Gründungsaufwand verbunden ist, aber deutliche Vorteile mit sich bringt. Insbesondere die beschränkte Haftung ist für Unternehmer vorteilhaft. Auch die Gründung einer GmbH & Co. KG anstelle einer reinen GmbH kann sinnvoll sein, insbesondere wenn es um die Vermeidung einer Doppelbesteuerung der Kapitalgesellschaften geht.

Für Gewinne einer Kapitalgesellschaft wird Körperschaftsteuer sowie der darauf entfallende Solidaritätszuschlag berechnet. Außerdem fällt Gewerbesteuer an. Bei Ausschüttung an die Kapitaleigner müssen diese zusätzlich noch Kapitalertragssteuer sowie Solidaritätszuschlag zahlen.

Fokus: Generationenwechsel
Steht bei einem Einzelunternehmen ein Generationenwechsel an, weil die Elterngeneration die Geschäftsleitung in die Hände ihrer Kinder übergeben möchte, kann die Umgründung in eine Gesellschaft organisatorisch und steuerlich sehr attraktiv sein.

Die Kinder können dadurch, dass sie in die Geschäftsführung mit klar definierten Aufgabenbereichen aufgenommen werden, in die Verantwortung der Unternehmensleitung „hineinwachsen“, ohne sofort die volle und alleinige Verantwortung übernehmen zu müssen. Außerdem kann insbesondere bei Personengesellschaften die Übertragung von Eigentumsanteilen steuerlich sehr günstig geregelt werden.

Fokus: Großer Kapitalbedarf
Für Unternehmen mit einem großen Kapitalbedarf kann die Umgründung in eine Aktiengesellschaft attraktiv sein. So erhält das Unternehmen durch Emission von Aktien unmittelbaren Zugang zum nationalen oder sogar internationalen Kapitalmarkt und damit die Möglichkeit, große Kapitalbeträge anzusammeln.

Allerdings setzt sie sich dann auch den besonderen Risiken dieser Märkte, einschließlich der Gefahr einer „unfreundlichen“, also erzwungenen Übernahme (engl. unfriendly takeover) durch einen Mitbewerber oder eine Investmentgesellschaft, aus. In jedem Fall nimmt der Aufwand der externen Rechnungslegung deutlich zu.

Alles klar?

1 Begründen Sie, weshalb es in Deutschland unterschiedliche Rechtsformen gibt.

2 Unterscheiden Sie die Geschäftsführung und Vertretung bei Unternehmen voneinander.

3 Erläutern Sie, welche Aspekte die Wahl einer Rechtsform beeinflussen.

4 Leiten Sie aus den Begriffen Personen- und Kapitalgesellschaft den jeweiligen Fokus dieser Unternehmen ab.

5 Finden Sie passende Beispiele in der Realität für die Rechtsformen der Einzelunternehmung, offenen Handelsgesellschaft, Kommanditgesellschaft, Gesellschaft mit beschränkter Haftung und Aktiengesellschaft.

6 Bei Unternehmensgründern fällt die Wahl häufig auf das Einzelunternehmen. Begründen Sie eine solche Entscheidung.

7 Erläutern Sie, wann ein Einzelunternehmer auch gleichzeitig Kaufmann ist.

8 Erläutern Sie das im Rahmen der Haftung bestehende Risiko für einen Einzelunternehmer.

9 Beurteilen Sie die Einzelunternehmung anhand verschiedener Vor- und Nachteile.

10 Erläutern Sie, für welche Zwecke sich die Gründung einer GbR anbietet.

11 Beschreiben Sie die Möglichkeiten einer GbR, eine eigene Rechtspersönlichkeit zu erlangen.

12 Beschreiben Sie die Geschäftsführung und Vertretung bei einer rechtsfähigen Gesellschaft bürgerlichen Rechts.

13 Erläutern Sie die Vorzüge einer eingetragenen Gesellschaft bürgerlichen Rechts.

14 Eine Gesellschaft bürgerlichen Rechts hat Schulden gegenüber Dritten. Beschreiben Sie die vorliegende Haftungssituation.

15 Die Gesellschaft bürgerlichen Rechts der Heilpraktiker Sofia Müller und Hannes Gerke soll unter der Firma „Müller & Gerke eGbR" tätig werden. Beurteilen Sie dieses Vorhaben.

16 Erläutern Sie, wann sich die Gründung einer offenen Handelsgesellschaft anbietet.

17 Beschreiben Sie die gesetzlichen Vorschriften zur Geschäftsführung und Vertretung bei der OHG.

18 Erläutern Sie, was man unter der unmittelbaren, unbeschränkten und gemeinschaftlichen Haftung eines OHG-Gesellschafters versteht.

19 Die Personen A (Beteiligung 35 %), B (35 %) und C (30 %) sind Gesellschafter einer OHG. Erläutern Sie, wie ein erwirtschafteter Gewinn von 15.000,00 € verteilt wird.

20 Beschreiben Sie, wann eine OHG rechtlich entsteht.

21 Beschreiben Sie, wann sich die Gründung einer Kommanditgesellschaft anbietet.

22 Erläutern Sie die Haftungssituation bei einer Kommanditgesellschaft.

23 Finden Sie beispielhaft Unternehmen aus der Praxis, die in der Rechtsform der OHG oder KG geführt werden.

24 Erläutern Sie, was man unter einer GmbH & Co. KG versteht.

25 Beschreiben Sie Beispiele, wann sich die Gründung einer GmbH & Co. KG anbietet.

26 Unterscheiden Sie Personen- und Kapitalgesellschaften grundsätzlich voneinander.

27 Erläutern Sie, worin sich die Rechtsfähigkeit von Kapitalgesellschaften begründet.

28 Beschreiben Sie das Verhältnis zwischen den Kapitalgebern einer Kapitalgesellschaft und deren Beteiligung an der Geschäftsführung und Vertretung.

29 Welche grundsätzlichen Vorteile bringt eine Aktiengesellschaft im Vergleich zu anderen Unternehmensformen mit sich?

30 Beschreiben Sie die Möglichkeiten der Kapitalbeschaffung bei einer AG.

31 Erläutern Sie die grundsätzlichen Voraussetzungen zur Gründung einer AG.

32 Erläutern Sie die Haftungssituation gegenüber Gläubigern bei einer Aktiengesellschaft.

33 Beschreiben Sie, wie der Vorstand einer AG gebildet wird und welche Aufgaben er grundsätzlich wahrnimmt.

34 Erläutern Sie, welche Bedeutung der Aufsichtsrat einer AG hat.

35 Beschreiben Sie, wie sich die Hauptversammlung zusammensetzt und welche Aufgaben sie wahrnimmt.

36 Unterscheiden Sie die einfache und qualifizierte Mehrheit bei Ausübung des Stimmrechts durch die Aktionäre.

37 Erläutern Sie die Gründungsmöglichkeiten einer GmbH.

38 Beschreiben Sie die Möglichkeiten der Kapitalbeschaffung einer GmbH.

39 Beschreiben Sie die Haftungssituation bei einer GmbH.

40 Erläutern Sie, wie die Geschäftsführung und Vertretung bei einer GmbH geregelt sind.

41 Beschreiben Sie die Einrichtung eines Aufsichtsrats und seine Aufgaben.

42 Beschreiben Sie die Aufgaben der Gesellschafterversammlung.

43 Beschreiben Sie mögliche Gründe für die Wahl einer Unternehmergesellschaft.

44 Erläutern Sie die Besonderheit bei der Verwendung des Gewinns einer Unternehmergesellschaft.

45 Beschreiben Sie die wesentlichen Voraussetzungen zur Umwandlung einer Unternehmergesellschaft in eine GmbH.

46 Erläutern Sie, was unter einer SE zu verstehen ist.

47 Beschreiben Sie, für welche Unternehmen die Gründung einer SE interessant sein könnte.

48 Beschreiben Sie, welche Organe eine SE besitzt.

49 Beschreiben Sie, wie die Kapitalsituation eines Unternehmens eine Umwandlung in eine andere Rechtsform beeinflussen kann.

50 Beschreiben Sie die Bedeutung eines Generationenwechsels auf die gewählte Rechtsform.

51 Erläutern Sie, weshalb Existenzgründungen anfangs meist zu einem Einzelunternehmen und später in andere Rechtsformen münden.

52 Interpretieren Sie den Cartoon in Bezug auf mögliche Herausforderungen, die mit einer Unternehmensgründung verbunden sein können.

AB → Lernsituation 22

11 Eine Präsentation erstellen

BEISPIEL: Jenny Liu hat schon kurz nach Beginn ihrer Ausbildung von ihrer Berufsschullehrerin den Auftrag erhalten, eine Präsentation zum Thema „Mein Ausbildungsbetrieb" zu erstellen und vor der Klasse vorzutragen. „Nicht schon wieder!", stöhnt sie, als sie abends nach Hause kommt. „Mir wird ja schon ganz schlecht, wenn ich nur daran denke! Und die viele Arbeit! Ich kenne meinen Ausbildungsbetrieb doch noch gar nicht, wie soll ich da eine gute Präsentation machen?" Ihre Mutter will sie trösten: „Du wirst das schon schaffen – frag doch die Leute bei dir im Betrieb, die helfen dir bestimmt."

Eine Präsentation ist ein mündlicher Vortrag zu einem bestimmten Thema oder Sachverhalt unter Verwendung visueller Hilfsmittel. Während Ihrer Ausbildung, aber auch später im Berufsleben werden Sie immer wieder in die Situation kommen, einen Vortrag oder eine Präsentation halten zu müssen. Die eigenen Ideen, das eigene Wissen und sich selbst überzeugend darstellen zu können, ist eine Grundvoraussetzung für den Erfolg in der Schule und im Beruf.

Eine Präsentation stellt Informationen, Erkenntnisse oder Projektergebnisse vor, die einen Bezug zum Zuhörerkreis haben. Den Vortragenden und sein Publikum verbinden zum Beispiel das Interesse an einem bestimmten Thema oder ein gemeinsames Projekt. Die Inhalte müssen so ausgewählt, strukturiert und zusammengefasst werden, dass sie die Zuhörer gut erreichen und die Ziele der Präsentation optimal umsetzen. Die Inhalte sollten **visualisiert** werden, sodass sich mündliche Ausführungen und bildhafte Darstellung gegenseitig unterstützen bzw. ergänzen. In der Regel gehört zu einer Präsentation auch eine anschließende Frage- oder Diskussionsrunde.

visualisieren
sichtbar machen

Sobald Inhalt und Zuordnung des Themas sowie der Termin und evtl. Mitreferenten feststehen, beginnt die **Planung der Präsentation**. Die folgende Tabelle kann die Planung unterstützen:

Thema, Zielsetzung	– Was sind Hauptaussage und Ziel der Präsentation (Information, Überzeugung, Anleitung, Selbstpräsentation usw.)? – Was ist mir/uns besonders wichtig? – Wie viel Zeit steht für die Präsentation zur Verfügung?
Zuhöreranalyse Zielgruppe	– Welches Vorwissen haben die Zuhörenden? – Welcher Schwierigkeitsgrad ist angemessen? – Welche Erwartungen haben sie an den Vortrag, welche Interessen? – Mit welchen Fragen und Meinungen ist zu rechnen? – Wie kann das Publikum einbezogen werden?
Untergliederung, Struktur	– Welche Struktur hat die Präsentation (Einleitung, Hauptteil, Schluss)? – Welche inhaltlichen Schwerpunkte und/oder Argumente sollen enthalten sein? – Bei Gruppenreferaten: Wie werden die Aufgaben geteilt? Wie wird zwischen den Vortragenden übergeleitet?
Medieneinsatz/ Handout	– Welche Hilfsmittel eignen sich am besten für die Darstellung der Inhalte? – Was sollen die Zuhörenden mitschreiben und was bekommen sie ausgehändigt? – Sind alle mit der eingesetzten Technik vertraut?

11.1 Ziele der Präsentation

Das Thema einer Präsentation wird in der Regel vom Lehrer oder Vorgesetzten vorgegeben. Doch damit ist noch nicht eindeutig festgelegt, welche Teilaspekte des Themas behandelt werden sollen. Der Präsentierende muss entscheiden, welche Aspekte **für den Zuhörer** interessant und wichtig sind:
- Welche Ziele verfolgt die Präsentation?
- Was sollen die Zuhörer nach der Präsentation wissen?
- Was sollen die Zuhörer nach der Präsentation tun?

BEISPIEL: Sie sollen Ihren Ausbildungsbetrieb präsentieren. Mit diesem allgemein gehaltenen Thema steht aber noch nicht fest, welche konkreten Ziele Sie bei Ihren Zuhörern anstreben. Wollen Sie Ihren Zuhörern die Struktur Ihres Betriebs erläutern, das Leistungsspektrum vorstellen oder sie als neue Kunden gewinnen?

Grundsätzlich gibt es zwei unterschiedliche Arten von Präsentationen:
- **Die Informationspräsentation** soll das Publikum über ein Thema informieren. Typisches Beispiel ist das Fachreferat. Die Informationspräsentation stellt an den Vortragenden hohe fachliche Anforderungen. Er muss in der Lage sein, anspruchsvolle Fachinhalte zu vereinfachen und für die Zuhörer verständlich darzustellen.
- **Die Überzeugungspräsentation** soll Mitarbeiter, Vorgesetzte, Kunden, Klassenkameraden für eine Idee, ein Projekt oder ein Produkt begeistern. Dieses Ziel setzt beim Vortragenden neben Begeisterungsfähigkeit natürlich auch die notwendige Fachkompetenz voraus. Denn ohne fachlich fundierte Aussagen lässt sich eine anspruchsvolle Zielgruppe nicht überzeugen.

Die Trennung zwischen Informations- und Überzeugungspräsentation ist in der Praxis nur selten eindeutig. In der Regel werden Sie zuerst informieren, um anschließend zu überzeugen.

Arten der Präsentation

	Informationspräsentation		Überzeugungspräsentation	
konkrete Ziele	Zuhörer sollen Informationen - behalten - verstehen - erläutern und anwenden		Zuhörer sollen - ein Produkt kaufen - ein Projekt unterstützen - sich für etwas einsetzen - für etwas stimmen	
Beispiele	- Fachreferat - Projektbericht - Informationsveranstaltung		- Genehmigung eines Projekts - Werbeveranstaltung - Wahlveranstaltung	
Präsentationsstil	- objektiv - informativ - wissenschaftlich	und trotzdem: - interessant - unterhaltsam - verständlich	- begeisternd - auffordernd - überzeugend	und trotzdem: - glaubwürdig - fachlich fundiert
Anforderungen an den Vortragenden	- Fachkompetenz besitzen - Fachinhalte auf das Wesentliche reduzieren - anschaulich erklären		- Sympathie ausstrahlen - Vertrauen aufbauen - selbst vom Produkt, der Idee begeistert sein	

11.2 Informationen beschaffen

Nachdem Thema und Zielsetzung der Präsentation durch Teilaspekte konkretisiert wurden, beginnt die gezielte Informationsbeschaffung. Im Allgemeinen stehen dafür verschiedene Quellen zur Verfügung:
- Fachbücher und Fachzeitschriften,
- Nachschlagewerke und Lexika,
- das Internet.

Geht es um **gesamtwirtschaftliche Betrachtungen** einer bestimmten Branche oder Region, finden Sie Informationen z. B. in
- Branchenbüchern und -verzeichnissen,
- Publikationen von Verbänden und Kammern,
- Statistiken (z. B. vom Statistischen Bundesamt),
- dem Handelsregister.

Sollen unternehmensspezifische Informationen beschafft werden, können folgende **betriebsinterne** Quellen hilfreich sein:
- betriebsinterne Datenbanken (z. B. Lieferantendateien, Kundendateien),
- Kataloge und Preislisten,
- das Intranet des Unternehmens.

Ergänzen können Sie diese Informationsquellen durch **eigene Materialerhebungen**, wie z. B. Befragungen (Interviews) von Kollegen oder Vorgesetzten, durch Erkundungen oder durch Besuche von Museen oder Ausstellungen. Im Folgenden stellen wir einige der genannten Informationsquellen exemplarisch vor.

11.2.1 Bibliotheksrecherche

Gesuchte Publikationen, die aktuell nicht vorhanden sind, kann jede öffentliche Bibliothek bestellen.

In öffentlichen Bibliotheken steht eine Vielzahl von Publikationen zur Informationsbeschaffung zur Verfügung, z. B. Fach- und Sachbücher, Lexika, Enzyklopädien, Zeitschriften und DVDs. Möchte man die Dienste einer Bibliothek regelmäßig nutzen, empfiehlt sich die Teilnahme an einer Bibliotheksführung, um die Ressourcen auch wirklich ausschöpfen zu können.

11.2.2 Internetrecherche

Die Recherche im Internet bietet folgende Vorteile:
- Das Internet präsentiert eine unermesslich große Menge an Informationen zu fast jedem beliebigen Thema, auf die rund um die Uhr leicht und bequem zugegriffen werden kann.
- Informationen aus dem Netz sind häufig schneller erreichbar als über andere Informationsquellen. Manche stehen auch nur im Internet zur Verfügung.
- Informationen können einfach gespeichert und weiterverarbeitet werden, da sie in digitaler Form vorliegen.

Mithilfe von Suchmaschinen kann im gesamten Internet nach Material gesucht werden. Nach der Eingabe eines Suchbegriffs werden alle Webseiten durchsucht. Ist der Suchbegriff zu allgemein formuliert, wird die Recherche schnell unübersichtlich.

Eine Suchmethode im Internet besteht darin, eine bereits bekannte Adresse in das Adressenfeld des Browsers einzugeben. Weil die Internetadressen immer die gleiche Struktur haben, können auch neue Adressen ausprobiert werden. Beispielsweise lassen sich geschützte Markennamen, Städte, Institutionen usw. häufig nach der bekannten Struktur bilden (z. B. www.bundesregierung.de). Ausgehend von einem geeigneten Anfangsdokument können außerdem **Hyperlinks** angeklickt werden, um auf andere Webseiten zu gelangen.

Hyperlinks
Querverweise zu anderen Webseiten

Vorgehen bei einer Internetrecherche

1. **Erste Recherche:** Vorauswahl gefundener Materialien, indem nicht jedem Link, sondern nur interessanten Adressen nachgegangen wird. Erste Selektierung der Dokumente.
2. **Auswertung:** Überprüfung der vorselektierten Dokumente. Wenn die gesichteten Materialien nicht ausreichen, den Rechercheauftrag zu erfüllen, muss eine zweite Recherche erfolgen.
3. **Weitere Recherche:** Vertiefung und Spezialisierung der vorangegangenen Suche.
4. **Aufbereitung:** Kritische Beurteilung aller gefundenen Informationen hinsichtlich des Rechercheauftrags. Trennen von wichtigen und unwichtigen Informationen.

Beurteilung von Internetartikeln

Im Internet finden sich Milliarden von Medien. Diese sind von sehr unterschiedlicher Qualität. Es gibt keine Kontrollinstanz, die die Qualität oder Aktualität von Dokumenten überprüft. Experten gehen davon aus, dass ca. 90 % der Informationen im Internet als **Datenmüll** bezeichnet werden können. Durch die richtigen Suchbegriffe und deren Verknüpfung kann die Menge an Treffern bereits gesteuert und reduziert werden. Um jedoch zu verhindern, dass falsche oder veraltete Informationen verwendet werden, müssen sie kritisch beurteilt werden. Dieser Prozess kann deutlich länger dauern als die Suche selbst, ist jedoch in jedem Falle notwendig. Besuchen Sie deshalb nur die Webseiten seriöser Institutionen und Unternehmen, verlassen Sie sich nicht auf Einzelmeinungen. Bei der Verwendung von Texten, Bildern oder anderen Daten aus dem Internet sind außerdem die Nutzungsrechte zu beachten.

Teilweise erscheinen als erste Suchergebnisse „Anzeigen", die auch als solche gekennzeichnet sind.

Nutzungsrechte
→ Kap.11.3.3

11.2.3 Betriebsinterne Informationsquellen

Neben dem eigenen Wissen über das Ausbildungsunternehmen empfiehlt es sich, zunächst in persönlichen Gesprächen mit Vorgesetzten oder Kollegen grundlegende Informationen zu erlangen. Zur Präsentation des eigenen Ausbildungsunternehmens ist es häufig ratsam, auf **betriebsinterne Datenbanken** zurückzugreifen. In den betrieblichen Systemen sind z. B. Informationen zur Höhe der Umsätze, Absätze und zum Sortiment zu finden. Das **WWS** gibt Auskunft über die Kunden und Lieferanten. Betriebsinterne Informationen sind außerdem häufig über das **Intranet** zugänglich. Das Intranet ist – wie das Internet – ein Rechnernetz. Allerdings ist es in der Regel mittels Passwort nur für die Mitarbeiter eines Unternehmens zugänglich.

WWS
Warenwirtschaftssystem

Natürlich sind sensible Daten nur mit der **Erlaubnis des Vorgesetzten** zu verwenden. Die Regeln zum Datenschutz und zur Wahrung von Geschäftsgeheimnissen müssen beachtet werden.

Datenschutz
LF 3 → Kap. 3.1

11.3 Informationen bewerten und auswählen

5-Fragen-Konzept

1. Welche Begriffe und Aussagen fallen mir spontan zu meinem Thema ein?
2. Zu welchem dieser Sachverhalte weiß ich bereits etwas?
3. Wozu müsste ich mir noch konkrete Informationen beschaffen?
4. Welche inhaltlichen Schwerpunkte will ich setzen? Was könnte meine Zuhörer interessieren?
5. Welche meiner Einfälle will ich (vorerst) vernachlässigen?

Die erste Hürde bei der inhaltlichen Vorbereitung einer Präsentation ist die strukturierte und kreative Erschließung des Themas. Oft enthält die Themenstellung Begriffe und Schlagwörter, unter denen Sie sich etwas vorstellen können, die aber bei näherer Betrachtung auch „alles oder nichts" beinhalten können. Wenn Sie zum Beispiel eine Präsentation mit dem Thema „Mein Ausbildungsbetrieb" vorzubereiten haben, wird Ihnen rasch klar, dass das Thema zunächst strukturiert, eingeschränkt und mit Schwerpunkten versehen werden muss, um gezielt mit der Erarbeitung der Präsentationsinhalte beginnen zu können. Hierbei kann das **5-Fragen-Konzept** nützlich sein.

11.3.1 Erarbeiten von Texten

Um die bei der Recherche anfallende Informationsmenge weiterzuverarbeiten, sollten Sie durchgängig eine bestimmte Arbeitstechnik anwenden, mit der möglichst zeitsparend Textinhalte erarbeitet und für die Präsentation aufbereitet werden können. Mit der **ÜFA-Technik** gelingt es, die wesentlichen Aussagen eines Textes zu erfassen und damit die Bedeutung der jeweiligen Quelle für das Präsentationsthema herauszufinden.

ÜFA-Technik

Überblick verschaffen	– Den Text aufmerksam, aber zügig lesen und dabei Schlüsselbegriffe, unbekannte Wörter oder Eigennamen unterstreichen sowie gedankliche Abschnitte durch Querstriche markieren. – Unbekanntes im Lexikon bzw. Wörterbuch nachschlagen. – Die gedanklichen Abschnitte am Rand mit Schlagworten kennzeichnen, z. B. Argument gegen ... oder Beleg für ... usw.
Fragen stellen	– Welche Gesichtspunkte greift der Text auf, die zu meinem Präsentationsthema passen? – Welche Positionen/Meinungen vertritt der Autor? – Welche Textaussagen lassen sich mit den Teilaspekten meines Themas in Zusammenhang bringen? – Welche Bedeutung hat der Text für meine Präsentationsinhalte: Trifft er die zentrale Thematik oder eventuell nur Randbereiche?
Antworten suchen und zusammenfassen	– Antworten auf die Fragen mit eigenen Worten knapp zusammenfassen. – Dabei die Übernahme von einzelnen Schlüsselwörtern oder ganzen Sätzen aus der Textvorlage mit Anführungszeichen als Zitate kenntlich machen und mit einer Zeilenangabe versehen. – Wo möglich, die Zusammenfassung als Randbemerkung notieren, wodurch die Textauswertung zusätzlich visualisiert wird.

11.3.2 Auswahl von Informationen

Sie haben sich in das Thema eingearbeitet, sorgfältig recherchiert. Das Ergebnis sind viele Informationen, wahrscheinlich zu viele. Es besteht die Gefahr, dass die Zuhörer mit allen Informationen regelrecht erschlagen werden. Weniger ist hier oft mehr. Die Informationen des Vortragenden und die Interessen des Publikums sind oftmals nicht deckungsgleich. Deshalb ist es ratsam, die **Schnittmenge zu bilden**, also nur diejenigen Informationen auszuwählen, die sowohl für Sie als auch für die Zuhörer wichtig sind. Diese Schnittmenge bildet die **Basis** Ihrer Präsentation.

In einem zweiten Auswahlverfahren sollten Sie überprüfen, ob die Informationen, die in der Schnittmenge liegen, auch wirklich alle nötig sind, um das Präsentationsziel zu erreichen. Beschränken Sie sich auf die wesentlichen **Kerninformationen**.

Zuhörer und Ziel berücksichtigen

Vorauswahl der Informationen

↓

Was weiß der Vortragende? | **Ziel** | Was will der Zuhörer wissen?

↓

Kerninformationen der Präsentation

11.3.3 Nutzungsrechte im Zusammenhang mit Präsentationen

BEISPIEL: Die Auszubildende Jenny Liu hat die Aufgabe, in der Berufsschule ihren Ausbildungsbetrieb im Rahmen einer Präsentation vorzustellen. Hierbei nutzt sie verschiedene Fotos aus dem Betrieb und aus dem Internet, außerdem nutzt sie ein Video von Youtube. Jenny fragt sich nun, welche gesetzlichen Regelungen sie bei der Verwendung dieser Medien einhalten muss.

Ein **Werk** ist definiert als das Ergebnis eines kreativen Prozesses eines Menschen. Seine Nutzung durch Dritte unterliegt gesetzlichen Beschränkungen. Sobald in einer Veröffentlichung – also auch in einer Präsentation – fremde „Werke" benutzt werden, stellt sich die Frage nach der **Zulässigkeit der Nutzung**. Der Rechteinhaber muss der Verwendung seines Werkes zustimmen, er wird gegebenenfalls eine Vergütung verlangen. Diese **„geistigen Rechte"** treten in verschiedenen Erscheinungsformen auf. Die wichtigsten werden im Folgenden vorgestellt.

Urheberrechtsgesetz und Leistungsschutzrechte

Durch das Urheberrechtsgesetz (UrhG) werden die Urheber von Werken der Literatur, Wissenschaft und Kunst geschützt. Zu den geschützten Werken gehören insbesondere:

§ 2 UrhG

1. Sprachwerke, wie Schriftwerke, Reden und Computerprogramme;
2. Werke der Musik;
3. pantomimische Werke einschließlich der Werke der Tanzkunst;
4. Werke der bildenden Künste einschließlich der Werke der Baukunst und der angewandten Kunst und
5. Entwürfe solcher Werke;
6. Lichtbildwerke einschließlich der Werke, die ähnlich wie Lichtbildwerke geschaffen werden;
7. Filmwerke einschließlich der Werke, die ähnlich wie Filmwerke geschaffen werden;
8. Darstellungen wissenschaftlicher oder technischer Art, wie Zeichnungen, Pläne, Karten, Skizzen, Tabellen und plastische Darstellungen.

Ein Musikstück kann durch das Urheberrechtsgesetz geschützt sein. Die Aufführung des Stückes fällt außerdem unter das Leistungsschutzrecht.

Weiterhin werden in diesem Gesetz auch die **Rechte der aufführenden Künstler**, die sogenannten Leistungsschutzrechte (§§ 73 ff. UrhG), geschützt.

Das Orchester oder die Band, die ein Musikstück aufführt, bietet eine individuelle künstlerische Leistung dar, die schützenswert ist **(Leistungsschutzrecht)**. Dies ist unabhängig davon, ob das Musikstück selbst auch geschützt ist.

Dem **Urheber** steht das Recht zu, darüber zu bestimmen, ob und in welcher Weise sein Werk verwendet wird. Außerdem hat er Anspruch auf eine angemessene **Vergütung**. In vielen Fällen wird der Urheber durch die **Verwertungsgesellschaften** (VG) vertreten, die diese Rechte für ihn wahrnehmen. Häufig hat der Urheber das Recht zur Nutzung seines Werkes auch an einen **Verlag** (Buchveröffentlichung) oder an ein Film- und Fernsehproduktionsunternehmen (Musikveröffentlichung) übertragen. Bei Texten, Bildern oder Videos aus internetbasierten Quellen kann das Auffinden des Rechteinhabers sehr viel schwieriger sein.

- Für die Nutzung von Musik, auch von Teilen von Musikstücken, ist die **GEMA** zuständig. Sie vertritt die Rechte der Komponisten und Textdichter weltweit.
- Die Rechte der aufführenden Künstler nimmt die **GVL** wahr. Dies betrifft z. B. Darbietungen und Aufzeichnungen von Orchestern, Bands und Solokünstlern. In der Regel vertritt aber die GEMA die Interessen der GVL-Mitglieder mit, sodass man sich nur an die GEMA zu wenden braucht.
- Die **VG Wort** und die **VG Bild-Kunst** sind zuständig für die sogenannten **Zweitverwertungsrechte**. Wenn z. B. aus einem veröffentlichten Buch ein Text übernommen werden soll, ist die VG Wort zuständig, sofern der Buchverlag oder der Urheber selbst die Wahrnehmung dieser Rechte an die Verwertungsgesellschaft übertragen hat.

GEMA
Gesellschaft für musikalische Aufführungs- und mechanische Vervielfältigungsrechte
www.gema.de

GVL
Gesellschaft zur Verwertung von Leistungsschutzrechten
www.gvl.de

VG Wort
www.vgwort.de

VG BildKunst
www.bildkunst.de
Die vollständige Liste aller Verwertungsgesellschaften ist auf der Website des Deutschen Patent- und Markenamts DPMA veröffentlicht.
www.dpma.de

Wenn Sie also im Rahmen einer Präsentation ein Werk oder den Teil eines Werkes benutzen wollen – sei es ein Bild, ein Text oder ein Musikstück –, müssen Sie sich an den entsprechenden Rechteinhaber wenden. Zunächst ist es ratsam, sich bei der entsprechenden Verwertungsgesellschaft zu erkundigen, ob sie die Rechte für das entsprechende Werk wahrnimmt. Die Verwertungsgesellschaften sind verpflichtet, entsprechende Auskünfte zu erteilen, und verfügen teilweise auch über Suchmaschinen für eigene Recherchen (z. B. GEMA). Wird ein Urheber nicht durch eine Verwertungsgesellschaft vertreten, muss man sich bemühen, den Rechteinhaber ausfindig zu machen, und sich direkt an ihn wenden.

→ §§ 28, 64 UrhG
Gemeinfreie Werke unterliegen keinem Urheberrechtsschutz (mehr). Ähnlich ist der Begriff public domain in vielen angelsächsischen Ländern zu verstehen.

Das Urheberrecht **erlischt 70 Jahre nach dem Tod** des Urhebers, wobei es nach dessen Tod durch die Erben wahrgenommen wird. Nach Ablauf dieser Frist ist das Werk gemeinfrei und kann allgemein genutzt werden. Dies gilt entsprechend für alte Literatur oder Kompositionen. Die Rechte der aufführenden Künstler (Leistungsschutzrechte) erlöschen 70 Jahre nach dem Erscheinen des Tonträgers.

Das Recht am eigenen Bild

Sobald Personen z. B. auf Fotos abgebildet werden, kann sich die abgebildete Person auf ihr **Recht am eigenen Bild** berufen. Das bedeutet, dass die abgebildete Person ihre Einwilligung zur Veröffentlichung des Bildes erteilen muss. Bei selbst gemachten Fotos sollte man also immer die Einwilligung der abgebildeten Person, gegebenenfalls schriftlich, einholen. Bei einem Bild von Personen, deren Rechte man vom Urheber (z. B. dem Fotografen) erhalten hat, ist davon auszugehen, dass der Urheber die Einwilligung der Abgebildeten besitzt. Man braucht sich in diesem Fall nicht selber darum zu kümmern.

→ § 22 KunstUrhG

Vom Grundsatz, dass der Abgebildete seine Zustimmung erteilen muss, gibt es einige Ausnahmen:
- **Personen der Zeitgeschichte**, wie prominente Schauspieler, Künstler oder Politiker, müssen es sich gefallen lassen, dass sie in der Öffentlichkeit (nicht aber in ihrer Privatsphäre) gefilmt oder fotografiert werden.
- Bilder, auf denen Personen nur als **Beiwerk neben einer Landschaft** oder sonstigen Örtlichkeit abgebildet sind. Wird das Brandenburger Tor fotografiert, ist es unvermeidlich, dass sich auf dem Foto auch Personen als „Beiwerk" befinden. Die abgebildeten Personen sind aber nicht zentrales Element des Fotos.
- Bilder, die auf **öffentlichen Veranstaltungen** mit Publikum gemacht werden und auf denen „die Menge" abgebildet wird. Es darf keine Person besonders hervorgehoben sein.

→ § 23 KunstUrhG

Das Recht am eigenen Bild erlischt **10 Jahre nach dem Tod** des Abgebildeten. Nach Ablauf dieser Frist ist eine Zustimmung nicht mehr erforderlich. Man muss jedoch beachten, dass etwaige Urheberrechte an dem Bild länger bestehen.

Für die Praxis bedeutet dies, dass Sie Folgendes berücksichtigen müssen:
- Handelt es sich um ein Bild, dessen Rechte einzuholen sind?
- Bei abgebildeten Personen: Besitzen Sie die Zustimmung der Person? Oder handelt es sich um Personen, bei denen die Frist abgelaufen ist, bzw. um eine Ausnahme?
- Bei Bildern aus dem Internet ist allgemein Vorsicht angebracht, egal, aus welcher Quelle sie stammen. Die Tatsache, dass sich ein Bild frei zugänglich im Internet befindet, bedeutet nicht, dass man es auch uneingeschränkt für eigene Zwecke nutzen darf.

Prominente dürfen abgebildet werden, ohne dass sie ihre Zustimmung erteilt haben.

Hier sind die abgebildeten Personen nicht zentrales Element des Fotos.

Für die Nutzung fremder Werke im Unterricht gelten gelockerte Bestimmungen.

Nutzung urheberrechtlich geschützter Werke zum schulinternen Gebrauch
Besondere Regelungen bestehen, wenn urheberrechtlich geschützte Werke in Schulen, Einrichtungen der beruflichen Bildung und Volkshochschulen **im Rahmen des Unterrichts** genutzt werden. Hier ist die Nutzung von kleinen Teilen eines Werks bzw. von kleinen Werken möglich, ohne dass eine Zustimmung des Rechteinhabers bzw. einer Verwertungsgesellschaft notwendig ist. In diesen Fällen ist eine Nutzung also unproblematisch und mit keinerlei bürokratischem Aufwand verbunden.

Trotzdem muss bei der Nutzung eines Werkes immer die **Quelle angegeben** werden, d. h., es müssen der Urheber und das Werk, gegebenenfalls auch der Verlag des Werkes, genannt werden.

→ § 63 UrhG

Nutzung von betrieblichen Informationen, Daten und Texten
Betriebliche Informationen, Daten und Texte unterliegen grundsätzlich denselben Kriterien wie fremde, nicht-betriebliche Daten. Jedoch ist der Rechteinhaber präsent, man kann und muss die entsprechenden Einwilligungen also von der Unternehmensleitung einholen.

Hinzu kommt: Wenn Sie Auszubildender, Mitarbeiter oder Praktikant sind, stehen Sie in einem arbeitsrechtlichen Verhältnis und unterliegen dem **Weisungsrecht** Ihres Unternehmens. Die unautorisierte Nutzung betriebsinterner Quellen würde also zusätzlich einen schweren Verstoß gegen die Verschwiegenheitspflicht darstellen, die der Arbeitnehmer gegenüber dem Arbeitgeber hat. Als Konsequenz käme eine Kündigung des Arbeits- oder Ausbildungsverhältnisses „aus wichtigem Grund" infrage. Auch würde der Arbeitnehmer sich schadenersatzpflichtig machen.

Verstoß gegen Schutzrechte
Die Konsequenzen, die sich aus einer missbräuchlichen Nutzung von Werken, Abbildungen von Personen und Leistungsschutzrechten ergeben, sind vielfältig:
- Der Rechteinhaber kann den missbräuchlichen Nutzer **abmahnen** und ihn auffordern, eine mit einer Vertragsstrafe belegte Unterlassungserklärung abzugeben.
- Wenn der Nutzer die Erklärung nicht abgibt, kann er gerichtlich auf **Unterlassung** der missbräuchlichen Nutzung verklagt werden.
- Etwaiger **Schadenersatz**, z. B. für entgangene Lizenz- oder Nutzungsgebühren, kann verlangt werden.
- Die Verwertungsgesellschaften verlangen die nicht gezahlten Gebühren nach und berechnen üblicherweise denselben Betrag als zusätzliche **„Strafe"** für die Nichtanmeldung.
- Die Verletzung der oben beschriebenen Rechte stellt überdies eine **Straftat** dar, d. h. der missbräuchliche Nutzer kann mit einer Geldstrafe bzw. Haft bestraft werden.

11.4 Struktur und Gestaltung einer Präsentation

Für den inhaltlichen Aufbau einer Präsentation gibt es kein generelles Schema, nach dem sich alle Themen gliedern lassen. Es gibt aber einige Regeln, die bei der Planung einer Präsentation beachtet werden sollten.

Zunächst sollten immer die **Rahmenbedingungen** der Präsentation geklärt werden. Dazu gehören z. B. folgende Fragen:
- Wie viel Zeit steht für die Vorbereitung zur Verfügung?
- Wie viel Zeit ist für die Präsentation selbst vorgesehen?
- Welche Medien (Plakat, Tafel/Whiteboard, Flipchart, Overheadprojektor, PC mit Beamer) können bzw. sollen genutzt werden?
- Welche Erwartungen und Vorkenntnisse hat die Zielgruppe?

Sobald diese Fragen geklärt sind, kann mit der Erstellung einer Gliederung begonnen werden. Eine Präsentation besteht typischerweise aus einer Einleitung, einem Hauptteil und einem Schluss. Die Einleitung und der Schluss bilden den Rahmen, während der Hauptteil den Kern der Präsentation darstellt. Darin werden die ausgewählten Inhalte vorgetragen.

Typischer Ablauf einer Präsentation

Einleitung	- Begrüßung der Zuhörer - Vorstellung - Nennung des Themas	- Nutzen für die Zuhörer herausstellen - Gliederung der Präsentation vorstellen
Hauptteil	- Informationen und Argumente präsentieren, z. B. Vergangenheit, Gegenwart, Zukunft	
Schlussteil	- Kernpunkte wiederholen	- Appell zum Handeln oder Ausblick

11.4.1 Allgemeine Regeln zur Präsentationsgestaltung

Unabhängig vom gewählten Medium ist es wichtig, das Dargebotene übersichtlich und **ansprechend** zu gestalten. Die vortragende Person sollte sich im Vorfeld Gedanken machen, ob das Medium lediglich den Vortrag gliedert oder als direktes Anschauungsobjekt dient. Direkte Anschauungsobjekte (Fotos, Diagramme oder Schaubilder) müssen für alle gut erkennbar sein. Manchmal ist eine eigene Zeichnung übersichtlicher als ein dreimal kopiertes und eingescanntes Bild. Ein an der Tafel während des Vortrags Stück für Stück entwickeltes Schema kann hilfreicher sein als ein aufwendig im Grafikprogramm erstelltes dreidimensionales Objekt.

Handschriftliche Gestaltung

Verwenden Sie zwei Schriftgrößen: Für Überschriften und Zahlen benutzen Sie eine Schriftgröße von ca. 5 cm, für den laufenden Text ca. 2,5 cm.
- Die Buchstaben schreiben Sie in Klein- und Großbuchstaben.
- Das entspricht der Lesegewohnheit.
- Druckbuchstaben sind empfehlenswert, weil sie von den meisten Menschen gut gelesen werden können.
- Schreiben Sie eng und blockartig.
- Sorgen Sie für ausreichende Zeilenabstände im Text.

Wie schreibt man?
Kompakte Groß- und Kleinbuchstaben
$a = 0{,}5 \cdot b$

Ein **Piktogramm** (lat.: pictum = gemalt) ist ein Symbol, das eine Information durch grafische Darstellung übermittelt.

Viele Hinweisschilder und Sicherheitszeichen verwenden Piktogramme.

Blickfang
visuelles Element, das die Aufmerksamkeit des Betrachters auf einen bestimmten Punkt lenkt

Handout
(engl.) Thesenpapier

Visualisierung
- Nutzen Sie Bildmaterial, Symbole und **Piktogramme** zur Auflockerung und zur Illustration.
- Durch verschiedene Farben, Unterstreichungen, Schraffuren können Sie Wichtiges zusätzlich hervorheben.
- Nutzen Sie farbige Karten für Ihren Text.
- Wenn Sie ohne Karten arbeiten, verwenden Sie verschiedene Filzstiftfarben.
- Setzen Sie einen **Blickfang** ein, so wird Ihr Plakat oder Tafelbild aufmerksam angeschaut.

11.4.2 Gestaltung von PowerPoint-Folien

PowerPoint ist ein häufig genutztes Präsentationsprogramm mit vielen Funktionen und Gestaltungsmöglichkeiten. Damit können Folien ohne großen Aufwand optisch ansprechend gestaltet und einzelne Inhalte hervorgehoben werden. Tabellen, Texte und Grafiken werden einfach und bequem auf der Folie integriert. Die Folien können Sie über einen Beamer präsentieren oder ausdrucken und einen Overheadprojektor benutzen. Eine einheitliche Gestaltung erleichtert die Orientierung. Dabei sollten Sie folgende **Gestaltungsprinzipien** beachten:
- Jede Folie klar gliedern und mit einer Überschrift versehen.
- Stichworte statt vollständiger Sätze schreiben.
- Farben im Sinne der Konzentration und der Lesbarkeit zurückhaltend einsetzen: Helle Schriftfarben eignen sich für dunkle Hintergründe, dunkle Farben für helle Hintergründe.
- Gut lesbare Schriftgröße wählen.
- Nicht mehr als drei Schriftgrößen auf einer Folie verwenden.
- Nicht mehr als 10 Zeilen pro Folie.
- Zu viele technische Spielereien lenken vom Wesentlichen ab.
- Zu viele Folien überfordern – als Faustregel gilt: nicht mehr als maximal eine Folie pro Minute.
- Bei Zitaten und Bildern die Quellen benennen.
- Ergänzen Sie die PowerPoint-Präsentation um „spontane" Elemente. Sie können z. B. die Gliederung als handgeschriebenes Plakat ergänzen oder während der Präsentation einen Gedankengang als Tafelbild entwickeln.

Ein **Handout** unterstützt den Vortrag, indem es die wesentlichen Inhalte des Vortrags kurz und bündig zu Papier bringt. Als Faustregel gilt, dass es nicht länger als zwei Seiten sein sollte und ausreichend Platz für die Notizen der Zuhörer bietet. Es kann entweder in derselben Form wie der Vortrag gegliedert sein oder als „echtes" Thesenpapier nur die zentralen Aussagen festhalten. Zusätzlich wird im Handout i. d. R. die dem Vortrag zugrunde liegende Literatur genannt.

11.4.3 Das Präsentationsmanuskript

Um das sprichwörtliche „Blackout" während eines Vortrags zu verhindern und sich als Redner Sicherheit zu geben, ist es ratsam, ein schriftliches Präsentationsmanuskript vorzubereiten. Dafür bieten sich Karteikarten im Format DIN A5 oder DIN A6 an. Darauf können Sie die wichtigsten Inhalte in Form von Gliederungspunkten, Stichworten, Bildern oder Skizzen festhalten.

Das Präsentationsmanuskript sollte in Form eines **Stichwortmanuskripts** aufgebaut sein. Dadurch sind Sie gezwungen, frei zu sprechen – nichts ist langweiliger für das Publikum als ein (schlecht) vor- bzw. abgelesener Text. Darüber hinaus erlaubt Ihnen die Stichworttechnik den häufigen **Blickkontakt** zum Publikum. Mitunter kann es jedoch sinnvoll sein, besonders wichtige Passagen der Präsentation schriftlich auszuformulieren. Dies gilt vor allem für die ersten Sätze der Einleitung, den Schluss sowie für wichtige Definitionen oder Zitate.

Tipps zur Anfertigung eines Präsentationsmanuskripts

- Beschriften Sie die Karteikarten nur einseitig, um lästiges Blättern und Suchen zu vermeiden.
- Nummerieren Sie die Karteikarten durch.
- Schreiben Sie groß und sauber, sodass der Text auch in einer Entfernung von etwa einem halben Meter noch gut lesbar ist.
- Verwenden Sie unterschiedliche Farben, denen eine bestimmte Bedeutung zugeordnet ist, z. B.:
  rot = Überschriften, wichtige Sachverhalte
  blau = rhetorische Hinweise (langsam sprechen, Pause einlegen)
  grün = Medieneinsatz (Folie auflegen, Flip-chart beschriften)

Die Karteikarten haben darüber hinaus einen wichtigen **psychologischen Vorteil:** Sie geben Ihnen als Redner das Gefühl einer „greifbaren" Sicherheit. Zudem bietet PowerPoint die Möglichkeit, sogenannte „Handzettel" zu drucken, auf denen sämtliche Folien einer Präsentation kleinformatig abgebildet werden.

11.5 Eine Präsentation durchführen

Körpersprache und Sprechtechnik der vortragenden Person bestimmen maßgeblich die Wirkung einer Präsentation.

Körpersprache/Auftreten	Stimme und Sprechtechnik	Inhalt
– 55 % – Mimik – Gestik – Körperhaltung – Blickkontakt – Stand – Kleidung	– 38 % – Betonung – Stimm-Modulation – Sprechtempo – Pausen – Atmung	– 7 % – inhaltliche Sicherheit – klare Struktur – angemessene Wortwahl – klarer Ausdruck

11.5.1 Körpersprache und Auftreten

Die Körpersprache (Gestik, Mimik und Körperhaltung) wird unbewusst gesteuert und ist von der augenblicklichen Stimmung beeinflusst. Aber auch eine positive Körpersprache kann man trainieren. Machen Sie sich vor einem Vortrag bewusst, in welcher Stimmung Sie sind. Versuchen Sie, eine positive Grundhaltung einzunehmen, auch wenn Sie kurz vor Ihrer Präsentation einen Streit hatten oder sehr aufgeregt sind. Die Beachtung folgender Tipps kann Ihnen helfen, Ihre Körpersprache zu verbessern:

Lampenfieber
→ Kap. 11.5.4

Ein Lächeln sagt mehr als tausend Worte.

Mimik und Gestik
- Mit einem offenen Lächeln stellen Sie eine Bindung zum Publikum her.
- Eine positive Mimik signalisieren Sie auch durch aufmerksames Zuhören bei Rückfragen.
- Gekreuzte Arme und geschlossene Gesten symbolisieren Abwehr oder Überheblichkeit.

Körperhaltung
- Stellen Sie sich – mit Blick aufs Publikum – als Rechtshänder links neben die Präsentationsfläche, als Linkshänder auf die andere Seite.
- Wenden Sie Ihren Zuhörern nicht den Rücken zu – auch dann nicht, wenn Sie auf etwas hinweisen wollen.
- Achten Sie darauf, dass Sie nicht ständig kontrollieren, was auf der Präsentationsfläche steht. Sie wenden sich dadurch immer wieder vom Publikum ab und zeigen einem Großteil der Zuhörer im wahrsten Sinne des Wortes die „kalte Schulter".

Blickkontakt
Beschäftigen Sie sich nicht nur mit einer einzelnen Person. Sie verlieren so den Kontakt zu den restlichen Zuhörern. Behalten Sie vielmehr Ihr gesamtes Publikum im Auge, indem Sie versuchen, jede Person im Raum mit Ihren Blicken zu streifen. Auf diese Weise merken Sie, wenn das Publikum unaufmerksam wird, und können reagieren, indem Sie z. B. einen kleinen Witz zur Auflockerung einstreuen.

Unpassende Kleidung vermittelt dem Publikum den Eindruck, dass es nicht ernst genommen wird.

Stand
- Kreuzen Sie nicht die Beine oder belasten Sie nicht nur ein Bein. Ein unsicherer Stand wirkt sich auf Ihren Vortrag aus. Stellen Sie sich auf beide Beine, um Sicherheit beim Vortragen zu erhalten.
- Vermeiden Sie, zu starr zu stehen, und bewegen Sie sich auch ab und zu. Laufen Sie dabei aber nicht wie ein aufgezogenes Spielzeug hin und her.

Kleidung
- Zu lässige Kleidung lässt den Zuhörer vermuten, dass Sie mit Ihrem Vortrag genauso lässig umgegangen sind wie mit Ihrem Äußeren. Zeigen Sie Ihrem Publikum, dass Sie es wertschätzen, indem Sie sich dem Anlass entsprechend kleiden. Dabei ist es nicht unbedingt erforderlich, dass Sie ein Kostüm oder einen Anzug tragen. Ein helles Oberteil zu dunkler Hose oder dunklem Rock gibt in jedem Fall ein gutes Erscheinungsbild ab. Wichtig ist, dass Sie sich wohlfühlen und sich nicht „verkleidet" vorkommen.
- Verzichten Sie auf allzu viel Make-up und zu viel Schmuck. Er lenkt vom Vortrag ab und stört unter Umständen sogar, wenn er Geräusche macht.

Eine ablehnende oder desinteressierte Haltung verunsichert den Vortragenden und zeugt von mangelndem Respekt.

Auch als **Zuhörer** signalisieren Sie durch Ihre Körperhaltung, was Sie vom Vortragenden und seiner Präsentation halten:
- Taschen auf dem Tisch signalisieren, dass Sie weglaufen wollen. Legen Sie deshalb Ihr Schreibzeug bereit und nehmen Sie Ihre Tasche vom Tisch.
- Schalten Sie Ihr Mobilfunkgerät aus, damit es nicht unvermutet während des Vortrags klingelt. Das ist peinlich! Zeigen Sie nicht Ihr Desinteresse dadurch, dass Sie ständig Ihre Nachrichten kontrollieren.
- Auch wenn der Vortrag nicht spannend ist: Bleiben Sie höflich. Der Redner wird es Ihnen danken, indem er konzentriert bleibt und die Präsentation kurz hält.
- Durch eine aufmerksame, dem Redner zugewandte, aufrechte Haltung stellen Sie Kontakt her und erlauben dem Redner, seinerseits Kontakt zu Ihnen aufzunehmen.

11.5.2 Stimme und Sprechtechnik

Berücksichtigen Sie die folgenden Regeln, um den Zuhörern Ihre Inhalte so gut wie möglich zu vermitteln:

- Sprechen Sie deutlich und nuscheln Sie nicht.
- Achten Sie auf eine angemessene Lautstärke, damit Ihr gesamtes Publikum versteht, was Sie sagen.
- Setzen Sie mit Ihrer Stimme Akzente, um nicht monoton zu werden.
- Hetzen Sie nicht durchs Thema, sondern sprechen Sie in einem ruhigen Tempo.
- Bauen Sie an sinnvollen Stellen hin und wieder eine Sprechpause ein. Dies hält den Vortrag dynamisch und das Publikum wach.
- Drücken Sie sich einfach und in kurzen Sätzen aus. Das Publikum kann zu lange und verschachtelte Sätze nur schwer aufnehmen.
- Verwenden Sie Fremdwörter und Fachbegriffe nur, wenn Sie sicher sind, dass Ihr Publikum sie auch versteht. Wenn Sie nicht sicher sind, erklären Sie Fachbegriffe und verzichten Sie auf Fremdwörter.
- Informieren Sie das Publikum über den Umgang mit Fragen, d. h., ob diese am Ende oder auch während des Vortrags gestellt werden sollen.

11.5.3 Medieneinsatz

Beispiel für einen gelungenen Medieneinsatz

Für den Einsatz der Medien gelten folgende Prinzipien:

- Der Raum, die Materialien und ggf. die Sitzordnung werden frühzeitig vorbereitet. Machen Sie sich mit der vorhandenen Technik vertraut, schließen Sie probeweise PC und Beamer an bzw. stellen Sie Flipchart oder Whiteboard bereit.
- Allen Zuhörern ist eine freie Sicht auf das Medium zu ermöglichen, sodass die Inhalte gut lesbar sind.
- Die Zuhörer brauchen Zeit, um die Inhalte zu erfassen. Achten Sie deshalb bewusst darauf, „Gedankenpausen“ einzubauen.
- Erst vorlesen – dann erläutern. In den ergänzenden Erklärungen stellen Sie immer wieder einen Bezug zu den visualisierten Inhalten her und weisen mit Zeigestock/Laserpointer/Hand darauf hin.
- Auch während des Medieneinsatzes halten Sie den Blickkontakt zum Publikum aufrecht.
- Medien werden sparsam und gezielt eingesetzt. Eine Medienschlacht wird so vermieden. Wird ein Medium nicht mehr genutzt, wird es abgeschaltet bzw. abgedeckt.

11.5.4 Umgang mit Lampenfieber

Lampenfieber kennt fast jeder. Es tritt auf, wenn man vor Publikum etwas vorstellen soll, egal ob als Musiker, Schauspieler oder als Redner. Allerdings sind die Symptome sowie das Ausmaß von Mensch zu Mensch verschieden. Es gibt Symptome, die auch für die Zuhörer wahrnehmbar sind, und Symptome, die nur der Vortragende spürt.

Beide Arten von Symptomen können die Qualität des Vortrags schmälern. Oft werden jedoch die für alle sicht- bzw. hörbaren Symptome als weitaus lästiger empfunden. Denn viele Vortragende schämen sich, Lampenfieber zu haben. Sie befürchten, es ist ein Zeichen von Schwäche.

Symptome von Lampenfieber

Symptome, die nur für den Vortragenden spürbar sind		Symptome, die auch für den Zuhörer sichtbar sind	
– Unwohlsein, Magendruck – Drang zur Toilette – feuchte Hände	– trockener Mund – erhöhter Herzschlag – verstärktes Schwitzen	– hektisches Reden, Stottern – Zittern in der Stimme – kein Blickkontakt	– hektische Bewegungen – geduckte Haltung – Erröten

negative Gedanken	positive Gedanken
Ich verliere sicher den roten Faden!	Mir kann nichts passieren. Den roten Faden hab' ich im Kopf und auf meinen Präsentationskarten.
Bestimmt finden alle meinen Vortrag langweilig. Das Thema interessiert doch keinen!	Das Thema ist spannend. Das wird ein richtig guter Vortrag!
Ich sehe unmöglich aus.	Ich sehe gut aus. Das wurde mir schon oft gesagt.
Ich schaff' es nicht!	Ich traue es mir zu. Ich bin gut vorbereitet.

Es kann nicht Ihr Ziel sein, das Lampenfieber gänzlich zu beseitigen. Die folgenden Strategien können Ihnen jedoch helfen, Ihr Lampenfieber so weit zu reduzieren, dass es Sie und Ihren Vortrag nicht allzusehr beeinträchtigt.

Vorbereitung
Die Grundvoraussetzung für den Erfolg Ihrer Präsentation ist die sorgfältige Vorbereitung. Fehlt Ihnen die fachliche Sicherheit, ist es nicht verwunderlich, dass Sie vor der Präsentation Angst haben. Empfehlenswert ist, eine Art **Generalprobe** vor vertrauten Personen (Eltern, Freunden, Geschwistern) durchzuführen. Sie erkennen dabei selbst noch kleine inhaltliche Unstimmigkeiten oder dass die Abstimmung mit den Medien noch nicht gut funktioniert. Sicher werden Sie viel positive Rückmeldung von Ihren Zuhörern bekommen, aber vielleicht auch den einen oder anderen Verbesserungsvorschlag.

Positive Grundeinstellung
Ängste werden oft dadurch verursacht, dass der Vortragende negativ über sich selbst denkt. Die Folge ist, dass man die Selbstsicherheit und den Mut verliert, vor einer Gruppe zu sprechen. Glücklicherweise kann diese negative Einstellung geändert werden. Versuchen Sie, die negativen Gedanken, die Sie belasten, in positive umzuformulieren.

Entspannungsübungen
Mit Entspannungsübungen können Sie langfristig Ihr Lampenfieber senken. Lernen Sie eine Entspannungstechnik, wie z. B. Yoga, autogenes Training. Ein einfacher Trick, um von negativen Gedanken abzulenken: Betrachten Sie eine Minute lang den Sekundenzeiger Ihrer Uhr. Versuchen Sie, nicht mehr an die Umgebung zu denken, sondern verfolgen Sie nur den Weg des Zeigers. Atmen Sie dabei ruhig ein und aus. Durch diese Übungen wird die Konzentration auf Ihre Atmung gelenkt und die angstauslösenden Gedanken treten in den Hintergrund.

11.6 Eine Präsentation bewerten

Beobachtet, bewertet und beurteilt zu werden, ist bei den meisten Menschen mit unangenehmen Gefühlen verbunden. Die Angst zu versagen, vor anderen bloßgestellt zu werden und sich zu blamieren, ist dabei zumeist der Hauptbeweggrund. Aber auch zu viel Lob vor der Gruppe kann durchaus unangenehm sein.

11.6.1 Bewertungsbögen

Die wichtigste Voraussetzung für die offene und faire Bewertung einer Präsentation ist die **Definition von Bewertungskriterien**. Ein solcher Kriterienkatalog sollte **gemeinsam mit allen Beteiligten** – insbesondere mit dem Vortragenden – festgelegt werden. Es sollten nur solche Kriterien zur Bewertung herangezogen werden, die zuvor ausdrücklich angesprochen wurden.

Haben Sie sich über die Bewertungskriterien geeinigt, empfiehlt es sich, die entsprechenden Gesichtspunkte in einer Checkliste festzuhalten. Zunächst kann es durchaus sinnvoll sein, einfache **Bewertungstabellen** zu verwenden, in denen die Beobachter ihre jeweiligen Eindrücke handschriftlich festhalten.

In einem weiteren Schritt können dann **Bewertungsbögen** mit vorgegebenen Kriterien eingesetzt werden. Diese Bewertungsbögen können unterschiedlich detailliert gestaltet werden. Mehr als zehn bis zwölf Bewertungskriterien und mehr als fünf bis sechs Abstufungen (von sehr gut bis sehr schlecht) sind in der Praxis jedoch nur noch schwer zu überblicken.

11.6.2 Feedback

Ein Feedback bietet die Möglichkeit für eine konstruktive und sachliche Kritik. Dabei versteht sich Feedback jedoch immer nur als **Angebot**, auf Stärken und Schwächen hinzuweisen, ohne abzuurteilen. Der Feedback-Empfänger erhält die Chance, Verhaltensweisen zu verändern und zu verbessern. Was er aus den Anregungen letztendlich macht, bleibt jedoch ihm selbst überlassen. Wenn sich alle Teilnehmer einer Feedback-Runde an die folgenden Regeln halten, kann sich dadurch eine positive Kritikkultur entwickeln.

Feedback-Regeln

Wenn Sie jemandem ein Feedback geben, sollte es ... sein!	
fair	– Geben Sie dem Feedback-Empfänger die Möglichkeit, sich als Erster kurz zu seiner Aussage / seinem Verhalten zu äußern.
ehrlich	– Was Sie sagen, muss der Wahrheit entsprechen.
verantwortlich	– Sie sprechen in der „Ich-Form“ und vertreten nur Ihre persönliche Meinung („Ich-Botschaften“).
persönlich	– Sie beschreiben genau, was Sie beobachtet haben.
sachlich	– Sie nennen die Stärken des Feedback-Empfängers.
positiv verstärkend	– Sie formulieren Verbesserungsvorschläge.
Wenn Sie ein Feedback erhalten, sollten Sie ...	
bestimmen	– Sie können entscheiden, ob Sie ein Feedback erhalten möchten!
aktiv zuhören	– Sie überprüfen, ob Sie das Feedback richtig verstanden haben, und fragen eventuell noch einmal nach. Wiederholen Sie das Gehörte!
geduldig sein	– Rechtfertigen Sie sich nicht. Nehmen Sie sich Zeit, die Informationen des Feedback-Gebers zu reflektieren.
Rückmeldung geben	– Sagen Sie Ihrem Feedback-Geber, ob für Sie die Informationen hilfreich waren.

LF 2
Projekte planen und durchführen

AB → Lernsituation 23

Lernvideo:
Was ist ein Projekt?

1 Grundlagen der Projektarbeit

Egal, ob ein neues Produkt auf den Markt gebracht, ein Unternehmen gegründet, eine Werbemaßnahme geplant oder ein Gebäude errichtet wird: Viele größere Vorhaben werden heutzutage in Form von Projekten verwirklicht. Unter einem **Projekt** versteht man ein zeitlich beschränktes Vorhaben, das im Wesentlichen durch die Einmaligkeit seiner Rahmenbedingungen gekennzeichnet ist.

Merkmale von Projekten

Merkmal	Erläuterung
Einmaligkeit der Bedingungen in ihrer Gesamtheit	Ein Projekt ist ein Einzelvorhaben und erfordert somit ein besonderes Ergebnis.
Zielvorgaben	Für ein Projekt gibt es klar definierte Ziele.
zeitliche, personelle und finanzielle Begrenzung	Termine sind meistens verbindlich vorgegeben, eine bestimmte Anzahl an Personen und begrenzte finanzielle Mittel stehen bereit.
Abgrenzung gegenüber anderen Vorhaben	Jedes Projekt unterscheidet sich von einem anderen und hat ein anderes Ergebnis.
Komplexität	Es existieren viele wechselseitige Verflechtungen und vernetzte Abhängigkeiten.
Schwierigkeitsgrad	Probleme (z. B. unterschiedliche Interessen der Beteiligten) bestimmen die Erfolgsaussicht.
Risiko	Die Gefahr, dass das Projektziel verfehlt wird, bestimmt die Höhe des Risikos.
interdisziplinärer Charakter	Mehrere Fachbereiche (Abteilungen) arbeiten an einem Projekt zusammen.

Die Abgrenzung zwischen *Projekten* und sonstigen *projektartigen Aufgaben* ist nicht vollkommen trennscharf. Grundsätzlich gilt: Je mehr der genannten Merkmale erfüllt sind, umso eher handelt es sich um ein Projekt.

BEISPIEL: Die Fly Bike Werke GmbH möchte einen „Tag der offenen Tür für Schulabgänger" durchführen, zu dem vor allem Schülerinnen und Schüler der allgemeinbildenden Schulen und der Fachoberschulen eingeladen werden sollen. Die Idee zu diesem Projekt, das vorrangig von den Auszubildenden durchgeführt werden soll, hatte die Geschäftsführerin Ewa Nowak.

Projektmanagement

Der Begriff *Projektmanagement* umfasst die gesamte Abwicklung eines Projekts von der Analyse des **Projektauftrags** über die **Projektplanung** und **Projektdurchführung** bis zum **Projektabschluss** inklusive Projektauswertung. Die Verantwortung für das Projekt wird der **Projektleitung** übertragen. Neben dem fachlichen Können zur Durchführung eines Projekts muss diese über ein hohes Maß an sozialen Fähigkeiten verfügen. Zu ihren Hauptaufgaben gehört es, alle Projektmitglieder (Teammitglieder) im Sinne des Projektziels zu „managen" und die Zusammenarbeit im gesamten Projektteam zu optimieren.

Die **Projektleitung** wird auch als *Projektmanagement* bezeichnet.

Projektphasen

Projekte durchlaufen verschiedene Abschnitte (auch: Phasen). Aus der Absicht, die einer Phase zugrunde liegt, ergibt sich die jeweilige Art der Aktivität. In jeder dieser Projektphasen sind besonders wichtige Punkte zu beachten. In der Regel lässt sich bei Projekten keiner dieser Abschnitte auslassen, ohne dass das Projekt dadurch gefährdet wird.

Abschnitte eines Projekts

Projektauftrag → **Projektplanung** → **Projektdurchführung** → **Projektabschluss**

Bedeutungen der einzelnen Abschnitte eines Projekts

Projektauftrag	Erster Abschnitt im Projektverlauf, in dem aus einem Projektanlass heraus das Projekt genau definiert und der Projektauftrag formuliert wird.
Projektplanung	Dieser Abschnitt ist die Grundlage für eine erfolgreiche Durchführung des Projekts. Die einzelnen Tätigkeiten und deren Abläufe werden grundsätzlich festgelegt. Eine laufende Anpassung der Planung an sich verändernde Rahmenbedingungen während der Projektrealisation sollte aber immer möglich sein.
Projektdurchführung	In diesem Abschnitt gilt es, Abweichungen der Projektdurchführung von der Projektplanung zu erkennen und erforderliche Korrekturen vorzunehmen. Dabei ist es notwendig, stets auf alle relevanten Informationen zurückgreifen zu können. Diese Aufgabe erfüllt die Projektdokumentation.
Projektabschluss	Das Projekt wird (an den Auftraggeber) übergeben. Häufig findet in diesem Zusammenhang eine Projektpräsentation statt. Außerdem werden die Projektergebnisse hinsichtlich der zuvor formulierten Projektziele ausgewertet.

ÜBERSICHT: Grundlagen der Projektarbeit

Projektmerkmale	Einmaligkeit; Zielvorgaben; zeitliche, personelle und finanzielle Begrenzung; Abgrenzung gegenüber anderen Vorhaben; Komplexität; Schwierigkeitsgrad; Risiko; interdisziplinärer Charakter
Projektmanagement	gesamte Abwicklung und Leitung eines Projekts
Projektphasen	Projektauftrag → Projektplanung → Projektdurchführung → Projektabschluss

Alles klar?

1 Nennen und erläutern Sie drei Merkmale eines Projekts.

2 Erläutern Sie grob, was in den einzelnen Phasen eines Projekts geschieht.

AB → Lernsituation 23

Lernvideo:
Wie plane ich ein Projekt?

2 Projektauftrag

Zu Beginn eines Projekts ist es sinnvoll, das Projekt in einem Projektauftrag genau zu beschreiben, damit alle Beteiligten in Bezug auf die Rahmenbedingungen, das Projektziel und die anstehenden Aufgaben die gleiche Vorstellung bekommen (Worum handelt es sich?). In dieser Anfangsphase helfen die folgenden beiden Aktivitäten bei der Konkretisierung des Projekts:

1. Beratung über den Projektanlass und grobe Beschreibung der Aufgabe des Projekts (Warum wird ein Projekt durchgeführt?)
2. Festlegung der Projektziele (Was soll am Ende rauskommen?)

Die Erkenntnisse aus diesen Aktivitäten können dann in einem Projektauftrag als Ergebnis dieser ersten Projektphase zusammengefasst werden.

2.1 Projektanlass und Aufgabenbeschreibung

Die Auslöser für den Beginn von Projekten können von Unternehmen zu Unternehmen sehr unterschiedlich sein. Grundsätzlich zu unterscheiden sind **interne Projekte**, bei denen der Projektanlass im eigenen Unternehmen liegt, und **externe Projekte**, die in der Regel von Kunden durch Aufträge veranlasst werden.

Auslöser für interne Projekte sind meistens Wünsche oder Ideen der Geschäftsleitung oder aus den einzelnen Abteilungen eines Unternehmens. Damit verbunden ist häufig der Wunsch nach bestimmten Verbesserungen. Aus dem Projektanlass ergibt sich in der Regel die generelle Aufgabenbeschreibung für das Projekt. Die folgende Tabelle gibt einige typische interne Projektanlässe und mögliche daraus resultierende Aufgaben wieder.

Projektanlass	Grobe Aufgabenbeschreibung
Wunsch nach Effizienzsteigerung oder Arbeitserleichterung	Einführung einer neuen Technologie (z. B. einer neuen Betriebssoftware)
fehlende Lagerkapazität	Bau einer Lagerhalle
unzureichende Arbeitsbedingungen	Neugestaltung der Büroräume
Wandel der Kundenbedürfnisse	Entwicklung eines Neuprodukts
Wunsch nach Umsatzsteigerung	Entwicklung einer Werbekampagne
Wunsch nach Imageverbesserung	Überarbeitung des Internetauftritts
schlechtes Betriebsklima	Einführung von Teamarbeit

BEISPIEL: Cem Samet hat festgestellt, dass die Bewerberzahlen für Ausbildungsplätze in der Fly Bike Werke GmbH seit Jahren rückläufig sind. Als er Ewa Nowak davon berichtet, meint diese: „Das können wir doch als Anlass für ein internes Projekt nehmen. Unsere Auszubildenden sollen einen Tag der offenen Tür für Schulabgänger veranstalten, an dem wir insbesondere die zukünftigen Schulabgänger ansprechen. Ich werde Veruschka Linden mit der Projektleitung beauftragen. Als grobe Aufgabenbeschreibung gebe ich ihr vor, dass wir die Bewerbendenzahlen für Ausbildungsplätze steigern wollen."

2.2 Zielfindung und Zielformulierung

In einer Aufgabenbeschreibung wird in der Regel schon grob formuliert, welchen Nutzen das Projekt für Auftraggeber/-innen haben soll. Um ein Projekt aber effizient und erfolgreich durchführen zu können, muss diese Nutzenvorstellung präzisiert werden. Es müssen konkrete Projektziele gefunden und formuliert werden.

„Wer das Ziel kennt, kann entscheiden; wer entscheidet, findet Ruhe; wer Ruhe findet, ist sicher; wer sicher ist, kann überlegen; wer überlegt, kann verbessern." (Konfuzius)

„Magisches Dreieck" der Projektziele

Damit ein Projekt zum Erfolg wird, muss das Projektmanagement mindestens drei Zielvorgaben festlegen:

1. Das **Sachziel** beantwortet die Frage: „Was soll geplant und erreicht werden?" bzw. „Welche Qualität bezüglich des Endprodukts ist zu erfüllen?"

BEISPIEL: In der Fly Bike Werke GmbH soll ein erfolgreicher Tag der offenen Tür für Schulabgänger/-innen durchgeführt werden.

2. Das **Kostenziel** beantwortet die Frage: „Welches Budget ist für das Projekt vorgesehen, das heißt, was darf das gesamte Projekt maximal kosten?"

BEISPIEL: Für die Planung und Durchführung des Tages der offenen Tür für Schulabgänger/-innen stehen 5.000,00 € zur Verfügung.

3. Das **Terminziel** beantwortet die Frage: „Zu welchem Zeitpunkt soll das Projekt abgeschlossen sein?"

BEISPIEL: Da der Bewerbungsschluss für die am 01. August 20X7 beginnenden Ausbildungen am 01. April 20X7 ist, soll der Tag der offenen Tür für Schulabgänger in der zweiten Januarhälfte des Jahres 20X7 stattfinden..

Die drei Zielgrößen beeinflussen sich wechselseitig: Ändert sich eine Zielgröße, wirkt sich das auf die beiden anderen aus. Steigen z. B. die Anforderungen an die Qualität des Produkts, so verlängern sich üblicherweise die Bearbeitungszeiten und damit erhöhen sich die Kosten, sodass in diesem Fall weder Terminziel noch Kostenziel eingehalten werden können. Es ergeben sich **Zielkonflikte**.

„Magisches Dreieck" der Projektziele

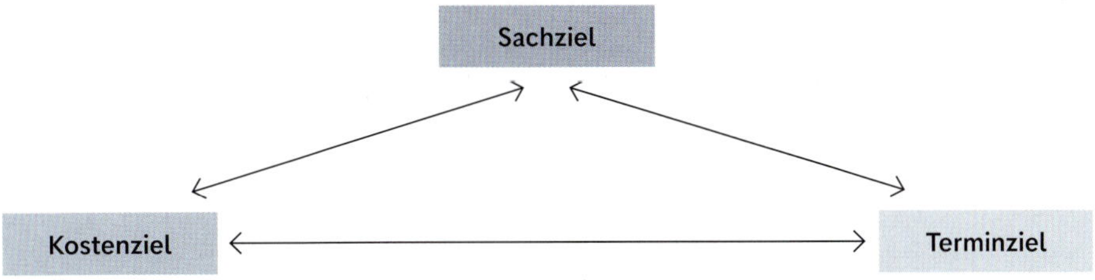

Es zeigt sich, dass eine getrennte Betrachtung der einzelnen Zielgrößen nicht sinnvoll ist, sondern alle drei Größen in ihrem Zusammenhang erfasst werden müssen. Dies ist aber oft sehr schwierig, sodass je nach Art des Projekts meist eines der oben genannten Ziele im Vordergrund steht.

BEISPIEL: Die Projektleiterin Veruschka Linden hat in Absprache mit Frau Nowak festgelegt, dass das Terminziel bei dem Projekt „Tag der offenen Tür für Schulabgänger/-innen" Priorität hat. Entscheidend ist, dass die Veranstaltung rechtzeitig stattfindet, um positive Auswirkungen auf die Bewerbendenzahlen im Jahr 20X7 zu erzielen.

SMARTe Projektziele

Bei der Festlegung von Projektzielen ist nicht nur zu bedenken, dass alle Zielvorgaben erfasst werden. Zudem muss beachtet werden, dass Ziele **SMART formuliert** werden. Hinter diesen Buchstaben verbergen sich folgende Anforderungen:

SMART
steht ursprünglich für
- **S**pecific
- **M**easurable
- **A**ccepted
- **R**ealistic
- **T**imely

SMARTe Projektziele

Spezifisch	Das Ziel muss präzise und eindeutig formuliert sein (nicht vage oder missverständlich). Die Projektteilnehmenden müssen genau verstehen, was von ihnen erwartet wird.
Messbar	Das Ziel sollte möglichst messbar, mindestens aber überprüfbar sein. Die Zielerreichung muss später anhand von Kriterien beurteilt werden können.
Akzeptiert	Das Ziel muss für den Auftraggeber / die Auftraggeberin des Projekts akzeptabel und sinnvoll sein. Idealerweise wurden die Ziele gemeinsam besprochen und festgelegt.
Realistisch	Das Ziel muss unter Berücksichtigung der Rahmenbedingungen (z. B. Projektbudget) erreichbar sein.
Terminiert	Es muss festgelegt sein, bis wann das Ziel erreicht werden soll. Hierbei kann es sich z. B. um eine Abschlusspräsentation, aber auch um Zwischenziele im Verlauf des Projekts handeln.

Nur wenn Projektziele auf diese Art und Weise formuliert werden, ist eine spätere effiziente und zielgerichtete Projektarbeit gewährleistet. Zudem können nur SMART formulierte Ziele im Rahmen der abschließenden Projektevaluation zuverlässig überprüft werden.

BEISPIEL:

allg. Zielformulierung des Auftraggebers	konkretes, SMART formuliertes Sachziel
Steigerung der Bewerberzahlen für Ausbildungsplätze in der Fly Bike Werke GmbH	Die Zahl der Bewerbenden für Ausbildungsplätze in der Fly Bike Werke GmbH soll für den Einstellungstermin 01. August 20X7 bis zum Bewerbungsschluss am 01. April 20X7 um mindestens 20 % gegenüber dem gleichen Termin im Vorjahr gesteigert werden.

2.3 Ideenfindung durch Kreativitätstechniken

Im Rahmen von Projekten, insbesondere zu deren Beginn, müssen häufig **neue Ideen entwickelt** bzw. aufgetretene **Probleme gelöst** werden. Da Projekte durch ihre Einmaligkeit gekennzeichnet sind, erfordern sie von den an dem Projekt Beteiligten in der Regel ein hohes Maß an Kreativität bei der Ideenfindung. Gerade zu Beginn von Projekten werden deswegen häufig Kreativitätstechniken eingesetzt. Sie fördern kreatives Denken und dienen der gezielten Ideenfindung und der Problemlösung. Für die Projektarbeit wurden zahlreiche **Kreativitätstechniken** entwickelt. Zu den bekanntesten zählen Brainstorming, Brainwriting und Mindmapping.

Brainstorming

Mithilfe eines Brainstormings sollen innerhalb kurzer Zeit möglichst viele kreative Lösungsvorschläge, Ideen usw. zu einem vorgegebenen Thema gesammelt werden. Die Idee dieser Methode ist es, „das Gehirn zum Sturm auf ein Problem" zu verwenden („using the **brain** to **storm** a problem").

BEISPIEL: Zur Entwicklung von Marketingideen wird das Brainstorming häufig genutzt, z. B. um für Werbekampagnen neue, innovative und vor allem kreative Ideen zu entwickeln. In der Fly Bike Werke GmbH sollen beispielsweise von einer Projektgruppe Ideen für eine Werbekampagne der neuen E-Bikes gesammelt werden. Hierzu bekommen die Projektmitglieder zehn Minuten Zeit und rufen der Projektleitung spontan Ideen für die geplante Werbemaßnahme zu, die diese unkommentiert auf einem Flipchart notiert. Anschließend werden die gesammelten Ideen strukturiert und von den Projektmitgliedern durch die Vergabe von „Smileys" bewertet.

Brainwriting (Methode 635)

Brainwriting ist eine **schriftliche Variante des Brainstormings**. Alle Teilnehmenden können dabei zunächst selber in Ruhe ihre Ideen aufschreiben. Diese werden anschließend von den anderen Gruppenmitgliedern aufgegriffen und weiterentwickelt.

Das Brainwriting wird auch Methode 635 genannt:
- **6** Teilnehmer (im Idealfall) halten auf einem Notizblatt zunächst
- **3** Ideen fest und reichen ihr Notizblatt weiter. Der Nachbar versucht, die drei Ideen zu ergänzen bzw. weiterzuentwickeln. Die Blätter werden
- **5**-mal weitergegeben, bis jede/-r jedes Blatt bearbeitet hat.

Konkrete Vorgehensweise und Regeln beim Brainwriting:
1. Die Problemstellung wird auf einem Formular festgehalten. Das Formular wird darunter in drei Spalten unterteilt.
2. Jede/-r Teilnehmer/-in trägt in die erste Zeile drei Ideen ein, in jede Spalte eine.
3. Jede/-r Teilnehmer/-in reicht das Formular nach einer Zeit von ca. drei bis fünf Minuten an den/die nächste/-n Teilnehmer/-in im Uhrzeigersinn weiter.
4. Jede/-r Teilnehmer/-in trägt nun in das vor ihm/ihr liegende Formular in die zweite Zeile Ergänzungen bzw. Weiterentwicklungen der Ursprungsideen ein, möglichst zu jeder der drei Ursprungsideen.
5. Die Ideenfindung und -entwicklung ist beendet, wenn jede/-r Teilnehmer/-in sein/ihr Formular mit den Weiterentwicklungen der anderen fünf Teilnehmer/-innen wieder vor sich liegen hat.
6. Ein Vorschlag wird gemeinsam ausgewählt und in der Gruppe diskutiert.

Mindmapping

Eine Mindmap soll komplexe Zusammenhänge visualisieren. Sie kann ständig geändert und erweitert werden. Eine Mindmap verknüpft Gedanken, Gefühle und Ideen mithilfe von Zeichnungen und kurzen Sätzen oder Stichworten. Diese Visualisierungsform verbindet sprachliches und bildhaftes Denken, wodurch die gesamte Kapazität der beiden Gehirnhälften genutzt wird.

2.4 Entscheidungsfindung

Nachdem Ideen mithilfe von Kreativitätstechniken gefunden wurden, muss entschieden werden, welche von ihnen weiterverfolgt werden sollen. Diese Entscheidung beeinflusst in hohem Maß die zukünftige Entwicklung des Projekts und damit auch den Projekterfolg. Fehlentscheidungen können manchmal sogar das gesamte Projekt gefährden. Entscheidungen sollten möglichst anhand von **Entscheidungskriterien** und mithilfe von bestimmten **Methoden der Entscheidungsfindung** getroffen werden.

2.4.1 Entscheidungskriterien bei der Projektarbeit

Um Entscheidungen rational treffen zu können, sollten die folgenden **Entscheidungskriterien der Projektarbeit** berücksichtigt werden:

- **Machbarkeit:** Entscheidungen sollen so getroffen werden, dass das Projekt hinsichtlich Aufgabenbeschreibung, Zeit und Kosten realisierbar ist und bleibt.
- **Projektrisiko:** Entscheidungen sollen die Erreichung der Projektziele unterstützen und den Projekterfolg möglichst nicht gefährden.
- **Wirtschaftlichkeit:** Die Kosten des Projekts sollen seinen Nutzen nicht übersteigen. Das Projekt muss sich wirtschaftlich „lohnen".

BEISPIEL: Im Rahmen einer Projektbesprechung mit einer Mitarbeiterin der Werbeagentur BE Partners musste heute Vormittag entschieden werden, ob der Internetauftritt der Fly Bike Werke GmbH auch um einen Unternehmensauftritt in einem sozialen Netzwerk ergänzt werden soll. Auf Grundlage einer Kostenkalkulation von Roswitha Taubert wurde entschieden, dass dies ohne Erhöhung des Projektbudgets zu riskant sei. Um die Qualität des eigentlichen Internetauftritts nicht zu gefährden, wurde entschieden, das Thema *Social Media* auf ein späteres Projekt zu verschieben.

Aufgabe aller am Projekt beteiligten Personen ist es, in einer Entscheidungssituation eine optimale Alternative zu finden. In der Projektarbeit sollten Entscheidungen rational getroffen werden und für andere Personen nachvollziehbar sein. Dabei wirken sich Zeitdruck und unzureichende Informationen negativ auf den Entscheidungsprozess aus.

Manche Entscheidungen entziehen sich einer rationalen Begründung und werden emotional (von Gefühlen geleitet) getroffen. Oft spielen bei einer Entscheidung „aus dem Bauch heraus" zu einem früheren Zeitpunkt gesammelte Erfahrungen eine entscheidende Rolle. Idealerweise sollten Entscheidungen aber mithilfe bestimmter Methoden getroffen werden.

2.4.2 Methoden der Entscheidungsfindung

Gerade in der Startphase von Projekten müssen viele Entscheidungen getroffen werden. So muss beispielsweise aus den vielen durch Kreativitätstechniken gewonnenen Ideen eine ausgewählt werden, die dann in der Projektplanung konkretisiert wird. Hierbei helfen verschiedene Methoden der Entscheidungsfindung.

Pro-Kontra-Liste

Für jede Idee wird eine Liste mit Pro-Argumenten und eine mit Kontra-Argumenten erstellt. Die Gegenüberstellung gibt schon durch die Anzahl der Argumente einen Hinweis auf die „beste" Idee. Idealerweise sollten die einzelnen Argumente aber auch hinsichtlich ihres „Gewichts" beurteilt werden. Eine Idee mit nur einem Nachteil kann schlechter sein als eine andere Idee, wenn der Nachteil ein Ausschlusskriterium ist.

Entscheidungsmatrix

Bei dieser Methode werden alle Ideen auf Grundlage zuvor festgelegter Kriterien bewertet. Falls die Kriterien unterschiedlich starke Bedeutung haben, kann zusätzlich mit Gewichtungsfaktoren gearbeitet werden. Die verschiedenen Ideen bekommen für jedes Kriterium eine Punktzahl, die umso höher ist, je stärker das Kriterium erfüllt wird. Gegebenenfalls wird diese Punktzahl mit dem jeweiligen Gewichtungsfaktor multipliziert. Die Entscheidung fällt letztlich auf die Idee mit der größten Summe der (gewichteten) Einzelpunktzahlen.

Die **Entscheidungsmatrix** wird auch als **Nutzwertanalyse** bezeichnet.

BEISPIEL: Durch ein Brainstorming hat sich gezeigt, dass die Ausbildungsberufe am Tag der offenen Tür für Schulabgänger/-innen durch eigene Mitarbeiter/-innen und Auszubildende oder durch externe Fachleute, z. B. von der örtlichen Industrie- und Handelskammer, vorgestellt werden könnten. Mithilfe einer Entscheidungsmatrix werden diese Optionen anhand von drei Kriterien beurteilt. Als Regeln zur Erstellung der Entscheidungsmatrix wurde festgelegt:

1. Die Summe der Gewichtungsfaktoren muss 10 ergeben.
2. Die zur Verfügung stehenden Optionen werden für jedes Kriterium auf einer Skala von 0 (Option erfüllt das Kriterium gar nicht) bis 9 (Option erfüllt das Kriterium voll) beurteilt.

Kriterien	Gewichtungsfaktor	Vorstellung durch eigene Mitarbeiter/-innen und Auszubildende		Vorstellung durch externe Expertinnen/Experten	
		Punkte	Punkte · Faktor	Punkte	Punkte · Faktor
Machbarkeit	3	8	24	5	15
geringes Projektrisiko	5	5	25	7	35
Wirtschaftlichkeit	2	9	18	5	10
Gesamtpunktzahl			67		60

Da die Option „Vorstellung durch eigene Mitarbeiter/-innen und Auszubildende" die höhere Gesamtpunktzahl erzielt, wird im Projektteam die Entscheidung getroffen, die Option weiterzuverfolgen und im Rahmen der Projektplanung weiter auszuarbeiten.

Bei Sportturnieren bezeichnet man dieses Vorgehen als **K.-o.-System**.

Entscheidungsbaum

Ein Entscheidungsbaum bietet sich insbesondere dann an, wenn viele Optionen zur Verfügung stehen. Wie bei einem Sportturnier treten immer zwei Optionen gegeneinander an (sie werden miteinander verglichen) und der Gewinner kommt in die nächste Runde. Nach der letzten Runde ergibt sich dann die Option, die insgesamt gewonnen hat und auf die die Entscheidung fällt.

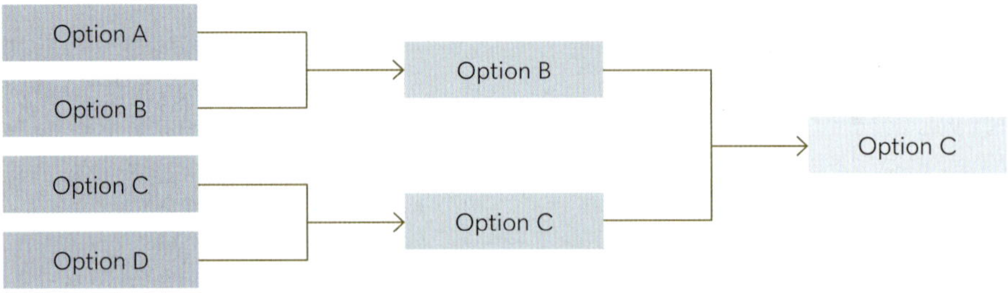

2.5 Formulierung des Projektauftrags

Um in eine konkrete und detaillierte Projektplanung einsteigen zu können, ist es sinnvoll, die ersten Erkenntnisse bezüglich der Aufgabenbeschreibung und der gesetzten Ziele sowie erste Ideen und diesbezüglich bereits getroffene Entscheidungen schriftlich festzuhalten. In einem Projektauftrag werden in der Regel mindestens die folgenden Angaben notiert:

BEISPIEL: Projektauftrag: Tag der offenen Tür für Schulabgänger/-innen

Projektnummer	20X7-01
Projektname	Tag der offenen Tür für Schulabgänger/-innen 20X7
Kurzbeschreibung des Projekts	Organisation und Durchführung eines Tages der offenen Tür für Schulabgänger/-innen im Jahr 20X7
Auftraggeber/-in	Ewa Nowak (internes Projekt)
Projektleitung	Veruschka Linden
Weitere Mitglieder des Projektteams	Jenny Liu, Elias Schumacher
Aufgabenbeschreibung	Aufgrund rückläufger Bewerberzahlen für Ausbildungsplätze soll ein Tag der offenen Tür veranstaltet werden, auf dem Schulabgängern die in der Fly Bike Werke GmbH angebotenen Ausbildungsberufe vorgestellt werden.
Projektziele	**Sachziel:** Die Zahl der Bewerber für Ausbildungsplätze in der Fly Bike Werke GmbH soll für den Einstellungstermin 01. August 20X7 bis zum Bewerbungsschluss am 01. April 20X7 um mindestens 20 % gegenüber dem gleichen Termin im Vorjahr gesteigert werden. **Kostenziel:** Für die Planung und Durchführung des Tages der offenen Tür für Schulabgänger stehen 5.000,00 € zur Verfügung. **Terminziel:** Da der Bewerbungsschluss für die am 01. August 20X7 beginnenden Ausbildungen am 01. April 20X7 ist, soll der Tag der offenen Tür für Schulabgänger in der zweiten Januarhälfte des Jahres 20X7 stattfinden.
Unterschriften	Auftraggeber/-in Ewa Nowak Projektleiter/-in *Veruschka Linden*

Der Projektauftrag wird in der Regel vom Auftraggeber und der Projektleiterin unterschrieben und ist die Grundlage für die anschließende Planung und Durchführung des

Projekts. Bei externen Projekten wird mithilfe des Projektauftrags ein Vertrag zwischen Auftraggeber und Auftragnehmer geschlossen, der für alle Beteiligten verbindlich ist. Um spätere Missverständnisse zu vermeiden, muss er eindeutig formuliert sein und sämtliche Unklarheiten im Vorhinein ausschließen.

2.6 Erstellung eines Lastenhefts

Gerade bei umfangreichen Projekten stellt das **Lastenheft** eine sinnvolle **Erweiterung und Präzisierung des Projektauftrags** dar. I. d. R. wird es vom Auftraggeber des Projekts erstellt. Er beschreibt im Lastenheft vor allem seine Anforderungen an das Projekt, insbesondere an die Projektziele. Die Inhalte und die Gliederung des Lastenhefts sind projektspezifisch sehr unterschiedlich und haben oft eine große Schnittmenge mit dem Projektauftrag. Üblicherweise beinhaltet es die folgenden Punkte:

BEISPIEL: Die Fly Bike Werke GmbH beauftragt einen Hersteller von Akkus für E-Bikes mit der Entwicklung eines neuen Akkus und formuliert dazu das folgende Lastenheft:

Projektnummer	20X7-02
Projektname	Entwicklung eines neuen Akkus für das E-Bike „Fly Ride 6“
Auftraggeber	Fly Bike Werke GmbH
Projekt-durchführung	Bike Akku KG, Frankfurt am Main
Projektanlass	Eine Kundenbefragung hat ergeben, dass die Nutzer des E-Bikes „Fly Ride 6“ sehr unzufrieden mit der Reichweite des bisherigen Akkus sind. Außerdem sind die Akkus häufig defekt.
Aufgabenbe-schreibung	Die Bike Akku KG soll für das E-Bike-Modell „Fly Ride 6“ der Fly Bike Werke GmbH einen neuen Akku entwickeln, der weniger fehleranfällig ist und eine größere Reichweite als der bisherige Akku hat.
Projektziele	**Sachziel:** Der Akku soll passgenau für das Modell „Fly Ride 6“ sein und eine Reichweite von mindestens 150 km haben. **Kostenziel:** Für die Produktentwicklung stellt die Fly Bike Werke GmbH ein Budget von 20.000,00 € zur Verfügung. **Terminziel:** Der Prototyp soll der Fly Bike Werke GmbH bis zum 01.01.20X8 geliefert werden. Bis zum 01.04.20X8 soll eine Liefermenge von mindestens 3 000 Stück zugesichert werden.
Anforderungen an das Projekt-ergebnis	Der Akku soll folgende Anforderungen erfüllen: passgenau für das Modell „Fly Ride 6“, Ladekapazität: 750 Wattstunden, Reich-weite: mindestens 150 km, wasserdicht, Stromspeicher: Lithium-Ionen-Zellen
Rahmen-bedingungen	Der Akku soll ausschließlich in Modelle für den deutschen Markt einge-baut werden. Demzufolge wird er in Außentemperaturbereichen zwischen ca. –15 °C und +40 °C zum Einsatz kommen.
Lieferumfang	– ein Prototyp bis zum 01.01.20X8 – Mindestabnahme von 3 000 Stück zum 01.04.20X8 bei Erfüllung der Projektanforderungen durch den Prototyp
Meilensteine	– 01.09.20X7: Zusendung der fertigen Produktskizze und Leistungsbe-schreibung – 01.01.20X8: Lieferung des Prototyps – 01.04.20X8: Lieferung von 3 000 Stück

ÜBERSICHT: Projektauftrag

Aufgabenbeschreibung	Aus dem Projektanlass wird eine erste grobe Aufgabenbeschreibung abgeleitet.
Zielfindung	Die Ziele des Projekts (Sachziel, Kostenziel, Terminziel) sollten SMART (spezifisch, messbar, akzeptiert, realistisch, terminiert) formuliert werden.
Ideenfindung	Nutzung von Kreativitätstechniken (z. B. Brainstorming, Brainwriting, Mindmapping)
Entscheidungsfindung	Nutzung von Methoden der Entscheidungsfindung (z. B. Pro-Kontra-Liste, Entscheidungsmatrix, Entscheidungsbaum)
Projektauftrag	Dies ist eine Zusammenfassung der Aufgabenbeschreibung und Ziele eines Projekts. Er beinhaltet auch formale Informationen, z. B. Auftraggeber, Projektleitung, Projektmitglieder.
Lastenheft	In einem Lastenheft konkretisiert der Auftraggeber seine Anforderungen an das Projekt.

Alles klar?

1 Erläutern Sie den Unterschied zwischen Brainstorming und Brainwriting.

2 Erläutern Sie, von welchen Kriterien Sie sich leiten lassen sollen, wenn Sie im Rahmen der Projektarbeit Entscheidungen treffen.

3 Erläutern Sie den Unterschied zwischen der Entscheidungsmatrix und dem Entscheidungsbaum als Methoden der Entscheidungsfindung.

4 Die Bäckerei Kaiser möchte in Oldenburg einen höheren Bekanntheitsgrad erreichen und beauftragt eine Werbeagentur mit der Planung eines Stands auf dem diesjährigen Stadtfest am 05. August 20X7.
- a Nennen Sie den Projektanlass und die grobe Aufgabenbeschreibung.
- b Beschreiben Sie, wie die Projektmitglieder Tina Welkenbach und Kemal Aydin in der Werbeagentur Kreativitätstechniken im Rahmen der Ideenfindung einsetzen können.
- c Entwerfen Sie für das Projekt ein SMARTes Ziel.
- d Nennen Sie das Sach-, Kosten- und Terminziel.

5 Geben Sie an, welche der folgenden Aussagen zum Projektauftrag richtig ist.
- a Der Zusammenhang zwischen dem Sachziel, dem Kostenziel und dem Terminziel wird im Rahmen des Projektmanagements als „magisch“ bezeichnet, weil sich diese drei Zielvorgaben immer gegenseitig unterstützen.
- b Bei der Entscheidungsmatrix handelt es sich um eine Kreativitätstechnik.
- c In einer Mindmap werden Stichworte oder kurze Sätze mit Visualisierungen ergänzt und zeichnerisch miteinander verknüpft, um komplexe Zusammenhänge zu strukturieren.
- d In einem Lastenheft werden die Probleme und Schwierigkeiten notiert, die sich im Rahmen der Projektarbeit ergeben.
- e SMARTe Ziele sind spezifisch, messbar, aktuell, realistisch und technisch umsetzbar.

3 Projektplanung

AB → Lernsituation 23

Der im Rahmen der ersten Projektphase formulierte Projektauftrag und ggf. das erstellte Lastenheft bilden die Grundlage für die zweite Projektphase, die **Projektplanung**. Unter Berücksichtigung der formulierten Projektziele und der weiteren im Projektauftrag konkretisierten Details des Projekts wird die spätere Durchführung des Projekts inhaltlich und zeitlich geplant. Diese Planungsphase ist wichtig, um **Termin- und Kostenüberschreitungen** sowie **Qualitätsdefizite** beim späteren Projektergebnis möglichst zu vermeiden. Je gründlicher die Planung erfolgt, desto sicherer ist ein späterer Projekterfolg.

Wichtig ist, die Projektplanung nicht als einmaligen Vorgang zu interpretieren, der zu Beginn der Folgephase, der Projektdurchführung, abgeschlossen ist. Vielmehr sind Projektplanungen **dynamische Prozesse**. Während der späteren Umsetzung der Projektplanung im Rahmen der Projektdurchführung können immer wieder unerwartete Ereignisse eintreten, die eine Anpassung der ursprünglichen Projektplanung an die veränderten Rahmenbedingungen erfordern. Insbesondere die Terminplanung muss bei Planabweichungen an die Realität angepasst werden.

Eine gute Projektplanung beruht auf einer gründlichen **Beschaffung der** für das Projekt relevanten **Informationen**, berücksichtigt eine **Planung der** benötigten **Ressourcen** (z. B. Mitarbeiter, Materialien) und beinhaltet eine detaillierte und übersichtliche **Zeit- und Kostenplanung**.

3.1 Informationsbeschaffung

Gute Entscheidungen im Rahmen der Projektplanung und späteren -durchführung können nur getroffen werden, wenn sie auf der Grundlage von „guten" Informationen getroffen werden. Die Informationsbeschaffung stellt somit eine elementare Voraussetzung der Projektarbeit dar.

Dabei sollten die folgenden **Gütekriterien von Informationen** berücksichtigt werden:

- **Relevanz:** Die Information hat Bezug zum Projekt und unterstützt den Projektfortschritt. Sie hilft z. B. bei der Entscheidungsfindung.
- **Aktualität:** Die (z. B. mit einer Internetrecherche gefundene) Information ist nicht veraltet.
- **Korrektheit/Zuverlässigkeit:** Die Information stammt aus einer qualitativ hochwertigen und zuverlässigen Quelle und entspricht der Wahrheit.
- **Kosten:** Hoher zeitlicher Aufwand für die Informationsbeschaffung verursacht hohe Personalkosten.

Für die Beschaffung von Informationen kommen grundsätzlich zwei Möglichkeiten infrage, die Beschaffung von Primär- und Sekundärdaten.

Beschaffung von Primärdaten (Primärerhebung)

Sollen aktuelle und bisher nicht bekannte Informationen beschafft werden, müssen diese neu und gezielt erhoben werden. Hierbei spricht man von einer *Primärerhebung*, da die Informationen erstmalig nutzbar gemacht werden. Die Primärerhebung bietet den Vorteil, dass die Informationen bezüglich des durchzuführenden Projekts zielgerichtet erhoben werden können und somit in der Regel sehr relevant und aktuell sind. Allerdings ist diese Form der Informationsbeschaffung auch zeitaufwendig und kostenintensiv.

BEISPIEL: Jenny Liu kontaktiert telefonisch zahlreiche Unternehmensangestellte, um mit ihnen zu besprechen, ob sie bereit wären, am Tag der offenen Tür für Schulabgänger/-innen einen Ausbildungsberuf vorzustellen.

Als **Methoden der Primärerhebung** kommen grundsätzlich infrage:
- mündliche Befragung (Interview)
- schriftliche Befragung
- Beobachtung

Beschaffung von Sekundärdaten (Sekundärerhebung)
Greift ein Projektteam auf bereits vorhandene Informationen zurück, spricht man von *Sekundärerhebung*. Informationen, die in einem anderen Zusammenhang erhoben wurden, aber inhaltlich eine gewisse Schnittmenge zum eigenen Problem aufweisen, werden genutzt.

BEISPIEL: Am Tag der offenen Tür für Schulabgänger sollen auch Essen und Getränke angeboten werden. Da die Fly Bike Werke GmbH regelmäßig verschiedene Veranstaltungen durchführt, auf denen Gäste auch bewirtet werden, verfügt die für die Veranstaltungsorganisation verantwortliche Mitarbeiterin Veruschka Linden über einen Ordner mit Katalogen und Preislisten verschiedener Catering-Unternehmen aus Oldenburg. Auf diese Informationen kann das Projektteam für den Tag der offenen Tür für Schulabgänger/-innen jetzt zurückgreifen.

Als **Methoden der Sekundärerhebung** kommen je nach Projektgegenstand infrage:
- interne (innerbetriebliche) Informationsquellen (z. B. Kataloge, Preislisten, Umsatzstatistiken, Lieferantendatei, Lagerdatei, Berichte von Reisenden, Mängelrügen von Kunden, Sammlung von Fachzeitschriften)
- externe (außerbetriebliche) Informationsquellen (z. B. Suchmaschinen im Internet, Messebesuche, Geschäftspartner, Veröffentlichungen von Kammern/Verbänden)

3.2 Ressourcenplanung

Im Rahmen der Projektplanung muss auch festgelegt werden, in welchem Umfang die notwendigen Ressourcen (z. B. Personal, Projektbudget, Material, Betriebsstoffe, sonstige Leistungen) benötigt werden. Alle benötigten Ressourcen müssen von Anfang an klar identifiziert und sorgfältig geplant werden. Nur wenn später für die Projektdurchführung genügend Ressourcen zur Verfügung stehen, können Termine eingehalten und ein Projekterfolg gewährleistet werden. Typischerweise erfolgt die generelle Ressourcenplanung gemäß der folgenden Vorgehensweise:

Ressourcenplanung

Schritt 1	**Bedarfsermittlung** (Wie viel Personal, Material usw. sind notwendig?)
Schritt 2	**Kapazitätsermittlung** (Wie viel Personal, finanzielle Mittel usw. stehen zur Verfügung?)
Schritt 3	**Soll-Ist-Vergleich** (Gegenüberstellung der Bedarfsermittlung und der verfügbaren Kapazitäten)
Schritt 4	**Ressourcenausgleich** (Abstimmung der benötigten Ressourcen mit den verfügbaren Kapazitäten)

Um fehlende Ressourcen auszugleichen, stehen grundsätzlich vier Möglichkeiten zur Verfügung:
- Ausgleich durch Pufferzeiten
- Ersatz von Ressourcen, z. B. Ersatz erkrankter Teammitglieder
- Kapazitätserweiterung, z. B. durch kurzfristige Einstellung von Zeitarbeitskräften
- Projektverlängerung

3.3 Kostenplanung

Projekte müssen noch in der Planungsphase dahingehend beurteilt werden, ob sie wirtschaftlich sind. Ist die Gefahr zu groß, dass ein Projekt „sich nicht lohnt", sollte es nicht realisiert oder der Projektauftrag sollte überarbeitet werden. Es gilt zu beurteilen, ob der angestrebte Nutzen des Projekts größer ist als die erwartbaren Kosten. Um diese Entscheidung treffen zu können, müssen die voraussichtlich anfallenden Kosten geplant werden, indem die Ergebnisse der Ressourcenplanung dahingehend beurteilt werden, mit welchen Kosten sie verbunden sind. Die Kostenplanung dient drei Zielen:

Ziele der Kostenplanung

Ziel	Erläuterung
Preisermittlung orientiert sich an den Projektkosten.	Die voraussichtlichen Kosten eines Projekts werden frühzeitig ermittelt. Sie sind die Basis für die Vorkalkulation und für die Entscheidung, ob ein Projekt durchgeführt werden soll. Bei externen Projekten erwartet der Auftraggeber (Kunde) in der Regel, dass er frühzeitig erfährt, was die Realisation seines Auftrags kosten würde. Wenn ihm die voraussichtlichen Kosten zu hoch sind, wird er den Projektauftrag nicht erteilen.
Planung im Hinblick auf die Wirtschaftlichkeit des Leistungsprozesses wird unterstützt.	Alternativen werden bedacht, Wirtschaftlichkeitsvergleiche vorgenommen, realistische Projektkosten vorgeschlagen. Die Kostenplanung erhöht die Bereitschaft, ein Projekt gemäß dem ökonomischen Prinzip kostenminimal durchzuführen.
Während der Projektdurchführung wird die Wirtschaftlichkeit überwacht.	Kosten für einen Vorgang sind durch die Planung vorgegeben, Abweichungen sind frühzeitig zu erkennen und Gegenmaßnahmen können ergriffen werden.

3.4 Aktivitätenliste und Arbeitspakete

Wenn die benötigten Ressourcen für das Projekt ermittelt wurden und das Projekt gemäß der Kostenplanung als wirtschaftlich beurteilt wurde, kann mit der inhaltlichen Planung des Projekts begonnen werden. Da Projekte häufig sehr umfangreich sind und zahlreiche unterschiedliche Tätigkeiten durchgeführt werden müssen, wird die Gesamtaufgabe des Projekts zunächst in „kleinere Einheiten" aufgeteilt. Alle zu erledigenden **Aktivitäten werden aufgelistet** und **Teilaufgaben sowie Arbeitspakete werden gebildet**.

Basis für alle weiteren Planungsprozesse ist die Zusammenstellung aller erforderlichen Aktivitäten in einer **Aktivitätenliste**. Die einzelnen Aktivitäten werden anschließend zu Arbeitspaketen zusammengefasst. Für jede Aktivität bzw. für jeden Arbeitsvorgang ist ein eindeutiges, messbares Ergebnis (Output) zu definieren. Bereits in der Planungsphase kann man so der notwendigen Dokumentation Rechnung tragen und alle Arbeitsprozesse transparenter machen.

BEISPIEL: Die Fly Bike Werke GmbH plant einen Messestand auf einer Fachmesse. Alle erforderlichen Aktivitäten für dieses Projekt müssen ermittelt und dokumentiert werden. So sind beispielsweise die Wahl des Standorts für den Messestand, die Größe der Mietfläche, der Mietpreis, die Möglichkeiten zur individuellen Gestaltung des Messestandes, dessen Beleuchtung sowie die Strom- und Wasserversorgung zu klären. Alle Aktivitäten im Zusammenhang mit dem Mietvertrag werden anschließend in einem Arbeitspaket „Mietvertrag" zusammengefasst.

Aus den Aktivitäten werden Arbeitspakete gebildet, um ein Projekt in **überschaubare und sinnvolle Abschnitte** zu gliedern. In einer Projektsitzung werden die Arbeitspakete benannt und die Aktivitäten, die nacheinander und zusammenhängend ausgeführt werden, den einzelnen Arbeitspaketen zugeordnet.

Ein Arbeitspaket muss **präzise definiert** und sauber von anderen Arbeitspaketen abgegrenzt werden, es sollte schlüssig und kontrollierbar sein sowie klar einer bestimmten Organisationseinheit (Projektmitglied) zugeordnet werden können.

BEISPIEL: Das Projekt „Tag der offenen Tür für Schulabgänger/-innen" umfasst unter anderem die folgenden Arbeitspakete:
- Räumlichkeiten organisieren
- Speisen organisieren
- Getränke organisieren
- Veranstaltung in den Schulen bekannt machen
- Veranstaltung in der Presse bekannt machen
- Technik organisieren und bereitstellen

Die Arbeitspakete bilden die Basis für den Projektstrukturplan und die Projektablauf- bzw. Zeitplanung.

Die folgenden **Regeln zur Einteilung** sollten daher unbedingt beachtet werden:
- Die Arbeitspakete dürfen weder zu groß noch zu klein sein.
- Die Arbeitspakete müssen den tatsächlichen Abläufen im Projekt entsprechen.
- Die Arbeitspakete sollten verständlich und einfach formuliert werden, sodass jeder Projektbeteiligte sie versteht.
- Jede Arbeit sollte eindeutig einem Arbeitspaket zugeordnet sein.

3.5 Projektstrukturplan

Die **übersichtliche Anordnung der Teilaufgaben und Arbeitspakete** eines Projekts übernimmt der Projektstrukturplan. Er ist ein zentrales Dokument für das Projektmanagement und eine direkte Handlungsanleitung für die Projektdurchführung.

Aufbau des Projektstrukturplans (Auszug)

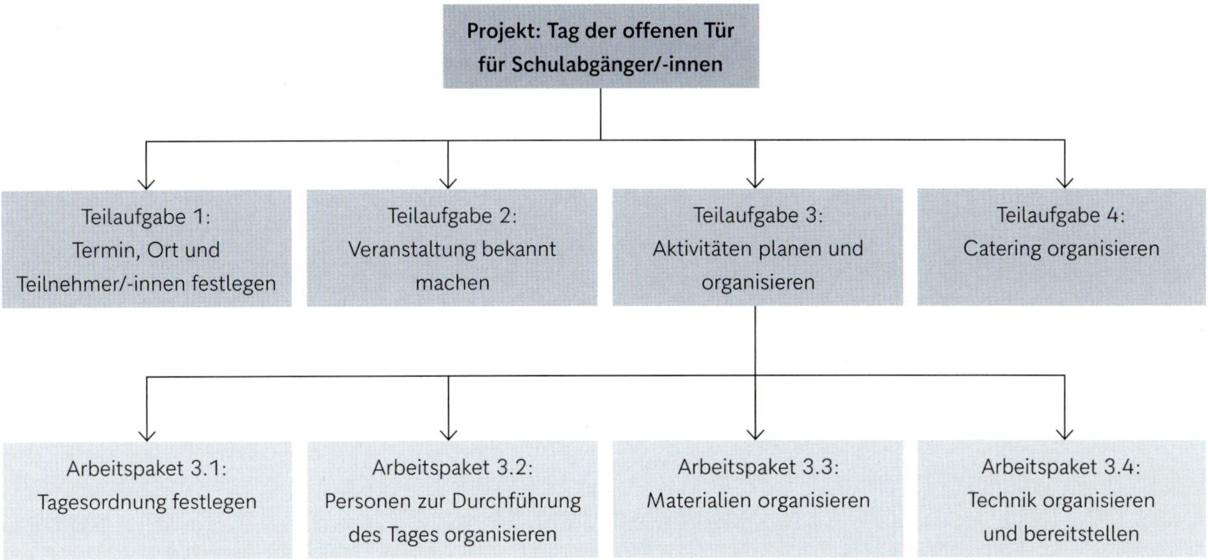

Über die Verteilung von Arbeitspaketen auf die zur Verfügung stehenden personellen Ressourcen (Projektmitglieder) muss sichergestellt werden, dass die einzelnen Bearbeiter/-innen kontinuierlich ausgelastet, aber nicht überlastet sind. Der Projektstrukturplan konkretisiert die Aufgabenbeschreibung und dient als Basis für die fachliche Projektgliederung, die Verteilung der Verantwortlichkeiten, die Risikoanalysen sowie die Ablauf- und Zeitplanung.

Nach Erstellung des Projektstrukturplans ist es häufig sinnvoll, die grundsätzliche Ressourcenplanung anzupassen, da nach der Aufgliederung der Gesamtaufgabe des Projekts in Teilaufgaben und Arbeitspakete weitere wichtige Informationen für die Festlegung der benötigten (personellen) Ressourcen vorliegen.

3.6 Zeit- und Terminplanung

Nachdem die einzelnen Arbeitspakete und Teilaufgaben sachlich definiert wurden, müssen sie auch in eine zeitliche Reihenfolge gebracht und in **Projektablaufplänen** dargestellt werden. Dann kann mithilfe von **Balkendiagrammen** oder mit der **Meilensteinplanung** eine konkrete Planung von Terminen, insbesondere des Projektabschlusstermins, vorgenommen werden.

3.6.1 Zeitplanung mit einem Projektablaufplan

In einem Projektablaufplan werden die einzelnen Aktivitäten innerhalb einer Teilaufgabe oder innerhalb eines Arbeitspakets zunächst in einer chronologisch sinnvollen Reihenfolge untereinander notiert. Dann wird für jede Aktivität die voraussichtliche Dauer notiert. In der Spalte „abgeschlossene Vorgänger“ wird vermerkt, welche Abhängigkeiten zwischen den einzelnen Aktivitäten bestehen. So können beispielsweise Tische für Speisen und Getränke erst dann aufgebaut werden, wenn deren Platzierung bereits festgelegt wurde.

Projektablaufplan – Teilaufgabe 4: Catering organisieren

Vorgang Nr.	Vorgangsbezeichnung (Arbeitspakete)	Dauer	abgeschlossene Vorgänger	Anmerkungen
1	Ideensammlung *Speisen und Getränke*	3 Tage	–	auf wöchentlicher Projektsitzung mit der Projektgruppe besprechen
2	Anfragen an Cateringdienste	2 Tage	1	– vorher Schätzung der Teilnehmerzahl einholen (siehe Teilaufgabe 1) – Frist für Angebote setzen
3	Angebote abwarten	7 Tage	2	
4	Angebote vergleichen	2 Tage	3	qualitativer Angebotsvergleich
5	Platzierung der Speisen und Getränke festlegen	1 Tag	1	zu nutzende Räumlichkeiten klären (siehe Teilaufgabe 1)
6	ggf. nachverhandeln, Feinheiten klären und Bestellung aufgeben	4 Tage	4	
7	auf Lieferung warten	3 Tage	6	genaue Angaben machen zu Lieferort, Lieferzeit, Gegenstand (Gläser, Teller, Bestecke, Servietten, Tischdecken usw.)
8	Tische für Speisen und Getränke aufbauen	2 Tage	5	Praktikanten einbinden

Bei der Erstellung eines Projektablaufplans auf Grundlage des Projektstrukturplans kommt neben der Festlegung der Reihenfolge der einzelnen Vorgänge noch eine sehr wichtige Komponente der Projektarbeit hinzu: Welchen Zeitraum umfassen die einzelnen Aktivitäten? Da niemand in die Zukunft blicken kann, sind bei der Zeitplanung in der Regel nur Zeitschätzungen möglich.

Die Zeitschätzung kann naturgemäß nie in einer „Punktlandung" enden. Probleme, die bei der Schätzung der Vorgangsdauer auftreten können, sind unter anderem:
- Unterschätzen des Zeitbedarfs bei unbekannten Vorgängen
- Nichtberücksichtigung von „Reibungsverlusten" infolge von Kommunikations- und Abstimmungsproblemen
- Nichtberücksichtigung des Zeitbedarfs für das Projektmanagement
- Abhängigkeit der Vorgangsdauer von den eingesetzten Ressourcen

BEISPIEL: Der Tag der offenen Tür für Schulabgänger/-innen soll spätestens in der zweiten Januarhälfte des Jahres 20X7 stattfinden. Neben der Zeitkalkulation auf Basis von Angebots- und Bestellfristen der Cateringdienste müssen ggf. auch Pufferzeiten eingeplant werden. Beispielsweise kann es vorkommen, dass der ausgewählte Cateringdienst an dem gewünschten Veranstaltungstag keine Kapazitäten mehr frei hat und deswegen ein weiterer Bestellprozess mit einem alternativen Anbieter durchgeführt werden muss.

3.6.2 Terminplanung

Die Terminplanung baut auf dem Projektablaufplan auf. Ihr Ziel ist es einerseits, **für jede Aktivität bzw. jeden Vorgang**
- die jeweilige Vorgangsdauer,
- die frühest- bzw. spätestmöglichen Anfangs- bzw. Endtermine und
- eventuelle Zeitreserven (Pufferzeiten) zu ermitteln.

Außerdem sollen für das gesamte Projekt
- die Gesamtdauer und
- der Start- und Endtermin ermittelt werden.

Im Rahmen des Projektmanagements bietet es sich an, Terminplanungen in übersichtlicher Form darzustellen, damit sie zur Planung und Kontrolle der Termineinhaltung genutzt werden können. Zur Visualisierung von Terminplanungen bieten sich insbesondere das Balkendiagramm und die Meilensteintechnik an.

Balkendiagramm (Gantt-Diagramm)

Das Balkendiagramm ist – zumindest bei kleinen und mittelgroßen Projekten – das gängigste Instrument, um Projektabläufe zeitorientiert zu veranschaulichen. Als Arbeitsfortschrittsplan ermöglicht es neben der terminlichen Planung einzelner Arbeitspakete auch die zeitliche Kontrolle des Projektverlaufs. Es ist somit ein **Planungs- und Kontrollinstrument**.

Zusammengefasst liefert ein Balkendiagramm Informationen über
- die geplanten Anfangs- und Endzeitpunkte der einzelnen Vorgänge,
- die geplante Gesamtdauer des Projekts und
- parallel verlaufende Vorgänge.

Ein Balkendiagramm beinhaltet:
- in den ersten beiden Spalten die jeweiligen Vorgangsnummern und eine Kurzbezeichnung des Vorgangs,
- in der ersten Zeile eine Zeitachse (z. B. in Tagen) und
- einen Balken für jeden Vorgang, der genau visualisiert, wann und für wie lange der jeweilige Vorgang stattfinden soll.

Die Bezeichnung **Gantt-Diagramm** beruht auf dem Erfinder dieses Instruments des Projektmanagements, dem US-amerikanischen Maschinenbauingenieur und Unternehmensberater **Henry Laurence Gantt** (1861–1919). Neben dem Einsatz im Projektmanagement wird das Gantt-Diagramm beispielsweise auch in Industriebetrieben zur Produktionsplanung und -steuerung verwendet.

BEISPIEL: Elias Schumacher ist in dem Projekt für die Teilaufgabe *Catering organisieren* verantwortlich. Zur besseren Planung und späteren Kontrolle veranschaulicht er den Projektablaufplan in einem Balkendiagramm.

		Zeit in Tagen																				
Vorg.	Vorgang Bezeichnung	1	2	3	4	5	6	7	8	9	10	11	12	13	14	15	16	17	18	19	20	21
1	Ideensammlung	■	■	■																		
2	anfragen				■	■																
3	warten auf Angebote						■	■	■	■	■	■	■									
4	Angebote vergleichen													■	■							
5	Platzierung festlegen				■																	
6	verhandeln und bestellen															■	■	■	■			
7	Lieferzeit abwarten																			■	■	■
8	Tische aufbauen					■	■															

Elias erkennt, dass sein Teilprojekt insgesamt für 21 Arbeitstage geplant ist. Sobald er den Termin für den Tag der offenen Tür kennt, kann er per Rückwärtsterminierung ermitteln, wann er spätestens mit seinem Teilprojekt beginnen muss. Außerdem kann er die Termine der einzelnen Vorgänge schon vorplanen. Er erkennt im Gantt-Diagramm auch, dass er die Vorgänge 5 und 8 schon sehr frühzeitig (parallel zu anderen Vorgängen) durchführen könnte, da beispielsweise Vorgang 5 nur davon abhängig ist, dass Vorgang 1 abgeschlossen ist.

Die Rückwärtsterminierung wird auch als *retrograde Terminierung* bezeichnet.

Meilensteinplanung

Insbesondere Projekte mit einer langen Projektdauer werden häufig mithilfe der Meilensteinplanung in kleinere zeitliche Abschnitte unterteilt und geben einem großen Projekt eine übersichtlichere Struktur. Es werden **Meilensteine** festgelegt, die Ereignisse von besonderer Bedeutung (= Schlüsselereignisse) im Verlauf des Projekts darstellen. Meilensteine haben vor allem den **Charakter von „Etappenzielen"**, die nach und nach erreicht werden müssen.

Diese Etappenziele haben oft einen positiven Einfluss auf die Motivation der Projektmitglieder, da die Projektbeteiligten nicht nur den Projektabschluss vor Augen haben, der zu Beginn noch in weiter Ferne liegt. Vielmehr sind sie immer darauf fokussiert, den nächsten Meilenstein zu erreichen.

Meilensteine sind genau genommen nicht nur ein Element der Terminplanung. Sie dienen insofern auch der allgemeinen Projektplanung, da sie einem Projekt eine Struktur geben und es handhabbar machen. Meilensteine gliedern gerade große Projekte in überschaubarere Teilprojekte.

Für das Projektmanagement bietet die Meilensteinplanung zudem die Möglichkeit, den Projektfortschritt gemäß der Erreichung der Meilensteine zu überwachen. Zu diesem Zweck werden die Meilensteine im Rahmen der Projektplanung häufig mit **geplanten Terminen** (= Soll-Termine) versehen. Während der Projektdurchführung können diese geplanten Termine mit den **tatsächlichen Terminen** (= Ist-Termine) abgeglichen werden. Bei Abweichungen wird dann ggf. die Projektplanung angepasst.

In manchen Projekten werden die Meilensteine auch vom Auftraggeber abgenommen und nur bei Zufriedenheit wird von ihm die Freigabe für den folgenden Meilenstein erteilt.

Meilensteinplanung des Projekts „Tag der offenen Tür für Schulabgänger/-innen"

Meilen-stein Nr.	Bezeichnung	Soll-Termin	Status	Verant-wortlich
M1	Termin und Räumlichkeiten sind festgelegt.	01. Dezember 20X6	in Planung	Veruschka Linden
M2	Aktivitäten sind konkret geplant, zuständige Personen stehen fest und haben zugesagt, Tagesordnung ist erstellt.	20. Dezember 20X6	in Planung	Jenny Liu, Elias Schumacher
M3	Veranstaltung wurde an Schulen und in der regionalen Presse beworben.	10. Januar 20X7	in Planung	Jenny Liu
M4	Catering ist bestellt, Materialien und Technik stehen bereit, Räume sind hergerichtet.	26. Januar 20X7	in Planung	Elias Schumacher
Durchführung der Veranstaltung am 28. Januar 20X7				Veruschka Linden

3.7 Risikoanalyse und Vorbereitung von Gegenmaßnahmen

In Projekten muss grundsätzlich eingeplant werden, dass Teile der Projektplanung bei der späteren Projektdurchführung nicht zu 100 Prozent auch so umgesetzt werden. Vielfältige Ereignisse können zu erforderlichen Abweichungen von der Planug führen. Ziel einer Risikoanalyse ist es, mögliche **Gefahren für den Projektverlauf aufzudecken und zu bewerten**. Insbesondere gilt es, solche Gefahren zu identifizieren, die für das Projekt existenzgefährdend sind und die Qualität des Projektendergebnisses negativ beeinflussen würden. Die Risikoanalyse ermöglicht es, bereits in der Phase der Projektplanung vorbeugende Maßnahmen zu entwickeln, um die bestehenden Risiken zu reduzieren. Üblicherweise erfolgt die Risikoanalyse in drei aufeinanderfolgenden Phasen:

Phasen der Risikoanalyse

1. Risikoidentifikation	Zu Beginn werden alle potenziellen Risiken identifiziert, die im Laufe der Projektdurchführung auftreten können. Hierfür ist es sinnvoll, dass bereits wichtige Informationen wie Zielvorgaben, Lastenheft, Projektbudget, Projektstrukturpläne, Projektablaufpläne und Meilensteinpläne zum Projekt vorliegen.
2. Risikobewertung	Anschließend werden die identifizierten Risiken bezüglich ihrer Eintrittswahrscheinlichkeit (z. B. in Prozent) und der jeweiligen Risikotragweite beurteilt. Die Tragweite wird bestimmt durch die Auswirkungen, die das jeweilige Risiko auf das Projekt und dessen Erfolg hat. Sie lassen sich in verschiedene Kategorien einteilen, z. B. von „projektgefährdend" über „kritisch" bis zu „vernachlässigbar".
3. Risikomanagement	Im Rahmen eines Risikomanagements muss die Projektleitung entscheiden, wie mit den identifizierten Risiken unter Berücksichtigung der Risikobewertung umgegangen wird. Folgende **Gegenmaßnahmen** stehen grundsätzlich zur Verfügung: – **Risikovermeidung:** Die Projektplanung wird angepasst, damit das Risiko nicht mehr besteht. – **Risikoverminderung:** Die Wahrscheinlichkeit des Risikoeintritts wird reduziert. – **Risikobegrenzung:** Die Tragweite des Risikos wird reduziert (Schadensbegrenzung). – **Risikoabwälzung:** Das Risiko wird auf Dritte wie z. B. ein Versicherungsunternehmen übertragen. – **Risikoakzeptanz:** Insbesondere bei geringer Eintrittswahrscheinlichkeit und geringer Tragweite von Risiken werden diese einfach in Kauf genommen.

3.8 Teamarbeit

Projektarbeit lässt sich nur durch die **kooperative und zielgerichtete Zusammenarbeit mehrerer Personen** bewältigen. Teams müssen zunächst einmal organisiert werden, es müssen Regeln für teamorientiertes Arbeiten aufgestellt werden und im Laufe des Projekts sollen eine positive Teamentwicklung und ein gutes Konfliktmanagement dazu beitragen, dass das Projekt erfolgreich abgeschlossen wird.

3.8.1 Teamorganisation

Die **Aufbauorganisation** legt fest, welche Stellen und Abteilungen in einem Unternehmen existieren, wie die einzelnen Stellen in die Abteilungen eingeordnet sind und welche hierarchischen Beziehungen (Weisungsbeziehungen) zwischen den einzelnen Stellen bestehen. Die Aufbauorganisation wird grafisch in einem Organigramm dargestellt.

Im Rahmen der Projektorganisation gilt es, das Projekt in die **Aufbauorganisation** des Unternehmens einzubinden. Gerade für die Durchführung größerer Projekte reicht die eigentliche Aufbauorganisation eines Unternehmens oftmals nicht aus. Deswegen wird für die Projektdauer neben dieser vorhandenen Primärorganisation **zusätzlich auf eine Projektorganisation (Sekundärorganisation) zurückgegriffen**. In der klassischen Primärorganisation, bei der Mitarbeiter/-innen fest einer Abteilung zugeordnet sind, ist die Kooperation von Spezialisten verschiedener Abteilungen nicht vorgesehen. Für die Durchführung von Projekten ist sie aber zwingend erforderlich. Für ein erfolgreiches Projektmanagement muss die Projektorganisation optimal in die Primärorganisation des Unternehmens integriert sein.

BEISPIEL: Während des Projekts „Tag der offenen Tür für Schulabgänger/-innen" bleiben die Auszubildenden der Fly Bike Werke GmbH grundsätzlich in den Abteilungen, in denen sie gerade ausgebildet werden (Primärorganisation). Während der Projektlaufzeit sind sie aber gleichzeitig auch Mitglieder des Projekts und weisen sich in diesem Zusammenhang Aufgaben zu (Sekundärorganisation). Die jeweiligen Abteilungsleitungen müssen dies natürlich wissen, damit sie den Projektmitgliedern entsprechende Freiräume für die Projektarbeit geben.

Zur Teamorganisation im Rahmen eines Projekts gehört zudem, die **anfallenden Aufgaben und** die für ihre Erfüllung erforderlichen **Kompetenzen zu ermitteln**. Auf dieser Grundlage können die **Projektmitglieder und ihre Rollen** (z. B. Projektleitung, Dokumentation, Ansprechpartner für Auftraggeber, Zeitwächter) festgelegt werden.

3.8.2 Teamorientiertes Arbeiten und Feedbackkultur

Teamarbeit ist eine spezielle Form der Zusammenarbeit in einer Gruppe, sie ist ein variables Zusammenspiel vieler unterschiedlicher Kenntnisse, Fähigkeiten und Eigenschaften. In der Projektarbeit bilden Teams eine Arbeitseinheit, die eine gemeinsame Aufgabe bzw. ein gemeinsames Ziel hat. Die intensive Zusammenarbeit ist vergleichsweise zeitaufwendig und wird von gegenseitiger Wertschätzung und Akzeptanz getragen. Voraussetzung für Teamarbeit ist eine Arbeitsatmosphäre, in der **Gleichberechtigung** herrscht.

Gerade die Durchführung eines Projekts lässt sich nur durch die zielgerichtete Zusammenarbeit mehrerer Personen bewältigen. Teamarbeit in einem Projekt verlangt nach einer **offenen Kommunikation** aller Beteiligten. Dies setzt voraus, dass sich die Teammitglieder sachliche Hinweise zum Leistungsstand oder zu ihrem Verhalten geben.

In diesem Zusammenhang hat sich die **Feedbackmethode** bewährt. Man versteht darunter eine gehaltvolle Rückmeldung über die erbrachte Leistung in Form eines persönlichen Gesprächs. Dabei wird einem Mitarbeiter (bzw. Teammitglied) in der Regel aus der Sicht des/der Vorgesetzten (bzw. der Projektleitung) mitgeteilt, was er richtig und gut gemacht hat, aber auch, welche Fehler ihm unterlaufen sind und wo Verbesserungsmöglichkeiten im Rahmen seiner Arbeit bestehen. Ein gutes Feedback soll sich positiv auf die Qualität der Arbeitsleistung und die zukünftige Zusammenarbeit auswirken. Außerdem bietet es dem Empfänger die Chance, die eigene Leistung realistischer einzuschätzen, und ermöglicht so eine kontinuierliche persönliche und berufliche Entwicklung.

Von einer **Feedbackkultur** spricht man, wenn Mitarbeiter/-innen regelmäßig Rückmeldungen zu ihrer Arbeitsleistung erhalten. Das Feedback muss ehrlich sein, damit es vom Empfänger akzeptiert wird. Kritische Rückmeldungen sollen Möglichkeiten für Veränderungen aufzeigen oder Verbesserungsvorschläge als Ideen formulieren. Diese Formulierungsart regt den Feedbackempfänger an, eigene Zielvorstellungen zu entwickeln und freiwillig sein Verhalten zu ändern. Voraussetzung für die Akzeptanz eines Feedbacks ist, dass sich die Beteiligten bewusst auf ein solches Gespräch vorbereiten und einige Gesprächsregeln (Feedbackregeln) einhalten.

Feedbackregeln

... für Feedbackgeber/-innen	... für Feedbackempfänger/-innen
- Bleiben Sie stets höflich und taktvoll und verletzen Sie nicht. - Formulieren Sie positive Ich-Aussagen, sie signalisieren Achtung und Respekt. - Wählen Sie klare, passende Worte und beschreiben Sie das Verhalten konkret, ohne zu interpretieren oder zu bewerten. - Beschränken Sie sich auf konkrete Vorfälle und pauschalisieren Sie keine Charaktereigenschaften. - Sprechen Sie nur von Ihren eigenen Eindrücken (nicht vom Hörensagen anderer). - Geben Sie Anregungen zu konstruktiven Verbesserungen.	- Schenken Sie dem Feedbackgeber Ihre volle Aufmerksamkeit und lassen Sie ihn ausreden. - Nehmen Sie sich Zeit, das Gehörte zu verarbeiten. - Stellen Sie Verständnisfragen, wenn Ihnen unklar ist, was der andere meint. - Verteidigen und rechtfertigen Sie sich nicht gegen vorgebrachte Kritik. - Bleiben Sie offen für konstruktive Anregungen. - Bedanken Sie sich für ein Feedback.

Eine Feedbackkultur schärft den Blick für die Stärken der Teammitglieder und entwickelt sich nur auf der Basis von gegenseitiger Wertschätzung. Durch die Erfahrung, dass man Kritisches ansprechen und weiterhin gut und vertrauensvoll zusammenarbeiten kann, sinkt die Unsicherheit aufseiten der Mitarbeiter/-innen. Daraus resultiert eine höhere **Problemlösefähigkeit**, das heißt, Probleme werden frühzeitig erkannt, offen angesprochen und gemeinsam gelöst. Es entwickelt sich eine gegenseitige Fehlertoleranz und statt Angst vor Fehlern zu haben, versucht man, aus Fehlern zu lernen.

3.8.3 Teamentwicklung

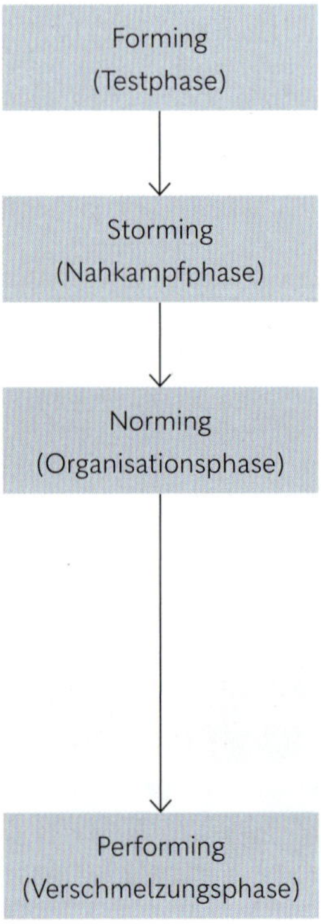

Jedes Team beginnt als Gruppe mit einem besonderen Auftrag. In der **Testphase** („Forming") werden Ziele und Verantwortungsbereiche festgelegt. Dabei lernen die Mitglieder die persönlichen Fähigkeiten, Meinungen, Argumentationsstile und Sozialkompetenz der anderen kennen. Sie wachsen in ihre Aufgaben und Rollen hinein.

Aus dieser ersten Phase entwickelt sich die **Nahkampfphase**, das „Storming". Die unterschiedlichen Charaktere und die unterschiedliche Identifikation der Teammitglieder mit den Aufgaben prallen aufeinander. Fehlende Kommunikationsregeln und sogar eine schlechte Tagesform Einzelner sind Stolpersteine für das Team.

Aus der besseren Kenntnis der Teammitglieder folgt nun die Festlegung der Verhaltens- und Arbeitsregeln für den Umgang miteinander. Kommunikationsregeln bzw. Feedbackregeln werden vereinbart, der Umgang mit Kreativität und Ideenreichtum geklärt und Wege zur Problemlösung entwickelt. Hinzu kommt die innere Haltung, dass Kritik und Misserfolg ein Teil der Lösung sind. Für die Teamplayer bedeutet das, selbstbewusst die eigene Meinung zu vertreten, respektvoll mit anderen umzugehen und aus vielen Ideen eine funktionierende Lösung zu entwickeln, die mehr als einer einzelnen Person zuzurechnen ist. Diese Phase wird **Organisationsphase** oder „Norming" genannt.

Ist dies geschehen, ist das Team arbeitsfähig, also in der **Verschmelzungsphase** oder im „Performing". Sie ist geprägt durch Dynamik und Zusammenhalt. Die Verantwortungsbereiche der Mitglieder und die Führungsrollen sind geklärt. So werden das Team und seine Arbeitsergebnisse zu mehr als der Summe seiner Einzelteile.

3.8.4 Konfliktmanagement

Da Projekte durch ihre Einzigartigkeit gekennzeichnet sind und für die Projektmitglieder häufig neuartige Handlungssituationen mit sich bringen, sind sie sehr problem- und konfliktträchtig. D. h., es entstehen oftmals unerwartete Probleme, die bei den Beteiligten Stress verursachen und im Projektteam zu Konflikten führen können. Deshalb ist während der Umsetzung eines Projekts oft auch ein funktionierendes Konfliktmanagement vonnöten. Insbesondere der Projektleiter muss **Konflikte zwischen den Projektmitgliedern anhand von Konfliktsymptomen erkennen**.

Konfliktsymptome (Beispiele)

verbal	nonverbal
– Beleidigungen, Beschimpfungen, Vorwürfe – Streit – pauschaler Widerspruch gegen Äußerungen – lautstarker Austausch von Differenzen – Ironie, Sarkasmus – leugnen	– ignorieren, missachten – Ausschluss von Personen – abschätzige Gestik und Mimik – Abbruch des Kontakts – Schweigen, Desinteresse – nur noch schriftliche Kommunikation

Bei aufgetretenen Konflikten sollte z. B. der Projektleiter sehr schnell Maßnahmen ergreifen, um den Konflikt zu „managen", d. h., ihn zu bewältigen. Hierbei hilft in der Regel ein Konfliktgespräch zwischen den im Konflikt befindlichen Projektmitgliedern, das vom Projektleiter moderiert wird. Besonders erfolgversprechend ist ein solches Gespräch, wenn die folgenden Regeln eingehalten werden:

1. Das Gespräch wird vom Moderator gründlich vorbereitet (stressfreier Zeitpunkt, angenehme Raumatmosphäre, kein Zeitdruck).
2. Der Moderator verdeutlicht, dass das Ziel des Gesprächs eine erfolgreiche Zusammenarbeit im Sinne des Unternehmens ist.
3. Die Konfliktparteien tragen ihren Standpunkt und ihre Wahrnehmungen sachlich vor.
4. Alle Gesprächspartner dürfen ausreden und werden nicht unterbrochen.
5. Beleidigungen werden vermieden, die Gesprächspartner werden nicht persönlich.
6. Die Konfliktbeteiligten sind kompromissbereit und streben eine gemeinsame Lösung an.

ÜBERSICHT: Projektplanung

Informationsbeschaffung	– Kriterien der Informationsbeschaffung: Relevanz, Aktualität, Korrektheit/Zuverlässigkeit, Kosten – Methoden der Informationsbeschaffung: Informationen können mit einer Primärerhebung (Gewinnung neuer Daten) oder Sekundärerhebung (Zugriff auf bereits vorhandene Daten) beschafft werden.
Ressourcenplanung	Es wird ermittelt, wie viele Ressourcen (z. B. Personal, Projektbudget, Materialien) insgesamt für das Projekt benötigt werden.
Kostenplanung	Das Projekt wird hinsichtlich seiner Wirtschaftlichkeit bewertet. Hierfür wird beurteilt, ob der angestrebte Nutzen des Projekts größer ist als die erwartbaren Kosten.

Aktivitätenliste und Arbeitspakete	Alle Aktivitäten des Projekts werden gesammelt und anschließend sinnvoll zu Teilaufgaben und Arbeitspaketen zusammengefasst.
Projektstrukturplan	Alle Teilaufgaben und Arbeitspakete werden übersichtlich dargestellt.
Zeit- und Terminplanung	Hilfsmittel sind der Projektablaufplan, das Balkendiagramm (Gantt-Diagramm) und die Meilensteinplanung.
Risikoanalyse	Risiken des Projekts werden identifiziert und bewertet, um Gegenmaßnahmen vorzubereiten, damit der Projekterfolg nicht gefährdet wird.
Teamarbeit	– Teamorganisation: Zusammenstellung des Teams anhand von Fähigkeiten – Kommunikations- und Feedbackregeln fördern die Arbeit im Team – Phasen der Teamentwicklung: Testphase → Nahkampfphase → Organisationsphase → Verschmelzungsphase – Konfliktmanagement: Konfliktsymptome werden erkannt und Konflikte werden durch Konfliktgespräche bewältigt (Gesprächsregeln beachten)

Alles klar?

1 Begründen Sie, warum Projektplanungen dynamische Prozesse sind.

2 Nennen Sie die Gütekriterien der Informationsbeschaffung.

3 Oliver Thüne wird als Einkaufsleiterleiter der Fly Bike Werke GmbH von der Geschäftsführerin zum Leiter eines Projekts ernannt, mit dem der Bau einer neuen Lagerhalle organisiert werden soll. Beschreiben Sie, wie Herr Thüne Methoden der Primär- und Sekundärerhebung nutzen kann, um die Planung des Projekts vorzubereiten.

4 Erläutern Sie den Zusammenhang zwischen Arbeitspaketen und dem Projektstrukturplan.

5 Erläutern Sie den Unterschied zwischen einem Projektstrukturplan und einem Projektablaufplan.

6 Die Fly Bike Werke GmbH plant die Einführung eines Neuprodukts. Die Projektleiterin Regula Gerland hat sich bereits Gedanken bezüglich der Terminplanung gemacht. Zunächst müssen die Projektziele formuliert werden (1 Woche). Anschließend kann gleichzeitig die Marktforschung durchgeführt (3 Wochen) und eine Produktidee kreiert werden (1 Woche). Im Anschluss an beide Vorgänge wird das Neuprodukt entwickelt (3 Wochen) und gleichzeitig die Wettbewerbsstrategie festgelegt (1 Woche). Im Anschluss an diese beiden Vorgänge erfolgt der Markttest (4 Wochen). Wenn die Ergebnisse des Markttests vorliegen, wird gleichzeitig die Werbekampagne geplant (2 Wochen) und die Preispolitik festgelegt (1 Woche). Beide Aktivitäten werden abschließend noch als Marketingmix aufeinander abgestimmt (1 Woche).

Stellen Sie die Terminplanung als Balkendiagramm dar und ermitteln Sie die gesamte Projektdauer.

7 Erläutern Sie die Bedeutung von Meilensteinen bei der Projektplanung.

8 In einer Werbeagentur sind Sie als Projektleiter bzw. Projektleiterin für die Entwicklung einer Werbekampagne für ein neues Aftershave der Drogerie AG verantwortlich. Das Projektmitglied Michael Meier schlägt in einer Besprechung vor, einen Fußballnationalspieler als Darsteller in einem Fernsehwerbespot zu engagieren. Sie halten diesen Vorschlag aufgrund des geringen Projektbudgets für ungeeignet. Verfassen Sie das Feedback an Herrn Meier in wörtlicher Rede.

9 Beschreiben Sie kurz die vier Phasen der Teamentwicklung.

4 Projektdurchführung

AB → Lernsituation 23

Die Phase der **Projektdurchführung** wird auch als *Projektrealisation* bezeichnet.

Im Rahmen der **Projektdurchführung** soll die Projektplanung möglichst exakt in die Tat umgesetzt werden. Die in der Projektplanung ermittelten Abläufe und Ereignisse treten im Verlauf der Realisierung der Projektplanung leider nicht immer so ein, wie es ursprünglich vorgesehen war. Es kommt zu Abweichungen zwischen dem realen Projektablauf, dem Ist, und dem geplanten Projektablauf, dem Soll. Aufgabe des Projektmanagements in der Phase der Projektdurchführung ist es, Maßnahmen zu ergreifen, die dafür sorgen, dass das Projekt im Rahmen der Plandaten abgewickelt werden kann und dass die Daten der Projektplanung rechtzeitig an die tatsächlichen Daten angepasst werden.

4.1 Projektcontrolling und -steuerung durch Soll-Ist-Vergleiche

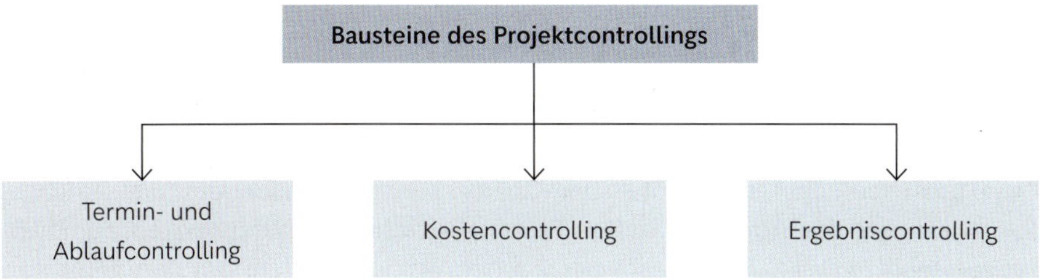

Das Projektmanagement hat während der gesamten Projektlaufzeit, insbesondere aber in der Durchführungsphase, den Auftrag, das Projekt zu **kontrollieren**, aktiv zu beeinflussen und somit zu **steuern**. Es muss während des gesamten Projekts den Kontakt zum Auftraggeber halten und ihn über den Fortgang laufend informieren. Die anfängliche **Projektplanung (Soll)** muss während der Projektdurchführung regelmäßig mit dem **tatsächlichen Projektverlauf (Ist)** abgeglichen werden. Der Projektfortschritt sollte kontrolliert und Abweichungen von der Planung (z. B. Zeitverzögerungen) sollten rechtzeitig erkannt werden.

Projektstatusbericht	
Projektstand am	
Projektnummer	
Projektname	
Bearbeiter/-in	
Arbeitspaket	
Termine	
Start (laut Plan)	
Ende (laut Plan)	
Verzögerung	☐ ja ☐ nein
Begründung	
Verzögert sich bis	
Gegenmaßnahmen	
Ist-Stand	
Erfüllungsgrad (%)	
Kosten (%)	
Abgeschlossene Arbeitsschritte	
Probleme	
Entscheidungsbedarf	
Lösungsvorschlag	
Datum:	Unterschrift:

Termin- und Ablaufcontrolling

Das Termin- und Ablaufcontrolling untersucht und analysiert projektbegleitend, ob der Projektablaufplan eingehalten wird. Es werden primär die Soll- und Ist-Zustände der Arbeitspakete sowie der Meilensteine verglichen.

Mithilfe eines **Projektstatus- oder Projektfortschrittsberichts** können die Fortschritte an einem Projekt festgehalten werden. Dabei ist ein entsprechendes Formular, das die einheitliche Bearbeitung während des ganzen Projekts gewährleistet, von Nutzen. Die Projektgruppe bestimmt, wie häufig berichtet werden soll, beispielsweise täglich, wöchentlich oder monatlich.

Die **Terminüberwachung** kann z. B. mit einem **Meilenstein-Chart** unterstützt werden. Für jeden Vorgang bzw. Meilenstein werden die Ist-Termine erfasst und mit den Soll-Vorgaben verglichen. Danach erfolgt die Planung von steuernden und korrigierenden Maßnahmen.

Meilenstein-Chart für den Tag der offenen Tür für Schulabgänger/-innen

Projekt: „Tag der offenen Tür am 28.01.20X7" – Statusbericht Nr. 8 vom 15. Januar 20X7			
Meilenstein Nr.	**Bezeichnung**	**Soll-Termin**	**Ist-Termin**
M1	Termin und Räumlichkeiten sind festgelegt.	01. Dezember 20X6	27. November 20X6
M2	Aktivitäten sind konkret geplant, zuständige Personen stehen fest und haben zugesagt, Tagesordnung ist erstellt.	20. Dezember 20X6	20. Dezember 20X6
M3	Veranstaltung wurde an Schulen und in der regionalen Presse beworben.	10. Januar 20X7	13. Januar 20X7
M4	Catering ist bestellt, Materialien und Technik stehen bereit, Räume sind hergerichtet.	26. Januar 20X7	in Bearbeitung

Projektstatusberichte und Meilenstein-Charts haben insbesondere die Aufgabe, schon **während der Projektrealisation Terminabweichungen aufzudecken**, damit Lösungen rechtzeitig im Projektteam besprochen werden können, um den geplanten (bzw. oftmals vorgegebenen) Endtermin des Projekts noch einzuhalten. In Zwischengesprächen wird zu diesem Zweck auf Grundlage dieser Berichte der momentane Projektstatus beurteilt und ggf. die Projektplanung durch neue Soll-Vorgaben angepasst.

Kostencontrolling

Ausgangsbasis des Kostencontrollings ist die Erfassung der Kosten für die einzelnen Arbeitspakete. Das geplante Projektbudget muss mit den tatsächlich angefallenen Kosten verglichen und Abweichungen müssen näher analysiert werden. Die Darstellung des Kostenvergleichs kann z. B. mit einem **Budgetkontroll-Chart** erfolgen. Dabei werden die Soll-Kosten den Ist-Kosten im Zeitverlauf des Projekts gegenübergestellt. Als Darstellungsform eignen sich Balken- oder Liniendiagramme.

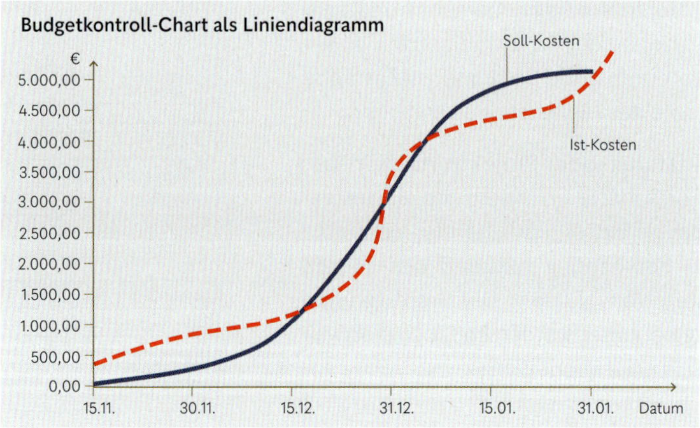

Ergebniscontrolling
Ob Ergebnisse effektiv waren, kann erst dann abschließend beurteilt werden, wenn festgestellt wurde, ob die geplanten Leistungen auch erbracht wurden. Das Leistungs- und Ergebniscontrolling untersucht dabei insbesondere, ob die Vorgaben gemäß den formulierten Projektzielen erreicht wurden. Die Ergebnisse dieser Analyse lassen nicht nur Rückschlüsse auf das laufende Projekt zu, sondern können auch gewinnbringend für weitere Projekte verwendet werden, im Sinne eines Lernens aus Erfahrungen für die Zukunft.

Entscheidend ist, dass das Leistungs- und Ergebniscontrolling nicht nur abschließend erfolgt, sondern auch projektbegleitend. Nur so können etwaige Minderleistungen und Qualitätsmängel rechtzeitig entdeckt und durch entsprechende Maßnahmen noch behoben werden.

4.2 Rückkoppelung und neue Sollvorgaben

Ein regelmäßiges Projektcontrolling ist die Voraussetzung dafür, dass bei Planabweichungen angemessen reagiert werden kann. Durch Anpassungen der Projektplanungen und **neue Sollvorgaben** wird das Projekt während der Projektdurchführung gesteuert.

BEISPIEL: Amir Karkuti, der am Tag der offenen Tür in einem Workshop den Ausbildungsberuf „Industriekaufmann/-frau" vorstellen wollte, informiert Veruschka Linden eine Woche vor der Veranstaltung darüber, dass er aus familiären Gründen an dem Tag doch nicht zur Verfügung steht. Veruschka Linden spricht sofort Chiho Takano an, die die Aufgabe von Amir Karkuti übernimmt.

Solche und ähnliche Störungen im Projektablauf erfordern, dass schon im Rahmen der Projektplanung Alternativpläne aufgestellt worden sind, die bei Bedarf einfach „aus der Schublade gezogen" werden können. Im Beispielfall war es sinnvoll, dass die Projektleiterin bereits Alternativen notiert hatte, falls eine der Hauptpersonen der geplanten Veranstaltung kurzfristig ausfällt. Es liegt aber in der Natur der Sache, dass niemals für alle Eventualitäten vorgesorgt werden kann. Entsprechend ist die Phase der Projektdurchführung neben ständigen **Soll-Ist-Vergleichen** auch durch **Rückkopplungen und neue Soll-Vorgaben** gekennzeichnet. Um hier den Überblick zu bewahren, ist eine gute **Projektdokumentation** wichtig.

Im Projektmanagement versteht man unter einer **Rückkopplung**, dass ein Zwischenergebnis im Projektverlauf (z. B. eine Terminverzögerung) wieder auf den ursprünglichen Prozess einwirkt (z. B. müssen aufgrund der Terminverzögerung auch folgende, abhängige Vorgänge zeitlich verschoben werden). Rückkopplungen erfordern in der Regel neue Soll-Vorgaben.

4.3 Dokumentation und Transparenz aller Projektabläufe

Gerade in der Phase der Projektdurchführung sind ein effektives **Informationsmanagement** und eine gute Projektdokumentation wichtig. Der Projektleiter hat dafür zu sorgen, dass alle **Projektabläufe für jeden Projektbeteiligten transparent** sind und jeder die für ihn wichtigen Informationen (z. B. mündliche Informationen, Unterlagen, Aktennotizen) – und nur diese – umgehend erhält.

Insgesamt kommt es beim Informationsmanagement darauf an, durch Regeln sicherzustellen, dass die Informationen
- regelmäßig und pünktlich zur Verfügung stehen,
- jedem zur Verfügung stehen, der sie benötigt,
- niemandem zur Verfügung gestellt werden, der sie nicht benötigt (keine unnötige Informationsflut),
- für die Adressaten einfach zugänglich sind und sich schnell erfassen lassen (übersichtliche Informationen) und
- vollständig, aktuell und wahr sind.

Der Nutzen eines guten Informationsmanagements liegt auf der Hand:
- Projektabläufe werden transparent.
- Zeitersparnis, da kein Leerlauf entsteht
- Aktualität, da Wichtiges sofort weitergeleitet wird
- Übersichtlichkeit, da nicht jeder alles bekommt
- Schnittstellenklarheit, da es keine Informationsdefizite gibt
- gutes Verhältnis zum Auftraggeber, da Missverständnisse vermieden werden

4.3.1 Hilfsmittel des Informationsmanagements

Durch die Nutzung **aktueller Medien für den Informationsaustausch** (z. B. Cloud, Kommunikationsserver, Online-Terminplaner, Intranet, Smartphone) lassen sich Projekte zeitsparend und übersichtlich durchführen. Alle Projektmitarbeiter/-innen können über aktuelle Informationen verfügen und fortlaufend Einblick in den Projektstand nehmen. Auch für eine funktionierende Teamarbeit ist ein gut organisierter Informationsaustausch förderlich.

Wichtig ist, sich zu Projektbeginn eindeutig auf die Form des Informationsaustauschs zu einigen (z. B. E-Mail oder Intranet) und Regeln für die Weitergabe von Informationen festzulegen. In Unternehmen mit häufiger Projektarbeit existiert in der Regel ein Projektinformationssystem. Ein **Projektinformationssystem** umfasst alle Einrichtungen sowie Hilfsmittel und deren Zusammenwirken bei der Erfassung, Weiterleitung, Be- und Verarbeitung, Auswertung und Speicherung von Projektinformationen. Der Aktenordner zählt gemäß dieser Definition genauso zum Projektinformationssystem wie ein Projektbereich im Intranet.

Projektmanagement-Software
Da in Projekten in hohem Maß kollaborativ im Team gearbeitet werden muss, wird Projektarbeit heutzutage in der Regel durch hierfür geeignete Projektmanagement-Software unterstützt. In den letzten Jahren hat sich in vielen Unternehmen Microsoft Teams® als geeignete Software für das digitale Projektmanagement verbreitet. Projektmanagement-Software kann das Projektmanagement bei der Definition, Planung und Realisation von Projekten unterstützen. Zudem hilft es bei der Sicherstellung des Informations- und Kommunikationsflusses zwischen den Teammitgliedern.

4.3.2 Projektdokumentation

Die Projektdokumentation hat die Aufgabe, alle relevanten Informationen des Projekts zusammenzutragen und bei Bedarf dem Projektteam, der Projektleitung oder dem Auftraggeber zur Verfügung zu stellen. Projektdokumentation ist die übersichtliche und geordnete Zusammenstellung relevanter Informationen über Planung, Organisation, Verlauf und Ergebnisse eines Projekts. Sie soll insbesondere zu jeder Zeit Aufschluss über den derzeitigen Stand des Projekts geben, die einzelnen Arbeitsschritte dokumentieren und die Projektabläufe transparent machen. Sie ist somit ein Bestandteil des Informationsmanagements.

Prozessdokumentation

Die Prozessdokumentation dient dazu, das Projektgeschehen in seiner Entstehung und Entwicklung nachvollziehbar zu machen. Diese Zielsetzung wird unterstützt durch schriftliche Unterlagen, z. B.
- Dokumente der Projektdefinition (z. B. Projektauftrag),
- **Dokumente der Projektplanung** (z. B. Projektstrukturplan mit Arbeitspaketen, Projektablaufplan, Terminplänen),
- Dokumente der Projektrealisation (z. B. Protokolle von Projektbesprechungen, Gesprächsnotizen, Projektstatusberichte, Meilenstein-Charts, Budgetkontroll-Charts).

Da die **Dokumente der Projektplanung** während der Projektrealisation oft prozessbegleitend überarbeitet werden, werden von diesen Unterlagen häufig verschiedene Versionen unter Angabe des jeweiligen Erstellungs- bzw. Veränderungsdatums gesammelt.

Darin sind alle bedeutsamen Rahmen-, Planungs-, Beschluss- und Ergebnisdaten nachvollziehbar erfasst. Eine gut strukturierte und übersichtliche Aktenordnung bedeutet: aktuelle Belege zum Stand der Arbeiten, permanente Nachvollziehbarkeit von Entscheidungen, eine umfassende Informationsgrundlage für Bearbeiter sowie ein schneller Zugriff auf benötigte Unterlagen.

Projekthandbuch

Ein Projekthandbuch enthält alle wesentlichen Informationen eines Projekts. Es soll alle für das Zusammenspiel der Projektbeteiligten sinnvollen und nötigen organisatorischen Informationen und Regelungen wiedergeben. Es enthält vor allem Hinweise und Anweisungen, die die Projektmitglieder für ihre tägliche Arbeit benötigen, und sichert Standards bei der Projektarbeit.

Ein Projekthandbuch dient den Projektmitgliedern gewissermaßen als Leitfaden für ein bestimmtes Projekt. Es sollte kurz und knapp verfasst sein und nur wirklich erforderliche Informationen enthalten, damit es von den Projektmitgliedern auch akzeptiert und genutzt wird.

Projekthandbuch
1. Projektdefinition und Leistungsplanung 1.1 Abgrenzung, Ziele (Projektdefinition) 1.2 Objektgliederung (Pflichtenheft und Leistungsspezifikationen) 1.3 Aufgabengliederung (Projektphasen, Projektstrukturplan) 1.4 Aufgabenspezifikation 1.5 Schnittstellen im Projekt 1.6 Definition der Abnahmeprozedur 1.7 Verträge
2. Projektumfeld
3. Projektorganisation 3.1 Beschreibung der Rollen und Teams 3.2 Grafische Darstellung der Projektorganisation 3.3 Aufgaben- und Verantwortlichkeitsverteilung 3.4 Ansprechpartner und Adressen
4. Projektplanung 4.1 Ablauf- und Terminplanung 4.2 Ressourcenplanung 4.3 Kostenplanung 4.4 Risikoplanung
5. Qualitätsmanagement 5.1 Definition von Qualitätskriterien 5.2 Organisatorische Regelungen 5.3 Laufende Qualitätssicherung
6. Projektinformationswesen und -kommunikation 6.1 Sitzungsplanung 6.2 Fortschrittsberichte 6.3 Sitzungsprotokolle 6.4 Ablagestrukturen
7. Projektcontrolling
8. Projektabschluss

Quelle: Gerold Patzak, Günter Rattay (2009). Projektmanagement. 5. Auflage. Wien: Linde. S. 369.

Datenschutz und Datensicherheit

Im Rahmen von Projekten fallen in großem Umfang Daten (Informationen) an, weswegen dem Datenschutz und der Datensicherheit in diesem Zusammenhang große Bedeutung zukommt. Die beiden Begriffe werden oft gleichgesetzt, beschreiben aber grundsätzlich unterschiedliche Sachverhalte.

Beim **Datenschutz** geht es darum, **personenbezogene Daten** (z. B. von Mitarbeitern oder Kunden) vor unberechtigtem Zugriff zu schützen. Dazu gehören neben Namen z. B. auch Geburtsdaten, Telefonnummern und Adressen. In der **Datenschutz-Grundverordnung** (EU-DSGVO 2016/679) wird festgelegt, welche Daten erhoben werden dürfen und wie die erhobenen Daten verarbeitet bzw. auch nicht weiterverarbeitet werden dürfen.

Wesentliche Inhalte der Datenschutz-Grundverordnung sind die **Transparenz** der Erhebung und die **Informationspflicht** gegenüber den betroffenen Personen über die Verarbeitung sowie das **Recht auf Einsichtnahme und Löschung** der erhobenen persönlichen Daten.

Die Themen Datenschutz und Datensicherheit werden ausführlich in LF 3 → 3.1 behandelt.

Datensicherheit umfasst alle Maßnahmen, die getroffen werden, um alle (z. B. im Rahmen eines Projekts) gespeicherten Daten vor unzulässigen Zugriffen von außen und vor Verlust zu schützen. Solche Zugriffe reichen von Spam-Mails über Schadsoftware (Viren, Würmer, Trojaner u. a.), Datendiebstahl bis hin zu Ereignissen wie Stromausfall oder Blitzeinschlag. Auch vor Fehlbedienung (z. B. unbeabsichtigtes Löschen) durch das eigene Personal müssen alle relevanten Daten geschützt werden.

Es stehen verschiedene Möglichkeiten zur Verfügung, um Datensicherheit umzusetzen. Hilfreich ist es, die verwendete Software stets aktuell zu halten. Das gilt auch und besonders für **Anti-Viren-Programme und Firewalls**. **Spam-Filter** schützen nicht nur vor unerwünschtem „Datenmüll“, sondern verringern auch das Risiko, versehentlich eine per Mail verschickte Schadsoftware zu aktivieren.

Um gewollte oder ungewollte Verletzungen der Datensicherheit durch die eigenen Mitarbeiter auszuschließen, sollten **Zugangsberechtigungen** eingeschränkt werden, sodass die Mitarbeiter Zugriff nur auf Daten und Anwendungen haben, die sie für ihre Tätigkeit auch benötigen. Zugänge zum System des Unternehmens sollten auf jeden Fall passwortgeschützt sein. Schließlich empfiehlt es sich, besonders wichtige Daten zu verschlüsseln und regelmäßig **Sicherheitskopien** aller im System hinterlegten Daten anzufertigen.

4.4 Folgemaßnahmen bei Projektabbruch

Wenn absehbar ist, dass die Projektziele, z. B. wegen fehlender Ressourcen, geänderter Rahmenbedingungen oder Fehleinschätzungen, nicht mehr erreichbar sind, muss ein Projektmanager auch die Option prüfen, das **Projekt vorzeitig zu beenden**. Ein Projektabbruch erfolgt dann, wenn eine Weiterführung des Projekts weniger sinnvoll ist als ein vorgezogenes Projektende ohne Realisierung des geplanten Projektergebnisses.

Ein Projektabbruch sollte von diesen **Folgemaßnahmen** begleitet werden:
- **Benennung der Ursachen** für den Projektabbruch gegenüber den anderen Projektmitgliedern und dem Auftraggeber
- **Analyse der Schwachstellen**, die zum Projektabbruch geführt haben, um für Folgeprojekte entsprechende Schlüsse zu ziehen
- Überprüfung, ob die bis zum Projektabbruch erzielten **Ergebnisse anderweitig genutzt** werden können (z. B. in anderen Projekten)

ÜBERSICHT: Projektdurchführung

Projektdurchführung	Während der Realisation eines Projekts wird die Projektplanung in die Tat umgesetzt. Da der reale Projektverlauf (Ist) häufig von der Planung (Soll) abweicht, sind Projektcontrolling und -steuerung notwendig.
Projektcontrolling und -steuerung	Der Projektverlauf wird regelmäßig kontrolliert und mit der Planung verglichen (Soll-Ist-Vergleich). Wenn Abweichungen auftreten, die Rückkopplungen verursachen, werden die Soll-Vorgaben des Projekts angepasst.
Bestandteile des Projektcontrollings	Termin- und Ablaufcontrolling, Kostencontrolling und Ergebniscontrolling
Projektinformationssystem	Für ein effizientes Informationsmanagement lassen sich aktuelle Medien (z. B. Cloud, Kommunikationsserver, Online-Terminplaner, Intranet, Smartphone) nutzen.
Projektdokumentation	Alle relevanten Informationen, die im Rahmen des Projekts beschafft werden oder entstehen (z. B. Projektauftrag, Protokolle von Sitzungen, Projektstatusberichte), werden dokumentiert und gesammelt.
Projektabbruch	Ein Projekt wird eventuell vorzeitig beendet, wenn die definierten Projektziele nicht mehr erreicht werden können.

Alles klar?

1 Margot Rother ist Projektleiterin für die Umstellung eines Fertigungsverfahrens in der Produktion. Bei der Durchführung des Projekts vergisst Frau Rother, Statusberichte zu erstellen. Beschreiben Sie die Gefahr, die dadurch entsteht.

2 Beschreiben Sie, was man in der Phase der Projektdurchführung unter *Rückkopplungen* versteht.

3 Erläutern Sie, welche Aufgabe die Projektdokumentation im Rahmen der Projektdurchführung hat.

4 Beschreiben Sie allgemein die drei Bausteine des Projektcontrollings.

5 Susanne Herrmann ist in einer Werbeagentur Projektleiterin bei der Entwicklung einer Werbekampagne für die Fit & Flott Reifenservice Holding AG.

- a Sie hat in Microsoft Teams® einen Bereich zur Projektdokumentation eingerichtet und diesen bereits in „Projektauftrag“, „Projektplanung“ und „Projektdurchführung“ gegliedert. Nennen Sie jeweils drei Dokumente bzw. Dateien, die sie in den drei Bereichen einstellen sollte.
- b In der Phase der Projektdurchführung vergisst sie, Statusberichte zu erstellen. Beschreiben Sie die Gefahr, die dadurch entsteht.

6 Erläutern Sie den Unterschied zwischen Datenschutz und Datensicherheit im Rahmen der Projektdurchführung.

7 Geben Sie an, welche der folgenden Aussagen zur Projektdurchführung richtig ist.

- a Ein Projektcontrolling findet ausschließlich am Ende der Durchführungsphase statt.
- b In einem Meilenstein-Chart werden die geplanten Ist-Termine mit den tatsächlichen Soll-Terminen der einzelnen Meilensteine verglichen.
- c Unter einer Rückkopplung versteht man, dass die einzelnen Projektmitglieder dem Projektmanager während der Projektdurchführung regelmäßig eine Rückmeldung geben.
- d In einem Projekthandbuch werden die Projektergebnisse zusammengefasst. Es wird am Ende der Projektdurchführung an den Auftraggeber übergeben.
- e Anti-Viren-Software unterstützt sowohl die Datensicherheit als auch den Datenschutz.

AB → Lernsituation 23

5 Projektabschluss

Nach der erfolgreichen Durchführung des Projekts erfolgt in der Regel ein offizieller Projektabschluss. Zum Projektabschluss gehören z. B. die
- Erstellung des Projekt-Abschlussberichts,
- Erstellung und Durchführung einer **Präsentation der Ergebnisse**,
- Auswertung des Projekts.

5.1 Projekt-Abschlussbericht

Der **Projekt-Abschlussbericht** wird erstellt, wenn alle projektspezifischen Tätigkeiten abgeschlossen sind. Er ist das Ergebnis des Projekts und enthält die zusammenfassende, abschließende Darstellung von Aufgaben und erzielten Ergebnissen, von Zeit-, Kosten- und Personalaufwand sowie gegebenenfalls von Hinweisen auf mögliche Anschlussprojekte.

Der Projekt-Abschlussbericht enthält auch einen **Soll-Ist-Vergleich der Kosten (Nachkalkulation)** und eine ursachenorientierte **Abweichungsanalyse**. Auf dieser Grundlage erfolgt im Projekt-Abschlussbericht zudem eine abschließende Bewertung des Projekts. Zusätzlich könnte der Abschlussbericht die Dokumentation der eigenen Projekterfahrungen enthalten.

5.2 Präsentation der Ergebnisse

Bei einigen Projekten ist es sinnvoll, die Ergebnisse des Projekts zu erläutern und möglicherweise entstehende Fragen direkt zu beantworten, wenn z. B. Projektergebnisse umgesetzt werden sollen. Diese Möglichkeiten bietet die direkte Präsentation (z. B. mittels Microsoft PowerPoint®) vor dem Auftraggeber und den weiteren Betroffenen.

Eine Projektpräsentation stellt Informationen, Erkenntnisse und Projektergebnisse vor. Den Vortragenden und sein Publikum verbindet das gemeinsame Projekt. Die Inhalte müssen so ausgewählt, strukturiert und zusammengefasst werden, dass sie verständlich sind, die Zuhörer gut erreichen und die Ziele der Präsentation optimal verwirklicht werden. Die Inhalte sollten **visualisiert** werden, sodass sich mündliche Ausführungen und bildhafte Darstellung gegenseitig unterstützen bzw. ergänzen. Gerade zu einer Projektpräsentation gehört auch eine anschließende Frage- oder Diskussionsrunde, in der insbesondere der Auftraggeber Fragen stellen kann.

visualisieren
sichtbar machen

Eine Präsentation muss gut geplant sein, da sie einen Höhepunkt des Projekts darstellt und die Arbeit von Wochen oder Monaten wiedergeben soll. Bei der **Vorbereitung einer Präsentation** sollten folgende Schritte beachtet werden:
- Themen und Ziele festlegen (Was soll präsentiert werden?)
- Zielgruppe analysieren (Welche Erwartungen und Fragen hat die Zielgruppe?)
- Inhalte organisieren (Materialien sammeln, Aufbau gliedern, Material vorbereiten und gestalten)
- Medieneinsatz klären und organisieren
- Dauer der Präsentation festlegen

5.3 Projektauswertung und -evaluation

Die **Projektauswertung**, die beispielsweise in einer Projektabschluss-Sitzung stattfinden kann, beschäftigt sich z. B. mit folgenden Fragen:
- Was war gut? Was war nicht gut?
- Wie hat die Teamarbeit funktioniert?
- Gab es Kommunikationsprobleme?
- Welche Ziele wurden erreicht / nicht erreicht?

Geht man bei der Auswertung eines Projekts systematisch vor und stellt sicher, dass die Ergebnisse und Bewertungen begründet und belegt sind, sodass sie für außenstehende Personen nachvollziehbar sind, spricht man von einer **Projektevaluation**. Diese stützt sich auf eine genaue Beschreibung der Projektaktivitäten, statistische Zahlen und Informationen der Projektbeteiligten. Eine gute **Evaluation** weist nicht möglichst viele, sondern möglichst aussagefähige Daten aus. Im Rahmen der Projektevaluation werden der Projektprozess, die Projektergebnisse und ggf. die Projektpräsentation bewertet.

Evaluation
sach- und fachgerechte Bewertung

Vor der Projektevaluation ist es sinnvoll, die Projektunterlagen zu archivieren und das Projekt fachlich und betriebswirtschaftlich auszuwerten. Letztlich dient die Projektevaluation zur Verstärkung positiver Erfahrungen und zur Verbesserung zukünftiger Projekte.

Soll-Ist-Vergleich der Projektdurchführung

Im Rahmen der Projektevaluation wird rückblickend überprüft und beurteilt, ob
- durch die Projektrealisation die Projektziele erreicht wurden bzw. welcher Zielerreichungsgrad erreicht wurde,
- die Termin- und Arbeitsplanung eingehalten wurde und
- das Projektbudget eingehalten wurde.

Für diesen Soll-Ist-Vergleich ist es erforderlich, dass bei der Projektplanung entsprechende Soll-Zustände (Projektziele) definiert wurden. Nur so kann die Erreichung der geplanten Zustände überprüft werden.

BEISPIEL: Im Rahmen der Projektevaluation präsentiert Jenny Liu in der Abschlussbesprechung die folgende Abbildung.

Projekt: „Tag der offenen Tür" am 28.01.20X7 – (Abschluss-)Statusbericht Nr. 10 vom 31. Januar 20X7			
Meilenstein Nr.	**Bezeichnung**	**Soll-Termin**	**Ist-Termin**
M1	Termin und Räumlichkeiten sind festgelegt.	01. Dezember 20X6	27. November 20X6
M2	Aktivitäten sind konkret geplant, zuständige Personen stehen fest und haben zugesagt, Tagesordnung ist erstellt.	20. Dezember 20X6	20. Dezember 20X6
M3	Veranstaltung wurde an Schulen und in der regionalen Presse beworben.	10. Januar 20X7	13. Januar 20X7
M4	Catering ist bestellt, Materialien und Technik stehen bereit, Räume sind hergerichtet.	26. Januar 20X7	27. Januar 20X7

Im Projekt-Abschlussbericht vermerkt Jenny, dass bei den Meilensteinen M3 und M4 eine Verzögerung aufgetreten ist, die zu Stress kurz vor der Veranstaltung am 28. Januar 20X7 geführt hat. Sie merkt an, dass bei einer Wiederholung des Projekts im nächsten Jahr mehr Zeit für die Bekanntmachung der Veranstaltung und die Organisation des Caterings veranschlagt werden muss.

Außerdem hatte Jenny am Tag der offenen Tür einen Feedbackbogen an die Teilnehmer/-innen verteilt. Bei der Auswertung hat sie festgestellt, dass einige mit der Qualität des angebotenen Essens nicht zufrieden waren. Sie vermerkt auch dies mit dem Hinweis, dass beim nächsten Mal mehr Zeit für die Suche nach einem Cateringunternehmen eingeplant werden soll. Zudem notiert sie im Projekt-Abschlussbericht, dass ein höheres Budget für Speisen und Getränke wünschenswert wäre.

Schwachstellen- und Fehleranalyse

Wenn bei einem Aspekt Abweichungen des Ist-Zustands vom Soll-Zustand festgestellt werden, sollten die Gründe hierfür im Rahmen einer Abweichungsanalyse untersucht werden. Insbesondere sollte ermittelt werden, ob **eigenes (falsches) Handeln oder äußere Ursachen** für die Abweichungen bzw. Fehler verantwortlich waren.

BEISPIEL: In der Abschlussbesprechung erfährt Jenny Liu von Elias Schumacher, dass er sich bei der Auswahl des Cateringunternehmens auf den Tipp einer Freundin verlassen hatte. Jenny vermerkt im Abschlussbericht, dass beim nächsten Mal eine objektive Lieferantenauswahl für Speisen und Getränke erfolgen sollte.

Aufgabe der Schwachstellen- und Fehleranalyse ist es, Planungsfehler, Mängel in der Teamarbeit oder der Kommunikation, individuelle Fehler der Projektmitglieder und falschen Umgang mit Störungen aufzudecken und zu beurteilen sowie Handlungsempfehlungen für zukünftige Projekte abzuleiten.

Entwicklung von Strategien zur Optimierung der Projektabläufe

Feedbackkultur → Kap. 3.8.2

eigenes Handeln kritisch hinterfragen = Selbstreflexion

Gerade im Rahmen der Projektevaluation ist es wichtig, dass innerhalb der Projektgruppe eine konstruktive Feedbackkultur existiert. Die Projektbeteiligten sollten bereit sein, ihr **eigenes Handeln kritisch zu hinterfragen** und Verbesserungsvorschläge zu akzeptieren. Nur so kann der Zweck der Evaluation erfüllt werden, nämlich die Entwicklung von Ideen und Strategien, um „es beim nächsten Mal besser zu machen".

Soll-Ist-Vergleich der Projektdurchführung

↓

Schwachstellen- und Fehleranalyse

↓

Entwicklung von Strategien zur Optimierung der Projektabläufe

BEISPIEL: Der Soll-Ist-Vergleich hat unter anderem ergeben, dass das Kostenziel nicht ganz eingehalten wurde. Statt 5.000,00 € (Projektbudget) hat das Projekt 5.800,00 € Kosten verursacht. Das Kostencontrolling hat ergeben, dass die tatsächlichen Kosten für das Arbeitspaket „Bekanntmachung der Veranstaltung in der Presse" um 25 % höher waren als der Planwert. Die Schwachstellenanalyse hat ergeben, dass man die erstellte Anzeige häufiger als erforderlich in der örtlichen Tageszeitung abdrucken ließ. Für das nächste Jahr wird vereinbart, dass die Anzeige nur noch drei- statt fünfmal in der Tageszeitung erscheinen soll.

ÜBERSICHT: Projektabschluss

Projekt-Abschlussbericht	Zusammenfassung von Aufgabe, Ergebnissen, Zeit-, Personal- und Kostenaufwand des Projekts
Projektpräsentation	Schritte zur Vorbereitung: – Thema und Ziele der Präsentation – Zielgruppe analysieren und berücksichtigen – Inhalte organisieren (Material, Gliederung) – Medieneinsatz klären und organisieren – Dauer der Präsentation festlegen
Projektauswertung und -evaluation	– Soll-Ist-Vergleich der Projektdurchführung: Grad der Zielerreichung, Einhaltung der Termin- und Arbeitspläne, Einhaltung des Projektbudgets – Schwachstellen- und Fehleranalyse: Ermittlung der Gründe (eigene oder fremde Ursachen) für Abweichungen und Fehler

Alles klar?

1 Eine Werbeagentur hat für den Konzertveranstalter *Live in Nordhessen* eine Werbekampagne für die Veranstaltungsreihe *Reggae in Nordhessen* als Projekt geplant und durchgeführt. Nach Abschluss der Veranstaltungsreihe soll das Projekt evaluiert werden.

a Beschreiben Sie, wie die Projektevaluation erfolgen könnte und welche Aspekte evaluiert werden sollten.

b Begründen Sie, warum eine solche Projektevaluation sinnvoll ist.

LF 3
Kundenaufträge bearbeiten und überwachen

1 Der Markt als Auslöser von Geschäftsprozessen

BEISPIEL: Ein Verkaufsmitarbeiter der Fly Bike Werke GmbH beklagt sich darüber, dass das Verkaufssortiment der Fly Bike Werke GmbH in immer kürzeren Abständen umgestellt werde und er allmählich den Überblick über all die Modelle, Varianten und Sonderanfertigungen verliere, die täglich das Werk verließen. Ständig werde er mit Sonderwünschen konfrontiert:

1.1 Der Kunde im Mittelpunkt der Prozessgestaltung

Marktsättigung – Kunden müssen überzeugt werden, ein (weiteres) Produkt zu kaufen.

Bis in die 60er-Jahre des 20. Jahrhunderts hinein galten die beschränkte Produktionskapazität sowie die stockende Material- und Arbeitskräfteversorgung als größte Engpässe bei der betrieblichen Expansion. Die Zerstörungen und Entbehrungen des Zweiten Weltkriegs setzten einen immensen Nachholbedarf frei, die Konflikte des folgenden „Kalten Krieges“ machten den Zugang zu Rohstoffquellen zum politischen Interessenspiel und der seinerzeit noch geringe Grad an Automatisierung erforderte massenhaft zusätzliche Produktionskräfte.

Erst gegen Ende der 1960er-Jahre waren in Deutschland **Marktsättigungstendenzen** zu erkennen; statt Materialbeschaffung und Kapazitätsausbau wurde die Gewinnung von Kunden durch attraktive Produkte und Konditionen allmählich zum erstrangigen Ziel betrieblichen Handelns.

Durch den internationalen Wettbewerbsdruck, die schnelle technische Entwicklung und die fortschreitende Individualisierung von Kundenwünschen reicht heute die technische Innovationskraft eines Unternehmens sowie eine wettbewerbsgerechte Preisgestaltung zur Sicherung von Marktanteilen allein nicht mehr aus. Unternehmen, die eine **stabile Kundenbeziehung** herzustellen vermögen, sind langfristig erfolgreicher als solche, die rein wirtschaftlich agieren.

Paradigma
Grundverständnis, grundsätzliche Herangehensweise

Mit dieser Erkenntnis ist auch ein **Paradigmenwechsel** von der Produkt- zur Kundenorientierung verbunden.

produktorientiertes Handeln	kundenorientiertes Handeln
Verfolgung einer Produkt- oder Kostenführerschaft (technischer Vorsprung)	kontinuierliche Erfassung von Kundenwünschen und Kundenbedürfnissen
Alleinstellungsmerkmale entwickeln	individualisierte (Zusatz-)Leistungen
leistungsfähige Vertriebskanäle	persönlicher Kundenkontakt
hohe Lieferbereitschaft	kundenfreundliche Mitarbeiter
Spartenorganisation oder Mischformen	Kundenorientierte Unternehmensorganisation
Qualitätsversprechen	Kundenzufriedenheit prüfen
Garantieleistungen	individuelle Problemlösungen anbieten

Generell bedeutet Kundenorientierung, dass sich alle unternehmerischen Aktivitäten auf die Erfüllung von Kundenwünschen und -bedürfnissen konzentrieren, auch auf solche, die dem Kunden gar nicht bewusst sind. Durch den Aufbau einer hohen Kundenzufriedenheit mittels (stets) positiver Erfahrungen des Kunden im Geschäftsverkehr mit dem Lieferanten entsteht eine Vertrauenskultur, die in eine dauerhafte Geschäftsbeziehung mündet. Eine sorgfältig angelegte **Kundenbindung** geht meist auch dann nicht verloren, wenn aggressive Wettbewerber leistungsfähigere oder kostengünstigere Produkte anbieten.

Alle betrieblichen Anstrengungen, die dazu ausgerichtet sind, solch eine langfristige Kundenbindung herzustellen, werden unter dem Begriff des **Customer Relationship Managements (CRM)** zusammengefasst. Dieses Kundenbeziehungsmanagement gestaltet alle Kontakte zwischen Unternehmen und Kunden. Die Bausteine einer erfolgreichen Beziehungsstrategie werden im Folgenden etwas näher erläutert:

Die **kontinuierliche Erfassung von Kundenwünschen** und Kundenbedürfnissen kann unter zwei Perspektiven erfolgen: Zum einen kann ausgehend vom betrieblichen Produkt- und Leistungsangebot und den vorhandenen Kundendaten herausgefiltert werden, welche Produkte für den Kunden interessant sein könnten, um ihm ein entsprechendes Angebot zu unterbreiten. Zum anderen kann – z. B. in regelmäßigen Gesprächen – vonseiten des Kunden der Bedarf formuliert werden. Die Analyse der Kundendaten (Branche, Größe, bisherige Belieferung) kann durch den Vergleich mit Referenzunternehmen auf noch nicht identifizierte Bedarfslücken hinweisen.

Das **Angebot individualisierter (Zusatz-)Leistungen** wird vom Kunden als besondere Wertschätzung empfunden. Standardprodukte hinterlassen beim Kunden unbefriedigte Restwünsche, z. B., weil ein Produkt die falsche Farbe hat oder eine Nebenfunktion nicht anbietet. Da Einzelanfertigungen aber kostentechnisch kaum umsetzbar sind, kann ein Kompromiss darin bestehen, ein Grundprodukt mit frei wähl- und kombinierbaren Zusatzfunktionen auszustatten oder es durch Serviceleistungen attraktiv zu gestalten.

Das vermutlich wichtigste Element der Kundenorientierung besteht im **persönlichen Kundenkontakt**. Kunden erwarten einen Ansprechpartner, der auf ihre Wünsche und Fragen eingeht und das Gefühl vermittelt, ernst genommen und wertgeschätzt zu werden. Positiv auf die Kundenbindung wirken auch eine personalisierte Ansprache und die Kenntnis spezieller Vorlieben oder privater Lebensumstände. Der persönliche Kontakt setzt jedoch nicht immer ein Treffen voraus, sondern kann auch in wechselnden Formen (z. B. Videokonferenz, Telefonanrufe, Sonderaktionen für Stammkunden) durchgeführt werden.

Der Kontakt zu einem Geschäftspartner führt früher oder später immer zum Austausch mit den Mitarbeitenden. Spätestens im Reklamationsfall werden sie zum Gesicht eines Unternehmens und bestimmen die Güte der Kauferfahrung. **Kundenfreundliche Mitarbeiterinnen und Mitarbeiter** agieren geduldig, verständnisvoll und kulant gegenüber den Anliegen der Kunden. Bei allen Mitarbeitenden ist ein Grundverständnis darüber herzustellen, dass nicht das Unternehmen, das sie angestellt hat, sondern ihr Kunde der eigentliche Arbeitgeber ist. Die Mitarbeitenden tragen durch ihr Auftreten bedeutend zum Image des Unternehmens bei und können damit auch die Kundenorientierung als Unternehmensleitbild überzeugend nach außen transportieren.

Qualifikationen mit den meisten Stunden betrieblicher Weiterbildung in Unternehmen mit Lehrveranstaltungen 2020

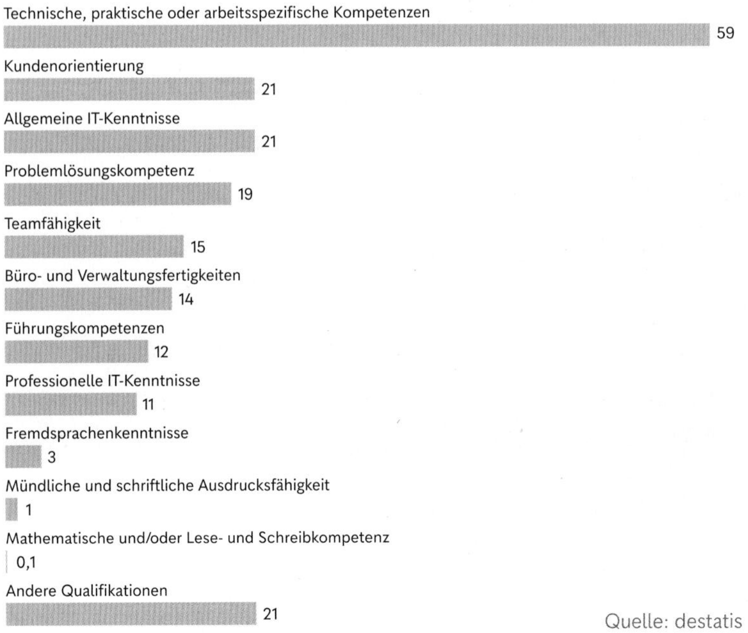

Quelle: destatis

Eine **kundenorientierte Unternehmensorganisation** hat eine funktionale und eine emotionale Ebene. Neben der bereits angesprochenen Kundenfreundlichkeit muss der organisatorische Aufbau sicherstellen, dass Kundenwünsche sicher erfasst sowie umgehend und kompetent bearbeitet werden. Dies umfasst die gesamte **Customer Journey**, d. h. die Kette aller Kontaktstellen zwischen Unternehmen und Kunden im Zuge der Auftragsabwicklung von der ersten Kontaktaufnahme bis in den After-sales-Bereich. Als äußeres Merkmal einer auf spezielle Kundenwünsche ausgerichteten Organisation kann ein nach Kunden bzw. Kundengruppen aufgeteilter Vertrieb, der Einsatz von Key-Account-Managern oder eine 24/7-Hotline dienen.

Eine kundenorientierte Organisation ist jedoch nicht allein auf den Absatzbereich beschränkt. Das gesamte Unternehmen, alle Unternehmensbereiche und Mitarbeitende müssen in dieser Hinsicht zusammenwirken, z. B. hinsichtlich einer schnellen Weitergabe von Vertriebsanfragen, einer Priorisierung bei Maschinenbelegungen, der Bereitschaft zu Überstunden bei wichtigen Aufträgen. Kundenorientierung muss als **Unternehmensphilosophie** verstanden werden, die sich auch in der Personalauswahl und Personalführung widerspiegelt.

Kundenzufriedenheit kann nicht einfach vorausgesetzt werden, selbst wenn der Kunde einwandfreie Produkte oder Dienstleistungen erhält. Oft sind es unbemerkte „Kleinigkeiten" um den Verkaufsprozess herum, die das Zufriedenheitsempfinden des Kunden stören, z. B. eine geringfügig überzogene Lieferfrist, eine überlastete Hotline oder nicht nachvollziehbare Produkterwartungen. Es ist deshalb unerlässlich, die **Kundenzufriedenheit regelmäßig zu überprüfen**. Meist geschieht dies in Form von Kundenbefragungen durch Feedback-Formulare oder auch durch persönliche Interviews beim Besuch von Außendienstmitarbeitern. Eine weitere Möglichkeit ist die systematische Auswertung von Kundenbeschwerden.

Mit dem Beschwerdemanagement eng verbunden ist auch der letzte Baustein der Kundenorientierung, nämlich das Gebot, dem Kunden bei der Suche nach Hilfestellungen möglichst **individuelle Problemlösungen** anzubieten. Häufig ist dieses Erfordernis im Bereich des Aftersales-Services angesiedelt, wo Kunden z. B. Unterstützung bei der technischen Handhabung oder Einrichtung von Geräten, beim Umtausch oder bei Finanzierungsschwierigkeiten anfordern.

Die Bedeutung eines entgegenkommenden Beschwerdemanagements wird noch eingehender erläutert → Kap. 3.5.1

1.2 Anbahnung von Geschäftsbeziehungen

1.2.1 Suche nach Geschäftspartnern

Das Interesse am Aufbau einer Geschäftsbeziehung kann sowohl vom möglichen Lieferanten als auch vom möglichen Kunden ausgehen.

Suche nach Lieferanten (Bezugsquellenermittlung) LF 4 → Kap. 2.1

Suche nach Geschäftspartnern

durch den Lieferanten	Begegnung in Foren	durch den Kunden
- Werbebriefe und Werbemails - Werbeanzeigen in Fach- und Massenmedien - Online-Webshop - Präsenz in sozialen Medien - Event-Veranstaltungen - Kaltakquise durch eigenen Außendienst - Ausnutzen bestehender Kontakte von Handelsvertretern	- Ausstellung und Besuch von Fachmessen - Online-Marktplätze - (Online-)Auktionen	- Lieferantenverzeichnisse - Anfragen stellen - Ausschreibungen - Suchmaschinen - Unternehmensregister - Anzeigen in Fachzeitschriften - Einkaufskommissionäre einschalten - Verbandsinformationen - IHK

1.2.2 Geschäftskorrespondenz

Der Weg zum Geschäftsabschluss führt im Industriebetrieb traditionell über beleghafte Abläufe wie Anfrage, Angebot, Bestellung und Auftragsbestätigung. Für diese Geschäftskorrespondenz existieren Regeln, die in der **DIN 5008** festgehalten sind.

Briefkopf (Kopfzeile)
Für den Namen des Absenders bzw. seine Firmenbezeichnung und das Firmenlogo kann man den gesamten oberen Bereich des Geschäftsbriefes nutzen.

Das Anschriftenfeld besteht aus 6 – 9 Zeilen:
1.–3. Zusatz- und Vermerkzone, z. B. Info für die Post, Einschreiben (nur falls benötigt)
1. Empfängerbezeichnung/ Anrede, z. B. Firmenbezeichnung oder Frau/Herr
2. Empfänger: Vor- und Nachname, ggf. mit akademischem Grad oder Titel
3. Postfach oder Straße mit Hausnummer
4. Postleitzahl und Bestimmungsort
5. Bestimmungsland
6. Leerzeile

Anrede
Ist der Empfänger bekannt, so wird dieser mit seinem Namen angesprochen. Ansonsten formuliert man allgemein (z. B.: Sehr geehrte Damen und Herren). Nach der Anrede steht ein Komma.

Unterschrift
Für die Unterschrift werden in der Regel 3 Zeilen reserviert. Ist der Unterzeichner (wie im Beispiel) nicht Inhaber des Unternehmens, so gibt ein Kürzel vor der Unterschrift die entsprechende Vollmacht des Unterzeichners an:
ppa. (per Prokura) = Prokura;
i. V. (in Vertretung) = Handlungsvollmacht;
i. A. (im Auftrag) = Einzelvollmacht

Anlagenvermerk
Wenn dem Brief etwas beigefügt ist, wird ein Anlagenvermerk gemacht und die beigefügte Unterlage aufgezählt. Aus Platzgründen kann der Anlagenvermerk auch rechts neben dem Gruß stehen.

FLY BIKE
Werke GmbH

Ihr Zeichen: mm
Ihre Nachricht vom:
Unser Zeichen: cs-ef
Unsere Nachricht vom: 15.11.20XX

Name: Herr Steffes
Telefon: 0441 885-36
E-Mail: ann-kathrin.nemitz@flybike-werke.dex

Datum: 15.11.20XX

FBW GmbH, Rostocker Str. 334, 26121 Oldenburg
Wohnungsbaugesellschaft
Meyer & Meyer GmbH
Parkweg 22
12568 Berlin
•
•

Der Infoblock dient der Orientierung des Empfängers und ersetzt die in der Vergangenheit übliche Bezugszeile.

Betreff
Stichwortartige Inhaltsangabe des ganzen Briefes. Sie dient dazu, dem Leser auf den ersten Blick eine Orientierung zu geben. Der Betreff wird ohne Schlusspunkt geschrieben, er kann z. B. durch Fettdruck hervorgehoben werden.

Kündigung des Mietvertrags
•
•
Sehr geehrter Herr Meyer,
•
hiermit möchte ich im Namen der Fly Bike Werke GmbH die Lagerhalle in der Marxstraße 18 fristgemäß zum 31.12.20XX kündigen.
•
Nachdem wir unsere Umbaumaßnahmen in unserem Stammhaus Kurfürstendamm 60 abgeschlossen haben, benötigen wir das Außenlager in der Marxstraße nicht mehr.
•
Ich danke Ihnen für die vertrauensvolle Zusammenarbeit.
•
Mit freundlichen Grüßen
•
Fly Bike Werke GmbH
•
i. A. Ann-Kathrin Nemitz
•
Ann-Kathrin Nemitz
•
Anlage
Kopie des Mietvertrags

Gruß
Der Geschäftsbrief wird mit einem Gruß abgeschlossen. Üblich ist: „Mit freundlichen Grüßen" oder „Mit freundlichem Gruß". Als distanzierte Grußformel, meist im Rahmen von Mahnungen eingesetzt, gilt die Formulierung „Hochachtungsvoll".

Wiederholung der Firma

maschinenschriftliche Namenswiederholung des Briefverfassers

Fly Bike Werke GmbH
Rostocker Str. 334
26121 Oldenburg
Geschäftsführerin:
Ewa Nowak

Telefon: 0441 8XX-0
Telefax: 0441 8XX-9211
E-Mail: mail@flybike-werke.dex
Web: www.flybike-werke.dex

Handelsregister:
Amtsgericht Oldenburg
HR Oldenburg 2134
USt-IdNr. DE 236667691

Bank 3000 Oldenburg
IBAN: DE67 3707 5020 2114 2536 66
BIC: 3000DENIXXX

Oldenburg-Bank
IBAN: DE86 2804 0114 0112 3264 44
BIC: OLBADEOL261

Geschäftsangaben (Fußzeile)
Am Fußende des Geschäftsbriefes stehen die Geschäftsadresse sowie Angaben zum Geschäftsführer und ggf. zu den Gesellschaftern, außerdem Bankverbindungen und die dem Unternehmen zugeordnete Handelsregisternummer. Werden die Briefblätter auch für Rechnungen verwendet, sind auch die Steuernummer bzw. die Umsatzsteuer-Identifikationsnummer (USt.-Id.-Nr.) aufzuführen.

Beim Schreiben eines Geschäftsbriefes
- ist die Aufteilung des Briefes gemäß DIN 5008 zu beachten,
- sollte der Brieftext nicht zu lang sein und
- der Brieftext übersichtlich durch Absätze gegliedert werden.

Als Schriftart wird in der Regel eine serifenlose Schrift (z. B. Arial) in Schriftgröße 11 pt verwendet. Es ist nur ein Zeilenabstand von 1 erlaubt. Die Schriftgröße 10 pt darf im laufenden Brieftext nicht unterschritten werden.

Falls direkt auf einen eingegangenen Geschäftsbrief geantwortet wird, ist es üblich, den eigenen Brief mit einem **Dank für das erhaltene Schreiben** zu beginnen. Alle Dokumente, die eine Rechtswirkung hervorrufen sollen (z. B. ein Angebot oder eine Bestellung) werden im **Namen des Unternehmens** unterzeichnet. Nur reine Informationsbriefe (z. B. eine Einladung oder Ankündigung) können auch allein mit dem eigenen Namen unterschrieben werden.

Die Verwendung von Geschäftsbriefformularen führt dazu, dass der Empfänger auf den „äußeren Anschein" einer erlaubten Vertretungshandlung vertrauen darf. Dies bedeutet, dass rechtliche Zusagen auch dann gegen das Unternehmen gelten, wenn der Verfasser gar nicht dazu berechtigt war, sie abzugeben. Dies gilt jedoch nicht, wenn dem Geschäftspartner die fehlende Vollmacht bekannt sein musste.

Vertretungsvollmacht
LF 1 → Kap. 9.4

Betreff
Da der Betreff für die Bearbeitung und Verwaltung einer E-Mail besonders wichtig ist, ist diese Angabe zwingend erforderlich. Ein aussagefähiger Betreff erleichtert außerdem die Arbeit des Empfängers. Der Betreff sollte daher möglichst kurz und präzise formuliert sein. Pro E-Mail sollte nur ein Thema angesprochen werden.

Anhang
E-Mails können Dateien als Anlage hinzugefügt werden, die hier Anhänge heißen. Wichtige Informationen und Dokumente sollten im PDF-Format verschickt werden, damit sie vom Empfänger nicht abgeändert werden können.

An: markus.meyer@meyerwbg-berlin.dex

Von: ann-kathrin.nemitz@flybike-werke.dex

Betreff: **Kündigung Mietvertrag**

Sehr geehrter Herr Meyer,

hiermit möchte ich im Namen der FBW GmbH den Mietvertrag für die Lagerhalle in der Marxstraße 18 fristgerecht zum 31.12.20XX kündigen. Nachdem wir die Umbaumaßnahmen in unserem Stammhaus abgeschlossen haben, benötigen wir das Außenlager in der Marxstraße 18 nicht mehr.

Wir danken Ihnen für die vertrauensvolle Zusammenarbeit.

Mit freundlichen Grüßen

Ann-Kathrin Nemitz

–

Fly Bike Werke GmbH
Rostocker Str. 134, 26121 Oldenburg
Telefon: 0441 8XX-0

Geschäftsführerin: Ewa Nowak
Handelsregister: Amtsgericht Oldenburg – HR Oldenburg HRB 2134
Steuer Nr. 112/8870/0057 – USt-Id.-Nr. DE 236667691

Anrede
Die Anrede wird wie bei einem Geschäftsbrief vom übrigen Text getrennt und sollte wie bei einem Geschäftsbrief persönlich sein. Wie beim Geschäftsbrief sind auch bei einer E-Mail die Regeln der deutschen Rechtschreibung zu beachten. Es dürfen weder alle Wörter kleingeschrieben noch ohne Satzzeichen aneinandergereiht werden. Es dürfen nur Abkürzungen verwendet werden, die auch in einem Geschäftsbrief verwendet werden. Auf Smileys wird komplett verzichtet.

E-Mail-Text
Der E-Mail-Text ist als Fließtext zu verfassen, da Zeilenumbrüche durch die Software des Empfängers gesteuert werden. Absätze müssen durch eine Leerzeile getrennt werden.

Grußformel und Absender
Zum Abschluss einer E-Mail gehören immer ein Gruß, der vollständige Name des Absenders, dessen Position im Unternehmen sowie weitere Kontaktdaten. Diese Angaben erleichtern es dem Empfänger, bei Bedarf direkt zu antworten.

Signatur
Die Absenderinformationen können in einer Signatur des E-Mail-Programms festgelegt und formatiert werden und müssen dann nicht jedes Mal neu eingegeben werden.

Bei kleineren Rechtsgeschäften oder dem üblichen geschäftlichen Informationsaustausch verzichten auch Industriebetriebe immer mehr auf beleghafte Korrespondenz und nutzen die **Vorteile des E-Mailings:** die schnellere und kostengünstige Übermittlung, die automatische Speicherung sowie die Möglichkeit, mit einer E-Mail mehrere Empfänger anzuschreiben und umfangreiche Anlagen beizusteuern.

Verwendet man die **E-Mail als Geschäftsbriefersatz**, so gilt auch für sie die DIN 5008. Bei der Angabe der Adresse ist besondere Sorgfalt anzuraten, denn schon die kleinste Abweichung führt zu einer Nichtzustellung. Wichtig ist auch, einen seriösen Absender-Account zu wählen, damit die E-Mail nicht vom Spamfilter des Adressaten aussortiert wird. In Unternehmen erhalten die Mitarbeitenden in der Regel eigene E-Mail-Adressen, wie z. B. Frau Nemitz: ann-kathrin.nemitz@flybike-werke.dex

1.2.3 Das Verkaufsgespräch

Das Verkaufsgespräch ist die intensivste Möglichkeit, auf den Kaufentscheidungsprozess des Kunden einzuwirken. Ein erfolgreiches Verkaufsgespräch mündet regelmäßig, wenn auch nicht immer sofort, in einen Kundenauftrag.

Der Gesprächserfolg wird bereits durch die Planung mitbestimmt. Vorteilhaft ist es,
- die grundsätzliche Bedarfsfrage – z. B. über Vertreterberichte nach früheren Besuchen oder Altbestellungen – vorher abzuklären,
- eine Orts- und Terminabsprache nach den Wünschen des Kunden zu wählen, um Zeitdruck zu vermeiden,
- dem Kunden bei komplexen Produkten oder Verfahren Vorabinformationen zur Verfügung zu stellen. Damit wird ihm eine Orientierung gegeben und optimalerweise schon gesteigertes Interesse am Produkt geweckt.
- eine angenehme Gesprächsatmosphäre herzustellen, z. B. durch Getränkeauswahl, Ansprache mit Namen, Gesprächsbeginn mit kulturellen oder regionalen Themen.

Im Gesprächsverlauf entscheidet insbesondere die verbale und nonverbale Kommunikation der Verkäuferin über den Verkaufserfolg. **Verbale „Erfolgstreiber"** können wie folgt beschrieben werden:
- Sprechen Sie die Kundin direkt im Sie-Stil an. Statt „Ich gebe Ihnen die Beschreibung" besser „Sie erhalten von mir die Beschreibung".
- Sprechen Sie nicht monoton und abgehackt. Betonen Sie die wichtigsten Punkte im Gespräch. Ihre Sprache soll bei der Kundin Interesse wecken und sie von Ihren Ausführungen überzeugen.
- Sie müssen angemessen laut und deutlich sprechen, damit die Kundin ohne Anstrengung zuhören kann.
- Legen Sie während des Gesprächs wirkungsvolle Pausen ein, damit Ihr Gegenüber Ihre Aussagen überdenken kann. Pausen dienen außerdem dazu, Ihrer Gesprächspartnerin die Gelegenheit zu geben, eine Frage zu stellen oder selbst etwas zu sagen.
- Sprechen Sie abwechslungsreich und verständlich. Benutzen Sie nur Fachbegriffe, die Ihre Gesprächspartnerin auch versteht. Verwenden Sie eine angemessene Anzahl von Fachbegriffen. Reduzieren Sie fremdsprachliche Begriffe. Ihre Kundin wird es Ihnen danken.
- Formulieren Sie kurze, knappe Sätze. Langatmige Sätze wirken ermüdend. Die Kundin wird nach kurzer Zeit das Interesse an Ihren Ausführungen verlieren.

- Die Gesamtwirkung Ihrer Sprache hängt wesentlich davon ab, ob Sie in der Lage sind, sich in die Kundin hineinzuversetzen **(Empathie)**.

Aber auch **aktives Zuhören** ist eine Kunst, die leicht vernachlässigt wird. Gerade im Beratungsgespräch ist das Zuhören außerordentlich wichtig. Zuhören ist für die Verkäuferin eine aktive Tätigkeit. Schauen Sie Ihre Kundin während des Verkaufsgesprächs an. Sie benötigen den Blickkontakt, um Ihr Interesse zu signalisieren. Durch die Körpersprache Ihrer Kundin (Kopfnicken, Lächeln) erfahren Sie, ob das Gespräch für sie positiv verläuft. Auch durch verbale Bestätigungen wie „ja", „so" oder „hmm" und gezieltes Nachfragen signalisieren Sie Ihr Interesse. Fassen Sie anschließend das Gehörte zusammen, um festzustellen, ob Sie Ihre Gesprächspartnerin richtig verstanden haben. So können Sie erste Kommunikationsstörungen vermeiden.

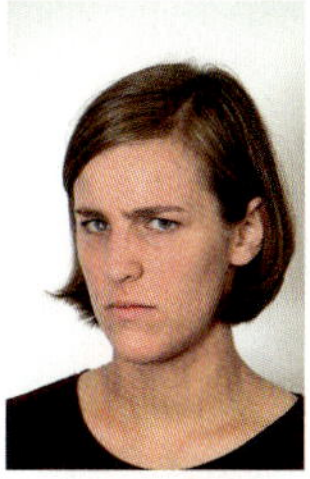
Skepsis/Ablehnung

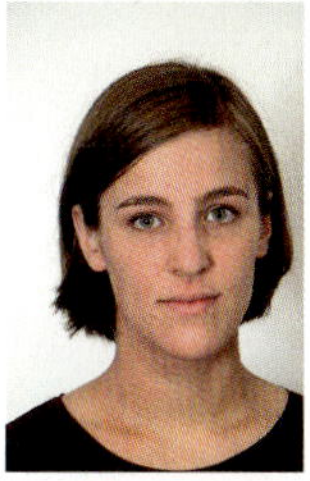
Aufmerksamkeit/Interesse

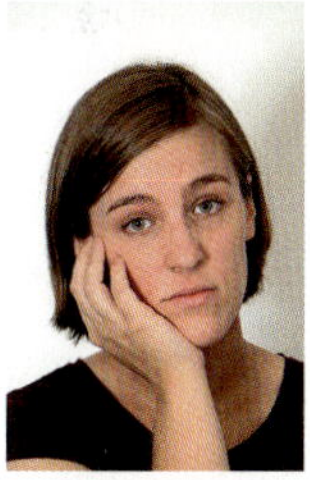
Desinteresse/Langeweile

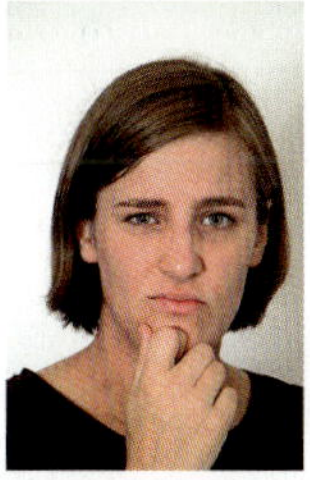
Verunsicherung/ Unschlüssigkeit

Der **erste Eindruck** kann das gesamte Verkaufsgespräch schon vor seinem Beginn prägen. Menschen neigen dazu, ihnen unbekannte Personen aufgrund ihrer Erfahrungen durch äußere Merkmale in ein bestimmtes Raster (z. B. intelligent, eigenwillig, anspruchslos) einzuordnen und das weitere Vorgehen darauf abzustimmen. Wichtige äußere Merkmale des ersten Eindrucks sind Alter, Geschlecht, Kleidung, Frisur, Gepflegtheit, Körperhaltung, Stimmlage und Aussprache.

Distanzzonen: Es ist wichtig, das Distanzbedürfnis anderer Menschen zu beachten. Wer jemandem zu dicht „auf die Pelle" rückt, muss sich nicht wundern, wenn er unangenehm wirkt. Das Eindringen eines Fremden in die vertrauliche Distanzzone wird fast immer als unwillkommene Grenzübertretung empfunden.

Gestik: Für die Wirkung der Gestik ist ausschlaggebend, in welcher Höhe sich die Hände befinden. Alle Gesten, die sich unterhalb der Taille abspielen, werden als negativ gewertet, Gesten in Höhe der Taille werden als neutral und oberhalb der Taille als positiv gewertet. Nebenbei ist die Sichtbarkeit der Hände ein wichtiges Merkmal. Verdeckte Hände – in den Hosentaschen oder hinter dem Rücken – werden immer als Ablehnung empfunden. Sind die Hände zu sehen, sollten zeigende und öffnende Gesten eingesetzt werden.

Mimik: Ein Lächeln wirkt Wunder – das gilt auch in Verkaufssituationen. Denn das Lächeln wird oft vom Gegenüber erwidert und wirkt deshalb auf uns selbst zurück. Ein warmes Lächeln, das ernst gemeint ist, weckt das Vertrauen der Kundin. Ein Dauergrinsen kommt bei Ihrem Gegenüber dagegen als gekünstelt und falsch an. Die Kundin wird Ihnen nicht glauben.

Das Verkaufsgespräch läuft in 5 Phasen ab, wobei möglichst keine übersprungen werden soll:

Phasen des Verkaufsgespräches

Kontaktaufnahme		**Bedarfsfestlegung**		**Angebot**		**Einwandbehandlung**		**Abschluss**
Empfang & Begrüßung	→	gemeinsame Ermittlung des Kundenbedarfs	→	Produktbeschreibung & Konditionen	→	Berücksichtigung von Kundenbedenken	→	Auftragsvergabe

Hinsichtlich der **Kontaktaufnahme** ist ein freundlicher, aber auch respektvoller Empfang von entscheidender Bedeutung. Die Kundin sollte immer (auch rein physisch) auf Augenhöhe und mit festem Blickkontakt angesprochen werden. Die Stimmlage ist freundlich und kräftig.

Sollte die Kundin nicht unaufgefordert einen Bedarfswunsch äußern, kann das Verkaufsgespräch zunächst auf die geschäftliche Situation, mögliche betriebliche Engpässe und Ausbaupläne gelenkt werden. Aus diesen heraus ist ein möglicher Bedarf abzuleiten. Wichtig dabei ist, dass die Kundin selbst diesen Bedarf erkennt und ihre Vorstellungen von einer entsprechenden Lösung formuliert. Die Verkäuferin kann durch konkrete Nachfragen das Gespräch in den Leistungsbereich ihres Unternehmens lenken und die entsprechenden Produkte aus ihrem Portfolio vorstellen. Am Ende dieser Verkaufsphase steht die **gemeinsame Bedarfsfestlegung:** Verkäuferin und Kundin stimmen überein, welche Produkte des Lieferanten die Ziele der Kundin fördern oder für deren Umsetzung unverzichtbar sind.

Der Abgabe eines **Angebots** geht zunächst eine umfangreiche Beschreibung des angebotenen Produkts und seiner Vorteile (auch gegenüber Konkurrenzprodukten) voraus. Auch die damit verbundenen Nebenleistungen (Service, Zahlungsziele, Garantien) werden deutlich herausgestellt. Damit bleibt der verlangte Preis nicht für sich allein stehen, sondern wird immer in ein direktes Kosten-Nutzen-Verhältnis gestellt.

Insbesondere in der Angebotsphase wird die Kundin oft Einwände äußern, z. B. weil der Preis zu hoch, die Garantie zu kurz oder die Lieferfrist zu lang ist. Zur **Einwandbehandlung** hat sich die **3-A-Methode** bewährt: **A**kzeptieren – **A**uflösen – **A**ufwiegen. Das bedeutet, das jeder Kundeneinwand zunächst als berechtigt anerkannt wird. Beispielsweise fällt hier der Satz: „Ja, wir sind teurer als das Konkurrenzmodell." Im zweiten Schritt wird der Blick auf gleich mehrere Gegenargumente gelenkt, z. B. „Dafür sind die Unterhaltskosten geringer und es gibt eine 10-jährige Ersatzteilversorgung." Am Ende nimmt die Verkäuferin eine positive Abwägung von Vorbehalten und Gegenargumenten vor, z. B. „Unter dem Strich hat unser Gerät das beste Preis-Leistungs-Verhältnis!"

Zögert die Kundin noch, kann der geschäftliche **Abschluss** durch Gewährung eines vorher nicht erwähnten oder normalerweise nicht vorgesehenen Zusatznutzens stimuliert werden, z. B. einer Garantieverlängerung. Mit der Auftragsvergabe ist der Prozess der Kundenakquise aber noch nicht beendet, die Verkäuferin hält nach dem Verkaufsgespräch wesentliche Bestandteile des Kundengesprächs in einem Besuchsbericht fest. Auch erfolglose Verkaufsgespräche können so zur Verbesserung des unternehmerischen Leistungsangebots sowie zur Vorbereitung weiterer Kundenbesuche genutzt werden.

Alles klar?

1 Tragen Sie Faktoren zusammen, die den Unternehmen heute den Absatz ihrer Produkte erschweren.

2 Welche Fragen würden Sie bei der Erfassung von Kundenwünschen und -bedürfnissen stellen?

3 Wie könnte in den folgenden Fällen ein kundenorientiertes Verhalten der Mitarbeiterin aussehen?

a Der Kunde möchte eine bereits ausgestellte Bestellung zurückziehen, weil er zwischenzeitlich einen günstigeren Lieferanten gefunden hat.

b Der Kunde verlangt einen Rabatt auf den Verkaufspreis, den wir ihm aber wegen der geringen Absatzmenge nicht gewähren können.

c Der Kunde reklamiert einen Defekt an einem unserer Erzeugnisse. Die Gewährleistungsfrist ist aber schon vor vielen Monaten abgelaufen.

d Der Kunde bittet wiederholt um Zahlungsaufschub für eine fällige Rechnung. Wir benötigen die Mittel aber dringend für den Ausgleich eigener Verbindlichkeiten.

e Der Kunde wünscht einen Aufbauservice, für den uns jedoch das Personal fehlt.

f Der Kunde fühlt sich von unseren Werbemails belästigt, will aber dennoch über Sonderaktionen informiert werden.

g Ein langjähriger Stammkunde beschwert sich darüber, dass unsere Lieferfristen immer länger werden. Dies ist aber nicht zu erkennen.

4 Wie erklärt sich die Aussage „Unser Arbeitgeber ist der Kunde“?

5 Recherchieren Sie im Internet und erstellen Sie eine Übersicht wichtiger deutscher Fachmessen für

- Haushaltsgeräte
- Medizinische Technik
- Landwirtschaftliche Maschinen
- Produktionstechnik
- Büroausstattung
- Wohnmobile

6 Welche persönlichen Eigenschaften soll eine erfolgreiche Verkäuferin aufweisen?

7 Welches sind Ihrer Meinung nach die drei schlimmsten Fehler, die eine Verkäuferin im Verkaufsgespräch machen kann?

2 Rechtliche Grundlagen – Kaufvertrag

BEISPIEL: Täglich erhält die Fly Bike Werke GmbH Aufträge von ihren Kunden, kleineren und größeren Fahrradhändlern in Deutschland und auch im europäischen Ausland. Die Kunden bestellen Fahrräder, aber auch Handelswaren und Ersatzteile. Bei diesen Absatzprozessen spielen rechtliche Vorgänge, insbesondere das Kaufvertragsrecht, eine erhebliche Rolle.

Die **Rechtsordnung** stellt die Basis für das menschliche Zusammenleben dar. Über die Rechtsordnung können die vielfältigen Konflikte gelöst werden, die im Privat- und auch im öffentlichen bzw. im Wirtschaftsleben manchmal unvermeidlich sind. Die Rechtsordnung stellt allgemeinverbindliche Regeln und Bindungen auf und umfasst alle geltenden Rechtsnormen wie Gesetze, Verordnungen, Verwaltungsakte sowie Entscheidungen der obersten Gerichte.

Die Abwicklung von Rechtsgeschäften zwischen Kaufleuten ist im Privatrecht geregelt. Im Mittelpunkt des Privatrechts stehen der Abschluss und die Erfüllung von Verträgen sowie die Schadensersatzansprüche, die durch unrechtmäßiges Handeln entstanden sind. Das Privatrecht umfasst das **bürgerliche Recht** (Vorschriften des Bürgerlichen Gesetzbuches BGB) und das **Handelsrecht** (Vorschriften des Handelsgesetzbuches HGB).

AB → Lernsituation 24

2.1 Zustandekommen von Kaufverträgen

BEISPIEL: Die Radplus GmbH aus Verl bestellt bei Sabine Ganser, der Sachbearbeiterin Fachhandel der Fly Bike Werke GmbH (FBW), per E-Mail 20 Pedelecs, Modell E-Mountain *Sturm*. Die Radplus GmbH bittet um Lieferung innerhalb von zwei Wochen. Ein schöner Auftrag mit einem Auftragswert von über 40.000,00 €. Frau Ganser bestätigt die Bestellung der Radplus GmbH per E-Mail.

Der Kaufvertrag ist – wie jeder andere Vertrag auch – eine Vereinbarung, durch den sich die am Vertrag beteiligten Personen (Vertragsparteien) zum Austausch von Leistung und Gegenleistung verpflichten.

Im Falle des beschriebenen Beispiels kommt durch eine Bestätigung des Kundenauftrags ein Kaufvertrag zwischen der Radplus GmbH (= Käufer) und der Fly Bike Werke GmbH (= Verkäufer) zustande. Die Fly Bike Werke GmbH verpflichtet sich damit gegenüber der Radplus GmbH, die bestellten 20 Pedelecs zum vereinbarten Preis innerhalb der vereinbarten Frist zu liefern und der Radplus GmbH das Eigentum an den Rädern zu übertragen. Im Gegenzug verpflichtet sich die Radplus GmbH gegenüber Fly Bike Werke GmbH, die gelieferten E-Bikes abzunehmen sowie den vereinbarten Kaufpreis vollständig und pünktlich zu bezahlen.

Vertragstypische Pflichten beim Kaufvertrag → § 433 BGB

Ein Kaufvertrag beruht dabei auf zwei übereinstimmenden **Willenserklärungen**: Jemand bietet einem anderen die Schließung eines Vertrags an und dieser nimmt den Antrag an. Mit der Annahme des Antrags kommt der Vertrag zustande (§ 433 BGB). Die zeitlich zuerst abgegebene Willenserklärung bezeichnet man als **Antrag** (in der

Wirtschaftssprache wird häufiger der Begriff **Angebot** verwendet), die zeitlich später abgegebene Willenserklärung als **Annahme**.

Angebot
→ Kap. 3.2.5

Zustandekommen von Verträgen

Die Vertragsschließenden sind, je nachdem, in welcher Eigenschaft sie sich gegenübertreten, entweder Verbraucher, Unternehmer oder Kaufleute. Diese Unterscheidung ist wichtig, da sich aus ihr unterschiedliche gesetzliche Rechte und Pflichten der betreffenden Vertragsparteien ergeben:

- **Verbraucher** ist jede natürliche Person, die ein Rechtsgeschäft zu einem Zweck abschließt, der weder ihrer gewerblichen noch ihrer selbstständigen beruflichen Tätigkeit zugerechnet werden kann.
- **Unternehmer** ist eine natürliche oder juristische Person oder eine rechtsfähige Personengesellschaft, die bei Abschluss eines Rechtsgeschäfts in Ausübung ihrer gewerblichen oder selbstständigen beruflichen Tätigkeit handelt. Unter den Begriff des Unternehmers fallen insoweit auch die freien Berufe (Ärzte, Rechtsanwälte u. Ä.), die kein Gewerbe im Sinne des Handelsrechts betreiben.
- **Kaufmann** ist, wer ein Handelsgewerbe betreibt. Hinzu kommen die Kannkaufleute und die Formkaufleute.

Verbraucher
→ § 13 BGB

Unternehmer
→ § 14 BGB

Natürliche und juristische Personen
LF 1 → Kap. 8.3.1

Unternehmensformen
LF 1 → Kap. 10

Kaufmann
LF 1 → Kap. 9.1

BEISPIEL: Die Fly Bike Werke GmbH ist aufgrund ihrer Rechtsform (GmbH) Unternehmer und gleichzeitig Kaufmann. Für die Kunden der Fly Bike Werke gilt dies in aller Regel auch. Als gewerbliche Fahrradhändler sind sie automatisch Kaufleute.

Unternehmer- und Kaufmannseigenschaft müssen aber nicht zwangsläufig zusammenfallen. So sind z. B. Angehörige der freien Berufe Unternehmer im Sinne des BGB, aber keine Kaufleute. Kaufleute sind jedoch **immer** gleichzeitig Unternehmer.

Je nachdem, wer an einem Kaufvertrag beteiligt ist, unterscheidet man die folgenden Arten von Kaufverträgen:

- Handeln beide Vertragspartner als Verbraucher oder „nur“ als Unternehmer, so spricht man von einem **bürgerlichen Kauf**. Hier finden ausschließlich die allgemeinen Vorschriften zum Kaufvertrag (§§ 433 ff. BGB) Anwendung.
- Ein **einseitiger Handelskauf** liegt vor, wenn nur eine Vertragspartei Kaufmann und der Vertragsabschluss für sie ein Handelsgeschäft ist. Die von einem Kaufmann vorgenommenen Rechtsgeschäfte gelten nach § 344 HGB im Zweifel als zum Betrieb seines Handelsgewerbes gehörig.
- Sind dagegen beide Vertragsparteien Kaufleute, besteht ein **zweiseitiger Handelskauf**.

Allgemeine Vorschriften zum Kaufvertrag
→ §§ 433 ff. BGB

Im Zweifel Handelsgeschäft
→ § 344 HGB

Eine **Sache** (§ 90 BGB) ist ein räumlich abgrenzbarer Gegenstand. Eine bewegliche Sache ist eine Sache, die weder Grundstück noch Grundstücksbestandteil ist. Tiere sind keine Sachen.

Ist bei Kaufverträgen über bewegliche **Sachen** der Verkäufer ein Unternehmer oder ein Kaufmann und der Käufer ein Verbraucher, liegt für den Verbraucher ein sogenannter **Verbrauchsgüterkauf** vor. Allerdings liegt kein Verbrauchsgüterkauf vor, wenn gebrauchte Sachen in öffentlichen Versteigerungen verkauft werden, an denen der Verbraucher persönlich teilnehmen kann.

Bei Verkäufen über Auktionsplattformen wie z. B. eBay ist die Unterscheidung zwischen Verbrauchern und Unternehmern nicht immer ganz einfach. So mancher private „Power-Seller" musste schon die für ihn sehr teure Erfahrung machen, dass er von der Finanzverwaltung wegen der Regelmäßigkeit und des Umfangs seiner Verkäufe als Gewerbetreibender eingeschätzt und entsprechend (rückwirkend) besteuert wurde.

Bürgerlicher Verkauf einer Kirchengemeinde: Sowohl Käufer als auch Verkäufer handeln nicht gewerbsmäßig, sind also keine Unternehmer und erst recht keine Kaufleute.

Bürgerlicher Kauf, Handelskauf und Verbrauchsgüterkauf bei Kaufverträgen über bewegliche Sachen

Käufer ist / Verkäufer ist	Verbraucher	Unternehmer (nicht gleichzeitig Kaufmann)	Kaufmann
Verbraucher	bürgerlicher Kauf	bürgerlicher Kauf	einseitiger Handelskauf
Unternehmer (nicht gleichzeitig Kaufmann)	Verbrauchsgüterkauf	bürgerlicher Kauf	einseitiger Handelskauf
Kaufmann	einseitiger Handelskauf für Kaufmann und Verbrauchsgüterkauf für Verbraucher	einseitiger Handelskauf	zweiseitiger Handelskauf

Verbrauchsgüterkauf
→ §§ 474–479 BGB

Handelskauf
→ §§ 373–381 HGB

Neben den allgemeinen Bestimmungen über den Kauf gelten für den Verbrauchsgüter- und den Handelskauf spezielle Regelungen. Die Regelungen für den Verbrauchsgüterkauf finden sich in den §§ 474–479 BGB und für den Handelskauf in den §§ 373–381 HGB.

BEISPIEL: Die zwischen der Fly Bike Werke GmbH und gewerblichen Fahrradhändlern geschlossenen Kaufverträge sind typischerweise als zweiseitiger Handelskauf anzusehen. Würden die Fly Bike Werke aber einen Werksverkauf einrichten, in dem Privatpersonen ein Fahrrad kaufen könnten, handelte es sich um einen Verbrauchsgüterkauf.

2.1.1 Antrag

Wesen des Antrags

Ein Antrag ist eine **empfangsbedürftige Willenserklärung**, die auf einen Vertragsschluss gerichtet ist. Das bedeutet, dass der Antrag **erst mit Zugang wirksam** wird. Anzeigen in Zeitungen, Prospekten, Preislisten und Anfragen sind keine verbindlichen Anträge, sondern lediglich Aufforderungen an andere, ihrerseits Anträge zu unterbreiten. Sie enthalten also eine Aufforderung zur Abgabe eines Angebots. Möglich sind diese sogenannten „Angebote an die Allgemeinheit" auch durch das Aufstellen von Waren- oder Dienstleistungsautomaten.

Willenserklärung
LF 1 → Kap. 8.3.2
Anfrage
LF 4 → Kap. 2.2.2

Bindung an den Antrag

Unterbreitet eine Person einer anderen einen Antrag, der auf den Abschluss eines Vertrags zielt, so ist sie an den Antrag **gebunden**. Dies gilt aber nicht, wenn die Gebundenheit durch entsprechende **Freizeichnungsklauseln** – z. B. „Angebot freibleibend", „ohne Obligo" oder „solange Vorrat reicht" – ausgeschlossen wurde. Auch für den Fall, dass keine Freizeichnungsklauseln verwendet werden, ist der Antrag **zeitlich nur begrenzt wirksam**, da anderenfalls die Handlungsfreiheit des Antragenden unzumutbar eingeschränkt wäre.

Bindung an den Antrag
→ § 145 BGB
Frachtklauseln
→ Kap. 2.5.4

Die Dauer der Bindung hängt zunächst davon ab, ob der Antragende für die Annahme eine Annahmefrist gesetzt hat:

- Hat er eine **Frist gesetzt**, so ist er für die Dauer der gesetzten Frist an den Antrag gebunden.
- Hat er **keine Frist gesetzt**, richtet sich die Dauer der Bindung danach, ob der Antrag unter Anwesenden (auch telefonisch) oder unter Abwesenden (z. B. schriftlich) abgegeben wurde. Unter Anwesenden ist der Antragende für die Dauer der Unterredung gebunden, unter Abwesenden bis zu dem Zeitpunkt, in welchem der Antragende den Eingang der Annahme unter regelmäßigen Umständen erwarten kann. Bei einem Brief beträgt diese Zeitspanne ca. drei bis vier Tage, bei einer E-Mail ca. ein bis zwei Tage.

§ 147 BGB Annahmefrist

(1) Der einem Anwesenden gemachte Antrag kann nur sofort angenommen werden. Dies gilt auch von einem mittels Fernsprechers oder einer sonstigen technischen Einrichtung von Person zu Person gemachten Antrag.
(2) Der einem Abwesenden gemachte Antrag kann nur bis zu dem Zeitpunkt angenommen werden, in welchem der Antragende den Eingang der Antwort unter regelmäßigen Umständen erwarten darf.

Annahmefrist
→ § 147 BGB

§ 148 BGB Bestimmung einer Annahmefrist

Hat der Antragende für die Annahme des Antrags eine Frist bestimmt, so kann die Annahme nur innerhalb der Frist erfolgen.

Bestimmung einer Annahmefrist
→ § 148 BGB

Bindung an den Antrag
→ §§ 145 ff. BGB

Frachtklauseln
→ Kap. 2.5.4

Bindung an den Antrag (§§ 145 ff. BGB)

Der Antragende ist an seinen Antrag gebunden.
Ausnahme: Der Antragende hat die Bindung durch Freizeichnungsklauseln ausgeschlossen (z. B. „Angebot freibleibend“, „ohne Obligo“, „unverbindliches Angebot“).

↓

Bindungsfristen

- vertragliche Bindungsfrist
  - Antragender ist bis zum Ablauf der gesetzten Frist an den Antrag gebunden.
- gesetzliche Bindungsfristen
  - unter Abwesenden
    - Antragender ist bis zu dem Zeitpunkt gebunden, an dem der Antragende den Eingang der Annahme unter regelmäßigen Umständen spätestens erwarten kann.
  - unter Anwesenden
    - Antragender ist für die Dauer der Unterredung gebunden.

Fristbeginn
→ § 187 Abs. 1 BGB

Fristende
→ § 188 Abs. 1 BGB

Sonn- und Feiertag; Sonnabend
→ § 193 BGB

Der **Fristbeginn** und das **Fristende** bestimmen sich wie folgt:
- Der Ablauf einer Frist beginnt grundsätzlich mit Beginn eines Tages (0:00 Uhr). Geht also einem Käufer ein Antrag zu, beginnt die Annahmefrist mit dem nächsten Tag (0:00 Uhr).
- Eine Frist endet mit Ablauf des letzten Tages (24:00 Uhr) der Frist.
- Fällt das Ende der Frist auf einen Samstag, Sonntag oder staatlichen Feiertag, so tritt an seine Stelle der folgende Werktag.

2.1.2 Annahme

Ein Vertrag kommt durch Annahme des Antrags zustande. Auch die **Annahme** ist eine empfangsbedürftige Willenserklärung. Sie wird also **mit Zugang wirksam**. Ein Vertrag kommt jedoch nur dann zustande, wenn der Antrag **rechtzeitig** und **unverändert** angenommen wird. Die verspätete Annahme des Antrags gilt als neuer Antrag, die veränderte Annahme als Ablehnung, verbunden mit einem neuen Antrag.

Verspätete und abändernde Annahme
→ § 150 Abs. 1 und 2 BGB

Wenn jemand keine Annahmeerklärung abgibt, also „schweigt“, kommt in der Regel kein Vertrag zustande. **Schweigen** ist (von Ausnahmefällen abgesehen) weder Zustimmung noch Ablehnung; wer schweigt, gibt in der Regel überhaupt keine Willenserklärung ab.

Eine **Ausnahme** gilt für das Schweigen auf ein **kaufmännisches Bestätigungsschreiben**: Da solchen Schreiben Vertragsverhandlungen vorausgegangen sind, kommt der Vertrag in diesem Fall mit dem Inhalt des Bestätigungsschreibens zustande, falls die absendende Partei redlicherweise davon ausgehen kann, dass ihr Schreiben den Inhalt dieser Vertragsverhandlungen wiedergibt. Will der Empfänger (soweit er Kaufmann ist) den Vertragsabschluss verhindern, muss er dem Bestätigungsschreiben widersprechen. Schweigt er, kommt der Vertrag zustande. Diese Regelung gilt allerdings **nur unter Kaufleuten** (= zweiseitiger Handelskauf).

Darüber hinaus gilt, dass ein Vertrag zwischen Kaufleuten, die in regelmäßiger Geschäftsbeziehung stehen, auch dann begründet wird, wenn auf den Antrag des einen Kaufmanns der andere schweigt. Will dieser den Antrag nicht annehmen, ist er dazu verpflichtet, unverzüglich in entsprechender Weise zu antworten.

Schweigen im Handelsrecht
→ § 362 Abs. 1 HGB

2.2 Vertragsabschluss durch einen Stellvertreter

BEISPIEL: Wenn Sabine Ganser, die Sachbearbeiterin Fachhandel der Fly Bike Werke GmbH, die Bestellung der Radplus GmbH bestätigt, kommt ein Kaufvertrag zustande. Allerdings wird Frau Ganser nicht selbst Vertragspartnerin. Sie handelt als Stellvertreterin der Fly Bike Werke GmbH. Im Rahmen ihres Beschäftigungsverhältnisses wurde sie mit einer entsprechenden Vertretungsmacht ausgestattet.

Ein **Stellvertreter** handelt rechtsgeschäftlich für eine andere Person. Im Beispiel oben gibt Frau Ganser Willenserklärungen für die Fly Bike Werke GmbH ab. Die Einschaltung eines Dritten beim Vertragsschluss nennt das Gesetz Vertretung bzw. **Stellvertretung**, sie ist in den §§ 164 ff. BGB geregelt. Die Vertretung kann vom Vertretenen gewollt sein oder aus den Umständen erklärbar sein.

§ 164 BGB Wirkung der Erklärung des Vertreters
(1) Eine Willenserklärung, die jemand innerhalb der ihm zustehenden Vertretungsmacht im Namen des Vertretenen abgibt, wirkt unmittelbar für und gegen den Vertretenen. Es macht keinen Unterschied, ob die Erklärung ausdrücklich im Namen des Vertretenen erfolgt oder ob die Umstände ergeben, dass sie in dessen Namen erfolgt.

Wirkung der Erklärung des Vertreters
→ § 164 BGB

2.2.1 Beteiligte Personen und ihre Rechtsbeziehungen

Die Stellvertretung setzt drei Beteiligte voraus:
- den **Vertreter**, der für einen anderen handelt
- den **Vertretenen**, für den der Vertreter Erklärungen abgibt
- den **Dritten**, mit dem der Vertreter für den Vertretenen Rechtsgeschäfte tätigt

Arbeits-, Dienst-, Werk- und Geschäftsbesorgungsvertrag LF 1 → Kap. 8.6

Das Rechtsgeschäft kommt aufgrund der Stellvertretung nicht zwischen dem Vertreter und dem Dritten, sondern **zwischen dem Vertretenen und dem Dritten** zustande. Die Rechtsbeziehung zwischen dem Vertretenen und dem Vertreter – dem in der Regel ein Arbeits-, Dienst-, Werk- oder Geschäftsbesorgungsvertrag zugrunde liegt – bezeichnet man als **Innenverhältnis**, die Beziehung zwischen dem Vertreter und dem Dritten als **Außenverhältnis**.

Willensmängel; Wissenszurechnung → § 166 Abs. 2 Satz 1 BGB

Die Berechtigung des Vertreters, für den Vertretenen zu handeln, bezeichnet man als **Vertretungsmacht**. Ist die Vertretungsmacht ausdrücklich durch ein Rechtsgeschäft erteilt worden, spricht § 166 Abs. 2 Satz 1 BGB von einer **Vollmacht**. Die Bevollmächtigung erfolgt durch die – grundsätzlich formlose – Erklärung des Vertretenen gegenüber dem Vertreter **(Innenvollmacht)** oder gegenüber dem Dritten, dem gegenüber die Vertretung stattfinden soll **(Außenvollmacht)**. Der Vertretene wird auch als **Vollmachtgeber**, der Vertreter als **Bevollmächtigter** bezeichnet.

Wirkung der Stellvertretung

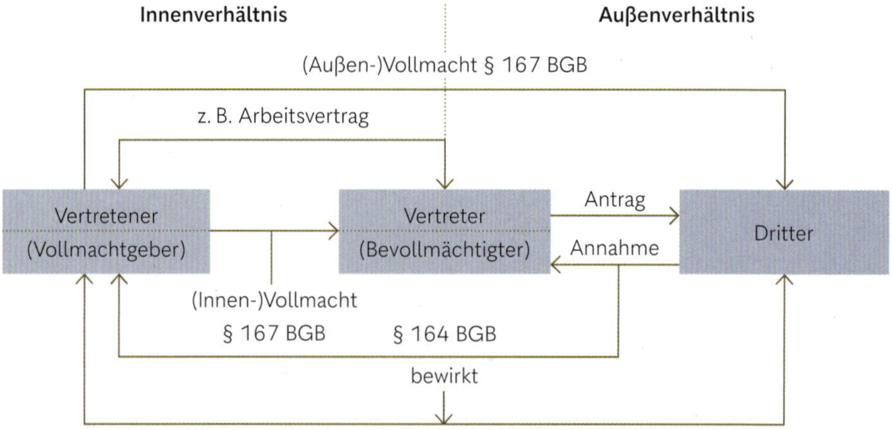

Kaufvertrag kommt zwischen dem Vertretenen und dem Dritten zustande.

2.2.2 Vertretung ohne Vertretungsmacht

Vertragsrecht durch Vertreter ohne Vertretungsmacht
→ § 177 Abs. 1 BGB

Probleme aus der Stellvertretung können sich ergeben, wenn ein Vertreter ohne Vertretungsmacht handelt. Dies ist der Fall, wenn er keine Vollmacht besitzt oder aber diese überschreitet. § 177 Abs. 1 BGB bestimmt, dass ein Vertrag, den jemand – ohne eine entsprechende Vertretungsmacht zu haben – schließt, den Vertretenen zunächst nicht bindet. Es steht ihm aber frei, das Geschäft durch Genehmigung an sich zu ziehen, wenn er es für vorteilhaft erachtet. Der ohne Vertretungsmacht geschlossene Vertrag ist also nicht nichtig, sondern **schwebend unwirksam**. Wird die Genehmigung erteilt, wird der Vertrag wirksam. Wird sie nicht erteilt, wird er endgültig unwirksam und der Vertreter haftet nach § 179 BGB.

Haftung des Vertreters ohne Vertretungsmacht
→ § 179 Abs. 1 BGB

Haftung des Vertreters ohne Vertretungsmacht
→ § 179 Abs. 1 BGB

Der **Umfang der Haftung** des Vertreters ohne Vertretungsmacht ist davon abhängig, inwieweit er den Mangel der Vertretungsvollmacht kannte:
- Kannte der Vertreter ohne Vertretungsmacht das Fehlen der Vertretungsmacht, kann der Vertragspartner (Dritter) vom Vertreter nach seiner Wahl Erfüllung des Vertrags oder Schadensersatz verlangen.
- Kannte der Vertreter ohne Vertretungsmacht das Fehlen der Vertretungsmacht nicht, so haftet der Vertreter dem Dritten für den Vertrauensschaden. Der Dritte kann verlangen, so gestellt zu werden, als ob der Vertrag nicht geschlossen worden wäre. → § 179 Abs. 2 BGB
- Die Haftung des Vertreters ohne Vertretungsmacht ist wegen mangelnder Schutzbedürftigkeit des Dritten ausgeschlossen, wenn dieser das Fehlen der Vertretungsmacht kannte oder hätte kennen müssen. → § 179 Abs. 3 BGB

Vertretung ohne Vertretungsmacht

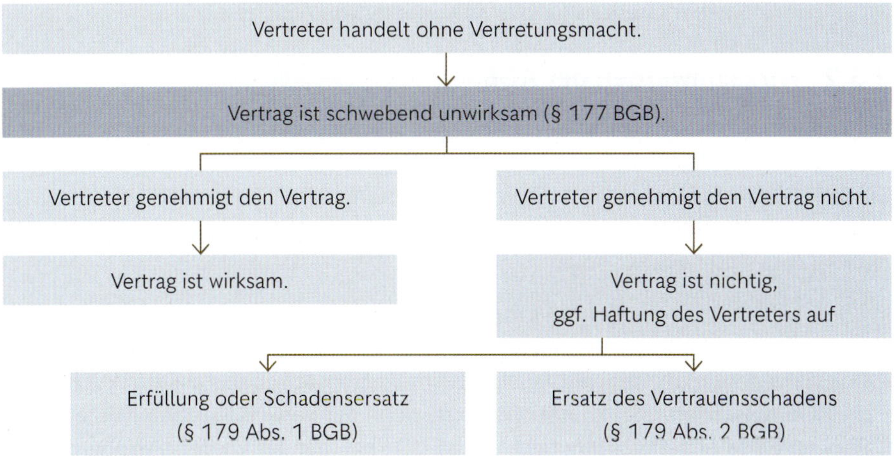

2.2.3 Erlöschen der Vollmacht

Die Vollmacht erlischt i. d. R. durch Widerruf, mit dem Erlöschen des zugrunde liegenden Rechtsverhältnisses, mit dem Eintritt eines etwa festgelegten Beendigungsgrundes oder mit dem Tod des Vollmachtgebers. Aber auch eine Vollmacht über den Tod hinaus ist möglich.

AB → Lernsituation 24

2.3 Allgemeine Geschäftsbedingungen (AGB)

2.3.1 Begriff und Bedeutung der AGB

Um den Ablauf des täglichen Geschäftsverkehrs einfacher und zeitsparender zu gestalten, enthalten die vom Unternehmen verwendeten Verträge meist einheitlich **vorformulierte** Klauseln: die Allgemeinen Geschäftsbedingungen (AGB).

Allgemeine Geschäftsbedingungen sind „alle für eine Vielzahl von Verträgen vorformulierten Vertragsbedingungen", die eine Vertragspartei der anderen Vertragspartei bei Abschluss des Vertrags stellt. Dabei ist es gleichgültig, ob die Bestimmungen einen gesonderten Bestandteil des Vertrags bilden oder als sogenanntes „Kleingedrucktes" in die Vertragsurkunde selbst aufgenommen werden.

Die AGB
- enthalten z. B. Regelungen über Lieferungs- und Zahlungsbedingungen, Eigentumsvorbehalte, Erfüllungsort und Gerichtsstand,
- ermöglichen außerdem die Konkretisierung unbestimmter vertraglicher Inhalte, indem z. B. „angemessene Fristen" genau bestimmt werden.

Man findet die AGB in der Regel als „Kleingedrucktes" auf der Rückseite von Angeboten oder Kaufvertragsformularen. Keine AGB liegen vor, wenn die Vertragsbedingungen zwischen den Vertragsparteien im Einzelnen ausgehandelt worden sind (§ 305 Abs. 1 Satz BGB).

Damit der Käufer in seiner Position als wirtschaftlich Schwächerer durch das „Kleingedruckte" nicht benachteiligt wird, hat der Gesetzgeber Grenzen für die Verwendung von AGB gesetzt.

AGB
→ § 305 Abs. 1 BGB

2.3.2 Wirksamwerden der AGB

Wie auch andere vertragliche Bestimmungen werden AGB nicht automatisch Inhalt eines Vertrags, sondern sie müssen **beim Vertragsschluss** in den Vertrag **einbezogen** werden. Die Anforderungen an diese Einbeziehung sind unterschiedlich streng, je nachdem, ob die AGB gegenüber einem Verbraucher oder gegenüber einem Unternehmer verwendet werden sollen.

Im Geschäftsverkehr mit einem **Verbraucher** werden die AGB nur unter bestimmten Voraussetzungen Vertragsbestandteil:

→ § 305 Abs. 2 BGB

- Der Verwender muss den Verbraucher **beim Vertragsabschluss ausdrücklich** auf die AGB **hinweisen**. Nicht ausreichend ist, wenn der Verwender seine AGB auf der Rückseite des Angebotsschreibens abgedruckt hat, auf der Vorderseite aber nicht darauf hinweist. Auch ein Hinweis nach Vertragsabschluss, etwa auf dem Lieferschein oder auf der Rechnung, genügt nicht. Fehlt ein persönlicher Kontakt zum Kunden, z. B. bei Parkhäusern oder Ladengeschäften, in denen Massenartikel verkauft werden, so genügt ausnahmsweise der sichtbare Aushang am Ort des Vertragsabschlusses.
- Ferner muss der AGB-Verwender der anderen Vertragspartei die Möglichkeit verschaffen, **in zumutbarer Weise** vom Inhalt der AGB **Kenntnis nehmen** zu können. Dies wird in der Regel dadurch erreicht, dass dem Kunden die AGB vorgelegt werden. Dabei hat der Verwender von AGB jedoch auf etwaige sichtbare

körperliche Beeinträchtigungen der anderen Vertragsparteien Rücksicht zu nehmen.
- Schließlich muss der Vertragspartner des Verwenders mit der **Geltung der AGB einverstanden** sein.

Diese Erfordernisse finden **keine Anwendung** auf **AGB gegenüber Unternehmern**. Bei ihnen kann der besondere Schutz entfallen, weil sie mit der Existenz und der Verwendung von AGB rechnen müssen. Hier ist es ausreichend, dass der Kunde die Einbeziehungsabsicht von AGB seitens des Vertragspartners erkennen kann und dem nicht widerspricht. Aus Gründen der Beweissicherung ist jedoch auch hier ein ausdrücklicher Hinweis auf die AGB-Verwendung empfehlenswert.

Anwendungsbereich
→ § 310 Abs. 1 BGB

Kaum jemand liest die AGB gründlich, zumal bei Vertragsabschluss dazu häufig die Zeit fehlt. Der Vertragspartner muss daher darauf vertrauen können, dass die AGB lediglich in den Bereichen Bestandteil des Vertrags werden, in denen AGB verkehrsüblich sind. Deshalb werden **ungewöhnliche** oder **überraschende Klauseln** nicht Bestandteil des Vertrags, auch wenn die AGB nach § 305 Abs. 2 BGB an sich wirksam in den Vertrag einbezogen worden sind. Überraschende Klauseln sind Bestimmungen, die so ungewöhnlich sind, dass der Vertragspartner mit ihnen nicht zu rechnen braucht.

überraschende Klauseln
→ § 305c Abs. 1 BGB

2.3.3 Inhaltskontrolle der AGB

Sind AGB rechtswirksam in den Vertrag einbezogen worden, unterliegen die einzelnen Klauseln, soweit sie Rechtsvorschriften ändern oder diese ergänzen, einer **Inhaltskontrolle**. Es kann also richterlich geprüft werden, ob die Klauseln den Kunden unangemessen benachteiligen, die Inhaltskontrolle geschieht daher zum **Schutz des Verbrauchers**. § 307 BGB legt den Prüfungsmaßstab für eine richterliche Inhaltskontrolle von AGB fest. Danach sind solche Bestimmungen unwirksam, die den Vertragspartner unangemessen benachteiligen. Verboten sind z. B.
- bei neu bestellten Sachen die Verkürzung der gesetzlichen Gewährleistungsfrist auf weniger als zwei Jahre (bei Neuwaren) bzw. ein Jahr (bei Gebrauchtwaren),
- die Möglichkeit kurzfristiger Preiserhöhungen bei Waren, die innerhalb von vier Wochen nach Vertragsabschluss geliefert werden,
- der Ausschluss oder die Beschränkung der Verpflichtung des Verkäufers, solche Aufwendungen zu tragen, die zum Zwecke der Nachbesserung erforderlich werden.

Inhaltskontrolle
→ § 307 BGB

Eine Aufzählung besonders typischer Benachteiligungsfälle – sogenannte Klauselverbote – enthalten die
→ §§ 308 und 309 BGB.

Soweit keine der dort genannten zahlreichen Klauseln vorliegt, kommt § 307 BGB als sogenannte **Generalklausel** zur Anwendung. Grundsätzlich kann gesagt werden, dass eine Klausel umso eher unwirksam ist, je stärker sie von der gesetzlichen Regelung abweicht.

Eine **Generalklausel** ist eine Rechtsnorm, die nur einen allgemeinen Grundsatz aufstellt und die konkrete Bestimmung im Einzelfall den Gerichten überlässt.

Sind AGB gegenüber einem Unternehmer verwendet worden, gelten die §§ 308 und 309 BGB nicht, d. h., es muss also nur geprüft werden, ob eine unangemessene Benachteiligung nach § 307 BGB vorliegt.

Nach § 306 BGB gilt: Sind einzelne Klauseln unwirksam oder nicht Vertragsbestandteil geworden, so bleibt der Vertrag im Übrigen wirksam. Anstelle der nicht wirksamen Klauseln gelten die gesetzlichen Regelungen.

Rechtsfolgen bei Nichteinbeziehung und Unwirksamkeit
→ § 306 BGB

AB → Lernsituation 24

2.4 Rechtliche Folgen des Kaufvertragsabschlusses

Mit dem Abschluss des Kaufvertrags entsteht ein vertragliches Schuldverhältnis, das für beide Vertragspartner Leistungspflichten begründet. Wozu sich die Vertragsparteien im Einzelnen verpflichten, wird von den Vertragspartnern vereinbart. Als vertragstypische Pflichten **(Hauptpflichten)** beim Kaufvertrag bestimmt das BGB:

vertragstypische Pflichten beim Kaufvertrag → § 433 BGB

§ 433 BGB Vertragstypische Pflichten beim Kaufvertrag
(1) Durch den Kaufvertrag wird der Verkäufer einer Sache verpflichtet, dem Käufer die Sache zu übergeben und das Eigentum an der Sache zu verschaffen. Der Verkäufer hat dem Käufer die Sache frei von Sach- und Rechtsmängeln zu verschaffen.
(2) Der Käufer ist verpflichtet, dem Verkäufer den vereinbarten Kaufpreis zu zahlen und die gekaufte Sache abzunehmen.

Pflichten der Kaufvertragsparteien aus § 433 BGB

Hauptpflichten der Kaufvertragsparteien

Verkäufer
(gem. § 433 Abs. 1 BGB)

- Übergabe der Sache
- Verschaffung des Eigentums an der Sache
- Sach- und Rechtsmängelfreiheit der Sache

Käufer
(gem. § 433 Abs. 2 BGB)

- Zahlung des Kaufpreises
- Abnahme der gekauften Sache

Jeder Pflicht der einen Partei entspricht umgekehrt ein Anspruch der anderen Vertragspartei, die der jeweils Verpflichtete zu erfüllen hat. Dabei wird derjenige, der die Pflicht zu erfüllen hat, als **Schuldner** und derjenige, der einen Anspruch hat, als **Gläubiger** bezeichnet. Im Kaufvertrag ist somit jede Partei gleichzeitig Gläubiger und Schuldner. Der Verkäufer ist z. B. Schuldner hinsichtlich der Lieferung und Übereignung der Sache, er ist aber zugleich auch Gläubiger hinsichtlich der Kaufpreiszahlung.

Der Kaufvertrag ist ein **gegenseitiger Vertrag**, d. h., Leistungen werden nur gegeben, weil Gegenleistungen erwartet werden: Der Käufer bezahlt, weil er die Ware erhält, der Verkäufer liefert nur, weil er den Kaufpreis erhält.

AB → Lernsituation 24

2.5 Vertragserfüllung

Erlöschen durch Leistung → § 362 Abs. 1 BGB

Der Zweck eines Vertrags wird erreicht, wenn jeder Vertragspartner seine Leistung jeweils dem anderen erbringt. In der Sprache des Gesetzes heißt dies: Das Schuldverhältnis erlischt, wenn die geschuldete Leistung an den Gläubiger erbracht wird.

Das Bewirken der geschuldeten Leistung in der richtigen Art und Weise, am richtigen Ort und zur rechten Zeit nennt man **Erfüllung**.

2.5.1 Vertragserfüllung durch den Verkäufer

Die **Verkäuferpflichten** richten sich zunächst danach, ob eine Sache oder ein Recht verkauft wird. Im Folgenden wird zur Vereinfachung nur der **Sachkauf** beschrieben.

Der Verkäufer muss dem Käufer beim Sachkauf das Eigentum an der Sache verschaffen und sie ihm übergeben, die Sache muss frei von Sach- und Rechtsmängeln sein.

vertragstypische Pflichten beim Kaufvertrag
→ § 433 Abs. 2 BGB

Die Pflicht zur **Übergabe der Sache (Besitzverschaffung)** bedeutet, dass der Verkäufer dem Käufer auch das Besitzrecht übertragen muss. **Besitz** an einer Sache bedeutet die willentliche **tatsächliche Herrschaft** über eine Sache.

Erwerb des Besitzes
→ §§ 854 ff. BGB

Der Verpflichtung zur Übergabe der Sache kommt der Verkäufer in der Regel dadurch nach, dass er dem Käufer den unmittelbaren Besitz an der Sache verschafft, d. h. seine tatsächliche Herrschaft über die Sache aufgibt und sie dem Käufer einräumt.

Das **Eigentum** an Sachen dagegen wird als **rechtliche Herrschaftsgewalt** bezeichnet und zählt zu den garantierten und geschützten Grundrechten unserer Verfassung (Art. 14 Grundgesetz).

Eigentum an einer Sache bedeutet die willentliche **rechtliche Herrschaft** über eine Sache. Der Eigentümer hat das Recht, mit einer Sache grundsätzlich nach Belieben zu verfahren (z. B. benutzen, verbrauchen, verkaufen).

Die Eigentumsverschaffungspflicht bedeutet, dass der Verkäufer den Käufer zum neuen Eigentümer machen und ihm die Sache übereignen muss. Die Regeln zur Übertragung des Eigentums finden sich – ebenso wie die zur Besitzübertragung – im Sachenrecht und bestimmen sich insbesondere danach, ob es sich um eine bewegliche oder unbewegliche Sache handelt.

Übertragung von Eigentum an beweglichen Sachen

Die Übertragung von Eigentum an beweglichen Sachen ist in den §§ 929 bis 936 BGB geregelt. Je nachdem, in wessen Besitz sich die Sache befindet, wird das Eigentum unterschiedlich übertragen:

- Im Normalfall befindet sich die **Sache im Besitz des Eigentümers**, er ist damit unmittelbarer Besitzer. Der Erwerber erwirbt in diesem Fall das Eigentum durch **Einigung über den Eigentumswechsel** und **Übergabe der Sache**.

Einigung und Übergabe
→ § 929 Satz 1 BGB

- Es kommt vor, dass sich die Sache, an der das Eigentum übertragen werden soll, **bereits im Besitz des Käufers** befindet. Der Käufer ist unmittelbarer Besitzer. Hier genügt die **bloße Einigung über den Eigentumswechsel**.

→ § 929 Satz 2 BGB

- Möglich ist auch, dass der **Verkäufer** selbst **nicht im Besitz der Sache** ist, sondern ein Dritter. In diesem Fall müssen sich Käufer und Verkäufer über den Eigentumswechsel einigen und der Verkäufer muss den Herausgabeanspruch (aus § 985 BGB) an den Käufer abtreten. Dadurch wird der **mittelbare Besitz** auf den Erwerber **übertragen**.

Abtretung des Herausgabeanspruchs
→ § 931 BGB

- Schließlich kann auch vereinbart werden, dass der **Verkäufer im Besitz der Sache** bleiben soll. Die Übergabe kann in diesem Fall durch die Vereinbarung eines **Besitzmittlungsverhältnisses** ersetzt werden. Der Verkäufer bleibt unmittelbarer Besitzer, besitzt die Sache aber z. B. als Verwahrer für den Erwerber. Dieser wird zum Eigentümer und mittelbaren Besitzer.

Besitzmittlungsverhältnis auch: Besitzkonstitut genannt

Eigentumserwerb an beweglichen Sachen durch Rechtsgeschäft

Normalfall

1. Eigentümer hat die Sache (§ 929 Satz 1 BGB):

Eigentümer ⟷ Einigung über Eigentumswechsel ⟷ Erwerber
Eigentümer → und Übergabe der Sache → Erwerber

Sonderfälle

2. Erwerber hat die Sache (§ 929 Satz 2 BGB):

Eigentümer ⟷ Einigung über Eigentumswechsel (Übergabe kann entfallen) ⟷ Erwerber

3. Dritter hat die Sache (§ 931 BGB):

Eigentümer ⟷ Einigung über Eigentumswechsel ⟷ Erwerber
Eigentümer → Abtretung des Herausgabeanspruchs → Erwerber

Eigentümer: Herausgabeanspruch (§ 985 BGB) → Dritter
Erwerber: Herausgabeanspruch (§ 985 BGB) → Dritter
Übergang (des Herausgabeanspruchs vom Eigentümer auf den Erwerber)

Übergabe wird durch die Abtretung des Herausgabeanspruchs ersetzt.

4. Eigentümer soll im Besitz der Sache bleiben (§ 930 BGB):

Eigentümer ⟷ Einigung über Eigentumswechsel und Vereinbarung eines Besitzkonstituts ⟷ Erwerber

Übergabe wird durch die Vereinbarung eines Besitzkonstituts ersetzt.

Einigung und Übergabe
→ §§ 929, 873 BGB

Grundbuch
Verzeichnis aller im Amtsbezirk eines Amtsgerichts (Grundbuchamt) liegenden Grundstücke

Übertragung von Eigentum an unbeweglichen Sachen
Die Eigentumsübertragung bei unbeweglichen Sachen **(Grundstücken)** erfolgt durch **Einigung** über den Eigentumsübergang **vor einem Notar** (Auflassung) und durch die **Eintragung ins Grundbuch**.

Eigentumserwerb an Grundstücken

Veräußerer ⟷ Einigung über Eigentumswechsel (= Auflassung) ⟷ Erwerber
+
Eintragung ins Grundbuch

Eigentumsvorbehalt

Um sicherzustellen, dass der Käufer den vereinbarten Kaufpreis auch bezahlt, kann im Kaufvertrag auch ein sogenannter Eigentumsvorbehalt vereinbart werden:

§ 449 BGB Eigentumsvorbehalt
(1) Hat sich der Verkäufer einer beweglichen Sache das Eigentum bis zur Zahlung des Kaufpreises vorbehalten, so ist im Zweifel anzunehmen, dass das Eigentum unter der aufschiebenden Bedingung vollständiger Zahlung des Kaufpreises übertragen wird.

So lange der Käufer noch nicht vollständig bezahlt hat, wird er zwar Besitzer der gekauften Sache, jedoch noch nicht deren Eigentümer. Der Verkäufer kann die verkaufte Sache also zurückverlangen, wenn er den Kaufpreis trotz Fälligkeit nicht erhalten hat.

Stückschuld und Gattungsschuld

Bei der Leistungserbringung ist zu unterscheiden zwischen Stückschuld und Gattungsschuld.

Wird der Leistungsgegenstand von vornherein individuell von den Vertragspartnern bestimmt (z. B. ein ganz bestimmtes Bild aus dem Büro des Chefs, das er nicht mehr haben will), so spricht man von **Stückschulden**. Stückschulden sind nicht austauschbar; das Bild ist für immer verloren, wenn es beschädigt wird oder abhandenkommt. Eine Stückschuld kann somit nur mit einer konkreten Sache erfüllt werden. Wird diese Sache zerstört o. Ä., dann ist die Leistung für den Verkäufer unmöglich und der Anspruch auf die Leistung ist ausgeschlossen (§ 275 Abs. 1 BGB).

Ausschluss der Leistungspflicht
→ § 275 BGB

Anders ist es bei der **Gattungsschuld**. Hier schuldet der Verkäufer dem Käufer lediglich eine Sache aus einer vereinbarten Gattung, also kein Einzelstück. Typisch für eine so gehandelte Sache ist, dass sie lediglich nach allgemeinen Merkmalen definiert ist – z. B. 1 000 kg Tafeläpfel der Sorte Braeburn. Laut § 243 Abs. 1 BGB muss der Verkäufer bei solchen Gattungsschulden nur eine Sache von **„mittlerer Art und Güte"** liefern. Die Sache muss also nicht überdurchschnittlich gut, sie darf aber auch nicht überdurchschnittlich schlecht sein. Sie muss die allgemein üblichen („objektiven") Anforderungen erfüllen, nicht mehr, aber auch nicht weniger. In dem o. g. Beispiel dürften die Äpfel in Größe und Farbe unbedeutende Unterschiede oder kleine Schalenfehler aufweisen, sie dürften aber nicht etwa größere Druckstellen, Schimmel- oder Wurmbefall aufweisen. Der Verkäufer entscheidet erst nach dem Vertragsabschluss, im Rahmen der Erfüllung, welche Sachen aus der Gattung geliefert werden sollen.

Sache mittlerer Art und Güte
→ § 243 BGB

objektive Anforderungen
LF 4 → Kap. 3.2.1

Um Missverständnisse zu vermeiden, legen Gewerbetreibende beim Abschluss eines Kaufvertrags die Art und Qualität der gehandelten Sache normalerweise sehr genau fest. Häufig stellt der Verkäufer dem Käufer zusammen mit seinem Angebot eine **Warenprobe** oder ein **Muster** zur Verfügung. Dabei spielen branchenübliche Normen und anerkannte Qualitätsstandards zur Beschreibung der Sache eine wichtige Rolle. Wenn Unternehmen technisch komplexe Produkte anfragen oder öffentlich ausschreiben, legen sie ihre Anforderungen häufig in sogenannten **Lastenheften** sehr detailliert dar. Alle technischen, wirtschaftlichen und rechtlichen Einzelheiten der gewünschten Leistung – z. B. die genaue Art, Menge und Güte der Leistungen, bei Bauvorhaben die technische Abwicklung, Liefer- bzw. Leistungstermine, Angebotstermine, Erfüllungsbedingungen usw. – werden genau beschrieben. Der Verkäufer muss dann die Vorgaben des Lastenheftes für sich in ein **Pflichtenheft** übersetzen, dass die von ihm zu erfüllenden Anforderungen enthält. Für den Kunden ist die Einhaltung dieser Vorgaben bei der Erfüllung des Kaufvertrags von großer Bedeutung. Eine abweichende Qualität kann sehr schnell zu Störungen bei der Nutzung bzw. Weiterverarbeitung der gelieferten Güter führen und hat unmittelbare Auswirkungen auf die Qualität der Endprodukte des Kunden.

Leistungszeit, Leistungsort, Erfolgsort

Der Verkäufer kann seine Leistung nicht irgendwann und irgendwo erbringen, sondern muss die gesetzlichen Regelungen zu Leistungszeit und -ort berücksichtigen.

Leistungszeit
→ § 271 BGB

Mit **Leistungszeit** (Fälligkeit) wird der Zeitpunkt oder der Zeitraum bezeichnet, in dem der Schuldner die Leistung erbringen muss bzw. der Gläubiger sie fordern kann. In der Praxis ergibt sich die Leistungszeit meist aus der Vereinbarung der Vertragsparteien. Haben die Parteien keine Vereinbarung getroffen, kann der Gläubiger die Leistung sofort verlangen, der Schuldner hingegen muss sie sofort bewirken.

Leistungsort
auch: **Erfüllungsort** genannt

Der **Leistungsort** ist der Ort, an dem der Schuldner die Leistungshandlung vornehmen muss. Den Leistungsort nennt das Gesetz in einigen Vorschriften, z. B. in der Vorschrift zum Versendungskauf (§ 447 Abs. 1 BGB).

Der **Erfolgsort** ist der Ort, an dem der Leistungserfolg eintritt.

Hol-, Bring- und Schickschuld

Die Bestimmung von Leistungs- und Erfolgsort entscheidet darüber, ob dem Vertragsverhältnis eine **Hol-**, **Bring-** oder **Schickschuld** zugrunde liegt:

Holschuld
z. B. Kauf im Einzelhandelsgeschäft

Bringschuld
z. B. Essen auf Rädern

- Liegen Leistungs- und Erfolgsort beim Verkäufer, so handelt es sich um eine **Holschuld**. Sie ist dadurch gekennzeichnet, dass der Käufer sich den geschuldeten Gegenstand beim Verkäufer abholen muss.
- Liegen Leistungs- und Erfolgsort dagegen beim Käufer, so handelt es sich um eine **Bringschuld**. Sie ist dadurch gekennzeichnet, dass der Verkäufer den Gegenstand zum Käufer bringen muss.
- Schließlich ist es auch möglich, dass Leistungsort und Erfolgsort auseinanderfallen, sodass der Verkäufer die Leistungshandlung an seinem Wohnsitz bzw. dem Sitz seiner gewerblichen Niederlassung vornehmen kann, der Leistungserfolg aber beim Käufer eintreten soll. In diesem Fall spricht man von einer **Schickschuld**. Sie ist dadurch gekennzeichnet, dass der Verkäufer den Gegenstand an den Käufer versenden soll.

Schickschuld
Das wichtigste Beispiel für eine Schickschuld aufseiten des Verkäufers ist der **Versendungskauf** (→ § 447 BGB).

Meistens wird der Leistungsort von den Vertragspartnern **vereinbart**. Fehlt eine solche Vereinbarung, dann kann der Leistungsort auch aus den „Umständen, insbesondere aus der Natur des Schuldverhältnisses“, folgen. Dabei sind wiederum die **Verkehrssitte**, örtliche Gepflogenheiten und bei Handelsgeschäften der Handelsbrauch zur Konkretisierung herbeizuziehen.

BEISPIEL: So ergibt sich z. B. aus der Verkehrssitte, dass bei Ladengeschäften des täglichen Lebens für beide Parteien der Ladenraum der Leistungsort ist, während bei der Lieferung von Heizöl z. B. ein Grundstück der Leistungsort ist.

Wenn die Vertragsparteien den Leistungsort nicht vereinbart haben und sich dieser auch nicht aus den Umständen ergibt, gilt § 269 Abs. 1 BGB: Danach ist der gesetzliche Leistungsort für den Schuldner sein Wohnsitz oder bei gewerblichen Schulden der Ort seiner gewerblichen Niederlassung zum Zeitpunkt des Vertragsabschlusses.

Leistungsort
→ § 269 Abs. 1 BGB

Erfüllungs- und Erfolgsort		
Holschulden	Erfüllungsort: beim Schuldner	Erfolgsort: beim Schuldner
	Der Schuldner muss die Ware bereitstellen, der Gläubiger muss sie beim Schuldner abholen.	
Schickschulden	Erfüllungsort: beim Schuldner	Erfolgsort: beim Gläubiger
	Der Schuldner muss die Ware an den Gläubiger übersenden.	
Bringschulden	Erfüllungsort: beim Gläubiger	Erfolgsort: beim Gläubiger
	Der Schuldner muss die Ware beim Gläubiger abliefern.	

Gefahrenübergang

Der Gefahrenübergang ist ein Begriff aus dem Schuldrecht. Im Zentrum steht die Frage nach der Verantwortlichkeit beispielsweise bei Verlust oder Beschädigung einer Ware (Sache) auf dem Weg vom Verkäufer (Gläubiger) zum Käufer (Schuldner). Bei der Beantwortung dieser Frage ist insbesondere der Ort (Erfüllungs- und Erfolgsort) und Zeitpunkt des Übergangs der Ware von Bedeutung: Im Falle der Holschuld geht die Gefahr direkt bei Inbesitznahme der Ware am Standort des Verkäufers auf den Käufer über (z. B. im Ladenlokal des Verkäufers). Bei der Bringschuld ist es umgekehrt: der Gefahrenübergang auf den Käufer findet erst an seinem eigenen Wohnsitz statt (z. B. bei Inanspruchnahme von Handwerksleistungen). In beiden Fällen stimmen Erfüllungs- und Erfolgsort überein. Im Falle der Schickschulden (§ 447 BGB) handelt es sich hingegen um einen Versendungskauf: Hier erfolgt der Gefahrenübergang auf den Käufer bei Übergabe der Ware durch den Verkäufer an eine Transportperson (z. B. einen Spediteur). Kommt es ohne Verschulden des Verkäufers zu einem Transportschaden, dann trägt der Käufer das Risiko des Verlusts oder der Beschädigung der Ware und kann lediglich Schadensersatzansprüche geltend machen, sollte ein Verschulden bei der Transportperson vorliegen.

Wer muss für den Schaden aufkommen?

Der Verkäufer hat die verkaufte Sache schließlich auch **frei von Sach- und Rechtsmängeln** zu übereignen und zu übergeben.

Sach- und Rechtsmängel
LF 4 → Kap. 3.2

2.5.2 Vertragserfüllung durch den Käufer

vertragstypische Pflichten beim Kaufvertrag
→ § 433 Abs. 2 BGB

Auch der Käufer ist verpflichtet, den Vertrag zu erfüllen. Die **Pflicht des Käufers** ist die Zahlung des Kaufpreises und die Abnahme der Sache.

Zahlung des Kaufpreises

Der Kaufpreis ist die Gegenleistung – das Entgelt – für den Kaufgegenstand. Die **Kaufpreisschuld** ist eine Geldschuld, die aus rechtlicher Sicht bar zu erfüllen ist. Barzahlung bedeutet Übereignung von Geldscheinen und/oder Geldstücken nach den sachenrechtlichen Vorschriften der §§ 929 ff. BGB.

Im tatsächlichen Wirtschaftsleben spielt die Barzahlung jedoch eine untergeordnete Rolle. Der weitaus größte Teil aller Zahlungen wird bargeldlos mittels Überweisung, SEPA-Lastschrift oder anderer elektronischer Zahlungsverfahren (z. B. Paypal, Klarna) geleistet. Gibt der Verkäufer auf der Rechnung seine Kontoverbindung(en) an, so liegt darin die Einwilligung, dass der Käufer den Kaufpreis überweisen kann.

Zahlungsort
→ § 270 Abs. 1 BGB

Leistungsort
→ Kap. 2.5.1

→ § 270 Abs. 4 BGB

modifizierte Schickschuld
auch: qualifizierte Schickschuld genannt

Wer trägt aber das Risiko, dass eine bargeldlose Zahlung den Empfänger gar nicht oder nicht fristgerecht erreicht? Grundsätzlich muss der Schuldner, also z. B. der Käufer einer Sache, den Kaufpreis **auf eigene Kosten und Gefahr** an den Gläubiger (den Verkäufer) übermitteln. Da der Leistungsort (Zahlungsort) für die Geldschuld aber trotzdem beim Schuldner (Käufer) liegt, handelt es sich bei Geldschulden nicht um Bringschulden, sondern um **modifizierte Schickschulden**. Dies bedeutet:
- Zahlt der Schuldner einer Geldschuld bargeldlos, trägt er das Risiko des Verlusts bis zum Geldeingang beim Gläubiger. Geht das Geld unterwegs verloren, muss er erneut zahlen.
- Für das Einhalten einer Zahlungsfrist – z. B. bei Skontoziehung – genügt aber das rechtzeitige Absenden des Geldes, da der Leistungsort ja der Wohnsitz des Schuldners ist.

Bring- und Schickschuld
→ Kap. 2.5.1

Geldschulden sind also Schickschulden, die wie Bringschulden behandelt werden.

Tilgung von Geldschulden am Beispiel der Überweisung

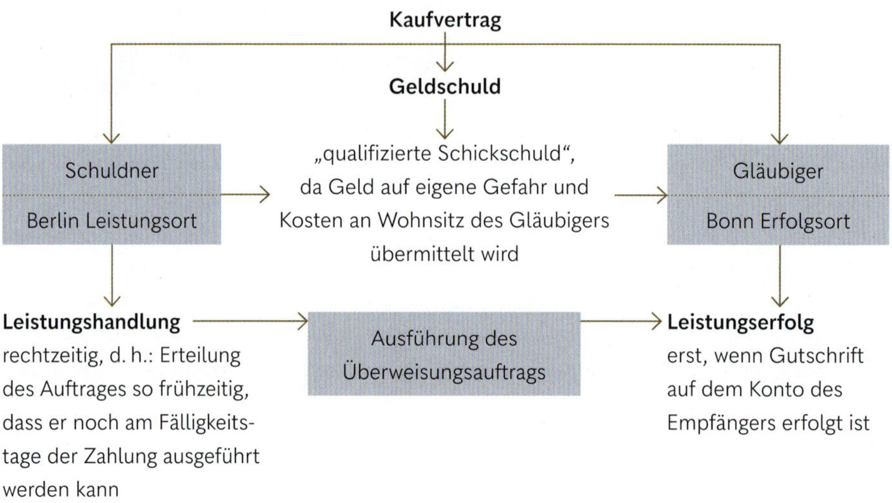

Bei der Zahlung mittels Überweisung ist die Kaufpreisforderung mit erfolgter Gutschrift auf dem Konto des Verkäufers erfüllt. Die Leistungshandlung ist rechtzeitig erbracht, wenn der Überweisungsauftrag so rechtzeitig zum beauftragten Geldinstitut gelangt, dass er am Fälligkeitstag noch gebucht werden kann und das Konto gedeckt ist.

Die Zahlung des vereinbarten Kaufpreises wird grundsätzlich mit Abschluss des Vertrags fällig. Jedoch ist der Käufer nicht verpflichtet, vorzuleisten, sondern muss nur **„Zug um Zug“** gegen Übereignung des Kaufgegenstands zahlen. In der Wirtschaftspraxis ist die Vereinbarung von Zahlungszielen üblich, d. h., es werden dem Käufer Zahlungsfristen eingeräumt.

Einrede des nicht erfüllten Vertrags
→ § 320 Abs. 1 BGB

Vereinbarung von Zahlungszielen
→ Kap. 3.3.2

Abnahme der gekauften Sache
Die Abnahme ist die körperliche Entgegennahme der Kaufsache. Der Verkäufer, der die Sache für den Käufer bereitstellt, hat den Anspruch darauf, dass der Käufer an der Abwicklung des Kaufvertrags mitwirkt und ihn somit von seiner Pflicht befreit, für die Erhaltung und Aufbewahrung der Kaufsache zu sorgen.

Beim **zweiseitigen Handelskauf** hat der Käufer bei der Warenannahme darüber hinaus zusätzlich eine **Untersuchungs- und Rügepflicht**. Unterlässt der Kaufmann die unverzügliche Untersuchung und Rüge mangelhafter Ware, verliert er seine Gewährleistungsansprüche gegenüber dem Verkäufer.

Untersuchungs- und Rügepflicht
→ §§ 377 ff. HGB

Kontrolle des Wareneingangs
LF 4 → Kap. 2.3

Vertragstypische Pflichten aus dem Kaufvertrag (§ 433 BGB)

Verkäufer (§ 433 Abs. 1 BGB)	Käufer (§ 433 Abs. 2 BGB)
Verpflichtung: – zur Übergabe einer Ware und Übertragung des Eigentums, – zur Lieferung einer Ware frei von Sach- und Rechtsmängeln.	Verpflichtung: – zur Zahlung des Kaufpreises, – zur Abnahme der Ware.

2.5.3 Gerichtsstand

Kommt es im Rahmen des Kaufvertrags zu Streitigkeiten der Vertragsparteien, so regelt der Gerichtsstand, an welchem Ort das zuständige Gericht seinen Sitz hat, an dem die Klage einzureichen ist. Grundsätzlich ist dies der sogenannte **allgemeine Gerichtsstand:** also im Falle von natürlichen Personen der Wohnort des Schuldners bzw. bei juristischen Personen wie Kapitalgesellschaften, eingetragene Vereine, Behörden etc. der Sitz des Schuldners. **Ausnahme zweiseitiger Handelskauf:** Sind beide Vertragsparteien Kaufleute dann können sie vertraglich einen anderen Gerichtsstand als den allgemeinen Gerichtsstand vereinbaren. Klagen an einem nicht zuständigen Gericht sind unzulässig und werden daher zurückgewiesen.

juristische Personen
LF 1 → Kap. 8.3.1

Kaufmannseigenschaft
LF 1 → Kap. 9.1

zweiseitiger Handelskauf
→ Kap. 2.1

2.5.4 Lieferungs- und Zahlungsbedingungen

Lieferzeit

Leistungszeit
→ § 271 BGB

Leistungsort
→ § 269 BGB

Das Bürgerliche Gesetzbuch definiert, dass eine Leistungspflicht grundsätzlich **sofort** und am **Wohnsitz des Schuldners** zu erfüllen ist. Das ist aber häufig gar nicht möglich – z. B., weil die zu liefernde Ware erst noch produziert werden muss – oder vom Käufer auch gar nicht gewünscht. Die vertragliche Vereinbarung von Lieferterminen ist also unter Gewerbetreibenden üblich.

Typische Vertragsbedingungen zur Lieferzeit

Vertragsklausel	Wirkung
keine	Lieferung muss sofort, d. h. ohne Verzögerung erfolgen.
Termingeschäft	Die Ware muss innerhalb eines bestimmten Zeitraumes oder bis zu einem bestimmten Termin geliefert werden.
Fixgeschäft	Die Ware muss genau zum vereinbarten Zeitpunkt geliefert werden (z. B. Hochzeitsbüffet am 04.08.20XX um 18:00 Uhr).
Kauf auf Abruf	Der Kunde lässt mehrere Teil- oder eine Komplettbestellung innerhalb eines vereinbarten Zeitraums, spätestens aber bis zu dessen Ablauf liefern (üblich bei Großbestellungen, z. B. von Bau- oder Produktionsmaterial).

Versandkosten

Versandkosten
auch: Transport- oder Beförderungskosten

Bei Kaufverträgen unter Gewerbetreibenden fallen in aller Regel **Versandkosten** an: Die Ware muss versandgerecht verpackt, verladen und transportiert werden. Bei leicht zu beschädigenden oder sehr schweren/sperrigen Gütern oder bei weiten Transportstrecken können diese Versandkosten – absolut oder im Verhältnis zum Kaufpreis der Ware – sehr hoch sein. Haben Verkäufer und Käufer nicht vereinbart, wer diese Versandkosten zu tragen hat, gilt folgende gesetzliche Regelung:

§ 448 BGB Kosten der Übergabe und vergleichbare Kosten
Der Verkäufer trägt die Kosten der Übergabe der Sache, der Käufer die Kosten der Abnahme und Versendung der Sache nach einem anderen Ort als dem Erfüllungsort.

Konkret muss der Verkäufer also die Ware auf seine Kosten versandgerecht verpacken – z. B. in geeigneten Versandkartons, die auf einer Palette gestapelt und mit Schrumpffolie gesichert wurden – und korrekt gekennzeichnet zur Abholung durch einen Frachtführer bereitstellen. Der Verkäufer muss mit der Ware außerdem die notwendigen Frachtpapiere (Lieferschein, Packzettel etc.) übergeben. Alle weiteren Kosten für die Ver- und Umladung sowie den Transport muss der Käufer tragen.

Frachtklauseln
vertragliche Vereinbarungen zur Übernahme der Beförderungskosten

Allerdings sind Verkäufer und Käufer völlig frei darin, von der gesetzlichen Regelung abweichende **Frachtklauseln** zu vereinbaren. Diese können von „der Käufer zahlt alles" (Lieferung ab Werk) bis hin zu „der Verkäufer zahlt alles" (Lieferung frei Haus) alle denkbaren Kombinationen enthalten.

Die nachfolgende Übersicht zeigt die im Binnenhandel geläufigen Frachtklauseln:

Frachtklauseln: Wer trägt die Beförderungskosten?

<table>
<tr><th>Kosten
Frachtklausel</th><th>Anfuhrkosten (bis Verladestation)</th><th>Verladekosten</th><th>Frachtkosten</th><th>Entladekosten</th><th>Zufuhrkosten (ab Entladestation)</th></tr>
<tr><td>„frei Haus“, „frei Lager“, „frei Werk“</td><td colspan="5">Verkäufer</td></tr>
<tr><td>„frei“, „frachtfrei“, „frei Bahnhof dort“</td><td colspan="3">Verkäufer</td><td colspan="2">Käufer</td></tr>
<tr><td>„frei Waggon“, „frei Schiff“</td><td colspan="2">Verkäufer</td><td colspan="3">Käufer</td></tr>
<tr><td>„unfrei“, „ab hier“, „frei Bahnhof hier“ (gesetzliche Regelung beim Versendungskauf)</td><td>Verkäufer</td><td colspan="4">Käufer</td></tr>
<tr><td>„ab Werk“, „ab Lager“ (Platzkauf)</td><td colspan="5">Käufer</td></tr>
</table>

Auf den Erfüllungsort und damit auf den **Gefahrenübergang** haben die Frachtklauseln keinen Einfluss. Dieser bleibt bei einem Versendungskauf beim Wohnsitz des Verkäufers. Soll der Gefahrenübergang an einem anderen Ort sein, so muss dies ausdrücklich vereinbart werden.

Gefahrenübergang
→ Kap. 2.5.1

Zahlungsbedingungen

Nach den gesetzlichen Bestimmungen muss der Käufer den Kaufpreis **sofort** und in voller Höhe bezahlen. Bei Bargeschäften des täglichen Bedarfs ist das auch üblich, nicht jedoch bei Kaufverträgen unter Gewerbetreibenden.

Leistungszeit
→ § 271 BGB

Üblicherweise gewähren Verkäufer ihren Kunden **Zahlungsziele**: Innerhalb einer vereinbarten Frist von z. B. 30 Tagen ist der Kaufpreis durch Überweisung zu zahlen. Um den Kunden zu einer früheren Zahlung zu motivieren, wird ihm häufig ein **Skonto** genannter Preisnachlass gewährt. Der Skonto wird als prozentualer Nachlass auf den Brutto-Rechnungsbetrag ausgedrückt. Eine entsprechende Zahlungsbedingung könnte dann lauten: „zahlbar 10 Tage nach Rechnungsdatum mit 3 % Skonto, 30 Tage netto Kasse“ (also ohne Abzug).

Skonto
Preisnachlass bei sofortiger bzw. kurzfristiger Zahlung
→ Kap. 3.2.4

Typische vertraglich vereinbarte Zahlungsbedingungen

Zahlungsbedingung	Wirkung
Anzahlung	Für die Ware muss vor Auslieferung ein Teilbetrag bezahlt werden.
Vorkasse	Die Ware muss vor Auslieferung vollständig bezahlt werden. Die Lieferung wird erst nach Zahlungseingang angestoßen.
Zahlung auf Ziel	Die Ware muss innerhalb eines vereinbarten Zeitraums, spätestens bis zu dessen Ablauf, bezahlt werden (Zahlung bis zum 04.08.20XX ohne Abzug).
Nachnahme	Die Auslieferung der Ware erfolgt nur gegen Sofortzahlung des vollen Kaufpreises.

Lieferungsverzug und mangelhafte Lieferung als für den **Beschaffungsprozess** typische Kaufvertragsstörungen hat oft der Lieferant zu verantworten; daher müssen auf sie die Mitarbeiter der Beschaffungsabteilung reagieren. LF 4 → Kap. 3

AB → Lernsituation 25

Lernvideo: Annahmeverzug

2.6 Leistungsstörungen im Absatzprozess

BEISPIEL: Sabine Ganser, die Sachbearbeiterin Fachhandel der Fly Bike Werke GmbH, und die Auszubildende Jenny Liu sitzen mittags zusammen in der Kantine. Frau Ganser ist ungewöhnlich schlecht gelaunt und erzählt Frau Liu, warum sie so verstimmt ist: „Manche unserer Kunden treiben mich echt in den Wahnsinn! Erinnern Sie sich noch an vorletzten Monat, als unser Fahrer bei der Radplus GmbH vor verschlossenen Türen stand und die 100 bestellten Fahrräder nicht abliefern konnte? Jetzt schlage ich mich beim selben Kunden mit der zweiten Mahnung wegen nicht erfolgter Zahlung für die von uns pünktlich gelieferten Pedelecs herum!"

In diesem Beispiel liegen zwei Kaufvertragsstörungen vor, mit denen sich die Mitarbeitenden im Absatzprozess häufig konfrontiert sehen: Dies sind der **Annahmeverzug** und der **Zahlungsverzug**.

2.6.1 Annahmeverzug (Gläubigerverzug)

Liefert der Verkäufer die richtige Ware rechtzeitig und mängelfrei an den richtigen Ort und der Käufer (Warengläubiger) nimmt sie nicht an, so gerät der Käufer in Annahmeverzug. Der Verkäufer hat, bevor er seine Rechte geltend macht, immer zu überprüfen, ob die folgenden drei **Voraussetzungen für den Annahmeverzug** im jeweiligen Einzelfall erfüllt sind:

Leistungszeit → § 271 BGB

- Die Lieferung muss **fällig** sein. Die Fälligkeit der Lieferung ergibt sich in der Regel aus den Lieferbedingungen, die im Kaufvertrag vereinbart wurden. Wurde für eine Lieferung kein Termin vereinbart, ist sie sofort fällig.

tatsächliches Angebot → § 294 BGB

Lieferbedingungen → Kap. 2.5.4

- Der Warenschuldner muss dem Warengläubiger die Leistung **tatsächlich anbieten**, sodass dieser die Waren nur noch übernehmen muss.
- Der Warengläubiger hat die Lieferung **nicht angenommen** oder nicht vereinbarungsgemäß abgeholt. Ob dabei ein Verschulden des Warengläubigers vorliegt, ist für den Annahmeverzug unerheblich.

Sind die Voraussetzungen erfüllt, hat der Verkäufer alternativ verschiedene **Rechte**. Er hat **sofort** das Recht,

Hinterlegungsort → § 374 BGB

Ersatz von Mehraufwendungen → § 304 BGB

- auf Abnahme der Ware zu klagen. Dies bedeutet, dass der Verkäufer auf Abnahme der Ware besteht und diese nach § 374 BGB in einem öffentlichen oder eigenen Lagerhaus auf Kosten des Käufers bis zum Ergebnis der Klage einlagern kann.
- Außerdem kann er den Ersatz von Mehraufwendungen verlangen. Mögliche Mehraufwendungen ergeben sich durch den Transport, die Hinterlegung in einem Lager, die Bearbeitungsgebühren usw.

Nach Ablauf einer angemessenen Nachfrist kann der Verkäufer

Versteigerung → §§ 383 ff. BGB

- vom Kaufvertrag zurücktreten oder
- die Ware auf Kosten des Käufers verkaufen (lassen). In diesem Fall spricht man von einem **Selbsthilfeverkauf**. Der Verkäufer muss den Käufer über Ort und Termin informieren und eine Abrechnung über den erzielten Erlös vorlegen. Liegt dieser unter dem vereinbarten Kaufpreis, muss der Käufer die Differenz tragen, liegt er darüber, ist der Mehrerlös an den Käufer weiterzuleiten. Verderbliche Waren können im Rahmen eines **Notverkaufs** sofort öffentlich versteigert werden. Hat die Ware einen Börsen- oder Marktpreis, kann ein **freihändiger Verkauf** zum laufenden Preis erfolgen.

Liegt ein Annahmeverzug vor, so ändern sich die rechtlichen Bestimmungen über die Haftung. Die Haftung des Verkäufers beschränkt sich nur noch auf grobe Fahrlässigkeit und Vorsatz. Für leichte Fahrlässigkeit haftet nunmehr der in Annahmeverzug befindliche Käufer, denn: Hätte der Käufer die ordnungsgemäß gelieferte Ware abgenommen, wäre es gar nicht zu einem Schadensfall gekommen.

Wirkungen des Gläubigerverzugs (Annahmeverzugs) → § 300 BGB

Rechte des Verkäufers bei Annahmeverzug

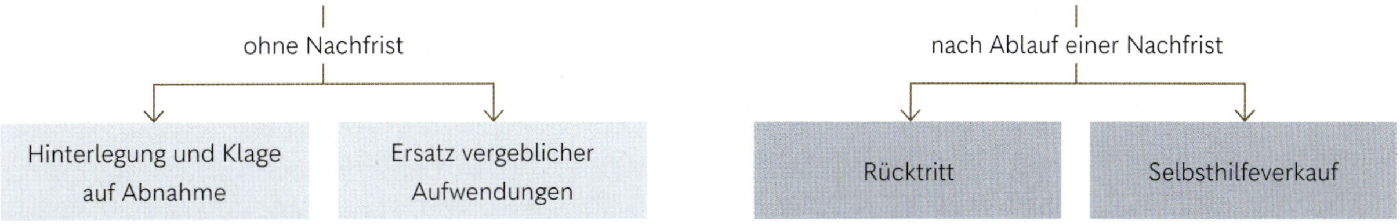

2.6.2 Zahlungsverzug

AB → Lernsituation 26

Lernvideo: Zahlungsverzug

Der Käufer ist aus dem Kaufvertrag verpflichtet, die Ware zu bezahlen. Er kommt in Zahlungsverzug, wenn
- er den vereinbarten Kaufpreis nicht rechtzeitig, nicht vollständig oder gar nicht bezahlt,
- die Zahlung fällig ist und er den Zahlungsverzug zu vertreten hat.

Für die Fälligkeit der Zahlung gelten ähnliche Bestimmungen wie beim Lieferungsverzug. Wurde auf der Rechnung ein **kalendermäßig bestimmbarer Zahlungstermin** genannt, gerät der Käufer mit Ablauf dieses Datums in Verzug.

Lieferungsverzug LF 4 → Kap. 3.1

Ist der Termin **nicht kalendermäßig bestimmt**, tritt der Zahlungsverzug
- durch eine Mahnung oder
- automatisch 30 Tage nach Erhalt der Rechnung und bei Fälligkeit ein. Bei Verbrauchsgüterkäufen ist diese Bestimmung auf der Rechnung zu vermerken.

Die **Rechte des Verkäufers** aus dem Zahlungsverzug entsprechen grundsätzlich denen des Käufers aus dem Lieferungsverzug. Der Verkäufer hat **sofort** das Recht,
- auf der Zahlung zu bestehen und
- sofort mit Verzugsbeginn **pauschal** 40,00 € und Schadensersatz (Verzögerungsschaden) in nachgewiesener Höhe zu verlangen.

Das Recht auf Zahlung der **Pauschale** besteht nur, wenn der in Verzug geratene Schuldner kein Verbraucher ist.

Grundlage für die Berechnung des Verzögerungsschadens ist der Anspruch auf **Verzugszinsen**. Der Zinssatz pro Jahr liegt bei Verbrauchsgüterkäufen 5 Prozentpunkte und bei Handelskäufen 9 Prozentpunkte über dem gültigen **Basiszinssatz**. Gegen Nachweis kann der Verkäufer auch einen höheren Schaden geltend machen.

Der **Basiszinssatz** wird jeweils zum 1. Januar und 1. Juli eines Jahres von der Europäischen Zentralbank (EZB) bekannt gegeben. **www.basiszinssatz.info**

Nach Ablauf einer angemessenen **Nachfrist**
- kann der Verkäufer vom Kaufvertrag zurücktreten. Dies ist für den Verkäufer sinnvoll, wenn der Käufer zahlungsunfähig ist, um nicht ganz leer auszugehen.
- Er kann Schadensersatz statt der Leistung verlangen (Verschulden des Käufers und ein nachweisbarer Schaden sind Voraussetzung) oder alternativ
- Ersatz vergeblicher Aufwendungen geltend machen.

AB → Lernsituation 26

Lernvideo: Mahnverfahren

2.6.3 Mahnverfahren

Kommt der Käufer seiner Zahlungspflicht nicht nach, kann der Verkäufer mithilfe des kaufmännischen und des gerichtlichen Mahnverfahrens versuchen, seine Ansprüche durchzusetzen.

Kaufmännisches (außergerichtliches) Mahnverfahren

Unter dem kaufmännischen Mahnverfahren versteht man den Versuch des Verkäufers, den Käufer auf außergerichtlichem Wege zur Zahlung zu bewegen. Da es keine Vorschriften für das kaufmännische Mahnverfahren gibt, kann die konkrete Vorgehensweise im Einzelnen sehr unterschiedlich sein. Üblich sind die folgenden vier Schritte:

1. Schritt Erinnerungsschreiben: Darin wird der Käufer freundlich an die Fälligkeit der Zahlung erinnert. Bei gewerblichen Kunden wird auch gerne ein Auszug aus dem laufenden Debitorenkonto (= Kundenkonto) versandt. Dieses kann der Kunde mit dem Kreditorenkonto seines Lieferanten abgleichen, um mögliche Unstimmigkeiten zu erkennen.

2. Schritt Erste Mahnung: Reagiert der Käufer nicht, wird eine erste Mahnung verschickt. Darin wird der Käufer noch einmal zur Zahlung aufgefordert und ihm wird dafür ein bestimmter Termin (Nachfrist) gesetzt. Durch den Hinweis „Mahnung", z. B. in der Betreffzeile, wird das Schreiben eindeutig als Mahnung erkennbar.

3. Schritt Zweite Mahnung: Spätestens mit Ablauf der Nachfrist gerät der Käufer in Zahlungsverzug. Der Verkäufer kann nun Verzugszinsen berechnen. Die zweite, schärfer formulierte Mahnung weist auf diesen Umstand hin und kündigt eventuelle Kosten für das Mahnverfahren an.

4. Schritt Dritte Mahnung: Der Käufer ist offensichtlich nicht zur Zahlung bereit oder in der Lage. Es wird eine letzte Frist gesetzt mit dem Hinweis, dass nach deren Ablauf das gerichtliche Mahnverfahren eingeleitet oder die Klage eingereicht wird.

Das kaufmännische Mahnverfahren hat in der Praxis an Bedeutung verloren. In der Regel wird bereits auf der Rechnung ein fester Zahlungstermin genannt, sodass der Käufer nach 30 Tagen automatisch in Zahlungsverzug gerät. In den meisten Fällen werden daher verkürzte Mahnverfahren angewendet.

Nicht selten werden die Forderungen gegen säumige Kunden auch recht schnell einem Inkassounternehmen übergeben. Dieses übernimmt – gegen Berechnung eines Abschlags auf die Höhe der Forderung – das Mahnverfahren und gegebenenfalls die gerichtliche Durchsetzung der Forderung.

Gerichtliches Mahnverfahren

Bleibt das außergerichtliche Mahnverfahren erfolglos, kann der Verkäufer das gerichtliche Verfahren einleiten. Das gerichtliche Mahnverfahren wird von dem für das jeweilige Bundesland zuständigen Mahngericht, in dessen Gerichtsbezirk der Antragsteller seinen Wohn- bzw. Geschäftssitz hat, durchgeführt. Die Antragstellung kann auf einem Formblatt per Post oder elektronisch via Internet erfolgen.

Mahnbescheide können durch das automatisierte gerichtliche Mahnverfahren im Internet erwirkt werden. **www.mahngerichte.de**

Der Verkäufer kann aber auch auf das gerichtliche Mahnverfahren verzichten und den Käufer auf Zahlung verklagen. Zuständig ist das Amtsgericht bzw. bei einem Streitwert über 5.000,00 € das Landgericht am Wohn- bzw. Geschäftssitz des Beklagten.

Das gerichtliche Mahnverfahren

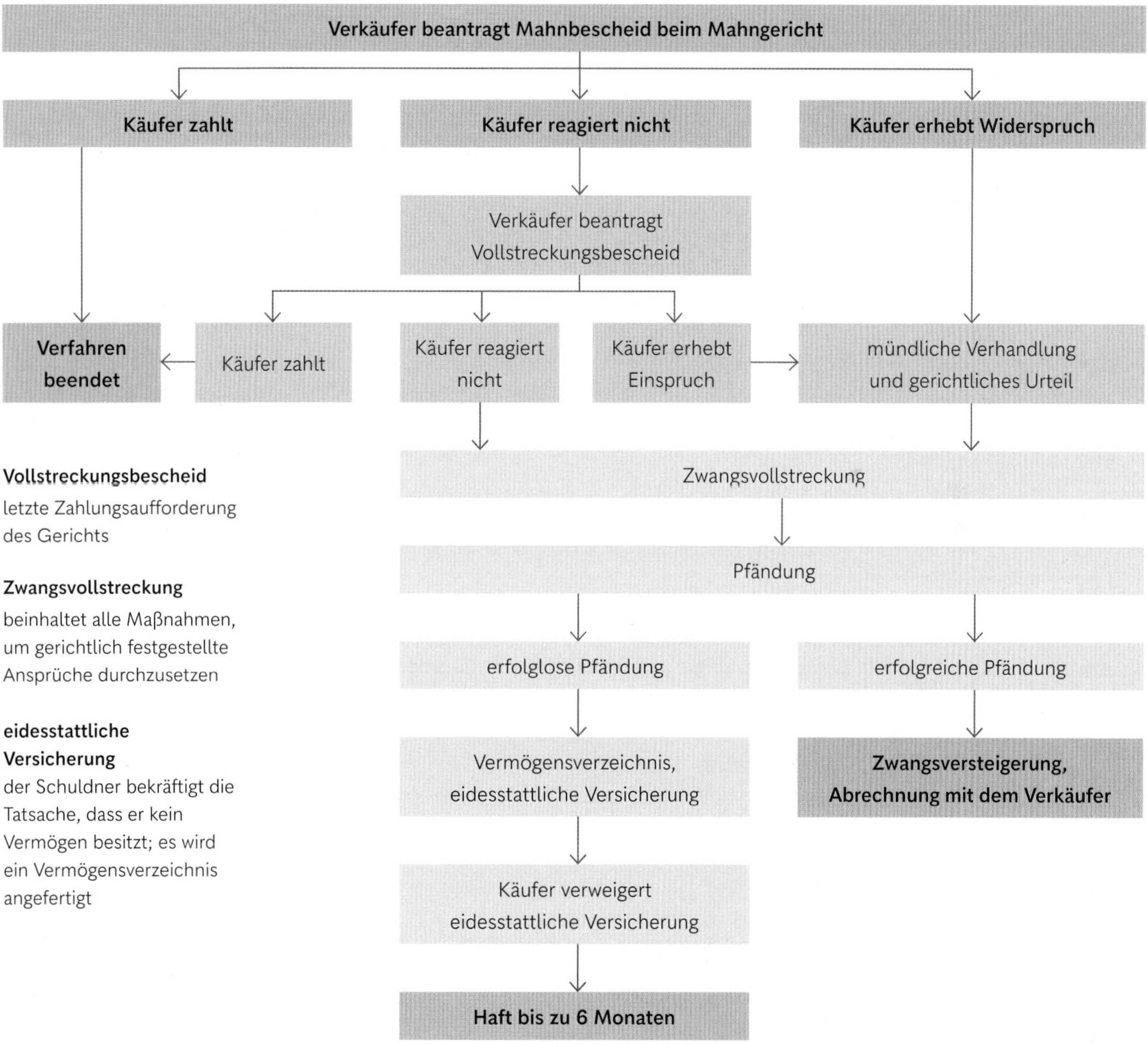

Vollstreckungsbescheid
letzte Zahlungsaufforderung des Gerichts

Zwangsvollstreckung
beinhaltet alle Maßnahmen, um gerichtlich festgestellte Ansprüche durchzusetzen

eidesstattliche Versicherung
der Schuldner bekräftigt die Tatsache, dass er kein Vermögen besitzt; es wird ein Vermögensverzeichnis angefertigt

AB → Lernsituation 27

2.6.4 Verjährung

Verjährung
→ §§ 194 ff. BGB

Die Ansprüche aus einem Kaufvertrag, z. B. auf Zahlung des Kaufpreises, können verjähren, d. h., nach einem bestimmten Zeitraum werden die Ansprüche nicht mehr vom Gesetz geschützt. Ist ein Anspruch verjährt, braucht der Käufer (Schuldner) nicht mehr zu zahlen. Dies bedeutet aber nicht, dass der Anspruch nicht mehr besteht, denn wenn der Schuldner nach Ablauf der Verjährungsfrist trotzdem zahlt, kann er sich danach nicht mehr auf die Verjährung berufen und sein Geld zurückfordern.

Verjährungsfristen

Gewährleistungsfristen
LF 4 → Kap. 3.2.1

Bei den Verjährungsfristen sind insbesondere die **Gewährleistungs- und Mängelfristen** wie auch weitere allgemeine (u. a. zu Geldansprüchen) und besondere Fristen zu beachten.

Ansprüche wegen mangelhafter Leistung (Schlechtleistung) verjähren nach zwei Jahren. Die Frist beginnt mit der Entstehung des Anspruchs, d. h. mit der Übergabe der Ware.

BEISPIEL: Die Interrad e. G. kauft bei der Fly Bike Werke GmbH am 15. Juli 20X1 50 City-Räder *Glide*. Erst am 3. August 20X3 stellt sich heraus, dass bei einigen dieser Räder die Beleuchtung defekt ist. Die Interrad e. G. kann jedoch keine Ansprüche mehr geltend machen, da diese verjährt sind.

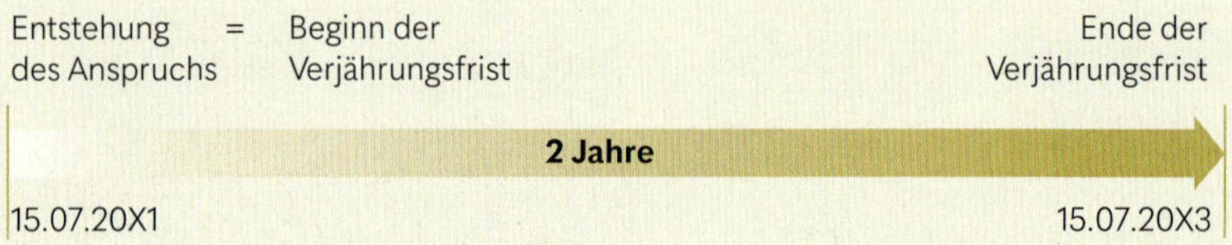

Bei **arglistig verschwiegenen Mängeln** beträgt die Verjährungsfrist drei Jahre und beginnt zum Ende des Jahres, in dem der Mangel entdeckt wurde. Bei **Bauwerksmängeln** beträgt die Verjährungsfrist sogar fünf Jahre und beginnt mit der Übergabe des Bauwerks.

regelmäßige Verjährungsfrist
→ § 195 BGB

Die **regelmäßige Verjährungsfrist für Geldansprüche** beträgt drei Jahre. Sie beginnt am Ende des Jahres, in dem der Anspruch entstanden ist.

BEISPIEL: Die Fly Bike Werke GmbH verkauft der Fahrrad & Motorrad GmbH 30 Trekkingräder *Light*. Die Rechnung geht der Fahrrad & Motorrad GmbH am 21. Oktober 20X1 zu und ist am 20. November 20X1 fällig. Der Anspruch auf Zahlung des Kaufpreises erlischt mit Ablauf des 31.12.20X4.

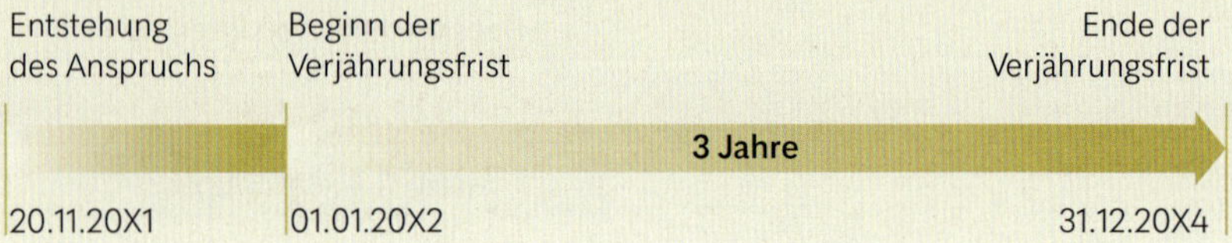

Für bestimmte Fälle sind **besondere Verjährungsfristen** vorgesehen:

- Eine **besondere Verjährungsfrist von 10 Jahren** gilt für Rechte an Grundstücken und für die entsprechenden Kaufpreisansprüche. Die Verjährungsfrist beginnt mit der Entstehung des Anspruchs.
- Eine **besondere Verjährungsfrist von 30 Jahren** gilt für Ansprüche aus rechtskräftigen Urteilen oder Vollstreckungsbescheiden und für vollstreckbare Ansprüche aus Insolvenzen. Das gerichtliche Mahnverfahren hat für den Gläubiger also auch den Zweck, die Verjährung seiner Ansprüche zu verhindern.

Verjährungsfrist bei Rechten an einem Grundstück
→ § 196 BGB

dreißigjährige Verjährungsfrist
→ § 197 BGB

gerichtl. Mahnverfahren
→ Kap. 2.6.3

Eine Verjährungsfrist von 30 Jahren gilt außerdem für Schadensersatzansprüche, die wegen einer Verletzung des Lebens, des Körpers, der Gesundheit oder der Freiheit entstanden sind. Bestimmte Verbrechen wie z. B. Mord verjähren nie.

Verjährungsfristen bei Schadensersatzansprüchen
→ § 199 Abs. 2 f. BGB

Neubeginn der Verjährung

Der Neubeginn der Verjährung gemäß § 212 BGB ist ein Tatbestand, der dazu führt, dass eine schon begonnene Verjährungsfrist neu zu laufen beginnt, ohne dass die bisherige Zeit berücksichtigt wird. Ein solcher Neubeginn der Verjährung geschieht durch:

- Anerkennung der geschuldeten Leistung durch den Schuldner (z. B. durch Abschlags- oder Zinszahlungen, durch die Bitte um **Stundung** oder die Erbringung einer Sicherheitsleistung),
- Antrag auf oder Durchführung der Zwangsvollstreckung.

Stundung
zeitlich begrenzter Zahlungsaufschub

BEISPIEL: Die fällige Rechnung über 30 Trekkingräder *Light* wird am 20. Dezember 20X1 und am 20. Januar 20X2 angemahnt. Daraufhin leistet die Fahrrad & Motorrad GmbH am 15. März 20X2 eine Abschlagszahlung von 2.000,00 €. An diesem Tag beginnt die Verjährungsfrist also von vorn.

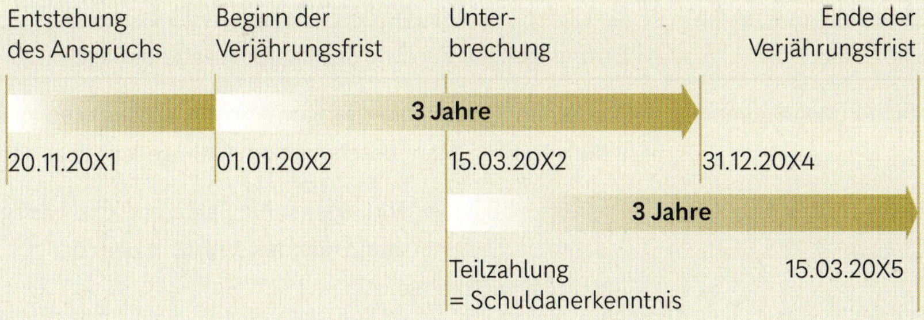

Hemmung der Verjährung

Bei einer Hemmung der Verjährung gemäß §§ 203 ff. BGB wird der Ablauf der Verjährung um eine bestimmte Zeitspanne, deren Länge vom konkreten Einzelfall abhängt, aufgeschoben. Nach dem Ende der Hemmung läuft die Verjährungsfrist weiter. Eine Hemmung kann entstehen durch:

- Verhandlungen zwischen Gläubiger und Schuldner über die Forderung,
- die Zustellung eines amtlichen Mahnbescheids,
- die Erhebung einer Klage bei dem zuständigen Gericht,
- die Anmeldung eines Anspruchs im Zuge eines Insolvenzverfahrens,
- eine berechtigte Verweigerung der Leistung durch den Schuldner (z. B. nachdem der Gläubiger einen Zahlungsaufschub gewährt hat),
- die Unmöglichkeit der Rechtsverfolgung aufgrund höherer Gewalt.

BEISPIEL: Die Fly Bike Werke GmbH hat aufgrund der Teilzahlung vom 15. März 20X2 einer Stundung des Restbetrags zugestimmt. Sie bewilligt der Fahrrad & Motorrad GmbH, die sich vorübergehend in Zahlungsschwierigkeiten befindet, am 1. April 20X2 einen Zahlungsaufschub bis zum 31. Juli 20X2. Dadurch ist die Verjährung für vier Monate gehemmt.

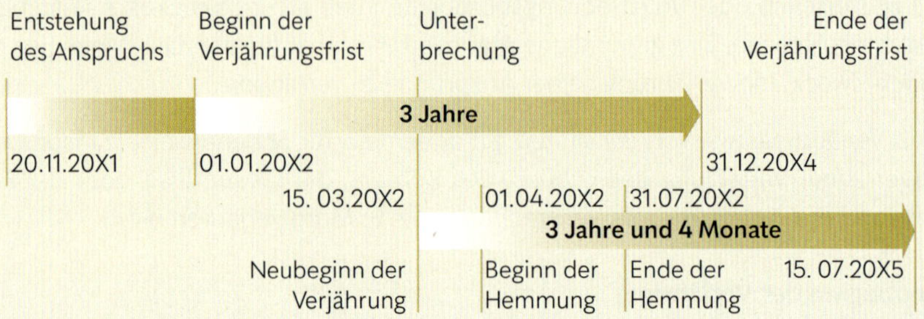

ÜBERSICHT: Leistungsstörungen im Absatzprozess

Kaufvertragsstörungen aufseiten des Käufers	Annahmeverzug	Ein Annahmeverzug besteht, wenn eine fällige und vom Verkäufer tatsächlich gelieferte Ware vom Käufer nicht angenommen wird.
	Zahlungsverzug	Der Käufer kommt in Zahlungsverzug, wenn er den vereinbarten Kaufpreis nicht rechtzeitig, nicht vollständig oder gar nicht bezahlt, die Zahlung fällig ist und der Käufer den Zahlungsverzug zu vertreten hat.
Mahnverfahren bei Zahlungsverzug	kaufmännisches (außergerichtliches) Mahnverfahren	Das kaufmännische Mahnverfahren ist der Versuch des Verkäufers, den Käufer durch Zahlungserinnerungen und Mahnungen zur Zahlung des Kaufpreises zu bewegen.
	gerichtliches Mahnverfahren	Das gerichtliche Mahnverfahren kann der Verkäufer einleiten, indem er einen Mahnbescheid beim Mahngericht beantragt.
Verjährungsfristen für Geldansprüche	regelmäßige Verjährungsfrist von 3 Jahren (§ 195 BGB)	Die regelmäßige Verjährungsfrist für Geldansprüche beträgt 3 Jahre und beginnt zum Ende des Jahres, in dem der Anspruch entstanden ist.
	besondere Verjährungsfrist von 10 Jahren (§ 196 BGB)	Für Rechte an Grundstücken und die entsprechenden Kaufpreisansprüche gilt eine besondere Verjährungsfrist von 10 Jahren.
	besondere Verjährungsfrist von 30 Jahren (§ 197 BGB)	Für Ansprüche aus rechtskräftigen Urteilen oder Vollstreckungsbescheiden und für vollstreckbare Ansprüche aus Insolvenzen gilt eine besondere Verjährungsfrist von 30 Jahren.

Alles klar?

1 Zustandekommen von Verträgen:
- a Was versteht man unter einem Antrag? Schildern Sie ein Beispiel.
- b Was versteht man unter Freizeichnungsklauseln? Schildern Sie ein Beispiel.
- c Bis zu welchem Zeitpunkt ist der Anbieter an seinen Antrag unter Anwesenden bzw. unter Abwesenden gebunden?
- d Wie sind eine Vertragsannahme unter Abänderung des Antrags, wie eine verspätete Annahme des Antrags rechtlich zu beurteilen?

2 Vertragsabschluss durch einen Stellvertreter:
- a Welche Voraussetzungen müssen vorliegen, damit eine wirksame Stellvertretung vorliegt?
- b Wie kann die Vollmacht erteilt werden?
- c Wodurch unterscheidet sich der Stellvertreter vom Boten?
- d Wann spricht man von einem Vertreter ohne Vertretungsmacht?

3 Rechtliche Folgen des Kaufvertragsabschlusses und Vertragserfüllung:
- a Nennen Sie die Pflichten des Verkäufers und des Käufers aus dem Kaufvertrag.
- b Begründen Sie, warum es bei einem Kaufvertrag immer zwei Gläubiger und zwei Schuldner geben muss.
- c Unter welchen Voraussetzungen ist eine geschuldete Leistung erfüllt?
- d Wie wird der Käufer einer beweglichen Sache zum Eigentümer dieser Sache?

4 Allgemeine Geschäftsbedingungen:
- a Was versteht man darunter?
- b Wie werden AGB Bestandteil eines Vertrags?
- c Prüfen Sie die Wirksamkeit der folgenden AGB-Klauseln mithilfe des BGB:
  - ca „Während der Lieferzeit entstehende Preiserhöhungen unserer Hersteller berechtigen uns jederzeit zur Weitergabe an die Kunden."
  - cb „Die Kosten einer Ersatzlieferung bei mangelhafter Qualität sind stets durch den Käufer zu tragen."
  - cc „Die vereinbarten Preise beinhalten die gesetzliche Umsatzsteuer. Skonto gewähren wir nur aufgrund besonderer Vereinbarungen."

5 Eine mögliche Störung des Kaufvertrags durch den Käufer ist der Annahmeverzug.
- a Nennen Sie die Voraussetzungen für den Eintritt des Annahmeverzugs.
- b Entscheiden Sie, ob die folgenden Aussagen richtig oder falsch sind:
  Befindet sich der Käufer in Annahmeverzug,
  - ba ... vermindert sich die Haftung des Verkäufers auf Vorsatz;
  - bb ... haftet grundsätzlich der Käufer;
  - bc ... vermindert sich die Haftung des Verkäufers auf Vorsatz und grobe Fahrlässigkeit;
  - bd ... ändert sich an den Haftungsbedingungen nichts.
- c Wann ist eine Leistung ordnungsgemäß angeboten?

6 In welchen Fällen gerät der Schuldner mit seiner Zahlung in Verzug?
- a Lieferung am 31.03., Rechnungszugang am 01.04. (sofort fällig), Mahnung vom 11.04., Zugang am 14.04.
- b Lieferung am 31.03., Rechnungszugang am 01.04. (sofort fällig), Mahnung vom 09.05., Zugang am 12.05.
- c Lieferung am 30.04., Rechnungszugang am 02.05. (sofort fällig), Mahnung vom 20.06., Zugang am 23.06.
- d Lieferung am 31.03., Rechnungsdatum 03.04., Rechnungszugang am 04.04. (fällig 20 Tage nach Rechnungsdatum), Mahnung vom 07.05., Zugang am 08.05.
  Wie müssten die Lücken 1 bis 7 in diesem Schreiben gefüllt werden? Übertragen Sie die Ziffern in Ihr Heft und tragen Sie dort die Lösungen ein.

7 Entscheiden Sie, welche Verjährungsfrist in den folgenden Fällen gilt:
- a Die Nordrad GmbH bestellt bei der Fly Bike Werke GmbH Fahrräder im Wert von 10.000,00 €.
- b Aus der Insolvenz der Sachsenrad GmbH hat die Bike Union GmbH einen vollstreckbaren Anspruch von 5.575,00 €.
- c Hubert Müller verkauft ein Grundstück am Stadtrand von Oldenburg an die Fly Bike Werke GmbH.

3 Auftragsabwicklung mithilfe eines ERP-Systems

ERP-System
Enterprise Resource Planning System

Für die Abwicklung betrieblicher Routineaufgaben werden in fast allen Industriebetrieben sogenannte **ERP-Systeme** eingesetzt. Ein ERP-System besteht aus verschiedenen Anwendungsmodulen wie „Beschaffung", „Auftragsabwicklung", „Versand", „Personalwesen" u. a., die eine einheitliche Benutzeroberfläche haben und an eine gemeinsame Datenbank angeschlossen sind.

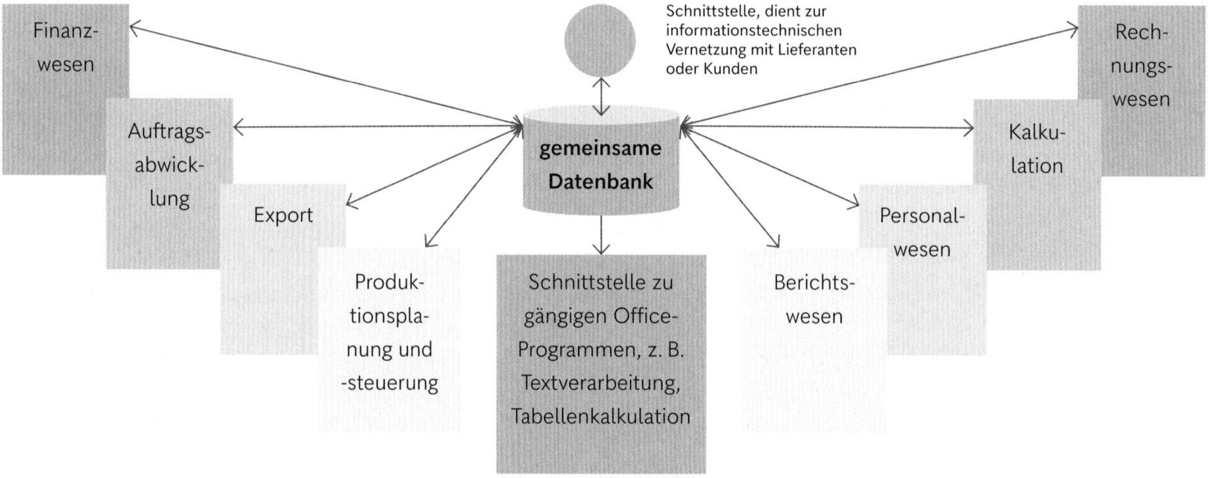

Vorteile bei der Nutzung von ERP-Systemen sind:
- An einer Bearbeitungstelle eingegebene oder errechnete Daten stehen allen Bereichen zur Verfügung.
- Standardprozesse können automatisert werden.
- Alle Bereiche des Unternehmens können simultan planen, da das System alle Abhängigkeiten berücksichtigt.
- Jedem Nutzer steht stets die aktuellste Datenbasis zur Verfügung.
- Doppelarbeiten sind (fast) ausgeschlossen.
- Die Mitarbeitenden werden bei Routineaufgaben entlastet.
- Die Auftragsbearbeitung beschleunigt sich.
- Durch Eingabemasken und Fehlermeldungen werden Bearbeitungsfehler vermieden, z. B. durch das Vergessen eines Bearbeitungsschrittes oder unplausible Dateneingaben.

Um die einwandfreie Funktion des ERP-Systems sowie anderer EDV-Einrichtungen zu gewährleisten, insbesondere aber auch, um die gespeicherten Informationen vor Missbrauch zu schützen, müssen die anwendenden Unternehmen eine Reihe von praktischen Erfordernissen und gesetzlichen Vorgaben zu Datenschutz und Datensicherheit beachten.

3.1 Datenschutz und Datensicherheit

Die Begriffe Datenschutz und Datensicherheit werden in der Praxis leicht verwechselt, verfolgen jedoch unterschiedliche Ziele und nutzen andere Instrumente.

3.1.1 Datenschutz

Das zentrale Anliegen aller Datenschutzbestimmungen ist es, den Missbrauch personenbezogener Daten zum Nachteil des jeweiligen Trägers zu verhindern. Typisches Missbrauchsverhalten besteht z. B. in der unerlaubten Weitergabe personenbezogener Daten für Werbezwecke oder der Veröffentlichung personenbezogener Daten, um wirtschaftlichen oder politischen Druck aufzubauen. Im letzten Falle sind jedoch im Presserecht besondere Freiheiten gegenüber Personen des öffentlichen Lebens zu berücksichtigten.

Das **Bundesdatenschutzgesetz (BDSchG)** regelt weite Bereiche des Umgangs mit betriebsinternen Informationen. Es stellt rechtlich gesehen eine Ergänzung zur übergeordneten europäischen **Datenschutzgrundverordnung (DSGVO)** dar. Den dort aufgeführten Datenschutzbestimmungen unterliegen alle Behörden, Unternehmen und Organisationen, die in der EU angesiedelt sind und personenbezogene Daten verarbeiten. Dazu zählen auch alle Arten von Vereinen, Verbänden oder Bildungseinrichtungen.

Geplant ist außerdem eine e-privacy-Verordnung, die den Datenschutz auf soziale Medien überträgt, auch wenn deren Betriebszentrum außerhalb der EU liegt.

Vor unberechtigter Weitergabe geschützt werden alle Daten, die auf die Identität und die Lebensverhältnisse einer Person schließen lassen **(personenbezogene Daten)**, also beispielsweise
- Name und Adresse einer Person
- Angaben zu Kontaktdaten wie Telefonnummer oder E-Mail-Adresse
- Angaben zum Nutzungsverhalten im Internet (IP-Adresse, Cookies)
- Angaben zu Vertragsbeziehungen (z. B. zu Miet- oder Arbeitsverträgen)
- Bankdaten
- Angaben zu Einkommen und Vermögen

Auch geschützt sind Film- und Fotodokumente, die den Aufenthaltsort einer Person ohne deren Kenntnis und Erlaubnis identifizieren lassen.

Grundsätze der DSGVO

1 Treu und Glauben, Rechtmäßigkeit und Transparenz
Die Daten müssen auf rechtmäßige Weise und für die betroffene Person nachvollziehbar erhoben werden.

2 Zweckbindung
Die Daten dürfen nur für spezifische, vorher festgelegte Zwecke erhoben werden.

3 Datenminimierung
Es dürfen nur solche Daten erhoben werden, die für den jeweiligen Verarbeitungszweck erforderlich sind.

4 Richtigkeit
Die Daten müssen korrekt und aktuell gehalten werden. Ungenaue oder veraltete Daten sind zu berichtigen oder zu löschen.

5 Speicherbegrenzung
Die Daten sollen nur so lange gespeichert werden, wie es für den festgelegten Zweck erforderlich ist.

6 Integrität und Vertraulichkeit
Die Daten müssen angemessen geschützt werden, um ihre unrechtmäßige Verarbeitung oder einen Verlust zu verhindern.

7 Rechenschaftspflicht
Verantwortliche Stellen müssen nachweisen können, dass sie die Grundsätze der DSGVO einhalten.

Wichtig sind im Rahmen des **Transparenzgebots** auch die Pflichten, eine Zustimmung der betreffenden Person zur Speicherung ihrer persönlichen Daten anzufordern und ihr jederzeit Auskunft über die von ihr angelegten Datenbestände zu geben. Jede Person besitzt außerdem das Recht, auf Korrektur unrichtiger Daten zu bestehen, einer weiteren Verarbeitung zu widersprechen oder die vollständige Löschung ihrer Daten zu verlangen. Dies kann, wenn dadurch die weitere Abwicklung von Vertragsverhältnissen unmöglich wird, auch eine Kündigung der Geschäftsbeziehung erforderlich machen.

3.1.2 Datensicherheit

Datensicherheit umfasst alle Maßnahmen, um Daten vor dem Zugriff unberechtigter Personen inner- oder außerhalb der verarbeitenden Organisation zu schützen. Zu den zu sichernden Daten gehören neben Personendaten auch sensible Erfolgs-, Finanz-, Termin- und Entwicklungsdaten. Mögliche Schadensereignisse bestehen hier nicht allein in Datendiebstahl oder dem Eindringen von Schadsoftware (Würmer, Trojaner, Viren etc.), sondern auch in physikalischen Störungen (Brand, Stromausfall, Überschwemmung etc.) oder unbeabsichtigter Fehlbedienung.

Maßnahmen zur Datensicherung können technischer, organisatorischer oder programmtechnischer Natur sein, wie der folgende Überblick zeigt.

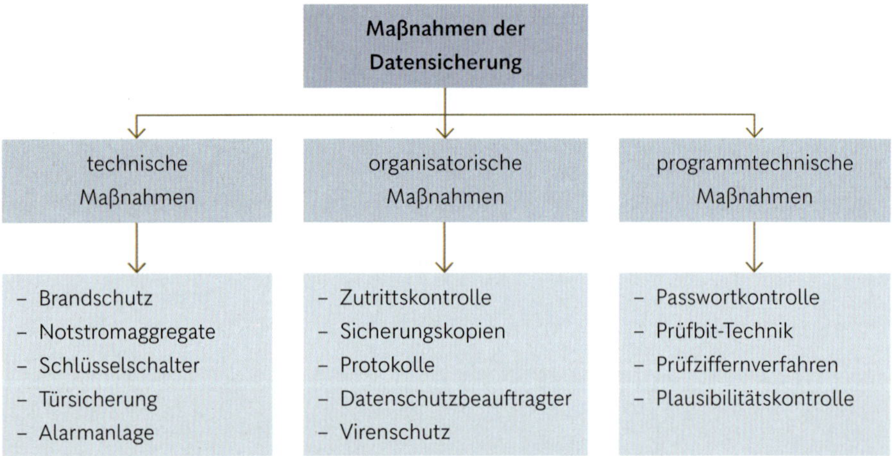

Technische Maßnahmen bestehen z. B. in der Sicherung der EDV durch Brandschutztüren und Außenbelüftung. Organisatorische Maßnahmen wären in der Protokollierung aller Datenzugriffe oder der Mehrfachanlage von Sicherungskopien zu sehen, während die Vergabe von Passwörtern oder Plausibilitätsprüfungen bei der Dateneingabe einen programmtechnischen Schutz bieten kann.

Wo in einer Organisation in erheblichem Ausmaß personenbezogene Daten verarbeitet und gespeichert werden, ist ein **Datenschutzbeauftragter** zu ernennen. Dieser ist im Regelfall auch für übergreifende Belange der Datensicherheit (im nicht-technischen Bereich) zuständig. Bei Unternehmen und anderen nichtöffentlichen Stellen ist die Bestellung gemäß BDSchG erst ab einer Beschäftigtenzahl von mindestens 20 Personen erforderlich.

Datenschutzbeauftragte sind direkt der Geschäftsleitung unterstellt. Die Geschäftsleitung haftet unmittelbar für die Verletzung von Datenschutzbestimmungen.

Aufgaben des Datenschutzbeauftragten

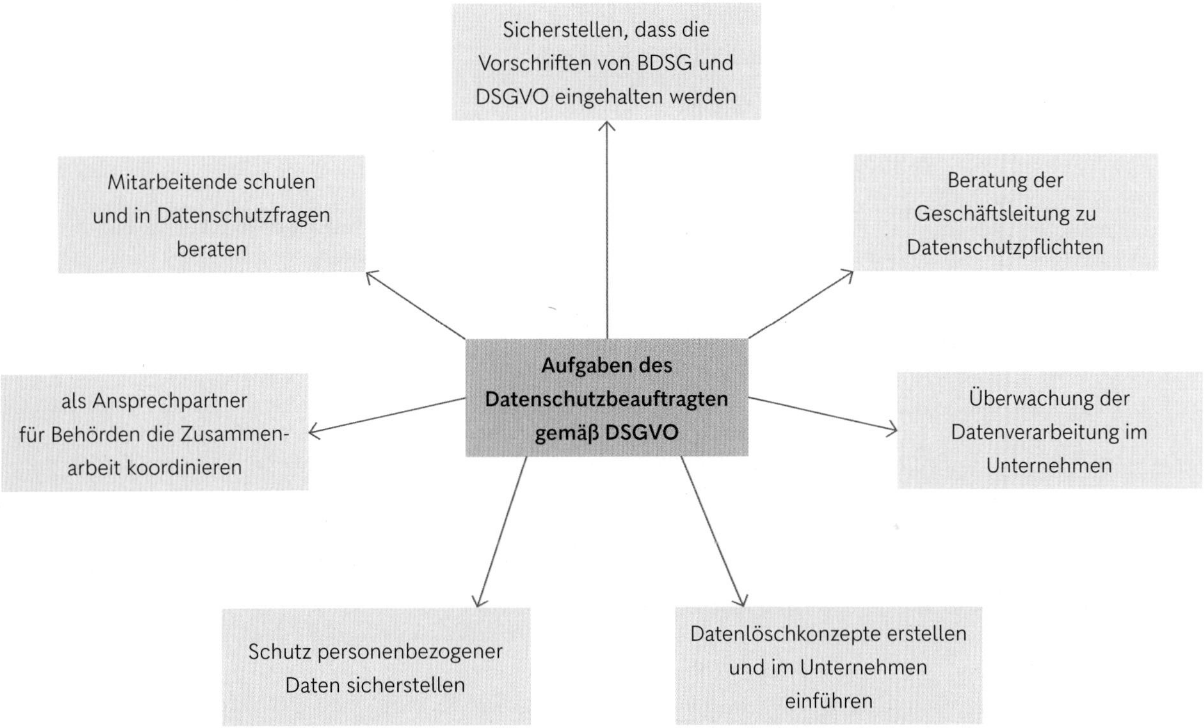

Die vom Datenschutzbeauftragten veranlassten Maßnahmen müssen dem **risikobasierten Ansatz der DSGVO** entsprechen. Danach müssen weniger sensible Daten nicht mit dem gleichen Aufwand geschützt werden wie solche, deren Preisgabe für die Betroffenen unmittelbar eine schädigende Wirkung hat.

AB → Lernsituation 28
AB → Lernsituation 29

3.2 Auftragseingang und Auftragsprüfung

Im Folgenden wird der typische Ablauf einer Auftragsabwicklung unter Nutzung eines ERP-Systems dargestellt.

3.2.1 Der Eingang einer Anfrage

Anfrage
LF 4 → Kap. 2.2.2

Im E-Mail-Eingangspostfach der Fly Bike Werke GmbH befindet sich folgende Anfrage:

An: info@flybike-werke.dex

Von: melanie.jakob@hawi.dex

Betreff: Anfrage — Datum: 14.01.2024

Sehr geehrte Damen und Herren,

auf Wunsch unserer Kunden beabsichtigen wir, folgende Produkte der Fly Bike Werke GmbH in unser Sortiment aufzunehmen.

Artikel 302 Mountainbike Constitution
Artikel 402 Rennrad Superfast
Artikel 501 Kinderrad Twist

Unser Ladengeschäft in Balingen besteht seit zwei Jahren. Wir würden unserem erfolgreichen Lagersortiment gerne bis zu drei Fahrräder von jedem Modell hinzufügen. Bitte senden Sie uns ein verbindliches Angebot unter Angabe der Stückpreise, Versandkosten und Zahlungsbedingungen. Wir benötigen die Ware bis Anfang März.

Mit freundlichen Grüßen

Melanie Jakob

Hahn & Widmann OHG

Geht die Anfrage eines zuvor unbekannten Abnehmers ein, ist zunächst sowohl die **Lieferfähigkeit** als auch die **Lieferbereitschaft** zu prüfen.

3.2.2 Prüfung der Lieferfähigkeit

Ausschlusskriterien für die Bearbeitung einer Neukundenanfrage könnten z. B. die Beachtung von Embargobestimmungen oder ein bekannt unsolides Geschäftsgebaren des Neukunden sein.

Da grundsätzlich nichts gegen die Gewinnung dieses Neukunden spricht, ist zunächst die Lieferfähigkeit zu prüfen. Hierzu dient zuerst der Aufruf von verfügbaren Lagerbeständen:

Im vorliegenden Beispiel wird die Lieferfähigkeit des Rennrads „Superfast“ geprüft. Hiervon sind 12 Exemplare auf Lager. Darüber hinaus befinden sich weitere 35 Stück im Produktionsauftrag, sodass mit einer weiteren Lagerauffüllung zu rechnen ist. Durch das Anklicken weiterer Reiter lassen sich z. B. bei Handelsware auch ein Mindestbestand oder der Name und die Lieferkonditionen verschiedener Bezugsquellen aufrufen.

Sind entsprechende Lagerbestände **nicht vorhanden**, kann über den Reiter „Produktion" manuell die (Nach-)Produktion ausgelöst werden. Hier sind allerdings längere Vorlauffristen zu beachten, der Produktionsauftrag ist **einzulasten** und das benötigte Material zu bestellen.

einlasten
Auftrag in die zukünftige Maschinenbelegung einplanen

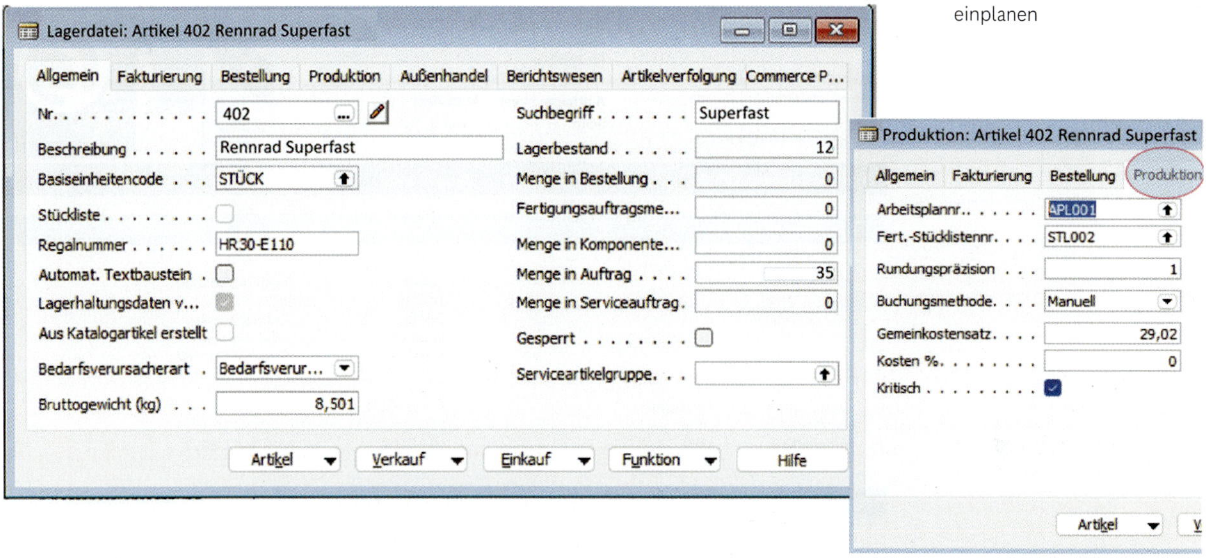

3.2.3 Prüfung der Lieferbereitschaft

Die Lieferbereitschaft ist vor allem von der Zahlungsfähigkeit **(Bonität)** des Neukunden abhängig, d. h., wie hoch das Risiko eines späteren Zahlungsausfalls einzustufen ist.

Bei Kunden mit bereits bestehender Geschäftsbeziehung wird die Bonitätsprüfung nicht bei jedem Auftrag vorgenommen. Sie sollte jedoch turnusmäßig oder anlassbezogen wiederholt werden, z. B. bei Aufträgen in neuer Größenordnung oder einem auffälligen Zahlungsverhalten des Kunden.

Zur **Beurteilung der Zahlungsfähigkeit** von Unternehmen gibt es eine Reihe unterschiedlicher Merkmale:
- das haftende Eigenkapital bzw. die Eigenkapital- und Verschuldungsquote
- das Privatvermögen (bei persönlich haftenden Eigentümern)
- die Ertrags- und Gewinnsituation des Unternehmens
- die liquiden Mittel
- das Zahlungsverhalten in der Vergangenheit
- die Erfahrung und Qualifikation der Unternehmensleitung

Hierzu stehen verschiedene **Informationsquellen** zur Verfügung:
- Einblick ins Unternehmensregister
- Geschäftsberichte von Kapitalgesellschaften
- Bankenauskünfte (mit Genehmigung des Kunden)
- **Schufa**-Auskünfte
- Einsicht ins Schuldnerverzeichnis
- Nachfrage bei anderen bekannten Lieferanten
- Einschalten von Auskunfteien

Schufa
Schutzgemeinschaft für das kreditgebende Gewerbe; sammelt Daten zum Zahlungsverhalten von Kunden. Auch Unternehmen, die ihre Produkte auf Ziel verkaufen (also Warenkredit anbieten), sind berechtigt, Auskünfte einzuholen.

Darüber hinaus ermittelt die Schufa mithilfe statistisch relevanter Daten (Alter, Beschäftigung, Wohnort) sogenannte Score-Werte von Personen, die auch ohne Erfassung des bisherigen Zahlungsverhaltens die Ausfallwahrscheinlichkeit eines Kredits vorhersagen sollen.

Das Einschalten einer **Auskunftei** (z. B. Creditreform) ist für den Lieferanten eine wesentliche Arbeitserleichterung. Sie trägt aus den o. g. Quellen die relevanten Informationen zusammen und schlägt ein Kreditlimit vor. In diesem Falle ist die Auskunft positiv, der Auftrag kann also abgewickelt werden.

Creditreform

KURZAUSKUNFT

Creditreform Erfurt

Datum / Uhrzeit	13.10.2022 / 06:45
Mitgliedsnummer	403-010880-001
Ihr Zeichen	
Auftragsnummer	**40092091**
Seite	1 von 3

Max Mustermann GmbH **Crefonummer** **3452000453**

Firmenidentifikation

Hahn & Widmann OHG
Postfach 2112
DE-72336 Baligen

Telefon	+49 7433 65020
Telefax	
E-Mail	info@hawi.dex
Internet	www.hawi.dex
Mobil	+49 172 1234567

Crefonummer	56473080	Amtsgericht	Baligen
Handelsname	H&W	Steuernummer	722/3426/1330
Firmenstatus	aktiv	USt-ID Nr.	DE 948235002

Hinweis Monitoring Option

Mitteilung über Veränderungen erhalten Sie durch Abruf eines Monitoring Produkts Signal-Bonität. Wenn Sie Mitteilungen über Veränderungen zeitlich befristen oder nicht mehr erhalten möchten, nutzen Sie bitte die Monitoring Optionen.

Bonität

Risikoklasse	**I**	II	III	IV	V	VI
PD-Bereich von (inkl.) bis (exkl.)	**0 % - 0,3 %**	% - 0,7 %	0,7 % - 1,5 %	1,5 % - 3,0 %	3,0 % - 8,0 %	8,0 % - 100 %

bester Wert … schlechtester Wert

Das Unternehmen wird mit einer Wahrscheinlichkeit von 99,7 % - 100 % nicht ausfallen.
Die PD (Probability of Default / Ausfallwahrscheinlichkeit) gibt die Wahrscheinlichkeit an, dass ein Kreditnehmer innerhalb eines Jahres gemäß Basel-II-Kriterien ausfällt.
Der Durchschnitt in Deutschland liegt bei 1,06 %. (Stand: Juni 2022)

Zahlungsweise und Kreditorteil

Zahlungsweise	Innerhalb vereinbarter Ziele, zuvor Skontoausnutzung.	(23)
Krediturteil	Kredite und Geschäftsverbindung sind zulässig.	(21)
Kreditlimit* in EUR	15.000,00	

Strukturdaten

Rechtsform

Offene Handelsgesellschaft

Gründung

16.05.1995 als Gewerbebetrieb
Unternehmensalter:29 Jahre

Handelsregister

28.04.2018, AG Baligen, HRA 68465
letzter Eintrag am 05.07.2021

Diese Auskunft ist nur für den Empfänger bestimmt. Für den Inhalt wird jede Haftung für einfache Fahrlässigkeit abgelehnt. Dies gilt auch für Erfüllungsgehilfen. Wer die Auskunft zur Kenntnis nimmt, unterwirft sich diesen Bedingungen. Der Empfänger darf die übermittelten Daten nur für den Zweck verarbeiten oder nutzen, zu dessen Erfüllung sie ihm übermittelt worden sind. Eine Nutzung für andere Zwecke ist nur unter der Voraussetzung von Art. 6 Abs. 1 f) i.V.m. Abs. 4 EU-DSGVO zulässig.

* Das Kreditlimit beruht auf der Einschätzung von Creditreform und bezeichnet den von uns empfohlenen Vorschlagswert für die Einrichtung einer Kreditlinie zum angefragten Debitor.

3.2.4 Preisstellung und Preiskalkulation

Grundsätzlich besteht bei der Kalkulation der Angebotspreise die Möglichkeit, Brutto- oder Nettopreissysteme anzuwenden. **Bruttopreissysteme** weisen einen höheren Listenpreis aus, gewähren darauf aber noch bestimmte Nachlässe. Hohe Nachlässe können dem Kunden ein besonders günstiges Angebot suggerieren, sie werden jedoch bereits in der Kalkulation des Angebotspreises berücksichtigt. **Nettopreissysteme** hingegen weisen sofort den vom Kunden zu zahlenden Endpreis aus.

Als mögliche Preisnachlässe können Rabatt, Skonto und Bonus vereinbart werden.

Rabatte werden den Kunden aus den verschiedensten Anlässen gewährt:

Rabattarten

Art	Wirkung
Mengenrabatt	Preisnachlass ab einer bestimmten Bestellmenge, häufig gestaffelt.
Treuerabatt	Stammkunden erhalten die Waren günstiger.
Wiederverkäuferrabatt	Rabatt für Händler, die die Ware an Endverbraucher weiterverkaufen (Handelsspanne).
Saisonrabatt	Zum Ende einer Jahreszeit werden Lagerbestände günstiger verkauft (z. B. Sommerbekleidung ab September).
Personalrabatt	Mitarbeiter eines Unternehmens erhalten die Waren günstiger.
Sonderrabatte	Bei Filialeröffnungen, Firmenjubiläen, Sortimentswechseln, Schließungen und anderen Anlässen wird die Ware vergünstigt abgegeben.

Skonto: Nachlass für die frühzeitige Bezahlung der erhaltenen Waren. Die entsprechende Angebotsklausel lautet z. B.: „Zahlung wahlweise bis zum 15.07.20XX mit 2 % Skonto oder bis zum 04.08.20XX ohne Abzug." Zahlt der Kunde erst nach Ablauf der ersten Frist (15.07.20XX), aber spätestens zum Ablauf der zweiten Frist (04.08.20XX), so nimmt er einen **Lieferantenkredit** in Anspruch.

Lieferantenkredit
Der Lieferant räumt dem Kunden einen längeren Zahlungszeitraum ein und gewährt im damit einen Kredit (Zahlungsaufschub). Dieser Kredit ist aber im Vergleich zu einem kurzfristigen Kontokorrentkredit (Überziehungskredit der Hausbank) in der Regel sehr teuer.

Bonus: Nachträglich gewährte Preisermäßigung, z. B. für das Erreichen einer bestimmten Umsatzgrenze bis zum Jahresende.

Verpackungs- und Beförderungskosten
Wenn in den Allgemeinen Geschäftsbedingungen (AGB) oder im Kaufvertrag keine speziellen Bedingungen für Lieferkosten vereinbart sind, gelten die **gesetzlichen Regelungen**.

Die Fly Bike Werke GmbH setzen standardmäßig auf das Bruttopreissystem und gewähren Rabatte, Skonti und Boni als Kaufanreiz. Neben den anfallenden Selbstkosten enthält die Kalkulation des Angebotspreises einen Gewinnzuschlag in Höhe von 10 % sowie einen Wiederverkäuferrabatt von durchschnittlich 30 % (27,5 % bis 33 %) sowie 2 % Skonto. Bonuszahlungen sind standardmäßig nicht vorgesehen, können aber im Einzelfall zusätzlich gewährt werden.

Nettopreis
Listenpreis ohne Umsatzsteuer

Bruttopreis
Listenpreis einschließlich Umsatzsteuer

Da die Fly Bike Werke GmbH nicht an Endverbraucher liefern, werden alle **Listenpreise als Nettopreise** aufgeführt. Bei Rechnungslegung zum Listenpreis ist noch die gesetzliche Umsatzsteuer hinzuzurechnen.

Im Falle der drei angefragten Fahrradmodelle errechnet sich der Listenpreis (Angebotspreis) nach dem folgenden Schema:

Kalkulation des Angebotspreises (in Euro)

			Modell		
	Prozentsatz	**Berechnung**	**Constitution**	**Superfast**	**Twist**
Selbstkosten			746,49	2750,24	245,56
+ Gewinnzuschlag	10 %	v. H.	74,65	275,02	24,56
= Barverkaufspreis			821,14	3025,26	270,12
+ Kundenskonto	2 %.	i. H.	16,76	61,74	5,51
+ Verkaufsprovision	0 %	i. H.	0,00	0,00	0,00
= Zielverkaufspreis			837,90	3087,00	275,63
+ Kundenrabatt	30 %	i. H.	359,10	1323,00	118,13
= Listenpreis netto			1197,00	4410,00	393,76

Prozentrechnung vom verminderten Grundwert
A → Kap. 3.5

Bei der Verkaufspreiskalkulation ist unbedingt zu beachten, dass Kundenskonto, Verkaufsprovision und Rabatt **vom verminderten Grundwert** berechnet werden. So werden die 30 % Rabatt nicht auf Basis des Zielverkaufspreises, sondern vom Netto-Listenpreis berechnet.

In der **Kundenrechnung** wird der Rabatt jedoch nicht prozentual zum Zielverkaufspreis aufgeschlagen, sondern prozentual vom Listenpreis abgezogen. Hier kommt es gelegentlich zu minimalen Rundungsdifferenzen.

BEISPIEL:

Kinderfahrrad Twist

Der Kundenrabatt ist 30 %, d. h. der Zielverkaufspreis beträgt 70 % (100 – 30) des Netto-Listenpreises. Der Rabatt beträgt folglich 30 % vom 70 %-Anteil des Zielverkaufspreises am Netto-Listenpreis.

Rabattermittlung: $\frac{275{,}63\text{ €} \cdot 30\,\%}{70\,\%} = 118{,}13\text{ €}$

Der Listenpreis netto wird nun über die Addition von Zielverkaufspreis plus Kundenrabatt ermittelt.

3.2.5 Angebotserstellung

Da es sich bei der Anfrage der Hahn & Widmann OHG um ein Neukundengeschäft in voraussichtlich nur geringem Umfang handeln wird, werden im Angebot die Standardkonditionen übernommen. Dies gilt insbesondere für die gewährten Nachlässe. Vorsichtshalber soll bei einem Neukunden jedoch das Zahlungsziel verkürzt sein, der Skontoanreiz für beschleunigte Zahlung als Standardkondition entfällt deshalb. Die Zahlungsbedingung lautet hier: „Zahlung binnen 20 Tagen ohne Abzug.“

Sofern nicht individuell anders vereinbart oder in den AGB abweichend beschrieben, hat der Kunden die Versandkosten bis zu seinem Standort zu tragen. Die Berechnung erfolgt auf Basis von Selbstkosten. Vereinfachend wird hier eine **Transportpauschale** von 50,- € je Fahrrad angesetzt.

AGB
→ Kap. 2.3

Bevor nun das Angebot für den neuen Kunden erstellt werden kann, muss er zunächst mit seinen Daten im **Kundenstamm** des ERP-Systems angelegt werden. Dazu gehört auch die Angabe der Zahlungs- und Lieferungsbedingungen:

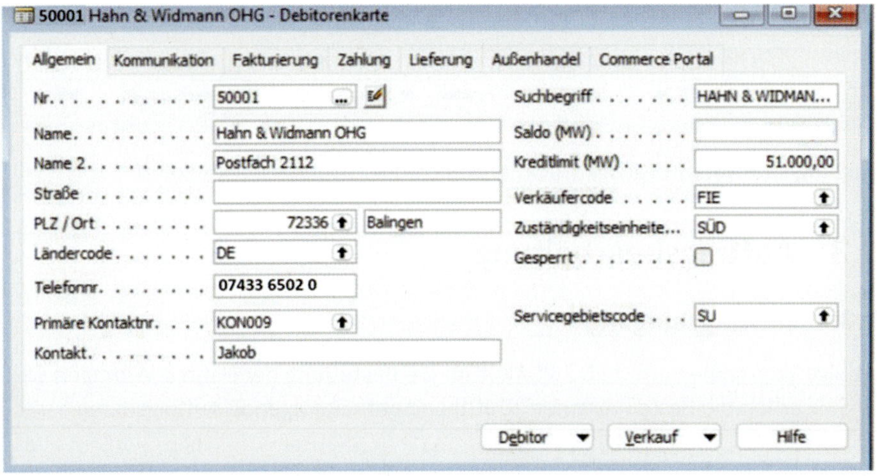

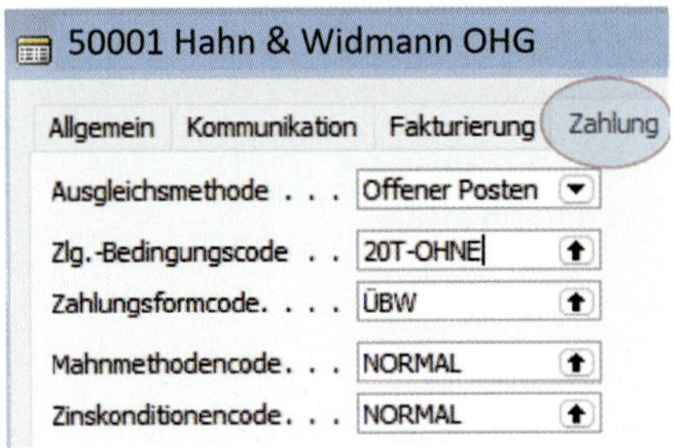

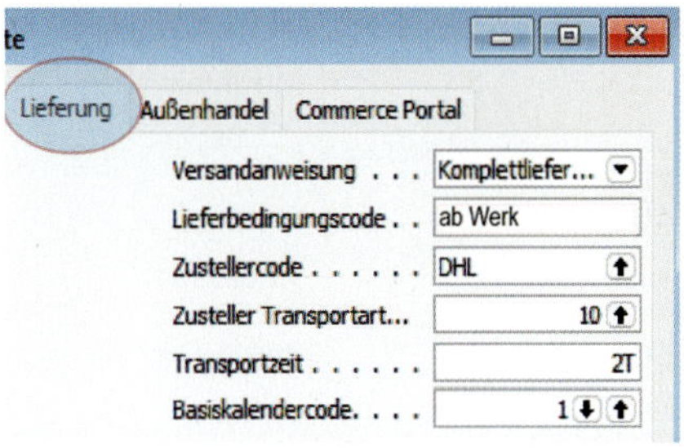

Nun kann die Angebotsmaske aufgerufen werden. Mit der Angabe der Debitoren-(Kunden-)Nummer werden die bereits vorhandenen Stammdaten übernommen, es müssen noch die Angebotsartikel und ggf. deren Menge eingetragen werden. Im System sind bereits die kalkulierten Verkaufspreise hinterlegt, Änderungen können ggf. manuell überschrieben werden.

In diesem Fall hat der mögliche Kunde keine bestimmte Menge angefragt, sodass hier nur Stückpreise angegeben werden.

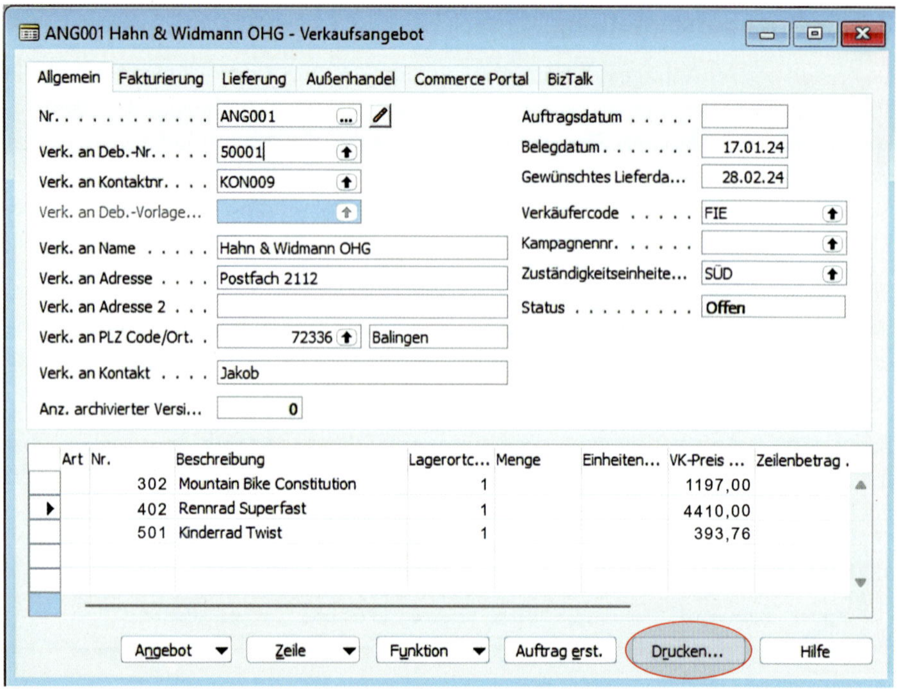

Das Angebot wird nun ausgedruckt und versendet (siehe nächste Seite).

AB → Lernsituation 30

3.3 Auftragsbearbeitung

3.3.1 Auftragseingang

Wenige Tage später, am 02.02.20XX, trifft die **Bestellung** der Hahn & Widmann OHG ein. Sie erhält die Bestellnummer 20908 und enthält folgende Auftragsdaten:

Art. Nr.	Menge	Bezeichnung	Listenpreis netto pro Stück*	Liefer- und Zahlungsbedingungen
302	3	Mountainbike „Constitution“	1197,00 €	Lieferung ab Werk Lieferzeit bis Ende 02/20XX Zahlung 30 Tage netto Kasse
402	2	Rennrad „Superfast“	4410,00 €	
501	1	Kinderrad „Twist“	393,76 €	

Mit dem Auftragseingang wird der Prozess der Auftragsbearbeitung in Gang gesetzt.

FLY BIKE
Werke GmbH

Ihr Zeichen: Fr. Jakob
Unser Zeichen:
Unsere Nachricht vom:

FBW GmbH, Rostocker Str. 334, 26121 Oldenburg
Hahn & Widmann OHG
Postfach 2112
DE-7233B6 Balingen
Deutschland

Name: Lars Baumann
Telefon: 0441 8XX-23
E-Mail: lars.baumann@flybike-werke.dex

Datum: 22.01.20X4

Angebot

Sehr geehrte Frau Jakob,

gemäß Ihrer Anfrage vom 14.01.20XX bieten wir Ihnen an:

Angebots-Nr. 027/20XX

Artikel-Nr.	Artikelbezeichnung	Stückahl	Einzelpreis in €	Rabatt in %	MwSt in %	Gesamtpreis in €
302	Mountainbike Constitution	1	1197,00	27,5	19	
402	Rennräder Superfast	1	4410,00	27,5	19	
501	Kinderrad Twist	1	393,76	27,5	19	
	Versandpauschale	1	50,00	–	19	

Alle Preise verstehen sich ab Werk zzgl. der gesetzlichen Umsatzsteuer.
Wir erheben eine Versandpauschale von 50,00 € je Fahrrad.
Wir gewähren ein Zahlungsziel von 20 Tagen ab Rechnungsdatum.
Die Lieferung erfolgt unter Eigentumsvorbehalt.

An dieses Angebot halten wir uns bis zum 22.02.20X4 gebunden.
Ihrem Auftrag sehen wir erwartungsvoll entgegen.

Mit freundlichen Grüßen

Fly Bike Werke GmbH

i. A. Lars Baumann

Lars Baumann
Vertrieb Fachhandel

Fly Bike Werke GmbH
Rostocker Str. 334
26121 Oldenburg

Geschäftsführerin:
Ewa Nowak

Telefon: 0441 8XX-0
Telefax: 0441 8XX-9211
E-Mail: mail@flybike-werke.dex
Web: www.flybike-werke.dex

Handelsregister:
Amtsgericht Oldenburg
HR Oldenburg 2134

USt-IdNr. DE 236667691

Bank 3000 Oldenburg
IBAN: DE67 3707 5020 2114 2536 66
BIC: 3000DENIXXX

Oldenburg-Bank
IBAN: DE86 2804 0114 0112 3264 44
BIC: OLBADEOL261

3.3.2 Auftragsprüfung

Prüfung der Lieferfähigkeit und Bonität
→ Kap. 3.2.2 und 3.2.3

Der im Beispiel skizzierte Ablauf einer Auftragserteilung über die Bearbeitungsschritte Anfrage – Angebot – Bestellung trifft in der Praxis nicht auf alle Bestellsituationen zu. Alternative Wege sind:

Ein Neukunde bestellt direkt aus einem Verkaufskatalog heraus: Hier kann die Prüfung der Bonität und der Lieferfähigkeit sowie die Anlegung des Kundenstamms erst nach dem Auftragseingang erfolgen.

Ein Stammkunde bestellt: Hier wird, sofern kein bestehendes Kreditlimit verletzt ist, auf die Bonitätsprüfung verzichtet.

Die Auftragserteilung erfolgt im Zuge eines Verkaufsgespräches: Hat der Außendienstmitarbeiter eine Abschlussvollmacht, muss er bereits vor dem Gespräch Bonität und Lieferfähigkeit geprüft haben, denn es liegt nun ein rechtsverbindliches Vertragsverhältnis vor.

Antrag und Annahme
→ Kap. 2.1.1 und 2.1.2

Auch mit der Bestellung der Hahn & Widmann OHG kann bereits ein Vertragsverhältnis zustande gekommen sein. Zu prüfen ist daher, ob die **Inhalte von Angebot und Bestellung übereinstimmen**. Weichen die Inhalte in einem wesentlichen Punkt voneinander ab, so gilt die abweichende Bestellung als neuer Antrag.

Vorsicht jedoch bei kleineren Abweichungen: Werden diese unwidersprochen hingenommen, so gelten die Bedingungen vom anderen Vertragspartner als stillschweigend akzeptiert. Wäre in der Bestellung der Hahn & Widmann OHG z. B. eine längere Zahlungsfrist oder ein kleiner Skontoabzug bei vorzeitiger Zahlung genannt, müsste vor der Lieferung ausdrücklich auf die Gültigkeit der eigenen Zahlungsbedingungen hingewiesen werden.

3.3.3 Auftragserfassung und Auftragsbestätigung

Bei der Bestellung der Hahn & Widmann OHG werden keine vom Angebot abweichenden Daten festgestellt. Der Auftrag kann damit erfasst werden. Dies geschieht im ERP-System dadurch, dass die Angebotsmaske durch einfaches Anklicken in die Auftragsmaske überführt wird. Hier sind alle wichtigen Daten bereits übernommen, es müssen nur noch die Mengen und die Kundenbestelldaten (Datum und Zeichen der Bestellung) erfasst werden. Die Versandkostenpauschalen werden über die Stamm-Lieferbedingungen automatisch zugesteuert.

Geht ein Auftrag ohne vorheriges Angebot ein, werden die Bestelldaten sofort in die Auftragsmaske eingetragen. In diesem Falle ist der Versand einer Auftragsbestätigung auch rechtlich zwingend erforderlich, um einen Kaufvertrag abzuschließen. Das ERP-System lädt eine entsprechende Auftragsbestätigung aber bei jedem eingegebenen Auftrag, da es im kaufmännischen Verkehr auch ohne zwingenden Anlass zur Verkehrssitte gehört, dem Kunden die Auftragsannahme mitzuteilen. Damit kann dieser fest mit einer Lieferung disponieren. Der Ausdruck der Lieferbestätigung erfolgt durch Betätigung der Druckfunktion. Sie enthält auch das voraussichtliche Auslieferungsdatum.

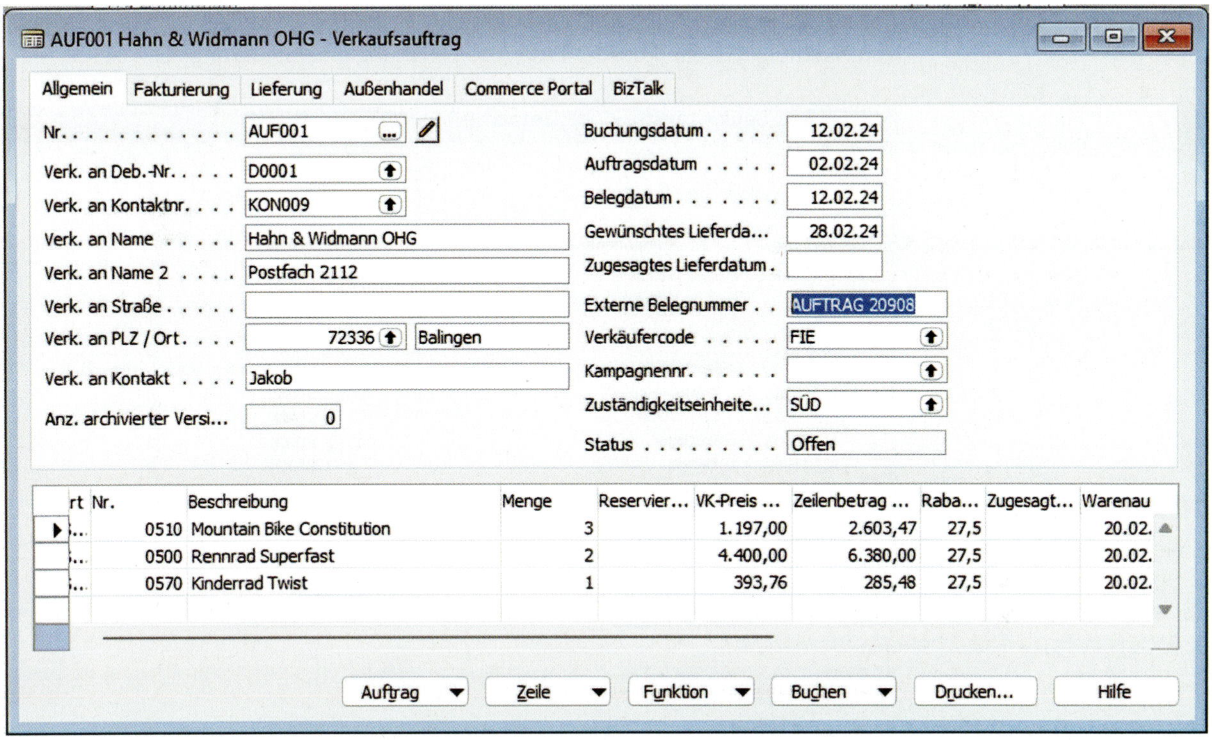

3.3.4 Auftragssteuerung

Da die bestellten Fahrräder in diesem Fall auf Lager sind, gestaltet sich die weitere Auftragssteuerung recht einfach:

Situation	Auftragstyp
Auftrag über eigenproduzierte Ware mit ausreichendem Lagerbestand	– Erstellung Warenausgangsbeleg (intern) – Erstellung Lieferschein (extern)
Auftrag über Handelsware mit ausreichendem Warenbestand	

Liegen keine fertigen Erzeugnisse bereit, müssen andere Auftragstypen ausgelöst werden:

Situation	Auftragstyp
Auftrag über eigenproduzierte Ware mit keinem oder zu geringem Lagerbestand	Erstellung Fertigungsauftrag
Auftrag über Handelsware mit keinem oder zu geringem Warenbestand	Erstellung Beschaffungsauftrag

Die Auslösung eines Fertigungsauftrags zieht im ERP-System eine komplexe Struktur von Nachfolgeaktionen bei der Produktionsplanung und -steuerung nach sich:

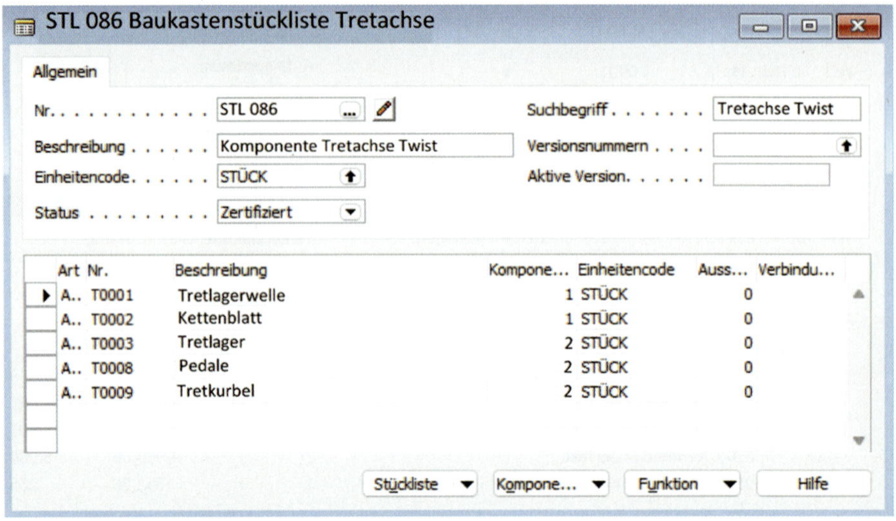
STL 086 Baukastenstückliste Tretachse

Allgemein

Nr. STL 086
Beschreibung Komponente Tretachse Twist
Einheitencode STÜCK
Status Zertifiziert
Suchbegriff Tretachse Twist
Versionsnummern
Aktive Version

Art	Nr.	Beschreibung	Kompone...	Einheitencode	Auss...	Verbindu...
A..	T0001	Tretlagerwelle	1	STÜCK	0	
A..	T0002	Kettenblatt	1	STÜCK	0	
A..	T0003	Tretlager	2	STÜCK	0	
A..	T0008	Pedale	2	STÜCK	0	
A..	T0009	Tretkurbel	2	STÜCK	0	

Stückliste Kompone... Funktion Hilfe

APL001 Arbeitsplan Sonderlackierung

Allgemein

Nr. APL001
Beschreibung Sonderlackierung
Art Seriell
Status Zertifiziert
Suchbegriff Twist
Versionsnummern
Aktive Version
Korrigiert am 26.07.06

Arbeitsga...	Art	Nr.	Beschreibung	Rüstzeit	Bearbeitu...	Wartezeit	Transport...
10	A..	PLA001	Rahmen abdecken	20	5	0	0
20	A..	PLA002	Grundierung	0	2	0	0
30	A..	PLA003	Sonderlackierung	0	3	0	0

Arbeitsplan Arbeitsgang Funktion Hilfe

- Über die **Stücklistenauflösung** werden die Materialbestände geprüft und bei Bedarf wird ein Bestellvorgang ausgelöst.
- Über die **Arbeitsplanung** wird der Zeit-, Kapazitäts- und Personalbedarf ermittelt.
- Anhand des geplanten Auslieferungstermins erfolgt in der Regel eine Rückwärtsterminierung, d. h. Festlegung des spätestmöglichen Produktionsbeginns. Diese Terminierung erfolgt aufgrund von Plan-Durchlaufzeiten.
- Dann erfolgt eine Einlastung, d. h. die Verteilung der Kundenaufträge auf die einzelnen Maschinen (**Maschinenbelegung**). Hierbei optimiert das System wahlweise die Kapazitätsauslastung der Maschinen oder die Durchlaufzeit einzelner Aufträge.

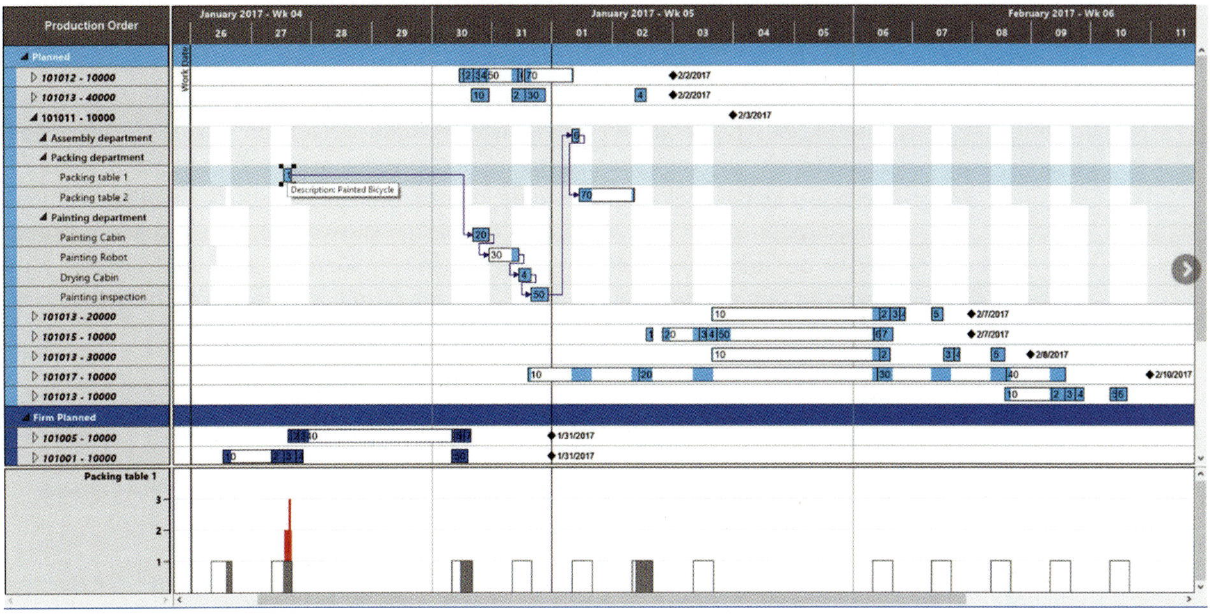

Grafische Auslastungsübersicht

Im Zuge der Einlastung ermittelt das ERP-System auch Einsatz- und Bereitstellungspläne für Personal und Material, damit zu Produktionsbeginn aller Ressourcen bereitstehen. Die ermittelten Maschinenplätze, Bearbeitungszeiten und Fertigungsmaterialien ergeben eine **Vorkalkulation der Herstellkosten**.

3.3.5 Terminüberwachung

Nachdem der Fertigungsprozess angestoßen wurde, übernimmt die ERP-Software die Aufgabe, den Produktionsfortschritt zu überwachen. Im Rahmen der **Betriebsdatenerfassung** werden kontinuierlich Informationen über den Produktionsfortschritt gesammelt und die so erhobenen Ist-Daten mit den Planwerten verglichen. So werden Start- und Endtermine von Arbeitsgängen, mögliche Unterbrechungen, aber auch Ausschussmengen erfasst, um durch Rückkopplung eine ggf. nötige Gegensteuerung (z. B. Anordnung von Mehrarbeit oder Belegung zusätzlicher Maschinen bei Zeitverzug) auszulösen.

Die Erhebung reiner Maschinendaten (Betriebstemperatur, Drehzahl, Auslastung) ist ebenfalls Bestandteil der Betriebsdatenerfassung. Sie dient vorrangig dazu, eine kostenwirtschaftlich sinnvolle Produktionsweise sicherzustellen, z. B. durch frühzeitiges Erkennen unproduktiver Zeiten oder verschleißfördernder Überlastung).

Die **Fertigmeldung** schließt die Produktionsplanung und -steuerung ab. Die Terminüberwachung erstreckt sich jedoch weiter auf den Auslieferungsprozess und endet erst mit dem Warenempfang beim Kunden. Hier setzt auch der Fall einer reinen Lagerauslieferung an, die sich auf die Einhaltung evtl. vereinbarter Liefertermine beschränkt.

3.3.6 Versand

Mit der Auftragserfassung wurden auch der Lieferschein und der Warenausgangsbeleg im System generiert. Sie müssen nun ausgedruckt, der Sendung beigefügt oder elektronisch übermittelt werden.

Der **Warenausgangsbeleg** ist eine interne Unterlage für die Korrektur der Materialbestände und für die Aufwandserfassung.

Der **Lieferschein** ist ein Versanddokument und wird der Ware beigefügt. Je nach Ausbaustufe des betrieblichen ERP-Systems werden zusammen mit dem Lieferschein auch Ladeschein, Packliste und/oder Frachtbrief für einen externen Frachtführer erstellt. Der Lieferschein enthält Kundennamen, Anlieferungsadresse, Auftragsnummer und Angaben zu Art und Menge der gelieferten Ware sowie ggf. Gewicht und Transportart der Sendung. Diese Angaben werden vom Kunden bei Anlieferung der Ware überprüft und durch Unterschrift als Empfang bestätigt. Offensichtliche Mängel werden ebenfalls hier festgehalten.

FLY BIKE
Werke GmbH

Ihr Zeichen: Fr. Jakob
Unser Zeichen:
Unsere Nachricht vom:

Name: Lars Baumann
Telefon: 0441 8XX-23
E-Mail: lars.baumann@flybike-werke.dex

Warenausgangsdatum: 20.02.2024
Auftragsnr.: 20908

Datum: 22.02.20X4

FBW GmbH, Rostocker Str. 334, 26121 Oldenburg
Hahn & Widmann OHG
Alte Balinger Str. 235
DE-72336 Balingen
Deutschland

Lieferschein-Nr. 45675-24|

Artikel-Nr.	Artikelbezeichnung	Stückzahl
302	Mountainbike Constitution	3
402	Rennräder Superfast	2
501	Kinderrad Twist	1

Lieferung in einwandfreiem Zustand erhalten.

Datum **Unterschrift des Empfängers**

AB → Lernsituation 31

3.4 Auftragsabrechnung

3.4.1 Erstellen einer Ausgangsrechnung

Da die Kundenrechnung – ähnlich wie der Lieferschein – bereits bei der Erfassung des Auftrags im System angelegt wurde, kann sie nach dem Rücklauf des vom Kunden bestätigten Lieferscheins (oder dem Erhalt einer Mängeldokumentation) durch einen einfachen Klick aktiviert und ausgedruckt werden. Mögliche Bestandsdifferenzen oder andere Beanstandungen werden zuvor noch in der Auftragsmaske korrigiert, sodass die Rechnung mit der auf dem Lieferschein dokumentierten (mangelfreien) tatsächlichen Liefermenge übereinstimmt. Seit 2025 ist für größere Unternehmen im B2B-Geschäftsverkehr des Inlandes die Versendung und Empfangsfähigkeit einer elektronischen Rechnung vorgeschrieben. Diese ersetzt die bislang üblichen Papierrechnungen und enthält alle Informationen in elektronisch verschlüsselter Form. Damit kann eine Eingangsrechnung unmittelbar in das ERP-System des Empfängers importiert werden.

Gesetzliche Bestandteile einer Rechnung

Die Norm EN 16931 setzt bei E-Rechnungen Standards hinsichtlich der zu verwendenden Datenformate und anzulegenden Datenfelder (Business-Terms). Durch Verwendung von sog. Hybridformaten wie ZUGFeRD bleibt es möglich, Rechnungen auch als PDF-Bild anzuzeigen.

Unabhängig von der aktuellen Norm bleiben die nach § 14 UStG anzugebenden Mindestinhalte unverändert:

Rechnungsdatum: Erstellungsdatum der Rechnung

FLY BIKE Werke GmbH

Ihr Zeichen:
Ihre Nachricht vom:
Unser Zeichen:
Unsere Nachricht vom:

Name:
Telefon:
E-Mail:

Warenausgangsdatum: 20.02.2024
Auftragsnr.: 20908

Leistungsdatum: Datum der Lieferung

Rechnungsersteller: Firmenname und Adresse

FBW GmbH, Rostocker Str. 334, 26121 Oldenburg

Rechnungsempfänger: Firmenname und Adresse

Hahn & Widmann OHG
Alte Balinger Str. 235
DE-72336 Balingen
Deutschland

Datum: 22.02.2024

Rechnungsnummer: Ordnungsbegriff des Belegs, muss fortlaufend ausgestellt werden

„Rechnung“: Bezeichnung des Dokuments.

Rechnung-Nr. 2991-2024

Artikel-Nr.	Artikelbezeichnung	Menge	Einheit	VK-Preis	Rabatt %	MwSt	Gesamtpreis in €
302	Mountainbike Constitution	3	Stk	1197,00	27,5	19 %	2.603,48
402	Rennräder Superfast	2	Stk	4410,00	27,5	19 %	6.394,50
501	Kinderrad Twist	1	Stk	393,76	27,5	19 %	285,48
	Versandpauschale	6		50,00		19 %	300,00
			Nettorechnungsbetrag				9.583,46
			19 % Umsatzsteuer				1.820,86
			Bruttorechnungsbetrag				**11.404,32**

Die Zahlung ist ohne Abzug fällig am 14.02.20X4.
Erfüllungsort und Gerichtsstand für beide Teile ist Oldenburg.

Rechnungspositionen: Einzelaufstellung der gelieferten Ware mit Bezeichnung, Menge, Nettoeinzelpreis je Stück, Gesamtnettopreis der Position und zugeordnetem Umsatzsteuersatz

Rechnungsbetrag netto: Gesamtnettopreis aller Positionen

Summe Umsatzsteuer: Ausweis der Umsatzsteuer, ggf. getrennt nach Umsatzsteuersätzen

Bruttobetrag: Gesamtpreis einschließlich Umsatzsteuer, jedoch ohne möglichen Skontoabzug

Fly Bike Werke GmbH
Rostocker Str. 334
26121 Oldenburg

Geschäftsführerin:
Ewa Nowak

Telefon: 0441 8XX-0
Telefax: 0441 8XX-9211
E-Mail: mail@flybike-werke.dex
Web: www.flybike-werke.dex

Handelsregister:
Amtsgericht Oldenburg
HR Oldenburg 2134

USt-IdNr. DE 236667691

Bank 3000 Oldenburg
IBAN: DE67 3707 5020 2114 2536 66
BIC: 3000DENIXXX

Oldenburg-Bank
IBAN: DE86 2804 0114 0112 3264 44
BIC: OLBADEOL261

Steueridentifizierung: Steuernummer oder Umsatzsteueridentifizierungsnummer des Rechnungserstellers. Letztere ist bei Leistungen ins EU-Ausland vorgeschrieben.

AB → Lernsituation 32

3.4.2 Offene-Posten-Liste als Instrument der Zahlungsüberwachung

Mit dem Rechnungsausgang wird – wie bereits erwähnt – das Debitorenkonto mit der offenen Forderung belastet. Alle unbezahlten Rechnungen werden mit ihrer Fälligkeit in der Offene-Posten-Liste aufgeführt.

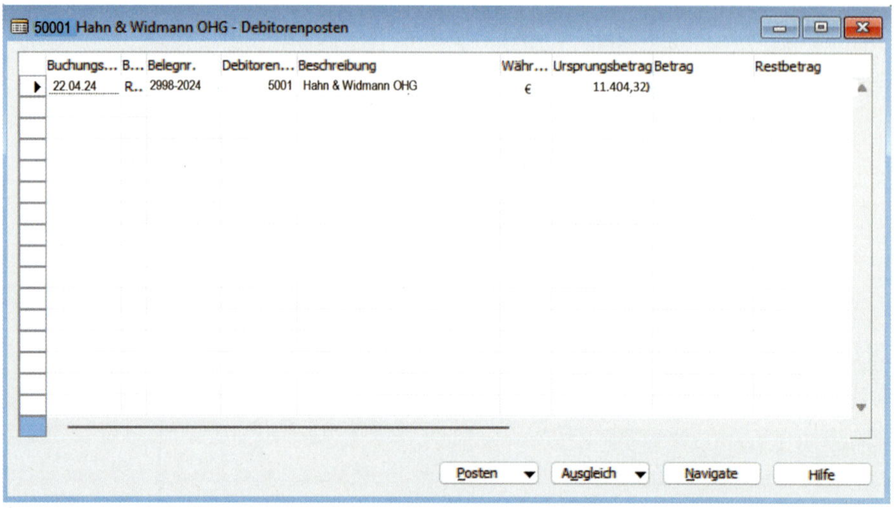

Geht eine Zahlung ein, muss sie einer offenen Forderung zugeordnet werden. Das ist nicht immer einfach, da häufig nicht der offenstehende Betrag angewiesen wird, sondern der Kunde die Rechnung nur teilweise bezahlt (z. B. unberechtigter Skontoabzug) oder falsche Rechnungsdaten angibt. Wird das Zahlungsziel überschritten oder eine Zahlungsdifferenz nicht ausgebucht, wird der Kunde mit dem (noch) offenstehenden Betrag in die **Mahnliste** überführt.

betriebliches Mahnverfahren → Kap. 2.6.3

Damit wird gleichzeitig auch das betriebsindividuelle **Mahnverfahren** eingeleitet, welches nach einem vom Unternehmen festgelegten Schema abläuft.

3.5 Aftersales-Prozesse

Zur Aftersales-Politik gehört jegliches Bemühen eines Unternehmens, den Kunden durch eine umfassende Betreuung in seiner Kaufentscheidung zu bestätigen. Richtig eingesetzt, trägt sie entscheidend zur Kundenakquise, Kundenzufriedenheit und Kundenbindung bei. Sie hat vor allem in den letzten Jahren bei vielen Unternehmen erheblich an Bedeutung gewonnen.

Aftersales-Prozesse bezeichnen sämtliche Maßnahmen, die nach einem erfolgreichen Verkaufsabschluss ergriffen werden, um den Kunden an das Unternehmen zu binden.

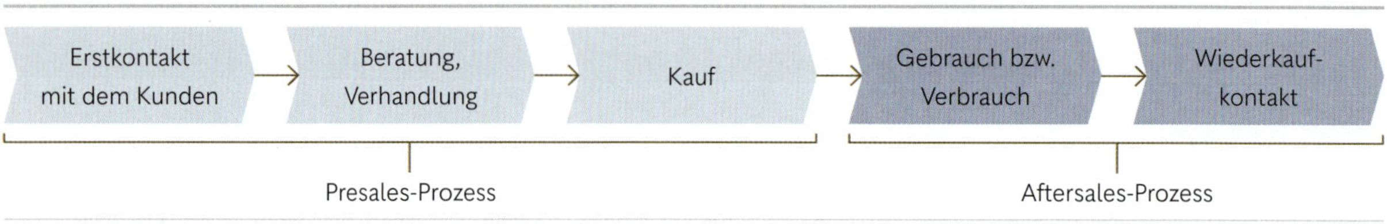

Da die Kundenbindung auf Käufermärkten meistens nicht besonders hoch ist, müssen die Unternehmen über die „Kundenpflege“ nach dem Kauf dafür sorgen, dass der Kundenkontakt erhalten bleibt und es zu einem Wiederkaufkontakt kommt. Zudem gelten im Verkauf zwei Regeln:

- Es kostet fünfmal mehr, einen neuen Kunden zu gewinnen, als eine bestehende Kundenbeziehung zu halten.
- Nach dem Verkauf ist vor dem Verkauf.

Im Rahmen der **Customer Journey** gibt es auch im Aftersales-Bereich eine Reihe von nutzbaren Berührungspunkten mit dem Kunden, um die Beziehung zum Lieferanten zu festigen:

Customer Journey beschreibt die Reihung von Berührungspunkten (touchpoints), die zwischen dem Unternehmen und den Kunden im Rahmen des Kaufentscheidungs- und Kaufabwicklungsprozesses entstehen. Diese Berührungspunkte können in physischen Kontakten, aber auch mediengestützt im Empfang von Werbebotschaften, schriftlichen Ersatzteilanfragen oder in der Nutzung von Bewertungsportalen bestehen.

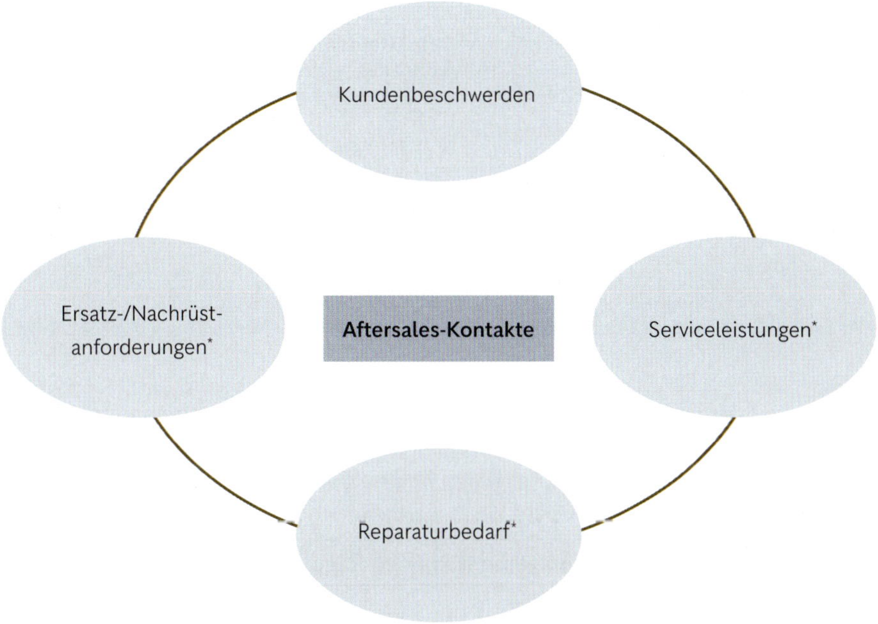

*insbesondere im Rahmen der Garantieabwicklung

Im Folgenden soll die Nutzung der beiden wichtigsten Elemente, Beschwerdemanagement und Garantieleistungen, näher beschrieben werden.

3.5.1 Beschwerdemanagement

Kundenbeschwerden gehören – ob berechtigt oder unberechtigt – zum Tagesgeschäft eines Unternehmens. Obwohl eine hohe Anzahl von Reklamationen kein Zeichen für die gute Qualität der unternehmerischen Leistung ist, helfen Reklamationen doch dabei, vorhandene technische oder organisatorische Defizite im Unternehmen zu erkennen und möglichst umgehend abzustellen.

Das Beschwerdemanagement ist darauf ausgerichtet, Kundenunzufriedenheit so rechtzeitig abzustellen, dass die Kundenbeziehung nicht verloren geht und die Leistungsgüte des Unternehmens ständig verbessert werden kann. Es kann deshalb auch als Teil des Qualitätsmanagements verstanden werden.

Ziele, Aufgaben und Rahmenfaktoren des Beschwerdemanagements

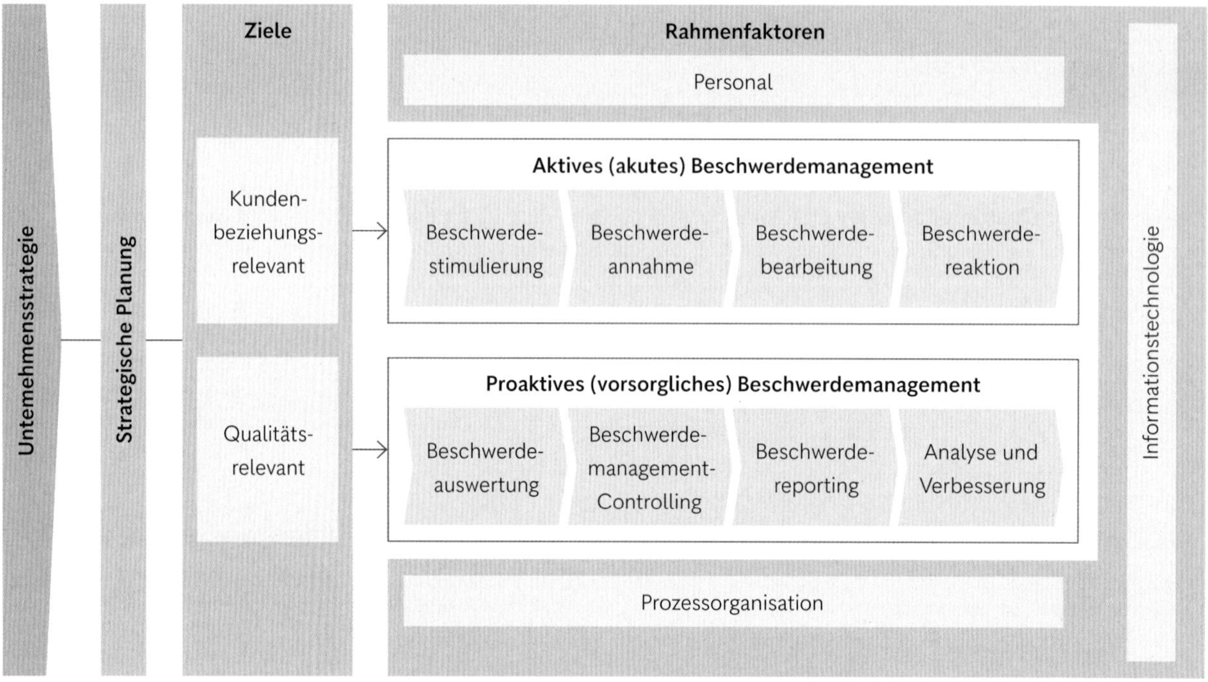

Im Beschwerdemanagement können aktive und proaktive Maßnahmen unterschieden werden. **Aktive Maßnahmen** dienen dazu, einen aktuellen Beschwerdefall möglichst im Sinne des Kunden zu lösen. **Proaktive Maßnahmen** haben hingegen das Ziel, das nochmalige Auftreten gleichartiger Beschwerdefälle möglichst auszuschließen.

Beim **aktiven Beschwerdemanagement** können folgende Maßnahmen zur Stabilisierung der Kundenbeziehung dienen:
- Impulsgebung für enttäuschte Kunden, ihre Unzufriedenheit zu artikulieren. Dies soll eine „innere Abwendung“ vom Unternehmen verhindern. Der Impuls kann z. B. durch regelmäßiges Abfragen der Kundenzufriedenheit erfolgen.
- Einrichtung leicht erreichbarer Beschwerdekanäle, z. B. einer 24/7-Hotline
- Erstbehelf, d. h. Anerkennung der Beschwerde und Angebot einer Vorleistung, um beim Kunden die Verärgerung abzubauen. Dies könnte z. B. ein schnell verfügbares Ersatzprodukt sein.
- vollständige und strukturierte Erfassung der Kundenbeschwerde, z. B. mithilfe eines Erfassungsbogens
- Organisation einer effektiven Beschwerdebearbeitung. Hier sind Abläufe, Entscheidungsträger und Ressourcen festzulegen.
- einheitliche Beschwerdereaktion, d. h. Sicherstellung einer Gleichbehandlung von Kunden durch die Festlegung von Entscheidungsregeln

Im Rahmen des **proaktiven Beschwerdemanagements** sind u. a. voranzutreiben:
- die quantitative Auswertung, d. h. Erfassung der Häufigkeit und Verteilung von Fehlfunktionen im Produktions- und Leistungsprogramm, um die Dringlichkeit von Verbesserungsmaßnahmen einzuschätzen;
- die durch das Beschwerdemanagement-Controlling erfassten Abweichungen vom Zielerreichungsgrad in Verbesserungsvorschläge umzuformen;

- den betrieblichen Entscheidungsträgern alle Informationen durch Berichte zugänglich zu machen;
- in regelmäßigen Abständen zu überprüfen, ob die Kundenbeschwerden tatsächlich zu einer Verbesserung der betrieblichen Abläufe und/oder Leistungsqualität geführt haben.

Organisationsstandards für die Einrichtung eines Beschwerdemanagements sind in der **DIN ISO 10002** beschrieben. Darin sind vier Grundansprüche an ein zertifiziertes Beschwerdemanagementsystem festgeschrieben.

Anforderungen an das Beschwerdemanagement

Die oberste Unternehmensleitung trägt die Verantwortung.	Es sind ausreichend geschulte Mitarbeitende und technische Einrichtungen zur Verfügung zu stellen.	Es gibt klar definierte Prozesse für die Behandlung von Kundenbeschwerden.	Die Organisation soll offen sein und den Kunden über den Fortschritt und das Ergebnis seiner Beschwerde unterrichten.

Die Norm fordert weiterhin, dass die Verbesserung der Kundenzufriedenheit ein ständiger Prozess ist, der nicht abreißt, und dass alle Mitarbeiter diesen Anspruch leben. Sie gibt daneben auch eine Anleitung darüber, wie die Reklamationsbearbeitung idealtypisch zu gestalten ist:

Idealtypischer Reklamationsablauf nach DIN ISO 10002

Annahme	Die Beschwerde des Kunden soll in standardisierter Form aufgenommen werden. Alle wesentlichen Informationen wie Kundennamen und Beschwerdebeschreibung sollen festgehalten sein.
Analyse	Die (technischen) Ursachen der Beschwerde sollen untersucht werden. Wichtig ist die Feststellung, ob es sich um einen Einzelfall oder ein häufigeres, ständig wiederkehrendes Problem handelt.
Bearbeitung	Konkrete Lösungsschritte und der damit beauftragte Mitarbeiter werden festgelegt. Es wird eine Abschlussfrist gesetzt.
Kommunikation	Der Kunde wird über die Problemlösung, den Bearbeitungsstand und den voraussichtlichen Zeitbedarf informiert. Ggf. werden zur Überbrückung der Wartezeit Ersatzleistungen angeboten (z. B. Mietprodukte, kostenlose Beförderung o. Ä.).
Abschluss	Es ist sicherzustellen, dass das Problem tatsächlich gelöst ist. Der Kunde wird um eine Bewertung seiner Reklamationsabwicklung gebeten.
Optimierung	Aus unbefriedigenden Kundenbewertungen sind Impulse für Optimierungsanstrengungen zu ziehen.

Eine Zertifizierung nach DIN ISO 10002 ist möglich. Da diese Norm aber oft als Unternorm von DIN ISO 9001 (Qualitätsmanagement) verstanden wird, ist die tatsächliche Nachfrage nach einer (aufwendigen) Einzelzertifizierung gering.

3.5.2 Garantie und Kulanz

mangelhafte Lieferung
LF 4 → Kap. 3.2

Gewährleistung
gesetzlich festgelegte Ansprüche bei mangelhafter Leistung

Garantie
vertraglich festgelegte, zusätzliche Ansprüche

Kulanz
Leistungen, auf die kein Anspruch besteht

Beim Auftreten von Mängeln an der gelieferten Sache oder Leistung haben die Käufer gesetzliche **Gewährleistung**sansprüche gegenüber dem Verkäufer. Da Mängel oft erst bei der Benutzung der Ware (hier der Fahrräder) erkennbar werden, kann sich der Fahrradkunde mit seinen Ansprüchen auf Mängelbeseitigung nicht an den Hersteller (hier die Fly Bike Werke AG), sondern muss sich an seinen Händler als Verkäufer wenden. Dieser kann seinerseits den Hersteller für die ihm entstandenen Kosten der Mängelbeseitigung in Regress (Rückhaftung) nehmen.

Die Sachlage ändert sich jedoch, wenn der Produzent eine **Herstellergarantie** abgibt. Damit haben Verbraucher das Recht, sich mit ihren Ansprüchen direkt an den Hersteller zu wenden. Ein Garantieversprechen muss immer über den Umfang der gesetzlichen Gewährleistung hinausgehen. Es kann sich dabei z. B. um eine Verlängerung der gesetzlichen Gewährleistungsdauer, um ein Rückgaberecht ohne Anlass (Gefallensgarantie) oder um dem Verzicht auf eine Beweislastumkehr handeln. Trotz Herstellergarantie bleiben die Gewährleistungsansprüche gegenüber dem Händler weiterhin bestehen.

Die Garantiegewährung ist ein wichtiges Marketinginstrument, betont sie doch das besondere Vertrauen des Herstellers in seine Erzeugnisse und bietet dem Kunden im Leistungsfall einen echten Mehrwert. Als Nebeneffekt kommt damit eine direkte Kontaktaufnahme zwischen Hersteller und Endverbraucher zustande, die ein ungefiltertes Feedback zum Produkt gewährt.

Von der Garantie abzugrenzen ist die Kulanz. Darunter versteht man ein kundenfreundliches, freiwilliges Entgegenkommen des Herstellers oder Verkäufers, für das keinerlei rechtliche Verpflichtung besteht. Ein kulantes Verhalten gegenüber Kundenreklamationen kann das Image des Unternehmens und die Kundenbindung in gleicher Weise positiv prägen wie umfangreiche Garantieleistungen. Umgekehrt wirkt das starre Begrenzen auf die rechtlichen Verpflichtungen („Es tut uns leid. Die Gewährleistung ist vor 2 Tagen abgelaufen.“) sehr negativ auf Image und Kundenzufriedenheit ein.

Die Garantieabwicklung ist ähnlich strukturiert wie bzw. überlagert sich mit dem Beschwerdemanagement:
- Beim Auftreten eines Mangels informiert der Kunde den Verkäufer (oder Garantiegeber) und fordert das Gewährleistungsoder Garantierecht ein.
- Der Verkäufer (oder Garantiegeber) prüft die Berechtigung des Kunden. Bei Ansprüchen auf die gesetzliche Gewährleistung wird nicht nur das Vorhandensein des Mangels, sondern ggf. auch die Beweislast festgestellt.
- Je nach Ausgang der Prüfung erhält der Kunde eine Zusage zur Mangelbeseitigung oder eine Ablehnung. Abhängig von der in Anspruch genommenen Rechtsgrundlage umfasst die Zusage entweder den Umfang der gesetzlichen Gewährleistungsansprüche oder die des Garantieversprechens. In den AGB können hierzu ergänzende Bestimmungen festgelegt sein.
- Im Falle der Ablehnung rechtlicher Ansprüche besteht im Einzelfall die Möglichkeit, im Umfang reduzierte Kulanzleistungen anzubieten. Dies wird oftmals von einer bereits erkennbaren Kundentreue (Anzahl der bisherigen Käufe, Dauer der Geschäftsbeziehung, Einhaltung der vorgeschriebenen Servicedienste) abhängig gemacht.
- Nach Erledigung des Reklamationsfalles wird der Kunde wiederum um Rückmeldung zu seiner Zufriedenheit mit der Abwicklung gebeten.

Alles klar?

1 So gut wie alle Industrieunternehmen nutzen heute ein ERP-System für die Bewältigung der betrieblichen Aufgaben. Welche größeren Anbieter von ERP-Systemen sind zurzeit auf dem Markt?

2 Treffen Sie eine Aussage darüber, welche der folgenden Handlungen der Auszubildenden Carin Kleve aus datenschutzrechtlicher Sicht bedenklich sind.

- a Carin hat an ihrem Arbeitsplatz einen neuen PC installiert bekommen und darf den alten mit nach Hause nehmen. Sie baut eine neue, leistungsfähigere Festplatte ein und verkauft die alte gegen kleines Geld bei eBay.
- b Carin hat hat sich darüber geärgert, dass der Kollege Lutz Dreher immer zu spät zur Arbeit kommt. Sie postet dies in einem sozialen Netzwerk.
- c Carin kann sich ihr Firmen-Passwort einfach nicht merken und hat es deshalb notiert. Leider hat sie den Notizzettel irgendwo verloren.
- d Carin speichert gerade die Daten eines Neukunden. Dieser hat der Speicherung nicht durch direkte Erklärung zugestimmt, sondern nur mit den AGB eine allgemeine Information darüber erhalten.
- e Ein Kunde beschwert sich bei Carin darüber, dass er eine Kundenzeitung erhalte, die er gar nicht lese. Er möchte deshalb aus dem Kundenverzeichnis gelöscht werden. Carin lehnt das ab, weil das Unternehmen die Daten bis zum Ablauf der Garantiefrist noch unbedingt benötige.
- f Weil Carin am Abend schon etwas müde ist, speichert sie die heutige Änderung von Kundenstammdaten nicht korrekt ab. Dies fällt zunächst niemandem auf.
- g Carin hat sich gerade die letzte Inventurliste ihres Unternehmens ausgedruckt, um sie am nächsten Tag im Berufsschulunterricht als Beispiel zu zeigen. Dort wird das Thema gerade behandelt.

3 Beurteilen Sie, ob sich die folgenden Sachverhalte günstig oder ungünstig auf die Bonität eines möglichen Kunden auswirken:

- a Das Unternehmen befindet sich in der Gründungsphase.
- b Es gibt mehrere persönlich haftende Gesellschafter.
- c Das Unternehmen hat seinen Hauptsitz im außereuropäischen Ausland.
- d Aufgrund hoher Investitionen ist der Gewinn des Unternehmens im letzten Jahr stark zurückgegangen.
- e Das Unternehmen wird von einem Insolvenzverwalter geführt.
- f Die Geschäftsführung des Unternehmens wurde oft ausgetauscht.
- g Das Unternehmen arbeitet in einem Wachstumsmarkt.
- h Das Unternehmen hat hohe Lagerbestände.
- i Das Unternehmen gehört zu einem Großkonzern.
- j Das Unternehmen hat eine hohe Eigenkapitalquote.

4 Nicht immer stimmen die im ERP-System erfassten Lagerbestände mit dem tatsächlichen Bestand überein. Überlegen Sie, ob in den folgenden Fällen der vom ERP-System angezeigte Lagerbestand zu hoch oder zu niedrig ist:

- a Ein Warenausgangsbeleg wurde zwar mit der Ware ausgegeben, aber nicht vom System erfasst.
- b Ein Warenausgangsbeleg wurde irrtümlich zweimal erfasst, obwohl die Ware nur einmal ausgegeben wurde.
- c Zurückgenommene Ware wurde ohne Wareneingangsbeleg eingelagert.
- d Für ausgelagerte Ware wurde irrtümlich ein Wareneingangsbeleg erstellt und erfasst.

5 Welche Maßnahmen gegen einen Zahlungsausfall bei einem Neukunden kann die Fly Bike Werke GmbH treffen?

6 Ermitteln Sie den Listenverkaufspreis netto für den folgenden Artikel:

Ruderbank Olympia	
Selbstkosten	882,45 €
Kundenskonto	3 %
Kundenrabatt	20 %
Gewinnzuschlag	12 %

7 Warum weist die Fly Bike Werke GmbH ihre Listenpreise ohne Umsatzsteuer aus?

8 Wozu dient die Erfassung des Auftragsbestands?

9 In welchen Fällen liegt Ihrer Ansicht nach zwischen Angebot und Bestellung eine so deutliche Abweichung vor, dass (noch) kein Vertragsverhältnis zustande gekommen ist:
- a Im Angebot wird bei einem Artikel eine Mindestbestellmenge von 25 Stück vorgegeben, der Kunde bestellt 50 Stück.
- b Im Angebot wird eine Lieferzeit von ca. 4 Wochen angegeben, der Kunde bestellt am anderen Tag mit „sofortiger" Lieferung.
- c Im Angebot wird ein Stückpreis von 349,00 € zzgl. Umsatzsteuer angegeben, die Bestellung lautet über 349,00 € inkl. Umsatzsteuer.
- d Im Angebot verstehen sich die Preise ohne Fracht und Verpackung, in der Bestellung soll nur die Fracht zusätzlich zu berechnen sein.
- e Im Angebot wird die Ware unter Eigentumsvorbehalt geliefert, in der Bestellung verweist der Kunde auf seine Einkaufsbedingungen, nachdem das Eigentumsrecht bei Lieferung übergeht.

10 Bei einer vorliegenden Rechnung wird zwar ein Zahlungsziel, aber kein Skontoabzug gewährt.
- a Warum ist ein Zahlungsziel insbesondere für Gewerbekunden wichtig?
- b Ist die Möglichkeit des Skontoabzugs ein echter Preisnachlass? Erinnern Sie sich an die Verkaufskalkulation.

11 Mängel an der gekauften Sache sind die häufigste, aber nicht die einzige Ursache für Kundenbeschwerden. Schätzen Sie ab, welche Beschwerden Endverbraucher gegenüber ihren Händlern sonst noch häufig vorbringen. Nutzen Sie dazu auch Internet-Suchfunktionen.

12 Sind folgende Beschwerden Ihrer Meinung nach berechtigt?
- a Ein Stammkunde beklagt sich darüber, dass er bei einem Garantiefall nicht bevorzugt behandelt wird und auf die Reparatur seines Geräts genauso lange wartet wie andere Käufer.
- b Ein polnischer Kunde ärgert sich, dass die Betriebsanleitung des Staubsaugers nur auf Deutsch, Englisch und Französisch verfasst ist und er sie deshalb kaum versteht.
- c Ein Großkunde findet, dass es auch nach Betriebsschluss noch einen telefonischen Ansprechpartner für seine Anliegen geben müsste.
- d Ein Neukunde fragt nach, wieso es auch bei einwandfreier Ware kein vierwöchiges Umtauschrecht gibt.
- e Der gleiche Kunde beklagt, dass der Auslieferungsfahrer (der für eine Spedition fährt) bei der Abladung der Ware nicht mithelfen wollte und generell unfreundlich war.
- f Ein Kunde findet es unprofessionell, dass Liefertermine immer nur „ca." und nicht „taggenau" angegeben werden und er nie wisse, wann er den Lagerplatz benötige.

13 Wie wäre Ihrer Meinung nach ein Beschwerdeannahmebogen am sinnvollsten aufgebaut? Gehen Sie dabei nicht nur auf die Inhalte, sondern auch auf konkrete Fragestellungen und deren Reihenfolge ein.

4 Zahlungsverkehr

Im Rahmen der Bestell- und Auftragsabwicklung ergeben sich für die Fly Bike Werke GmbH täglich sowohl Zahlungsverpflichtungen gegenüber ihren Lieferanten als auch Zahlungsansprüche gegenüber den Kunden.

Nach den gesetzlichen Regelungen sind diese Zahlungsansprüche und verpflichtungen auch durch Bargeldzahlung oder die Zusendung von Barschecks auszugleichen. Diese Zahlungsformen haben jedoch im Geschäftsverkehr zwischen Unternehmen keine Bedeutung mehr und sind meist auch in den AGB ausgeschlossen. Im Folgenden soll sich die Betrachtung deshalb auf den **bargeldlosen Zahlungsverkehr** konzentrieren.

Vorteile des bargeldlosen Zahlungsverkehrs sind u. a.:
- durch Kontenbuchung existiert ein beleghafter Zahlungsnachweis
- das Verlustrisiko beim Transfer zwischen Konten ist minimal
- kein Falschgeldrisiko
- kein Diebstahlrisiko
- kein umständlicher Umtausch bei Zahlungen in Fremdwährung
- sofortige Weiterverwendung eines Zahlungseingangs zum Ausgleich von Verbindlichkeiten
- kein Hygieneproblem (Keime)

Kontoauszug

IBAN			Auszug	Blatt
DE86 2804 0114 0112 3264 44		Oldenburg-Bank	34	1
Buchungstag	Wert	Vorgang/Erläuterungen	Beträge in EUR	
		Kontostand am 20XX-03-04	16.600,00 +	
20XX-03-05	20XX-03-05	Alu-Werke Bonn AG Rechnung 188 vom 20XX-02-25, 5.950,00 EUR abzüglich 2 % Skonto	5.831,00 –	
		Kontostand am 20XX-03-05	10.769,00 +	
Fly Bike Werke GmbH, Oldenburg				

Der Kontoauszug dokumentiert sämtliche Zahlungsvorgänge eines Unternehmens.

4.1 Die SEPA-Überweisung

Die Überweisung ist die häufigste Form der Zahlung zwischen Industrieunternehmen. Sie wird bei einmaligen oder unregelmäßigen Zahlungen in beliebiger Höhe angewandt. Der Begriff **SEPA** steht dabei für „Single Euro Payments Area“, eine seit 2014 in der EU und im europäischen Wirtschaftsraum verbindliche Standardform für Kontotransfers. Dazu muss ein Auftraggeber (Zahlungsverpflichteter) folgende Angaben auf dem SEPA-Überweisungsformular eintragen:

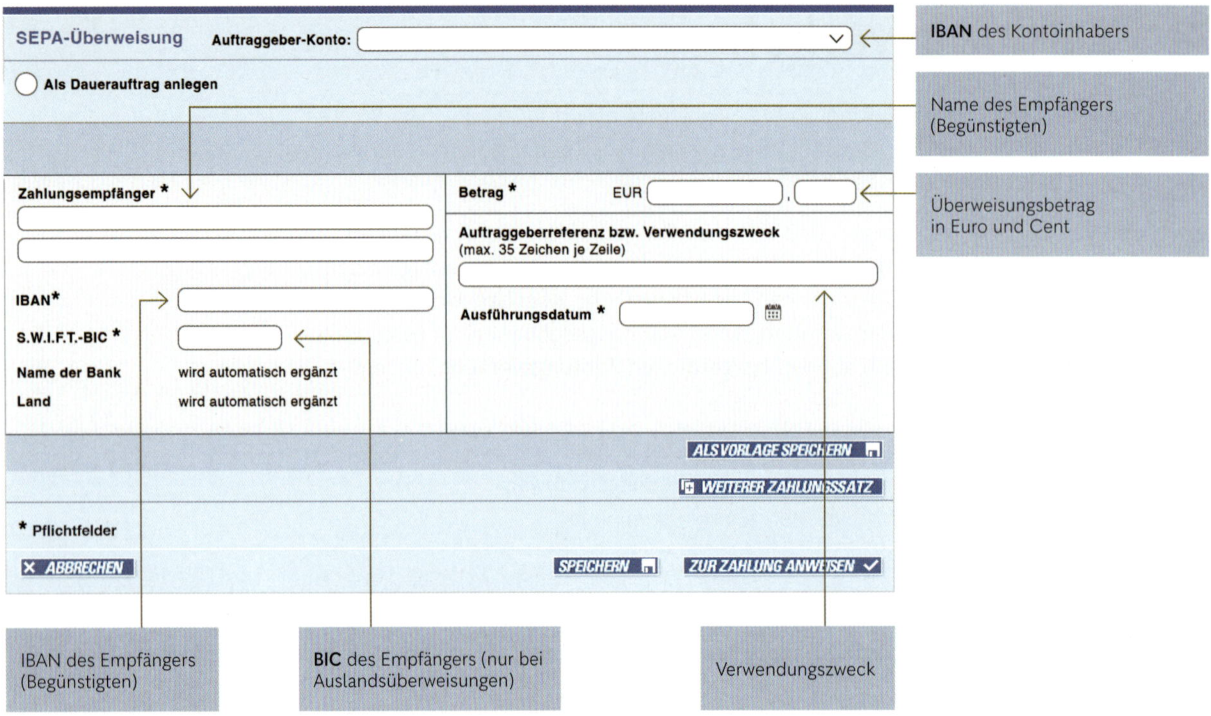

IBAN
(engl.) „International Bank Account Number", internationale Kontonummer

BIC
(engl.) „Bank Identifier Code", international gültige Bankleitzahl

SEPA-Clearer
Zahlungssystem der Deutschen Bundesbank. Hier werden nationale und grenzüberschreitende Interbankenzahlungen im SEPA-Format abgewickelt.

Mit Einführung der SEPA-Überweisung wurde das System von Bankleitzahl und Kontonummer durch die **IBAN** ersetzt, die nun innerhalb des europäischen Zahlungsverbundes eine eindeutige, weil einmalige Kontoadresse vergibt. Um Zahlungsirrläufer völlig auszuschließen, ist bei Auslandsüberweisungen noch zusätzlich der **BIC** erforderlich, dieser enthält weitere Informationen über den Ort der kontoführenden Zweigstelle einer Bank und Kennzeichen zur bankinternen Verarbeitung.

Die Überweisung erfolgt normalerweise elektronisch. Die meisten Unternehmen verfügen über eine Finanzsoftware, mit deren Hilfe die täglich anstehenden Überweisungsaufträge eingegeben und als Datensatz gesammelt an die „Hausbank" übermittelt werden. Die Bank überprüft die Überweisungsaufträge und leitet sie an den **SEPA-Clearer** weiter.

BEISPIEL: Die Fly Bike Werke GmbH möchte eine offene Rechnung über 3.000,00 € beim Sattelhersteller Sella SA in Italien per Banküberweisung bezahlen. Der Überweisungsvorgang ist folgender:

1. Schritt: Die Fly Bike Werke GmbH erteilt ihrer Bank den SEPA-Überweisungsauftrag.
2. Schritt: Es folgt ein Austausch der Überweisung von der Bank des Zahlenden (Fly Bike Werke GmbH) an die Bank des Zahlungsempfängers (Sella SA). Dieser Austausch enthält folgende Informationen:
   Angaben des Zahlenden und seiner Bank
   - Angaben des Zahlungsempfängers und seiner Bank
   - Überweisungsbetrag
   - Verwendungszweck (z. B. Rechnungsnummer)
3. Schritt: Mit der Überweisungsnachricht wird das Geld dem Zahlungsempfänger (Sella SA) gutgeschrieben, der Nachweis erfolgt über einen Kontoauszug.

Die Banken sind verpflichtet, Überweisungen innerhalb **gesetzlicher Fristen** zu tätigen. Die Frist für eine SEPA-Online-Überweisung national und international beträgt einen Bankarbeitstag, für eine Belegüberweisung zwei Tage. Für Zahlungsempfänger außerhalb des europäischen Raums oder Überweisungen in Fremdwährung gilt eine Frist von vier Tagen, bis der Zahlungsbetrag dem Empfängerkonto gutgeschrieben sein muss.

Der **Widerruf** einer SEPA-Überweisung ist nicht möglich. Ist ein fehlerhafter Überweisungsauftrag bei der Bank eingegangen, ist der Zahlende auf die Unterstützung der Bank angewiesen.

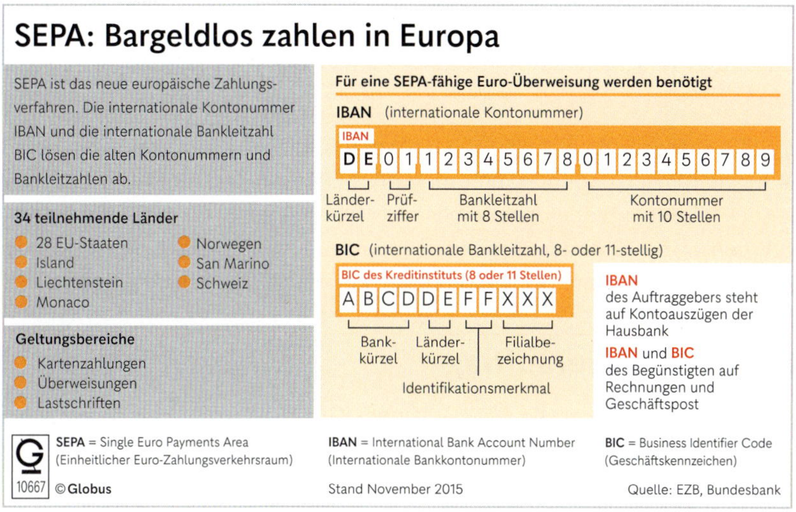

4.2 Die SEPA-Firmenlastschrift

Mit der SEPA-Firmenlastschrift werden regelmäßig wiederkehrende, aber in unterschiedlicher Höhe ausfallende Verbindlichkeiten ausgeglichen, z. B. Mobilfunkrechnungen. Dazu erteilt der Zahlungspflichtige dem Zahlungsempfänger ein entsprechendes **Lastschriftmandat**. Dieses Mandat beinhaltet die Zustimmung des Zahlungspflichtigen zum späteren Einzug und ist für maximal 36 Monate gültig. Der Zahlungseinzug ist in seiner Höhe grundsätzlich unbegrenzt, jedoch kann die einlösende Bank bei einer nicht vereinbarten Kontoüberziehung den Einzug verweigern.

Ablauf der SEPA-Firmenlastschrift

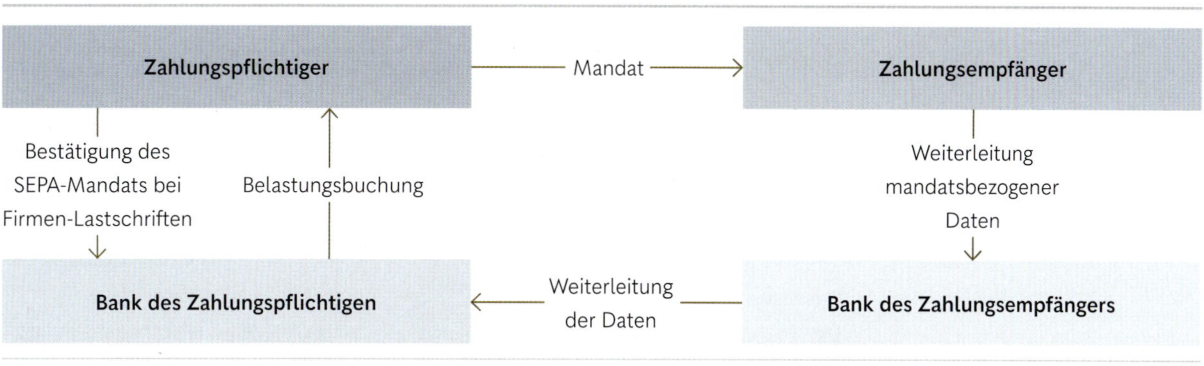

SEPA-Lastschriften haben in der Regel ein festes Fälligkeitsdatum, sodass der Zahlende weiß, wann die Kontobelastung erfolgt, und sicherstellen kann, dass sein Geschäftskonto zum Zeitpunkt des Einzugs gedeckt ist.

Ein wichtiges Merkmal der SEPA-Firmenlastschrift ist der Verzicht **auf ein Widerspruchsrecht**. Die Bank des Zahlenden ist verpflichtet, das erteilte Mandat vor der Abbuchung des Betrages auf Übereinstimmung mit der anfallenden Zahlung zu überprüfen. Sofern ein entsprechendes Mandat vorliegt, kann sich der Zahlungsempfänger demnach sicher sein, die Zahlung auch zu erhalten, da eine Rückgabe der Lastschrift ausgeschlossen ist.

Um die tägliche Flut an Zahlungsvorgängen leichter zu bewältigen, bietet sich auch die Anlage von **SEPA-Sammelüberweisungen** an, bei denen auf einem gemeinsamen Überweisungsträger verschiedene Zahlungen an unterschiedliche Empfänger aufgelistet werden.

Neben der SEPA-Firmenlastschrift, die allein für den B2B-Zahlungsverkehr angedacht ist, gibt es für den Privatkundenverkehr auch die **SEPA-Basislastschrift**. Wichtigster Unterschied: Der Zahlungsgeber kann einer vorgenommenen Kontobelastung innerhalb von 8 Wochen (bei nicht ausreichender Autorisation des Einziehenden sogar bis zu 13 Wochen) widersprechen. Der Geldtransfer wird damit rückgängig gemacht.

4.3 Der SEPA-Dauerauftrag

Fallen Zahlungsverpflichtungen gegenüber einem Gläubiger nicht nur regelmäßig, sondern auch in gleichbleibender Höhe an (z. B. Mietaufwand oder Ratenkäufe), so erleichtert der SEPA-Dauerauftrag die Abwicklung. Im Gegensatz zu einer Lastschriftermächtigung erhält hier der Zahlungsempfänger kein Abbuchungsmandat, sondern der Zahlungspflichtige weist seine Bank zur wiederholten Überweisung eines gleichbleibenden Betrages an einen bestimmten Empfänger an.

Aufgrund eines Dauerauftrages vollzogene Abbuchungen können nicht widerrufen werden, es ist jedoch möglich, sie für die Zukunft zu ändern oder zu löschen.

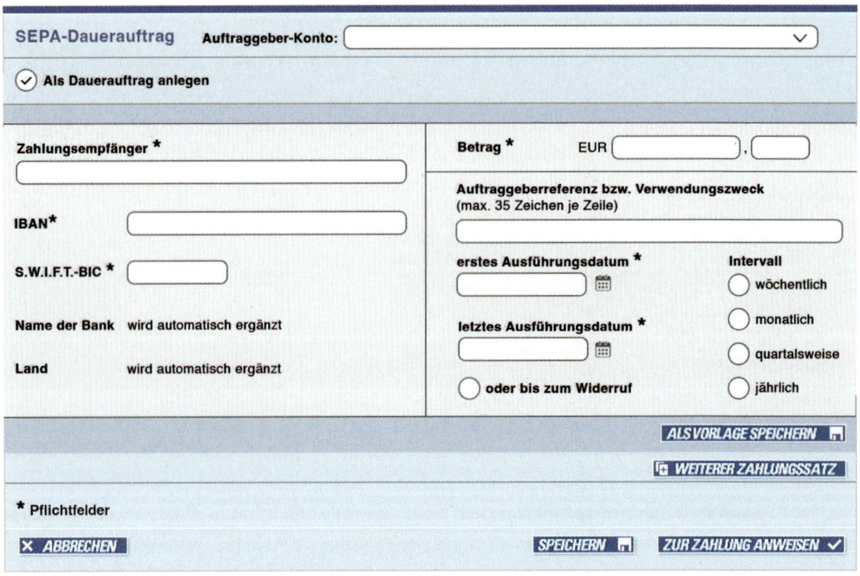

Alles klar?

1 Bargeldzahlungen zwischen Unternehmen sind nicht nur aus praktischen Gesichtspunkten unüblich. Der Gesetzgeber schränkt sie (z. B. per Geldwäschegesetz) auch in ihrer Höhe ein. Welche Gründe gibt es dafür?

2 Der bargeldlose Zahlungsverkehr kann auch mit Nachteilen verbunden sein. Welche können Sie entdecken?

3 Für welche finanziellen Transaktionen eignet sich
- a die SEPA-Überweisung
- b die SEPA-Firmenlastschrift
- c der SEPA-Dauerauftrag?

4 Welche Daten muss der Zahlungspflichtige bei einer SEPA-Überweisung angeben?
- a IBAN des Kontoinhabers
- b Kaufgegenstand
- c Auftraggeberreferenz
- d aktueller Kontostand des Auftraggebers
- e Name des Zahlungsempfängers
- f Überweisungsbetrag

5 Bringen Sie den Zahlungsablauf bei einer SEPA-Firmenlastschrift in die richtige Reihenfolge.
- a Die Einzugsforderung wird an die Bank des Zahlungspflichtigen weitergeleitet.
- b Der Zahlungspflichtige erteilt dem Zahlungsempfänger ein Mandat zum Zahlungseinzug.
- c Die Bank des Zahlungspflichtigen überprüft die Legitimität der Einzugsforderung (Bestätigung des SEPA-Mandats).
- d Es wird eine Belastungsbuchung vom Konto des Zahlungspflichtigen vorgenommen.
- e Der Zahlungsempfänger legt das Einzugsmandat sowie seine Forderung der eigenen Bank vor.

LF 4
Beschaffungsprozesse planen, steuern und kontrollieren

1 Beschaffungen planen

1.1 Materialbeschaffung als Geschäftsprozess

Als Beschaffung bezeichnet man im weiteren Sinne die Bereitstellung aller Einsatzfaktoren für die betriebliche Leistungserstellung, und zwar in der richtigen Art und Menge, zum richtigen Zeitpunkt, am richtigen Ort und zu optimalen Kosten. Zu den **Einsatzfaktoren** zählen dabei Materialien, Güter, Sachvermögen, Rechte, Dienstleistungen, Finanzmittel und das erforderliche Personal.

Werkstoffe = Roh-, Hilfs- und Betriebsstoffe

Als Beschaffung im engeren Sinne der Materialwirtschaft betrachtet man das Bereitstellen der **zur Produktion notwendigen Materialien**, d. h. **Werkstoffe**, Einzelteile und Baugruppen.

Geschäftsprozess
LF 1 → Kap. 5.4

Im Geflecht der betrieblichen **Geschäftsprozesse** stellt die Materialbeschaffung einen eigenen **Kernprozess** dar und reiht sich dabei in die anderen Vertriebs- und Auftragsabwicklungsprozesse ein.

Kernprozesse

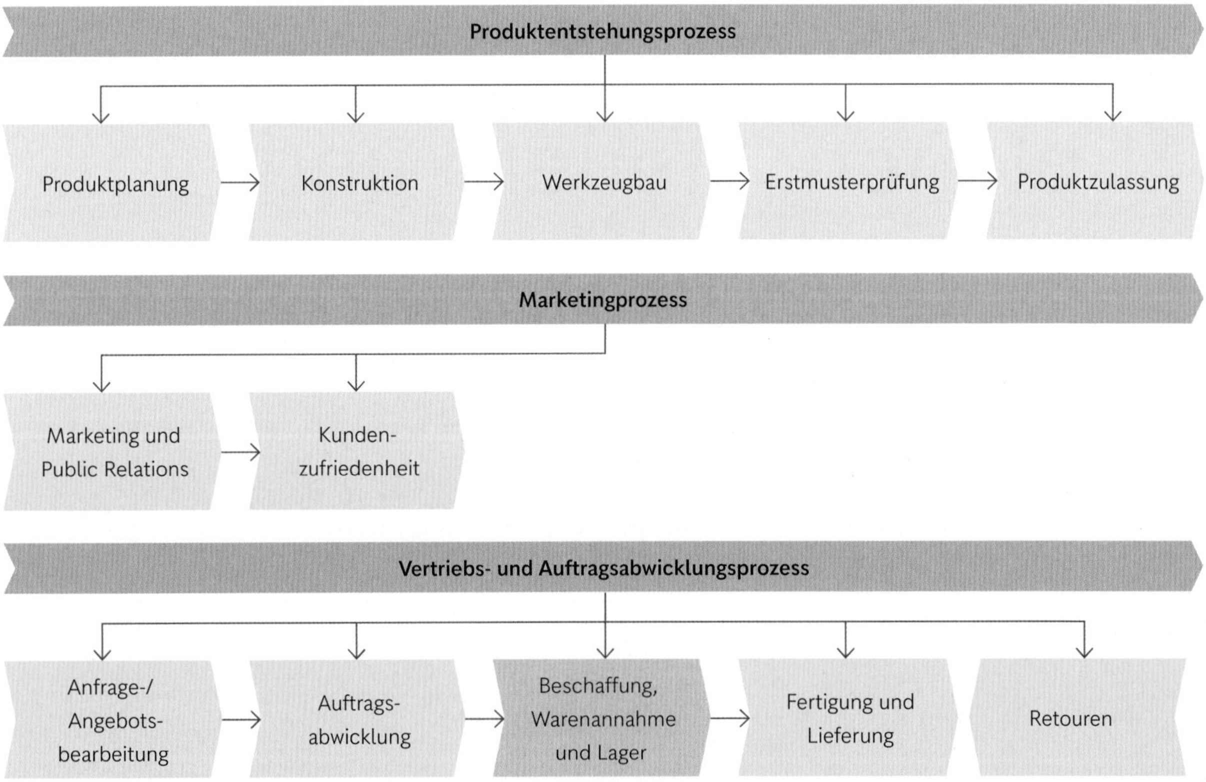

Für die Umsetzung reibungsloser Beschaffungsprozesse untergliedert man sie in weitere Teil- und Arbeitsprozesse.

Teil- und Arbeitsprozesse im Rahmen der Materialbeschaffung

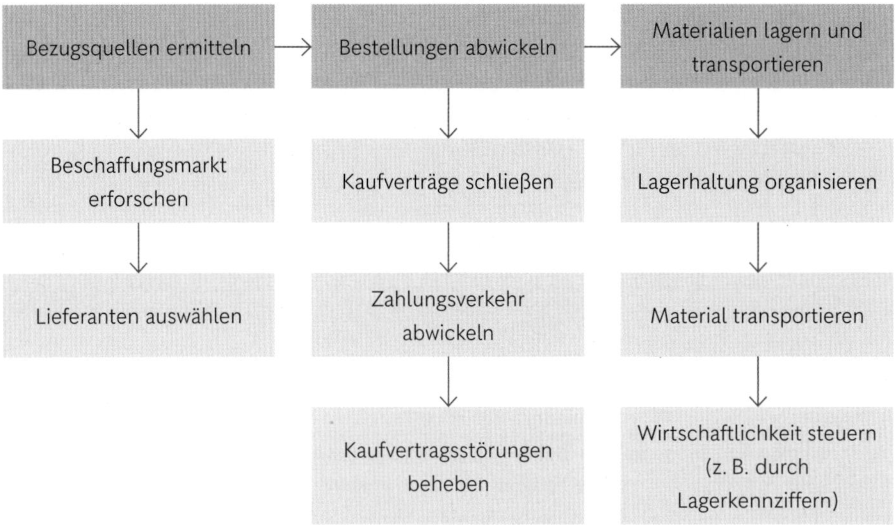

Bezugsquellen ermitteln

Die Beschaffungsmarktforschung ermittelt neue Bezugsquellen und setzt dabei zunehmend auf moderne Informations- und Kommunikationsmedien (z. B. Einkaufsplattformen im Internet). Für eine fundierte Entscheidung ist eine genaue Lieferantenauswahl anhand festgelegter Kriterien (z. B. Qualität, Lieferbedingungen) wichtig, die auch eine Bewertung der Lieferanten beinhaltet.

Bestellungen abwickeln

Nach Abschluss eines Kaufvertrags ist sicherzustellen, dass die bestellten Materialien rechtzeitig im Unternehmen eintreffen und somit einen reibungslosen Produktionsablauf nicht gefährden. Im Anschluss müssen die Verbindlichkeiten gegenüber dem Lieferanten termingerecht bezahlt werden. Treten Leistungsstörungen auf, müssen die gesetzlichen Rechte geltend gemacht und eine Lösung zur Beseitigung der Störung herbeigeführt werden.

Materialien lagern und transportieren

Nach dem Wareneingang sind die Aufgaben der Bestandsplanung und -führung wahrzunehmen. Dabei handelt es sich um die Lagerhaltung, Lagerorganisation sowie eine wirtschaftliche Analyse des Lagers anhand von Kennzahlen.

Im Rahmen der Beschaffung übernehmen die Beschaffungslogistik und das Umweltmanagement Querschnittsfunktionen. Aufgabe der **Beschaffungslogistik** ist v. a. die Optimierung der betrieblichen Informations-, Material- und Werteflüsse, indem moderne Beschaffungskonzepte (z. B. Just-in-time, **Supply-Chain-Management**) umgesetzt werden. Das **betriebliche Umweltmanagement** umfasst u. a. die umweltverträgliche Handhabung von Gefahrenstoffen und Konzepte der Abfallwirtschaft.

Unternehmensziele
LF 1 → Kap. 7

1.2 Ziele und Zielkonflikte der Materialbeschaffung

Der Beschaffungsbereich ist wie alle anderen Bereiche im Unternehmen in das betriebliche Zielsystem mit seinen Formal- und Sachzielen eingebunden. Er leistet einen wichtigen Beitrag zur Existenzsicherung des Unternehmens. Für dieses Oberziel verfolgt er eine Reihe besonderer Sachziele. Die Einkaufsabteilung kümmert sich um die möglichst kostengünstige Materialversorgung des Betriebes unter Beachtung ökologischer Gesichtspunkte. Sie leistet damit einen Beitrag zur Erreichung des Formalzieles der Gewinnmaximierung.

Ziele in der Materialwirtschaft

Versorgung	– kurze Lieferzeiten – hohe Termintreue – sichere Bezugsquellen – Flexibilität bei der Beschaffung
Kostenreduzierung	– niedrige Einstandspreise – niedrige Bestellkosten – niedrige Lagerkosten (geringe Lagerbestände) – niedrige Fehlmengenkosten – kurze Durchlaufzeiten
Qualität	– optimale Qualität der Materialien – stets gleichbleibende Qualität der Materialien
Ökologie	– Schonung natürlicher Ressourcen – Verwendung von Sekundärrohstoffen – umweltschonende Materiallogistik – Abfallvermeidung und Recycling

Die allgemein formulierten Oberziele der Materialwirtschaft müssen stets mit den Unterzielen der einzelnen Unternehmensbereiche und Abteilungen abgestimmt werden. Dadurch entsteht ein komplexes **Zielsystem**. Geschieht diese Abstimmung nicht, können Zielkonflikte entstehen. **Zielkonflikte** entstehen, wenn innerhalb eines Zielsystems ein Ziel nur zulasten eines anderen Ziels erreicht werden kann.

Zielkonflikte in der Beschaffung

geringe Kosten gegen hohe Qualität	Die Beschaffung und Verarbeitung hochwertiger Produktionsmaterialien verursachen höhere Kosten. Einsparungen bei den Materialkosten wirken sich meist negativ auf die Qualität aus.
hohe Lieferbereitschaft gegen niedrige Lagerkosten	Eine hohe Lieferbereitschaft erfordert hohe Sicherheitsbestände, um auch plötzlich auftretende Kundenwünsche schnell befriedigen zu können. Dies führt zu einer Erhöhung der Lagerkosten in Form von Personal- oder Zinskosten (durch eine steigende Kapitalbindung).
günstige Einstandspreise gegen niedrige Materialbestände	Günstige Einstandspreise lassen sich in der Regel nur dann erreichen, wenn große Materialbestände erworben werden, denn erst dann gewähren Lieferanten hohe Rabatte und Skonti. Dadurch erhöhen sich allerdings die Kapitalbindungskosten und es besteht die Gefahr von Materialverlusten in Form von Diebstahl oder Verringerung der Materialqualität durch zu lange Lagerzeiten.
günstige Einstandspreise gegen hohe Umweltverträglichkeit	Die Beschaffung umweltverträglicher Materialien erfordert erhöhte, d. h. kostenintensive Aktivitäten im Rahmen der Beschaffungsmarktforschung. Zudem sind zumindest zurzeit umweltfreundliche Materialien i. d. R. teurer als herkömmliche Materialien.

1.3 Materialbeschaffung kostenorientiert gestalten

AB → Lernsituation 33

1.3.1 Kostenstruktur der Materialbeschaffung

Im Beschaffungsbereich fallen für die zu beschaffenden Waren **Materialkosten** an, die von der Beschaffungsmenge und dem vereinbarten **Einstandspreis** beeinflusst werden. Zusätzlich entstehen **Personal-** und **Sachkosten** für Mitarbeiter im Lager und in der Einkaufsabteilung, laufende Kosten für den Unterhalt eines Lagers (z. B. Strom, Versicherungen) und die Abwicklung von Warenbestellungen, -eingängen sowie der Verwaltung. Die Unternehmensleitung muss diese Kosten im Blick behalten, da sie von Entscheidungen in der Beschaffung beeinflusst werden. Steigende Beschaffungskosten können nicht zwangsläufig an die eigenen Kunden weitergegeben werden, ohne dass sie sich auf den Absatz auswirken. Sie wirken sich damit meist gewinnmindernd aus.

Einstandspreis
auch: Bezugspreis
= Preis für eine Ware abzüglich Preisnachlässe (z. B. Rabatt) und zuzüglich Bezugskosten (z. B. für Transport)

Durch eine regelmäßige Analyse der Kosten im gesamten Beschaffungsprozess können **Einsparpotenziale** identifiziert und realisiert werden. Denkbar wären u. a. folgende Maßnahmen:
- Auswahl von Lieferanten mit günstigeren Einstandspreisen
- Einsparung von Transportkosten bei Bestellung größerer Mengen und damit Verringerung der Lieferhäufigkeit und damit verbundener Kosten
- Stärkere Digitalisierung des Beschaffungsprozesses bei gleichzeitigem Personalabbau
- Einsparung von Kosten durch Reduzierung des Lagers
- Vermeidung von Kosten, die durch Verfall der Haltbarkeit oder Schwund insbesondere bei größeren Lagerbeständen entstehen

1.3.2 ABC-Analyse

Für die Herstellung der eigenen Produkte müssen Unternehmen häufig eine Vielzahl von Materialien beschaffen. Dabei können die Bezugspreise stark voneinander abweichen. Gemessen am jährlichen Verbrauchswert in Euro haben sie damit eine ganz unterschiedliche Bedeutung für die Beschaffungsplanung.

Lernvideo:
Die ABC-Analyse

Jahresverbrauchsmenge
verbrauchte Menge eines Materials während eines Jahres

Jahresverbrauchswert
Jahresverbrauchsmenge multipliziert mit dem Bezugspreis

BEISPIEL: In der Fly Bike Werke GmbH werden jährlich 15 000 hochwertige Fahrradrahmen aus Carbon zum Bezugspreis von je 450,00 € eingekauft. Der **Jahresverbrauchswert** dieses Materials beträgt 15 000 · 450,00 € = 6.750.000,00 €. Neben vielen weiteren Materialien werden auch kleine Schrauben zum Bezugspreis von 15,00 € für 1 000 Stück eingekauft. Die jährliche Verbrauchsmenge von 50 000 Stück verursacht lediglich einen Jahresverbrauchswert von 750,00 €.

Aufgrund der sehr unterschiedlichen Verbrauchswerte ist es nicht sinnvoll, jedem Material in der Beschaffungsplanung die gleiche Aufmerksamkeit zukommen zu lassen. In diesem Zusammenhang ist die ABC-Analyse ein Hilfsmittel, um **Schwerpunkte auf einzelne Materialien in der Beschaffungsplanung** zu legen, den Arbeitsaufwand sinnvoll zu steuern und damit die Kosten der Beschaffungsplanung zu reduzieren.

Die zu beschaffenden Materialien werden mithilfe der ABC-Analyse in drei Kategorien unterteilt:

- **A-Güter von großer Bedeutung** mit einem wertmäßig hohen Anteil
- **B-Güter von mittlerer Bedeutung** mit einem wertmäßig durchschnittlichen Anteil
- **C-Güter von geringer Bedeutung** mit einem wertmäßig geringen Anteil

Als Unterscheidungskriterium dient dabei der jährliche **Verbrauchswert** der einzelnen Materialien. Dadurch erhält man einen genauen Überblick über realisierbare Kosteneinsparungen.

Betrachtet man zusätzlich zum Verbrauchswert auch den **Mengenanteil**, so zeigt sich eine geringe Verbrauchsmenge bei A-Gütern, während C-Güter mengenmäßig sehr viel beschafft werden. Eine detaillierte Unterscheidung der ABC-Güter kann anhand beider Kriterien vorgenommen werden. Die genauen Anteile legt das Unternehmen hierbei betriebsindividuell fest.

Kategorie	Wertanteil	Mengenanteil
Bezugsgröße	**Jahresverbrauchswert**	**Jahresverbrauchsmenge**
A-Güter	70 – 80 % des Gesamtwertes	geringer Anteil
B-Güter	15 – 20 % des Gesamtwertes	30 – 50 % der Gesamtmenge
C-Güter	5 – 10 % des Gesamtwertes	40 – 50 % der Gesamtmenge

BEISPIEL: Die Fly Bike Werke GmbH ermittelt für einen Teil der zu beschaffenden Werkstoffe folgende Jahreswerte:

Art.-Nr.	Menge in Stück 1	Einzelpreis in € 1	Jahresverbrauch in € 2	Anteil an der Gesamtmenge in % 3	Anteil am Gesamtwert in % 3	Rang 4
1000	100 000	1,53	153.000,00	9,71	2,75	6
2000	37 500	9,19	344.625,00	3,64	6,20	5
3000	180 000	0,51	91.800,00	17,48	1,65	10
4000	105 000	18,41	1.933.050,00	10,19	34,77	1
5000	250 000	1,43	357.500,00	24,27	6,43	4
6000	10 000	10,23	102.300,00	0,97	1,84	9
7000	20 000	20,45	409.000,00	1,94	7,36	3
8000	55 000	2,56	140.800,00	5,34	2,53	7
9000	175 000	0,72	126.000,00	16,99	2,27	8
9500	97 500	19,50	1.901.250,00	9,47	34,20	2
Summe	1 030 000		5.559.325,00	100,00	100,00	

Eine ABC-Analyse erfolgt in folgenden Schritten:

1 Für jeden Artikel werden die jährliche Verbrauchsmenge und der Preis erfasst.

2 Ermitteln der Jahresverbrauchswerte je Artikel (Menge · Preis)

3 Ermitteln der prozentualen Anteile an der Gesamtmenge und am Gesamtwert für jeden Artikel

4 Materialien in eine Rangfolge gemäß dem Anteil am Gesamtverbrauchswert in € bringen. Danach wird die Tabelle gemäß den Rängen, beginnend mit Rang 1 bzw. dem höchsten wertmäßigen Anteilswert, sortiert.

5 Mit aufsteigendem Rang werden die Wert- und Mengenanteile aufsummiert.

6 Auf Basis der betriebsintern festgelegten ABC-Kategorien werden die Materialien entsprechend klassifiziert.

BEISPIEL: Bei der Fly Bike Werke GmbH sollen A-Güter einen Verbrauchswert von bis zu 70 % und C-Güter maximal 10 % haben. Die ABC-Analyse liefert damit folgendes Ergebnis:

Rang	Kategorie **6**	Art.-Nr.	Anteile am Gesamtverbrauchswert in %	Aufsummierte Anteile am Gesamtverbrauchswert in % (y-Achse) **5**	Anteil an der Gesamtmenge in %	Aufsummierte Anteile an der Gesamtmenge in % (x-Achse) **5**
1	A	4000	34,77	34,77	10,19	10,19
2	A	9500	34,20	68,97	9,47	19,66
3	B	7000	7,36	76,33	1,94	21,60
4	B	5000	6,43	82,76	24,27	45,87
5	B	2000	6,20	88,96	3,64	49,51
6	C	1000	2,75	91,71	9,71	59,22
7	C	8000	2,53	94,24	5,34	64,56
8	C	9000	2,27	96,51	16,99	81,55
9	C	6000	1,84	98,35	0,97	82,52
10	C	3000	1,65	100,00	17,48	100,00

Mithilfe eines Tabellenkalkulationsprogrammes können der Wert- (y-Achse) und der Mengenverbrauch (x-Achse) in einem Liniendiagramm dargestellt werden und zeigen den nachfolgend typischen Verlauf.

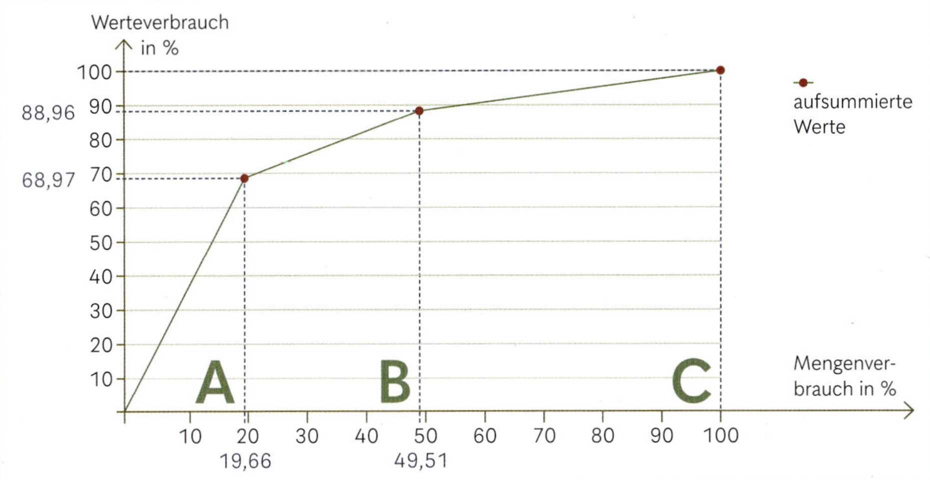

Die Grafik verdeutlicht, dass in der Regel mengenmäßig sehr wenige A-Güter einen wertmäßig hohen Anteil am Gesamtwert haben. Gleichzeitig haben mengenmäßig viele C-Güter nur einen geringen Anteil am Gesamtwert. Aus dieser Erkenntnis ergeben sich für die Einkaufsabteilung nun verschiedene Handlungsempfehlungen.

Mögliche Handlungsempfehlungen aus einer ABC-Analyse

A-Güter	B-Güter	C-Güter
- intensive und regelmäßige Bezugsquellenermittlung - häufige Angebotsvergleiche - intensive Preisverhandlungen mit Lieferanten - exakte Planung der Bestellmenge - Lagerbestände überwachen und niedrig halten - geringe Bestellhäufigkeit bei hoher Abrufhäufigkeit (Just-in-time)	Grundsätzlich mittlerer Aufwand zwischen dem Umgang mit A- und C-Gütern. Hier erfolgt situationsbedingt eine Entscheidung für den Einzelfall.	- einfache Bezugsquellenermittlung - seltene und einfache Angebotsvergleiche - geringe Bestellhäufigkeit durch große Bestellmengen - vereinfachte (automatisierte) Bestellverfahren und Lagervorgänge

ÜBERSICHT: ABC-Analyse

Zweck	Fokussierung auf die zu beschaffenden Materialien, die einen hohen wertmäßigen Anteil am gesamten Beschaffungsvolumen aufweisen, mit dem Ziel, Kosten einzusparen
Vorgehensweise	Einteilung der zu beschaffenden Waren in drei Gruppen: - A-Güter mit hoher Bedeutsamkeit, da sie einen hohen Anteil am Gesamtverbrauchswert haben - B-Güter mit mittlerer Bedeutsamkeit, da sie einen durchschnittlichen Anteil am Gesamtverbrauchswert haben - C-Güter mit geringer Bedeutsamkeit, da sie einen niedrigen Anteil am Gesamtverbrauchswert haben
Handlungsempfehlungen	Für A-Güter wird ein großer Aufwand in der Beschaffungsplanung betrieben (z. B. regelmäßige Bezugsquellenermittlung, häufige Angebotsvergleiche, intensive Preisverhandlungen). Für B-Güter wird diesbezüglich ein mittlerer und für C-Güter ein geringer Aufwand betrieben.

1.3.3 XYZ-Analyse

Die ABC-Analyse liefert Informationen über Wert- und Mengenanteile im gesamten Beschaffungsvolumen. Ein weiterer wesentlicher Aspekt der Beschaffungsplanung ist die **Verbrauchsstruktur** der Materialien und das damit möglicherweise verbundene **Versorgungsrisiko**, das entsteht, wenn Materialien nicht ständig verfügbar sind. Um derartige Einflussfaktoren näher zu betrachten, kann die XYZ-Analyse herangezogen werden.

Das zentrale Ziel der XYZ-Analyse ist die Minimierung des Versorgungsrisikos.

Bei der Beurteilung des Versorgungsrisikos spielt die Genauigkeit der **Bedarfsvorhersage** eine entscheidende Rolle. Es ist daher wichtig, die Verbrauchsstruktur und die Beschaffungskriterien der einzelnen Materialarten zu kennen. Die Materialien können dann anhand der Vorhersagbarkeit ihres Verbrauchs in X-, Y- und Z-Güter eingeteilt werden.

Klassifizierung von X-, Y- und Z-Gütern

Kategorie	Verbrauch	Auswirkung auf Beschaffung
X-Güter	Materialien mit einem konstanten Verbrauch (**verbrauchsorientiert**)	leicht zu beschaffende Materialien durch hohen planbaren Verbrauch
Y-Güter	Materialien mit einem steigenden, fallenden oder trendmäßigen Verbrauch oder mit saisonalen Schwankungen	nicht leicht zu beschaffende Materialien durch mittlere Planbarkeit
Z-Güter	Materialien mit einem unregelmäßigen oder zufälligen Verbrauch (**bedarfsorientiert**)	nur schwer zu beschaffende Materialien bei fehlender Planbarkeit

Die XYZ-Analyse wird auch als RSU-Analyse bezeichnet:
R: regelmäßiger Verbrauch
S: saisonaler Verbrauch
U: unregelmäßiger Verbrauch

verbrauchsorientiert
Menge orientiert sich am Verbrauch

bedarfsorientiert
Menge orientiert sich am konkret vorhandenen Bedarf (Nachfrage)

Für eine verbesserte Aussagekraft können die ABC- und die XYZ-Analyse miteinander kombiniert werden.

Kategorien	A-Güter	B-Güter	C-Güter
X-Güter	AX	BX	CX
Y-Güter	AY	BY	CY
Z-Güter	AZ	BZ	CZ

Daraus lassen sich u. a. folgende Erkenntnisse ableiten:
- Die **AX**-Güter weisen einen hohen Wertanteil, einen konstanten Bedarf und eine hohe Genauigkeit bei der Bedarfsvorhersage auf. Für sie empfiehlt sich daher, das **Just-in-time-Verfahren** anzuwenden.
- Die **CX**-Güter weisen dagegen einen niedrigen Wertanteil, einen konstanten Bedarf sowie eine hohe Genauigkeit bei der Bedarfsvorhersage auf. Sie sollten **verbrauchsorientiert** beschafft werden.
- Die **AZ**-Güter haben einen hohen Wertanteil bei einem unregelmäßigen Verbrauch und einer niedrigen Genauigkeit bei der Bedarfsvorhersage. Für sie bietet sich eine **bedarfsorientierte** Beschaffung an.

Durch die Kombination beider Verfahren werden auch Güter identifiziert, die keine Lagerbewegungen mehr aufweisen.

Der Mindestbestand sollte bei AZ-Gütern daher auch entsprechend niedrig angesetzt werden.

AB → Lernsituation 34

1.4 Optimale Bestellmenge

Jeder Beschaffungsvorgang verursacht Kosten. Ihre genaue Kenntnis ist Grundlage für mögliche Einsparpotenziale und damit für eine kostenoptimale Beschaffungsplanung:

- Die **Materialkosten** sind von der Bestellmenge und dem jeweiligen Einstandspreis abhängig.
- Zu den **Bestellkosten** zählen die anteiligen Personalkosten im Einkauf, der Wareneingangsprüfung und der Zahlungsabwicklung. Außerdem fallen Kosten für verbrauchtes Büromaterial, Porto sowie für die Datenverarbeitung an. Diese Kosten fallen bei jeder Bestellung an und sind unabhängig von der jeweiligen Bestellmenge und dem Bestellwert (**bestellfixe Kosten**).
- Die **Lagerkosten** entstehen durch die Bereitstellung und Unterhaltung der Lagermöglichkeiten sowie der Pflege der Lagerbestände. Hierzu zählen u. a. Kosten für das Lager sowie die **Abschreibung** auf die Einrichtung, das im Lager gebundene Kapital (Lagerbestände) und den dafür anzusetzenden Marktzinssatz.

bestellfixe Kosten
werden nur durch die Anzahl der Bestellungen beeinflusst

Abschreibungen
Gegenstände verlieren im Zeitverlauf an Wert; dieser Verlust wird buchhalterisch als Abschreibung erfasst
LF 5 → Kap. 8

BEISPIEL: Die Fly Bike Werke GmbH hat mehrere Lagerflächen angemietet und muss hierfür Miete und Kosten für Energie bezahlen. Für die Instandhaltung der Betriebsmittel wie Gabelstapler fallen jährlich Reparaturkosten an. Ist das Lager gefüllt, wird durch die Lagerbestände viel Kapital gebunden. Zudem entstehen Kosten für das dort beschäftigte Personal.

Bei einer großen Bestellmenge reduzieren sich die Bestellkosten für das Unternehmen, da weniger häufig bestellt werden muss. Dafür steigen aber die Lagerkosten aufgrund der großen gelagerten Warenmenge.

Reduziert man hingegen die Bestellmenge und erhöht damit die Bestellhäufigkeit beim Lieferanten, sinken die durchschnittlichen Lagerbestände und damit die Lagerkosten, aber dafür steigen die Bestellkosten an. Die Bestell- und Lagerkosten verhalten sich damit in Abhängigkeit von der Menge gegenläufig.

Ermittelt man nun die Bestellmenge, bei der die Summe aus Bestell- und Lagerkosten am geringsten ist, erhält man die **optimale Bestellmenge**.

Zur Vereinfachung der Berechnungen werden dabei zwei Annahmen getroffen:

- Jeder Bestellvorgang verursacht die gleichen Bestellkosten (fixe Bestellkosten).
- Die Lagerkosten werden mithilfe eines **Lagerkostensatzes** prozentual vom durchschnittlichen Wert des Lagerbestandes ermittelt. Die Höhe des Lagerkostensatzes wird u. a. durch die Lagerungs-, Qualitätskontroll-, Verpackungs- und die Wareneingangskosten bestimmt.

BEISPIEL: Die Fly Bike Werke GmbH hat für ein bestimmtes Rücklicht einen Jahresbedarf von 2 000 Stück ermittelt. Der Bezugspreis pro Stück liegt bei 6,00 €. Aus Erfahrungswerten ermittelt der Einkaufsleiter, dass pro Bestellung 60,00 € bestellfixe Kosten anfallen und der Lagerkostensatz 10 % beträgt. Davon ausgehend ermittelt er die optimale Bestellmenge.

Anzahl Bestellungen	Bestellmenge in Stück	Bestellkosten in €	Ø Lagerbestand	Ø Lagerbestand in €	Lagerkosten in €	Gesamtkosten in €
1	2 000	60,00	1 000	6.000,00	600,00	660,00
2	1 000	120,00	500	3.000,00	300,00	420,00
3	667*	180,00	333*	1.998,00	199,80	379,80
4	500	240,00	250	1.500,00	150,00	390,00
5	400	300,00	200	1.200,00	120,00	420,00

* gerundet

Die geringsten Gesamtkosten entstehen bei einer Häufigkeit von 3 Bestellungen pro Jahr. Die optimale Bestellmenge liegt damit bei 667 Stück.

Mithilfe eines Tabellenkalkulationsprogrammes können die Bestell-, Lager- und Gesamtkosten grafisch als Liniendiagramm dargestellt werden.

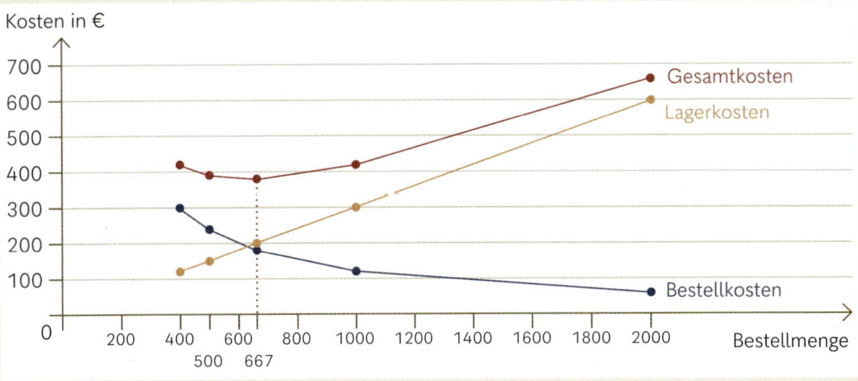

Bestellmenge = 2 000 Stück : Anzahl Bestellungen

Bestellkosten = Anzahl Bestellungen · 60,00 €

Ø Lagerbestand = Bestellmenge : 2

Ø Lagerbestand in € = Ø Lagerbestand · 6,00 €

Lagerkosten in € = Ø Lagerbestand · 10 %

Gesamtkosten = Bestellkosten + Lagerkosten

Die Ermittlung der optimalen Bestellmenge in tabellarischer Form stellt nur eine Näherungslösung bereit. Eine exakte Berechnung kann mithilfe der sogenannten **Andler-Formel** durchgeführt werden.

$$\text{optimale Bestellmenge} = \sqrt{\frac{200 \cdot \text{bestellfixe Kosten} \cdot \text{Jahresverbrauchsmenge}}{\text{Einstandspreis (Stück)} \cdot \text{Lagerkostensatz}}}$$

$$\text{Anzahl der Bestellungen} = \frac{\text{Jahresverbrauch in Stück}}{\text{Optimale Bestellmenge}}$$

Diese Formel ist nach dem deutschen Ingenieur **Kurt Andler** (1894 – nach 1929, Sterbedatum unbekannt) benannt. Er hat die zugrunde liegenden Zusammenhänge im Jahr 1929 erstmals dargestellt.

BEISPIEL: Auch Oliver Thüne überprüft sein tabellarisches Ergebnis mithilfe der Andlerformel.

$$\text{optimale Bestellmenge} = \sqrt{\frac{200 \cdot 60 \cdot 2\,000}{6 \cdot 10}} = 632{,}46 \text{ Stück}$$

Er erkennt, dass die exakte mathematische Berechnung eine optimale Bestellmenge von 632,46 Stück ergibt.

Ausgehend von der optimalen Bestellmenge ermittelt er auch, wie oft im Jahr (rechnerisch) bestellt werden müsste, um den Jahresbedarf zu decken.

$$\text{optimale Bestellhäufigkeit} = \frac{2\,000 \text{ Stück}}{632{,}46 \text{ Stück}} = 3{,}16 \text{ Bestellungen pro Jahr}$$

Die optimale Bestellmenge erleichtert die Beschaffungsplanung unter kostenoptimalen Gesichtspunkten. Allerdings unterstellt sie einige **Annahmen**, die in der Realität so nicht immer vollständig zutreffen:

- Die Bestellkosten lassen sich betriebsintern bestimmen und werden als fix angenommen.
- Der Lagerkostensatz bleibt gleich und unabhängig von der Menge.
- Der Einstandspreis wird als konstant und mengenunabhängig angenommen. Hier bleiben u. a. Mengenrabatte außer Acht.

Die Bestellmenge hängt in der Realität nicht nur von den Bestell- und Lagerkosten ab, sondern wird von **weiteren Einflussfaktoren** beeinflusst, wie z. B.:

- große oder kleine Lagerkapazität
- ausreichende oder angespannte Liquiditätssituation
- Haltbarkeit (Lagerfähigkeit) des Materials
- Ausnutzen von Mengenrabatten und Sonderangeboten außerhalb des Bestellzyklus
- Veränderungen des Einstandspreises
- Schwankungen des Bedarfs (z. B. saisonal)
- vorgegebene Verpackungseinheiten des Lieferanten

ÜBERSICHT: Optimale Bestellmenge

Problem	- Die Bestellmenge beeinflusst die Bestell- und Lagerkosten, die sich dabei gegenläufig entwickeln. - Bestellkosten sind mengenunabhängig und fallen mit jeder Bestellung an. - Lagerkosten entstehen durch die Bereitstellung, Unterhaltung und Nutzung eines Lagers.
Zielkonflikt	Eine gleichzeitige Minimierung beider Kostenarten ist nicht möglich.
Lösung	Ermittlung der optimalen Bestellmenge, bei der die Summe aus Bestell- und Lagerkosten minimal wird.

1.5 Zeitliche Beschaffungsplanung

AB → Lernsituation 35

Im Rahmen der Beschaffungsplanung erfolgt neben der Mengenplanung auch eine **Zeitplanung**, bei der eine Entscheidung darüber getroffen wird, zu welchem Zeitpunkt Bestellungen beim Lieferanten veranlasst werden. Ziel ist dabei, die Beschaffung so zu organisieren, dass

- einerseits immer alle benötigten Materialien zur **richtigen Zeit** in der **erforderlichen Menge** zur Verfügung stehen, und
- andererseits Materialien nicht unnötig lange oder in zu großen Mengen gelagert werden, da dies **unerwünschte Lagerkosten** verursachen würde.

Daraus ergibt sich ein Zielkonflikt, der durch verschiedene **Bereitstellungsprinzipien** gelöst werden soll. Unternehmen können dabei zwischen einer klassischen Lager- bzw. Vorratshaltung und solchen Verfahren wählen, die keine Lagerhaltung mehr erfordern. In diesem Fall müssen die gelieferten Waren sofort verarbeitet werden. Ist die Frage der Lagerhaltung geklärt, kann das jeweils dazu passende **Bestellverfahren** ausgewählt werden.

Bereitstellungsprinzipien

- **Bedarfsdeckung mit Lagerhaltung**
  → Die benötigten Materialien werden in einem Lager bereitgestellt.
  - **Bestellpunktverfahren**: Es wird bestellt, wenn ein festgelegter Meldebestand erreicht oder unterschritten wird.
  - **Bestellrhythmusverfahren**: Es wird in gleichmäßigen zeitlichen Abständen bestellt.
- **Bedarfsdeckung ohne Lagerhaltung**
  → Es besteht kein Lager und die Materialien werden sofort nach Anlieferung verarbeitet.
  - **Just-in-time-Beschaffung**: Es wird so bestellt, dass die gelieferten Materialien sofort in der Fertigung verarbeitet werden.
  - **Einzelbeschaffung bei Bedarf**: Es wird erst bestellt, wenn die benötigten Materialien (z. B. durch einen Kundenauftrag) festgelegt sind.

Bestellverfahren (Bestellpunktverfahren und Bestellrhythmusverfahren)

1.5.1 Bestellpunktverfahren

Beim Bestellpunktverfahren wird für jedes Material ein sogenannter **Meldebestand** festgelegt. Wenn durch den Verbrauch des Materials in der Fertigung der tatsächliche Lagerbestand diesen **Meldebestand erreicht** oder **unterschreitet**, muss das Material **nachbestellt** werden. Die Nachbestellung beim Lieferanten erfolgt entweder automatisch durch die Anbindung an ein ERP-System oder im Rahmen eines Bestellvorgangs durch einen Mitarbeiter des Einkaufs.

Zusätzlich wird für jedes Material ein sogenannter **Mindestbestand** festgelegt, der gewissermaßen eine **Sicherheitsreserve** darstellt, die im Normalfall nicht angegriffen werden soll. Nur bei unvorhergesehenen Ereignissen wie einer Lieferverzögerung oder unvorhersehbar hohem Verbrauch dient der Mindestbestand zur Aufrechterhaltung der Produktionsbereitschaft.

Zwischen der ausgelösten Bestellung und der Lieferung vergehen im Regelfall einige Tage. In dieser Zeit wird weiterhin Material verbraucht. Dadurch muss bei der Berechnung des Meldebestandes der Verbrauch für die Lieferzeit berücksichtigt werden.

Meldebestand = Mindestbestand + (Tagesverbrauch · Lieferzeit)

Als weitere Größe wird ein **Höchstbestand** festgelegt, der nicht überschritten werden sollte. Er wird von der erforderlichen (räumlichen) Lagerkapazität des Materials beeinflusst und sollte zudem berücksichtigen, dass die Lagerkosten durch gebundenes Kapital nicht zu hoch werden.

BEISPIEL: In der Fly Bike Werke GmbH wird ein bestimmter Typ Reifen nach dem Bestellpunktverfahren beschafft. Der Einkaufsleiter Oliver Thüne hat einen Höchstbestand von 500 Stück und einen Mindestbestand von 100 Stück festgelegt. Unter Beachtung der vom Lieferanten angegebenen Lieferzeit von zwei Tagen und des durchschnittlichen Tagesverbrauchs von 50 Reifen ermittelt er den folgenden Meldebestand:
Meldebestand = 100 + (50 · 2) = 200 Stück
Eine grafische Darstellung des Lagerbestandes in den letzten Monaten verdeutlicht das Bestellverhalten bei diesem Meldebestand.

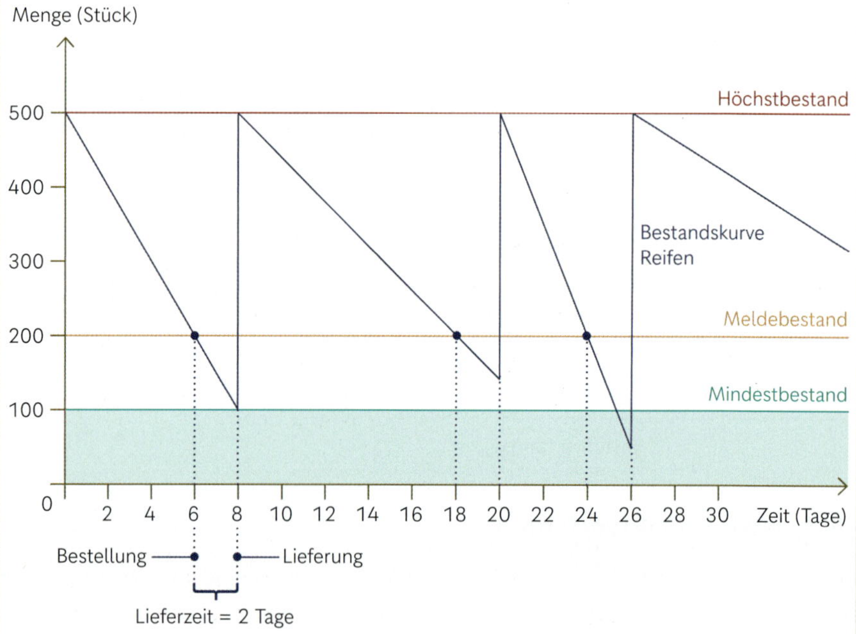

Hinweis:
Zur Vereinfachung wird unterstellt, dass die Bestellmenge immer so gewählt wird, dass der Lagerbestand exakt bis zum Höchstbestand aufgefüllt wird. Bei schwankendem Verbrauch ist diese Annahme unrealistisch, insbesondere wenn sich der Tagesverbrauch nach dem Bestelltermin verändert. Dies würde zu einem Knick in der Lagerbestandskurve führen.

Für die Anwendung des Bestellpunktverfahrens muss jede Änderung des Lagerbestands erfasst werden. Hierfür bietet sich der Einsatz eines Warenwirtschaftssystems an, das oft Bestandteil eines ERP-Systems ist.

Ein **Vorteil** des Bestellpunktverfahrens ist, dass niedrige Mindestbestände gewählt werden können, da die Lagerbestände permanent überwacht werden. Dies führt zu einer Reduzierung der Lagerkosten. Außerdem lässt sich der Meldebestand bei Änderungen von Lieferzeit oder Tagesverbrauch rechnerisch leicht anpassen.

Nachteilig ist, dass bei Lieferanten, von denen mehrere Materialien bezogen werden, recht häufig bestellt wird. Eine Zusammenfassung von Bestellungen mehrerer Materialien ist kaum möglich. Durch kleine Mengen pro Bestellung gehen mögliche Preisvorteile wie Mengenrabatte verloren. Zudem fallen häufiger Bezugskosten an. Nicht zuletzt bedeutet das Bestellpunktverfahren einen höheren Aufwand in der Bestellabwicklung, da häufiger Bestellungen durchgeführt werden müssen.

1.5.2 Bestellrhythmusverfahren

Beim Bestellrhythmusverfahren wird in **regelmäßigen, festgelegten Zeitabständen (zyklisch)** beim Lieferanten bestellt. Dabei kann das Bestellintervall entweder vom Lieferanten vorgegeben sein oder sich auf Grundlage einer optimalen Bestellmenge ergeben.

BEISPIEL: In der Fly Bike Werke GmbH beträgt der Jahresbedarf für einen Typ Schrauben 24 000 Stück. Oliver Thüne hat ermittelt, dass eine Bestellmenge von 4 000 Stück aus Kostensicht optimal ist. Dadurch ergeben sich pro Jahr sechs Bestellungen. Im ERP-System hat Herr Thüne daher hinterlegt, dass die Schrauben in einem zeitlichen Intervall von zwei Monaten bestellt werden. Für das letzte Jahr lässt er sich den Verlauf des Lagerbestandes grafisch anzeigen:

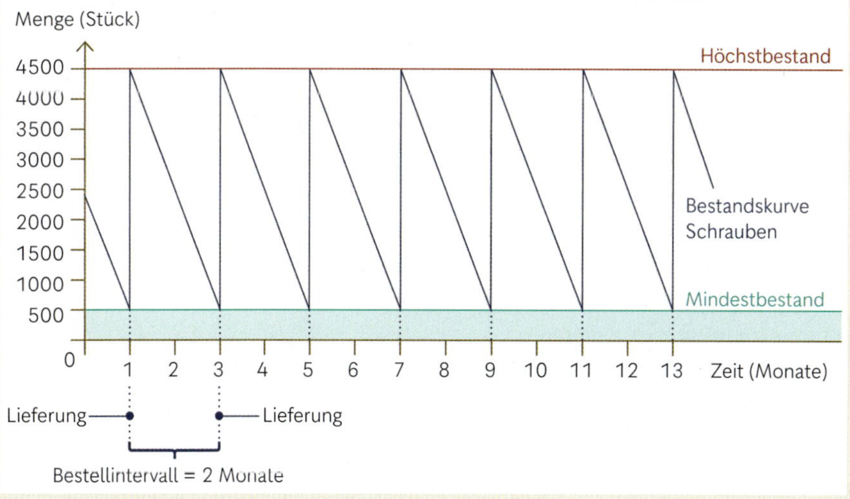

Nebenrechnung
24 000 : 4 000 = 6 Bestellungen

Zur besseren Übersicht wurde in der Grafik auf die Eintragung der zyklischen Bestelltermine verzichtet.

Das Bestellrhythmusverfahren bietet sich insbesondere für Materialien an, deren **Verbrauch sehr gleichmäßig** ist. Vorteilhaft ist dabei, dass das Bestellwesen vereinfacht wird und keine permanente Bestandsüberwachung erfolgen muss. Durch die Bündelung mehrerer Bestellungen beim gleichen Lieferanten muss zudem seltener bestellt werden. Dadurch lassen sich Preisvorteile wie Mengenrabatte erzielen und die eventuell anfallenden Bezugskosten auf eine größere Menge verteilen.

BEISPIEL: Wenn die Fly Bike Werke GmbH im 2-Monats-Rhythmus bei ihrem Schraubenlieferanten bestellt, werden zusätzlich zu den Schrauben aus dem obigen Beispiel weitere Materialien bestellt, die die Fly Bike Werke GmbH von diesem Lieferanten bezieht. Durch den hohen Bestellwert wird eine höhere Rabattstaffel erreicht und zudem fallen keine Frachtkosten an.

Nachteile kann das Bestellrhythmusverfahren insbesondere dann verursachen, wenn der Materialverbrauch nicht gleichmäßig ist. Bei steigendem Verbrauch besteht die Gefahr, dass die eiserne Reserve nicht ausreicht und es zu Produktionsstillständen kommt. Dies lässt sich durch tendenziell höhere Mindestbestände absichern, wodurch aber die Lagerkosten steigen. Bei sinkendem Verbrauch wird der Höchstbestand überschritten, was ebenfalls zu steigenden Lagerkosten und eventuell einem Platzmangel im Lager führt.

Just-in-time
auch: fertigungssynchrone Beschaffung

1.5.3 Just-in-time-Beschaffung

Bei der Just-in-time-Beschaffung werden die Materialien genau in dem Moment angeliefert, in dem sie in der Produktion benötigt werden. Dadurch müssen die Materialien nicht gelagert werden und können direkt verarbeitet werden. Die Beschaffung und Fertigung fallen somit zeitlich zusammen, sodass man auch von fertigungssynchroner Beschaffung spricht. Just-in-time-Beschaffung kann in der betrieblichen Praxis bedeuten, dass die Materialien einmal am Tag geliefert werden und dann gegebenenfalls einige Stunden bis zum Verbrauch vergehen.

Die Just-in-time-Beschaffung ist für manche Unternehmen vor allem aus wirtschaftlicher Sicht reizvoll, da auf die eigene Lagerhaltung verzichtet werden kann. Allerdings werden dadurch auch Risiken verursacht, die bis zur Gefahr des Produktionsausfalls aufgrund eines Lieferungsverzugs gehen können. Just-in-time-Beschaffung ist für Unternehmen sinnvoll, wenn es diese Risiken eliminieren oder zumindest stark reduzieren kann. Hierfür müssen aber bestimmte **Voraussetzungen** geschaffen werden, z. B.:
- gleichmäßiger und zeitlich genau planbarer Materialbedarf
- langfristige und abgestimmte Fertigungs- und Beschaffungsplanung
- zuverlässige Produktions- und Lieferbereitschaft des Lieferanten
- zuverlässige Qualität der Materialien (Null-Fehler-Produktion)
- räumliche Nähe zum Lieferanten
- langfristige Rahmenverträge mit dem Lieferanten
- automatisierte Bestellabwicklung
- modernes Transportsystem für permanenten Materialfluss

Die Voraussetzungen der Just-in-time-Beschaffung können oft nur geschaffen werden, wenn das beschaffende Unternehmen gegenüber den Lieferanten eine starke Marktstellung hat. Dies trifft oft für das Verhältnis zwischen Automobilproduzenten und Zulieferbetrieben zu. In Rahmen- oder Kooperationsverträgen werden dann Gesamtmengen für eine Materialart und allgemeine Liefer- und Zahlungsbedingungen festgelegt. Dem Kunden wird in solchen Verträgen die Möglichkeit eingeräumt, die einzelnen Abrufzeitpunkte und konkrete Aspekte zum benötigten Material (z. B. Farben, Größen, Varianten) flexibel zu bestimmen.

Just-in-time-Beschaffung

Chancen (Vorteile)

- Wegfall der Kapitalbindung durch Lagerhaltung
- Wegfall der weiteren Lagerkosten (z. B. Personalkosten)
- Wegfall des Lagerrisikos durch Verlust (z. B. Diebstahl), Verderb oder veraltete Materialien
- flexible Reaktion auf Marktveränderung möglich, da nicht erst ein Lagervorrat verbraucht werden muss
- Wegfall des innerbetrieblichen Transports (keine Ein- und Auslagerung)

Risiken (Nachteile)

- Schon kleine Lieferverzögerungen verursachen Produktionsstillstände, da keine eiserne Reserve vorhanden ist.
- Produktionsstörungen, da qualitativ minderwertiges Material nicht durch Lagerware ausgetauscht werden kann
- hohe Umweltbelastung (z. B. Energieverbrauch, Schadstoffemissionen, Lärm) durch häufige Lieferungen
- Häufige Bestellungen verursachen höhere Bestellkosten und Bezugskosten.

Die hohe Umweltbelastung widerspricht dem Ziel einer nachhaltigen Beschaffung.

BEISPIEL: In unmittelbarer Nachbarschaft der Fly Bike Werke GmbH hat sich vor einigen Jahren die Weber und Kallmann KG, ein Produzent von Aluminiumrohren, angesiedelt. In einem Rahmenvertrag wurde von der Fly Bike Werke GmbH eine langfristige Abnahme der Aluminiumrohre zugesichert. Inzwischen ist die Weber und Kallmann KG mit dem Warenwirtschaftssystem der Fly Bike Werke GmbH vernetzt und bekommt vollautomatische Bedarfsmeldungen. Hierdurch wird die Lieferung der Aluminiumrohre ausgelöst und die Materialien werden vollautomatisch über eigens dafür angelegte Transportsysteme an den Ort der Verarbeitung in der Fly Bike Werke GmbH befördert.

1.5.4 Bedarfsorientierte Einzelbeschaffung

Auch bei der Einzelbeschaffung bei Bedarf entfällt die Lagerhaltung. In Abgrenzung zur Just-in-time-Beschaffung hat dies aber einen anderen Grund. Während der Materialbedarf bei der Just-in-time-Beschaffung schon sehr frühzeitig im Rahmen einer industriellen Fertigungsplanung bekannt ist, kann der Materialbedarf bei der Einzelbeschaffung bei Bedarf nicht geplant werden. Er wird erst kurz vor der Bestellung bekannt, z. B. durch einen Kundenauftrag.

BEISPIEL: Jan Ullmann plant den Neubau einer Villa in Oldenburg. Er möchte den Dachdeckerbetrieb Dietrich Peters KG mit der Hauseindeckung beauftragen. Herr Peters legt ihm im Beratungsgespräch zahlreiche Kataloge und Prospekte verschiedener Dachziegelhersteller vor. Natürlich hat die Dietrich Peters KG nicht alle Dachziegelsorten in ausreichender Menge auf Lager. Sobald sich Jan Ullmann entschieden hat, bestellt Herr Peters die gewünschten Dachziegel beim Lieferanten und lässt sie erst dann zur Baustelle liefern, wenn sie gebraucht werden.

1.5.5 Entscheidung für ein Bereitstellungs- und Bestellverfahren

Eine kurzfristige Änderung einer solchen Entscheidung ist meist mit höherem Aufwand und zusätzlichen Kosten verbunden. Eine gründliche Abwägung der einzelnen Zielaspekte ist daher unerlässlich.

Die Entscheidung für oder gegen eine Lagerhaltung und folglich für ein bestimmtes Bestellverfahren wird von verschiedenen Zielvorstellungen des Unternehmens beeinflusst:

- Aus **ökonomischer** Sicht muss berücksichtigt werden, dass eine Lagerhaltung verschiedene Kosten (z. B. für Raummiete, Personal, Ausstattung) verursacht. Durch Verzicht auf eine Lagerhaltung können sowohl Lagerfläche als auch die dafür anfallenden Kosten eingespart werden. Dies ist jedoch nur dann zu empfehlen, wenn die Beschaffung entsprechend mit der Produktion zeitlich verzahnt werden kann, z. B. im Rahmen der Just-in-time-Beschaffung.

Nachhaltigkeit
→ Kap. 1.6

- Unter **ökologischen** Gesichtspunkten ist eine Lagerhaltung hingegen umweltfreundlicher, da durch eine entsprechende Vorratshaltung die Anzahl an Bestellungen und damit Transporten reduziert und somit weniger Umweltbelastung verursacht wird. Dies knüpft aber stark an die Lagerfähigkeit der Materialien an, d. h. handelt es sich um wenig langlebige oder verderbliche Güter, besteht die Gefahr der Entsorgung, bevor sie verwendet werden.

Seit 2024 gelten für inländische Unternehmen mit mindestens 1 000 Beschäftigten verstärkte Sorgfaltspflichten in Bezug auf Menschenrechte und Umweltschutz in ihren globalen Lieferketten (Lieferkettengesetz).

- Zu den **sozialen** Aspekten zählen u. a. die Möglichkeit, Arbeitsplätze in einem Lager zu schaffen. Dies kann sich gerade in strukturschwachen Regionen mit wenigen Arbeitgebern positiv auf die Region auswirken. Weiterhin zählen hierzu die Bezahlung fairer Löhne und die Umsetzung von Maßnahmen, die über den gesetzlichen Arbeitsschutz hinausgehen.

ÜBERSICHT: Beschaffungsplanung und Bereitstellungsprinzipien

Beschaffungsplanung	Beschaffungen erfordern eine Mengen- und Zeitplanung und müssen dabei ökonomische, ökologische und soziale Ziele berücksichtigen.
Bedarfsdeckung mit Lagerhaltung	Bestellpunktverfahren: Bestellung wird bei Erreichen des Meldebestandes ausgelöst – Meldebestand = Mindestbestand + (Tagesverbrauch · Lieferzeit) – Mindestbestand = eiserne Reserve, die immer auf Lager sein sollte und einen unvorhergesehenen Bedarf decken soll – Höchstbestand = maximal lagerfähige Warenmenge
	Bestellrhythmusverfahren: Bestellung wird in zeitlich gleichen Abständen durchgeführt
Bedarfsdeckung ohne Lagerhaltung	Just-in-time-Beschaffung: Ware wird so bestellt, dass sie bei Lieferung direkt in die Produktion übernommen werden kann.
	Einzelbeschaffung bei Bedarf: Erst bei einem konkreten Anlass (z. B. Kundenbestellung) wird die notwendige Ware bestellt.

1.6 Nachhaltigkeitsaspekte der Beschaffung

Das wirtschaftliche Handeln von Unternehmen beruht auf dem **ökonomischen Prinzip** und verfolgt damit häufig das Ziel der Kostenminimierung. Aus unternehmerischer Verantwortung gegenüber Umwelt und Mitmenschen ist es jedoch auch geboten, Beschaffungsentscheidungen unter **Umweltaspekten** zu fällen.

Unternehmerische Tätigkeit führt in vielfacher Hinsicht zu potenzieller **Umweltbelastung** und gefährdet somit das **Nachhaltigkeit**sprinzip. Zudem legen immer mehr Verbraucher Wert auf Waren, die unter Umweltgesichtspunkten verträglich sind. Um dieses Ziel zu erreichen, muss die komplette Wertschöpfungskette möglichst **umweltverträglich** und **nachhaltig** gestaltet sein. Auch Entscheidungen im Rahmen der Beschaffungsplanung müssen sich daher intensiv mit einer maximalen Reduzierung von Umweltbelastungen beschäftigen.

Aspekte einer nachhaltigen Beschaffung

Ursachen von Umweltbelastungen	Beispiele für eine nachhaltige Beschaffung
Abbau natürlicher Ressourcen	– Einkauf recyclingfähiger Materialien – Bevorzugung von Lieferanten mit Mehrwegverpackungen oder Verpackungen aus Recyclingmaterial – Bevorzugung schnell nachwachsender Rohstoffe
Energieverbrauch und Schadstoffemissionen	– standortnahe Lieferanten – große Bestellmengen, lange Bestellintervalle – Verzicht auf Just-in-time-Beschaffung – Bezug (oder eigene Produktion) von Energie aus erneuerbaren Quellen
belastende Materialien in Produkten	– Einkauf von schadstofffreien Materialien (Ökosiegel, Biosiegel) – Einkauf bei zuverlässigen und überprüfbaren Lieferanten
Müllerzeugung	– Bevorzugung von Lieferanten mit umweltschonenden Verpackungen (mehrweg- oder recyclingfähige Verpackung) – Bevorzugung von Lieferanten mit wenig Umverpackungen – Einkauf von recyclingfähigen Materialien (z. B. Holz statt Kunststoff)

Neben dem ökologischen Aspekt gewinnt **fairer Handel** auch für Beschaffungsentscheidungen immer mehr an Bedeutung und hat Eingang in die Zielsetzung vieler Unternehmen gefunden. Das Konzept des fairen Handels betrifft vor allem den Handel zwischen Industrie- und Entwicklungsländern. Es sieht vor, dass Erzeuger weltweit garantierte Mindestpreise für ihre Rohstoffe (z. B. Kaffee, Kakaobohnen, Tee, Blumen) erhalten, um ein verlässliches Einkommen sicherzustellen, von dem die Erzeuger unabhängig von Schwankungen des Weltmarktpreises sicher leben können.

Zertifikate unabhängiger Dritter garantieren, dass die gehandelte Ware besonders nachhaltig ist. Das Umweltzeichen Blauer Engel mit dem Bundesumweltministerium als Zeicheninhaber und das Europäische Umweltzeichen EU Ecolabel (sog. Euroblume) mit der EU Kommission als Zeicheninhaber zählen zu den bekanntesten Umwelt-Siegeln. Das Fairtrade-Siegel zeichnet Produkte aus, die den Standards des Fairtrade Deutschland e. V. entsprechen. Fairtrade Deutschland e. V. setzt sich dafür ein, dass sich die Lebens- und Arbeitsbedingungen von Produzenten aus Entwicklungsländern nachhaltig verbessern.

Sowohl nachhaltig erzeugte als auch fair gehandelte Waren sind in der Regel teurer als konventionelle Rohstoffe und Waren. Hier kann sich also ein **Zielkonflikt** ergeben zwischen Einkauf zu günstigen Preisen einerseits und der Beschaffung von nachhaltig erzeugten und/oder fair gehandelten Waren andererseits.

ÜBERSICHT: Nachhaltigkeitsaspekte der Beschaffung

Nachhaltiges Wirtschaften	Ressourcen sollen so genutzt werden, dass sie in ihren wesentlichen Eigenschaften langfristig erhalten bleiben
Nachhaltige Beschaffung	– geringer Abbau natürlicher Ressourcen – geringer Energieverbrauch – geringer Ausstoß von Schadstoffen – Beschaffung von Materialien bzw. Waren frei von umweltbelastenden Inhaltsstoffen – geringe Müllerzeugung (z. B. durch Verpackungen)
Fairer Handel	Berücksichtigung von Lieferanten, die z. B. durch das Fairtrade-Siegel garantieren, dass die Erzeuger garantierte Mindestpreise bekommen.

Alles klar?

1 Erläutern Sie die Bedeutung des Beschaffungsprozesses im Gesamtkontext der unternehmerischen Prozesse.

2 Beschreiben Sie einzelne Teilprozesse in der Beschaffung.

3 Unterscheiden Sie strategische und operative Beschaffung voneinander.

4 Beschreiben Sie, wodurch Zielkonflikte in der Beschaffung entstehen können.

5 Erläutern Sie die grundsätzliche Idee bei der Anwendung der ABC-Analyse.

6 Erkundigen Sie sich in Ihrem Ausbildungsbetrieb, ob und in welchen Bereichen eine ABC-Analyse zur Beschaffung von Materialien angewendet wird.

7 Beschreiben Sie, welche zentrale Fragestellung mithilfe der XYZ-Analyse beantwortet werden soll.

8 Beschreiben Sie, in welchen Bereichen Sie Grenzen für den Einsatz der ABC- bzw. XYZ-Analyse sehen.

9 a Beschreiben Sie, welche Kosten durch eine Bestellung grundsätzlich verursacht werden.
b Erläutern Sie den Zielkonflikt, der bei einem kostenoptimalen Bestellverhalten entsteht.

10 Beschreiben Sie, wie die optimale Bestellmenge zu einem kostenoptimalen Bestellverhalten führen kann.

11 Beschreiben Sie mögliche Kritikpunkte, die durch Anwendung der optimalen Bestellmenge in der Realität entstehen.

12 Bei der Ermittlung der optimalen Bestellmenge wird der Fokus auf die entstehenden Kosten gelegt. Welche weiteren Einflussfaktoren müssen in der Realität jedoch noch berücksichtigt werden?

13 Beschreiben Sie den aus der Mengen- und Zeitplanung entstehenden Zielkonflikt.

14 Beschreiben Sie den grundsätzlichen Einfluss der Lagerhaltung auf die Beschaffungsplanung.

15 Erläutern Sie das Bestellpunktverfahren und beschreiben Sie, in welchen Fällen dieses Verfahren angewendet werden sollte.

16 Erläutern Sie das Bestellrhythmusverfahren und beschreiben Sie, wann dieses Verfahren angewendet werden sollte.

17 Beschreiben Sie das Just-in-time-Verfahren und gehen Sie dabei auf typische Vor- und Nachteile ein.

18 Beschreiben Sie mögliche Chancen und Risiken bei einer bedarfsorientierten Beschaffung.

19 Erläutern Sie mögliche Zielkonflikte aus ökonomischer, ökologischer und sozialer Sicht, die bei der Entscheidung über die grundsätzliche Bereitstellung von Waren entstehen können.

20 Unternehmen können ihre Beschaffung wirtschaftlich bzw. nachhaltig gestalten. Erläutern Sie den wesentlichen Unterschied zwischen beiden Ansätzen.

21 Beschreiben Sie verschiedene Möglichkeiten für eine nachhaltige Beschaffung.

22 Erläutern Sie, weshalb es für Unternehmen heutzutage wichtig ist, auf Nachhaltigkeit in der Beschaffung zu achten.

2 Beschaffungen durchführen

BEISPIEL: Die Fly Bike Werke GmbH bezieht regelmäßig Stahlrohr in unterschiedlichen Maßen und Legierungen für die Fertigung ihrer Fahrradrahmen. Von Zeit zu Zeit will sich die Einkaufsabteilung einen Überblick über die Situation am Markt verschaffen. Frau Nemitz wurde damit beauftragt, die bestehenden Konditionen zu überprüfen und mögliche neue Bezugsquellen für Stahlrohre zu ermitteln.

AB → Lernsituation 36

2.1 Bezugsquellen ermitteln

2.1.1 Beschaffungsmarktforschung

Unternehmen werten die eigene Beschaffungssituation regelmäßig aus. Dies ist wichtig, da die Märkte für Rohstoffe, Halb- und Fertigerzeugnisse sowie für Vorprodukte einem ständigen Wandel unterliegen können. Die Sammlung und Auswertung entsprechender Daten wird daher auch als **Beschaffungsmarktforschung** bezeichnet. So lassen sich frühzeitig relevante Entwicklungen erkennen.

Für eine aussagekräftige Bewertung des Beschaffungsmarktes sind viele Informationen notwendig, die sich auf nachfolgende Aspekte beziehen:

Beschaffungsmarktforschung

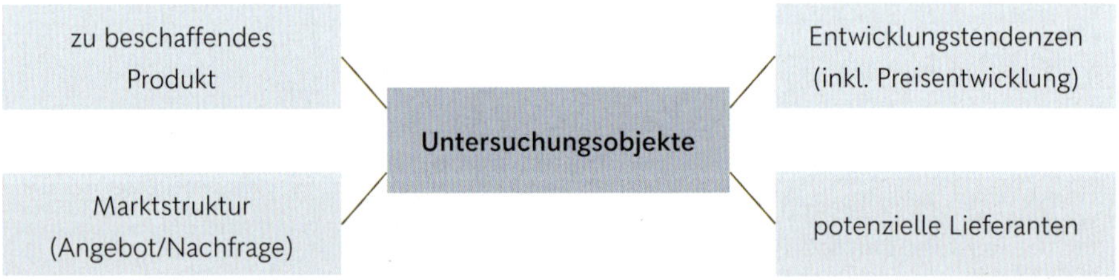

Das zu beschaffende Produkt
Produktinformationen können sich z. B. auf die **Materialqualität** beziehen, die Zusammensetzung von Teilen und Baugruppen, die chemischen, physikalischen oder technischen Eigenschaften und Besonderheiten.

Darüber hinaus ist es auch wichtig, sich Informationen darüber zu verschaffen, mit welchem **Produktionsverfahren** das Produkt hergestellt wird und welche Entwicklungstendenzen sich hinsichtlich des technischen Fortschritts auf dem Gebiet der Herstellungsverfahren abzeichnen.

Der Einkäufer muss außerdem wissen, wie das Material **im eigenen Betrieb** be- bzw. verarbeitet wird und welche Schwierigkeiten oder technischen Probleme dabei auftreten können.

Strukturelle Besonderheiten der Angebots- und Nachfrageseite

Bei der Untersuchung der Marktstruktur muss sowohl auf die Angebots- als auch auf die Nachfragesituation geachtet werden.

Bezogen auf die **Angebotsseite** werden Informationen über die Qualität, die zur Verfügung stehenden Quantitäten, die Konkurrenzsituation unter den Anbietern und die geografische Verteilung des Angebots benötigt.

Für die **Nachfrageseite** ist zu ermitteln, welche und wie viele konkurrierende Abnehmer auf dem Beschaffungsmarkt in Erscheinung treten und welchen Anteil ihr Materialverbrauch am Gesamtmarkt ausmacht.

Mithilfe dieser Informationen ist es dem Einkäufer möglich, sein Verhalten gegenüber den Lieferanten auf seine eigene Marktstellung abzustimmen.

Entwicklungstendenzen des Marktes

Durch die laufende Beobachtung der jeweiligen Beschaffungsmärkte ist es dem Einkäufer möglich, das Marktgeschehen im Zeitablauf zu betrachten, z. B. ob jahreszeitlich bedingte Schwankungen auftreten, wie es bei landwirtschaftlichen Rohstoffen oder konsumnahen Beschaffungsmärkten der Fall ist. Bedingt durch die jeweilige Konjunkturlage kann es zu Veränderungen bei der Beschaffungssituation kommen:

- In konjunkturellen Aufschwungsphasen ist z. B. mit steigenden Preisen, verlängerten Lieferfristen oder der Vernachlässigung der Liefertreue zu rechnen.
- In Zeiten des konjunkturellen Abschwungs dagegen gibt es kaum Schwierigkeiten, die benötigten Mengen zu beschaffen, und die Einkäufer können bessere Konditionen aushandeln.

Leistungsfähigkeit der möglichen Lieferanten

Soll die Eignung des Lieferanten beurteilt werden, müssen differenzierte Informationen über seine wirtschaftliche und technische Leistungsfähigkeit beschafft werden. Dabei spielt auch die mittel- bis langfristige Verfügbarkeit als Lieferant eine wesentliche Rolle, da ansonsten unter Umständen in kürzeren Abständen Ersatzlieferanten gesucht werden müssen.

2.1.2 Informationsquellen

Ein Industrieunternehmen agiert in einer sich ständig verändernden Umwelt, in der sich die Bedürfnisse von Kunden ändern, Trends anpassen und neue Produkte von Lieferanten auf den Markt gebracht werden oder bislang angebotene Produkte von dort verschwinden. Für ein Unternehmen ist es daher von großer Bedeutung, stets über die aktuellen Bezugsquellen informiert zu sein. Die zunehmende Globalisierung und der Abbau von **Handelsschranken** eröffnen dabei neue Bezugsmöglichkeiten, die früher nicht in der näheren Auswahl gewesen wären.

Handelsschranke
auch: Handelshemmnis
= Erschwernis im internationalen Handel, z. B. durch Zölle, Sanktionen, unterschiedliche Rechts- und Wirtschaftsordnungen

Für die Beschaffungsmarktforschung kann das Unternehmen auf verschiedene Quellen zurückgreifen.

Informationsquellen zur Beschaffungsmarktforschung

betriebsintern	betriebsextern
– Lieferantendatei – Kundendatei – Artikeldatei – Berichte der angestellten Reisenden (Vertriebsmitarbeitende) – Preis-, Einkaufs- und Absatzstatistiken aus der Vergangenheit	– Allgemeine Markt- und Anbieterinformationen – Öffentlich zugängliche Informationen einzelner Anbieter – Online-Recherche, z. B. Wer-liefert-was, Branchenverzeichnisse, Homepage von Anbietern – Adress- und Branchenbücher (z. B. Gelbe Seiten) – Berichte und Annoncen in Fachzeitschriften

ERP-System
Enterprise Ressource Planning System = Umfangreiche Software zur Datenverwaltung, Abbildung und Unterstützung betrieblicher Prozesse

Interne Informationsquellen
Sie stellen Informationen zur Verfügung, die im eigenen Unternehmen bereits existieren und meist aus einem **ERP-System** abrufbar sind.

Lieferantendatei: Sie gibt Auskunft über den bestehenden Lieferantenstamm. Neben Anschrift, Telefonnummer und Ansprechpartner kann man der Lieferantendatei auch einen Überblick über das angebotene Sortiment sowie die Liefer- und Zahlungsbedingungen der Lieferanten entnehmen. Zudem liegt ein Vorteil darin, Bemerkungen über die Zuverlässigkeit des entsprechenden Lieferanten festzuhalten.

Kundendatei: Die eigenen Kunden sind nicht selten auch gleichzeitig Lieferanten des Unternehmens. Informationen über ihre Sortimente können daher auch der Beschaffungsmarktforschung dienen.

Artikeldatei: In ihr findet sich das gesamte Sortiment des Unternehmens, üblicherweise unterteilt nach Warengruppen. Die Artikeldatei gibt Auskunft über Lieferanten, Bestellnummer, Listeneinkaufspreis und Listenverkaufspreis des jeweiligen Artikels.

Berichte von Reisenden: Durch ihre Auswärtstätigkeit können Reisende viele Kontakte knüpfen und auch an Informationen gelangen, die sonst nur erschwert oder gar nicht zugänglich wären. Dabei sind besonders solche Informationen von Interesse, die sich auf neue Lieferanten oder Herstellungsverfahren beziehen und damit die unternehmenseigene Produktion beeinflussen können.

Statistische Auswertungen: Eine nähere Betrachtung der bezahlten Einstandspreise und bezogenen Mengen kann die Notwendigkeit eines Lieferantenwechsels deutlich machen. Insbesondere bei einer Verteuerung könnte es sich lohnen, nach alternativen und möglicherweise kostengünstigeren Anbietern zu suchen. Dies ist vor allem dann notwendig, wenn die gestiegenen Einkaufspreise nicht an die eigenen Kunden weitergegeben werden sollen. Gesunkene Absätze sind ein Anlass, die eigenen Lagerbestände zu verringern und damit das Beschaffungsverhalten anzupassen.

Externe Informationsquellen
Nicht alle erforderlichen Informationen lassen sich jedoch mithilfe von internen Informationsquellen ermitteln. Für weitere Informationen über Anbieter auf den Beschaffungsmärkten oder deren Entwicklung müssen auch Informationsquellen außerhalb des eigenen Unternehmens in Anspruch genommen werden.

Informationen über den Markt und seine Anbieter: Viele Informationen über das Sortiment und die Preispolitik der Mitbewerber kann man in deren Katalogen und Prospekten finden. Auch Fachmessen, Ausstellungen oder Besuche von Lieferantenvertretern sind eine gute Möglichkeit, an aktuelle Informationen zu gelangen.

Anbieterbezogene Informationen: Benötigt man rechtliche Informationen über einen Lieferanten, so können diese aus einem Auszug aus dem **Handelsregister** gewonnen werden. Darüber hinausgehende Informationen können durch eine Auskunftei in Erfahrung gebracht werden, die entgeltlich Informationen z. B. über Verschuldung, Liquidität und Ruf eines Unternehmens zur Verfügung stellt.

Handelsregister
Alternativ zum Handelsregister kann auch das Unternehmensregister hilfreich sein.
LF 1 → Kap. 9.3.1

Allgemeine Informationen: Eine wichtige Quelle für Informationen jeder Art ist das Internet. Es bietet über Suchmaschinen eine Vielzahl von Informationen. Hierbei muss eine Suche jedoch durch genaue und treffende Suchbegriffe eingegrenzt werden, da ansonsten eine unüberschaubare Menge an Informationen geliefert und damit deren Auswertung deutlich erschwert wird.

Branchenbücher wie das „ABC der deutschen Wirtschaft“ und die „Gelben Seiten“ oder auch **Fachzeitschriften** bieten einen Überblick über Unternehmen der unterschiedlichen Wirtschaftszweige.

Weitere Informationsquellen sind Berichte von Kreditinstituten, statistische Berichte und Jahrbücher. Behörden wie das Statistische Bundesamt, Wirtschaftsinstitute und Verbände, Industrie- und Handelskammern liefern ebenfalls wertvolle Informationen.

2.2 Lieferanten auswählen

2.2.1 Prozess der Lieferantenauswahl

Kommen für ein Material mehrere Lieferanten infrage, muss eine Auswahl getroffen werden. Es lassen sich zwei Stufen unterscheiden:
- Bei der **strategischen Lieferantenauswahl** wird über die Aufnahme eines **neuen** Lieferanten in den Lieferantenstamm entschieden.
- Die **operative Lieferantenauswahl** entscheidet über den Bezug eines konkreten Artikels im Rahmen der Disposition oder der operativen Beschaffung und greift damit auf den **vorhandenen Lieferantenstamm** zu.

Eine strategische Lieferantenauswahl vollzieht sich typischerweise in fünf Schritten:
1. Bei der **Lieferantenidentifikation** soll zunächst der Kreis der möglichen Anbieter am Markt systematisch eingeschränkt werden, z. B. im Hinblick auf das zu beschaffende Material.
2. Bei der **Lieferanteneingrenzung** wird mit den verbleibenden Lieferanten Kontakt aufgenommen, um detaillierte Informationen zu erhalten, z. B. durch Anforderung von Prospekten oder erste Anfragen. Die hierbei aufgebauten persönlichen Kontakte spielen eine wesentliche Rolle in der späteren Verhandlung und Pflege der Beziehungen.

Nutzwertanalyse
Diese und weitere Aspekte werden beim **qualitativen Angebotsvergleich** entsprechend berücksichtigt.
→ Kap. 2.2.5

3. Im Rahmen der **Lieferantenbewertung** werden nun zwei bis vier Lieferanten ausgewählt, mit denen Vergabeverhandlungen geführt werden. Zur Selektion bieten sich verschiedene Methoden an: Bei technisch komplexen Produkten erfolgt häufig die Vorgabe eines Lastenheftes, in dem alle durch den Lieferanten zu erbringenden Leistungen genau definiert sind. Um die Lieferanten quantitativ und qualitativ vergleichbar zu machen, bietet sich die **Nutzwertanalyse** an.
4. Ausgehend von der Bewertungsphase werden nun mit den besten Lieferanten **Verhandlungen** geführt, um bei einzelnen Vergleichskriterien Verbesserungen zu erzielen. Die Verhandlung bedingt eine intensive sachliche, organisatorische, taktische und persönliche Vorbereitung aller beteiligten Mitarbeiter.
5. Am Ende kann dann ein **Lieferantenvertrag** geschlossen werden. Hier werden häufig Rahmenvereinbarungen getroffen, die über einen längeren Zeitraum Gültigkeit haben. Solche **Rahmenverträge** bieten beiden Vertragspartnern erhöhte Planungssicherheit z. B. hinsichtlich der vereinbarten Liefer- und Zahlungsbedingungen, Qualitätsanforderungen, Vertragslaufzeit und Kündigungsmöglichkeiten. In weiteren Einzelverträgen können diese dann um konkrete Detailvereinbarungen ergänzt werden.

Strategische Lieferantenauswahl

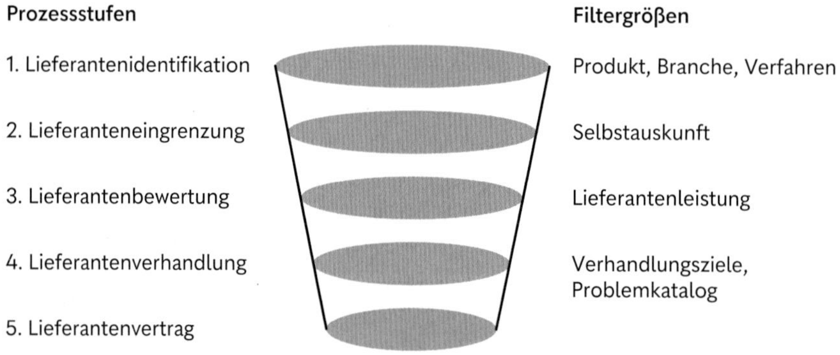

Die Auswahl eines Lieferanten wird auch durch dessen Herkunft beeinflusst und damit, ob es sich dabei um einen **regionalen**, **nationalen** oder **internationalen** Anbieter handelt. Dies hat in erster Linie Auswirkungen auf den Transportweg der Ware und damit die zu vereinbarenden Lieferbedingungen. Zudem können eine unterschiedliche Sprach- und Rechtssituation insbesondere bei Problemen mit der Lieferung eine Zusammenarbeit erschweren.

- **Regionale** Lieferanten sind in der eigenen Region angesiedelt. Durch eine Zusammenarbeit mit ihnen können mitunter strukturschwache Gegenden und damit die heimische Industrie unterstützt und die Kaufkraft dort gestärkt werden. Kurze Beschaffungswege schonen die Umwelt und können Lieferzeiten und Transportkosten positiv beeinflussen. Allerdings führt eine begrenzte Anzahl an Anbietern zu einer eingeschränkten Auswahlmöglichkeit.

- **Nationale** Lieferanten kommen aus ganz Deutschland. Damit vergrößert sich einerseits die Anzahl an Anbietern und die Auswahl, dies führt aber gleichzeitig meist zu längeren Transportwegen und -zeiten und damit höheren Kosten.
- **Internationale** Lieferanten sind weltweit angesiedelt und stellen eine Vielfalt an Materialien unterschiedlicher Qualität zur Verfügung. Allerdings können unterschiedliche Rechtssituationen oder Handelsbräuche die Beschaffung aufwendiger und risikoreicher gestalten. Der Warenimport kann komplexer und kostenintensiver werden, z. B. durch Einfuhrzölle, unterschiedliche Währungen, erhöhten bürokratischen Aufwand, verlängerte Lieferzeiten usw.

Zusätzlich können politische Risiken, höhere Gewalt und dadurch Beschädigung oder Vernichtung der Ware, Transportrisiken usw. auftreten.

Unterschiede zwischen inländischen und internationalen Bezugsquellen

inländisch (regional, national)	international
- keine Sprachbarriere - vertrautes Rechtssystem - Zahlung in Euro - (häufig) Herstellung der Materialien im Heimatland und unter Beachtung von Umwelt- und Arbeitsschutzstandards - Nutzung bekannter Anbietermärkte	- unterschiedliche Sprachen erschweren Informationsaustausch über Produkte, Bezugsdetails usw. - Rechtsunterschiede erschweren Vorgehen bei Problemen mit der Lieferung, z. B. mangelhafte Lieferung - Zahlung u. U. in ausländischer Währung, verbunden mit einem Währungsrisiko - Herstellung der Materialien kann in Niedriglohnländern und/oder unter Missachtung des Umweltschutzes und/oder menschenwürdiger Arbeitsbedingungen erfolgen - Erschließung neuer Märkte und ggf. neuer Technologien

ÜBERSICHT: Bezugsquellenermittlung

Beschaffungsmarkt erforschen	Lieferanten auswählen Kriterien: Qualität, Preis/Konditionen, Service
Untersuchungsobjekte: - Beschaffungsprodukt - Marktstruktur (Angebot/Nachfrage) - Entwicklungstendenzen (inkl. Preisentwicklung) - potenzielle Lieferanten	Prozessstufen der strategischen Lieferantenauswahl: 1. Lieferanten identifizieren 2. Lieferanten eingrenzen 3. Lieferanten bewerten (quantitativer/qualitativer Angebotsvergleich z. B. mithilfe einer Nutzwertanalyse) 4. Verhandlungen führen 5. Vertrag schließen
Informationsquellen: - intern (z. B. Lieferanten-, Artikel-, Kundendatei) - extern (z. B. Kataloge, Messen, Handelsregister, Internet)	

AB → Lernsituation 37

2.2.2 Anfrage

Mit einer Anfrage möchte man herausfinden, ob und zu welchen Bedingungen ein möglicher Lieferant die benötigten Materialien liefern kann. Es werden verschiedene Lieferanten angefragt, um die am besten geeignete Bezugsquelle zu ermitteln. Da Anfragen grundsätzlich **rechtlich unverbindlich** sind, entsteht daraus auch **keine Verpflichtung zum Kauf**.

BEISPIEL: Auf Basis der betriebsintern und -extern gewonnenen Informationen ermittelt Frau Nemitz insgesamt vier Unternehmen, die als Lieferanten für Stahlrohr infrage kommen. An diese Unternehmen verschickt sie jeweils eine entsprechende Anfrage.

FLY BIKE Werke GmbH

FBW GmbH, Rostocker Str. 334, 26121 Oldenburg
Stahlwerke Krahler AG
Karl-Kleppe-Str. 19
40474 Düsseldorf

Ihr Zeichen:
Ihre Nachricht vom:
Unser Zeichen: nem
Unsere Nachricht vom:

Name: Frau Nemitz
Telefon: 0441 8XX-77
E-Mail: ann-kathrin.nemitz@flybike-werke.dex

Datum: 27.05.20XX

Anfrage nach Stahlrohr, 34,00 mm x 2,00 mm
Rundrohr CrMoB

Sehr geehrte Damen und Herren,

für die Fertigung unserer Fahrradrahmen benötigen wir Stahlrohr der o. a. Spezifikation.

Wir gehen zunächst von einer Bedarfsmenge von 4 000 m aus. Bitte senden Sie uns schnellstmöglich ein Angebot unter Angabe Ihrer Zahlungs- und Lieferungsbedingungen zu.

Mit freundlichen Grüßen

Fly Bike Werke GmbH

i. A. Ann-Kathrin Nemitz

Ann-Kathrin Nemitz

Einkauf/Logistik

Anfragen sind an **keine bestimmte Form** gebunden und können daher schriftlich, mündlich, telefonisch oder auch per E-Mail abgegeben werden.

Man unterscheidet bestimmte und unbestimmte Anfragen. Eine **unbestimmte Anfrage** enthält die Bitte um Zusendung von Katalogen, Mustern, Prospekten, Preislisten oder einen Vertreterbesuch. Mit ihr ist keine feste Kaufabsicht verbunden.

Eine **bestimmte Anfrage** dagegen fragt gezielt nach der Liefermöglichkeit einer bestimmten Ware. Sie sollte daher folgende **inhaltlichen Bestandteile** aufweisen:
- einen aussagekräftigen Betreff („Anfrage nach ...") und Schlusssatz,
- die Information, wie man auf diesen Anbieter aufmerksam geworden ist, sofern es sich um einen neuen Lieferanten handelt,
- den Grund der Anfrage,
- die benötigte Ware oder Dienstleistung mit der gewünschten Qualität und Menge, um Missverständnisse zu vermeiden,
- den gewünschten Liefertermin,
- die Frage nach Preisen, Zahlungs- und Lieferungsbedingungen.

2.2.3 Angebot

AB → Lernsituation 38

BEISPIEL: Als Reaktion auf ihre Anfrage erhält Frau Nemitz u. a. folgendes Angebot.

Stahlwerke Krahler AG

Ihr Zeichen: nem
Ihre Nachricht vom: 27.05.20XX
Unser Zeichen: sgr
Unsere Nachricht vom:

Stahlwerke Krahler AG, Karl-Kleppe-Str. 19, 40474 Düsseldorf
Fly Bike Werke GmbH
Rostocker Str. 334
26121 Oldenburg

Name: Herr Greiner
Telefon: 0221 45899XX2
E-Mail:

Datum: 28.05.20XX

Angebot über Rohre in den Maßen 34,00 mm x 2,00 mm
Artikel-Nr. 1034020: Rundrohr CrMoB

Sehr geehrte Frau Nemitz,

wir danken für Ihre Anfrage und unterbreiten Ihnen folgendes Angebot:

Unser Listenverkaufspreis für Rohre der oben angegebenen Spezifikation beträgt 4,00 € pro Meter. Ab einer Menge von 2 000 m gewähren wir 15 % Rabatt, da Sie ein langjähriger Kunde sind. Ab einem Auftragswert (netto) von 5.000,00 € erfolgt die Lieferung frei Lager.

Die Lieferzeit beträgt vier Tage ab Bestelleingang, das Zahlungsziel beträgt acht Tage rein netto. Die Lieferung erfolgt unter Eigentumsvorbehalt; Erfüllungsort und Gerichtsstand ist für beide Vertragspartner der Ort des Lieferanten. Im Übrigen gelten die Bestimmungen unserer Allgemeinen Geschäftsbedingungen.

Für Rückfragen stehen wir Ihnen jederzeit gerne zur Verfügung.

Mit freundlichen Grüßen

Stahlwerke Krahler AG

i. A. Stefan Greiner

Stefan Greiner

Geht dem Unternehmen ein Angebot zu, so ist es nur dann interessant, wenn es sich auf die angefragten Materialien bezieht. Wichtig ist daher ein **Abgleich mit der Anfrage** hinsichtlich Art, Qualität und Beschaffenheit der Produkte, bevor eine Bestellung ausgelöst wird. Bietet der Lieferant wegen fehlender Lagerbestände oder nicht mehr lieferbarer Produkte geeignet erscheinende Alternativen an, muss zunächst deren Qualität und Verwendungsmöglichkeit geprüft werden.

Bindung an ein Angebot
LF 3 → Kap. 2.2.1

Liegen mehrere Angebote vor, kann der Auswahl- und Entscheidungsprozess einige Zeit in Anspruch nehmen. Die **Gültigkeit** der Angebote und die **Bindung** des Lieferanten daran müssen dabei ausreichend Zeit geben, sodass eine Bestellung zu den im Angebot genannten Konditionen noch möglich ist, wenn die Entscheidung getroffen wurde.

Werden die Materialien für die Produktion dringend benötigt, empfiehlt sich ein Blick auf die angegebene **Lieferzeit**. Ein Lieferant sollte nur dann ausgewählt werden, wenn dieser die Lieferung zeitgerecht durchführen kann, sodass keine Engpässe oder Produktionsstillstände riskiert werden. Dabei sollte auch Vorkasse als **Zahlungsbedingung** vermieden werden, da sich die Lieferung dadurch verzögern kann.

AB → Lernsituation 38

2.2.4 Angebote quantitativ vergleichen

BEISPIEL: Auf die kürzlich versandten Anfragen erhält Frau Nemitz vier verschiedene Angebote. Die einzelnen Angebote vergleicht sie in einer Tabelle.

Tabellarischer Vergleich von Angeboten

	Stahlrohre, Außendurchmesser 34 mm, Wandstärke 2 mm			
Lieferanten-Nr.	–	–	60002	60001
Lieferant	**Frankenstahl GmbH & Co. KG**	**Metallwerke GmbH**	**Mannes AG**	**Stahlwerke Krahler AG**
Listeneinkaufspreis	3,70 €/m	3,90 €/m	3,80 €/m	4,00 €/m
Menge	4 000 m	4 000 m	4 000 m	4 000 m
Lieferantenrabatt	ab 1 000 m 12 %	ab 1 000 m 8 %, ab 2 000 m 11 %	ab 1 000 m 5 %, ab 2 000 m 10 %	ab 2 000 m 15 %
Zahlungskonditionen	innerhalb von 10 Tagen 3 % Skonto, Ziel 30 Tage	innerhalb von 14 Tagen 2,5 % Skonto, rein netto 30 Tage	innerhalb von 10 Tagen 3 % Skonto, Ziel 30 Tage	Zahlungsziel 8 Tage, kein Skonto
Bezugskosten	Transportkostenpauschale 1.200,00 €	Transportkostenanteil 5 % vom Zieleinkaufspreis	Anlieferungspauschale 1.000,00 €	ab 5.000,00 € Auftragswert Lieferung frei Lager
Lieferfrist	7 Tage	4 Tage	6 Tage	4 Tage
Hinweise	keine Erfahrungswerte	keine Erfahrungswerte	hohe Qualität, sehr zuverlässig	hohe Qualität, sehr zuverlässig

Beim quantitativen Angebotsvergleich richtet sich die Kaufentscheidung nach **messbaren Größen** wie dem Listeneinkaufspreis, der Höhe möglicher Preisnachlässe sowie den Transport- und Verpackungskosten.

Die Angebotsbedingungen der potenziellen Lieferanten können bezüglich der Listenpreise, Rabatte sowie Zahlungs- und Lieferbedingungen stark voneinander abweichen. Daher ist es notwendig, alle Angebote auf einen einheitlichen **Vergleichsmaßstab**, den **Einstands-** oder **Bezugspreis**, für die benötigte Menge zu kalkulieren. Dieser bildet einen zentralen Entscheidungsfaktor für oder gegen das jeweilige Angebot. Dies geschieht im Rahmen der **Bezugskalkulation**.

Sitzt der Lieferant im Ausland, spielt der **Wechselkurs** zwischen Euro und Fremdwährung eine zusätzliche Rolle (→ Kap. 2.4.2).

Quantitativer Angebotsvergleich auf Basis des Bezugspreises

Lieferant	Frankenstahl GmbH & Co KG		Metallwerke GmbH		Mannes AG		Stahlwerke Krahler AG	
1 Listeneinkaufspreis		14.800,00 €		15.600,00 €		15.200,00 €		16.000,00 €
– Lieferantenrabatt	12 %	1.776,00 €	11 %	1.716,00 €	10 %	1.520,00 €	15 %	2.400,00 €
2 = Zieleinkaufspreis		13.024,00 €		13.884,00 €		13.680,00 €		13.600,00 €
– Lieferantenskonto	3 %	390,72 €	2,5 %	347,10 €	3 %	410,40 €	0 %	0,00 €
3 = Bareinkaufspreis		12.633,28 €		13.536,90 €		13.269,60 €		13.600,00 €
4 + Bezugskosten		1.200,00 €	5 %	694,20 €		1.000,00 €		0,00 €
5 = Bezugspreis/Einstandpreis		13.833,28 €		14.231,10 €		14.269,60 €		13.600,00 €

Erläuterungen

1 Der **Listeneinkaufspreis** ist ein Nettobetrag ohne Umsatzsteuer.

2 Enthält das Angebot sowohl Rabatt als auch Skonto, wird zunächst der Rabatt vom Listeneinkaufspreis abgezogen, da er vertraglich vereinbart ist. Das Ergebnis ist der **Zieleinkaufspreis**.

3 Die Entscheidung zur Inanspruchnahme von Skonto fällt erst bei Zahlung. Er wird daher vom Zieleinkaufspreis berechnet und führt nach Abzug zum **Bareinkaufspreis**.

4 Die Bezugskosten werden in der Regel nicht skontiert und daher erst jetzt auf den Bareinkaufspreis aufgeschlagen. Die Berechnung der Bezugskosten ist immer abhängig von den Kaufvertragsbedingungen. Sie können als prozentualer Zuschlag auf den Listeneinkaufspreis oder auf den Zieleinkaufspreis vereinbart werden. Häufig werden Verpackungskosten als Bestandteil der Bezugskosten oder als Pauschalbeträge in Abhängigkeit von der Einkaufsmenge angegeben.

5 Die Summe aus dem Bareinkaufspreis und den Bezugskosten ergibt den **Bezugs- oder Einstandspreis**.

Einflussfaktoren auf die Bezugskosten können das Volumen, Gewicht oder auch die Transportentfernung sein.

BEISPIEL: Auf Grundlage des quantitativen Angebotsvergleichs würde sich Frau Nemitz für die Stahlwerke Krahler AG entscheiden, da dieser Lieferant am kostengünstigsten ist. Allerdings ist ersichtlich, dass alle Angebote preislich nur geringfügig auseinanderliegen. Für eine endgültige Entscheidung müssen daher noch weitere Aspekte berücksichtigt werden.

2.2.5 Angebote qualitativ vergleichen

Lernvideo: Qualitativer Angebotsvergleich

Ein kostengünstiges Angebot muss nicht immer gleichzeitig auch das beste sein. So kann beispielsweise ein günstiger Bezugspreis auf minderwertiger oder mangelhafter Qualität basieren. Dadurch können dem Unternehmen hohe Kosten entstehen.

Weitere Entscheidungsfaktoren neben dem Preis können sein:

Qualitative Entscheidungsfaktoren

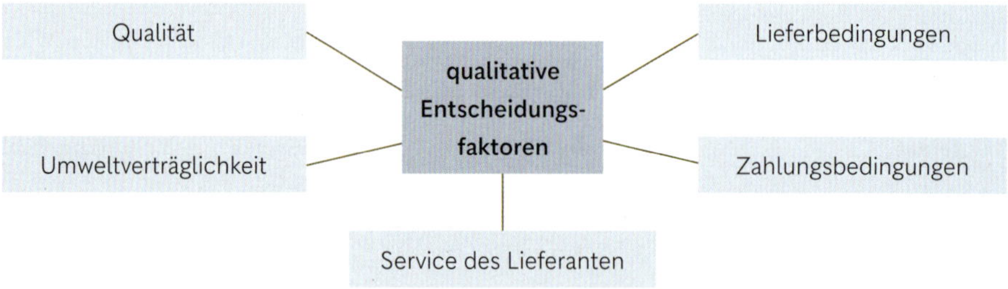

Qualität des Materials: Ein Produkt ist nur verkäuflich, wenn es den Qualitätsansprüchen der Kunden entspricht. Die Beschaffung qualitativ hochwertiger Materialien hat damit direkten Einfluss auf die Qualität der eigenen Produkte. Ist der Kunde davon enttäuscht, bleibt es liegen oder wird beanstandet. Häufige Kundenreklamationen wirken sich außerdem auf das Image des Unternehmens aus.

Eine schlechte Materialqualität kann auch dazu führen, dass die anderen im Produktionsprozess verwendeten Materialien in Mitleidenschaft gezogen werden oder im schlimmsten Fall die Produktion ins Stocken gerät oder sogar gestoppt werden muss.

Nachhaltigkeit → Kap. 1.6

Umweltverträglichkeit der Ware: Für jedes Unternehmen ist heutzutage der Umweltschutz ein wichtiger Aspekt, der nicht außer Acht gelassen werden kann. Je nach Unternehmensziel und Sortiment erhält die Umweltverträglichkeit der zu beschaffenden Materialien und deren Verpackung unterschiedliche Gewichtung.

Lieferbedingungen: Ein Betrieb ist davon abhängig, dass die Produkte pünktlich und mangelfrei und in der jeweils benötigten Menge geliefert werden. Fehlendes Material kann die Produktion verlangsamen und damit zu Lieferverzögerungen und letztlich zu Kunden- und Umsatzverlusten sowie Gewinneinbußen führen. Auch vorhandene Mindestbestellmengen und die Umsetzung von Sonderwünschen spielen für die Verlässlichkeit eines Lieferanten eine wichtige Rolle.

Zahlungsbedingungen: Neben Preisnachlässen, die im quantitativen Angebotsvergleich berücksichtigt werden, ist der Zahlungszeitpunkt wesentlich für die Kaufentscheidung. Bietet ein Lieferant ein Zahlungsziel an, kann dessen Ausnutzung für den Betrieb vorteilhaft sein, um die eigene **Liquidität** zu erhalten.

Liquidität
ausreichende Verfügbarkeit von Zahlungsmitteln

Kulanz
freiwilliges Entgegenkommen eines Vertragspartners dem anderen gegenüber nach Vertragsabschluss (ohne gesetzliche Verpflichtung)

Serviceleistungen des Lieferanten: **Kulanz**regelungen eines Lieferanten in Reklamationsfällen und der Umfang der gewährten Garantieleistungen können zudem wichtige Entscheidungskriterien sein. Eine wichtige Rolle können auch Zusatzleistungen des Lieferanten spielen, wie z. B. Beratung, Schulungen des Verkaufspersonals, der Einsatz von Werbefilmen, Flyern und anderen Werbemitteln.

Um die qualitativen Aspekte verschiedener Angebote miteinander vergleichen zu können, bietet sich eine **Nutzwertanalyse** an. Hierbei werden ausgewählte Leistungen der Anbieter mit einem Punktesystem bewertet. Diese Bewertung erfolgt mithilfe einer Entscheidungstabelle.

In der Praxis kann eine solche Nutzwertanalyse aufgrund der verwendeten Kriterien deutlich umfangreicher und komplexer ausfallen.

Kriterien	Gewichtungs-faktor	Frankenstahl GmbH & Co KG		Metallwerke GmbH		Mannes AG		Stahlwerke Krahler AG	
	1	Punkte 2	Punkte · Faktor 3	Punkte	Punkte · Faktor	Punkte	Punkte · Faktor	Punkte	Punkte · Faktor
Bezugspreis	5	4	20	3	15	2	10	5	25
Qualität der Ware	5	3	15	3	15	5	25	5	25
Lieferfrist	3	2	6	5	15	3	9	5	15
Umwelt-verträglichkeit	2	4	8	3	6	4	8	3	6
Gesamtwert (Summe)	15		49 4		51		52		71 5

Vorgehensweise bei einer Nutzwertanalyse

1. Für jedes der ausgewählten Kriterien legt das Unternehmen eine Gewichtung fest. Je höher der Gewichtungsfaktor ist, umso wichtiger ist das Kriterium für das Unternehmen.
2. Die Leistungen der verschiedenen Lieferanten werden nach einer Punkteskala von **1** („sehr schlecht“) bis **5** („sehr gut“) bewertet. Das Unternehmen kann hier auch eine andere Unterteilung mit mehr oder weniger Abstufungen vornehmen.
3. Die Bewertungspunkte werden mit dem Gewichtungsfaktor multipliziert.
4. Das Gesamtergebnis für die einzelnen Lieferanten ergibt sich aus der Addition der gewichteten Bewertungen.
5. Das beste Gesamtergebnis hat der Lieferant mit der höchsten Punktzahl.

Bei der qualitativen Analyse kann es auch **Ausschlusskriterien** geben, die das Berechnen einer Punktzahl im Einzelfall überflüssig machen. Benötigt ein Unternehmen z. B. binnen der nächsten fünf Tage sein Material, so scheiden alle potenziellen Lieferanten aus, die diese Frist nicht einhalten können, wie gut sie im Vergleich der anderen Kriterien auch sein mögen.

BEISPIEL: Nach dieser Analyse steht das Ergebnis für Frau Nemitz fest: Das beste Gesamtergebnis unter quantitativen und qualitativen Gesichtspunkten hat der Lieferant Stahlwerke Krahler GmbH mit 71 Punkten.

2.2.6 Bestellung und Bestellannahme

FLY BIKE
Werke GmbH

Ihr Zeichen: sgr
Ihre Nachricht vom: 28.05.20XX
Unser Zeichen: nem
Unsere Nachricht vom: 27.05.20XX

Name: Frau Nemitz
Telefon: 0441 8XX-77
E-Mail: ann-kathrin.nemitz@flybike-werke.dex

Datum: 30.05.20XX

FBW GmbH, Rostocker Str. 334, 26121 Oldenburg
Stahlwerke Krahler AG
Karl-Kleppe-Str. 19
40474 Düsseldorf

Bestellung über Stahlrohr, 34 mm x 2 mm
Art.-Nr. 1034020: Rundrohr CrMoB

Sehr geehrter Herr Greiner,

wir beziehen uns auf Ihr Angebot vom 28.05.20XX und bestellen:

4 000 m Stahlrohr der oben angegebenen Spezifikation

Ihre Zahlungs- und Lieferungsbedingungen haben wir zur Kenntnis genommen. Auch mit den Bestimmungen Ihrer Allgemeinen Geschäftsbedingungen sind wir einverstanden. Bitte legen Sie Ihrer Lieferung das entsprechende Qualitätszertifikat nach ISO 9001 bei. Wir bitten Sie, die Lieferzeit von vier Tagen einzuhalten, und hoffen auf weiterhin gute Geschäftsbeziehungen.

Mit freundlichen Grüßen

Fly Bike Werke GmbH

i. A. Ann-Kathrin Nemitz

Ann-Kathrin Nemitz

Einkauf/Logistik

Nach Durchführung des Angebotsvergleichs erstellt die Einkaufsabteilung eine schriftliche oder elektronische Bestellung. Dabei berücksichtigt sie, dass nur dann ein Kaufvertrag zustande kommt, wenn die bestellte Ware und die in der Bestellung genannten Konditionen **mit dem Angebot übereinstimmen**.

Kommt es zu einer angepassten Bestellung, weil z. B. nun eine andere Menge oder ein neuer Liefertermin vereinbart werden sollen, muss das Unternehmen auf die **Annahme dieses neuen Antrags** warten. Die Annahme kann entweder durch Erhalt einer Auftragsbestätigung oder durch die Lieferung erfolgen. Dabei kann es jedoch zu einer Verzögerung kommen, sodass eigene Liefertermine gefährdet werden oder der Produktionsablauf ins Stocken gerät.

Sendet der Lieferant eine Auftragsbestätigung zu, empfiehlt sich ein genauer **Abgleich mit der Bestellung**, um ungewollte Abweichungen oder nachteilige Liefer- und Zahlungsbedingungen auszuschließen.

2.3 Lieferung und Warenannahme

Der Verkäufer erfüllt seine Verpflichtung aus dem Kaufvertrag mit der Lieferung der Ware. Um dem Kunden die Wareneingangskontrolle zu ermöglichen, wird der Ware ein **Lieferschein** beigefügt, auf dem zumindest Art und Menge der gelieferten Ware, Lieferscheinnummer, Datum sowie Kunde und Verkäufer vermerkt sind. Der Lieferschein dient damit auch als Nachweis über die gelieferte Ware.

BEISPIEL: Einige Tage nach der Bestellung erhält die Fly Bike Werke GmbH die Rundrohre vom Lieferanten Stahlwerke Krahler AG zusammen mit folgendem Lieferschein:

Stahlwerke Krahler AG

Stahlwerke Krahler AG, Karl-Kleppe-Str. 19, 40474 Düsseldorf
Fly Bike Werke GmbH
Rostocker Str. 334
26121 Oldenburg

Lieferschein: Nr. 66850

Bearbeiter/-in	Kundennummer	Ihre Bestellung	vom	Versanddatum
Stefan Greiner	44001		30.05.20XX	02.06.20XX
Versandart/Freivermerk Lkw/frei Lager		Verpackungsart PE-Schlauch, gebündelt		

Pos.-Nr.	Artikel-Nr.	Warenbezeichnung	Menge	Mengeneinheit
1	1034020	Rundrohr CrMoB	4000	m

Ware erhalten ______________________
Ort, Datum, Unterschrift

Kontrolle des Wareneingangs

Bei der Wareneingangskontrolle wird in Anwesenheit des Überbringers geprüft,
- ob die Lieferung tatsächlich für das Unternehmen bestimmt ist (Prüfung des Adressaten),
- ob die Lieferung (z. B. Anzahl der gelieferten Packstücke) mit den Angaben im Lieferschein übereinstimmt und
- ob die Versandverpackungen beschädigt sind.

Eventuelle Abweichungen werden auf dem Lieferschein oder einer Tatbestandsmeldung festgehalten und von beiden Seiten per Unterschrift bestätigt. In diesen Fällen kann die Annahme der Ware auch verweigert werden.

Kontrolle der Ware

BEISPIEL: Bei der Wareneingangskontrolle im Lager stellt der Lagerist Mert Özal fest, dass 4 000 m Stahlrohr geliefert wurden. Dies entspricht der Bestellung. Er öffnet einige Bündel und kontrolliert stichprobenartig die Qualität der Ware.

Mangel
Ware weicht ganz oder teilweise von der bestellten Ware z. B. hinsichtlich der Qualität ab oder weist Beschädigungen auf.

mangelhafte Lieferung → Kap. 3.2

Unverzüglich nach der Annahme der Ware werden Warenart, Menge und Qualität geprüft und mit der Bestellung verglichen. Die Ware wird auf **Mängel** untersucht.

Bei **zweiseitigen Handelskäufen** besteht für den Käufer die Pflicht, die Ware unverzüglich und damit ohne schuldhaftes Verzögern zu prüfen und dem Lieferanten eventuelle **Mängel unverzüglich anzuzeigen**. Nur dann können Gewährleistungsrechte in Anspruch genommen werden. Versteckte Mängel, die nicht sofort, sondern erst bei Verwendung der Ware erkennbar werden, müssen unverzüglich nach dem Entdecken gerügt werden.

zweiseitiger Handelskauf LF 3 → Kap. 2.1

Erfassung des Wareneingangs

Bei der **manuellen** Erfassung werden die Bestellnummer und die Daten aus der Bestelldatei in das Wareneingangsprotokoll übernommen. Vorhandene Abweichungen zwischen Bestellung und Lieferung werden ebenfalls im System erfasst. Barcodes an der Ware und entsprechende Scanner können den Erfassungsprozess entsprechend erleichtern und beschleunigen.

Ist der Bestellvorgang vollständig **digitalisiert**, liegen alle notwendigen Daten im System bereits vor und können in die Lagerverwaltung automatisch übernommen werden. Dabei wird der Lagerbestand erhöht, ein Wareneingangsschein gedruckt und die Liste offener Bestellungen automatisch aktualisiert.

ÜBERSICHT: Lieferung und Annahme von Warenbestellungen

Kontrolle des Wareneingangs	In Anwesenheit des Überbringers ist zu prüfen, ob - Adressat und Lieferzeitpunkt stimmen, - es sich um die bestellte Ware gemäß Lieferschein handelt, - die Mengenangaben korrekt sind, - die Umverpackung unversehrt ist. Abweichungen sind auf dem Lieferschein oder der Tatbestandsmeldung zu dokumentieren. Bei (erheblichen) Abweichungen kann die Annahme der Ware verweigert werden.
Kontrolle der Ware	- Unverzüglich nach Annahme der Ware - Warenart, Menge und Qualität prüfen und mit der Bestellung vergleichen - Ware auf Mängel untersuchen
Erfassung des Wareneingangs	- z. B. manuell durch Eingabe der Daten im System - Automatisch durch Übernahme der Bestelldaten

2.4 Rechnungsprüfung und Zahlungsabwicklung im In- und Ausland

AB → Lernsituation 39

2.4.1 Rechnungen prüfen

BEISPIEL: Nach Erhalt der Warenlieferung geht bei der Fly Bike Werke GmbH die Rechnung der Stahlwerke Krahler AG ein. Frau Nemitz kontrolliert zunächst, ob die Eingangsrechnung sachlich und rechnerisch richtig ist, ehe sie diese an die Buchhaltung zur Erfassung und späteren Bezahlung weitergibt.

Die eingegangene Rechnung wird auf vorhandene Rechenfehler und die korrekte Angabe der vereinbarten Rabatte und Preise geprüft. Sind keine Fehler festzustellen, kann sie als **rechnerisch richtig** bestätigt werden. **Sachlich richtig** ist eine Rechnung, wenn die dort aufgeführten Leistungen gemäß Bestellung und Lieferschein auch so erbracht wurden und damit die Angaben u. a. zu Menge, Bezugspreis, Rabatt, Skonto, Zahlungsziel usw. richtig sind.

gesetzliche Bestandteile einer Rechnung
LF 3 → Kap. 3.4.4

Ergibt die Prüfung der rechnerischen und sachlichen Richtigkeit keine Beanstandungen, wird die Rechnung an die Finanzbuchhaltung weitergeleitet und kann dort gebucht und später zur Zahlung angewiesen werden. Unstimmigkeiten müssen jedoch mit dem Lieferanten geklärt und gegebenenfalls muss eine korrigierte Rechnung angefordert werden.

Wird die Rechnung im ERP-System des Unternehmens erfasst, kann die Zahlungsfrist entweder automatisch oder anhand einer **Offene-Posten-Liste** überwacht werden. Bei ausreichender Liquidität wird das Unternehmen die Zahlung innerhalb der gewährten Skontofrist vornehmen und so durch Abzug von Skonto Geld einsparen.

Offene-Posten-Liste
LF 3 → Kap. 3.4.4

2.4.2 Zahlungen in Fremdwährung durchführen

Bei Zahlungsverpflichtungen gegenüber inländischen Unternehmen steht der Zahlungsbetrag bereits mit Erhalt der Rechnung fest und reduziert sich gegebenenfalls bei Inanspruchnahme von Skonto. Sitzt der Lieferant jedoch im Ausland und hat die Rechnung zudem in ausländischer Währung gestellt, muss das Unternehmen zunächst die benötigte Währung (**Devisen**) über eine Bank beschaffen.

Devisen ist auf Girokonten vorhandene Fremdwährung. Bei **Sorten** handelt es sich um ausländisches Bargeld.

Das Unternehmen kann Devisen beschaffen, indem es bei einer Bank Euro gegen den benötigten Betrag der Fremdwährung umtauscht. Das Tauschverhältnis wird als **Wechselkurs** bezeichnet. Die Angabe des Wechselkurses kann grundsätzlich als Mengen- oder Preisnotierung erfolgen.

Bei einem fixen Wechselkurssystem werden die Wechselkurse zwischen Währungen von staatlicher Seite festgelegt.

Mengennotierung	Preisnotierung
= Wechselkurs ist der (ausländische) Preis für eine inländische Währungseinheit	= Wechselkurs ist der (inländische) Preis für eine ausländische Währungseinheit
Der Euro ist die gehandelte Währung und die Fremdwährung der Preis hierfür.	Die Fremdwährung ist die gehandelte Währung und der Euro der Preis hierfür.
1,00 € = 1,055 US-$	**0,9459 € = 1,00 US-$**

Bei Wechselkursen im EWWU-Gebiet kommt die Mengennotierung zur Anwendung.
EWWU
Europäische Wirtschafts- und Währungsunion

Geldkurs
= Ankauf von Euro
= Verkauf von Fremdwährung

Briefkurs
= Verkauf von Euro
= Ankauf von Fremdwährung

Die Beschaffung von Devisen und die Rückgabe von Devisen an die Bank erfolgen zu unterschiedlichen Kursen. Zum **Geldkurs** gibt die Bank Fremdwährung ab und nimmt sie zum höheren **Briefkurs** wieder zurück. Die Differenz zwischen beiden Kursen dient der Bank zur Kostendeckung und Gewinnerzielung. Meist berechnet sie zusätzlich Gebühren für den Tausch.

Beispiele für Geld- und Briefkurse verschiedener Währungen

Währung	Land	Geld	Brief
USD	USA	1,0747	1,0807
GBP	Großbritannien	0,85260	0,85660
JPY	Japan	161,40	161,88
CHF	Schweiz	0,9469	0,9509
CAD	Kanada	1,4462	1,4582

Wechselkurse werden durch Angebot und Nachfrage nach der jeweiligen Währung beeinflusst. Sie unterliegen damit einer ständigen Veränderung, sodass für einen bestimmten Betrag der Fremdwährung der Gegenwert in Euro höher oder niedriger ausfallen kann, als dies ursprünglich in der Beschaffungsplanung kalkuliert wurde. Das Unternehmen ist somit mit einem **Wechselkursrisiko** konfrontiert.

Wechselkursschwankungen zwischen Euro / US-Dollar für 3 Monate

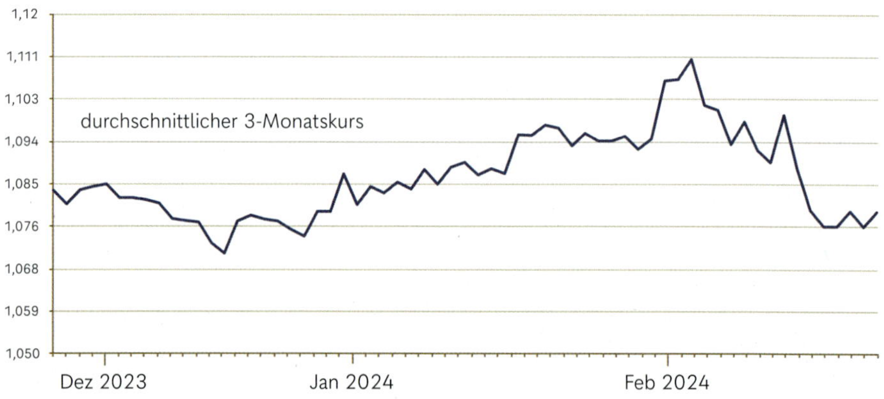

BEISPIEL: Für einen Kundenauftrag wurde Spezialmaterial für einen Fahrradrahmen bei einem Hersteller in Amerika beschafft. Für seine Leistung hat dieser eine Rechnung über 3.500,00 USD zugesandt. Der Wechselkurs zwischen Euro und USD lag am Tag der Bestellung bei 1,065 USD/EUR. Am Ende der Zahlungsfrist sank der Kurs auf 1,055 USD/EUR.
Kosten in EUR am Tag der Bestellung:
3.500,00 USD : 1,065 USD/EUR = 3.286,38 EUR
Kosten in EUR am Tag der Bezahlung zum aktuellen Kurs:
3.500,00 USD : 1,055 USD/EUR = 3.317,54 EUR
Durch die Kursveränderung verteuert sich dieser Beschaffungsvorgang um 31,16 EUR ohne Berücksichtigung von Gebühren.

Ist sich ein Unternehmen der möglichen Kursschwankungen zwischen Bestellung und Zahlung bewusst, kann es aktiv dagegensteuern und das Kursrisiko absichern, z. B. durch:
- Vereinbarung der Zahlung in Euro
- Beschaffung der Devisen vor Zahlung zu einem günstigen Wechselkurs
- Abschluss eines Devisenoptions- bzw. -termingeschäftes, bei dem mit einem Devisenverkäufer jetzt ein fester Preis vereinbart wird und die Abnahme der Devisen zu einem späteren Zeitpunkt optional bzw. verbindlich erfolgt.

2.5 Digitalisierung in der Beschaffung

BEISPIEL: Bei der Fly Bike Werke GmbH erstellt Mert Özal eine Materialanforderung und gibt diese manuell im EDV-System ein. Sie wird im Anschluss durch einen weiteren Kollegen geprüft und freigegeben, ehe dann dafür eine Bestellung erstellt und an den Lieferanten geschickt wird. Dabei werden die Preise zusätzlich noch auf Aktualität geprüft und ein Liefertermin wird zur Überwachung im System hinterlegt. Alle diese Tätigkeiten benötigen Zeit und verursachen damit Personal- und Sachkosten.

In nahezu allen betrieblichen Prozessen hält die Digitalisierung Einzug und sorgt damit für eine Beschleunigung und effizientere Gestaltung dieser Abläufe. Bislang wenig standardisierte Prozesse und solche mit einem hohen Anteil an menschlicher Arbeitsleistung können den Beschaffungsprozess verlangsamen und dadurch zu höheren Kosten führen.

Die Digitalisierung der Beschaffungsprozesse ermöglicht es, Kosteneinsparpotenziale zu nutzen. Man bezeichnet dies auch als **E-Procurement**. Erforderlich ist hierfür eine digitale Erfassung des Materialbedarfs, der automatisch in das ERP-System zur weiteren Bearbeitung übernommen wird. Das System prüft und gleicht die Daten mit den zum Lieferanten vorhandenen Informationen ab und veranlasst dann eine Bestellung beim Lieferanten. Solche Systeme können zudem eingehende Rechnungen automatisch prüfen und zur Zahlung freigeben.

E-Procurement
auch: elektronische Beschaffung

= Einkauf von Materialien durch Nutzung von elektronischen Informations- und Kommunikationsnetzwerken (z. B. Internet) zwischen Käufer und Verkäufer

Für eine erfolgreiche Digitalisierung müssen die Unternehmen miteinander digital vernetzt sein und ein geeignetes ERP-System nutzen. Solche Systeme können **geschlossen** (nur zwischen den verbundenen Unternehmen), **halb offen** (Lieferant stellt Portal für Kunden bereit) oder **offen** (Plattform für viele Nutzer nach vorheriger Registrierung zugänglich mit Zugriff auf Produktkataloge verschiedener Lieferanten) sein.

Weiterhin lassen sich solche technischen Plattformen dahingehend unterscheiden, von wem sie primär betrieben werden:
- **Lieferantensystem** (Sell-Side-System): Das System wird vom Lieferanten betrieben und von registrierten Kunden genutzt. Aus Kundensicht ist die Vergleichbarkeit zwischen Anbietern eingeschränkt, da nur jeweils ein Anbieter vertreten ist.
- **Beschaffersystem** (Buy-Side-System): Dieses System wird meist von Kunden mit größerer Marktmacht bereitgestellt und zwingt die Lieferanten, ihre Produkte dort einzupflegen. Damit erhöht sich aus Kundensicht die Vergleichbarkeit der Anbieter.
- **Elektronischer Marktplatz** (Many-to-Many-System): Ein externer Anbieter stellt eine Plattform für Lieferanten und Kunden zur Verfügung, auf der beide aktiv werden können. Für die vom Anbieter übernommene Bestellabwicklung entstehen meist Gebühren.

Ein erfolgreich eingeführtes E-Procurement bietet u. a. folgende **Vorteile**:
- Routineaufgaben werden automatisiert und führen damit zu einer Zeitersparnis.
- Verkürzung der Beschaffungszeit durch automatisierte Teilschritte im gesamten Beschaffungsprozess
- Rechte und Zuständigkeiten für Mitarbeiter im Beschaffungsprozess lassen sich leichter vergeben und koordinieren
- Eine verbesserte Beschaffungs- und Lagerplanung führt zu Kosteneinsparungen.
- Digital vorhandene Informationen weisen eine höhere Qualität und Aktualität auf, da sie vom Lieferanten leichter bereitgestellt werden können und sich somit Erfassungsfehler beim händischen Übertragen vermeiden lassen.

Ein Unternehmen muss bei Einführung des E-Procurement u. a. folgende **Nachteile** berücksichtigen:
- Für die notwendige Soft- und Hardware entstehen Investitionskosten.
- Rein digital vorhandene Produktinformationen sind u. U. nicht ausreichend aussagekräftig, um die Qualität umfassend beurteilen zu können.
- Durch eine zunehmende Digitalisierung der Prozesse kann der persönliche Bezug zum Lieferanten kleiner werden und darunter leiden.

Trotz aller Chancen der Digitalisierung muss sich das Unternehmen auch der damit einhergehenden Risiken bewusst sein. So muss auf eine ausreichende Datensicherheit beim Austausch zwischen Lieferanten und Unternehmen zwingend geachtet werden. Zudem ist die Verbindlichkeit von ausschließlich digital zustande gekommenen Kaufverträgen zu klären. Hier bietet sich die Verwendung einer digitalen Signatur an, um eine rechtliche Verbindlichkeit und Verlässlichkeit herzustellen.

Alles klar?

1 In der Fly Bike Werke GmbH betragen die Materialkosten ca. 50 % der Gesamtkosten. Aus diesem Grund soll die Beschaffungsmarktforschung intensiviert werden, um die Kosten bei der Materialbeschaffung zu senken.
   a Für die Fahrradbeleuchtungen soll ein neuer Lieferant gesucht werden. Beschreiben Sie, auf welche Informationsquellen bei der Suche zurückgegriffen werden kann.
   b Erläutern Sie die notwendigen Informationen, mit denen für einen möglichen Lieferanten eine Bewertung durchgeführt werden kann.

2 Beschreiben Sie mögliche Vor- und Nachteile von betriebsinternen und -externen Informationsquellen.

3 Erläutern Sie den wesentlichen Unterschied zwischen einer strategischen und operativen Lieferantenauswahl.

4 Beschreiben Sie die Bedeutung einer Anfrage aus praktischer und rechtlicher Sicht.

5 Die Fly Bike Werke GmbH erhielt eine Rechnung über 8.500,00 € (netto), die sie innerhalb der Skontofrist unter Abzug von Skonto begleicht. Die ursprüngliche Zahlungsbedingung lautete: „3 % Skonto bei Zahlung innerhalb von 10 Tagen, netto zahlbar innerhalb von 30 Tagen". Ermitteln Sie den Überweisungsbetrag.

6 Erläutern Sie den wesentlichen Unterschied zwischen einem quantitativen und qualitativen Angebotsvergleich.

7 Beschreiben Sie die mögliche rechtliche Wirkung einer Bestellung im Rahmen eines Kaufvertrags.

8 Erläutern Sie, in welchen Fällen der Erhalt einer Auftragsbestätigung zwingend erforderlich ist und wann darauf verzichtet werden kann.

9 Beschreiben Sie die grundsätzlichen Tätigkeiten bei Erhalt gelieferter Ware.

10 Erläutern Sie, was man unter Prüfung der sachlichen und rechnerischen Richtigkeit versteht.

11 Beschreiben Sie das Wechselkursrisiko bei Verbindlichkeiten gegenüber ausländischen Lieferanten.

12 Unterscheiden Sie die Begriffe Preis- und Mengennotierung sowie Geld- und Briefkurs voneinander.

13 Ein Unternehmen bestellte im Ausland notwendige Materialien und erhält hierfür eine Rechnung über 6.950,00 USD. Berechnen Sie die Auswirkungen auf die Beschaffungskosten, wenn der Kurs am Tag der Bestellung bei 1,045 USD/EUR und bei Zahlung bei 1,032 USD/EUR liegt.

14 Beschreiben Sie die Bedeutung einer zunehmenden Digitalisierung im Beschaffungsprozess.

15 Beschreiben Sie, welchen Stellenwert die Digitalisierung bei Beschaffungsprozessen in Ihrem Ausbildungsunternehmen hat.

3 Kaufvertragsstörungen im Beschaffungsprozess

AB → Lernsituation 40

Lernvideo: Lieferungsverzug

3.1 Lieferungsverzug (Nicht-rechtzeitig-Lieferung)

BEISPIEL: Bei der Stahlwerke Krahler AG wurden am 30. September 4 000 m Stahlrohr der Spezifikation „34 mm x 2 mm Rundrohr“ bestellt. Im Kaufvertrag wurde eine Lieferung bis spätestens zum 4. Oktober während der üblichen Geschäftszeiten vereinbart. Da dieser Liefertermin nicht eingehalten wurde, konnte bei der Fly Bike Werke GmbH die Fertigung der Fahrradrahmen nicht begonnen werden. Dadurch kann vermutlich ein Großkunde nicht beliefert werden, der seinerseits bereits mit Schadensersatz droht ...

Im Rahmen des Kaufvertrags verpflichtet sich der Verkäufer, die bestellte Ware **fristgerecht** dem Käufer zur Verfügung zu stellen. Kommt er dieser Verpflichtung nicht nach, handelt es sich um einen **Lieferungsverzug**.

Lieferungsverzug
Verkäufer stellt die Ware nicht fristgerecht zur Verfügung und ist hierfür schuldhaft verantwortlich.

Ein Verzug liegt allerdings erst vor, wenn die Lieferung **fällig** war und der Lieferant seine **Lieferpflicht schuldhaft verletzt** hat. Bevor weitere Schritte unternommen werden können, muss dies zunächst geprüft werden.

Bei der Prüfung der **Fälligkeit** kommt es auf die Vereinbarungen zum Liefertermin im Kaufvertrag an, d. h. eine tatsächlich erfolgte Absprache zum Liefertermin zwischen Verkäufer und Käufer. Ein voraussichtlicher Liefertermin, den der Verkäufer von sich aus angibt, reicht hier allein nicht aus. Gleiches gilt für Lieferwünsche vonseiten des Käufers.
- Wurde **kein Liefertermin** vereinbart, so ist die Lieferung **sofort** nach Vertragsabschluss fällig.
- Enthält der Kaufvertrag einen **Liefertermin** und ist dieser **kalendermäßig** exakt **bestimmbar**, so ist die Lieferung nach Ablauf dieses Datums fällig. Gleiches gilt auch für einen Liefertermin, der sich nach Ablauf einer Frist nach einem bestimmten Ereignis ergibt.
- Ist ein **Liefertermin** vereinbart, jedoch **nicht kalendermäßig bestimmbar**, so muss der Käufer die Lieferung anmahnen. Mit dem Zugang der Mahnung versetzt er den Lieferanten in Verzug.

kalendermäßig bestimmbare Liefertermine
- Lieferung am 11. Mai
- Lieferung im Mai
- Lieferung 5 Tage nach Bestellung

kalendermäßig nicht bestimmbare Liefertermine
- Lieferung sofort
- Lieferung so bald wie möglich
- Lieferung ab Mai

Bei einem **Versendungskauf** genügt rechtzeitige Absendung der Ware zum vereinbarten Liefertermin. Das Ankommen beim Käufer ist damit nicht vorrangig.

Versendungskauf
LF 3 → Kap. 2.5.1

Durch eine **Mahnung** wird der Lieferant aufgefordert, seine vertraglich vereinbarte Leistung zu erbringen. Eine Mahnung unterliegt keinen Formvorschriften. Sie sollte jedoch aus Beweisgründen schriftlich und eindeutig verfasst werden.

Eine Mahnung sollte folgende **Mindestinhalte** aufweisen:
- Das Schreiben sollte deutlich als Mahnung erkennbar sein, damit für den Lieferanten sowohl die Dringlichkeit als auch der Aufforderungscharakter zum Handeln (z. B. Lieferung der Ware) deutlich erkennbar ist.
- Die Angabe der Bestell- und Auftragsnummer und gegebenenfalls die Beschreibung der Ware erleichtern es dem Lieferanten, die ausstehende Lieferung eindeutig zu identifizieren. Dies ist insbesondere wichtig, wenn mehrere Bestellungen vorliegen.

- Die Information über den vorliegenden **Verzug des Lieferanten** verdeutlicht ihm die rechtliche Situation und bildet zugleich den Ausgangspunkt für die Inanspruchnahme weiterer Rechte.
- Die Nennung einer **angemessenen** Frist fordert den Lieferanten erneut zum Liefern auf und sichert bei Ausbleiben weitere Rechte, auf deren Inanspruchnahme hingewiesen werden sollte.

FLY BIKE
Werke GmbH

Ihr Zeichen:
Ihre Nachricht vom:
Unser Zeichen: nem
Unsere Nachricht vom:

Name: Frau Nemitz
Telefon: 0441 8XX-77
E-Mail: ann-kathrin.nemitz@flybike-werke.dex

Datum: 05.10.20XX

FBW GmbH, Rostocker Str. 334, 26121 Oldenburg
Stahlwerke Krahler AG
Karl-Kleppe-Str. 19
40474 Düsseldorf

Mahnung wegen Lieferungsverzug
Bestellung vom 30.09.20XX, Auftragsnummer 10500833

Sehr geehrter Herr Greiner,

unter der oben genannten Auftragsnummer bestätigten Sie uns den Erhalt unserer Bestellung und sicherten uns eine Lieferung bis spätestens 4. Oktober 20XX während der gewöhnlichen Geschäftszeiten zu. Ihre Lieferung ist jedoch bis heute nicht bei uns eingetroffen.

Mit diesem Schreiben setzen wir Sie gemäß § 286 BGB in Verzug und fordern Sie auf, die bestellte Ware bis zum 15. Oktober 20XX zu liefern. Sollten Sie diesen Termin nicht einhalten, sehen wir uns gezwungen, weitere rechtliche Schritte in Anspruch zu nehmen.

Vorsorglich weisen wir darauf hin, dass wir für entstehende Kosten aus der Nichterfüllung Schadensersatz geltend machen werden.

Mit freundlichen Grüßen

Fly Bike Werke GmbH

i. A. Ann-Kathrin Nemitz

Ann-Kathrin Nemitz

Einkauf/Logistik

Fly Bike Werke GmbH
Rostocker Str. 334
26121 Oldenburg
Geschäftsführerin:
Ewa Nowak

Telefon: 0441 8XX-0
Telefax:: 0441 8XX-9211
E-Mail: mail@flybike-werke.dex
Web: www.flybike-werke.dex

Handelsregister:
Amtsgericht Oldenburg
HR Oldenburg 2134
USt-IdNr. DE 236667691

Bank 3000 Oldenburg
IBAN: DE67 3707 5020 2114 2536 66
BIC: 3000DENIXXX

Oldenburg-Bank
IBAN: DE86 2804 0114 0112 3264 44
BIC: OLBADEOL261

Auf eine Mahnung kann der Käufer unter bestimmten Umständen allerdings **verzichten**:

- Der Lieferant setzt sich selbst in Verzug und erklärt, dass er nicht fristgerecht liefern kann oder will.
- Es handelt sich um einen Zweck- oder Fixkauf, d. h. die Ware wurde für einen bestimmten Anlass oder Termin (z. B. Catering für eine Jubiläumsfeier, Flyer für eine Messe) bestellt und kann danach nicht mehr verwendet werden.

Verschulden nur bei fahrlässigem oder vorsätzlichem Handeln und nicht bei höherer Gewalt (z. B. Naturkatastrophen) → § 286 Abs. 4 BGB

Zusätzlich zur Fälligkeit muss der Lieferant auch ein **Verschulden** für die ausbleibende Lieferung tragen. Hat er hingegen die Umstände des Verzuges nicht zu verantworten, gerät er auch nicht in Verzug.

BEISPIEL: Eine für heute vereinbarte Lieferung bei der Fly Bike Werke GmbH bleibt aus, da auf der Zubringerautobahn ein Unfall stattfand und die Räumungsarbeiten bis in den nächsten Tag hinein andauern. Die zustande gekommene Verspätung ist vom Lieferanten nicht zu vertreten und er gerät damit nicht in Verzug.

Vorrangige Rechte aus dem Lieferverzug

vorrangige (sofortige) Rechte

- Erfüllungsanspruch (Lieferung)
- Schadensersatz wegen Verzögerung (auch: Schadensersatz neben der Leistung)

Liegt ein Lieferungsverzug vor und kommt der Lieferant trotz einer möglichen Mahnung seiner Lieferpflicht nicht nach, so stehen dem Käufer verschiedene **vorrangige Rechte** aus dieser Kaufvertragsstörung zu.

Der Käufer hat **sofort** das Recht, weiterhin die Lieferung vom Verkäufer zu fordern. Dies ist insbesondere dann sinnvoll, wenn die Ware weiterhin benötigt wird und eine Ersatzbeschaffung schwierig oder nur zu einem höheren Preis möglich ist.

Zusätzlich zur Lieferung kann der Käufer **sofort** einen **Verzögerungsschaden** (Schadensersatz) verlangen, wenn ihm durch die verspätete Lieferung ein nachweisbarer Schaden entsteht.

§ 280 Abs. 1 BGB Schadensersatz wegen Pflichtverletzung
Verletzt der Schuldner eine Pflicht aus dem Schuldverhältnis, so kann der Gläubiger Ersatz des hierdurch entstehenden Schadens verlangen. Dies gilt nicht, wenn der Schuldner die Pflichtverletzung nicht zu vertreten hat.

BEISPIEL: Für die Herstellung der neuen E-Bikes investiert die Fly Bike Werke GmbH in eine neue Produktionsstraße mit speziell angefertigten Maschinen. Der Hersteller kann den vereinbarten Liefertermin aber nicht einhalten, sodass es bei der Fly Bike Werke GmbH zu einem Produktionsstopp von drei Wochen kommt. Dadurch platzt ein Kundenauftrag und der dadurch entgangene Gewinn wird als Verzögerungsschaden geltend gemacht.

Nachrangige Rechte aus dem Lieferverzug

keine Nachfrist (§ 323 Abs. 2 BGB) erforderlich bei

- Zweckkauf
- Fixkauf
- Verkäufer kann bzw. will nicht liefern

Ist der Lieferant grundsätzlich **lieferwillig**, kann ihm eine **angemessene Nachfrist** gesetzt werden. Eine Nachfrist soll ihm Zeit geben, die Ware zu liefern, ohne dass er sie noch selbst herstellt oder anderswo beschafft. Daher handelt es sich auch um ein relativ enges Zeitfenster.

Nach **Ablauf** einer **Nachfrist** kann der Käufer folgende **nachrangige Rechte** wählen:
- **Rücktritt** vom Kaufvertrag, wenn der Käufer die Ware anderweitig schneller oder günstiger beschaffen kann. Der Kaufvertrag wird rückgängig gemacht und beide Parteien werden so gestellt, wie sie von Anfang an ohne Vertrag gestanden hätten.
- **Schadensersatz statt der Leistung**, wenn dem Käufer ein nachweisbarer Schaden entstanden ist und der Verkäufer diesen verschuldet hat. In diesem Falle kann die ursprüngliche Leistung vom Verkäufer nicht mehr verlangt werden.
- **Ersatz vergeblicher Aufwendungen** für Kosten, die dem Käufer vor Eintreten des Lieferungsverzuges im Zusammenhang mit diesem Kaufvertrag entstanden sind. Auch in diesem Falle kann die ursprüngliche Leistung vom Verkäufer nicht mehr verlangt werden.

nachrangige Rechte (§ 437 BGB)
- Rücktritt vom Kaufvertrag (§ 323 Abs. 1 BGB)
- Schadensersatz statt der Leistung (§ 281 BGB)
- Ersatz vergeblicher Aufwendungen (§ 284 BGB)

Der Käufer kann entweder einen Schadensersatz statt der Leistung oder den Ersatz vergeblicher Aufwendungen geltend machen.
Der Ersatz vergeblicher Aufwendungen kann zusätzlich zu einem Verzögerungsschaden geltend gemacht werden.

§ 284 BGB Ersatz vergeblicher Aufwendungen
Anstelle des Schadensersatzes statt der Leistung kann der Gläubiger Ersatz der Aufwendungen verlangen, die er im Vertrauen auf den Erhalt der Leistung gemacht hat und billigerweise machen durfte, es sei denn, deren Zweck wäre auch ohne die Pflichtverletzung des Schuldners nicht erreicht worden.

Wenn der Käufer weiterhin auf die Erfüllung der Lieferpflicht beharrt und keinen Schadensersatz oder Rücktritt geltend machen möchte, so sollte der Lieferant grundsätzlich immer in Verzug gesetzt werden, gegebenenfalls durch eine Mahnung. Während des Verzugs befindet sich der Verkäufer in einer **gesteigerten Haftung:** Wird die Ware zerstört oder beschädigt, so haftet der Verkäufer für diese Schäden.

ÜBERSICHT: Voraussetzungen und Rechte beim Lieferungsverzug

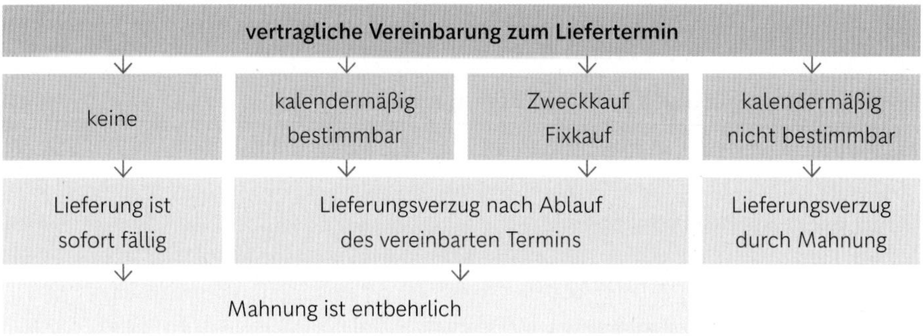

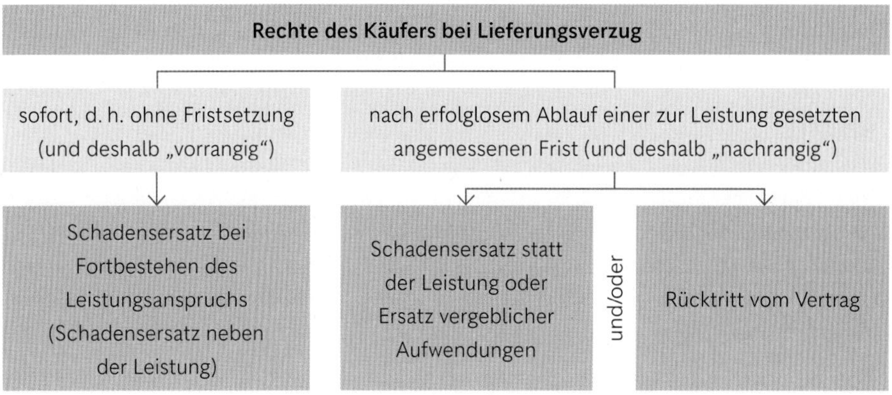

AB → Lernsituation 41

Lernvideo:
Mangelhafte Lieferung

3.2 Mangelhafte Lieferung (Schlechtleistung)

3.2.1 Feststellen eines Mangels

BEISPIEL: Für die Fertigstellung von Pedelecs bestellte die Fly Bike Werke GmbH eine größere Charge Sitze bei einem Zulieferer. Bei der Wareneingangskontrolle wurden bei etwa 20 % der Sitze Kratzer und Verfärbungen im Bezug festgestellt.

Gewährleistungspflicht
Pflicht zur Bereitstellung einer mangelfreien Ware

Mit Abschluss eines Kaufvertrags verpflichtet sich der Verkäufer, dem Kunden die Ware **mangelfrei** zur Verfügung zu stellen. Kommt der Verkäufer dieser Verpflichtung nicht nach, liegt eine **mangelhafte Lieferung (Schlechtleistung)** vor.

Eine Kaufsache ist dann mangelfrei, wenn die gelieferte Ware mit den Vereinbarungen im Kaufvertrag überstimmt und damit auch den Erwartungen des Käufers entspricht. Ein Mangel kann dabei **offen** und sofort bei Prüfung der Ware sichtbar sein. Ein **versteckter Mangel** wird hingegen erst bei Verwendung der Ware erkennbar.

Zur Vermeidung von Unstimmigkeiten zwischen Käufer und Verkäufer zur Beschaffenheit einer Ware sollte der Kaufvertrag klare Vereinbarungen hierzu enthalten.

Der Gesetzgeber hat eine Reihe von Kriterien festgelegt, mit denen die Mangelfreiheit einer Sache überprüft werden kann. Dabei müssen für einen Sachmangel **alle drei Voraussetzungen** zutreffen, d. h. kumulativ erfüllt sein.

1. Voraussetzung: die Übereinstimmung mit den **subjektiven Anforderungen** (§ 434 Abs. 2 BGB)	+	**2. Voraussetzung:** die Übereinstimmung mit den **objektiven Anforderungen** (§ 434 Abs. 3 BGB)	+	**3. Voraussetzung:** die Übereinstimmung mit etwaigen **Montageanforderungen** (§ 434 Abs. 4 BGB)

1. Voraussetzung: Subjektive Anforderungen

§ 434 Abs. 2 BGB Sachmangel
Die Sache entspricht den subjektiven Anforderungen, wenn sie
1. die vereinbarte **Beschaffenheit** hat,
2. sich für die nach dem Vertrag vorausgesetzte Verwendung eignet und
3. mit dem vereinbarten Zubehör und den vereinbarten Anleitungen, einschließlich Montage- und Installationsanleitungen, übergeben wird.

Beschaffenheit
Art, Menge, Qualität, Funktionalität, Kombinierbarkeit mit anderen Waren und weitere im Kaufvertrag vereinbarte Merkmale

Die gekaufte Sache ist somit mangelfrei, wenn sie so wie im Kaufvertrag zwischen Käufer und Verkäufer vereinbart auch geliefert wurde.

BEISPIEL: Die gelieferten Fahrradsitze wurden einer weiteren Wareneingangskontrolle unterzogen. Dabei wurde festgestellt, dass sich die Sitze unter Belastung verbiegen und das verwendete Lederimitat sofort Risse bekommt. Die Prüfung zeigt, dass die verwendete Qualität von Bezug und Sitzelement in keinster Weise der Bestellung und damit den Vereinbarungen im Kaufvertrag entspricht.

2. Voraussetzung: Objektive Anforderungen

§ 434 Abs. 3 BGB Sachmangel
Soweit nicht wirksam etwas anderes vereinbart wurde, entspricht die Sache den objektiven Anforderungen, wenn sie
1. sich für die gewöhnliche Verwendung eignet,
2. eine **Beschaffenheit** aufweist, die bei Sachen derselben Art üblich ist und die der Käufer erwarten kann unter Berücksichtigung
   a) der Art der Sache und
   b) der öffentlichen Äußerungen, die von dem Verkäufer oder einem anderen Glied der Vertragskette oder in deren Auftrag, insbesondere in der Werbung oder auf dem Etikett, abgegeben wurden,
3. der Beschaffenheit einer Probe oder eines Musters entspricht, die oder das der Verkäufer dem Käufer vor Vertragsschluss zur Verfügung gestellt hat, und
4. mit dem Zubehör einschließlich der Verpackung, der Montage- oder Installationsanleitung sowie anderen Anleitungen übergeben wird, deren Erhalt der Käufer erwarten kann.

Beschaffenheit
Menge, Qualität, Haltbarkeit, Funktionalität, Kompatibilität, Sicherheit

Unter gewissen Umständen ist der Verkäufer an **öffentliche Äußerungen** nicht gebunden, z. B. wenn der Käufer sie nicht kannte oder eine Kaufentscheidung davon nicht beeinflusst würde.

Eine Sache erfüllt die objektiven Anforderungen und ist damit mangelfrei, **wenn sie so verwendet werden kann, wie dies bei Sachen der gleichen Art der Fall ist.**

BEISPIEL: Die bestellten Fahrradsitze weisen nicht nur Mängel hinsichtlich der Qualität auf. Vielmehr können sie mit dem Fahrradrahmen nur fest verbunden werden und lassen sich danach weder in der Höhe verstellen noch im Nachhinein austauschen. Diese Sitze entsprechen damit nicht der üblichen Verwendung, wie dies bei anderen Sitzen der Fall ist.

Hatte der Verkäufer vor dem Abschluss des Kaufvertrags eine **Probe** (Spezifikation der Kaufsache zur Ansicht) zur Verfügung gestellt, so muss die gelieferte Sache auch mindestens der Qualität dieser Probe entsprechen.

Die Kaufsache muss außerdem eine **Verpackung** sowie das dazugehörige **Zubehör** und eine **Anleitung** enthalten, die dafür allgemein üblich sind.

Was genau unter üblich und gewöhnlich zu verstehen ist, kann aufgrund der sehr allgemeinen und mehrdeutigen Formulierung von den beteiligten Kaufvertragspartnern unterschiedlich interpretiert werden. Das eigene Rechtsempfinden und die Erwartungen als Käufer können hier zudem von branchen- oder produktüblichen Standards erheblich abweichen. Eine exakte Vereinbarung zur Beschaffenheit zwischen Käufer und Verkäufer ist daher ein sinnvolles Vorgehen, anstatt auf eine in der Werbung des Verkäufers versprochene Beschaffenheit oder marktübliche Standards zu vertrauen.

3. Voraussetzung: Montageanforderungen

§ 434 Abs. 4 BGB Sachmangel
Soweit eine Montage durchzuführen ist, entspricht die Sache den Montageanforderungen, wenn die Montage
1. sachgemäß durchgeführt worden ist oder
2. zwar unsachgemäß durchgeführt worden ist, dies jedoch weder auf einer unsachgemäßen Montage durch den Verkäufer noch auf einem Mangel in der vom Verkäufer übergebenen Anleitung beruht.

Wurde mit dem Verkäufer die Montage der gelieferten Sache vereinbart, so ist diese durch den Verkäufer oder eine von ihm beauftragte Person **sachgemäß** auszuführen. Werden bei der Montage jedoch vom Verkäufer zu verantwortende Fehler gemacht, liegt ebenfalls ein Sachmangel vor.

BEISPIEL: Einige Büroräume bei der Fly Bike Werke GmbH werden mit neuen Möbeln ausgestattet. Der Aufbau wird durch Fachpersonal des Möbellieferanten Bürowelten GmbH übernommen. Am Tag nach der Montage fällt ein Schrank in sich zusammen, da die einzelnen Elemente nur unvollständig miteinander verschraubt wurden. Der entstandene Sachmangel geht zulasten des Lieferanten.

Falschlieferung

→ § 434 Abs. 5 BGB

Ein Sachmangel liegt auch dann vor, wenn der Verkäufer eine an sich **mangelfreie**, aber **nicht vereinbarte Sache** liefert.

BEISPIEL: Bei der Anlieferung der neuen Möbel wird festgestellt, dass zwei der Schränke nur 1,30 m anstelle der bestellten 2,00 m hoch geliefert wurden.

Rechtsmangel

§ 435 BGB Rechtsmangel
Die Sache ist frei von Rechtsmängeln, wenn Dritte in Bezug auf die Sache keine oder nur die im Kaufvertrag übernommenen Rechte gegen den Käufer geltend machen können. [...]

Eigentumsvorbehalt
LF 3 → Kap. 2.5.1

Zu den typischen Rechtsmängeln zählt der Eigentumsvorbehalt an einer Sache, d. h. der Verkäufer hat selbst (noch) kein Eigentum an der Sache und kann dieses daher auch nicht an den Käufer rechtmäßig übertragen.

BEISPIEL: Die Bürowelten GmbH produziert die Möbel nicht selbst, sondern beschafft sie bei einem regionalen Möbelhersteller. Dieser Hersteller beliefert seine Abnehmer grundsätzlich unter (verlängertem) Eigentumsvorbehalt. Die Bürowelten GmbH hat die bestellten Möbel allerdings bereits vor Bezahlung der eigenen Rechnung und damit vor Erhalt des Eigentums an die Fly Bike Werke GmbH geliefert, sodass das Eigentum noch nicht an die Fly Bike Werke GmbH übertragen werden kann.

Wurde eine mangelhafte Sache geliefert und möchte der Käufer seine Rechte in Anspruch nehmen, so muss er diese innerhalb einer bestimmten **Frist** nach Übergabe der Sache geltend machen.

Wareneingangskontrolle
→ Kap. 2.3

Bei einem **zweiseitigen Handelsgeschäft** muss der Käufer die Ware **unverzüglich** nach Erhalt, d. h. **ohne schuldhaftes Verzögern**, prüfen. Dabei ist die zur Prüfung notwendige Zeit aber zu berücksichtigen. Festgestellte Mängel werden dem Verkäufer in einer **Mängelrüge**, aus Beweisgründen schriftlich, mitgeteilt.

§ 377 HGB

(1) Ist der Kauf für beide Teile ein Handelsgeschäft, so hat der Käufer die Ware unverzüglich nach der Ablieferung durch den Verkäufer, soweit dies nach ordnungsmäßigem Geschäftsgange tunlich ist, zu untersuchen und, wenn sich ein Mangel zeigt, dem Verkäufer unverzüglich Anzeige zu machen.

(2) Unterlässt der Käufer die Anzeige, so gilt die Ware als genehmigt, es sei denn, dass es sich um einen Mangel handelt, der bei der Untersuchung nicht erkennbar war.

(3) Zeigt sich später ein solcher Mangel, so muss die Anzeige unverzüglich nach der Entdeckung gemacht werden; anderenfalls gilt die Ware auch in Ansehung dieses Mangels als genehmigt.

(4) Zur Erhaltung der Rechte des Käufers genügt die rechtzeitige Absendung der Anzeige.

(5) Hat der Verkäufer den Mangel arglistig verschwiegen, so kann er sich auf diese Vorschriften nicht berufen.

Mängelrüge
→ Kap. 2.4

3.2.2 Rechte bei Vorliegen eines Mangels

Auch wenn eine Sache mangelhaft ist, bleibt der Erfüllungsanspruch des Käufers grundsätzlich bestehen. Dem Käufer stehen bestimmte Rechte aus dieser Kaufvertragsstörung zu. Er kann zunächst **(vorrangig)** die Beseitigung des Mangels verlangen und erst wenn dies fehlschlägt, weitere **(nachrangige)** Rechte beanspruchen.

→ § 437 BGB

Vorrangige Rechte bei mangelhafter Lieferung

Der Käufer kann zunächst das **Recht auf Nacherfüllung** geltend machen, d. h. der Verkäufer beseitigt den Mangel (Nachbesserung z. B. durch Reparatur) oder liefert eine mangelfreie Sache als Ersatz. Dieses Vorgehen ist nur dann sinnvoll, wenn der Mangel auch behoben werden kann. Der Verkäufer erhält damit eine zweite Chance zur Erfüllung seiner Pflichten **innerhalb einer vom Käufer gesetzten Frist**.

→ § 439 Abs. 1 BGB

Der Käufer kann grundsätzlich frei zwischen **Nachbesserung** und **Ersatzlieferung** wählen. Die hiermit verbundenen Kosten hat der Verkäufer zu tragen.

Kosten für
- Transport
- Wegekosten
- Arbeitsleistung
- Material

BEISPIEL: Die falsch gelieferten Aluminium-Fahrradgestelle werden an den Lieferanten zurückgeschickt und durch die ursprünglich bestellten Carbon-Gestelle ersetzt. Die anfallenden Transport- und Verpackungskosten trägt der Lieferant.

Der Verkäufer kann die vom Käufer gewählte Form der Nacherfüllung verweigern. Dies wird er dann tun, wenn die Nacherfüllung für ihn mit unverhältnismäßig hohen Kosten verbunden ist oder eine Nacherfüllung unmöglich erscheint. In diesem Fall muss der Käufer die andere Art der Nacherfüllung in Anspruch nehmen.

BEISPIEL: Funktioniert das bei einem Neuwagen eingebaute Navigationssystem nicht fehlerfrei, so muss der Autohändler nur dieses instand setzen oder austauschen. Die Neulieferung eines neuen Wagens ist nicht verhältnismäßig.

→ § 440 BGB

Ist ein zusätzlicher Schaden entstanden, kann der Käufer zusätzlich unter den Voraussetzungen von § 280 Abs. 1 BGB Schadensersatz verlangen.

Eine Nachbesserung ist fehlgeschlagen, wenn der Verkäufer auch beim zweiten Versuch damit scheitert. Gleiches gilt, wenn er den Mangel nicht beseitigen kann oder will oder die gesetzte Frist abgelaufen ist. In diesem Fall stehen dem Käufer weitere nachrangige Rechte zu.

Nachrangige Rechte bei mangelhafter Lieferung

Ist die Nacherfüllung durch den Verkäufer fehlgeschlagen oder eine gesetzte Frist verstrichen, so kann der Käufer entweder vom **Vertrag zurücktreten** oder eine **Minderung des Kaufpreises** verlangen.

Rücktritt
→ §§ 323, 440 BGB
Minderung
→ § 441 BGB

Auf eine Frist kann der Käufer jedoch **verzichten**, wenn
- der Verkäufer die Nacherfüllung ernsthaft und endgültig verweigert,
- die Nacherfüllung gescheitert ist,
- die Nacherfüllung unzumutbar ist oder
- besondere Umstände den sofortigen Rücktritt oder die sofortige Minderung rechtfertigen.

Für einen **Rücktritt** vom Kaufvertrag muss ein **erheblicher Mangel** vorliegen. Ist dies nicht der Fall, so kann der Käufer nur eine **Minderung** verlangen. In diesem Fall wird der Kaufpreis der Sache um den Betrag reduziert, um den der Mangel den Wert der Sache, gemessen am Kaufpreis, mindert.

BEISPIEL: Ein Neuwagen wurde mit automatisch einklappbaren Außenspiegeln beim Hersteller bestellt. Nach Auslieferung stellt sich jedoch heraus, dass die Spiegel nur per Hand eingeklappt werden können. Da der Wert der fehlenden Funktion nur einen geringen Anteil am Gesamtwert ausmacht, kann nur eine Preisminderung in Betracht gezogen werden, vorausgesetzt, dass der Mangel nicht durch eine Nachbesserung behoben werden kann.

Platzkauf
identischer Erfüllungsort für Käufer und Verkäufer

Versendungskauf
unterschiedlicher Erfüllungsort für Käufer und Verkäufer
LF 3 → Kap. 2.5.1

Bei einem **Platzkauf** kann der Verkäufer mangelhafte Ware sofort zurückgeben.

Bei **Versendungskäufen** (Distanzkäufen) muss der Käufer die Ware bis zu der Entscheidung des Verkäufers selbst oder bei einem Dritten ordnungsgemäß aufbewahren, um dem Verkäufer unnötige Kosten zu ersparen. Der Käufer darf aber z. B. verderbliche Waren als Notverkauf unter bestimmten Voraussetzungen versteigern oder zu einem Börsen- oder Marktpreis aus freier Hand verkaufen (lassen).

Schadensersatz
→ §§ 281 i. V. m. 280 BGB
Aufwendungsersatz
→ §§ 474 ff. BGB
→ § 284 BGB

Der Haftungsausschluss bei mangelhafter Lieferung ist nur bei zweiseitigen Handelsgeschäften möglich.

Der Käufer kann zusätzlich auch **Schadensersatz statt der Leistung** (wenn der Verkäufer einen entstandenen Schaden zu verschulden hat) oder den **Ersatz vergeblicher Aufwendungen** (Kosten, die durch Vertrauen in eine mangelfreie Ware entstanden sind) in Anspruch nehmen.

In gewissen Fällen kann die Haftung für den Verkäufer bei mangelhafter Ware ausgeschlossen sein. Dies ist u. a. in folgenden Fällen gegeben:
- Die Haftung wurde durch eine AGB-Klausel oder durch individuelle Vertragsvereinbarung ausgeschlossen. Eine Haftung durch den Verkäufer ist nur dann gegeben, wenn er den Mangel arglistig verschwiegen oder eine Garantie für die Beschaffenheit der Sache übernommen hat.
- Kannte der Käufer den Mangel bereits bei Vertragsabschluss oder ist er ihm infolge grober Fahrlässigkeit unbekannt geblieben, so haftet der Verkäufer ebenfalls nicht.

ÜBERSICHT: Sachmängel

Sachmangel	Die Sache weist Abweichungen in den subjektiven und/oder objektiven Anforderungen und/oder eine fehlerhafte Montage auf.
Mängelarten	– Ein **offener** Mangel ist bereits bei Annahme der Ware sofort sichtbar. – Ein **versteckter** Mangel ist erst bei der Verwendung der Ware erkennbar.
Voraussetzungen für einen Sachmangel	fehlende Übereinstimmung mit den **subjektiven** Anforderungen – Fehlen der zwischen Verkäufer und Käufer vereinbarten Beschaffenheit – Nichteignung für die nach dem Vertrag vorausgesetzte Verwendung – Fehlen des vereinbarten Zubehörs oder der Anleitungen
	fehlende Übereinstimmung mit den **objektiven** Anforderungen – Nichteignung für die gewöhnliche, allgemein übliche Verwendung – Fehlen der üblichen oder vom Käufer zu erwartenden Beschaffenheit – Abweichung von der durch den Verkäufer zur Verfügung gestellten Probe – Fehlen des zu erwartenden Zubehörs
	fehlende Übereinstimmung mit den **Montageanforderungen** – Bei der Montage wurden vom Verkäufer zu vertretende Fehler gemacht.
	Falschlieferung: Es wurde eine andere als die vereinbarte Sache geliefert.

ÜBERSICHT: Rechte des Käufers bei Lieferung mangelhafter Ware

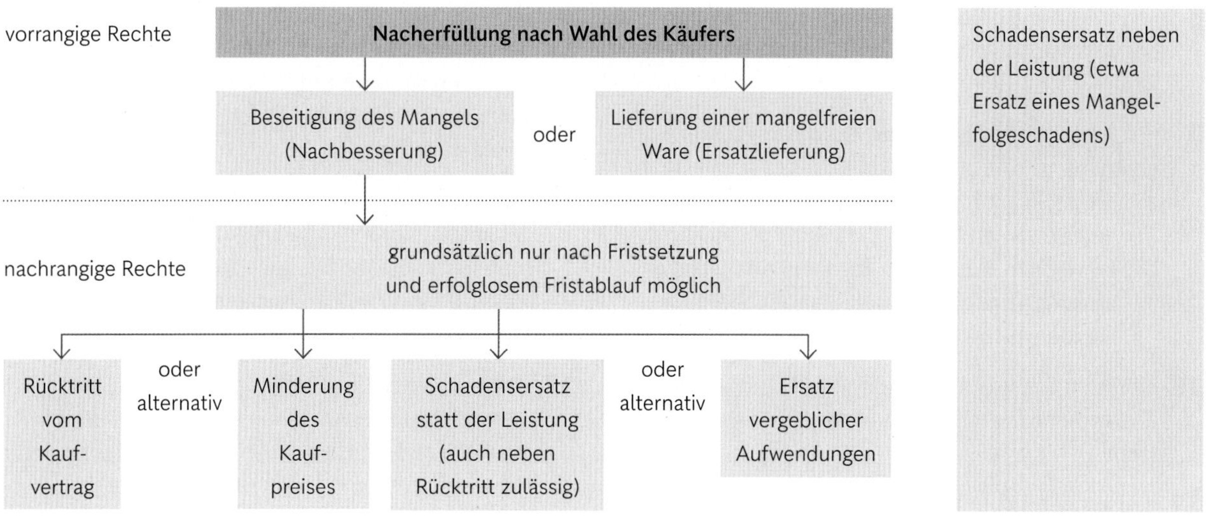

Alles klar?

1 Beschreiben Sie mögliche Konsequenzen eines Lieferungsverzugs für das Unternehmen.
- a Gehen Sie dabei zunächst davon aus, dass das Unternehmen Vorratshaltung betreibt.
- b Welchen Einfluss hätte eine Just-in-time-Beschaffung auf Ihre Überlegungen?

2 Erläutern Sie, unter welchen Umständen ein Lieferungsverzug zustande kommt.

3 Beschreiben Sie, wie die Fälligkeit einer Lieferung ermittelt werden kann.

4 Begründen Sie, wann der Verkäufer bei folgenden Liefervereinbarungen jeweils in Verzug gerät.
- a Lieferung bis Dienstag, 10.05.20XX
- b Lieferung in der Kalenderwoche 35
- c Lieferung ab dem zweiten Quartal
- d Lieferung nach Terminvereinbarung
- e Lieferung frühestens in zwei Monaten

5 Begründen Sie, welche wesentlichen Inhalte eine Mahnung beim Lieferungsverzug enthalten sollte.

6 Bei Vorliegen eines Lieferungsverzuges unterscheidet man vorrangige und nachrrangige Rechte. Erläutern Sie, was man grundsätzlich darunter versteht.

7 Erläutern Sie, welche Rechte dem Unternehmen bei Lieferungsverzug vorrangig zustehen.

8 Erläutern Sie die Rechte, die dem Unternehmen bei Verstreichen einer gesetzten Nachfrist zustehen.

9 Erkundigen Sie sich in Ihrem Ausbildungsunternehmen,
- a wie häufig dort bereits ein Lieferungsverzug vorgekommen ist und
- b in welchen Situationen sogar Schadenersatzansprüche oder der Ersatz vergeblicher Aufwendungen geltend gemacht wurden.

10 Erläutern Sie, was man unter einer Mahnung im Zusammenhang mit einem Lieferungsverzug versteht.

11 In manchen Fällen kann auf das Anmahnen einer ausstehenden Lieferung verzichtet werden. Erläutern Sie, wann dies der Fall ist.

12 Eine Warensendung, die Ende Juni geliefert werden sollte, trifft erst am 12. Juli bei der Fly Bike Werke GmbH ein. Da diese die Waren aber inzwischen günstiger beschaffen konnte, ist sie (ohne vorherige Mahnung oder Fristsetzung) bereits am 7. Juli vom Vertrag zurückgetreten und verweigert deshalb die Annahme. Beurteilen Sie die Situation aus rechtlicher Sicht.

13 Entscheiden Sie, welche der folgenden Aussagen zum Lieferverzug richtig sind.
- a Ein Lieferverzug tritt grundsätzlich immer mit dem Versand einer Mahnung ein.
- b Das Überschreiten der Fälligkeit einer Lieferung führt nur dann zum Lieferverzug, wenn der Lieferant auch ein Verschulden dafür trägt.
- c Bei einem kalendermäßig bestimmten Liefertermin tritt der Lieferant mit Ablauf einer gesetzten Nachfrist in Verzug.
- d Ein Verzögerungsschaden kann bei Vorliegen eines Lieferverzuges grundsätzlich immer geltend gemacht werden.
- e Der Käufer kann bei Vorliegen eines Lieferverzuges zwischen den Rechten Rücktritt vom Kaufvertrag, Schadenersatz oder Bestehen auf der Lieferung wählen.

14 Beschreiben Sie, was man unter einer mangelhaften Lieferung versteht.

15 Bei der Fly Bike Werke GmbH ist eine mangelhafte Lieferung eingetroffen. Erläutern Sie, weshalb die Mängelrüge nicht telefonisch, sondern schriftlich erfolgen sollte.

16 Beschreiben Sie, welche Auswirkungen eine mangelhafte Lieferung in Ihrem Ausbildungsunternehmen hätte. Gehen Sie auch auf Möglichkeiten ein, wie sich Ihr Ausbildungsunternehmen gegebenenfalls dagegen absichert.

17 Unterscheiden Sie offene und verdeckte Mängel anhand je eines passenden Beispiels bei der Fly Bike Werke GmbH und in Ihrem Ausbildungsunternehmen.

18 Erläutern Sie die Voraussetzungen, die für einen Sachmangel gegeben sein müssen.

19 Beschreiben Sie anhand eines Beispiels, wann eine Sache einen Rechtsmangel aufweist.

20 Erläutern Sie das Recht auf Nacherfüllung anhand einer jeweils konkreten Umsetzungsmöglichkeit.

21 Erläutern Sie die Voraussetzungen zur Inanspruchnahme nachrangiger Rechte bei einer mangelhaften Lieferung.

22 Beschreiben Sie, welche nachrangigen Rechte dem Käufer bei einer mangelhaften Lieferung zustehen.

23 Denken Sie an eine mangelhafte Lieferung zurück, die Sie privat erhalten haben. Beschreiben Sie Ihr Vorgehen zur Beseitigung des Mangels. Welche Unterschiede oder Gemeinsamkeiten können Sie feststellen?

24 Bei einem Handelskauf vereinbaren die Vertragsparteien die Klausel „gekauft wie gesehen". Erläutern Sie mögliche Auswirkungen auf das Vorhandensein von offenen und versteckten Mängeln und die sich daraus ergebenen Rechte für den Käufer.

25 Entscheiden Sie, welche der folgenden Aussagen richtig ist.

a Für das Vorliegen eines Sachmangels erfüllt die erhaltene Ware sowohl die subjektiven als auch objektiven Anforderungen nicht.

b Die Lieferung einer anderen als der bestellten Ware, die an sich mangelfrei ist, bezeichnet man als Falschlieferung. Sie ist damit kein Sachmangel.

c Eine fehlerhafte Montage wird nur dann als Sachmangel anerkannt, wenn die Montage von Fachpersonal des Lieferanten durchgeführt wurde.

d Sowohl offene als auch versteckte Mängel müssen unmittelbar nach ihrer Entdeckung beim Lieferanten angezeigt werden.

e Bei erheblichen Mängeln kann der Käufer sofort die Rechte des Rücktritts oder der Preisminderung geltend machen.

26 Interpretieren Sie die folgende Grafik.

LIEFERSCHWIERIGKEITEN

LF 5
Wertströme buchhalterisch dokumentieren und auswerten

AB → Lernsituation 42

1 Aufgaben und Bereiche des Rechnungswesens

1.1 Dokumentation von Geschäftsprozessen im Rechnungswesen

Das Rechnungswesen eines Industrieunternehmens erfasst und dokumentiert die zahlenmäßig darstellbaren Daten **aller betrieblichen Prozesse**. Diese Prozesse bezeichnet man als Geschäftsprozesse.

Absatz- und Beschaffungsprozess im Industriebetrieb

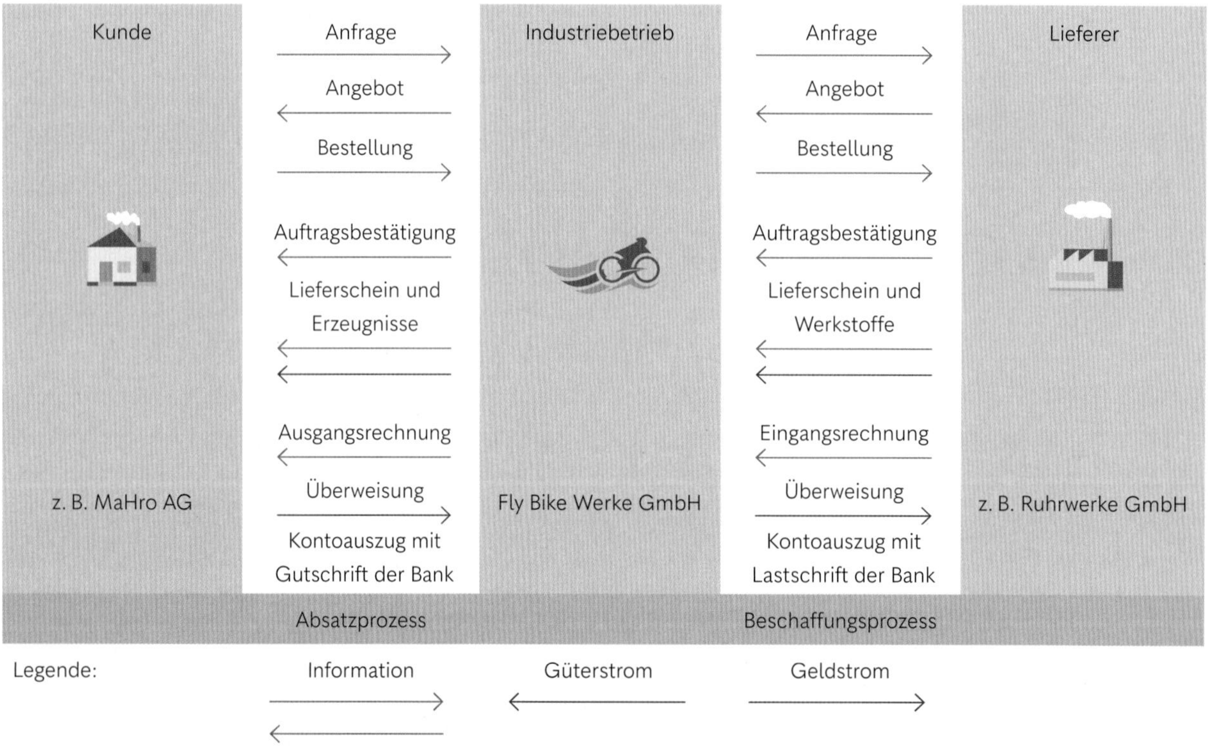

Daten aus Kernprozessen des Industriebetriebes (Beispiele)

Beschaffung (Einkauf)	Ausgaben für die Beschaffung von Rohstoffen
Leistungserstellung (Produktion)	Kosten für die Herstellung von Erzeugnissen
Marketing (Absatz)	Einnahmen aus dem Verkauf von Erzeugnissen
Logistik im Beschaffungs-, Produktions- und Absatzbereich	Kosten für den Transport und die Lagerung von Werkstoffen und Erzeugnissen

Funktionsmodell eines Industriebetriebes

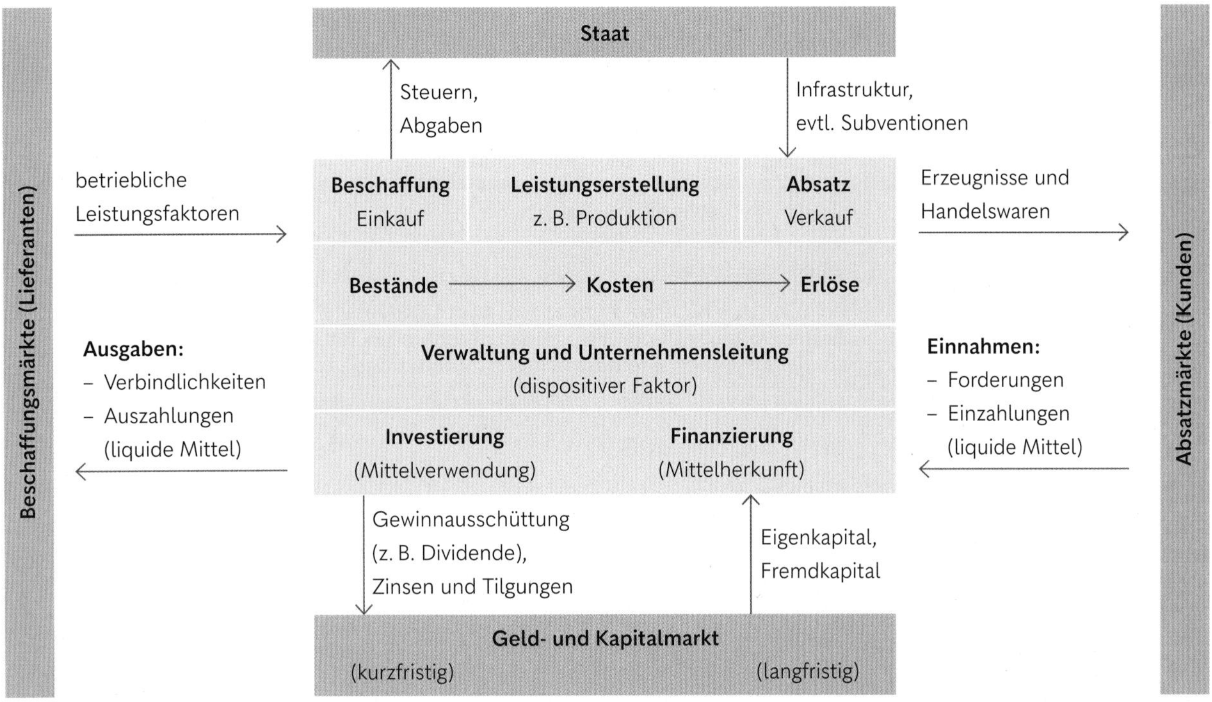

Eine wichtige Aufgabe des Rechnungswesens ist die **Dokumentation** der Werteströme. Dazu gehört die vollständige, richtige, zeitgerechte und geordnete Aufzeichnung aller Geschäftsvorfälle in der **Finanzbuchhaltung**. Die Dokumentation der Geschäftsvorfälle ist die Basis für die Bereitstellung von **Informationen** an eine Vielzahl von inner- und außerbetrieblichen Interessenten. Auf der Grundlage dieser Informationen kann z. B. die Unternehmensleitung **kontrollieren**, ob und in welchem Maße Unternehmensziele erreicht worden sind. Neben der Kontrolle dienen diese Informationen der **Planung** betriebswirtschaftlicher Entscheidungen für die Zukunft. Lieferanten sind z. B. an Informationen zur Kreditwürdigkeit und Zahlungsfähigkeit des Unternehmens interessiert, der Staat benötigt Informationen zur Festlegung der Besteuerung.

Aufgaben des Rechnungswesens:
- Dokumentation
- Information
- Planung und Kontrolle

Dokumentation von Geschäftsvorfällen

Informationen	Beispiele	mögliche Interessenten
Wert des Vermögens	Vorräte, Bankguthaben	Geschäftsleitung Unternehmenseigner Staat (Finanzamt) Kreditgeber (Banken) Kunden Lieferanten Arbeitnehmer Mitbewerber Öffentlichkeit
Höhe der Schulden	Darlehensschulden bei Banken, Verbindlichkeiten bei Lieferanten	
erzielte Umsätze	Erlöse für Erzeugnisverkauf	
entstandene Aufwendungen	Rohstoffverbrauch, Löhne, Gehälter, Mieten	
Art und Höhe des Erfolgs	Gewinn oder Verlust	

1.2 Rechtliche Grundlagen des Rechnungswesens

An: Roswitha Taubert (Fly Bike Werke GmbH)

Von: Ewa Nowak (Fly Bike Werke GmbH)

Betreff: Betriebsprüfung: Finanzamt

Liebe Frau Taubert,

am nächsten Montag wird das Finanzamt Oldenburg eine routinemäßige Betriebsprüfung in unserem Hause durchführen. Bitte sorgen Sie dafür, dass für die Inspektion alle notwendigen Informationen zur Verfügung stehen.

Unsere Finanzbuchhaltung ist doch auf aktuellem Stand? Bitte um Rückruf.

Mit freundlichen Grüßen

Ewa Nowak

Geschäftsführerin

--

Fly Bike Werke GmbH
Rostocker Str. 134, 26121 Oldenburg
Telefon: 0441 8XX-0 | Telefax: 0441 8XX-9211
E-Mail: ewa.nowak@flybike-werke.dex

Geschäftsführerin: Ewa Nowak
Handelsregister: Amtsgericht Oldenburg – HR Oldenburg HRB 2134
Steuer Nr. 112/8870/0057 – USt-Id.-Nr. DE 236667691

Jeder Kaufmann wird durch das **Handelsgesetzbuch (HGB)** verpflichtet, Bücher nach den **Grundsätzen ordnungsmäßiger Buchführung (GoB)** zu führen. Die Eintragungen in Büchern und die sonst erforderlichen Aufzeichnungen müssen vollständig, richtig, zeitgerecht und geordnet vorgenommen werden.

Gemäß den steuerrechtlichen Vorschriften der **Abgabenordnung (AO)** wird der Kreis der Buchführungspflichtigen aus Gründen der gerechten Besteuerung erweitert. Wer unterhalb der festgelegten Grenzen liegt, muss beim Finanzamt lediglich eine Einnahmen-Überschuss-Rechnung einreichen.

Gesetzliche Vorschriften zu Buchführung und Jahresabschluss lt. HGB und AO

Buchführungspflicht nach § 238 HGB[1]	Buchführungspflicht nach §§ 140–141 AO
alle Kaufleute gem. HGB: – § 1 Istkaufmann – § 2 Kannkaufmann[2] – § 3 Land- und Forstwirtschaft; Kannkaufmann[2] – § 5 Kaufmann kraft Eintragung – § 6 Handelsgesellschaften; Formkaufmann	– alle Kaufleute gem. HGB sowie – gewerbliche Unternehmer und Land- und Forstwirte/-wirtinnen mit einem Jahresumsatz > 800.000,00 € oder Jahresgewinn > 80.000,00 € – Land- und Forstwirte mit einem Wirtschaftswert > 25.000,00 €

[1] Gilt nicht für Einzelkaufleute, die unterhalb der Umsatz- und Gewinngrenze nach → § 141 AO liegen (→ § 241 a HGB)

[2] Eintragung in das Handelsregister notwendig

Neben dem HGB sind in Abhängigkeit von der Rechtsform des Unternehmens auch das **Aktiengesetz (AktG)** und das **GmbH-Gesetz (GmbHG)** zu beachten.

Weitere handelsrechtliche Vorschriften zu Buchführung und Jahresabschluss

1. Abschnitt §§ 238–263 HGB	2. Abschnitt §§ 264–335 HGB	3. Abschnitt §§ 336–339 HGB
grundsätzliche Vorschriften für alle Kaufleute	ergänzende (spezielle) Vorschriften für Kapitalgesellschaften und Konzerne	ergänzende (spezielle) Vorschriften für eingetragene Genossenschaften

Für alle steuerrechtlich relevanten Vorgänge sind weitere Steuergesetze wie z. B. das Einkommensteuergesetz (EStG), Umsatzsteuergesetz (UStG), Körperschaftsteuergesetz (KStG) und die entsprechenden Durchführungsverordnungen und Richtlinien für diese Gesetze zu berücksichtigen.

Ist ein Unternehmen verpflichtet, Bücher zu führen, so muss diese Buchführung so beschaffen sein, dass sie einem **sachverständigen Dritten** innerhalb **angemessener Zeit** einen Überblick über die **Geschäftsvorfälle** und über die **Lage des Unternehmens** vermitteln kann. Dabei müssen sich die Geschäftsvorfälle in ihrer Entstehung und Abwicklung verfolgen lassen (§ 238 Abs. 1 HGB und § 145 Abs. 1 AO).

Beschaffenheit der Buchführung

Anforderungen (§ 238 HGB, § 145 AO)	Bedeutung
sachverständiger Dritter	Steuerberater/-in, Wirtschaftsprüfer/-in, Betriebsprüfer/-in des Finanzamtes usw.
innerhalb angemessener Zeit	abhängig von der Größe des Unternehmens und damit vom Umfang der geordneten Buchführung
Überblick über die Geschäftsvorfälle	vollständige, richtige, zeitgerechte und geordnete Aufzeichnungen und Aufbewahrung der den Aufzeichnungen zugrunde liegenden Belege
Überblick über die Lage des Unternehmens	Vermögenslage, Ertragslage, Finanzlage

Folgen einer nicht ordnungsmäßigen Buchführung:
- Buchführung verliert an Beweiskraft (§ 158 AO)
- Schätzung der Bemessungsgrundlagen für die Steuerberechnung, z. B. für den Gewinn (§ 162 AO) ungenau
- bei Insolvenz evtl. Freiheits- oder Geldstrafe (§ 283 b StGB)

Die Buchführungspraxis, Gesetze (insbesondere HGB und AO) und die fortlaufende Rechtsprechung (z. B. Bundesfinanzhof) haben in der Vergangenheit eine Vielzahl von Regelungen getroffen, die Einfluss auf die Buchführung und deren Organisation haben. Aus diesen „Grundsätzen ordnungsmäßiger Buchführung“ ergibt sich allgemein, dass die Buchführung **wahr** und **klar** sein muss (§ 146 AO, § 239 HGB).

Grundsätze ordnungsmäßiger Buchführung (GoB) gemäß HGB bzw. AO

Vollständigkeit	Kein Geschäftsvorfall darf in der Buchführung unberücksichtigt bleiben.
Richtigkeit	Jede Buchung muss wahrheitsgemäß erfolgen.
zeitgerecht	Die Buchung muss in angemessener Zeit nach dem Geschäftsvorfall erfolgen; Kasseneinnahmen und -ausgaben sollen täglich erfasst werden.
geordnet	Geschäftsvorfälle sind zeitlich fortlaufend zu erfassen; sachliche Zuordnung auf Konten und geordnete Ablage der Belege.
Belegprinzip	Für jede Buchung muss ein Beleg vorhanden sein.
Sprache, Währung	Handelsbücher und Aufzeichnungen in lebender Sprache; Abkürzungen, Ziffern, Buchstaben oder Symbole nur mit eindeutig festgelegter Bedeutung; Jahresabschluss in deutscher Sprache und in Euro.
Berichtigungen	Eintragungen oder Aufzeichnungen dürfen nicht in einer Weise verändert werden, dass der ursprüngliche Inhalt nicht mehr feststellbar ist (keine Bleistifteintragungen, kein Tipp-Ex, Radieren, Überschreiben, Löschen von Datenträgern usw.).
Aufbewahrungspflicht	Unterlagen der Buchführung müssen aufbewahrt werden.

Gemäß HGB und GoB können die Bücher geführt werden:
- in gebundener Form (Seiten, als Bücher gebunden),
- als geordnete Loseblattsammlungen,
- als geordnete Ablage von Belegen oder
- auf Datenträgern (EDV).

Die Aufbewahrungsfrist beginnt mit dem Ende des betreffenden Kalenderjahres, in dem die Aufzeichnung oder der Beleg entstand.

Aufbewahrungsfristen

Zehn Jahre	Sechs Jahre
- Handelsbücher (z. B. Grund- und Hauptbuch) - Inventare - Eröffnungsbilanzen - Jahresabschlüsse (z. B. GuV-Rechnung, Bilanz) - Arbeitsanweisungen und Organisationsunterlagen (z. B. Programme)	- Empfangene Handelsbriefe (z. B. Angebote) - Wiedergaben abgesandter Handelsbriefe (z. B. Bestellungen) - Unterlagen, soweit sie für die Besteuerung von Bedeutung sind
Acht Jahre	
- Buchungsbelege (z. B. Ausgangs- und Eingangsrechnungen, Quittungen, Kontoauszüge)	

GoBD
Grundsätze zur ordnungsmäßigen Führung und Aufbewahrung von Büchern, Aufzeichnungen und Unterlagen in **elektronischer Form** sowie zum **Datenzugriff**

Für die digitale Finanzbuchhaltungswelt unter Einsatz von **Datenverarbeitungssystememen** werden die beschriebenen GoB in den **GoBD** konkretisiert und erweitert. Das gilt auch für den Datenzugriff der Finanzverwaltung im Rahmen von Außenprüfungen.

Datenverarbeitungssysteme sind die im Unternehmen oder für Unternehmenszwecke zur elektronischen Datenverarbeitung eingesetzte Hard- und Software, mit der Daten und Dokumente erfasst, erzeugt, empfangen, übernommen, verarbeitet, gespeichert oder übermittelt werden. Dazu gehören das Hauptsystem sowie Vor- und Nebensysteme (z. B. Finanzbuchführungssystem, Anlagenbuchhaltung, Lohnbuchhaltung, Kassensystem, Warenwirtschaftssystem, Zahlungsverkehrssystem usw.) einschließlich der Schnittstellen zwischen den Systemen.

Für die gesamte Dauer der Aufbewahrungspflicht gelten auch beim Führen der Bücher in elektronischer Form folgende **Grundsätze**:
- Grundsatz der Nachvollziehbarkeit und Nachprüfbarkeit
- Grundsätze der Wahrheit, Klarheit und fortlaufenden Aufzeichnung; insbesondere: Vollständigkeit, Einzelaufzeichnungspflicht, Richtigkeit, zeitgerechte Buchungen und Aufzeichnungen, Ordnung, Unveränderbarkeit

Zur Nachvollziehbarkeit gehört nach wie vor das **Belegprinzip**, das eine progressive Prüfung vom Beleg über die Bücher und den Abschluss der Buchführung bis hin zur Steuererklärung und auch umgekehrt von der Steuererklärung bis zurück zum Beleg ermöglichen muss. Um dies zu gewährleisten, ist eine aussagefähige und vollständige **Verfahrensdokumentation** notwendig. Belege können natürlich gescannt oder jetzt auch fotografiert werden (z. B. mit dem Smartphone), wenn ein unveränderbarer bildlicher Zugriff jederzeit möglich und das Verfahren dokumentiert ist.

Bei **Änderungen im Datenverarbeitungssystem** (Systemwechsel) oder einer Auslagerung von aufzeichnungs- und aufbewahrungspflichtigen Daten aus dem **Produktivsystem** muss die veraltete Hard- und Software nur dann nicht mit aufbewahrt werden, wenn das neue System in quantitativer und qualitativer Hinsicht die gleichen Auswertungen ermöglicht. Es muss gewährleistet sein, dass den Finanzbehörden auf alle elektronisch gespeicherten Unterlagen ein Datenzugriff ermöglicht wird oder Datenträger ausgehändigt werden. Dafür wurden umfangreiche **Mitwirkungspflichten** festgelegt.

Produktivsystem
das aktuell im Unternehmen verwendete System

ÜBERSICHT: Erfassung und Dokumentation von Werteströmen

Die Werteströme von Geschäftsprozessen z. B. im Marketing, der Beschaffung und Logistik oder in der Leistungserstellung (Kernprozesse) verändern den Wert des Vermögens und/oder des Kapitals eines Industrieunternehmens. Diese Veränderungen haben ggf. auch Auswirkungen auf den Erfolg (Gewinn oder Verlust) des Unternehmens.
Derartige Prozessergebnisse nennt man im Rechnungswesen Geschäftsvorfälle.
Geschäftsvorfälle werden zuerst in der Finanzbuchhaltung erfasst (gebucht). Die Ergebnisse werden den anderen Bereichen des Rechnungswesens (Jahresabschluss, Kosten- und Leistungsrechnung, Planung, Controlling, Statistik) zur Verfügung gestellt.
Buchführungspflichtig sind allerdings nur Kaufleute (§ 238 HGB) sowie gewerbliche Unternehmer/-innen und Land- und Forstwirte, die bestimmte Kriterien erfüllen (§§ 140, 141 AO).
Buchführungspflichtige müssen die Grundsätze ordnungsmäßiger Buchführung beachten.

1.3 Bereiche des Rechnungswesens

Die Daten des Rechnungswesens sind für viele Bereiche wichtig:

Finanzbuchhaltung	
Auf Basis von Belegen werden alle Geschäftsvorfälle wertmäßig erfasst (gebucht) und zeitlich und sachlich geordnet dokumentiert.	Beispiele für Belege und Geschäftsvorfälle: - Eingangsrechnung Rohstoffeinkäufe - Ausgangsrechnung für Erzeugnisverkäufe - Kontoauszug der Bank für Überweisungen an Lieferanten - Quittung des Verkäufers für einen Bareinkauf von Büromaterial

Jahresabschluss	
Der Buchführungspflichtige hat zum Ende jedes Geschäftsjahres einen Jahresabschluss zu erstellen, in dem sein Vermögen und seine Schulden gegenübergestellt (Bilanz) sowie die Aufwendungen und Erträge (Gewinn- und Verlustrechnung) ausgewiesen werden müssen.	Datenbasis für den Jahresabschluss sind die jährliche Bestandsaufnahme (Inventur) und die Daten der Finanzbuchhaltung. Beispiele: – Vermögen: Maschinen, Geschäftsausstattung, Materialvorräte – Schulden: Bankverbindlichkeiten, Steuerschulden – Aufwendungen: Materialverbrauch, Löhne, Gehälter – Erträge: Umsatzerlöse aus dem Verkauf von Erzeugnissen – Gewinn: Erträge > Aufwendungen
Kosten- und Leistungsrechnung	
Hier werden nur Werte der Finanzbuchhaltung übernommen, die mit dem Sachziel des Unternehmens im Zusammenhang stehen. Dem Wertezuwachs wird der Werteverzehr gegenübergestellt, um den Betriebsgewinn zu ermitteln. Der Werteverzehr ist Basis für die Kalkulation.	– Sachziel: Betriebszweck, z. B. Produktion und Verkauf von bestimmten Produkten mit Gewinn – Wertezuwachs: Leistungen, d. h. sachzielbezogene Erträge, z. B. Umsatzerlöse aus dem Produktverkauf – Werteverzehr: Kosten, d. h. sachzielbezogene Aufwendungen, z. B. Verbrauch von Rohstoffen, Zahlung von Löhnen – Betriebsgewinn: Leistungen > Kosten – Kalkulation: Preisermittlung für eigene Erzeugnisse und Handelswaren
Planung	
Unternehmerische Zielsetzungen werden in Planungen konkretisiert und als Sollwerte vorgegeben.	– Zielsetzung: z. B. Gewinnerhöhung um 5 % – notwendige Planungen: z. B. Absatz-, Umsatz-, Produktions-, Beschaffungs-, Personal-, Investitions- und Finanzplan – Sollwerte: z. B. Absatzmengen, Verkaufspreise, Produktionsmengen, Einkaufsmengen und -preise
Controlling	
Das Controlling ist bereits bei der Planung beteiligt. Die im Rechnungswesen erfassten Istwerte werden den geplanten Sollwerten gegenübergestellt. Abweichungen und deren Ursachen müssen analysiert, Gegenmaßnahmen geplant und umgesetzt werden. Nicht erreichbare Ziele müssen ggf. neu definiert werden.	– Controlling (engl. to control) bedeutet steuern, regeln, kontrollieren. – Abweichungen: Sollwerte > oder < Istwerte – Abweichungsursachen: z. B. erhöhter Materialverbrauch durch Ausschussproduktion – Gegenmaßnahmen: z. B. Wechsel des Materiallieferanten, erweiterte Qualitätskontrollen beim Materialeingang
Statistik	
empfängerbezogene Aufbereitung und Darstellung von Daten in aussagefähigen Tabellen und Diagrammen mit Vergleichsgrößen	– Datenempfänger: unternehmensintern (z. B. Geschäftsleitung) oder -extern (z. B. Jahresabschlussempfänger wie Staat, Gläubiger usw.) – Tabellen und Diagramme: Zahlenübersichten oder grafische Darstellungen (z. B. Linien-, Balken- oder Kreisdiagramme) – Vergleichsgrößen: Istwert mit Istwert (Zeitvergleich) – Sollwert mit Istwert = Soll-/Ist-Vergleich – Istwert eigenes Unternehmen mit Istwert anderer Unternehmen (Betriebs- oder Branchenvergleich)

ÜBERSICHT: Aufgaben der Finanzbuchhaltung

Ermittlung der Zusammensetzung und der Veränderung des Vermögens und des Kapitals	Ermittlung der Erträge und Aufwendungen sowie des Erfolges (Gewinn oder Verlust) der Geschäftstätigkeit
Ermittlung von Basisdaten für Kosten- und Leistungsrechnung, Planungsrechnungen, Controlling, Statistik und viele unternehmerische Entscheidungen	Bereitstellung von Daten für gesetzlich vorgeschriebene Veröffentlichungen (Rechenschaftslegung) wie Jahresabschluss, z. B. Bilanz und Gewinn- und Verlustrechnung
Ermittlung von Bemessungsgrundlagen, z. B. für die Besteuerung	Bereitstellung von Beweismitteln beim Rechtsstreit (geordnete Aufbewahrung aller buchungsrelevanten Belege)

Alles klar?

1 Nennen Sie mögliche Interessenten an den Daten des Rechnungswesens eines Unternehmens.

2 Wer muss in Deutschland Bücher führen?

3 Welche der nachfolgend beschriebenen Personen sind Kaufmann im Sinne des HGB? Wer ist davon buchführungspflichtig? Begründen Sie kurz.

a Eine Existenzgründerin eröffnet eine Boutique für Bekleidungsstücke aus Leder mit zwei Aushilfskräften auf „538,00-€-Basis". Im ersten Geschäftsjahr wird bei einem Umsatz von 420.000,00 € ein Verlust in Höhe von 25.000,00 € erwirtschaftet.

b Zwei Freundinnen gründen eine „Offene Handelsgesellschaft" (im Handelsregister eingetragen) mit dem Ziel, Meeresfrüchte per Kühl-Lkw aus dem Mittelmeerraum nach Deutschland zu importieren und im Rheinland an Restaurants zu vermarkten. Noch ist allerdings nichts gekauft oder verkauft worden.

c Ein Handwerker hat als Elektriker seine Meisterprüfung bestanden und sich selbstständig gemacht. Mit vier Gesellinnen und einer Bürokraft (Teilzeit, 20 Stunden je Woche) erwirtschaftet er im ersten Geschäftsjahr bei einem Umsatz von über 800.000,00 € einen Gewinn in Höhe von 85.000,00 €.

d Eine Steuerberaterin erzielt mit ihrem Team (acht Mitarbeitende) regelmäßig Umsätze von über 800.000,00 €. Über die Höhe des steuerpflichtigen Gewinns streitet sie zurzeit noch mit dem Finanzamt.

e Ein Vollerwerbs-Landwirt gilt als der reichste Mann im Dorf mit Anbauflächen „ohne Ende" für Getreide, Spargel und anderes Öko-Gemüse. Zahlen jeglicher Art (z. B. Umsatz und Gewinn) sind nicht bekannt.

f Ein Existenzgründer hat sich nebenberuflich mit einem „Ebay-Shop" eine vermeintlich zweite Einnahmequelle eröffnet und sich im Rahmen seiner privaten „Gründungsoffensive" auch sofort in das Handelsregister eintragen lassen. Umsätze werden allerdings kaum erzielt. Gewinn? Daran ist gar nicht zu denken.

4 Ein Existenzgründer (kein „Freiberufler") ist sehr erfreut. Ohne einen in kaufmännischer Weise eingerichteten Geschäftsbetrieb (weder nach Art noch Umfang) und ohne Handelsregistereintragung wird er wahrscheinlich laut Aussage seines Steuerberaters im Geschäftsjahr 20XX einen Umsatz von 820.000,00 € erreichen. Sein Gewinn wird bei ca. 76.000,00 € liegen. Was werden diese Ergebnisse seiner selbstständigen Tätigkeit hinsichtlich der Buchführungspflicht für ihn bedeuten?

5 Welche Anforderungen stellen das HGB und die AO an die Buchführung eines Unternehmens?

6 Wie lange müssen folgende Unterlagen aufbewahrt werden?

a Eingangsrechnungen
b Angebote von Lieferanten
c Kopie einer Bestellung
d Arbeitsanweisungen an das Buchhaltungspersonal
e Kontoauszüge
f Inventare
g Bilanzen

2 Inventur, Inventar und Bilanz

2.1 Inventur

AB → Lernsituation 43

Lernvideo: Inventur

BEISPIEL: Im Absatzlager der Fly Bike Werke GmbH wird jeder Eingang fertiger Erzeugnisse aus der Produktion und jeder Erzeugnisverkauf an Kunden in einer Lagerdatei erfasst.

Lagerdatei

FLY BIKE Werke GmbH

City-Räder			Jahr: 20XX Seite 3		
Produkt	Produktbezeichnung				
102	City Fahrradmodell *Surf*				
Datum	Beleg	Vorgang	Zugang	Abgang	Bestand
30.11.	S. 2	Bestandsübertrag Seite 2			40
02.12.	HE 212	Eingang aus Produktion	300		340
14.12.	LS 566	Verkauf an Zweirad Ritter GmbH		100	240
28.12.	LS 789	Verkauf an MaHro AG		150	90

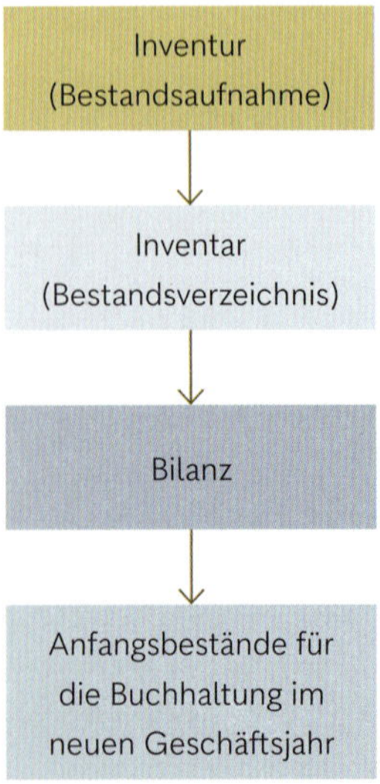

Anhand der Lagerdatei wäre es jederzeit möglich, die aktuellen Lagerbestände aller gelagerten Produkte mengenmäßig anzugeben. Aber auch Lagerdateien können irren! Falsche oder fehlende Eingaben, fehlerhafte Lagerung, nicht entdeckte Diebstähle, Schwund, Beschädigungen und Verderb können dazu führen, dass die Bestände laut Lagerdatei (**Sollbestände**) nicht den tatsächlichen Beständen verkaufsfähiger Erzeugnisse (**Istbestände**) entsprechen. Darüber hinaus muss auch der aktuelle Wert der Bestände festgestellt werden, denn Werte in € sind nicht in der Lagerdatei erfasst.

Sollbestand
Bestand gemäß Aufzeichnungen

Istbestand
Bestand gemäß Inventur

Inventur
Bestandsaufnahme aller Vermögensgegenstände und Schulden nach Art, Menge und Wert

Vermögenswerte
z. B. Grundstücke, Fahrzeuge, Bankguthaben

Schulden
(Verbindlichkeiten) z. B. Bankdarlehen, unbezahlte Lieferantenrechnungen

Die Aufnahme der Bestände nach Art, Menge und Wert wird **Inventur** genannt. Dabei erstreckt sich die Inventur nicht nur auf die Lagerbestände, sondern auf alle **Vermögenswerte** und alle **Schulden** des Unternehmens, damit ein vollständiges Bestandsverzeichnis, das **Inventar**, erstellt werden kann. Dies ist dann die Grundlage für die **Bilanz**, auf die nicht nur die Geschäftsleitung gespannt wartet. Erst dann weiß man mit Sicherheit, ob das letzte Geschäftsjahr tatsächlich erfolgreich war. Mit den ermittelten Bestandswerten startet dann die Buchführung in das neue Geschäftsjahr.

Die Durchführung der Inventur ist gesetzlich vorgeschrieben (§ 240 HGB, §§ 140, 141 AO) und muss erfolgen:
- bei Aufnahme der Geschäftstätigkeit (Gründung, Übernahme)
- am Ende jedes Geschäftsjahres (meistens der 31.12.)
- bei Aufgabe der Geschäftstätigkeit (Auflösung, Verkauf)

Alle Inventuraufnahmebelege, Inventurprotokolle, Inventuranweisungen und der Inventurkalender sind 10 Jahre lang aufzubewahren.

2.1.1 Planung der Inventur

Je größer das Unternehmen, desto schwieriger und arbeitsintensiver ist die Inventur und desto besser muss sie organisiert sein. Eine Person, die die Inventur leitet, muss folgende Planungsschritte beachten:

Planungsschritte

1. Zeitplanung	Zu welchen Zeitpunkten sollen Bestände erfasst werden?
2. Raumplanung	In welchen Gebäuden (Filialen, Lagerhallen, Büros) befinden sich die aufzunehmenden Bestände?
3. Personalplanung	Welche Personen sollen die Bestände aufnehmen?
4. Hilfsmittelplanung	Welche Hilfsmittel (Inventurlisten, Geräte) werden benötigt?

2.1.2 Durchführung der Inventur

Körperliche Inventur

Die Bestandsaufnahme der körperlichen Vermögensgegenstände erfolgt durch Zählen, Messen, Wiegen oder im Ausnahmefall durch Schätzen (geringer Wert, unangemessener Arbeitsaufwand des Zählens). Die ermittelten Bestände werden in Inventurlisten oder Inventurkarten eingetragen und anschließend in € bewertet. Zusammenfassungen mit Summenbildungen, z. B. Gesamtwerte für jede Warengruppe, sind notwendig.

Inventurliste

FLY BIKE Werke GmbH

Vermögensgegenstand	Feststellung der Menge	Bewertung
Y-Rahmen, 1-Gelenker, Material Alu/CrMo	Zählen der Y-Rahmen	Anzahl der Y-Rahmen · **Einkaufspreis** (Wertminderungen, z.B. bei Mängeln, müssen erfasst werden.)

Einkaufspreis (Bezugspreis): Verkaufspreis des Lieferanten abzüglich Preisnachlässe zuzüglich Kosten der Lieferung

Buchinventur

Die Bestandsaufnahme nicht körperlicher Gegenstände oder von Vermögensgegenständen, deren Bestand nach Art, Menge und Wert auch ohne körperliche Bestandsaufnahme festgestellt werden kann, erfolgt durch die Überprüfung von Aufzeichnungen, Belegen oder Dokumenten.

Inventurvereinfachungsverfahren
→ § 241 (2) HGB

Vermögensgegenstände/Schulden	Unterlagen für die Inventur
Fuhrpark, Betriebs- und Geschäftsausstattung	Anlagenkartei, Anlagendatei (EDV)
Bankguthaben	Kontoauszug der Bank
Forderungen gegenüber Kunden	unbezahlte Ausgangsrechnungen an Kunden
Verbindlichkeiten gegenüber Lieferanten	unbezahlte Eingangsrechnungen von Lieferanten

2.1.3 Kontrolle der Inventur

Auch Inventurunterlagen müssen zehn Jahre aufbewahrt werden.

Inventurdifferenz
Sollbestand ≠ Istbestand

Die Aufnahme der Bestände sollte von jeweils zwei Personen durchgeführt werden („Vier-Augen-Prinzip"). Für jeden Bereich ist ein Prüfer zu bestimmen, der nicht nur stichprobenweise überprüft, sondern eine Zweitaufnahme durchführt. Inventurlisten müssen von den Aufnehmenden und Prüfenden unterschrieben werden. Bei unerklärbaren Abweichungen der Aufnahmeergebnisse von der regelmäßigen Bestandsaufzeichnung (z. B. der Artikeldatei), die nicht im Rahmen üblicher **Inventurdifferenzen** liegen, müssen intensivere Nachforschungen eingeleitet werden. Die Buchinventur kann anhand von Saldenbestätigungen (schriftliche Bestätigung des Inventurwertes) von Banken, Kunden und Lieferern überprüft werden.

2.1.4 Arten der Inventur

Besonders wertvolle Wirtschaftsgüter (z. B. hochwertige Geräte) und Bestände, bei denen ins Gewicht fallende, unkontrollierbare, d. h. nicht annähernd abschätzbare Abgänge eintreten können, müssen immer als Stichtagsinventur erfasst werden.

Stichtagsinventur
Die Bestandsaufnahme, bezogen auf den letzten Tag des Geschäftsjahres (meist der 31.12.), nennt man Stichtagsinventur. Das bedeutet jedoch nicht, dass alle bereits beschriebenen Tätigkeiten an diesem Tag ausgeführt werden müssen. Kaum ein Unternehmen kann mit dem vorhandenen Personal am letzten Tag des Geschäftsjahres die gesamte Inventur durchführen. Das HGB und die Einkommensteuerrichtlinien (EStR) ermöglichen deshalb eine Auswahl von Inventurvereinfachungsverfahren. Dazu gehört, dass die Stichtagsinventur zeitnah, d. h. in der Regel in einem Zeitraum von 10 Tagen vor bis zu 10 Tagen nach dem Stichtag, erfolgen kann.

Zeitraum für die Stichtagsinventur

altes Geschäftsjahr | Stichtag 31.12. | neues Geschäftsjahr
21.12. | | 10.01.
10 Tage vorher | 10 Tage nachher

Bei der zeitnahen Inventur ist sicherzustellen, dass alle Bestandsveränderungen, die sich zwischen dem Stichtag und dem Tag der tatsächlichen Bestandsaufnahme ergeben, anhand von Belegen oder Aufzeichnungen berücksichtigt werden.

Inventurvereinfachungsverfahren
→ § 241 (3) HGB

Verlegte Inventur
Ist es nicht sinnvoll möglich, innerhalb der 20-Tage-Frist die gesamte Inventur durchzuführen, kann eine vor- oder nachverlegte Inventur durchgeführt werden. Dadurch wird der Zeitraum zur Durchführung der körperlichen Bestandsaufnahme vergrößert. Gesetzlich vorgegeben ist ein Zeitpunkt innerhalb von drei Monaten vor bis zu zwei Monaten nach dem Stichtag.

Zeitraum für die verlegte Inventur

altes Geschäftsjahr | Stichtag 31.12. | neues Geschäftsjahr
01.10. | | 28.02.
3 Monate vorher | 2 Monate nachher

Durch dieses für viele Unternehmen besonders geeignete Verfahren lässt sich der Personalaufwand erheblich vermindern und Betriebsschließungen können häufig vermieden werden. Die aufwändigen Inventurarbeiten können in eine Zeit verlegt werden, in der der Geschäftsbetrieb und die Menge der aufzunehmenden Bestände (z. B. Warenvorräte) vielleicht geringer sind als am Geschäftsjahresende.

Da jedoch auch bei diesem Verfahren der Wert des Bestandes am Stichtag ermittelt werden muss, ist der Bestand, der am Tag der tatsächlichen Bestandsaufnahme nach Art, Menge und Wert festgestellt wurde, wertmäßig (nicht mengenmäßig) auf den Stichtag fortzuschreiben oder zurückzurechnen.

Wertfortschreibung Stahlrohre	Wertrückrechnung Aluminiumrohre
Tatsächliche Bestandsaufnahme am 04. 11. (altes Geschäftsjahr) Wert: 45.000,00 €	Tatsächliche Bestandsaufnahme am 20. 01. (neues Geschäftsjahr) Wert: 22.500,00 €
+ Wert des Wareneinganges vom 05. 11. bis 31. 12. Wert: 7.500,00 €	– Wert des Wareneinganges vom 01. 01. bis 20. 01. Wert: 3.200,00 €
– Wert des Warenausganges vom 05. 11. bis 31. 12. Wert: 6.000,00 €	+ Wert des Warenausganges vom 01. 01. bis 20. 01. Wert: 6.200,00 €
= Wert des Bestandes am Stichtag 31. 12. Wert: 46.500,00 €	= Wert des Bestandes am Stichtag 31. 12. Wert 25.500,00 €

Permanente Inventur

Die permanente Inventur vergrößert den Zeitraum der körperlichen Bestandsaufnahme auf das gesamte Geschäftsjahr. Bei Anwendung dieses Verfahrens ist es möglich, die Aufnahme eines Vermögensgegenstandes nach Art, Menge und Wert zu einem Zeitpunkt anzusetzen, an dem die niedrigsten Bestände erwartet werden. Dies ermöglicht eine Minimierung des Arbeitsaufwandes und, bei überraschender Auswahl der Vermögenswerte, auch eine optimale Kontrolle der Bestandsführung. Zwischen den Aufnahmezeitpunkten einer Vermögensart müssen 12 Monate liegen.

Zeitraum für die permanente Inventur

Voraussetzung für die Anwendung dieses Verfahrens ist eine permanente Aufzeichnung aller Zu- und Abgänge (mengenmäßige Bestandsfortschreibung), die auch durch Belege (Lieferscheine, Rechnungen) nachzuweisen sein muss. Dies ist im Warenlager durch das Führen einer **Lagerdatei** (Lagerbuchführung) möglich. Die Bestandsführung laut Lagerdatei ist bei einem abweichenden Ergebnis der körperlichen Inventur zu korrigieren. Die Ergebnisse der körperlichen Inventur sind in die Lagerdatei aufzunehmen. Vom Prüfenden ist ein Protokoll anzufertigen und zu unterschreiben.

Eine Beschränkung der permanenten Inventur auf Stichproben ist nicht zulässig. Weitere Einschränkungen für bestimmte (z. B. besonders wertvolle) Wirtschaftsgüter sind zu beachten.

Inventurvereinfachungs-verfahren
→ § 241 (1) Satz 1 HGB

Grundsätze ordnungs-mäßiger Buchführung (GoB)
→ Kap. 1.2

Stichprobeninventur
Die Stichprobeninventur ist keine eigenständige Inventurart, sondern ein besonderes Verfahren der Bestandsaufnahme. Es ist erlaubt, Bestände auch mithilfe anerkannter mathematisch-statistischer Methoden aufgrund von Stichproben zu ermitteln, wenn das Verfahren den Grundsätzen ordnungsmäßiger Buchführung entspricht. Hier kann z. B. eine kleine Menge einer Mischung verschiedener Stoffe in seiner Zusammensetzung analysiert und auf den Gesamtbestand hochgerechnet werden. Dieses Verfahren dient damit in erster Linie der Wertermittlung.

2.1.5 Bewertung von Inventurmengen

Anschaffungskosten, Abschreibungen
→ Kap. 6 und 8

Bei der Bewertung der Vermögensgegenstände im Rahmen der Inventur ist § 253 HGB zu beachten. Inventurhöchstwerte sind die **Anschaffungskosten**. Es muss jedoch ein niedrigerer Wert angesetzt werden, wenn der Vermögensgegenstand seit der Anschaffung an Wert verloren hat (**Niederstwertprinzip**).

Anlagevermögen
Vermögensgegenstände, die bestimmt sind, dauernd dem Geschäftsbetrieb zu dienen (z. B. Maschinen, Betriebs- und Geschäftsausstattung, Fuhrpark)

Im **Anlagevermögen** müssen Wertminderungen in Form von Abschreibungen berücksichtigt werden. Der Inventurwert sinkt vom Tag des Kaufes an, wenn die Nutzung des Vermögensgegenstandes zeitlich begrenzt ist. Auch ungeplante, außerordentliche Wertminderungen (z. B. Schadensfälle) müssen berücksichtigt werden.

BEISPIEL: Wertminderungen bei Sachanlagen
Ein Pkw mit Anschaffungskosten von 36.000,00 € und einer Nutzungsdauer von 6 Jahren verliert jedes Jahr ein Sechstel seines Wertes = 6.000,00 €. Der Inventurwert beträgt nach einem Nutzungsjahr also nur noch 30.000,00 €, wenn zusätzlich keine ungeplanten Wertminderungen (z. B. durch einen Unfall) zu berücksichtigen sind.

Umlaufvermögen
Vermögensgegenstände, die ständig umgesetzt werden (z. B. Warenvorräte)

Im **Umlaufvermögen** muss ein niedrigerer Wert als der tatsächlich bezahlte Einstandspreis (Anschaffungskosten) angesetzt werden, wenn der Börsen- oder Marktpreis (z. B. aktueller Bezugspreis des Lieferers) gesunken ist oder wenn der Zeitwert aus anderen Gründen niedriger anzusetzen ist (z. B. bei Beschädigungen).

BEISPIEL: Wertminderungen im Vorratsvermögen
Ein Vorrat an Bremsanlagen (Fremdbauteile) mit einer Menge von 100 Stück und einem Einstandspreis von 17,50 € je Stück (Anschaffungskosten 1.750,00 €) kann am Inventurstichtag zu einem Preis von 15,50 € je Stück wiederbeschafft werden. Der Wert des Bremsanlagenvorrates sinkt damit um 2,00 € je Stück, der Inventurwert dieser Bremsanlagen beträgt damit insgesamt nur noch 1.550,00 €.

ÜBERSICHT: Inventur

Ermittlung der Inventurmengen	Ermittlung der Inventurwerte
durch Zählen, Messen, Wiegen, Schätzen	Anschaffungskosten (z. B. Einstandspreise) abzüglich Wertminderungen
Inventurarten/Inventurverfahren	
Stichtagsinventur (zeitnahe Inventur)	Inventurvereinfachungsverfahren: - vor- oder nachverlegte Inventur - permanente Inventur - Stichprobeninventur

2.2 Inventar

Die in der Inventur ermittelten Vermögensgegenstände und Schulden werden in einem ausführlichen **Bestandsverzeichnis**, dem Inventar, zusammengefasst.

Posten, die nur einen Einzelwert ausweisen, werden direkt in die Hauptspalte (Gesamtwerte) eingetragen. Besteht ein Posten aus mehreren Werten, so sind diese in die Vorspalte (Einzelwerte) einzutragen. Die Einzelwerte werden dann addiert und in die Hauptspalte übernommen. Umfangreiche Posten werden in einem separaten Bestandsverzeichnis aufgelistet, damit das Inventar übersichtlich bleibt.

AB → Lernsituation 44

Lernvideo: Inventar

Inventar
→ § 240 HGB

Inventare sind 10 Jahre aufzubewahren
→ § 257 (4) HGB

Aufbewahrungsfristen
→ Kap. 1.2

Bestandsverzeichnis

FLY BIKE Werke GmbH

Anlage Nr. 11, Forderungsverzeichnis zum Inventar zum 31.12.20XX

Kunden-Nr.	Kunde	Ausgangsrechnungen Einzelforderungen in €		Gesamtforderungen in €
10001	Radbauer GmbH 80335 München	AR: 416 AR: 436	29.600,00 18.560,00	47.560,00
10002	Schöller & Co. OHG 60385 Frankfurt am Main	AR: 418	37.120,00	37.560,00
...	...	...	...	...
40021	Hofkauf AG 50735 Köln	AR: 412 AR: 422	71.920,00 58.000,00	129.920,00
40022	MaHro AG 45472 Essen (Ruhr)	AR: 440	243.600,00	243.600,00
Gesamtforderungsbestand				720.000,00
Aufgenommen: *Taubert*		Geprüft: *C. Samet*		

AR = Ausgangsrechnung

Zum Aufbau eines Inventars gibt es keine verbindlichen Formvorschriften, die folgende Darstellung ist aber üblich. In der Praxis kann auf die Erweiterung des Inventars bis zur Ermittlung des Eigenkapitals verzichtet werden, da sich das Eigenkapital aus der Bilanz ergibt.

Die drei Bestandteile des Inventars:
A. Vermögen
B. Schulden
C. Ermittlung des Eigenkapitals

A. Vermögen

Zusammensetzung des Vermögens

I. Anlagevermögen Gegenstände, die bestimmt sind, dauernd dem Geschäftsbetrieb zu dienen. Sie sind Voraussetzung für die Aufnahme der Geschäftstätigkeit.	– Immaterielle Vermögensgegenstände, z. B. Konzessionen, Lizenzen – Sachanlagen, z. B. Grundstücke, Gebäude, Maschinen, Geschäftsausstattung – Finanzanlagen, z. B. Wertpapiere zur langfristigen Geldanlage
II. Umlaufvermögen Gegenstände, die ständig umgesetzt werden, d. h. die sich in ihrer Zusammensetzung ständig ändern. Durch diese Umsetzungen will das Unternehmen einen Erfolg (Gewinn) erzielen.	– Vorräte, z. B. Werkstoffe – Forderungen, z. B. unbezahlte Ausgangsrechnungen – Wertpapiere, z. B. Aktien zur kurzfristigen Geldanlage – Flüssige Mittel, z. B. Kassenbestand (Bargeld), Bankguthaben

  Anlagevermögen
\+ Umlaufvermögen
= Gesamtvermögen

Inventar der Fly Bike Werke GmbH, Oldenburg, zum 31.12.20XX

FLY BIKE Werke GmbH

Vermögens- und Schuldenarten, Eigenkapital	Einzelwerte in €	Gesamtwerte in €
A. Vermögen		
I. Anlagevermögen		
1. Grundstücke und Bauten, Rostocker Str. 334		
Grundstück	135.000,00	
Fabrik- und Verwaltungsgebäude	418.750,00	
Lagerhalle	59.100,00	612.850,00
2. Technische Anlagen und Maschinen lt. Anlagenverzeichnis, Anlage Nr. 1		131.870,00
3. Betriebs- und Geschäftsausstattung lt. Ausstattungsverzeichnissen (AV) gemäß Anlagen		
Werkzeuge, AV Nr. 1, Anlage Nr. 2	5.400,00	
Lager- und Transporteinrichtungen, AV[1] Nr. 2, Anlage Nr. 3	13.889,68	
Fuhrpark, AV Nr. 3, Anlage Nr. 4	3.750,00	
Betriebsausstattung, AV Nr. 4, Anlage Nr. 5	69.015,32	
Geschäftsausstattung, AV Nr. 5, Anlage Nr. 6	5.450,00	97.505,00
II. Umlaufvermögen		
1. Roh-, Hilfs- und Betriebsstoffe, VV[2] Nr. 1, Anlage Nr. 7		288.000,00
2. Unfertige Erzeugnisse, VV Nr. 2, Anlage Nr. 8		48.000,00
3. Fertige Erzeugnisse, VV Nr. 3, Anlage Nr. 9		140.000,00
4. Handelswaren, VV Nr. 4, Anlage Nr. 10		4.000,00
5. Forderungen aus Lieferungen und Leistungen lt. Forderungsverzeichnis, Anlage Nr. 11		720.000,00
6. Kassenbestand (Bargeld) lt. Kassenbericht, Anlage Nr. 12		2.400,00
7. Bankguthaben lt. Kontoauszügen, Anlage Nr. 13		
Bank 3000 Oldenburg	217.600,00	
Oldenburg-Bank	140.000,00	357.600,00
Summe des Vermögens		2.402.225,00
B. Schulden (Fremdkapital, Verbindlichkeiten)		
I. Langfristige Schulden		
1. Langfristige Bankverbindlichkeiten lt. Kontoauszügen, Anlagen 14 und 15		
Hypothek der Bank 3000 Oldenburg	524.000,00	
Darlehen der Oldenburg-Bank	78.000,00	602.000,00
II. Kurzfristige Schulden		
1. Verbindlichkeiten aus Lieferungen und Leistungen lt. Verbindlichkeitenverzeichnis, Anlage Nr. 16		926.225,00
2. Sonstige Verbindlichkeiten lt. Steuer- und Abgabenverzeichnis, Anlage Nr. 17		24.000,00
Summe der Schulden		1.552.225,00
C. Ermittlung des Eigenkapitals		
Summe des Vermögens		2.402.225,00
– Summe der Schulden		1.552.225,00
= Eigenkapital (Reinvermögen)		850.000,00

[1] AV = Anlagenverzeichnis gemäß Inventurliste
[2] VV = Vorräteverzeichnisse gemäß Inventurlisten

Die **Anordnung** (Reihenfolge) der Vermögensposten in einem Inventar richtet sich im **Anlagevermögen** nach der **Dauer** der Nutzung.

Vermögensposten (Beispiele)	Nutzungsdauer
Grundstücke	unbegrenzt
Gebäude (je nach Bauweise)	10 bis 33 Jahre
Maschinen (zur Be- und Verarbeitung)	6 bis 16 Jahre
Betriebs- und Geschäftsausstattung, z. B. - Büromöbel - Personalcomputer	3 bis 25 Jahre 13 Jahre 1 Jahr[1]

Gliederung des Anlagevermögens nach abnehmender Nutzungsdauer

[1] Abschreibung digitale Wirtschaftsgüter → Kap. 8.5

Im **Umlaufvermögen** entscheidet die **Geldnähe** (Liquidität).

Vermögensposten (Beispiele)	Geldnähe
fertige Erzeugnisse	Kunde muss gefunden werden
Forderungen	Zahlungsziel muss abgewartet werden
Bankguthaben	sofort verfügbar

Gliederung des Umlaufvermögens nach zunehmender Geldnähe, d. h. dem Zeitraum, in dem aus dem Vermögensposten flüssige Mittel geworden sind

B. Schulden

Die Schulden sind nach dem Zeitraum bis zur Rückzahlung zu gliedern.

Art der Schulden	Fälligkeit (Beispiele)	Fristen
Hypothekendarlehen	bis zu 30 Jahren	langfristig (Restlaufzeit über fünf Jahre)
Bankdarlehen	bis zu 10 Jahren	mittelfristig (Restlaufzeit zwischen einem und funf Jahren)
Verbindlichkeiten ggü.: - Lieferern - Finanzbehörden	 - bis zu 45 Tagen - bis zu 10 Tagen im Folgemonat	kurzfristig (Restlaufzeit bis zu einem Jahr)

Gliederung der Schulden nach abnehmender Laufzeit

langfristige Schulden
\+ mittelfristige Schulden
\+ kurzfristige Schulden
= Gesamtschulden

C. Ermittlung des Eigenkapitals

Die **Differenz zwischen Vermögen und Schulden** ist das Eigenkapital des Unternehmens. Für die Unternehmenseigner ist das Eigenkapital der entscheidende Posten in einem Inventar, da sie über dessen Verwendung allein entscheiden.

Gesamtvermögen
\- Gesamtschulden
= Eigenkapital

ÜBERSICHT: Inventar

A. Vermögen I. Anlagevermögen II. Umlaufvermögen	Gliederung nach Nutzungsdauer (Kapitalbindung) bzw. nach Geldnähe (Liquidität)
B. Schulden (Verbindlichkeiten) I. Langfristige Schulden II. Kurzfristige Schulden	Gliederung nach Fälligkeit (Restlaufzeit)
C. Ermittlung des Eigenkapitals	Vermögen – Schulden

AB → Lernsituation 44

Lernvideo:
Bilanz

→ § 242 HGB

Bilanz
(ital.) bilancia = Waage

Inhalt der Bilanz
→ § 240 HGB

2.3 Bilanz

Neben dem Inventar ist zusätzlich eine Bilanz aufzustellen. In der Bilanz wird auf Mengenangaben verzichtet, es werden nur zusammengefasste Werte für bestimmte Posten angegeben. Damit ist die **Bilanz** eine kurz gefasste **Zusammenfassung** des Inventars auf der gleichen Wertebasis.

Zur Steigerung der Übersichtlichkeit wird in einer Bilanz das Vermögen dem Eigenkapital und den Schulden gegenübergestellt. Man nennt diese Gegenüberstellung **Kontoform**. Die linke Kontoseite enthält das Vermögen und wird **Aktiva** genannt; die rechte Seite enthält das Kapital und wird als **Passiva** bezeichnet. Wertmäßig muss die Summe der Aktiva immer der Summe der Passiva entsprechen.

Struktur der Bilanz in Kontoform

Aktiva	**Bilanz**		**Passiva**
Anlagevermögen	in €	Eigenkapital	in €
Umlaufvermögen	in €	Fremdkapital	in €
= Summe Aktiva	in €	= Summe Passiva	in €
= Summe des Vermögens		= Summe des Kapitals	
= Bilanzsumme =			

Unterzeichnung
→ § 240 HGB

Bilanzen sind 10 Jahre aufzubewahren
→ § 257 HGB

Der Kaufmann, die persönlich haftenden Gesellschafter einer Personengesellschaft bzw. die Geschäftsführung bei Kapitalgesellschaften haben unter Angabe des Datums die Bilanz zu unterzeichnen.

Bilanzen einer Kapitalgesellschaft müssen gemäß § 266 HGB besonderen, detaillierten Gliederungsvorschriften entsprechen. Danach kann eine **vereinfachte Bilanz** wie folgt aufgestellt werden. Leerräume sind entwertet (Buchhalternase).

FLY BIKE Werke GmbH

Bilanz der Fly Bike Werke GmbH, Oldenburg,
zum 31.12.20XX (in €)

Aktiva			**Passiva**
A. Anlagevermögen		**A. Eigenkapital**	850.000,00
1. Grundstücke und Bauten	612.850,00	**B. Verbindlichkeiten**	
2. Technische Anlagen und Maschinen	131.870,00	1. Langfristige Bankverbindlichkeiten	602.000,00
3. Betriebs- und Geschäftsausstattung	97.505,00	2. Verbindlichkeiten aus Lieferungen und Leistungen	926.225,00
B. Umlaufvermögen		3. Sonstige Verbindlichkeiten[1]	24.000,00
1. Roh-, Hilfs- und Betriebsstoffe	288.000,00		
2. Unfertige Erzeugnisse	48.000,00		
3. Fertige Erzeugnisse	140.000,00		
4. Handelswaren	4.000,00		
5. Forderungen aus Lieferungen und Leistungen	720.000,00		
6. Kasse	2.400,00		
7. Bankguthaben	357.600,00		
	2.402.225,00		2.402.225,00

Oldenburg, 28. März 20X2 *Ewa Nowak*

[1]Hier Steuern und Abgaben

Bei der Aufstellung einer Bilanz muss das Inventar vorliegen, da die Bilanz eine Zusammenfassung des Inventars darstellt. Damit ist der Wert des Eigenkapitals gegeben. Das Eigenkapital lässt sich aber auch durch Differenzbildung (Saldobildung) direkt aus den Bilanzwerten ermitteln, wenn die folgenden Gleichungen berücksichtigt werden.

Ermittlung des Eigenkapitals

Wert der Aktiva	=	Wert der Passiva
Anlagevermögen + Umlaufvermögen		Eigenkapital + Fremdkapital
Gesamtvermögen	=	**Gesamtkapital**
Vermögen: gibt Auskunft über Mittelverwendung, Investierung		Kapital: gibt Auskunft über Mittelherkunft, Finanzierung

Berechnung des Eigenkapitals:
Eigenkapital = Gesamtvermögen – Fremdkapital oder
Eigenkapital = Gesamtkapital – Fremdkapital

ÜBERSICHT: Bilanz

Zeitpunkt der Bilanzaufstellung	– bei Gründung – bei Übernahme – am Ende jedes Geschäftsjahres – bei Veräußerung – bei Geschäftsaufgabe
Bilanzarten	– Eröffnungsbilanz (bei Gründung eines Unternehmens) – Schlussbilanz (am Ende eines Geschäftsjahres. Jede Schlussbilanz kann jedoch als Eröffungsbilanz für das neue Geschäftsjahr betrachtet werden.)
Aktiva	– linke Bilanzseite – Vermögenswerte = Anlage- und Umlaufvermögen = Mittelverwendung = Investierung
Passiva	– rechte Bilanzseite – Kapitalwerte = Eigen- und Fremdkapital = Mittelherkunft = Finanzierung
Aktiva und Passiva	Beide Summen haben immer denselben Gesamtwert (bilancia, ital. = Waage).

Erfassung und Aufzeichnung von Vermögen und Schulden		
Vermögen – Schulden (Verbindlichkeiten) = Eigenkapital		
Erfassung	Aufzeichnung	
1. Inventur: Bestandsaufnahme	2. Inventar: ausführliches Bestandsverzeichnis in Staffelform	3. Bilanz: kurz gefasste Gegenüberstellung in Kontoform

Alles klar?

1 Mit welchen Tätigkeiten können bei einer körperlichen Inventur Mengen erfasst werden? Nennen Sie für jede Tätigkeit ein Vermögensbeispiel, das mit dieser Tätigkeit sinnvoll mengenmäßig erfasst werden kann.

2 Nennen Sie Inventurposten (Vermögensgegenstände oder Schulden), die sinnvollerweise in einer Buchinventur erfasst werden sollten.

3 In einer Inventur wird der Lagerbestand eines Rohstoffes mit 500 kg angegeben. Der bezahlte Einstandspreis beträgt 5,50 € je kg. Gemäß Lagerbuchführung sind allerdings 520 kg vorhanden. Die Wiederbeschaffungskosten für diesen Rohstoff betragen 5,00 € je kg. Wie hoch ist der Inventurwert?

4 Ein Unternehmen will die verlegte Inventur bei einem Geschäftsjahresende am 30.09. jedes Geschäftsjahres anwenden. Welcher Zeitraum steht in diesem Fall für diese Inventur zur Verfügung?

5 Geben Sie das Inventargliederungsschema an.

6 Nach welchen Kriterien richtet sich die Reihenfolge von Vermögenswerten und Schulden in einem Inventar?

7 Unterscheiden Sie die Begriffe Inventur, Inventar und Bilanz.

8 Erstellen Sie für das Industrieunternehmen Walter Schmitt GmbH, Ulm, aus folgenden Inventarwerten für zwei aufeinander folgende Geschäftsjahre jeweils die Bilanz. Die Bilanzen werden jeweils zum 31. März des darauffolgenden Geschäftsjahres aufgestellt und vom Geschäftsführer der GmbH, Herrn Rolf Kleist, unterschrieben.

Inventar	**20X1** **€**	**20X2** **€**
Grundstücke und Bauten	750.000,00	775.000,00
technische Anlagen und Maschinen	248.000,00	320.500,00
Betriebs- und Geschäftsausstattung	180.000,00	183.000,00
Roh-, Hilfs- und Betriebsstoffe	110.000,00	198.900,00
fertige Erzeugnisse	125.000,00	97.000,00
Forderungen aus Lieferungen und Leistungen	45.700,00	92.000,00
Kasse	2.500,00	6.980,00
Bankguthaben	12.300,00	24.340,00
Postbankguthaben	64.000,00	1.190,00
Eigenkapital	?	?
langfristige Bankverbindlichkeiten	500.000,00	505.000,00
Verbindlichkeiten aus Lieferungen und Leistungen	43.000,00	96.000,00

3 Vorgänge auf Bestands- und Erfolgskonten

BEISPIEL: Jenny Liu ist zurzeit im Rechnungswesen. Eines Morgens zeigt Frau Taubert ihr die Bilanz aus dem Jahr 20XX mit den Vergleichswerten aus dem Vorjahr. Jenny stellt fest, dass im Berichtsjahr 20XX kein einziger Wert mehr so wie im Vorjahr ist. Alle Vermögens- und Kapitalposten haben sich verändert. „Wie kommt es zu diesen Wertveränderungen und welche Bedeutung haben sie denn für das Unternehmen?“, fragt Jenny. Frau Taubert erklärt: „In 20XX haben wir zum Beispiel einen höheren Gewinn als im Vorjahr gemacht. Das Eigenkapital ist um 150.000,00 € gestiegen! Dass wir ein gutes Geschäftsjahr beenden würden, wussten wir in der Buchhaltung und natürlich auch die Geschäftsführung schon beizeiten. Mit unserem Finanzbuchhaltungsprogramm haben wir immer alles im Blick.“ „Und woher kam der Gewinn?“, möchte Jenny wissen. „Tja“, sagt Frau Taubert, „alles beginnt mit den Geschäftsprozessen und hört bei Bewertungsentscheidungen im Rahmen des Steuer- und Handelsrechts auf.“

FLY BIKE Werke GmbH

Bilanz der Fly Bike Werke GmbH, Oldenburg, zum 31.12.20XX (in €)

Aktiva	Vorjahr	Berichtsjahr	Passiva	Vorjahr	Berichtsjahr
A. Anlagevermogen			**A. Eigenkapital**	700.000,00	850.000,00
1. Grundstücke und Bauten	635.200,00	612.850,00	**B. Verbindlichkeiten**		
2. Technische Anlagen und Maschinen	224.904,00	131.870,00	1. Langfristige Bankverbindlichkeiten	639.000,00	602.000,00
3. Betriebs- und Geschäftsausstattung	138.371,00	97.505,00	2. Verbindlichkeiten aus Lieferungen und Leistungen	697.600,00	926.225,00
B. Umlaufvermögen			3. Sonstige Verbindlichkeiten	13.000,00	24.000,00
1. Roh-, Hilfs- und Betriebsstoffe	224.800,00	288.000,00			
2. Unfertige Erzeugnisse	36.000,00	48.000,00			
3. Fertige Erzeugnisse	72.900,00	140.000,00			
4. Handelswaren	0,00	4.000,00			
5. Forderungen aus Lieferungen und Leistungen	541.520,00	720.000,00			
6. Kasse	3.105,00	2.400,00			
7. Bankguthaben	172.800,00	357.600,00			
	2.049.600,00	2.402.225,00		2.049.600,00	2.402.225,00

AB → Lernsituation 45

Lernvideo: Bestandsbuchungen

Geschäftsvorfälle
Werteveränderungen von Vermögen und Kapital, die von Geschäftsprozessen ausgelöst werden

3.1 Werteveränderungen durch Geschäftsprozesse

Geschäftsprozesse führen zu Werteveränderungen – in der Buchführung als **Geschäftsvorfälle** bezeichnet – von Vermögens- und Kapitalposten. Eine Bilanz wird immer für einen bestimmten Stichtag, das Geschäftsjahresende, aufgestellt. In einem Unternehmen fallen jedoch täglich eine Vielzahl von Geschäftsvorfällen an, die über das gesamte Jahr hinweg die Werte der einzelnen Bilanzposten verändern.

a. L. L.
aus Lieferungen und Leistungen

BEISPIEL: Bilanzposten in € (vor Werteveränderungen)

Aktiva			Passiva
Maschinen	600.000,00	Eigenkapital	400.000,00
Geschäftsausstattung	200.000,00	langfr. Bankverbindl.	300.000,00
Rohstoffe	150.000,00	kurzfr. Bankverbindl.	150.000,00
Kasse	20.000,00	Verbindlichkeiten **a. L. L.**	150.000,00
Bankguthaben	30.000,00		
	1.000.000,00		1.000.000,00

Bei jedem Geschäftsvorfall sind mindestens zwei Bilanzposten betroffen. Je nachdem, welche Seiten der Bilanz betroffen sind, unterscheidet man **vier Arten** der Werteveränderungen von Bilanzposten.

Aktivtausch
= Vermögenstausch; Gesamtvermögen bleibt gleich.

Aktivtausch 1

- Beide betroffenen Bilanzposten befinden sich auf der Aktiva-Seite der Bilanz (Vermögenswerte).
- Es erfolgt ein Werteaustausch zwischen den beiden Bilanzposten in derselben Höhe (Vermögenstausch).

Auswirkung auf die Bilanzsumme: Die Bilanzsumme verändert sich nicht.

BEISPIEL: Einkauf von Rohstoffen gegen Banküberweisung in Höhe von 20.000,00 €.

Aktiva		Passiva
Rohstoffe	+ 20.000,00	keine Veränderungen
Bankguthaben	- 20.000,00	

Die Bilanzsumme bleibt unverändert bei 1.000.000,00 €.

Passivtausch
= Kapitaltausch; Gesamtkapital bleibt gleich.

Passivtausch 2

- Beide betroffenen Bilanzposten befinden sich auf der Passiva-Seite der Bilanz (Kapitalwerte).
- Es erfolgt ein Werteaustausch zwischen den beiden Bilanzposten in derselben Höhe (Kapitaltausch).

Auswirkung auf die Bilanzsumme: Die Bilanzsumme verändert sich nicht.

BEISPIEL: Umwandlung einer kurzfristigen Bankverbindlichkeit in Höhe von 100.000,00 € in ein langfristiges Bankdarlehen.

Aktiva		Passiva
keine Veränderungen	langfr. Bankverbindl.	+ 100.000,00
	kurzfr. Bankverbindl.	- 100.000,00

Die Bilanzsumme bleibt unverändert bei 1.000.000,00 €.

Aktiv-Passiv-Mehrung 3

- Einer der betroffenen Bilanzposten befindet sich auf der Aktiva-Seite, der andere auf der Passiva-Seite der Bilanz (ein Vermögens- und ein Kapitalwert).
- Der Wert der beiden Bilanzposten steigt in derselben Höhe (Vermögens- und Kapitalmehrung).

Auswirkung auf die Bilanzsumme: Die Bilanzsumme steigt.

Aktiv-Passiv-Mehrung = Vermögens- und Kapitalmehrung

BEISPIEL: Kauf einer PC-Einheit für 3.500,00 € gegen Lieferantenkredit (auf Ziel).

Aktiva		Passiva	
Geschäftsausstattung	+ 3.500,00	Verbindlichkeiten a. L. L.	+ 3.500,00

Die Bilanzsumme steigt um 3.500,00 € auf 1.003.500,00 €.

Aktiv-Passiv-Minderung 4

- Jeweils einer der betroffenen Bilanzposten befindet sich auf der Aktiva-Seite, der andere auf der Passiva-Seite der Bilanz (ein Vermögens- und ein Kapitalwert).
- Der Wert der beiden Bilanzposten sinkt in derselben Höhe (Vermögens- und Kapitalminderung).

Auswirkung auf die Bilanzsumme: Die Bilanzsumme sinkt.

Aktiv-Passiv-Minderung = Vermögens- und Kapitalminderung

BEISPIEL: Banküberweisung an einen Lieferanten in Höhe von 5.800,00 € zum Ausgleich einer fälligen Verbindlichkeit.

Aktiva		Passiva	
Bankguthaben	– 5.800,00	Verbindlichkeiten a. L. L.	– 5.800,00

Die Bilanzsumme sinkt um 5.800,00 € auf 997.700,00 €.

BEISPIEL: Bilanzposten in € (nach Werteveränderung)

Werteveränderung in €	Aktiva		Passiva		Werteveränderung in €
	Maschinen	600.000,00	Eigenkapital	400.000,00	
+ 3.500,00 3	Geschäftsausstattung	203.500,00	langfr. Bankverbindl.	400.000,00	+ 100.000,00 2
+ 20.000,00 1	Rohstoffe	170.000,00	kurzfr. Bankverbindl.	50.000,00	– 100.000,00 2
	Kasse	20.000,00	Verbindlichkeiten a. L. L.	147.700,00	– 2.300,00 3 4
– 25.800,00 1 4	Bankguthaben	4.200,00			
		997.700,00		997.700,00	

ÜBERSICHT: Werteveränderungen in der Bilanz

Art der Werteveränderung	Vermögensveränderung	Kapitalveränderung
Aktivtausch	Vermögenstausch	keine
Passivtausch	keine	Kapitaltausch
Aktiv-Passiv-Mehrung	Vermögen steigt.	Kapital steigt.
Aktiv-Passiv-Minderung	Vermögen sinkt.	Kapital sinkt.

3.2 Bilanz als Wertebasis für Bestandskonten

Die Vielzahl von Geschäftsvorfällen, die täglich in der Buchführung eines Unternehmens erfasst werden müssen, verlangt nach einer übersichtlichen Darstellung der Werteveränderungen. Die Erstellung einer neuen Bilanz nach jedem Geschäftsvorfall genügt den Ansprüchen der Übersichtlichkeit nicht. Die Veränderungen jedes einzelnen Bilanzpostens sollen über das gesamte Geschäftsjahr verfolgt werden können. Für jeden Bilanzposten wird deshalb ein **eigenes Konto** eingerichtet, auf dem alle Werteveränderungen, die diesen Bilanzposten betreffen, erfasst (gebucht) werden. Man nennt diese Konten **Bestandskonten**, weil sie die Bestände der Vermögens- und Kapitalposten der Bilanz fortführen. Abgeleitet aus ihrer Anordnung in der Bilanz unterscheidet man **aktive und passive Bestandskonten**. Die Benennung der Kontenseiten erfolgt mit den Begriffen **Soll** (linke Seite, kurz: S) und **Haben** (rechte Seite, kurz: H).

aktive Bestandskonten: Anlage- und Umlaufvermögen

passive Bestandskonten: Eigen- und Fremdkapital

Bilanzposten mit Vermögenswerten (Anlage- und Umlaufvermögen)	Bilanzposten mit Kapitalwerten (Eigen- und Fremdkapital)
↓	↓
Aktiva der Bilanz	Passiva der Bilanz
↓	↓
aktive Bestandskonten	passive Bestandskonten

Alle Bestandskonten übernehmen am Geschäftsjahresbeginn ihren **Anfangsbestand (kurz: AB)** aus der Eröffnungsbilanz. Nach dem System der doppelten Buchführung stehen die Anfangsbestände bei Aktivkonten im Soll, bei Passivkonten im Haben, also immer auf der Seite, auf der sie auch in der Bilanz erscheinen.

S	Aktives Bestandskonto H
Anfangsbestand (AB) im Soll	

S	Passives Bestandskonto H
	Anfangsbestand (AB) im Haben

Auflösung der Eröffnungsbilanz in Bestandskonten

Eröffnungsbilanz (in €)

Aktiva		Passiva	
Maschinen	60.000,00	Eigenkapital	140.000,00
Rohstoffe	110.000,00	langfr. Bankverbindlichkeiten	20.000,00
Bankguthaben	30.000,00	Verbindlichkeiten a. L. L.	40.000,00
	200.000,00		200.000,00

S	Maschinen H
→ AB 60.000,00	

S	Eigenkapital H
	AB 140.000,00 ←

S	Rohstoffe H
→ AB 110.000,00	

S	langfr. Bankverbindlichkeiten H
	AB 20.000,00 ←

S	Bankguthaben H
→ AB 30.000,00	

S	Verbindlichkeiten a. L. L. H
	AB 40.000,00 ←

3.2.1 Buchung auf Bestandskonten

Um Geschäftsvorfälle auf den Bestandskonten eindeutig erfassen (buchen) zu können, müssen weitere **Buchungsregeln** eingehalten werden. In der doppelten Buchführung werden die zu erfassenden Werteveränderungen nicht als Pluswert (+) oder Minuswert (–) gekennzeichnet. Eine Werteerhöhung auf einem aktiven Bestandskonto wird auf der Sollseite eingetragen, eine Wertminderung hingegen auf der Habenseite. Bei den passiven Bestandskonten ist dies genau umgekehrt.

Buchungsregeln für Bestandskonten

S	Aktives Bestandskonto	H
Anfangsbestand (AB) im Soll		**Minderung** im Haben
Mehrung im Soll		**Endbestand** (EB) im Haben

S	Passives Bestandskonto	H
Minderung im Soll		**Anfangsbestand** (AB) im Haben
Endbestand (EB) im Soll		**Mehrung** im Haben

BEISPIEL: Erfassung von Werteveränderungen auf zwei Bestandskonten

Aktives Bestandskonto Rohstoffe

1) Anfangsbestand aus der Eröffnungsbilanz: 110.000,00 €
Buchungsregel: AB im Soll

S	Rohstoffe		H
1) AB	110.000,00		

Passives Bestandskonto Verbindlichkeiten a. L. L.

1) Anfangsbestand aus der Eröffnungsbilanz: 40.000,00 €
Buchungsregel: AB im Haben

S	Verbindlichkeiten a. L. L.		H
		1) AB	40.000,00

2) Geschäftsvorfall: Einkauf von Rohstoffen auf Ziel für 40.000,00 € (Aktiv-Passiv-Mehrung)
Buchungsregel: Mehrung im Soll

S	Rohstoffe		H
1) AB	110.000,00		
2) Mehrung	40.000,00		

Buchungsregel: Mehrung im Haben

S	Verbindlichkeiten a. L. L.		H
		1) AB	40.000,00
		2) Mehrung	40.000,00

3) Ermittlung des Endbestandes (EB) für die Schlussbilanz
Buchungsregel: EB im Haben

S	Rohstoffe		H
1) AB	110.000,00	3) EB	150.000,00
2) Mehrung	40.000,00		
	150.000,00		150.000,00

Buchungsregel: EB im Soll

S	Verbindlichkeiten a. L. L.		H
3) EB	80.000,00	1) AB	40.000,00
		2) Mehrung	40.000,00
	80.000,00		80.000,00

Berechnung des Endbestandes	Beispiel: Bestandskonto Rohstoffe
1. Addition der wertmäßig größeren Kontenseite	Soll: 110.000,00 € + 40.000,00 € = 150.000,00 €
2. Eintragung der Summe auf der wertmäßig größeren Kontenseite	Kontosumme Soll: 150.000,00 €
3. Übertragung der Summe auf die wertmäßig kleinere Kontenseite	Kontosumme Haben: 150.000,00 €
4. Errechnung der Differenz (Saldo): Kontensumme – gebuchte Werte der wertmäßig kleineren Kontenseite = Endbestand	150.000,00 € – 0 = 150.000,00 € Endbestand

3.2.2 Abschluss von Bestandskonten

Sind am Geschäftsjahresende nach der Buchung aller Geschäftsvorfälle die Endbestände aller Bestandskonten (Sollwerte) errechnet worden, werden diese mit den Istwerten der Inventur verglichen und ggf. korrigiert.

In der **Schlussbilanz** werden die Istwerte aller Vermögens- und Kapitalkonten gegenübergestellt. Die aktiven Bestandskonten erscheinen auf der Aktivseite der Schlussbilanz, die passiven Bestandskonten erscheinen auf der Passivseite. Die Summe der Aktiva muss der Summe der Passiva entsprechen.

Die **Erfassung eines Geschäftsganges** von der Eröffnungs- bis zur Schlussbilanz erfolgt in sieben Arbeitsschritten:
1. Erstellung einer Eröffnungsbilanz (Posten und Werte der Schlussbilanz des letzten Geschäftsjahres)
2. Auflösung der Eröffnungsbilanz in Bestandskonten
3. Buchung der Geschäftsvorfälle auf den Bestandskonten
4. Errechnung der Endbestände auf den Bestandskonten (Sollwerte)
5. Abgleich der Sollwerte mit den Istwerten der Inventur, ggf. Korrektur der Sollwerte
6. Übernahme der Istwerte der Bestandskonten in die Schlussbilanz
7. Abschluss der Schlussbilanz (die Summen der Aktiva und der Passiva müssen übereinstimmen)

Nach der Berechnung des Endbestandes müssen auf jedem Bestandskonto **Abschlussstriche** eingetragen werden. Leerzeilen sind nach dem Kontoabschluss mit einer „Buchhalternase“ zu entwerten.

ÜBERSICHT: Berechnung der Endbestände (Sollwerte)

Anfangsbestand (AB) **+ Mehrungen** **– Minderungen** **= Endbestand (EB)**	
aktive Bestandskonten Anfangsbestand (AB) + Sollbuchungen – Habenbuchungen = Endbestand (EB)	**passive Bestandskonten** Anfangsbestand (AB) + Habenbuchungen – Sollbuchungen = Endbestand (EB)

Von der Eröffnungsbilanz zur Schlussbilanz

Geschäftsvorfälle	Konten (Bilanzposten)	Aktiva (A) Passiva (P)	Werteveränderungen	Buchung
1) Einkauf von Rohstoffen auf Ziel 4.000,00 €	Rohstoffe Verbindlichkeiten a. L. L.	(A) (P)	Mehrung (Me) Mehrung (Me)	Soll Haben
2) Darlehensauszahlung auf das Bankkonto 5.000,00 €	Bankguthaben Langfr. Bankverbindlichkeiten	(A) (P)	Mehrung (Me) Mehrung (Me)	Soll Haben
3) Ausgleich einer Verbindlichkeit durch Banküberweisung 500,00 €	Verbindlichkeiten a. L. L. Bankguthaben	(P) (A)	Minderung (Mi) Minderung (Mi)	Soll Haben
4) Einkauf einer Maschine auf Ziel 1.000,00 €	Maschinen Verbindlichkeiten a. L. L.	(A) (P)	Mehrung (Me) Mehrung (Me)	Soll Haben
5) Verkauf von überzähligen Rohstoffen gegen Banküberweisung 9.000,00 €	Bankguthaben Rohstoffe	(A) (A)	Mehrung (Me) Minderung (Mi)	Soll Haben

Eröffnungsbilanz (in €)

Aktiva		Passiva	
Maschinen	60.000,00	Eigenkapital	140.000,00
Rohstoffe	110.000,00	langfr. Bankverbindlichkeiten	20.000,00
Bankguthaben	30.000,00	Verbindlichkeiten a. L. L.	40.000,00
	200.000,00		200.000,00

Maschinen

S			H
AB	60.000,00	EB	61.000,00
4) Me	1.000,00		
	61.000,00		61.000,00

Eigenkapital

S			H
EB	140.000,00	AB	140.000,00

Rohstoffe

S			H
AB	110.000,00	5) Mi	9.000,00
1) Me	4.000,00	EB	105.000,00
	114.000,00		114.000,00

Langfr. Bankverbindlichkeiten

S			H
EB	25.000,00	AB	20.000,00
		2) Me	5.000,00
	25.000,00		25.000,00

Bankguthaben

S			H
AB	30.000,00	3) Mi	500,00
2) Me	5.000,00	EB	43.500,00
5) Me	9.000,00		
	44.000,00		44.000,00

Verbindlichkeiten a. L. L.

S			H
3) Mi	500,00	AB	40.000,00
EB	44.500,00	1) Me	4.000,00
		4) Me	1.000,00
	45.000,00		45.000,00

Schlussbilanz (in €)

Aktiva		Passiva	
Maschinen	61.000,00	Eigenkapital	140.000,00
Rohstoffe	105.000,00	langfr. Bankverbindlichkeiten	25.000,00
Bankguthaben	43.500,00	Verbindlichkeiten a. L. L.	44.500,00
	209.500,00		**209.500,00**

3.2.3 Erstellen von Buchungssätzen

1 Welche Bestandskonten werden angesprochen? → 2 Ist ein aktives oder ein passives Bestandskonto betroffen? → 3 Welche Werteveränderung (Mehrung oder Minderung) liegt vor? → 4 Bei welchem Konto muss im Soll bzw. im Haben gebucht werden?

Lernvideo: Buchungssatz

Der einfache Buchungssatz

BEISPIEL: Die Fly Bike Werke GmbH kauft einen neuen Dienstwagen zum Preis von 30.000,00 € auf Ziel (lt. Eingangsrechnung).

1 Bei diesem Geschäftsvorfall sind die Konten **Fuhrpark** und Verbindlichkeiten aus Lieferungen und Leistungen (**Verb. a. L. L.**) betroffen.

2 Das Konto Fuhrpark zählt zu den **aktiven** Bestandskonten, das Konto Verb. a. L. L. zu den **passiven** Bestandskonten.

3 4 Der Bestand des Fuhrparks erhöht sich **(Mehrung)**. Dies führt bei einem **aktiven** Bestandskonto zu einer **Sollbuchung**.

3 4 Auch die Verb. a. L. L. erhöhen sich **(Mehrung)**. Dies führt bei einem **passiven** Bestandskonto zu einer **Habenbuchung**.

Der einfache Buchungssatz betrifft immer zwei Konten und besteht aus jeweils einer Soll- und einer Habenbuchung.

Mithilfe eines Buchungssatzes kann dieser Geschäftsvorfall eindeutig beschrieben werden. Dabei wird immer eine bestimmte Reihenfolge der Angaben eingehalten:

Aufbau eines einfachen Buchungssatzes	Beispiel
Nennung des Kontos der Sollbuchung	Fuhrpark
Nennung des Betrages der Sollbuchung	30.000,00 €
Das Wort „an" trennt Soll- und Habenbuchung.	an
Nennung des Kontos der Habenbuchung	Verbindlichkeiten a. L. L.
Nennung des Betrages der Habenbuchung	30.000,00 €

Der Buchungssatz lautet entsprechend:

Fuhrpark	30.000,00 €	an	Verbindlichkeiten a. L. L.	30.000,00 €

Aussprache: Fuhrpark 30.000,00 € an Verbindlichkeiten a. L. L. 30.000,00 €

Bei der Übernahme des Buchungssatzes auf die Bestandskonten wird die Art der Werteveränderung (Mehrung oder Minderung) durch den Eintrag auf der Soll- oder Habenseite eindeutig festgelegt. Zum Zwecke der Übersichtlichkeit wird jeweils das Konto der **Gegenbuchung** auf dem Konto vermerkt.

BEISPIEL: Übernahme des einfachen Buchungssatzes auf Bestandskonten (in €)

S Fuhrpark		H	
AB	70.000,00		
Verb. a. L. L.	30.000,00		

Die Angabe „Verb. a. L. L." vor dem Buchungsbetrag sagt aus, dass ein Fahrzeug auf Ziel gekauft wurde. Die Gegenbuchung muss im Haben auf dem Konto Verb. a. L. L. eingetragen sein.

S Verb. a. L. L.		H	
		AB	60.000,00
		Fuhrpark	30.000,00

Die Angabe „Fuhrpark" vor dem Buchungsbetrag sagt aus, dass ein Fahrzeug auf Ziel gekauft wurde. Die Gegenbuchung muss im Soll auf dem Konto Fuhrpark eingetragen sein.

Der zusammengesetzte Buchungssatz

BEISPIEL: Die Fly Bike Werke GmbH kauft Rohstoffe im Wert von 5.200,00 €. Sie bezahlt 1.200,00 € bar und zahlt den Restbetrag von 4.000,00 € durch sofortige Banküberweisung.

Dieser Geschäftsvorfall verändert die Werte von mehr als zwei Konten. Es erfolgt eine Sollbuchung auf dem Konto „Rohstoffe", und es müssen zwei Habenbuchungen auf den Konten „Kasse" und „Bankguthaben" erfasst werden. Dies wird durch einen zusammengesetzten Buchungssatz beschrieben. Die Reihenfolge der Angaben entspricht der des einfachen Buchungssatzes.

Aufbau eines zusammengesetzten Buchungssatzes	Beispiel
Nennung von Konto und Betrag der Sollbuchung(en)	Rohstoffe 5.200,00 €
Das Wort „an" trennt Soll- und Habenbuchung(en).	an
Nennung von Konto und Betrag der Habenbuchung(en)	Kasse 1.200,00 € und Bankguthaben 4.000,00 €

Der zusammengesetzte Buchungssatz lautet entsprechend:

Rohstoffe	5.200,00 €	an	Kasse	1.200,00 €
			Bankguthaben	4.000,00 €

Aussprache:
Rohstoffe 5.200,00 € an
Kasse 1.200,00 € und
Bankguthaben 4.000,00 €

BEISPIEL: Übernahme des zusammengesetzten Buchungssatzes auf Bestandskonten (in €)

S	Rohstoffe		H
AB	20.000,00		
Kasse, Bankguthaben	5.200,00		

S	Kasse		H
AB	2.000,00	Rohstoffe	1.200,00

S	Bankguthaben		H
AB	9.000,00	Rohstoffe	4.000,00

Die Angaben „Kasse" und „Bankguthaben" vor dem Buchungsbetrag sagen aus, dass Rohstoffe in bar und per Überweisung gekauft wurden. Die Gegenbuchungen müssen im Haben auf den jeweiligen Konten eingetragen sein.

Die Angabe „Rohstoffe" vor den Buchungsbeträgen sagt aus, dass Rohstoffe eingekauft und zum Teil bar, zum Teil per Überweisung bezahlt wurden. Die Gegenbuchungen müssen im Soll auf dem Konto Rohstoffe eingetragen sein.

ÜBERSICHT: Buchungssätze

einfacher Buchungssatz	eine Sollbuchung und eine Habenbuchung
zusammengesetzter Buchungssatz	mehr als eine Sollbuchung und/oder mehr als eine Habenbuchung
Wertangaben in Buchungssätzen	Der Wert* der Sollbuchung(en) muss dem Wert* der Habenbuchung(en) entsprechen.

* ggf die Summe der Werte

AB → Lernsituation 46

3.3 Belege, Grund- und Hauptbuch

3.3.1 Belege und Belegkontierung

GoB
→ Kap. 1.2

Keine Buchung ohne Beleg!

Die Grundsätze ordnungsmäßiger Buchführung (GoB) verlangen, dass für jede Buchung ein Beleg vorhanden sein muss. Diese Belege müssen aufbewahrt werden und dienen während der Aufbewahrungszeit für den Beweis der Richtigkeit der Buchführung. Jeder Geschäftsvorfall mit zahlenmäßig erfassbaren Auswirkungen auf das Vermögen und/oder das Kapital eines Unternehmens muss durch einen Beleg dokumentiert werden, durch den die Entstehung und die Abwicklung dieses Geschäftsvorfalls verfolgt werden kann. Belege entstehen im Ablauf der Unternehmenstätigkeit durch eigene und fremde Erstellung oder werden für den Zweck der Buchführung eigens erstellt.

Geschäftsvorfall	Beleg
Wareneinkauf auf Ziel	Eingangsrechnung
Überweisung an einen Lieferer	Kontoauszug mit Lastschrift
Barkauf von Büromaterial	Quittung

Belegerstellung

Unternehmenseigene Belegerstellung		Unternehmensfremde Belegerstellung
im Ablauf der Unternehmenstätigkeit:	**zum Zwecke der Buchführung:**	**im Ablauf der Unternehmenstätigkeit:**
– Ausgangsrechnungen und Gutschriften (Kopien) an Kunden – eigene Zahlungsbelege – Lohn- und Gehaltslisten – Entnahmescheine	– vorbereitende Abschlussbuchungen – Korrekturbuchungen – Notbelege (kein Beleg vorhanden, z. B. Gespräch aus einer Telefonzelle)	– Eingangsrechnungen und Gutschriften von Lieferern (Werkstoffe, Anlagevermögen, Leistungen) – Kontoauszüge der Banken und Zahlungsbelege von Kunden – Spendenbescheinigungen – Steuerbescheide

Hinweis: Spätestens ab 01.01.2028 müssen alle Rechnungen im B2B-Bereich elektronisch ausgestellt werden (Ausnahme: Kleinbetragsrechnungen bis 250,00 €).

Belege von Unternehmensfremden erhalten einen Eingangsstempel mit Tagesdatum (Belegdatum) und eine interne Belegnummer. Liefererbelege (z. B. Eingangsrechnungen) müssen mit der Lieferernummer und Kundenbelege (z. B. Kontoauszüge mit Kundenüberweisungen) mit der Kundennummer versehen werden. Alle eingehenden Belege sollten abschließend sachlich und rechnerisch überprüft werden.

Überprüfung einer Eingangsrechnung eines Rohstofflieferanten

Sachliche Prüfung:	Rechnerische Prüfung:
– Übereinstimmung aller Rechnungswerte (Menge, Artikelart, Einzelpreis in €, Rabatte und Skonto in Prozent, Zahlungsziel usw.) mit der Bestellung – Übereinstimmung aller Rechnungswerte mit der Wareneingangsmeldung (Menge, Artikelart, Güte und Beschaffenheit der Ware, ggf. Mängel)	Gesamtpreis je Artikel (Menge · Einzelpreis) Gesamtpreis für alle Artikel in € – Rabatt in € = Nettowarenwert ggf. zzgl. Bezugskosten + Umsatzsteuer[1] = Bruttorechnungsbetrag

[1] umsatzsteuerpflichtige Lieferung → Kap. 5

Zur Vorbereitung der Buchungen werden die Tagesbelege nach Art des Geschäftsvorfalles sortiert und an die Person weitergeleitet, die die Kontierung vornimmt. Die Kontierung ist eine **Buchungsanweisung** für den Beleg. Es werden die durch diesen Beleg betroffenen Konten mit den Beträgen für die Soll- und Habenbuchung angegeben (Buchungssatz). Die Kontierung eines Beleges kann z. B. durch Eintragungen in einen **Kontierungsstempel** auf dem Beleg erfolgen oder auf einer an den Beleg gehefteten Kontierungsfahne oder in Form eines maschinellen Aufdrucks.

Nach der Buchung muss der Beleg **zehn Jahre** aufbewahrt werden. Eine Ablage in Ordnern, sortiert nach Geschäftsjahr, Lieferer, Datum und Beleg-Nr., oder die bildliche Speicherung auf Datenträgern sind die heute noch häufigsten Aufbewahrungsformen.

Alu-Werke Bonn AG

Posteingang: 30. 07. 20XX

Beleg-Nr.: ER 217

Name: Herr Köllen
Straße: Sankt-Augustiner-Straße 30
Ort: 53225 Bonn

Telefon: 0228-464XX0
Fax: 0228-464XX11
E-Mail: awb-mail@aluminiumwerke.dex

Alu-Werke Bonn AG, Sankt-Augustiner-Straße 30, 53225 Bonn
Fly Bike Werke GmbH
Rostocker Str. 334
26121 Oldenburg

Lieferdatum: 28.07.20XX
Rechnungsdatum: 29.07.20XX

Rechnungsprüfung	
Sachlich richtig Datum 01.08.20XX Nz Ta	Rechnerisch richtig Datum 01.08.20XX Nz Ta

Konto	Soll	Haben
Rohstoffe	20.220,00	
Verbindlichkeiten a.L.L.		20.220,00
Gebucht: 01.08.20XX G120 Ta/La		

Kontierungsstempel:
– Konto/Betrag Sollbuchung
– Konto/Betrag Habenbuchung

Gebucht-Zeile (Buchungsdatum, Grundbuchzeile, Namenszeichen des/der Buchenden)

Rechnung Nr.: 412

Artikel-Nr.	Artikelbezeichnung	Menge in Metern	Einzelpreis in €	Gesamtpreis in €
40045225	Aluminiumrohre, Rundrohr 45 x 2,25	2000	10,11	20.220,00
			Rechnungsbetrag	20.220,00

Bankverbindung: CVB, IBAN: DE87 5400 7638 0077 9982 46,
BIC: CVERDEELXXX
Lieferung frei Lager Oldenburg, Zahlung innerhalb von 30 Tagen ohne Abzug.

3.3.2 Buchungen im Grund- und Hauptbuch

Sind die Belege vorkontiert, kann gebucht werden. Hierbei sind nach der Ordnung der Buchungen Grundbuch und Hauptbuch zu unterscheiden.

Grundbuch:
Im Grundbuch, auch Journal (franz. le jour = der Tag) oder Primanota (ital. Erstaufzeichnung) genannt, werden die Buchungssätze in zeitlicher (chronologischer) Reihenfolge festgehalten. In der Regel werden zur besseren Kontrolle das Buchungsdatum, das Eingangs- bzw. Ausstellungsdatum des Beleges, die Belegnummer und der Buchungstext aufgezeichnet. Da im Grundbuch alle Geschäftsvorfälle lückenlos erfasst werden, bildet es die Grundlage bei Prüfungen durch Behörden wie z. B. das Finanzamt. Das Grundbuch wird in diesem Lehrwerk wie folgt dargestellt:

Geschäftsvorfälle:
1) Barabhebung vom Bankkonto der Fly Bike Werke GmbH
2) Kauf eines Firmenwagens auf Ziel

Nr.	Soll	€	Haben	€
1)	Kasse	500,00	Bankguthaben	500,00
2)	Fuhrpark	30.000,00	Verbindlichkeiten a. L. L.	30.000,00
usw.				

Hauptbuch:
Da die chronologischen Eintragungen im Grundbuch dem Unternehmen keinen Überblick über die laufenden Veränderungen der einzelnen Vermögens- und Kapitalposten ermöglichen, werden alle Geschäftsvorfälle entsprechend ihrer sachlichen Zusammengehörigkeit gegliedert und auf den entsprechenden Sachkonten gebucht. Die Sachkonten befinden sich im Hauptbuch. Das Hauptbuch ordnet die Buchungen in einer sachlichen Ordnung den einzelnen Konten zu.

S	Kasse		H
AB	300,00		
Bankguthaben	500,00		

S	Bankguthaben		H
AB	600,00	Kasse	500,00

Neben dem Grund- und Hauptbuch unterscheidet man so genannte Nebenbücher. Diese werden in Nebenbuchhaltungen geführt, die die Buchungen im Hauptbuch näher erläutern (z. B. Kreditoren-, Debitoren-, Anlagenbuchhaltung).

ÜBERSICHT: Belegbearbeitung

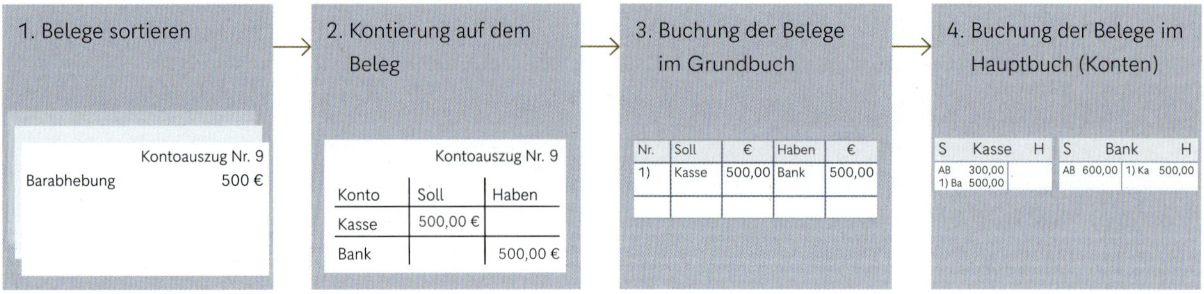

3.4 Vom Eröffnungsbilanzkonto zum Schlussbilanzkonto

AB → Lernsituation 47

Eröffnungsbilanzkonto

Nach dem Grundsatz der Bilanzgleichheit, auch **Bilanzidentität** genannt, ist die Schlussbilanz am Ende eines Geschäftsjahres identisch mit der Eröffnungsbilanz des neuen Geschäftsjahres. Um die Geschäftsvorfälle des neuen Jahres buchen zu können, wird die Eröffnungsbilanz in Konten aufgelöst.

Bisher wurden die Anfangsbestände in folgender Weise auf die Bestandskonten übertragen:
- von der Aktivseite der Eröffnungsbilanz auf die Sollseite der Aktivkonten,
- von der Passivseite der Eröffnungsbilanz auf die Habenseite der Passivkonten.

Bilanz als Wertebasis für Bestandskonten → Kap. 3.2

Die Anfangsbestände in den Bestandskonten wurden somit auf der gleichen Seite eingetragen, auf der sie auch in der Bilanz stehen. Dieses Vorgehen widerspricht jedoch dem Grundsatz der doppelten Buchführung, der besagt, dass jeder Buchung im Soll eine Buchung im Haben gegenüberstehen muss. Deshalb wird ein zusätzliches Konto im Hauptbuch eingerichtet, das bei der Buchung der **Anfangsbestände** die Gegenbuchung aufnimmt. Diese Funktion übernimmt das Eröffnungsbilanzkonto (EBK).

Wie alle Konten des Hauptbuches erhält das Eröffnungsbilanzkonto als Seitenbenennung die Begriffe Soll und Haben. Das EBK wird dabei zum Spiegelbild der Eröffnungsbilanz. Da alle aktiven Bestandskonten im Soll eröffnet werden müssen, erscheinen die Gegenbuchungen auf dem EBK im Haben, entsprechend erscheinen die Gegenbuchungen der passiven Bestandskonten auf dem EBK im Soll.

S — EBK	H
AB aller passiven Bestandskonten	AB aller aktiven Bestandskonten

Die Buchungssätze bei der **Eröffnung der Bestandskonten** lauten also:

aktive Bestandskonten	an	Eröffnungsbilanzkonto (EBK)
Eröffnungsbilanzkonto (EBK)	an	passive Bestandskonten

Schlussbilanzkonto

Am Ende eines Geschäftsjahres werden die Bestandskonten abgeschlossen. Der **Endbestand** (Saldo) wird errechnet und auf der kleineren Seite eines jeden Bestandskontos zum Ausgleich eingetragen. Für die Aufnahme der Gegenbuchung ist wiederum ein Konto erforderlich. Diese Aufgabe übernimmt das Schlussbilanzkonto (SBK).

S — SBK	H
EB aller aktiven Bestandskonten	EB aller passiven Bestandskonten

Die Buchungssätze beim **Abschluss der Bestandskonten** lauten:

Schlussbilanzkonto (SBK)	an	aktive Bestandskonten
passive Bestandskonten	an	Schlussbilanzkonto (SBK)

Das Schlussbilanzkonto im Hauptbuch ist das Abschlusskonto für die Bestandskonten. Die Bestände im Schlussbilanzkonto werden auf Basis der Buchungen im Grund- und Hauptbuch ermittelt (Sollbestände). Die Aufstellung der Schlussbilanz erfolgt dagegen immer auf Basis des Inventarverzeichnisses (Istbestände).

Stimmen die Inventurwerte der Schlussbilanz nicht mit den Buchungen auf dem SBK überein, so müssen die Buchungen korrigiert bzw. ergänzt werden, bis die Werte des Schlussbilanzkontos denen der Schlussbilanz entsprechen.

Inventar → Kap. 2.2

Inventur → Kap. 2.1

BEISPIEL: Geschäftsgang mit Bilanzen, Grund- und Hauptbuch

Eröffnungsbilanz 20XX mit den Werten der Inventur zum 31.12.20XW

Aktiva	Eröffnungsbilanz zum 01.01.20XX (in €)		Passiva
Maschinen	60.000,00	Eigenkapital	140.000,00
Rohstoffe	110.000,00	langfr. Bankverbindlichkeiten	20.000,00
Bankguthaben	30.000,00	Verbindlichkeiten a. L. L.	40.000,00
	200.000,00		**200.000,00**

Grundbuch: Eröffnungsbuchungen: E1) bis E3) → aktive Bestandskonten
E4) bis E6) → passive Bestandskonten

Nr.	Soll	€	Haben	€
E1)	Maschinen	60.000,00	Eröffnungsbilanzkonto	60.000,00
E2)	Rohstoffe	110.000,00	Eröffnungsbilanzkonto	110.000,00
E3)	Bankguthaben	30.000,00	Eröffnungsbilanzkonto	30.000,00
E4)	Eröffnungsbilanzkonto	140.000,00	Eigenkapital	140.000,00
E5)	Eröffnungsbilanzkonto	20.000,00	Langfr. Bankverbindlichkeiten	20.000,00
E6)	Eröffnungsbilanzkonto	40.000,00	Verbindlichkeiten a. L. L.	40.000,00

Buchungen der Geschäftsvorfälle Nr. 1) bis 5):

Nr.	Soll	€	Haben	€
1)	Rohstoffe	4.000,00	Verbindlichkeiten a. L. L.	4.000,00
2)	Bankguthaben	5.000,00	Langfr. Bankverbindlichkeiten	5.000,00
3)	Verbindlichkeiten a. L. L.	500,00	Bankguthaben	500,00
4)	Maschinen	1.000,00	Verbindlichkeiten a. L. L.	1.000,00
5)	Bankguthaben	9.000,00	Rohstoffe	9.000,00

Abschlussbuchungen: A1) bis A3) → aktive Bestandskonten
A4) bis A6) → passive Bestandskonten

Nr.	Soll	€	Haben	€
A1)	Schlussbilanzkonto	61.000,00	Maschinen	61.000,00
A2)	Schlussbilanzkonto	105.000,00	Rohstoffe	105.000,00
A3)	Schlussbilanzkonto	43.500,00	Bankguthaben	43.500,00
A4)	Eigenkapital	140.000,00	Schlussbilanzkonto	140.000,00
A5)	Langfr. Bankverbindlichkeiten	25.000,00	Schlussbilanzkonto	25.000,00
A6)	Verbindlichkeiten a. L. L.	44.500,00	Schlussbilanzkonto	44.500,00

Hauptbuch: Eröffnungsbuchungen, Geschäftsvorfälle und Abschlussbuchungen

S — Eröffnungsbilanzkonto (EBK) — H

S			H
Eigenkapital	140.000,00	Maschinen	60.000,00
Langfr. Bankverbindlichkeiten	20.000,00	Rohstoffe	110.000,00
Verbindlichkeiten a. L. L.	40.000,00	Bankguthaben	30.000,00
	200.000,00		**200.000,00**

S — Maschinen (Ma) — H

S			H
EBK	60.000,00	SBK	61.000,00
4) Ve	1.000,00		
	61.000,00		61.000,00

S — Eigenkapital (EK) — H

S			H
SBK	140.000,00	EBK	140.000,00

S — Rohstoffe (Ro) — H

S			H
EBK	110.000,00	5) Ba	9.000,00
1) Ve	4.000,00	SBK	105.000,00
	114.000,00		114.000,00

S — Langfr. Bankverbindlichkeiten (LB) — H

S			H
SBK	25.000,00	EBK	20.000,00
		2) Ba	5.000,00
	25.000,00		25.000,00

S — Bankguthaben (Ba) — H

S			H
EBK	30.000,00	3) Ve	500,00
2) LB	5.000,00	SBK	43.500,00
5) Ro	9.000,00		
	44.000,00		44.000,00

S — Verbindlichkeiten a. L. L. (Ve) — H

S			H
3) Ba	500,00	EBK	40.000,00
SBK	44.500,00	1) Ro	4.000,00
		4) Ma	1.000,00
	45.000,00		45.000,00

S — Schlussbilanzkonto (SBK) — H

S			H
Maschinen	61.000,00	Eigenkapital	140.000,00
Rohstoffe	105.000,00	langfr. Bankverbindlichkeiten	25.000,00
Bankguthaben	43.500,00	Verbindlichkeiten a. L. L.	44.500,00
	209.500,00		**209.500,00**

Die Inventurwerte stimmen mit den Werten des Schlussbilanzkontos überein. Es müssen keine Korrekturbuchungen vorgenommen werden.

Aktiva — Schlussbilanz zum 31.12.20XX — Passiva

Aktiva			Passiva
Maschinen	61.000,00	Eigenkapital	140.000,00
Rohstoffe	105.000,00	Langfr. Bankverbindlichkeiten	25.000,00
Bankguthaben	43.500,00	Verbindlichkeiten a. L. L.	44.500,00
	209.500,00		**209.500,00**

Ort, Datum und Unterschrift(en)

Hinweis: Die Angabe der Gegenbuchung erfolgt mit Abkürzungen. Es werden hier zumeist die ersten beiden Buchstaben des Gegenkontos angegeben. Die Auswahl der Abkürzungen ist beliebig, die Angaben müssen jedoch eindeutig sein.

AB → Lernsituation 48

Lernvideo: Erfolgsbuchungen

3.5 Erfolgsvorgänge buchen

3.5.1 Auswirkungen von Erfolgsvorgängen auf das Eigenkapital

Das Eigenkapital ist bisher durch Geschäftsvorfälle nicht verändert worden. Diese hatten keinen Einfluss auf Gewinn oder Verlust des Unternehmens. Erfolgsvorgänge verändern das Eigenkapital.

Veränderungen des Eigenkapitals durch Aufwendungen und Erträge

Erfolgsvorgänge

Erfolg eines Unternehmens

positiver Erfolg	negativer Erfolg
positiver Erfolg Erträge > Aufwendungen	negativer Erfolg Aufwendungen > Erträge
↓	↓
Gewinn	Verlust
↓	↓
Eigenkapitalmehrung	Eigenkapitalminderung

Das Eigenkapital wird durch **Aufwendungen** und **Erträge** verändert. Langfristig müssen die Erlöse aus den Absatzprozessen die Aufwendungen, die im Rahmen der Leistungs- und Beschaffungsprozesse entstehen, übersteigen, damit das Unternehmen Gewinne erzielt. So muss z. B. die Fly Bike Werke GmbH ihre Handelswaren zu einem höheren Preis verkaufen als einkaufen.

Allerdings ist die positive Differenz zwischen Umsatzerlösen und Materialaufwendungen nicht automatisch mit dem Gewinn eines Unternehmens gleichzusetzen. Der gesamte **Werteverzehr** von Produktionsfaktoren bei Beschaffung, Lagerung, Produktion und Absatz sowie die Verwaltung des Unternehmens mindern den Wert des Vermögens und damit das Eigenkapital. Diesem Werteverzehr können neben den Umsatzerlösen weitere Erträge als **Wertezufluss** gegenüberstehen, die den Wert des Vermögens und damit das Eigenkapital erhöhen.

Erträge (Wertezufluss) eines Unternehmens (Beispiele)

Umsatzerlöse für Waren	Wert der verkauften Waren zu Verkaufspreisen
Umsatzerlöse für eigene Erzeugnisse	Wert der verkauften Erzeugnisse zu Verkaufspreisen
weitere Erträge	Mieterträge, Provisionserträge, Zinserträge

Aufwendungen (Werteverzehr) eines Unternehmens (Beispiele)

Materialaufwand	Aufwendungen f. Roh-, Hilfs- und Betriebsstoffe, bezogene Waren und Leistungen (Frachten und Fremdlager, Vertriebsprovisionen, Fremdinstandhaltung (wie z. B. Reparaturen))
Personalaufwand	Löhne, Gehälter, soziale Aufwendungen (z. B. Arbeitgeberanteile zur Sozialversicherung)
Abschreibungen	Wertminderungen von Vermögensgegenständen (z. B. durch Nutzung)
Aufwendungen für die Inanspruchnahme von Rechten und Diensten	Mieten, Pachten, Leasing, Gebühren, Rechts- und Beratungskosten, Kosten des Geldverkehrs
Aufwendungen für Kommunikation	Büromaterial, Zeitungen, Postgebühren, Reisekosten, Werbung
Aufwendungen für Beiträge	Versicherungsbeiträge, Beiträge zu Verbänden
weitere Aufwendungen	betriebliche Steuern (z. B. Grundsteuer, Kfz-Steuer usw.), Zinsaufwendungen

- Übersteigen die Erträge eines Unternehmens die Aufwendungen, erzielt das Unternehmen einen Gewinn. Das Eigenkapital steigt.
- Übersteigen die Aufwendungen eines Unternehmens die Erträge, macht das Unternehmen Verlust. Das Eigenkapital sinkt.

Eigenkapitalmehrung und Eigenkapitalminderung

Eigenkapitalmehrung durch Gewinn	
Aufwendungen 35.000,00 €	Erträge 40.000,00 €
Gewinn 5.000,00 €	

Eigenkapitalminderung durch Verlust	
Aufwendungen 40.000,00 €	Erträge 35.000,00 €
	Verlust 5.000,00 €

3.5.2 Buchung auf Erfolgskonten

Gemäß den Buchungsregeln für passive Bestandskonten könnten alle Aufwendungen (Eigenkapitalminderungen) und Erträge (Eigenkapitalmehrungen) direkt auf dem Konto Eigenkapital gebucht werden. Bei vielen erfolgswirksamen Geschäftsvorfällen würde man als Ergebnis aber ein sehr unübersichtliches Eigenkapitalkonto erhalten, aus dem die Höhe einzelner Aufwands- und Ertragsarten nicht ersichtlich wäre.

Aus diesem Grund werden so genannte **Erfolgskonten** als Unterkonten des Eigenkapitalkontos eingerichtet. Alle erfolgswirksamen Geschäftsvorfälle werden darauf nach Aufwands- und Ertragsarten sachlich geordnet erfasst. Dabei müssen Erträge immer im Haben und Aufwendungen immer im Soll gebucht werden. Die Gegenbuchung verändert die Werte auf den Bestandskonten. Im Gegensatz zu Bestandskonten haben Erfolgskonten **keinen Anfangsbestand**.

Buchungsregel für Erfolgskonten: Erträge im Haben – Aufwendungen im Soll

Eigenkapitalkonto mit Unterkonten (Aufwands- und Ertragskonten)

S	Eigenkapital	H
Eigenkapitalminderung	Anfangsbestand	
	Eigenkapitalmehrung	

↓ Erfolgskonten als Unterkonten des Eigenkapitalkontos ↓

Aufwandskonten (Beispiele)

S	Aufwendungen für Rohstoffe	H
Rohstoffverbrauch zu Einstandspreisen		

S	Büromaterial	H
Büromaterialeinkauf zu Einstandspreisen		

Ertragskonten (Beispiele)

S	Umsatzerlöse für eigene Erzeugnisse	H
	Erzeugnisverkauf zu Verkaufspreisen	

S	Zinserträge	H
	Zinsgutschriften	

Geschäftsvorfälle:
1) Verbrauch von Rohstoffen in der Produktion 42.000,00 €
2) Verkauf von fertigen Erzeugnissen auf Ziel 36.000,00 €
3) Barkauf von Kugelschreibern für die Verwaltung 42,00 €
4) Die Bank schreibt 500,00 € Zinsen gut.

Grundbuch:

Nr.	Soll	€	Haben	€
1)	Aufwendungen für Rohstoffe	42.000,00	Rohstoffe	42.000,00
2)	Forderungen a. L. L.	36.000,00	Umsatzerlöse für eigene Erzeugnisse	36.000,00
3)	Büromaterial	42,00	Kasse	42,00
4)	Bankguthaben	500,00	Zinserträge	500,00

Hauptbuch:

Erfolgskonten

S	Aufwendungen für Rohstoffe (AfR)		H
1) Ro	42.000,00		

S	Umsatzerlöse für eigene Erzeugnisse (UfE)		H
		2) Fo	36.000,00

S	Büromaterial (Bü)		H
3) Ka	42,00		

S	Zinserträge (Zi)		H
		4) Ba	500,00

Bestandskonten

S	Rohstoffe (Ro)		H
EBK	25.500,00	1) AfR	42.000,00

S	Forderungen a. L. L. (Fo)		H
EBK	10.900,00		
2) UfE	36.000,00		

S	Kasse (Ka)		H
EBK	5.500,00	3) Bü	42,00

S	Bankguthaben (Ba)		H
EBK	7.200,00		
4) Zi	500,00		

3.5.3 Abschluss von Erfolgskonten

Der Abschluss der Erfolgskonten am Geschäftsjahresende erfolgt nicht direkt über das Eigenkapitalkonto. Alle Aufwands- und Ertragskonten werden zunächst auf einem separaten Konto – **Gewinn- und Verlustkonto (GuV)** – übersichtlich gegenübergestellt, um dort den Erfolg des Geschäftsjahres zu ermitteln. Der ermittelte Erfolg (Gewinn oder Verlust) wird dann in einer Buchung auf das Eigenkapitalkonto übertragen.

Das GuV-Konto ist das Abschlusskonto der Erfolgskonten.

GuV-Konto als Abschlusskonto der Erfolgskonten

Erträge > Aufwendungen → Gewinn

S	GuV-Konto	H
Aufwendungen		Erträge
Gewinn		

S	Eigenkapital (EK)	H
Endbestand		Anfangsbestand
		Gewinn

Abschlussbuchungssatz bei Gewinn: GuV-Konto an EK

Erträge < Aufwendungen → Verlust

S	GuV-Konto	H
Aufwendungen		Erträge
		Verlust

S	Eigenkapital (EK)	H
Verlust		Anfangsbestand
Endbestand		

Abschlussbuchungssatz bei Verlust: EK an GuV-Konto

Grundbuch: E1) Eröffnung Eigenkapital über EBK
1) – 2) Aufwandsbuchungen/Ertragsbuchungen (Sammelbuchung über das Bankkonto)
A1) – A6) Abschluss der Erfolgskonten über GuV-Konto
A7) Abschluss GuV-Konto über Eigenkapital A8) Abschluss Eigenkapital über SBK
E = Eröffnungsbuchungen A = Abschlussbuchungen UE = Umsatzerlöse

Nr.	Soll	€	Haben	€
E1)	EBK	50.000,00	Eigenkapital	50.000,00
1)	Aufwendungen für Rohstoffe Löhne Energie	175.000,00 85.000,00 40.000,00	Bankguthaben	300.000,00
2)	Bankguthaben	310.000,00	UE für eigene Erzeugnisse Mieterträge Zinserträge	290.000,00 12.000,00 8.000,00
A1)	GuV	175.000,00	Aufwendungen für Rohstoffe	175.000,00
A2)	GuV	85.000,00	Löhne	85.000,00
A3)	GuV	40.000,00	Energie	40.000,00
A4)	UE für eigene Erzeugnisse	290.000,00	GuV	290.000,00
A5)	Mieterträge	12.000,00	GuV	12.000,00
A6)	Zinserträge	8.000,00	GuV	8.000,00
A7)	GuV	10.000,00	Eigenkapital	10.000,00
A8)	Eigenkapital	60.000,00	SBK	60.000,00

Hauptbuch:

S	SBK		H
Anlagevermögen	40.000,00	A8) Eigenkapital	60.000,00
Umlaufvermögen	50.000,00	Fremdkapital	30.000,00
	90.000,00		90.000,00

S	EBK		H
E1) Eigenkapital	50.000,00	Anlagevermögen	40.000,00
Fremdkapital	30.000,00	Umlaufvermögen	40.000,00
	80.000,00		80.000,00

S	Eigenkapital		H
A8) SBK	60.000,00	E1) EBK	50.000,00
		A7) GuV	10.000,00
	60.000,00		60.000,00

Gewinn

S	Gewinn- und Verlustkonto		H
A1) Aufw. f. Rohst.	175.000,00	A4) Umsatzerlöse f. eig. Erzeugnisse	290.000,00
A2) Löhne	85.000,00	A5) Mieterträge	12.000,00
A3) Energie	40.000,00	A6) Zinserträge	8.000,00
A7) Eigenkapital	10.000,00		
	310.000,00		310.000,00

S	Aufwendungen für Rohstoffe		H
1) Ba	175.000,00	A1) GuV	175.000,00

S	Umsatzerlöse für eigene Erzeugnisse		H
A4) GuV	290.000,00	2) Ba	290.000,00

S	Löhne		H
1) Ba	85.000,00	A2) GuV	85.000,00

S	Mieterträge		H
A5) GuV	12.000,00	2) Ba	12.000,00

S	Energie		H
1) Ba	40.000,00	A3) GuV	40.000,00

S	Zinserträge		H
A6) GuV	8.000,00	2) Ba	8.000,00

ÜBERSICHT: Vom EBK zum SBK einschließlich Erfolgsvorgänge

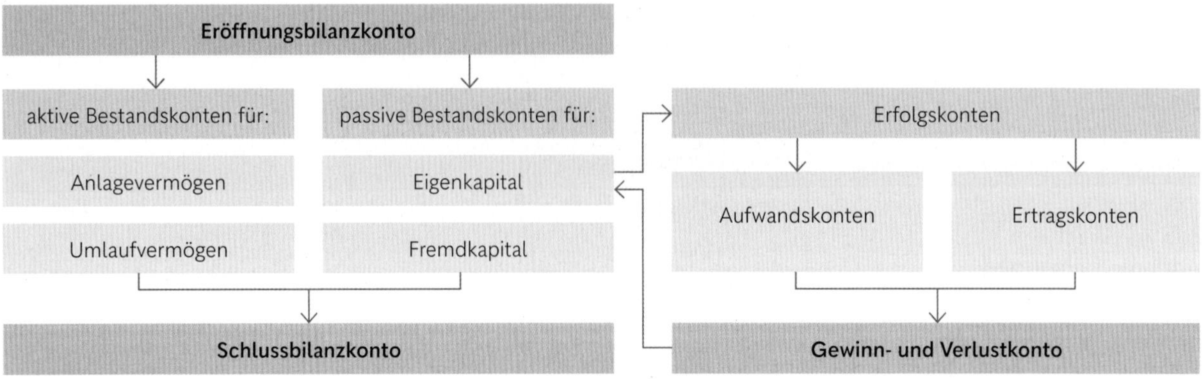

3.6 Erfassen des Materialverbrauchs

BEISPIEL: Für die Produktion ihrer Fahrräder benötigt die Fly Bike Werke GmbH eine Vielzahl von Materialien. Für fast alle Fahrradmodelle werden die Rahmen und zumeist auch die Gabeln in Eigenfertigung produziert. Hierfür benötigt die Fly Bike Werke GmbH verschiedene Roh-, Hilfs- und Betriebsstoffe. Alle anderen Komponenten werden als Vorprodukte oder Fremdbauteile fremdbezogen. In der Finanzbuchhaltung werden für alle Materialien Bestands- und Aufwandskonten eingerichtet. Jeder Verbrauch kann so erfasst werden. Von besonderer Bedeutung sind die folgenden Materialkonten:

Bestandskonten	Aufwandskonten	Beispiel Fly Bike Werke GmbH
Rohstoffe/Fertigungsmaterial	Aufwendungen für Rohstoffe/ Fertigungsmaterial	Stahlrohre, Aluminiumrohre
Vorprodukte/Fremdbauteile	Aufwendungen für Vorprodukte/Fremdbauteile	Schaltungen, Sättel, Lenker
Hilfsstoffe	Aufwendungen für Hilfsstoffe	Lacke, Schrauben
Betriebsstoffe	Aufwendungen für Betriebsstoffe/ Verbrauchswerkzeuge	Schmiermittel, Treibstoffe, Reinigungsmittel

betriebliche Leistungsfaktoren

Komponentenliste Kinderräder
Komponentennummern und geplante Komponentenpreise

FLY BIKE Werke GmbH

Fahrradtypen Set-Nr. FBW:	Jugendrad *Twist*	Preise in €	Jugendrad *Cool*	Preise in €
Rahmen	1100	7,47	1110	7,50
Gabel	1600	2,24	1600	2,24
Räder und Schaltung	2100	36,91	2110	40,79
Antrieb	2300	6,55	2310	7,00
Bremsen	2600	6,60	2600	6,60
Bereifung	3100	7,06	3100	7,06
Beleuchtung	4100	6,10	4100	6,10
Lenkung	5100	4,30	5100	4,30
Ausstattung 1	6100	2,65	6100	2,65

Will man den Verbrauch von Materialien buchhalterisch erfassen, unterscheidet man grundsätzlich **bestands- und aufwandsorientierte Verfahren**. Kein Industrieunternehmen ermittelt den Verbrauch aller Materialien nach nur einer Erfassungsmethode. Häufig werden mehrere Verfahren nebeneinander im selben Unternehmen angewendet. Welches Verfahren zur Anwendung kommt, unterliegt verschiedenen Kriterien. Hierzu zählen z. B.:
- Werden Materialien auf Lager genommen oder direkt verbraucht?
- Ist der Verbrauch regelmäßig oder unterliegt er Schwankungen?
- Müssen anderen Abteilungen Informationen über den Materialverbrauch zur Verfügung gestellt werden (z. B. im Rahmen eines Kundenauftrags)?

3.6.1 Bestandsorientierte Verbrauchsermittlung

bestandsorientierte Buchungen:
Schritt 1: Bestandskonto
Schritt 2: Aufwandskonto

Bei der bestandsorientierten Buchungstechnik wird unterstellt, dass alle Einkäufe zuerst auf Lager genommen werden. In der Buchhaltung werden diese Einkäufe in einem ersten Schritt auf das entsprechende **Bestandskonto** gebucht. Erst nach der Ermittlung des jeweiligen Verbrauchs erfolgt in einem zweiten Schritt die Umbuchung auf das **Aufwandskonto**. Je nachdem, ob der Gesamtverbrauch eines Geschäftsjahres gebucht wird oder jeder einzelne Verbrauch, werden zwei unterschiedliche bestandsorientierte Ermittlungsverfahren unterschieden: die Inventurmethode und die Skontrationsmethode.

Bestandsorientierte Verbrauchsermittlung

S	Bestandskonto, z. B.: Rohstoffe H
Anfangsbestand	Verbrauch als Bestandsminderung
Einkäufe	Endbestand

→

S	Aufwandskonto, z. B.: Aufwand für Rohstoffe H
Verbrauch als Aufwand	Abschlusssaldo für GuV-Konto

Inventurmethode (Bestandsvergleich)

Abschluss Bestandskonto nach Inventurmethode:

  Anfangsbestand
+ Einkäufe
– Endbestand lt. Inventur
= Verbrauch (Saldo)

Besonders arbeitssparend ist die Inventurmethode (auch: Verbrauchsermittlung durch Bestandsvergleich). Dabei wird der Anfangsbestand auf dem Bestandskonto im laufenden Geschäftsjahr um alle Einkäufe erhöht. Am Ende des Geschäftsjahres wird der Endbestand im Rahmen der Inventur festgestellt. Die **Differenz** zwischen Anfangsbestand zuzüglich Einkäufen (Soll) und Endbestand laut Inventur (Haben) wird als **Verbrauch** erfasst. Materialien, die am Geschäftsjahresende nicht mehr auf Lager sind, müssen also verbraucht worden sein. Dieser Verbrauch muss auf das entsprechende Aufwandskonto übernommen werden und in der GuV erscheinen.

Diese Art der Verbrauchsermittlung mit einer **einmaligen Buchung** am Ende des Geschäftsjahres eignet sich für kleine Unternehmen oder für Material, das nur einen geringen Wert bei möglichst gleich bleibendem Einstandspreis und kontinuierlichem Verbrauch aufweist. Schwankt der Verbrauch, kann er auch monatlich ermittelt werden, was jedoch Inventuraufnahmen am Ende eines jeden Monats erforderlich macht.

Inventurmethode

S	Rohstoffe (Bestand) H
Anfangsbestand (EBK)	Endbestand lt. Inventur (SBK)
	Saldo = Rohstoffverbrauch

S	Schlussbilanzkonto (SBK) H
Rohstoffe (Bestand)	

S	Aufwendungen für Rohstoffe H
Rohstoffverbrauch	Saldo für GuV

S	Umsatzerlöse für eigene Erzeugnisse H
Saldo für GuV	Erzeugnisverkäufe

S	Gewinn- und Verlustkonto H
Aufwendungen für Rohstoffe	Umsatzerlöse für eigene Erzeugnisse

Grundbuch: Die Anfangs- und Endbestände auf den Bestandskonten sind bereits im Hauptbuch eingetragen.

1) Einkauf von Rohstoffen, bar	50.000,00 €	4) Verbrauch von Rohstoffen	48.000,00 €
2) Einkauf von Hilfsstoffen, bar	21.000,00 €	5) Verbrauch von Hilfsstoffen	20.000,00 €
3) Einkauf von Betriebsstoffen, bar	6.000,00 €	6) Verbrauch von Betriebsstoffen	6.000,00 €
		7) Verkauf von fertigen Erzeugnissen, bar	98.000,00 €

Nr.	Soll	€	Haben	€
1)	Rohstoffe	50.000,00	Kasse	50.000,00
2)	Hilfsstoffe	21.000,00	Kasse	21.000,00
3)	Betriebsstoffe	6.000,00	Kasse	6.000,00
4)	Aufwendungen f. Rohstoffe	48.000,00	Rohstoffe	48.000,00
5)	Aufwendungen f. Hilfsstoffe	20.000,00	Hilfsstoffe	20.000,00
6)	Aufwendungen f. Betriebsstoffe	6.000,00	Betriebsstoffe	6.000,00
7)	Kasse	98.000,00	Umsatzerlöse f. eigene Erzeugnisse	98.000,00

Abschluss Werkstoffkonten: GuV an Werkstoffkonten (RHB-Stoffe); Abschluss Konto Umsatzerlöse: Umsatzerlöse an GuV; Abschluss GuV-Konto: GuV-Konto an Eigenkapital.

Hauptbuch:

S Rohstoffe (Ro) H

S			H
EBK	14.000,00	SBK	16.000,00
1) Ka	50.000,00	4) AfR	48.000,00
	64.000,00		64.000,00

S Aufwendungen für Rohstoffe (AfR) H

S			H
4) Ro	48.000,00	GuV	48.000,00

S Hilfsstoffe (Hi) H

S			H
EBK	8.000,00	SBK	9.000,00
2) Ka	21.000,00	5) AfH	20.000,00
	29.000,00		29.000,00

S Aufwendungen für Hilfsstoffe (AfH) H

S			H
5) Hi	20.000,00	GuV	20.000,00

S Betriebsstoffe (Be) H

S			H
EBK	2.000,00	SBK	2.000,00
3) Ka	6.000,00	6) AfB	6.000,00
	8.000,00		8.000,00

S Aufwendungen für Betriebsstoffe (AfB) H

S			H
6) Be	6.000,00	GuV	6.000,00

S Gewinn- und Verlustkonto (GuV) H

S			H
A.f.Rohstoffe	48.000,00	Umsatzerlöse für eigene Erz.	98.000,00
A.f. Hilfsstoffe	20.000,00		
A.f. Betriebsst.	6.000,00		
(Gewinn für) EK	24.000,00		
	98.000,00		98.000,00

S Umsatzerlöse für eigene Erzeugnisse (UfE) H

S			H
GuV	98.000,00	7) Ka	98.000,00

S Eigenkapital (EK) H

S			H
SBK	324.000,00	EBK	300.000,00
		GuV	24.000,00
	324.000,00		324.000,00

Skontrationsmethode (Bestandsfortschreibung)

BEISPIEL: In der Fly Bike Werke GmbH soll jeder Lagerabgang von Rohstoffen und Fremdbauteilen als Verbrauch ermittelt und in der Buchhaltung erfasst werden. Heute kann unter Verwendung von modernen EDV-Anlagen fast jeder Lagerabgang sofort erfasst werden. Wird der Lagerabgang nicht zeitgleich im EDV-Programm gekennzeichnet, kann der Materialverbrauch auch durch die Erstellung eines Materialentnahmescheins (MES) dokumentiert werden.

FLY BIKE Werke GmbH

Lagerbuchhaltung
Kostenstelle: 23
Gebucht: Schneider
Datum: 28.12.20XX

Materialentnahmeschein für Fremdbauteile

Nr. 1212		Datum: 28.12.20XX			Montageband: 2	
Set-Nr.	Komponentenbezeichnung	Menge	Auftrags-Nr.	Kunde	Preis	Wert
2010	City SX-Räder, City SX-Kettenschaltung	100	123	Zweirad Ritter GmbH	40,71 €	4.071,00 €
2210	City SX-Antrieb	100	123	Zweirad Ritter GmbH	8,40 €	840,00 €
Entnahme durch: Özal					Summe:	4.911,00 €

MES = Materialentnahmeschein

Grundbuch:

1) Verbrauch von Fremdbauteilen gemäß MES Nr. 1212

Nr.	Soll	€	Haben	€
1)	Aufwendungen für Fremdbauteile	4.911,00	Fremdbauteile	4.911,00

Abschluss Bestandskonto nach Skontrationsmethode

Anfangsbestand
+ Einkäufe
− Entnahmen (Verbrauch)
= Endbestand (Saldo)

Bei der Verbrauchsermittlung nach der Skontrationsmethode kann jeder einzelne **Lagerabgang** (Buchung Bestandskonto) nahezu zeitgleich zu einer entsprechenden **Verbrauchsbuchung** (Gegenbuchung Aufwandskonto) führen. Für die Kosten- und Leistungsrechnung ist außerdem die Zuordnung zu einem konkreten Lager- oder Kundenauftrag von wesentlicher Bedeutung.

Skontrationsmethode

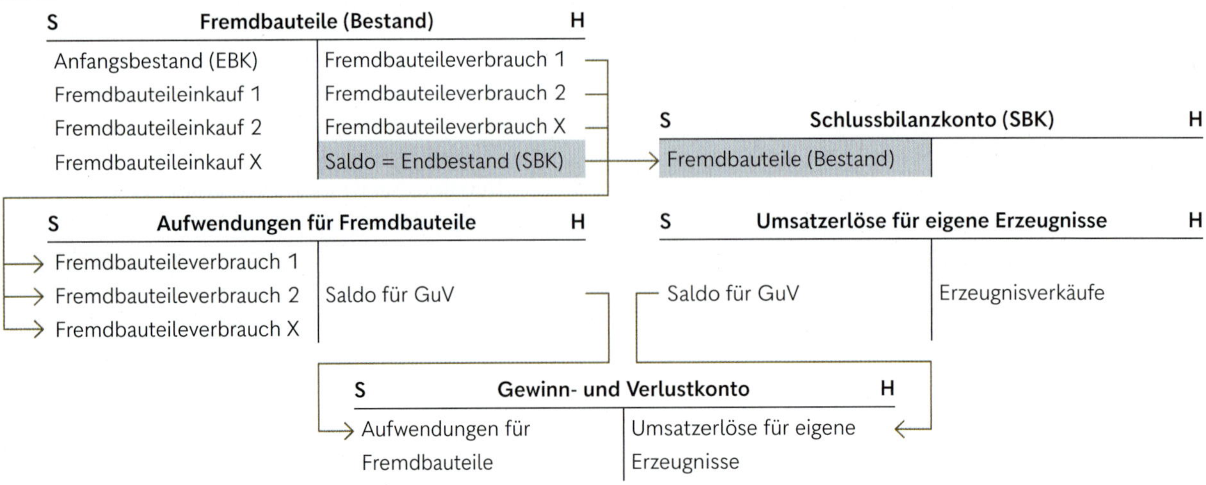

3.6.2 Aufwandsorientierte Verbrauchsermittlung

Bei der modernen aufwandsorientierten Buchungstechnik wird unterstellt, dass das Material direkt in der Produktion angeliefert und umgehend dort verbraucht wird (**Just-in-time**-Verfahren). Die Lagerhaltung spielt also nur eine untergeordnete Rolle zur Überbrückung von kurzzeitigen Lieferengpässen. Entsprechend wird dann in der Buchhaltung jeder Materialeinkauf bei Rechnungseingang sofort auf dem **Aufwandskonto** erfasst. Das Bestandskonto enthält dann nur noch die Inventurbestände und die Bestandsveränderungen zum Ende des Abrechnungszeitraumes.

Just-in-time
(engl.) (gerade) zur rechten Zeit am rechten Ort

BEISPIEL: Die Fly Bike Werke GmbH vereinbart mit den Lieferanten bei Anlieferung von Aluminiumrohren eine Umstellung auf das Just-in-time-Verfahren. Entsprechend wird in der Buchhaltung der Verbrauch bei Lieferung und Rechnungsstellung als Aufwand erfasst.

Grundbuch:

Zusammengefasste Buchungen einer Abrechnungsperiode (Zielkäufe):

1) Anfangsbestand Rohstoffe 18.000,00 €
2) Einkäufe Rohstoffe auf Ziel 460.000,00 €

Nr.	Soll	€	Haben	€
1)	Rohstoffe	18.000,00	EBK	18.000,00
2)	Aufwendungen für Rohstoffe	460.000,00	Verbindlichkeiten a. L. L.	460.000,00

Abschluss Rohstoffkonto mit Bestandsminderungen:

3) Endbestand Rohstoffe 12.000,00 €
4) Bestandsminderung Rohstoffe 6.000,00 €
5) Abschluss Konto Aufwendungen für Rohstoffe 466.000,00 €

Nr.	Soll	€	Haben	€
3)	SBK	12.000,00	Rohstoffe	12.000,00
4)	Aufwendungen für Rohstoffe	6.000,00	Rohstoffe	6.000,00
5)	GuV-Konto	466.000,00	Aufwendungen für Rohstoffe	466.000,00

Hauptbuch:

S	Rohstoffe (Ro)		H
1) EBK	18.000,00	3) SBK	12.000,00
		4) AfR	6.000,00
	18.000,00		18.000,00

S	Aufwendungen für Rohstoffe (AfR)		H
2) Vb	460.000,00	5) GuV	466.000,00
4) Ro	6.000,00		
	466.000,00		466.000,00

S	SBK		H
1) Ro	12.000,00		

S	GuV-Konto		H
5) AfR	466.000,00		

Auch bei der aufwandsorientierten Buchungstechnik muss der Endbestand durch eine Inventur am Jahresende erfolgen. Dabei wird der Anfangs- und Endbestand i. d. R. nicht übereinstimmen: Entweder haben sich die Bestände verringert oder erhöht.

AB > EB
Bestandsminderung = Aufwandserhöhung

Fall 1: Bei einer **Bestandsminderung** wurden zusätzlich zu den eingekauften Materialien noch vorhandene Lagerbestände verbraucht.

Grundbuch: 1) Buchung Bestandsminderung, z. B. bei Rohstoffen

1)	Aufwendungen für Rohstoffe	an	Rohstoffe

AB < EB
Bestandsmehrung = Aufwandsminderung

Fall 2: Bei einer **Bestandsmehrung** sind nicht alle in einer Abrechnungsperiode eingekauften Materialien auch tatsächlich in der Produktion verbraucht worden. Sie gelten dann buchungstechnisch als zusätzlicher Lagerbestand (Lagerzugang).

Grundbuch: 2) Buchung Bestandsmehrung, z. B. bei Rohstoffen

2)	Rohstoffe	an	Aufwendungen für Rohstoffe

Die Buchung der Bestandsveränderung kann vereinfacht werden, wenn als **alternative Buchungstechnik** der Anfangsbestand des Kontos Rohstoffe am Jahresanfang auf das Konto Aufwendungen für Rohstoffe umgebucht wird. Am Jahresende wird dann der Inventurbestand als Bestandsmehrung erfasst.

Aufwandsorientierte Verbrauchsermittlung

Ermittlung des Materialverbrauchs bei Just-in-time-Anlieferung (fertigungssynchroner Anlieferung):

Fall 1: Bestandsminderung Rohstoffe im Rohstofflager
Erhöhter Aufwand f. Rohstoffe in der Erfolgsrechnung (zusätzl. Verbrauch von Lagermaterial in einer Abrechnungsperiode).
Bestandsminderungen = Aufwandserhöhungen

S Rohstoffe (Bestand)	H
Anfangsbestand (EBK)	Bestandsminderung
	Endbestand (SBK)

Aufwandserhöhung

S Aufwendungen für Rohstoffe	H
Rohstoffeinkauf 1	Saldo für GuV
Rohstoffeinkauf 2	
Rohstoffeinkauf X	
Bestandsminderung	

Fall 2: Bestandsmehrung Rohstoffe im Rohstofflager
Verminderter Aufwand f. Rohstoffe in der Erfolgsrechnung (unverbrauchte Rohstoffeinkäufe der Abrechnungsperiode).
Bestandsmehrungen = Aufwandsminderungen

S Rohstoffe (Bestand)	H
Anfangsbestand (EBK)	
Bestandsmehrung	Endbestand (SBK)

Aufwandsminderung

S Aufwendungen für Rohstoffe	H
Rohstoffeinkauf 1	Bestandsmehrung
Rohstoffeinkauf 2	Saldo für GuV
Rohstoffeinkauf X	

ÜBERSICHT: Methoden zur Erfassung des Materialverbrauchs

Bestandsorientierte Verbrauchsermittlung bei erheblicher Lagerhaltung	Aufwandsorientierte Verbrauchsermittlung bei fehlender oder unerheblicher Lagerhaltung
Kennzeichen: Alle Einkäufe werden zunächst auf Bestandskonten erfasst.	Kennzeichen: Alle Einkäufe werden direkt auf Aufwandskonten erfasst.
Inventurmethode: Anwendung bei Materialien mit geringem Wert	Anwendung: für alle Materialien, die „just in time" direkt in die Produktion geliefert werden
Skontrationsmethode: Anwendung bei Materialien mit erheblichen Werten	Anwendung in der Praxis nur bei mengen- und wertmäßig bedeutenden Rohstoffen, Vorprodukten und Fremdbauteilen

3.7 Erfolgsbuchungen mit Handelswaren

BEISPIEL: Zum Absatzprogramm der Fly Bike Werke GmbH zählen auch Handelswaren, wie z. B. Radsportbekleidung oder Fahrradanhänger. Die Fly Bike Werke GmbH kauft die Waren ein, um sie mit Gewinn wieder zu verkaufen.

Auch aus dem Kauf und Verkauf von Handelswaren entstehen Aufwendungen und Erträge:
- Als Aufwand erfasst wird der **Wareneinsatz**. Hierunter versteht man den Wert der verkauften Waren, bewertet mit Einstandspreisen.
- Als Erträge erfasst werden die **Umsatzerlöse für Waren** als Wert der verkauften Waren, bewertet mit Verkaufspreisen.

Die Erträge und Aufwendungen aus dem Warenverkauf werden am Ende eines Geschäftsjahres gegenübergestellt. Berücksichtigt man mengenmäßig dieselben Waren zu unterschiedlichen Preisen (Einkaufspreisen und Verkaufspreisen), ist das Ergebnis dieser Gegenüberstellung entweder ein **Rohgewinn** oder ein **Rohverlust**. Werden zusätzliche weitere Aufwendungen (z. B. Löhne) und weitere Erträge (z. B. Mieterträge) erfasst, ergibt sich ein so genannter **Reingewinn** oder ein **Reinverlust**.

Umsatzerlöse für Waren	>	Wareneinsatz	=	Rohgewinn
Wareneinsatz	>	Umsatzerlöse für Waren	=	Rohverlust
Summe der Erträge	>	Summe der Aufwendungen	=	Reingewinn
Summe der Aufwendungen	>	Summe der Erträge	=	Reinverlust

Neben der Erfolgsermittlung ist auch bei Handelswaren die Ermittlung von **Bestandsveränderungen** am Ende eines Geschäftsjahres von Interesse. Hier können bestands- oder aufwandsorientierte Buchungstechniken angewandt werden.

bestands- und aufwandsorientierte Verbrauchsermittlung bei Werkstoffen
→ Kap. 3.6

BEISPIEL: Wareneinkauf und Warenverkauf von Fahrradzubehör.

Bestandsorientierte Buchungstechnik

Der Anfangsbestand (1) auf dem „Warenkonto" wird um alle **Wareneinkäufe** erhöht (Lagerzugänge) (2). Am Ende des Geschäftsjahres wird der Warenendbestand in der Inventur festgestellt (4). Waren, die dann nicht mehr auf Lager sind, müssen verkauft worden sein (Saldo = Wareneinsatz). Der Wareneinsatz wird auf das Aufwandskonto „Aufwendungen für Waren" übernommen (Gegenbuchung) (5). Alle **Warenverkäufe** werden auf das Ertragskonto „Umsatzerlöse für Waren" gebucht (3). Nach Abschluss der Erfolgskonten am Ende des Geschäftsjahres stehen sich auf dem GuV-Konto die Erträge aus dem Warenverkauf (Umsatzerlöse) und die Aufwendungen für diese Waren (Wareneinsatz) gegenüber (6 und 7). Ergebnis dieser Gegenüberstellung ist entweder ein Rohgewinn oder ein Rohverlust (8).

Berechnung des Wareneinsatzes:

  Warenanfangsbestand
+ Wareneinkäufe
– Warenendbestand lt. Inventur
= Wareneinsatz

Grundbuch:

		Anzahl	·	Preis in €	=	Wert in €
1)	Warenanfangsbestand	500		25,00		12.500,00
2)	Wareneinkäufe, bar	2 500		25,00		62.500,00
3)	Warenverkäufe, bar	2 750		35,00		96.250,00
4)	Warenendbestand	250		25,00		6.250,00
5)	Wareneinsatz	2 750		25,00		68.750,00

Nr.	Soll	€	Haben	€
1)	Waren (Bestand)	12.500,00	Eröffnungsbilanzkonto	12.500,00
2)	Waren (Bestand)	62.500,00	Kasse	62.500,00
3)	Kasse	96.250,00	Umsatzerlöse für Waren	96.250,00
4)	Schlussbilanzkonto	6.250,00	Waren (Bestand)	6.250,00
5)	Aufwendungen für Waren	68.750,00	Waren (Bestand)	68.750,00

6) Abschluss Konto Aufwendungen für Waren
7) Abschluss Konto Umsatzerlöse für Waren
8) Abschluss GuV-Konto

Nr.	Soll	€	Haben	€
6)	GuV	68.750,00	Aufwendungen für Waren	68.750,00
7)	Umsatzerlöse für Waren	96.250,00	GuV	96.250,00
8)	GuV-Konto	27.500,00	Eigenkapital	27.500,00

(1) und (3) wie bei bestandsorientierter Buchungstechnik

Aufwandsorientierte Buchungstechnik

Bei der aufwandsorientierten Buchungstechnik werden alle eingekauften Waren sofort auf dem Konto „Aufwendungen für Waren“ erfasst (2). Am Ende des Geschäftsjahres wird über die Erfassung der Bestandsveränderung im Lager (4) das Aufwandskonto korrigiert (5).

Grundbuch:

Nr.	Soll	€	Haben	€
1)	Waren (Bestand)	12.500,00	EBK	12.500,00
2)	Aufwendungen für Waren	62.500,00	Kasse	62.500,00
3)	Kasse	96.250,00	Umsatzerlöse für Waren	96.250,00
4)	SBK	6.250,00	Waren (Bestand)	6.250,00
5)	Aufwendungen für Waren	6.250,00	Waren (Bestand)	6.250,00

6) – 8) Abschlussbuchungen wie bei bestandsorientierter Buchungstechnik

3.8 Bestandsveränderungen und Inventurdifferenzen

BEISPIEL: Wieder einmal ist ein Geschäftsjahr der Fly Bike Werke GmbH zu Ende gegangen. Die Auszubildende Jenny Liu studiert die Inventurlisten. Auf einer fällt ihr auf, dass von dem Modell *Free* noch 180 Stück auf Lager sind. „Wieso haben wir von dem Modell *Free* so viele auf Lager?“, fragt sie Frau Taubert. „Läuft das Modell nicht mehr so gut?“ „Nein, nein“, antwortet Frau Taubert, „das Modell ist erst im Dezember in großer Stückzahl produziert und noch nicht vollständig ausgeliefert worden. Das ist eine ganz normale Bestandserhöhung bei einem fertigen Erzeugnis.“

Der Erfolg eines Unternehmens wird durch Gegenüberstellung von Aufwendungen und Erträgen bzw. Kosten und Leistungen am Ende eines Geschäftsjahres ermittelt. Betrachtet wird dabei auf der einen Seite der **Gesamtaufwand**, der im Rahmen der Leistungserstellung angefallen ist. Hierzu zählen u. a. die Aufwendungen für Roh-, Hilfs- und Betriebsstoffe sowie für Fremdbauteile, aber auch die Löhne und Gehälter von Mitarbeitenden.

Betrachtet man auf der anderen Seite die **Gesamtleistung**, die ein Unternehmen aus eigener Produktion erbringt, beschränkt sich diese nicht nur auf die Absatzleistung, sondern wird auch durch die Lagerleistung sowie die so genannte Eigenleistung beeinflusst.

Inventur 20X1

FLY BIKE Werke GmbH

Inventurliste: Nr. 212 Aufnahmeort: Absatzlager
Vermögensart: Fertigerzeunisse

Artikel-Nr.	Modell	Anzahl
201	*Light*	40
202	*Free*	180
203	*Nature*	20

Mängelbeschreibung: keine sichtbaren Mängel
Aufnahmendatum 10.01.20X2 Aufnehmende/r *Özal*
Geprüft: 10.01.20X2 *Schneider*

Gesamtleistung eines Unternehmens aus eigener Produktion

Absatzleistung	Verkaufserlöse aller verkauften eigenen Erzeugnisse
Lagerleistung	Wert der noch nicht verkauften unfertigen und fertigen Erzeugnisse (bewertet zu Herstellungskosten)
Eigenleistung	Wert von z. B. selbst erstellten Anlagen (bewertet zu Herstellungskosten)

BEISPIEL: Erfolgsermittlung anhand von Gesamtaufwand und Gesamtleistung

Absatzleistung: 1 000 Erzeugnisse zu je 100,00 €	= 100.000,00 €	
Lagerleistung: 500 Erzeugnisse zu je 80,00 €	+ 40.000,00 €	
Gesamtleistung (Absatzleistung + Lagerleistung)		= 140.000,00 €
Gesamtaufwand: 1 500 Erzeugnisse zu je 80,00 €		− 120.000,00 €
Gewinn (Gesamtleistung − Gesamtaufwand)		= 20.000,00 €

Soll — Gewinn- und Verlustkonto	Haben
– Gesamtaufwand für 1 500 Erzeugnisse, bewertet zu Herstellungskosten = 120.000,00 €	– Absatzleistung für 1 000 verkaufte Erzeugnisse, bewertet zu Nettoverkaufserlösen = 100.000,00 €
– Gewinn (Gesamtleistung − Gesamtaufwand) = 20.000,00 €	– Lagerleistung für 500 nicht verkaufte Erzeugnisse, bewertet zu Herstellungskosten = 40.000,00 €

Alle Industrieunternehmen müssen zum Ende eines Geschäftsjahres auch ihre Bestände an unfertigen und fertigen Erzeugnissen mengen- und wertmäßig erfassen. So kann festgestellt werden, ob sich der jeweilige Lagerbestand erhöht oder vermindert hat. Per Saldo führt nur eine **Bestandserhöhung** in der GuV zu einem Ertrag, **Bestandsminderungen** vermindern den Ertrag des Geschäftsjahres.

Die Ermittlung der **Bestandsveränderungen** in der Buchführung erfolgt durch den Vergleich der Anfangsbestände (AB) und der Endbestände (EB) auf den Bestandskonten unfertige und fertige Erzeugnisse, die im Hauptbuch bereits vorgegeben sind.

Grundbuch:

1) Buchung der Bestandsminderung an unfertigen Erzeugnissen
2) Buchung der Bestandserhöhung an fertigen Erzeugnissen
3) Abschluss Konto Bestandsveränderungen

Nr.	Soll	€	Haben	€
1)	Bestandsveränderungen	9.900,00	Unfertige Erzeugnisse	9.900,00
2)	Fertige Erzeugnisse	273.900,00	Bestandsveränderungen	273.900,00
3)	Bestandsveränderungen	264.000,00	GuV-Konto	264.000,00

Hauptbuch:

unfertige Erzeugnisse: Bestandsminderung
AB > EB

S	unfertige Erzeugnisse (UE)		H
EBK	22.600,00	SBK	12.700,00
		1) BVÄ	9.900,00
	22.600,00		22.600,00

fertige Erzeugnisse: Bestandserhöhung
EB > AB

S	fertige Erzeugnisse (FE)		H
EBK	347.300,00	SBK	621.200,00
2) BVÄ	273.900,00		
	621.200,00		621.200,00

Bestandsminderung unfertige Erzeugnisse

Bestandserhöhung fertige Erzeugnisse

S	Bestandsveränderungen (BVÄ)		H
1) UE	9.900,00	2) FE	273.900,00
3) GuV	264.000,00		
	273.900,00		273.900,00

S	Schlussbilanzkonto (SBK)		H
UE	12.700,00		
FE	621.200,00		

S	GuV-Konto (GuV)		H
		BVÄ	264.000,00

In diesem Beispiel überwiegt die Bestandserhöhung und führt zu einer Ertragserhöhung. Die Bestandsminderung an unfertigen Erzeugnissen wird von der Bestandserhöhung an fertigen Erzeugnissen übertroffen. Sollten die Bestandsminderungen überwiegen, so erscheint der Saldo des Kontos Bestandsveränderungen im Soll des GuV-Kontos als Ertragsminderung.

BEISPIEL: **Auswirkungen von Bestandsveränderungen auf das GuV-Konto eines kleinen Fahrradherstellers**

Soll	Gewinn- und Verlustkonto		Haben
Aufw. für Rohstoffe	52.500,00	Umsatzerlöse für eigene	
Aufw. für Fremdbauteile	152.000,00	Erzeugnisse	1.048.000,00
Aufw. für Hilfsstoffe	25.000,00	Bestandsveränderungen	75.000,00
Aufw. für Betriebsstoffe	48.000,00		
Löhne	222.500,00		
Gehälter	90.000,00		
weitere Aufwendungen	140.000,00		
Eigenkapital (Gewinn)	393.000,00		
	1.123.000,00		1.123.000,00

Unternehmensdaten und Buchungen zum GuV-Konto des Fahrradherstellers

	Stück	€
gesamte Produktion	1 460	
gesamte Aufwendungen		730.000,00
Kosten je Stück		500,00
gesamter Absatz	1 310	
gesamte Umsatzerlöse		1.048.000,00
Umsatzerlös (Verkaufspreis) je Stück		800,00
Bestandserhöhung	150	
Bestandserhöhung (bewertet mit Herstellungskosten)		75.000,00
Gewinnzuschlag 60 % Prozent, bezogen auf die Selbstkosten		300,00
Gesamtgewinn für 1 310 verkaufte Fahrräder		393.000,00

Umsatzerlöse	1 310 · 800,00	=	1.048.000,00 €
+ Bestandserhöhung	150 · 500,00	=	75.000,00 €
– Selbstkosten	1 460 · 500,00	=	730.000,00 €
= Gewinn	1 310 · 300,00	=	393.000,00 €

ÜBERSICHT: Bestandsveränderungen

Bestandserhöhung an unfertigen und fertigen Erzeugnissen	Produktion > Absatz Endbestand > Anfangsbestand = Lageraufbau (Ertragserhöhung)
Bestandsminderung an unfertigen und fertigen Erzeugnissen	Absatz > Produktion Anfangsbestand > Endbestand = Lagerabbau (Ertragsminderung)

Inventurdifferenzen

Basis von Inventurdifferenzen sind – bei einer umfassenden Betrachtung – festgestellte Abweichungen zwischen den Sollwerten der Finanzbuchhaltung und den Istwerten der Inventur. Ursachen für diese Abweichungen sind, wie bereits behandelt, fehlerhafte Buchungen und nicht erfasste Mengen- und Werteveränderungen.

Abweichungen zwischen Soll- und Istwerten

Sollwerte	rechnerische Ergebnisse (Werte) des vorläufigen Kontenabschlusses der Buchführung
Istwerte	tatsächliche Ergebnisse (Werte) der Inventur
mögliche Ursachen für Abweichungen (Beispiele):	
fehlerhafte Buchungen	– keine Buchung – falsche Konten – falsche Beträge – mehrfache Buchung – falsche Buchung (Soll- und Habenbuchung)
nicht erfasste Mengenveränderungen	– Schwund – Verderb – Diebstahl – Ausschuss/Abfall – kein Beleg trotz Lieferung oder Entnahme – falsche Menge zur Lieferung oder Entnahme
nicht erfasste Wertveränderungen	– außerplanmäßige Wertminderung im Anlagevermögen – Bewertungsdifferenzen im Umlaufvermögen (z. B. bei Vorräten: gesunkene Marktpreise, Qualitätsverluste)

Einmal erkannt, sind fehlerhafte Buchungen leicht zu korrigieren. Sie sind keine echten Inventurdifferenzen. Fehlende Buchungen müssen nachgeholt werden. Falsche Buchungen (Soll- statt Habenbuchung, falsche Konten, falsche Beträge usw.) müssen storniert und anschließend richtig gebucht werden. Bei doppelten (mehrfachen) Buchungen reichen eine oder mehrere Stornobuchung(en).

Stornobuchungen

Bei Stornobuchungen werden die ursprünglichen Soll- und Habenbuchungen umgekehrt als Haben- und Sollbuchung erneut gebucht. Im Hauptbuch heben sich die Buchungen wertmäßig gegeneinander auf. Die Falschbuchung, die Stornobuchung und die anschließend richtige Neubuchung müssen im Grund- und Hauptbuch dokumentiert werden.

1. Falschbuchung: Sollbuchung an Habenbuchung
2. Stornobuchung: Habenbuchung an Sollbuchung
3. Neubuchung: richtige Soll- und Habenbuchung

BEISPIEL: Eine Eingangsrechnung der Fly Bike Werke GmbH für Fremdbauteile ist versehentlich auf dem Konto Rohstoffe gebucht worden

1) Buchung:
Falschbuchung

Rohstoffe	10.000,00 €	an	Verbindlichkeiten a. L. L.	10.000,00 €

2) Buchung:
Stornobuchung

Verbindlichkeiten a. L. L.	10.000,00 €	an	Rohstoffe	10.000,00 €

3) Buchung:
Neubuchung

Fremdbauteile	10.000,00 €	an	Verbindlichkeiten a. L. L.	10.000,00 €

Jede fehlerhafte Buchung muss storniert werden. Differenz- oder Umbuchungen zum Ausgleich von Fehlern sind nicht erlaubt.

Inventurdifferenzen im Materialbestand und bei Handelswaren

Echte Inventurdifferenzen werden durch nicht erfasste Mengenveränderungen verursacht. Werteveränderungen, die nicht auf Mengenveränderungen beruhen, sind ebenfalls auf Basis der Inventurwerte zu korrigieren, wenn der Wert des Materials oder der Handelswaren gesunken ist. Inventurdifferenzen beim Material, wie z. B. bei Roh-, Hilfs- und Betriebsstoffen, Vorprodukten und Fremdbauteilen sowie bei Handelswaren, werden – soweit sie mengen- und wertmäßig für das jeweilige Unternehmens als üblich anzusehen sind – im jeweiligen Materialaufwand verrechnet.

Übliche Mengenabweichungen: Mindermengen

BEISPIEL: Buchung von Mindermengen

Fremdbauteil: Set-Nr. 3000	Menge	Einstandspreis je Stück	Gesamtwert
Lagerbuchführung	200	6,10 €	1.220,00 €
Inventurergebnis	180	6,10 €	1.098,00 €
Inventurdifferenz	- 20	6,10 €	122,00 €

Grundbuch: Ausbuchung Inventurdifferenz Set-Nr. 3000, City SX-Bereifung

Aufwendungen für Vorprodukte/ Fremdbauteile	122,00 €	an	Vorprodukte/ Fremdbauteile	122,00 €

Übliche Mengenabweichungen: Mehrmengen

BEISPIEL: **Buchung von Mehrmengen**

Stahlrohre: 1028010	Menge	Einstandspreis je m	Gesamtwert
Lagerbuchführung	100 · 4 m	1,40 €	560,00 €
Inventurergebnis	105 · 4 m	1,40 €	588,00 €
Inventurdifferenz	+5 · 4 m	1,40 €	28,00 €

Grundbuch: Ausbuchung Inventurdifferenz Artikel-Nr. 1028010, Stahlrohre

Rohstoffe	28,00 €	an	Aufwendungen für Rohstoffe	28,00 €

Übliche Werteveränderungen: Wertminderungen

BEISPIEL: **Buchung von Wertminderungen**

[1] bezahlter Einstandspreis

[2] gesunkener Marktpreis

Alu-Rohre: 4004020	Menge	Einstandspreis je m	Gesamtwert
Lagerbuchführung	440 · 4 m	7,19 €[1]	12.654,40 €
Inventurergebnis	440 · 4 m	6,47 €[2]	11.387,20 €
Wertminderung	+/–0	– 0,72 €	1.267,20 €

Grundbuch: Ausbuchung Wertminderung Artikel-Nr. 4004020, Aluminiumrohre

Aufwendungen für Rohstoffe	1.267,20 €	an	Rohstoffe	1.267,20 €

Übliche Werteveränderungen: Wertsteigerungen

Wertsteigerungen beim Material, z. B. durch gestiegene Wiederbeschaffungskosten, bleiben bei der Ermittlung von Inventurwerten unberücksichtigt. Der tatsächlich gezahlte Einstandspreis (Anschaffungskosten) darf bei der Ermittlung des Inventurwertes nicht überschritten werden. Bewertungsgrundlage: Anschaffungswertprinzip. Werterhöhende Buchungen sind nicht erlaubt!

Unübliche Mengen- und Werteveränderungen

Wird Material in großen Mengen gestohlen oder vernichtet (z. B. Brandschäden) bzw. durch einen außergewöhnlichen Preisverfall im Wert erheblich gemindert, spricht man nicht mehr von üblichen Inventurdifferenzen. In diesen Fällen muss der Wertverlust auf dem Konto unüblich hohe Abschreibungen auf Umlaufvermögen erfasst werden. Die Gegenbuchung erfolgt immer auf dem Bestandskonto.

Inventurdifferenzen bei fertigen und unfertigen Erzeugnissen

Soweit sie sich im üblichen Rahmen bewegen, fließen sie in die Buchungen der Bestandsveränderungen ein.

ÜBERSICHT: Inventurdifferenzen

Stornobuchungen	– korrigieren Falschbuchungen – erfolgen durch Umkehrung der Falschbuchung (aus Soll wird Haben, aus Haben wird Soll) – Auswirkungen der Falschbuchung sind damit im Hauptbuch aufgehoben. – Neubuchung des Geschäftsvorfalls notwendig
übliche Inventurdifferenzen auf Material- und Handelswarenkonten im engeren Sinne (Mengenabweichungen)	– Inventurmenge (Ist) < Lagerbuchführung (Soll) = Mindermenge – Buchung: Aufwandskonto an Bestandskonto – Auswirkung: Wertminderung auf dem Bestandskonto, Gewinn sinkt.
	– Inventurmenge (Ist) > Lagerbuchführung (Soll) = Mehrmenge – Buchung: Bestandskonto an Aufwandskonto – Auswirkung: Werterhöhung auf dem Bestandskonto, – Aufwandsminderung auf dem Erfolgskonto, Gewinn steigt.
Wertdifferenz auf Materialkonten	– Inventurwert (Ist) < Lagerbuchführungswert (Soll) = Wertminderung – Buchung: Aufwandskonto an Bestandskonto – Auswirkung: Wertminderung auf dem Bestandskonto, Aufwandserhöhung auf dem Erfolgskonto, Gewinn sinkt. – Wertsteigerung bleibt unberücksichtigt (Anschaffungswertprinzip).

Alles klar?

1 Welche Art von Wertveränderung aus Sicht einer Bilanz liegt nachfolgend jeweils vor?

a Barkauf eines Mobiltelefons
b Ein Kunde überweist auf unser Bankkonto.
c Banküberweisung an einen Lieferer
d Zielverkauf einer gebrauchten Maschine
e Kauf von Rohstoffen auf Ziel
f Tilgung eines Darlehens durch Banküberweisung
g Umwandlung einer Verbindlichkeit in ein Darlehen

2 Ein Fahrradhersteller führt folgende Bestandskonten:

Aktiva	Passiva
– Grundstücke – Gebäude – technische Anlagen und Maschinen – Fuhrpark – Betriebsausstattung – Geschäftsausstattung – Rohstoffe – Hilfsstoffe – Betriebsstoffe – Vorprodukte/Fremdbauteile – Forderungen a. L. L. – Kasse – Bankguthaben	– Eigenkapital – Hypotheken – Darlehen – Verbindlichkeiten a. L. L.

Bilden Sie für den Fahrradhersteller die Buchungssätze zu den Geschäftsvorfällen auf der folgenden Seite.

Lfd. Nr.	Belegarten	Beschreibung der Geschäftsvorfälle	€
1)	Eingangsrechnung Nr. 412	Kauf von Kettenschaltungen auf Ziel	12.000,00
2)	Kontoauszug Nr. 48 der Bank	Lastschrift für Barauszahlung	1.100,00
3)	Ausgangsrechnung Nr. 122	Verkauf eines gebrauchten PC auf Ziel	500,00
4)	Eingangsrechnung Nr. 413	Einkauf von Unterlegscheiben auf Ziel	2.000,00
5)	Eingangsrechnung Nr. 414	Kauf einer Lackieranlage auf Ziel	120.000,00
6)	Quittung Nr. 12	Barkauf von Schmieröl für die Rohrtrennanlage	40,00
7)	Kontoauszug Nr. 49 der Bank, Darlehensvertrag	Auszahlung eines Darlehens mit Gutschrift auf dem Bankkonto	50.000,00
8)	Kontoauszug Nr. 50 der Bank	Lastschrift für Hypothekentilgung	15.000,00
9)	Schreiben eines Lieferers vom 20. April 20XX (Auszug)	Umwandlung bestehender Verbindlichkeiten in Höhe von Darlehen mit einer Laufzeit von zwei Jahren	68.000,00
10)	Eingangsrechnung Nr. 415	Zielkauf eines Klein-Lkw für Erzeugnisauslieferungen	40.000,00
11)	Kontoauszug Nr. 49 der Bank	Gutschrift für die Überweisung eines Kunden	22.000,00
12)	Quittung Nr. 13	Bargeldauszahlung an einen Lieferer	500,00
13)	Kontoauszug Nr. 50 der Bank	Lastschrift für den Kauf des Klein-Lkw (siehe ER 415)	40.000,00
14)	Eingangsrechnung Nr. 416	Zielkauf von Büromöbeln für die Verkaufsabteilung	6.690,00
15)	Eingangsrechnung Nr. 417	Zielkauf von Pressluftschraubern für die Montagebänder	3.400,00
16)	Grundbuchauszug, Kontoauszug Nr. 51 der Bank	Verkauf eines ungenutzten Grundstückes gegen Banküberweisung	68.000,00
17)	Kontoauszug Nr. 52 der Bank	Gutschrift für Bareinzahlung eines Kunden	6.000,00
18)	Eingangsrechnung Nr. 418	Kauf von Aluminiumrohren auf Ziel	42.000,00
19)	Ausgangsrechnung Nr. 123	Verkauf eines gebrauchten Fahrzeuges auf Ziel	2.320,00
20)	Kontoauszug Nr. 53 der Bank	Lastschriften für Banküberweisungen an Lieferer	10.090,00
21)	Kontoauszug Nr. 54 der Bank	Gutschriften für: – Überweisungen von Kunden – Bareinzahlung aus der Geschäftskasse	 42.000,00 1.200,00

3 Bei der Inventur im Materiallager wurden nachfolgende – als üblich zu betrachtende – Inventurdifferenzen bei Fremdbauteilen festgestellt. Wertminderungen sind nicht festgestellt worden.

Fremdbauteile/Einstandspreise (Bremsen) je Stück		Lagerbestandsliste	Inventurliste
2500 City-SX	6,81 €	124 Stück	120 Stück
2520 Trek-TR	9,60 €	216 Stück	213 Stück
2540 Ma-TRX	17,40 €	60 Stück	65 Stück
2560 MTB XT	13,75 €	116 Stück	115 Stück
2570 MTB LX	15,05 €	240 Stück	232 Stück

Ermitteln Sie
- a den Wert gemäß Lagerbuchführung,
- b den Wert gemäß Inventur,
- c den Wert der Inventurdifferenz.

Buchen Sie
- d die Inventurdifferenz,
- e den Abschluss des Kontos Fremdbauteile, wenn keine weiteren Fremdbauteile vorrätig sind.

4 Beachten Sie nebenstehende Eingangsrechnung der Fly Bike Werke GmbH:

a Welche Bearbeitungsschritte müssen in der Finanzbuchhaltung der Fly Bike Werke GmbH für diesen Beleg durchgeführt werden?

b Welche Buchung ist vorzunehmen?

Alu-Werke Bonn AG

Name: Herr Köllen
Straße: Sankt-Augustiner-Straße 30
Ort: 53225 Bonn

Telefon: 0228-464XX0
Fax: 0228-464XX11
E-Mail: awb-mail@aluminiumwerke.dex

Lieferdatum: 12.07.20XX
Rechnungsdatum: 13.07.20XX

Alu-Werke Bonn AG, Sankt-Augustiner-Straße 30, 53225 Bonn
Fly Bike Werke GmbH
Rostocker Str. 334
26121 Oldenburg

Rechnung Nr.: 412

Artikel-Nr.	Artikelbezeichnung	Menge in Metern	Einzelpreis in €	Gesamtpreis in €
40045225	Aluminiumrohre, Rundrohr 45 x 2,25	1000	10,11	10.110,00
40025200	Aluminiumrohre, Rundrohr 25 x 2,00	1000	4,49	4.490,00
			Rechnungsbetrag	14.600,00

Bankverbindung: CVB, IBAN: DE87 5400 7638 0077 9982 46,
BIC: CVERDEELXXX
Lieferung frei Lager Oldenburg, Zahlung innerhalb von 30 Tagen ohne Abzug.

5 Ein Industrieunternehmen hat am Jahresanfang ein Eigenkapital in Höhe von 180.000,00 €. Im Laufe des Geschäftsjahres ermittelt es folgende Aufwendungen und Erträge:

a Ermitteln Sie den Erfolg des Unternehmens.

b Ermitteln Sie das Eigenkapital am Geschäftsjahresende.

Aufwendungen	€	Erträge	€
Aufwendungen für Rohstoffe	280.000,00	Umsatzerlöse für eigene Erzeugnisse	420.500,00
Löhne und Gehälter	134.000,00	Mieterträge	36.000,00
Leasing	12.600,00	Provisionserträge	56.000,00
Büromaterial	5.680,00	Zinserträge	12.900,00
Postgebühren	960,00		
Versicherungsbeiträge	3.600,00		
Betriebliche Steuern	21.000,00		

6 Stellen Sie fest, ob durch die folgenden Geschäftsvorfälle das Eigenkapital steigt, sinkt oder unverändert bleibt:

a Reparatur am Geschäfts-Pkw
b Verkauf fertiger Erzeugnisse
c Zinsgutschrift der Bank
d Leasinggebühr für einen Lkw
e Kauf einer Maschine
f Verkauf von Handelswaren
g Zinszahlung an die Bank
h Einkauf von Büromaterial
i Kauf von Briefmarken
j Lohn- und Gehaltszahlungen
k Verbrauch von Rohstoffen
l Darlehenstilgung
m Kfz-Steuerzahlung
n Überweisung eines Kunden

4 Organisation der Buchführung

Die Buchführung eines Unternehmens muss so aufgebaut sein, dass für alle Vermögens-, Kapital-, Ertrags- und Aufwandspositionen systematisch gegliedert Konten eingerichtet werden können. Dabei wird in der Regel ein System angestrebt, das innerhalb einer Branche eine schnelle Vergleichbarkeit ermöglicht. Notwendige Eröffnungs- und Abschlusskonten sowie die Möglichkeit, die Kosten- und Leistungsrechnung in dieses System zu integrieren, sind Bestandteil dieses Ordnungssystems.

Verschiedene Branchen haben eigene Kontenrahmen.

Eine bessere Übersichtlichkeit der Buchführung erfolgt durch eine **Systematisierung der Konten**. Als Basis dient ein Kontenrahmen, der eine Übersicht über die möglichen Konten eines Unternehmens gibt. Damit nicht jedes Unternehmen die Anzahl, Bezifferung und Bezeichnung seiner Konten willkürlich gestaltet und da jeder Wirtschaftsbereich buchhalterische Besonderheiten zu berücksichtigen hat, haben verschiedene Spitzenverbände der Wirtschaft Kontenrahmen erarbeitet, die den speziellen Umständen der jeweiligen Branche (z. B. Industrie, Großhandel) angepasst sind.

Kontenplan
→ Kap. 4.2

Kontenrahmen und Kontenplan ordnen jedem Konto eine Zahl **(Kontonummer)** zu, die dieses Konto eindeutig bestimmt. Die EDV-Buchführung ist immer mit der Eingabe von Kontennummern verbunden. Erstellt ein Dritter die Buchführung, so müssen zumeist dessen Vorgaben hinsichtlich der Kontonummern und Kontenbezeichnungen eingehalten werden (z. B. DATEV-Kontenrahmen der Steuerberater).

4.1 Der Industriekontenrahmen (IKR)

Der **Industriekontenrahmen** ist wie alle Kontenrahmen nach dem Zehnersystem (dekadisches System) aufgebaut. Aufgrund der Ziffern von 0 bis 9 werden 10 Kontenklassen eingerichtet. Je Kontenklasse können bis zu 10 Kontengruppen eingerichtet werden. Jede Kontengruppe kann wiederum in 10 Kontenarten unterteilt werden. Im Bedarfsfall nimmt schließlich jede Kontenart 10 Kontenunterarten auf.

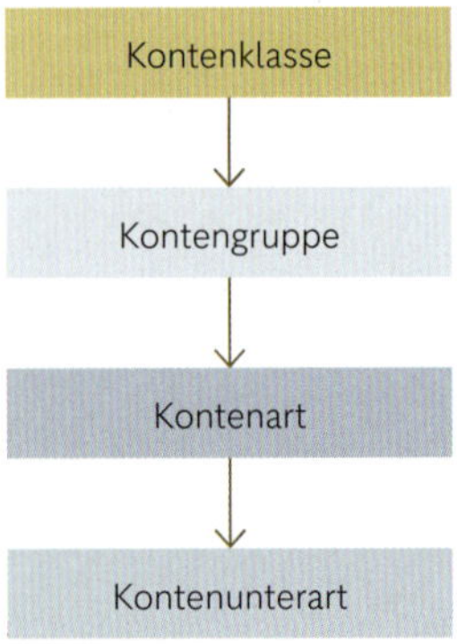

BEISPIEL: **Aufbau einer Kontonummer (Konto Fuhrpark)**

1. Stelle	0				Kontenklasse	Kontenklasse 0 Immaterielle Vermögensgegenstände und Sachanlagen
+ 2. Stelle	0	8			Kontengruppe	Kontengruppe 08 Betriebs- und Geschäftsausstattung
+ 3. Stelle	0	8	4		Kontenart	Kontenart 084 Fuhrpark
+ 4. Stelle	0	8	4	0	Kontenunterart	Die Kontenart 084 Fuhrpark wird im IKR nicht weiter unterteilt. Damit erhält die 4. Stelle eine 0.
=	0840				Kontonummer für das Konto Fuhrpark	

Die Kontenklassen sind nach dem **Abschlussgliederungsprinzip** gegliedert, d. h., anhand der ersten Stelle der Kontonummer kann jede Kontenart direkt der richtigen Seite (Soll oder Haben) eines Abschlusskontos zugeordnet werden.

Rechnungskreis I: Finanzbuchhaltung, Bestandskonten

Kontenklasse 0	Kontenklasse 1	Kontenklasse 2	Kontenklasse 3	Kontenklasse 4
immaterielle Vermögensgegenstände und Sachanlagen	Finanzanlagen	Umlaufvermögen und aktive Rechnungsabgrenzungsposten	Eigenkapital und Rückstellungen	Verbindlichkeiten und passive Rechnungsabgrenzungsposten
Beispiele:	Beispiele:	Beispiele:	Beispiele:	Beispiele:
0500 unbebaute Grundstücke	1300 Beteiligungen	2000 Rohstoffe	3000 gezeichnetes Kapital (Eigenkapital)	4200 kurzfristige Verbindlichkeiten gegenüber Banken
0840 Fuhrpark	1500 Wertpapiere des Anlagevermögens	2400 Forderungen aus Lieferungen und Leistungen	3400 Jahresüberschuss	4400 Verbindlichkeiten aus Lieferungen und Leistungen
0860 Büromaschinen	1600 sonstige Finanzanlagen	2880 Kasse	3800 Steuerrückstellungen	4800 Umsatzsteuer

Kontenklassen 0, 1 und 2 → **aktive Bestandskonten**

Kontenklassen 3 und 4 → **passive Bestandskonten**

8010 Schlussbilanzkonto (SBK)

Soll	Soll	Haben	Haben
Anlagevermögen Kontenklasse 0	0500 unbebaute Grundstücke 0840 Fuhrpark 0860 Büromaschinen	3000 gezeichnetes Kapital 3400 Jahresüberschuss	Eigenkapital Kontenklasse 3
Anlagevermögen Kontenklasse 1	1300 Beteiligungen 1500 Wertpapiere des Anlagevermögens 1600 sonstige Finanzanlagen	3800 Steuerrückstellungen	Rückstellungen Kontenklasse 3
Umlaufvermögen Kontenklasse 2	2000 Rohstoffe 2400 Forderungen aus Lieferungen und Leistungen 2880 Kasse	4200 kurzfristige Verbindlichkeiten gegenüber Banken 4400 Verbindlichkeiten aus Lieferungen und Leistungen 4800 Umsatzsteuer	Verbindlichkeiten Kontenklasse 4

Abschluss der Bestandskonten:
1) aktive Bestandskonten
2) passive Bestandskonten

Nr.	Soll	Haben
1)	8010 Schlussbilanzkonto	Konten der Kontenklassen 0, 1 und 2 aktive Bestandskonten
2)	Konten der Kontenklassen 3 und 4 passive Bestandskonten	8010 Schlussbilanzkonto

Rechnungskreis I: Finanzbuchhaltung, Erfolgskonten

			Eröffnungs- und Abschlusskonten	Rechnungskreis II KLR-Rechnung
Kontenklasse 5	**Kontenklasse 6**	**Kontenklasse 7**	**Kontenklasse 8**	**Kontenklasse 9**
Erträge	betriebliche Aufwendungen	weitere Aufwendungen	Ergebnisrechnung	Kosten- und Leistungsrechnung (KLR)
Beispiele:	**Beispiele:**	**Beispiele:**	**Beispiele:**	In der Praxis wird die KLR gewöhnlich tabellarisch ohne Konten durchgeführt.
5000 Umsatzerlöse für eigene Erzeugnisse	6000 Aufwendungen für Rohstoffe	7020 Grundsteuer	8000 Eröffnungsbilanzkonto	
5400 Nebenerlöse	6300 Gehälter	7030 Kfz-Steuer	8010 Schlussbilanzkonto	
5710 Zinserträge	6870 Werbung	7510 Zinsaufwendungen	8020 GuV-Konto	

Erträge | **Aufwendungen**

Soll	Soll	8020 GuV-Konto Haben	Haben
betriebliche Aufwendungen Kontenklasse 6	6000 Aufwendungen für Rohstoffe	5000 Umsatzerlöse für eigene Erzeugnisse	Erträge Kontenklasse 5
	6300 Gehälter	5400 Nebenerlöse	
	6870 Werbung	5710 Zinserträge	
weitere Aufwendungen Kontenklasse 7	7020 Grundsteuer		
	7030 Kfz-Steuer		
	7510 Zinsaufwendungen		

Abschluss der Erfolgskonten:[1]

1) Ertragskonten
2) Aufwandskonten

Nr.	Soll	Haben
1)	Konten der Kontenklasse 5 Erträge	8020 GuV-Konto
2)	8020 GuV-Konto	Konten der Kontenklassen 6 und 7 Aufwendungen

[1] Ausnahmen: Unterkonten der Werkstoff- und Erlöskonten
Sonderfall: Konto „Bestandsveränderungen" → Kap. 3.8

Kontenklassen für die Industrie

Kontenklasse	Wesentliche Inhalte
0	zeigt das Anlagevermögen, das für die Aufnahme und Aufrechterhaltung der Unternehmenstätigkeiten eingesetzt wird.
1	zeigt langfristige Finanzanlagen des Unternehmens, mit denen Finanzerfolge erzielt werden sollen und/oder die eine Einflussnahme auf andere Unternehmen ermöglichen.
2	zeigt das Umlaufvermögen mit den Vorräten als Basis für die zukünftige Gewinnerzielung und die Bestände an finanziellen Werten, die für Beschaffungs- und Finanzierungsvorgänge vorhanden sind.
3	zeigt das Eigenkapital des Unternehmens, wobei Konten für die Darstellung des Eigenkapitals verschiedener Unternehmensformen alternativ zur Verfügung stehen. Die hier ebenfalls auszuweisenden Rückstellungen sind Verbindlichkeiten, deren Höhe oder Fälligkeit am Bilanzstichtag noch nicht feststeht. Bei zu hoher Schätzung dieser Werte können diese auch Eigenkapitalanteile enthalten.
4	zeigt die Verbindlichkeiten, die zur Finanzierung des Vermögens eingesetzt werden.
5	zeigt die Erträge, mit denen das Unternehmen seine Aufwendungen decken will und mit denen ein Gewinn erwirtschaftet werden soll.
6 7	zeigen die Aufwendungen, die durch die Unternehmenstätigkeit anfallen, sowie die Steuern von Einkommen und Ertrag.
8	beinhaltet die Eröffnungs- und Abschlusskonten der Buchführung.
9	ist reserviert für eine kontenmäßige Durchführung der Kosten- und Leistungsrechnung.

Aufgrund des dekadischen Systems ist eine ausgesprochen tief gehende Aufteilung denkbar. Der IKR enthält Empfehlungen bis zu den vierstelligen Kontenarten. Die weitere Einteilung bleibt den Unternehmen überlassen, die je nach Bedarf, jedoch insbesondere dann, wenn die Buchführung EDV-unterstützt abgewickelt wird, oft eine tiefer gegliederte Bezifferung wählen.

4.2 Der Kontenplan eines Unternehmens

AB → Lernsituation 49

Der Kontenplan ist das **betriebsindividuelle Ordnungsschema** auf Basis eines Kontenrahmens. Dabei können Kontenarten oder auch Kontengruppen, die im Kontenrahmen vorgesehen sind, im Kontenplan möglicherweise gar nicht vorkommen, weil das Unternehmen derartige Posten nicht benötigt.

Eine Möglichkeit ist auch die **individuelle Erweiterung** des Kontenrahmens im Kontenplan, d. h., es werden im Kontenplan Kontenarten (evtl. mit weiteren Unterteilungen) eingerichtet, die im Kontenrahmen so nicht vorgegeben sind. Dabei kann es vorkommen, dass Kontennummern mit vier Stellen nicht ausreichen, sodass fünfstellige oder sogar sechsstellige Kontennummern vergeben werden müssen.

Bei **EDV-Buchführung** wird immer die Anzahl der Stellen je Kontonummer vom Finanzbuchhaltungsprogramm vorgegeben. Sind dort fünf Stellen vorgegeben, so ist einer vierstelligen Kontonummer eine „0" an der letzten Stelle hinzuzufügen.

BEISPIEL: Erweiterung des Kontenrahmens in einem Kontenplan im Bereich der Kontengruppe Betriebs- und Geschäftsausstattung

0860	Büromaschinen, Organisationsmittel und Kommunikationsmittel		
	0862	Büromaschinen	
		08621	Personalcomputer
		08622	Monitore
		08623	Drucker
		08624	...

Eine grundsätzliche Erweiterung im Kontenplan ergibt sich durch die Einrichtung von **Personenkonten**, die kein Kontenrahmen vorgeben kann. Hier ist insbesondere die Einrichtung der Liefererkonten (Kreditoren) und Kundenkonten (Debitoren) zu nennen. Durch die Einrichtung dieser Konten können in der Buchführung die Forderungen bestimmten Kunden und die Verbindlichkeiten bestimmten Lieferern zugeordnet werden.

Der Austausch von Kontenbezeichnungen durch **Kontennummern** führt zu einer Vereinheitlichung und Vereinfachung der Buchungen und erleichtert die Auswertung der Buchführungsergebnisse (Zeit- und Betriebsvergleiche).

BEISPIEL: Geschäftsvorfall Barabhebung 750,00 € vom Bankkonto

Buchungssatz mit Kontenbezeichnungen:

Kasse	750,00	an	Bankguthaben	750,00

Buchungssatz mit Kontennummern:

2880	750,00	an	2800	750,00

Auf den Konten ergibt sich durch die Verwendung von Kontennummern die folgende Darstellung:

S	2800 Bankguthaben		H
8000	20.000,00	2880	750,00

S	2880 Kasse		H
2800	750,00		

ÜBERSICHT: Vom Kontenrahmen zum Kontenplan

Industriekontenrahmen (IKR)	→ Einrichten neuer Kontenarten und/oder Kontenunterarten →	Kontenplan eines Unternehmens
	→ Wegfall nicht benötigter Kontenarten und Kontengruppen →	

4.3 Nebenbücher (Kreditoren- und Debitorenkonten)

AB → Lernsituation 50

Nach dem HGB ist jeder Kaufmann zur ordnungsmäßigen Buchführung verpflichtet. Der gesetzlichen Buchführungspflicht unterliegen neben Grund- und Hauptbuch auch die Nebenbücher des Unternehmens. **Nebenbücher** werden eingerichtet, um die Buchungen auf den Hauptbuchkonten (Sachkonten) näher zu erläutern. Die Art und der Umfang der Nebenbücher sind nicht vorgeschrieben.

ÜBERSICHT: Bücher der Buchführung

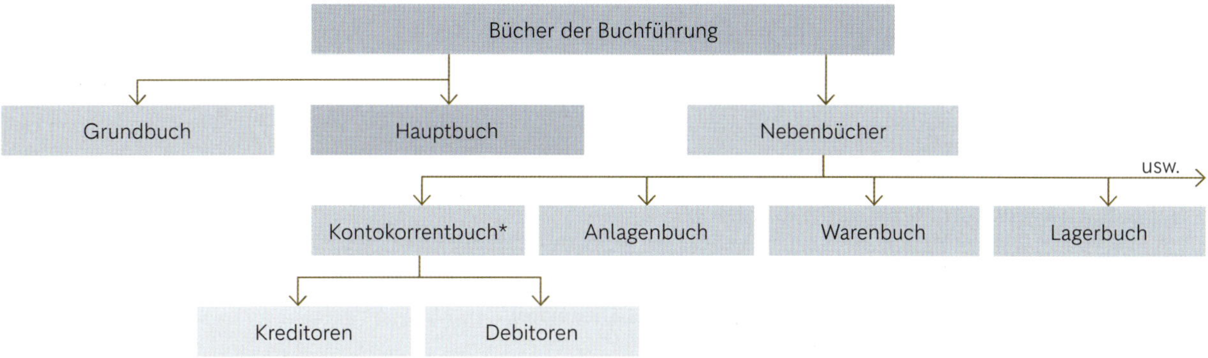

* Kontokorrentbücher werden auch Personenkonten oder Geschäftsfreundebücher genannt.

Die **Kontokorrentbuchhaltung** erfasst alle Geschäftsvorfälle, die im Zusammenhang mit Kunden oder Lieferern entstehen. Zur Erläuterung des Sachkontos „Forderungen aus Lieferungen und Leistungen" wird für jede Kundin bzw. jeden Kunden ein eigenes **Debitorenkonto** geführt. Entsprechend wird für das Sachkonto „Verbindlichkeiten aus Lieferungen und Leistungen" für jeden Lieferanten ein eigenes **Kreditorenkonto** eingerichtet.

Debitor
(lat.) Schuldner

Kreditor
(lat.) Gläubiger

Zusätzlich zur Buchung auf dem Sachkonto wird bei manueller Buchführung in einem weiteren Arbeitsschritt die Forderung einem bestimmten Kunden oder die Verbindlichkeit einem bestimmten Lieferanten zugeordnet. Entsprechend müssen auch Zahlungsein- und Zahlungsausgänge, Gutschriften usw. einem dieser Konten zugeordnet werden.

Sachkonto Verbindlichkeiten a. L. L.

Konto-Nr.		Bezeichnung des Sachkontos					Seite
4 4 0 0		**Verbindlichkeiten aus Lieferungen und Leistungen**					**92**
Nr.	Buchungsdatum	Buchungsbeleg Nr.	Buchungstext	Betrag in €		Gegenbuchungskonten	
				Soll	Haben	Soll	Haben
1	01.08.20XX	ER: 534	Rohstoffeinkauf bei Mannes AG auf Ziel		22.999,66	2000	
2	01.08.20XX	ER: 535	Rohstoffeinkauf bei Stahlwerke Krahler AG		4.760,00	2000	

In der Praxis, insbesondere bei EDV-Buchführung, kann die Darstellung der Konten von diesem Muster abweichen.

Dieses Sachkonto wird durch nachfolgende Kreditorenkonten mit fünfstelliger Kontennummer erläutert, wobei die ersten drei Stellen (Kontenart) dem Hauptbuchkonto entsprechen sollten.

Nebenbuch Kreditoren: Mannes AG

Konto-Nr.		Bezeichnung des Kreditorenkontos					Seite
4 4 0 0 2		Kreditor: Mannes AG, Bochum					5
Nr.	Buchungsdatum	Buchungsbeleg Nr.	Buchungstext	Betrag in €		Saldo	
				Soll	Haben	Soll	Haben
1	01.08.20XX	ER: 534	Rohstoffeinkauf		22.999,66		22.999,66

Nebenbuch Kreditoren: Stahlwerke Krahler AG

Konto-Nr.		Bezeichnung des Kreditorenkontos					Seite
4 4 0 0 1		Kreditor: Stahlwerke Krahler AG, Düsseldorf					3
Nr.	Buchungsdatum	Buchungsbeleg Nr.	Buchungstext	Betrag in €		Saldo	
				Soll	Haben	Soll	Haben
2	01.08.20XX	ER: 535	Rohstoffeinkauf		4.760,00		4.760,00

Nebenbücher enthalten bei manueller Buchführung **keine Gegenbuchungen**, da sie aus dem jeweiligen Sachkonto abgeleitet werden. Es empfiehlt sich, nach jeder Eintragung auf einem Kreditoren- oder Debitorenkonto einen Saldo zu bilden, der den aktuellen Stand der Verbindlichkeit oder der Forderung gegenüber dem Geschäftspartner zeigt. Dies erleichtert die Überwachung der Zahlungsaus- und Zahlungseingänge.

Zwischen den Sachkonten und den Nebenbüchern für Debitoren und Kreditoren muss eine regelmäßige Abstimmung (z. B. täglich oder wöchentlich) erfolgen. Diese Abstimmung wird wesentlich erleichtert, wenn regelmäßig **Offene-Posten-Listen** als Zusammenfassung der Nebenbücher erstellt werden.

Fly Bike Werke GmbH

FLY BIKE Werke GmbH

Offene-Posten-Liste Debitoren

Konto	Debitoren	Belege	€ Soll	€ Haben
24001	Radbauer GmbH	AR: 616	2.380,00	
24009	Sachsenrad GmbH	AR: 615	5.950,00	
24021	Hofkauf AG	AR: 611	11.900,00	
24022	MaHro AG	AR: 619	3.570,00	
Saldo Sachkonten Forderungen a. L. L.			23.800,00	

Fly Bike Werke GmbH

Offene-Posten-Liste Kreditoren

Konto	Kreditoren	Belege	€ Soll	€ Haben
44001	Stahlwerke Krahler AG	ER: 535		4.760,00
44002	Mannes AG	ER: 534		22.999,66
44012	Schwalle KG	ER: 533		3.570,00
44099	Sonstige Kreditoren	Diverse		83.300,00
Saldo Sachkonten Verbindlichk. a. L. L.				114.629,66

Bei EDV-Buchführung werden grundsätzlich das Sachkonto Forderungen oder Verbindlichkeiten und das Debitoren- bzw. Kreditorenkonto gleichzeitig gebucht. Voraussetzung ist, dass für jede Buchung die Nummer des Kreditoren- oder Debitorenkontos eingegeben wird, wobei die direkte Buchung auf den Konten Forderungen und Verbindlichkeiten entfällt.

Die Sachkonten Forderungen und Verbindlichkeiten werden im Abschluss automatisch erstellt und für die neue Abrechnungsperiode vorgetragen. Es empfiehlt sich, die Sammelkonten 44099 „Sonstige Kreditoren“ und 24099 „Sonstige Debitoren“ einzurichten. Diese Konten finden dann Verwendung, wenn Lieferanten (z. B. für eine Reparatur) oder Kunden einmalig oder selten Kreditgeschäfte tätigen. Die Einrichtung separater Kreditoren- und Debitorenkonten ist dann nicht notwendig

534 Mannes AG – Geb. Eingangsrechnung

Allgemein | Fakturierung | Lieferung | Außenhandel

Nr.	534	Buchungsdatum	01.08.XX
Eink. von Kred.-Nr.	44002	Belegdatum	01.08.XX
Eink. von Name	Mannes AG	Bestellnummer	
Eink. von Name 2	Herr Özmann	Kred.-Rechnungsnr.	25760
Eink. von Adresse	Herner Str. 406	Bestelladresscode	
Eink. von PLZ/Ort	44807 Bochum	Einkäufercode	AK

Warengruppe	Art.-Nr.	Beschreibung	Menge	Einheit ...	EK-Preis ...
WG 1	10231	Stahlrohr 45,00 x 2,00 mm	6 000	m	22.999,66

Rechnung ▼ | Drucken . . . | Hilfe

Kontenplan der Fly Bike Werke GmbH (Auszug)

FLY BIKE Werke GmbH

Kontenklasse 0
Anlagevermögen
0000 Ausstehende Einlagen
0200 Konzessionen und Lizenzen
0300 Geschäfts- oder Firmenwert
0500 Grundstücke und Bauten (Sammelkonto)
0700 Technische Anlagen und Maschinen (Sammelkonto)
0800 Betriebs- und Geschäftsausstattung (Sammelkonto)

Kontenklasse 1
Anlagevermögen
1300 Beteiligungen
1500 Wertpapiere des Anlagevermögens
1600 Sonstige Finanzanlagen

Kontenklasse 2
Umlaufvermögen und aktive Rechnungsabgrenzung
2000 Rohstoffe/Fertigungsmaterial
 2001 Bezugskosten
 2002 Nachlässe
2010 Vorprodukte/Fremdbauteile
2020 Hilfsstoffe
2030 Betriebsstoffe
2070 Sonstiges Material
2100 Unfertige Erzeugnisse
2190 Unfertige Leistungen
2200 Fertige Erzeugnisse
2280 Waren (Handelswaren)
 2281 Bezugskosten
 2282 Nachlässe
2300 Geleistete Anzahlungen
2400 Forderungen a. L. L.
2470 Zweifelhafte Forderungen

Debitorenkonten (Auszug):
24001 Radbauer GmbH
24002 Schöller & Co. OHG
24003 Fahrradhandel Uwe Gross e. K.
24004 Zweirad Ritter GmbH
24005 Fahrrad & Motorrad GmbH
24006 Bike GmbH
24007 Zweiradhandelsgesellschaft GmbH
24008 Nordstrad Sportbekleidung GmbH
24009 Sachsenrad GmbH
(...)
24099 Sonstige Debitoren

2600 Vorsteuer
2630 Forderungen an Finanzbehörden
2650 Forderungen an Mitarbeitende
2700 Wertpapiere des Umlaufvermögens
2800 Bankguthaben
2880 Kasse
2900 Aktive Jahresabgrenzung

Kontenklasse 3
Eigenkapital und Rückstellungen
3000 Gezeichnetes Kapital
3240 Gewinnrücklagen
3300 Ergebnisverwendung
3310 Gewinnvortrag/Verlustvortrag
3320 Bilanzgewinn/Bilanzverlust
3400 Jahresüberschuss/Jahresfehlbetrag
3800 Steuerrückstellungen
3900 Sonstige Rückstellungen

Kontenklasse 4
Verbindlichkeiten und passive Rechnungsabgrenzung
4200 Kurzfristige Verbindlichkeiten ggü. Kreditinstituten
4250 Langfristige Verbindlichkeiten ggü. Kreditinstituten
4400 Verbindlichkeiten a. L. L.

Kreditorenkonten (Auszug):
44001 Stahlwerke Krahler AG
44002 Mannes AG
44003 Alu-Werke Bonn AG
44004 Shokk Ltd.
44005 Hans Köller Spezialrahmenbau e. K.
44007 Farbenfabrik AG
44008 Kohlor GmbH
44009 Tamino Deutschland GmbH
44010 Tamino INC
(...)
44099 Sonstige Kreditoren

4800 Umsatzsteuer
4830 Sonstige Verbindlichkeiten ggü. Finanzbehörden
4840 Verbindlichkeiten ggü. Sozialversicherungsträgern
4890 Übrige sonstige Verbindlichkeiten
4900 Passive Rechnungsabgrenzung

Kontenklasse 5
Erträge
5000 Umsatzerlöse für eigene Erzeugnisse
5001 Erlösberichtigungen
5050 Umsatzerlöse für andere eigene Leistungen
5051 Erlösberichtigungen
5100 Umsatzerlöse für Waren
5101 Erlösberichtigungen
5200 Bestandsveränderungen
5300 Aktivierte Eigenleistungen
5400 Nebenerlöse (z. B. Mieterträge)
5410 Sonstige Erlöse
5420 Entnahme von Gegenständen und Leistungen
5430 Andere sonstige betriebliche Erträge
5800 Außerordentliche Erträge

Kontenklasse 6
Betriebliche Aufwendungen
6000 Aufwendungen für Rohstoffe
 6001 Bezugskosten
 6002 Nachlässe
6010 Aufwendungen für Vorprodukte
6020 Aufwendungen für Hilfsstoffe
6030 Aufwendungen für Betriebsstoffe
6040 Aufwendungen für Verpackungsmaterial
6050 Aufwendungen für Energie
6060 Aufwendungen für Reparaturmaterial
6070 Aufwendungen für sonstiges Material
6080 Aufwendungen für Waren
6100 Fremdleistungen für Erzeugnisse und andere Umsatzleistungen
6140 Frachten und Nebenkosten
6150 Vertriebsprovisionen
(...)
6200 Löhne
6250 Sachbezüge
6300 Gehälter
6350 Sachbezüge
6400 Arbeitgeberanteil zur Sozialversicherung (Lohnbereich)
6410 Arbeitgeberanteil zur Sozialversicherung (Gehaltsbereich)
6420 Beiträge zur Berufsgenossenschaft
(...)
6520 Abschreibungen auf Sachanlagen
6540 Abschreibungen auf geringwertige Wirtschaftsgüter
6550 Außerplanmäßige Abschreibungen auf Sachanlagen
(...)
6700 Mieten/Pachten
6800 Büromaterial
(...)
6900 Versicherungsbeiträge
(...)

Kontenklasse 7
Weitere Aufwendungen
7020 Grundsteuer
7030 Kfz-Steuer
7070 Ausfuhrzölle
7400 Abschreibungen auf Finanzanlagen
(...)
7510 Zinsaufwendungen
7530 Diskontaufwendungen
7600 Außerordentliche Aufwendungen

Kontenklasse 8
Ergebnisrechnungen
8000 Eröffnungsbilanzkonto
8010 Schlussbilanzkonto
8020 GuV-Konto

Kontenklasse 9
Kosten- und Leistungsrechnung (KLR)
Die KLR der Fly Bike Werke GmbH wird tabellarisch durchgeführt. Keine Konten!

Alles klar?

1 Nennen Sie für die folgenden Konten jeweils die Bezeichnung der:
1) Kontenklasse, 2) Kontengruppe, 3) Kontenart

a 4400
b 6000
c 7030
d 3000
e 8020
f 0860
g 2850
h 5000
i 1300
j 6820

2 Ein junges Einzelunternehmen benötigt für die Buchungen zu Beginn der Geschäftstätigkeit im ersten Geschäftsjahr folgende Konten:

- Aufwendungen für Roh-, Hilfs- und Betriebsstoffe,
- Betriebsstoffe,
- Büromaschinen,
- Büromaterial,
- Büromöbel,
- Eigenkapital,
- Eröffnungsbilanzkonto,
- fertige Erzeugnisse,
- Forderungen aus Lieferungen und Leistungen,
- Fuhrpark,
- Gehälter,
- Gewerbeertragssteuer,
- Gewinn-und-Verlust-Konto,
- Guthaben bei Kreditinstituten (Bankguthaben),
- Hilfsstoffe,
- Kasse,
- Kfz-Steuer,
- kurzfristige Verbindlichkeiten gegenüber Kreditinstituten,
- Löhne,
- Mieten,
- Pachten,
- Privat,
- Provisionserträge,
- Rohstoffe,
- Schlussbilanzkonto,
- technische Anlagen und Maschinen,
- Umsatzerlöse für eigene Erzeugnisse,
- unfertige Erzeugnisse,
- Verbindlichkeiten aus Lieferungen und Leistungen,
- Zinsaufwendungen,
- Zinserträge.

Ordnen Sie die Konten nach den Kontenklassen und Kontennummern des Industriekontenrahmens und erstellen Sie für dieses Unternehmen einen Kontenplan mit acht Kontenklassen.

3 Bilden Sie für nachfolgende Geschäftsvorfälle die Buchungssätze. Nutzen Sie hierfür die Kontennummern der Fly Bike Werke GmbH aus diesem Lehrwerk (siehe vorherige Seite).
1) Zielkauf von Fremdbauteilen 2.500,00 €
2) Barabhebung vom Bankkonto 1.000,00 €
3) Banküberweisung an einen Lieferanten 2.500,00 €
4) Zielkauf einer Büroausstattung 6.200,00 €
5) Barkauf von Büromaterial 75,00 €
6) Banklastschrift für Kfz-Steuer 320,00 €
7) Bankgutschrift für Zinsen 1.200,00 €

AB → Lernsituation 51

5 Umsatzsteuer

Umsatzsteuersätze EU

USt.-Satz	EU-Länder
27 %:	Ungarn
25 %:	Dänemark, Kroatien, Schweden
24 %:	Finnland, Griechenland
23 %:	Irland, Polen, Portugal
22 %:	Italien, Slowenien
21 %:	Belgien, Tschechien, Spanien, Lettland, Litauen, Niederlande
20 %:	Bulgarien, Estland, Frankreich, Österreich, Slowakei
19 %:	Deutschland, Zypern, Rumänien
18 %:	Malta
17 %:	Luxemburg

Quelle: Europäische Union (Stand: 23.03.2023)

Haupteinnahmequelle des Staates sind die Steuern, insbesondere die Umsatzsteuer, die wegen ihrer Erhebungsart auch Mehrwertsteuer genannt wird. Seit ihrer Einführung wurde sie mehrfach erhöht, zuletzt 2007. Trotzdem hat Deutschland niedrigere Steuersätze als viele andere EU-Staaten.

Der Begriff **„Mehrwertsteuer“** existiert steuerrechtlich nicht mehr, wird aber noch vielfach verwendet. Die Bezeichnung ist auch auf Buchungsbelegen erlaubt. Die Umsatzsteuer besteuert den gesamten privaten und öffentlichen steuerpflichtigen Endverbrauch (Konsum). Die **Steuerlast** trägt also immer der Endverbraucher **(Steuerträger)**. **Steuerschuldner** gegenüber dem Finanzamt ist jedoch das Unternehmen, das die Steuer aufgrund seiner Umsätze berechnet und an das Finanzamt abführt.

Beim Verkauf von Waren wird die abzuführende Umsatzsteuer dem Käufer zuzüglich zum Verkaufspreis in Rechnung gestellt. Für das Unternehmen ist die Umsatzsteuer ein „durchlaufender Posten“ und hat keinen Einfluss auf den Unternehmenserfolg.

Lernvideo: Das System der Umsatzsteuer

Abführbare Umsatzsteuer durch das Unternehmen

Steuerbare Umsätze	Beispiele
1. Lieferungen	Verkauf von Erzeugnissen und Waren, Maschinen, Fahrzeugen, Büromaterial, Geschäftsausstattung
2. sonstige Leistungen	Reparaturen, Provisionen, Warentransport und Lagerung
3. innergemeinschaftlicher Erwerb	Einfuhr von Gegenständen aus Mitgliedstaaten der Europäischen Union (EU): Vorsteuer aus **ig-Erwerb**, Erwerbsteuer (Umsatzsteuer aus ig-Erwerb)
4. Einfuhr von Gegenständen	Einfuhr von Gegenständen aus Drittländern (Nicht-EU-Staaten): Einfuhrumsatzsteuer

ig-Erwerb innergemeinschaftlicher Erwerb → Kap. 5.3

Steuersätze → § 12 UStG

Der **allgemeine Steuersatz** beträgt seit dem 1. Januar 2007 19 %. Der **ermäßigte Steuersatz** beträgt 7 % und gilt für fast alle Lebensmittel (nicht jedoch für Gaststättenumsätze) sowie u. a. für Bücher, Zeitschriften, Blumen, Kunstgegenstände, den öffentlichen Personennahverkehr und ab 2020 auch für Bahntickets im Fernverkehr.

Bemessungsgrundlagen → § 10, 11 UStG

Für Lieferungen und sonstige Leistungen ist die **Bemessungsgrundlage** das Entgelt. Entgelt ist alles, was der Leistungsempfänger (ohne Umsatzsteuer) aufwendet, um die Leistung zu erhalten. Bei der Einfuhr von Waren gilt z. B. der Zollwert (Warenwert + Zoll + Beförderungskosten) als Bemessungsgrundlage.

Wichtige **nicht steuerpflichtige Umsätze** sind Entgelte (Zinsen) für Kreditgewährung (Ausnahme: Warenkredite), Umsätze aus heilberuflichen Tätigkeiten von Ärzten, Zahnärzten und Hebammen, Versicherungstätigkeiten, innergemeinschaftliche Lieferungen, Ausfuhr in ein Drittland, private Geschäfte.

5.1 Berechnung der Umsatzsteuer

Ein Unternehmen muss auf Verlangen des Kunden Rechnungen ausstellen, in denen die Umsatzsteuer gesondert ausgewiesen ist. Bei Rechnungen über Kleinbeträge bis zu 250,00 € einschließlich Umsatzsteuer genügt die Angabe des Umsatzsteuersatzes (§ 33 UStDV; Stand: 01.01.2017).

notwendige Inhalte einer Rechnung
→ § 14 UStG

Hans Köller Spezialrahmenbau e. K.
Fahrradspezialrahmen aus Rostock

Beleg Nr.: ER 322

Lieferer Nr.: 60005

Kundennummer: 10021
Ihre Bestellung Nr.: 443
Ihr Bestelldatum: 19.02.20XX
Unsere Lieferschein-Nr.: 102
Unser Lieferdatum: 15.04.20XX

Hans Köller Spezialrahmenbau e. K., Lorenzstr. 10, 18146 Rostock
Fly Bike Werke GmbH
Rostocker Str. 334
26121 Oldenburg

Posteingang:
18.04.20XX

Name: Frau Reiz
Telefon: 0381 69XX341

Rechnungs-Datum: 17.04.20XX

Konto	Soll	Haben
6010	9.400,00	
2600	1.786,00	
4400		11.186,00
Gebucht: 21.04.20XX G191 Ta/La		

Rechnungsprüfung	
Sachlich richtig Datum: 18.04.20XX Nz: Ta	Rechnerisch richtig Datum: 18.04.20XX Nz: Ta

Rechnung Nr.: 102

Artikel-Nr.	Artikelbezeichnung	Stückahl	Einzelpreis in €	Rabatt in %	Gesamtpreis in €
1070-50	Y-Rahmen: Y-Alu/CrMo FS, Höhe 50 Farbe: mello yellow	100	47,00		4.700,00
1070-54	Y-Rahmen: Y-Alu/CrMo FS, Höhe 54 Farbe: mello yellow	100	47,00		4.700,00
Versandart: Lieferung frei Lager Oldenburg per LKW		Nettorechnungsbetrag			9.400,00
		zzgl. 19 % Umsatzsteuer			1.786,00
		Bruttorechnungsbetrag			11.186,00

Die Ermittlung der Umsatzsteuer ist eine Anwendung der Prozentrechnung. Ist die Bemessungsgrundlage (Entgelt = Nettorechnungsbetrag) gegeben und der Steuersatz bekannt, errechnet sich der Umsatzsteuerbetrag wie folgt:

$$\text{Umsatzsteuer in €} = \frac{\text{Nettorechnungsbetrag} \cdot \text{Steuersatz}}{100\,\%} = \frac{9.400{,}00\,€ \cdot 19\,\%}{100\,\%} = \mathbf{1.786{,}00\,€}$$

Sind der Bruttorechnungsbetrag und der Umsatzsteuersatz bekannt, so ist die Prozentrechnung vom vermehrten Grundwert anzuwenden:

$$\text{Umsatzsteuer in €} = \frac{\text{Bruttorechnungsbetrag} \cdot \text{Steuersatz}}{(100\,\% + \text{Steuersatz})} = \frac{11.186{,}00\,€ \cdot 19\,\%}{119\,\%} = \mathbf{1.786{,}00\,€}$$

5.2 Ermittlung der Umsatzsteuerschuld

Kleinunternehmen: Umsatzsteuer wird nicht erhoben, wenn im Vorjahr die Umsatzgrenze von 25.000,00 € (seit 2025) nicht überschritten wurde und der Umsatz im laufenden Jahr 100.000,00 € voraussichtlich nicht überschreiten wird.

Durch das System der Umsatzsteuer wird eine Verteilung des Umsatzsteuereinzugsverfahrens auf alle beteiligten Wirtschaftsstufen erreicht. Waren, die von der Herstellung bis zum Verbrauch mehrere Unternehmen durchlaufen, werden auf jeder Stufe nur auf der Basis ihres Mehrwertes (Wertschöpfung) versteuert. Damit wird verhindert, dass ein und dieselbe Ware mehrfach besteuert wird, und es werden alle Unternehmen verpflichtet, die Steuer einzuziehen. Dieses Verfahren verhindert, dass nur eine Unternehmensgruppe wie z. B. der Einzelhandel als letzte Stufe des Produktions- und Verteilungsprozesses mit dem Besteuerungsverfahren belastet wird.

Stufenweises Umsatzsteuereinzugsverfahren

Bergbau → Stahlerzeugung → Fahrradhersteller → Fahrradgroßhandel → Einzelhandel → Endverbraucher

Auf jeder Produktions- oder Handelsstufe steigt der Wert der Ware. Der Fahrradhersteller befindet sich gesamtwirtschaftlich gesehen auf einer mittleren Stufe dieses Wertschöpfungsprozesses. Er kann nur dann Waren vertreiben, wenn er dazu die Waren anderer, vorgelagerter Unternehmen einsetzt.

  Umsatzsteuer
– Vorsteuer
= Zahllast

  Verkaufspreis
– Einkaufpreis
= Mehrwert

In den Eingangsrechnungen der vorgelagerten Unternehmen ist neben dem Warenpreis die vom Lieferanten abzuführende Umsatzsteuer enthalten. Somit sind die dem eigenen Umsatz vorgelagerten Umsätze innerhalb der eigenen Beschaffung Vorumsätze. Deshalb wird die darauf lastende Umsatzsteuer als **Vorsteuer** bezeichnet.

Vorsteuer und Umsatzsteuer

Einkaufspreis in €	Vorsteuer in €	Verkaufspreis in €	Umsatzsteuer in €	Mehrwert in €	Zahllast in €	
		10,00	1,90	10,00	1,90	Bergbau und Stahlerzeugung
10,00	1,90	150,00	28,50	+ 140,00	+ 26,60	Fahrradhersteller
150,00	28,50	220,00	41,80	+ 70,00	+ 13,30	Fahrradgroßhandel
220,00	41,80	300,00	57,00	+ 80,00	+ 15,20	Einzelhandel
				= 300,00	= 57,00	Endverbraucher

Der Endverbraucher zahlt 357,00 € für das Fahrrad (Mehrwert + Umsatzsteuer aller Produktions- und Handelsstufen), da er die Umsatzsteuer nicht als Vorsteuer geltend machen kann. Für die Unternehmen ist die Erhebung der Umsatzsteuer ein „durchlaufender Posten“ ohne Auswirkungen auf den Erfolg des Unternehmens.

Ein Unternehmen hat bis zum 10. Tag nach Ablauf eines jeden Kalendermonats seine Umsatzsteuerschuld in Form einer Vorauszahlung an das Finanzamt abzuführen. Grundlage für die Berechnung der monatlichen **Vorauszahlung** ist die gesamte Umsatzsteuerschuld des Vorjahres. Beträgt die Vorjahresumsatzsteuer nicht mehr als insgesamt 9.000,00 € (ab 2025), gilt als Vorauszahlungszeitraum nicht der Kalendermonat, sondern das Kalendervierteljahr.

Bei einer Umsatzsteuerschuld im Vorjahr bis 2.000,00 € kann das Finanzamt ab 2025 auf USt.-Voranmeldungen und Vorauszahlungen verzichten (kein Rechtsanspruch!).

Von der Umsatzsteuer, die der Unternehmer seinen Kunden in Rechnung stellt, kann er die Vorsteuerbeträge abziehen, die er an seine Lieferanten zu zahlen hat. Nur die Differenz zwischen Umsatzsteuer und Vorsteuer muss abgeführt werden (**Zahllast**).

Vorsteuerabzug
→ § 15 UStG

Zahllast
Umsatzsteuer > Vorsteuer

BEISPIEL: Vorsteuerabzug

Einkauf		Verkauf	
Nettoeinkaufspreis	1.500,00	Nettoverkaufspreis	2.200,00
+ 19 % Umsatzsteuer	285,00	+ 19 % Umsatzsteuer	418,00
= Bruttoeinkaufspreis	1.785,00	= Bruttoverkaufspreis	2.618,00

Umsatzsteuer beim Einkauf	Umsatzsteuer beim Verkauf	
= Forderung an das Finanzamt (Vorsteuer)	= Verbindlichkeit gegenüber dem Finanzamt	
Umsatzsteuer beim Verkauf (Ausgangsrechnungen)	Umsatzsteuer	418,00 €
– Umsatzsteuer beim Einkauf (Eingangsrechnungen)	– Vorsteuer	285,00 €
= Umsatzsteuerschuld gegenüber dem Finanzamt	= Zahllast	133,00 €

Bei der Gegenüberstellung von Umsatzsteuer und Vorsteuer ist darauf zu achten, dass grundsätzlich die Ausführung der Lieferung oder Leistung für die Fälligkeit der Umsatzsteuer entscheidend ist. Wenn in einem Abrechnungsmonat die Vorsteuer größer ist als die Umsatzsteuer, entsteht ein Vorsteuerüberhang. Der **Vorsteuerüberhang** ist eine Forderung des Unternehmens an das Finanzamt, der im Folgemonat erstattet oder gegebenenfalls mit Steuerschulden verrechnet wird.

Vorsteuerüberhang
Umsatzsteuer < Vorsteuer

BEISPIEL: Die Fly Bike Werke GmbH übermittelt – wie vorgeschrieben – ihre monatliche Umsatzsteuer-Voranmeldung auf elektronischem Weg an das Finanzamt. Jedes Finanzbuchhaltungsprogramm ermöglicht diese Art der Übermittlung.

5.3 Warenverkehr innerhalb der EU

Innerhalb der EU gibt es durch den Wegfall der Zollgrenzen keine unmittelbare Überprüfung des grenzüberschreitenden Warenverkehrs. Man benötigt daher ein **Kontrollsystem**, das gewährleistet, dass keine Umsatzsteuer hinterzogen wird. Es soll z. B. verhindert werden, dass Privatpersonen in anderen EU-Staaten umsatzsteuerfrei Waren kaufen und diese im Inland nicht versteuern. Hierzu wurde das System der **Umsatzsteuer-Identifikationsnummern** eingeführt. Wer aus einem anderen EU-Land umsatzsteuerfrei Waren beziehen möchte, benötigt dafür eine Umsatzsteuer-Identifikationsnummer (USt-Id.-Nr.), die auf Antrag vom Bundeszentralamt für Steuern vergeben wird. Diese Nummer gilt als Nachweis der Unternehmereigenschaft, Privatpersonen erhalten keine solche Nummer.

USt.-Id.-Nr.

Im Zusammenhang mit dem Warenverkehr innerhalb der EU gibt es im Umsatzsteuergesetz zwei zentrale Begriffe:
- innergemeinschaftlicher Erwerb (ig-Erwerb)
- innergemeinschaftliche Lieferung (ig-Lieferung)

Der ig-Erwerb unterliegt der Umsatzsteuerpflicht.

Ein **innergemeinschaftlicher Erwerb** liegt vereinfacht dann vor, wenn Waren von einem Mitgliedstaat in einen anderen Mitgliedstaat gegen Entgelt geliefert werden, der Erwerber ein Unternehmer ist, der die Waren für sein Unternehmen erwirbt und der Lieferer ein Unternehmer ist, der die Lieferung im Rahmen seines Unternehmens gegen Entgelt ausführt. Bei einem innergemeinschaftlichen Erwerb ist der **Erwerber** (Importeur) **umsatzsteuerpflichtig**. Die Umsatzsteuer kann natürlich als Vorsteuer geltend gemacht werden.

Die ig-Lieferung ist umsatzsteuerfrei.

Das Gegenstück zum innergemeinschaftlichen Erwerb ist die **innergemeinschaftliche Lieferung**. Bei der innergemeinschaftlichen Lieferung werden die Waren **nicht** mit Umsatzsteuer belastet. Eine Rechnung, die im Rahmen einer innergemeinschaftlichen Lieferung ausgestellt wird, muss die Umsatzsteuer-Identifikationsnummern des Lieferers und des Erwerbers enthalten. Ferner muss auf der Rechnung darauf hingewiesen werden, dass die Lieferung umsatzsteuerfrei erfolgt.

5.4 Buchung der Umsatzsteuer beim Ein- und Verkauf von Waren

Die Umsatzsteuer muss in der Buchführung auf mindestens zwei verschiedenen Konten erfasst werden. Die Salden der Konten Vor- und Umsatzsteuer sind am Monatsende zu verrechnen. Die Zahllast oder der Vorsteuerüberhang werden über Zahlungsvorgänge mit dem Finanzamt ausgeglichen.

Vorsteuer beim Einkauf: Sollbuchung auf Konto Vorsteuer (aktives Bestandskonto)

Umsatzsteuer beim Verkauf: Habenbuchung auf Konto Umsatzsteuer (passives Bestandskonto)

Verrechnung: Der Saldo des wertmäßig kleineren Steuerkontos (2600 oder 4800) wird auf das wertmäßig größere Steuerkonto umgebucht.

Beim Einkauf: Konto Vorsteuer (aktives Bestandskonto)

Beim Verkauf: Konto Umsatzsteuer (passives Bestandskonto)

S	Vorsteuer	H	S	Umsatzsteuer	H
Forderung an das Finanzamt		← Verrechnung →			Verbindlichkeit an das Finanzamt

Am **Geschäftsjahresende** ist eine Zahllast des Monats Dezember zu passivieren (Umsatzsteuerverbindlichkeit im Haben auf dem SBK), ein Vorsteuerüberhang entsprechend zu aktivieren (Vorsteuerforderung im Soll auf dem SBK). Die Aktivierung bzw. Passivierung auf dem SBK im Dezember ist notwendig, da eine Zahlung erst im nächsten Geschäftsjahr erfolgt.

1. Umsatzsteuer > Vorsteuer

Verrechnung	4800	Umsatzsteuer	an	2600	Vorsteuer
Zahlungsausgang oder	4800	Umsatzsteuer	an	2800	Bankguthaben
Passivierung	4800	Umsatzsteuer	an	8010	SBK

2. Umsatzsteuer < Vorsteuer

Verrechnung	4800	Umsatzsteuer	an	2600	Vorsteuer
Zahlungseingang oder	2800	Bankguthaben	an	2600	Vorsteuer
Aktivierung	8010	SBK	an	2600	Vorsteuer

BEISPIEL: Die Fly Bike Werke GmbH kauft und verkauft 10 Fahrradanhänger Modell *Kids* gegen sofortige Banküberweisung. Der Einstandspreis beträgt 110,00 € pro Stück, der Verkaufspreis 145,20 € pro Stück. Die Preise verstehen sich jeweils zzgl. 19 % Umsatzsteuer.

Rechnerische Ermittlung des Mehrwertes und der Zahllast

Einkauf		Verkauf	
Warenwert	1.100,00 €	Warenwert	1.452,00 €
+ 19 % USt	209,00 €	+ 19 % USt	275,88 €
= Rechnungsbetrag	**1.309,00 €**	**= Rechnungsbetrag**	**1.727,88 €**

Warenwert beim Verkauf	1.452,00 €		
– Warenwert beim Einkauf	1.100,00 €		
= Mehrwert	352,00 € →	davon Umsatzsteuer 19 % →	Zahllast 66,88 €

Grundbuch:

1) Wareneinkauf gegen Banküberweisung 1.309,00 € brutto (aufwandsorientiert)
2) Warenverkauf gegen Banküberweisung 1.727,88 € brutto
3) Umbuchung (Verrechnung) des Kontos Vorsteuer auf das Konto Umsatzsteuer
4) Ausgleich des Kontos Umsatzsteuer durch Überweisung an das Finanzamt

Nr.	Soll	€	Haben	€
1)	6080 Aufwendungen für Waren	1.100,00		
	2600 Vorsteuer	209,00	2800 Bankguthaben	1.309,00
2)	2800 Bankguthaben	1.727,88	5100 Umsatzerlöse f. Waren	1.452,00
			4800 Umsatzsteuer	275,88
3)	4800 Umsatzsteuer	209,00	2600 Vorsteuer	209,00
4)	4800 Umsatzsteuer	66,88	2800 Bankguthaben	66,88

Hauptbuch:

Lieferer erhält: 1.309,00 € — Kunde zahlt: 1.727,88 €

S	2800 Bankguthaben		H
8000	5.000,00	1) 6080, 2600	1.309,00
2) 5100, 4800	1.727,88	4) 4800	66,88

davon sind: 1.100,00 € Warenwert — davon sind: 1.452,00 € Warenwert

S	6080 Aufwendungen f. Waren		H
1) 2800	1.100,00	8020	1.100,00

S	5100 Umsatzerlöse f. Waren		H
8020	1.452,00	2) 2800	1.452,00

S	8020 GuV-Konto		H
6080	1.100,00	5100	1.452,00

davon sind: 209,00 € Umsatzsteuer — davon sind: 275,88 € Umsatzsteuer

S	2600 Vorsteuer		H
1) 2800	209,00	3) 4800	209,00

S	4800 Umsatzsteuer		H
3) 2600	209,00	2) 2800	275,88
4) 2800	66,88		
	275,88		275,88

5.5 Umsatzsteuer bei Anlagen, weiteren Aufwendungen und Erträgen

Die Umsatzsteuerpflicht beschränkt sich nicht nur auf den Handel mit Waren. Auch die Erweiterung des Anlagevermögens oder der Verkauf gebrauchter Anlagen führen häufig zu umsatzsteuerpflichtigen Geschäftsvorfällen. Einkäufe von Gegenständen und Dienstleistungen, die in der Buchführung als Aufwand erfasst werden, können ebenfalls der Umsatzsteuer unterliegen. Erbringt ein Unternehmen Dienstleistungen, ist auch zu prüfen, ob diese umsatzsteuerpflichtig sind.

Geschäftsvorfälle: Umsatzsteuerpflichtig – ja oder nein?

Geschäftsvorfall	umsatzsteuerpflichtig	nicht umsatzsteuerpflichtig
Anlagevermögen: Vorsteuer (Kauf) oder Umsatzsteuer (Verkauf)	Kauf und Verkauf neuer und gebrauchter Fahrzeuge, von Maschinen, Geschäftsausstattungen, Werkzeuge	Kauf und Verkauf von Grundstücken, Gebäuden, Wertpapieren
Aufwendungen: Vorsteuer	Energie, Werbung, Instandhaltung, Provisionen, Ausgangsfrachten, Leasing, Büromaterial, Telefonrechnungen	Mieten, Pachten, Löhne und Gehälter an das eigene Personal, Briefmarken der Deutschen Post AG, Zinsaufwendungen
Erträge: Umsatzsteuer	Provisionserträge, Kunden in Rechnung gestellte Transport- und Verpackungskosten	Mieterträge, Zinserträge

1. Kauf einer Maschine gegen Banküberweisung

	Nettorechnungsbetrag	30.000,00 €
+	19 % Umsatzsteuer	5.700,00 € ← Vorsteuer beim Einkauf von Anlagen (keine private oder unternehmensfremde Verwendung)
=	**Bruttorechnungsbetrag**	**35.700,00 €**

2. Eingangsrechnung für Reparaturarbeiten an einem Lkw

	Nettorechnungsbetrag	650,00 €
+	19 % Umsatzsteuer	123,50 € ← Vorsteuer beim Einkauf von Dienstleistungen
=	**Bruttorechnungsbetrag**	**773,50 €**

3. Ausgangsrechnung für die Vermittlung von Verkäufen

	Nettorechnungsbetrag	2.500,00 €
+	19 % Umsatzsteuer	475,00 € ← Umsatzsteuer beim Verkauf von Dienstleistungen
=	**Bruttorechnungsbetrag**	**2.975,00 €**

Grundbuch:

Nr.	Soll	€	Haben	€
1)	0720 Maschinen 2600 Vorsteuer	30.000,00 5.700,00	2800 Bankguthaben	35.700,00
2)	6160 Fremdinstandhaltung 2600 Vorsteuer	650,00 123,50	4400 Verbindlichkeiten a. L. L.	773,50
3)	2400 Forderungen a. L. L.	2.975,00	5410 sonstige Erlöse (Provision) 4800 Umsatzsteuer	2.500,00 475,00

ÜBERSICHT: Umsatzsteuer

Steuerschuldner	– Unternehmen im Inland – stellen ihren Kunden Umsatzsteuer in Rechnung. – Verrechnung mit der bezahlten Vorsteuer – Umsatzsteuer = „durchlaufender Posten“
Steuerträger	– Endverbraucher im Inland – zahlt Umsatzsteuer an Unternehmen. – nie vorsteuerabzugsberechtigt
Steuerzahlung	– Unternehmer zahlen Umsatzsteuer i. d. R. monatlich bis zum 10. des Folgemonats. – Umsatzsteuervoranmeldung – jährlich: Umsatzsteuererklärung
Steuerbare Umsätze	– Lieferungen und sonstige Leistungen von Unternehmen im Inland gegen Entgelt – innergemeinschaftlicher Erwerb und Einfuhr von Gegenständen
Bemessungsgrundlage	vereinbartes Entgelt ohne Umsatzsteuer
Steuersätze	– allgemeiner Steuersatz = 19 % – ermäßigter Steuersatz = 7 % – Steuerbefreiung für bestimmte Umsätze
Umsatzsteuer beim Einkauf	In Eingangsrechnungen ausgewiesene Umsatzsteuer wird im Soll auf dem aktiven Bestandskonto Vorsteuer 2600 erfasst (= Forderung gegenüber dem Finanzamt).
	Einkauf innerhalb der EU: – Sollbuchung auf Konto Vorsteuer aus ig-Erwerb – Habenbuchung auf Konto Umsatzsteuer aus ig-Erwerb
	Einfuhrumsatzsteuer muss bei Import aus Drittländern an den deutschen Zoll bezahlt werden.
Umsatzsteuer beim Verkauf	– In Ausgangsrechnungen ausgewiesene Umsatzsteuer wird im Haben auf dem passiven Bestandskonto Umsatzsteuer 4800 erfasst (= Verbindlichkeit gegenüber dem Finanzamt). – beim Verkauf in das Ausland keine Umsatzsteuererhebung (z. B. ig-Lieferung)

Alles klar?

1 Beantworten Sie die nachfolgenden Fragen zur Umsatzsteuer:

a Welche Umsätze sind steuerbar?

b Wer zahlt und wer trägt in Deutschland die Umsatzsteuer?

c Welche Länder in der Europäischen Union haben die höchsten Umsatzsteuersätze?

d Nennen Sie drei nicht umsatzsteuerpflichtige Umsätze.

e Wie hoch ist zzt. der „allgemeine“ und der „ermäßigte“ Umsatzsteuersatz in Deutschland?

f Nennen Sie drei Güter, die zum ermäßigten Steuersatz verkauft werden können.

g Berechnen Sie die fehlenden Werte bei Anwendung des allgemeinen Steuersatzes:

ga Nettorechnungsbetrag = 6.000,00 €, Umsatzsteuer = ? €, Bruttorechnungsbetrag = ? €

gb Nettorechnungsbetrag = ? €, Umsatzsteuer = ? €, Bruttorechnungsbetrag = 14.280,00 €

2 Eine Zellstofffabrik mit eigener Forstwirtschaft verkauft einer Papierfabrik für 10.000,00 € Zellstoff. Aus diesem Zellstoff erzeugt die Papierfabrik Kopierpapier, das zum Preis von 15.000,00 € an eine Papiergroßhandlung verkauft wird. Die Papiergroßhandlung verkauft dieses Kopierpapier ohne Veränderung für 20.000,00 € an den Papiereinzelhandel, der das Kopierpapier an Privatkunden (Endverbraucher) zum Preis von 30.000,00 € weiterveräußert. Auf alle Verkaufspreise ist zusätzlich die Umsatzsteuer in Höhe von 19 % zu entrichten.

a Nennen Sie alle beteiligten Unternehmen bis zum Verbrauch des Kopierpapiers.
b Wie hoch ist der geschaffene Mehrwert auf allen Produktions- und Handelsstufen?
c Wie viel € hat das Finanzamt insgesamt erhalten, wenn die Ware noch im Papiergroßhandel gelagert wird?
d Wie viel € hat das Finanzamt insgesamt erhalten, wenn das Kopierpapier vollständig an die Endverbraucher verkauft worden ist?
e Wie viel € muss die Papierfabrik für den Kopierpapierverkauf an das Finanzamt überweisen, wenn bei dieser Abrechnung nur der Einkauf des Zellstoffs berücksichtigt wird?
f In welchen Fällen kann ein Vorsteuerüberhang entstehen?

3 Stellen Sie fest, ob die folgenden Geschäftsvorfälle die Vorsteuer erhöhen, die Umsatzsteuer erhöhen oder weder die Vor- noch die Umsatzsteuer beeinflussen.

a Rohstoffeinkauf auf Ziel
b Hilfsstoffeinkauf gegen Banküberweisung
c Kauf eines Grundstückes
d Mieteinzahlungen
e Verkauf von Handelswaren gegen Bankscheck
f Lohn- und Gehaltszahlungen
g Verkauf eines gebrauchten Kraftfahrzeuges
h Einkauf von Büromaterial
i Zinsgutschriften
j Wertpapierkauf
k Reparatur eines Computers
l Verkauf von Aktien, Bankgutschrift
m Telefongebühren der Telefongesellschaft, Banklastschrift
n Zielverkauf eigener Erzeugnisse
o Eingangsrechnung für Vertriebsprovisionen
p Zahlung von Darlehenszinsen
q Banklastschrift für Pkw-Leasing

4 Folgende Ein- und Verkäufe wurden am 30.04.20XX per Lastschrift vom Bankkonto ab- und zugebucht. Die Überweisungsbeträge enthalten in allen Fällen 19 % Umsatzsteuer.

Eingangsrechnungen	Überweisungsbeträge
1) Rohstoffeinkäufe	8.330,00 €
2) Büromaterial	678,30 €
3) Reparaturen an der Heizungsanlage	2.499,00 €
4) Druck von Werbebriefen	595,00 €

Ausgangsrechnungen	Überweisungsbeträge
1) Verkäufe von Erzeugnissen	14.875,00 €
2) Provisionsabrechnung	1.428,00 €

a Berechnen Sie die Nettobeträge und die Umsatzsteuer.
b Bilden Sie die Buchungssätze für die oben aufgeführten Ein- und Ausgangsrechnungen sowie für die Zahlungsvorgänge (als Sammelbuchungen).
c Berechnen Sie die Zahllast.

AB → Lernsituation 52

6 Buchungen bei Beschaffungsprozessen

Aufgaben und Bereiche des Rechnungswesens → Kap. 1

Kreditorenbuchhaltung → Kap. 4.3

Beschaffungsprozesse lösen in der Finanzbuchhaltung unterstützende Prozesse der Dokumentation aus, die im Rahmen der Kreditorenbuchhaltung ausgeführt werden.

Posteingang: 05.06.20XX

Rechnungsprüfung	
Sachlich richtig Datum: 06.06.20XX Nz: Ta	Rechnerisch richtig Datum: 06.06.20XX Nz: Lo

Stahlwerke Krahler AG

Stahlwerke Krahler AG, Karl-Kleppe-Str. 19, 40474 Düsseldorf
Fly Bike Werke GmbH
Rostocker Str. 334
26121 Oldenburg

Ihr Zeichen: nem
Unser Zeichen: sgr
Ihre Nachricht vom 30.05.20XX
Unsere Nachricht vom 28.05.20XX

Name: Herr Greiner
Telefon: 0221 45899XX2

Liefer- und Rechnungsdatum: 04.06.20XX

Rechnung Nr.: 2123 Beleg Nr.: ER 322

Artikel-Nr.	Artikelbezeichnung	Menge in Meter	Preis je lfm	Gesamtpreis in €
1034020	Stahlrohr, Rundrohre 34,0 x 2,0 mm CrMoB	4000	4,00 €	16.000,00
			15 % Rabatt	2.400,00
			Transportkostenanteil	0,00
			Nettorechnungsbetrag	13.600,00
			19 % Umsatzsteuer	2.584,00
			Bruttorechnungsbetrag	16.184,00

Der Transportkostenanteil entfällt bei Lieferungen mit einem Warenwert ab 5.000,00 €.

Konto	Soll	Haben
2000	13.600,00	
2600	2.584,00	
4400		16.184,00

Gebucht: 06.06.20XX, G109, Lo/Ta

Gemäß §§ 255 HGB und 6 EStG sind eingekaufte Vermögenswerte mit ihren **Anschaffungskosten** in der Buchhaltung zu erfassen.

Ermittlung der Anschaffungskosten

Begriffe gemäß HGB und EStG	Begriffe der Buchführung/Kalkulation
Anschaffungspreis	Listeneinkaufspreis
– Anschaffungspreisminderungen	– Rabatt (= Zieleinkaufspreis) – Skonto (= Bareinkaufspreis)
+ Anschaffungsnebenkosten	+ Bezugskosten
= Anschaffungskosten	= Bezugs- oder Einstandspreis
Alle Preise verstehen sich ohne Umsatzsteuer.	

bestands- und aufwandsorientierte Buchungen → Kap. 3.6

Gewährt der Verkäufer **Preisnachlässe**, reduzieren sich die Anschaffungskosten entsprechend. Dabei ist es ohne Bedeutung, ob die Preisnachlässe direkt gewährt werden (z. B. Sofortrabatte) oder erst nachträglich entstehen (z. B. Skonti, Boni). Beschaffte Materialien können auf Bestandskonten oder auf Aufwandskonten erfasst werden. Statt auf dem Konto Verbindlichkeiten a. L. L. wird in der Kreditorenbuchhaltung auf dem Konto des jeweiligen Lieferanten gebucht.

6.1 Sofortrabatte bei Eingangsrechnungen

Eingangsrechnung Nr. 612 (Auszug)

Rechnung Nr.: 2123

Artikel-Nr.	Artikelbezeichnung	Menge in Meter	Preis je lfm	Gesamtpreis in €
1034020	Stahlrohr, Rundrohre 34,0 x 2,0 mm CrMoB	4000	4,00 €	16.000,00
		15 % Rabatt		2.400,00
		Transportkostenanteil		0,00
		Nettorechnungsbetrag		13.600,00
		19 % Umsatzsteuer		2.584,00
		Bruttorechnungsbetrag		16.184,00

Sofortrabatte sind in Eingangsrechnungen bereits ausgewiesen und verringern den Listeneinkaufspreis für den Kunden. Ein Sofortrabatt, der in einer Eingangsrechnung bereits zum Abzug gebracht wurde, wird in der Buchführung nicht extra erfasst. Auf den Materialkonten wird in diesem Fall nur der Nettorechnungsbetrag – nach Abzug des Rabattes – gebucht.

Sofortrabatte, z. B.
- Mengenrabatte
- Wiederverkäuferrabatte
- Kundenrabatte
- Jubiläumsrabatte

1) Eingangsrechnung der Stahlwerke Krahler AG

Grundbuch (bestandsorientierte Buchungstechnik):

Nr.	Soll	€	Haben	€
1)	2000 Rohstoffe	13.600,00		
	2600 Vorsteuer	2.584,00	4400 Verbindlichkeiten a. L. L.	16.184,00

Grundbuch (aufwandsorientierte Buchungstechnik):

Nr.	Soll	€	Haben	€
1)	6000 Aufwendungen f. Rohstoffe	13.600,00		
	2600 Vorsteuer	2.584,00	4400 Verbindlichkeiten a. L. L.	16.184,00

6.2 Rücksendungen an Lieferanten

BEISPIEL: Die Fly Bike Werke GmbH hat bei der Kohlor GmbH Lacke im Wert von 3.000,00 € zzgl. 19 % USt auf Ziel gekauft. 10 % dieser Lacke entsprechen nicht den Farbvorgaben. Die Fly Bike Werke GmbH sendet einen Teil der Lieferung wieder zurück, da sie hierfür keine Verwendung findet. Die Kohlor GmbH stellt der Fly Bike Werke GmbH eine Gutschrift über zurückgenommene Lacke in Höhe von 357,00 € aus. In diesem Betrag sind 19 % Umsatzsteuer enthalten.

Gutschrift Nr. 212 (Auszug)

Artikel-Nr.	Lack/Farbbezeichnung	Einzelpreis je Liter	Liter	Gesamtpreis
702011	lemon squash	6,00 €	50 l	300,00 €
		+ 19 % Umsatzsteuer		57,00 €
		= Bruttogutschrift		357,00 €

Rücksendung von Hilfsstoffen	Nettorechnungsbetrag = 100 %	Vorsteuer = 19 %	Bruttorechnungsbetrag = 119 %
Eingangsrechnung	3.000,00 €	570,00 €	3.570,00 €
Gutschrift (10 %)	300,00 €	57,00 €	357,00 €
Zahlung (90 %)	2.700,00 €	513,00 €	3.213,00 €

nachträgliche Anschaffungspreisminderungen
→ Kap. 6.4

Rücksendungen vermindern den **Wert und die Menge des bezogenen Materials**. Gleichzeitig sinkt die darauf entfallende Vorsteuer. Verlangt der Käufer eine Neulieferung, erstellt der Lieferant eine **Gutschrift**. Rücksendungen ergeben somit eine Wertminderung des Materialeinkaufs in Höhe des Nettogutschriftbetrages.

1) Eingangsrechnung der Kohlor GmbH 2) Gutschrift der Kohlor GmbH
3) Zahlung an die Kohlor GmbH

Grundbuch (bestandsorientierte Buchungstechnik):

Nr.	Soll	€	Haben	€
1)	2020 Hilfsstoffe 2600 Vorsteuer	3.000,00 570,00	4400 Verbindlichkeiten a. L. L.	3.570,00
2)	4400 Verbindlichkeiten a. L. L.	357,00	2020 Hilfsstoffe 2600 Vorsteuer	300,00 57,00
3)	4400 Verbindlichkeiten a. L. L.	3.213,00	2800 Bankguthaben	3.213,00

Grundbuch (aufwandsorientierte Buchungstechnik):

Nr.	Soll	€	Haben	€
1)	6020 Aufwendungen f. Hilfsstoffe 2600 Vorsteuer	3.000,00 570,00	4400 Verbindlichkeiten a. L. L.	3.570,00
2)	4400 Verbindlichkeiten a. L. L.	357,00	6020 Aufwendungen f. Hilfsstoffe 2600 Vorsteuer	300,00 57,00
3)	4400 Verbindlichkeiten a. L. L.	3.213,00	2800 Bankguthaben	3.213,00

6.3 Bezugskosten (Anschaffungsnebenkosten)

BEISPIEL: Die Alu-Werke Bonn AG berechnet zusätzlich zum Warenwert von 3.370,00 € eine Transportkostenpauschale von 200,00 €. Der Rechnungsbetrag einschließlich 19 % Umsatzsteuer beträgt 4.248,30 €.

Eingangsrechnung Nr. 684 (Auszug)

Artikel-Nr.	Artikelbezeichnung	Menge in Meter	Preis je lfm	Gesamtpreis
40030025	Aluminiumrohr 30,0 x 2,5 mm	500	6,74 €	3.370,00 €
			+ Transportkostenanteil	200,00 €
			= Nettorechnungsbetrag	3.570,00 €
			+ 19 % Umsatzsteuer	678,30 €
			= Bruttorechnungsbetrag	4.248,30 €

Bezugskosten, die der Käufer in Abhängigkeit von den Kaufvertragsvereinbarungen bezahlen muss, erhöhen als Anschaffungsnebenkosten die Anschaffungskosten des gekauften Materials. Dabei spielt es keine Rolle, ob der Lieferant selbst oder Dritte (z. B. Spedition) derartige Leistungen ausführen und in Rechnung stellen.

Bezugskosten werden auf einem **Unterkonto** des jeweiligen Materialkontos erfasst. Das erleichtert die Kontrolle der Höhe, der Entwicklung und der Zusammensetzung der Bezugskosten, die einen erheblichen Anteil am Gesamtwert des Materials haben können. Die Unterkonten werden am Ende des Abrechnungszeitraumes auf das entsprechende Materialkonto umgebucht.

Bezugskosten, z. B. Transportkosten wie:
- Paketgebühren
- Fracht
- Rollgeld
- Transportversicherung
- Ladekosten
- Verpackungskosten
- Zölle
- Zwischenlagerungskosten

1) Eingangsrechnung der Alu-Werke Bonn AG
2) Umbuchung der Bezugskosten am Ende des Abrechnungszeitraumes

Grundbuch (bestandsorientierte Buchungstechnik):

Nr.	Soll	€	Haben	€
1)	2000 Rohstoffe 2001 Bezugskosten f. Rohstoffe 2600 Vorsteuer	3.370,00 200,00 678,30	4400 Verbindlichkeiten a. L. L.	4.248,30
2)	2000 Rohstoffe	200,00	2001 Bezugskosten f. Rohstoffe	200,00

Grundbuch (aufwandsorientierte Buchungstechnik):

Nr.	Soll	€	Haben	€
1)	6000 Aufwendungen f. Rohstoffe 6001 Bezugskosten f. Rohstoffe 2600 Vorsteuer	3.370,00 200,00 678,30	4400 Verbindlichkeiten a. L. L.	4.248,30
2)	6000 Aufwendungen f. Rohstoffe	200,00	6001 Bezugskosten f. Rohstoffe	200,00

6.4 Nachträgliche Anschaffungspreisminderungen

Nachträgliche Anschaffungspreisminderungen vermindern **nur den Wert** – nicht die Menge – vorhandenen Materials. Diese Preisnachlässe werden ebenfalls zur Erleichterung von Kontrollen auf Unterkonten der jeweiligen Materialkonten erfasst. Auch hier wird der ursprüngliche Nettorechnungsbetrag für die Gesamtlieferung durch die Preisminderung nachträglich gesenkt. Die Vorsteuer ist durch eine Habenbuchung auf dem Konto 2600 Vorsteuer zu vermindern.

6.4.1 Preisnachlässe nach Mängelrügen

Gutschrift und Rücksendungen an Lieferanten
→ Kap. 6.2

BEISPIEL: Die Firma Hans Köller Spezialrahmenbau e. K. erteilt der Fly Bike Werke GmbH eine Gutschrift über die Lieferung von 200 Spezial-Y-Rahmen in Höhe von 20 % des vereinbarten Kaufpreises (2.237,20 € inkl. 19 % Umsatzsteuer) aufgrund von Lackschäden, die in der Lackiererei der Fly Bike Werke GmbH manuell nachbearbeitet werden müssen.

Gutschrift Nr. 218 (Auszug)

Artikel	Menge	Einzelpreis	Gesamtpreis
Y-Rahmen	200	47,00 €	9.400,00 €
		Gutschrift wg. Lackschäden 20 %	1.880,00 €
		+ 19 % Umsatzsteuer	357,20 €
		= Bruttogutschrift	2.237,20 €

Mängel an Fremdbauteilen	Nettorechnungsbetrag = 100 %	Vorsteuer = 19 %	Bruttorechnungsbetrag = 119 %
Eingangsrechnung	9.400,00 €	1.786,00 €	11.186,00 €
Gutschrift (20 %)	1.880,00 €	357,20 €	2.237,20 €
Zahlung (80 %)	7.520,00 €	1.428,80 €	8.948,80 €

1) Eingangsrechnung der Hans Köller Spezialrahmenbau e. K.
2) Gutschrift der Hans Köller Spezialrahmenbau e. K.
3) Umbuchung des Kontos Nachlässe am Ende des Abrechnungszeitraumes
4) Zahlung an Hans Köller Spezialrahmenbau e. K.

Grundbuch (bestandsorientierte Buchungstechnik):

Nr.	Soll	€	Haben	€
1)	2010 Fremdbauteile 2600 Vorsteuer	9.400,00 1.786,00	4400 Verbindlichkeiten a. L. L.	11.186,00
2)	4400 Verbindlichkeiten a. L. L.	2.237,20	2012 Nachlässe f. Fremdbauteile 2600 Vorsteuer	1.880,00 357,20
3)	2012 Nachlässe f. Fremdbauteile	1.880,00	2010 Fremdbauteile	1.880,00
4)	4400 Verbindlichkeiten a. L. L.	8.948,80	2800 Bankguthaben	8.948,80

Grundbuch (aufwandsorientierte Buchungstechnik):

Nr.	Soll	€	Haben	€
1)	6010 Aufwendungen f. Fremdbauteile 2600 Vorsteuer	9.400,00 1.786,00	4400 Verbindlichkeiten a. L. L.	11.186,00
2)	4400 Verbindlichkeiten a. L. L.	2.237,20	6012 Nachlässe f. Fremdbauteile 2600 Vorsteuer	1.880,00 357,20
3)	6012 Nachlässe f. Fremdbauteile	1.880,00	6010 Aufwendungen f. Fremdbauteile	1.880,00
4)	4400 Verbindlichkeiten a. L. L.	8.948,80	2800 Bankguthaben	8.948,80

6.4.2 Lieferantenboni

Boni sind Umsatzrückvergütungen für das Erreichen bestimmter Umsatzziele. Der Zeitraum (Monat, Quartal, Jahr), die Höhe (Bonussatz in %) und die Berechnung (Bezugsbasis z. B. Nettoumsätze) von Lieferantenboni müssen in Rahmenvereinbarungen zum Kaufvertrag mit dem Lieferer vereinbart werden.

BEISPIEL: Die Mannes AG gewährt der Fly Bike Werke GmbH einen Quartalsbonus in Höhe von 1 %, da der Quartalsumsatz den Betrag von 50.000,00 € übersteigt.

Bonusabrechnung (Auszug)

Bonus 1. Quartal 20XX

Nettoumsätze vom 01.01.20XX bis zum 31.03.20XX	52.600,00 €
Bonussatz 1 %	526,00 €
+ 19 % Umsatzsteuer	99,94 €
= Bruttogutschrift	625,94 €

Gewährung eines Quartalsbonus	Nettorechnungsbetrag = 100 %	Vorsteuer = 19 %	Bruttorechnungsbetrag = 119 %
Umsätze vor Bonus	52.600,00 €	9.994,00 €	62.594,00 €
Bonus (1 %)	526,00 €	99,94 €	625,94 €
Werte nach Bonus (99 %)	52.074,00 €	9.894,06 €	61.968,06 €

1) Gutschrift für den Quartalsbonus der Mannes AG
2) Umbuchung des Kontos Nachlässe am Ende des Abrechnungszeitraumes

Grundbuch (bestandsorientierte Buchungstechnik):

Nr.	Soll	€	Haben	€
1)	4400 Verbindlichkeiten a. L. L.	625,94	2002 Nachlässe f. Rohstoffe 2600 Vorsteuer	526,00 99,94
2)	2002 Nachlässe f. Rohstoffe	526,00	2000 Rohstoffe	526,00

Grundbuch (aufwandsorientierte Buchungstechnik):

Nr.	Soll	€	Haben	€
1)	4400 Verbindlichkeiten a. L. L.	625,94	6002 Nachlässe f. Rohstoffe 2600 Vorsteuer	526,00 99,94
2)	6002 Nachlässe f. Rohstoffe	526,00	6000 Aufwendungen f. Rohstoffe	526,00

6.4.3 Lieferantenskonti

BEISPIEL: Die Fly Bike Werke GmbH kauft Rohstoffe auf Ziel bei der Alu-Werke Bonn AG. Den Rechnungsbetrag in Höhe von 5.950,00 € überweist sie innerhalb der gewährten Frist unter Abzug von 2 % Skonto.

Bruttoskonto	119,00 €
– Vorsteuer	19,00 €
= Nettoskonto	100,00 €

$\frac{BS \cdot 100}{119}$ = Nettoskonto

$\frac{BS \cdot 19}{119}$ = Vorsteuerberichtigung

BS = Bruttoskonto

Kontoauszug

IBAN DE86 2804 0114 0112 3264 44		Oldenburg-Bank	Auszug 34	Blatt 1
Buchungstag	Wert	Vorgang/Erläuterungen	Beträge in EUR	
		Kontostand am 20XX-03-04	16.600,00 +	
20XX-03-05	20XX-03-05	Alu-Werke Bonn AG Rechnung 188 vom 20XX-02-25, 5.950,00 EUR abzüglich 2 % Skonto	5.831,00 –	
		Kontostand am 20XX-03-05	10.769,00 +	

Fly Bike Werke GmbH, Oldenburg

Zahlung unter Abzug von Skonto	Nettobetrag = 100 %	Vorsteuer = 19 %	Bruttobetrag = 119 %
Rechnungsbetrag	5.000,00 €	950,00 €	5.950,00 €
Skonto (2 %)	100,00 €	19,00 €	119,00 €
Zahlungsbetrag (98 %)	4.900,00 €	931,00 €	5.831,00 €

1) Eingangsrechnung der Alu-Werke Bonn AG
2) Zahlung unter Abzug von Skonto an die Alu-Werke Bonn AG
3) Umbuchung des Kontos Nachlässe am Ende des Abrechnungszeitraumes

Grundbuch (bestandsorientierte Buchungstechnik):

Nr.	Soll	€	Haben	€
1)	2000 Rohstoffe 2600 Vorsteuer	5.000,00 950,00	4400 Verbindlichkeiten a. L. L.	5.950,00
2)	4400 Verbindlichkeiten a. L. L.	5.950,00	2800 Bankguthaben 2002 Nachlässe f. Rohstoffe 2600 Vorsteuer	5.831,00 100,00 19,00
3)	2002 Nachlässe f. Rohstoffe	100,00	2000 Rohstoffe	100,00

Grundbuch (aufwandsorientierte Buchungstechnik):

Nr.	Soll	€	Haben	€
1)	6000 Aufwendungen f. Rohstoffe 2600 Vorsteuer	5.000,00 950,00	4400 Verbindlichkeiten a. L. L.	5.950,00
2)	4400 Verbindlichkeiten a. L. L.	5.950,00	2800 Bankguthaben 6002 Nachlässe f. Rohstoffe 2600 Vorsteuer	5.831,00 100,00 19,00
3)	6002 Nachlässe f. Rohstoffe	100,00	6000 Aufwendungen f. Rohstoffe	100,00

ÜBERSICHT: Buchungen bei Beschaffungsprozessen (Beispiel für Rohstoffe)

Bestandsorientierte Buchungstechnik			Aufwandsorientierte Buchungstechnik		
Buchung Zieleinkauf von Rohstoffen					
2000 Rohstoffe 2001 Bezugskosten 2600 Vorsteuer	an	4400 Verb. a.L.L.	6000 Aufw. f. Rohstoffe 6001 Bezugskosten 2600 Vorsteuer	an	4400 Verb. a.L.L.
Buchung: Rücksendungen von Rohstoffen nach Gutschrift					
4400 Verb. a.L.L.	an	2000 Rohstoffe 2001 Bezugskosten 2600 Vorsteuer	4400 Verb. a.L.L.	an	6000 Aufw. f. Rohstoffe 6001 Bezugskosten 2600 Vorsteuer
Buchung: nachträgliche Preisnachlässe für Rohstoffe nach Gutschrift					
4400 Verb. a.L.L.	an	2002 Nachlässe 2001 Bezugskosten 2600 Vorsteuer	4400 Verb. a.L.L.	an	6002 Nachlässe 6001 Bezugskosten 2600 Vorsteuer

Hinweise: Sofortrabatte, die in der Eingangsrechnung offen ausgewiesen sind, werden in der Buchführung gar nicht erfasst. Gebucht wird der Rechnungsbetrag nach Abzug von Sofortrabatten. Mögliche Skontoabzüge sind bei Inanspruchnahme bei der Zahlungsbuchung zu berücksichtigen.

Alles klar?

1 Buchen Sie zum nebenstehenden Beleg aus Sicht der Fly Bike Werke GmbH, Oldenburg:

a den Rechnungseingang und

b die Banklastschrift bei (richtigem) Rechnungsausgleich am 22.08.20XX.

Alu-Werke Bonn AG

Name: Herr Köllen
Straße: Sankt-Augustiner-Straße 30
Ort: 53225 Bonn

Telefon: 0228-464XX0
Fax: 0228-464XX11
E-Mail: awb-mail@aluminiumwerke.dex

Alu-Werke Bonn AG, Sankt-Augustiner-Straße 30, 53225 Bonn
Fly Bike Werke GmbH
Rostocker Str. 334
26121 Oldenburg

Lieferdatum: 12.08.20XX
Rechnungsdatum: 14.08.20XX

Rechnung Nr.: 412

Artikel-Nr.	Artikelbezeichnung	Menge in Metern	Einzelpreis in €	Gesamtpreis in €
40045225	Aluminiumrohre, Rundrohr 45 x 2,25	1200	10,11	12.132,00
		– 12,5 % Rabatt = Nettowarenwert + Transportkosten = Nettorechnungsbetrag + 19 % Umsatzsteuer = Bruttorechnungsbetrag		1.516,50 10.615,50 420,00 11.035,50 2.096,75 13.132,25

Bankverbindung: CVB, IBAN: DE87 5400 7638 0077 9982 46,
BIC: CVERDEELXXX
Lieferung frei Lager Oldenburg, Zahlung innerhalb von 30 Tagen, Skontofrist 8 Tage, Skontosatz 2 % nur auf den Nettowarenwert.

2 Die Fly Bike Werke GmbH haben bei der Fahrradteile International GmbH in Bremen Fremdbauteile im Nettowert von 22.000,00 € zzgl. 19 % USt auf Ziel gekauft.

a Buchen Sie den Zielkauf.

b Nach Prüfung der Fremdbauteile wird festgestellt, dass 10 % der Ware unbrauchbar sind. Nach einer Reklamation beim Importeur erteilt dieser eine entsprechende Gutschrift. Buchen Sie die Gutschrift der Fahrradteile International GmbH.

c Unter Berücksichtigung des Gutschriftbetrages überweisen die Fly Bike Werke GmbH den Restbetrag unter Abzug von 3 % Skonto. Buchen Sie die Banküberweisung unter Abzug von Skonto.

AB → Lernsituation 53

7 Buchungen bei Absatzprozessen

Aufgaben und Bereiche des Rechnungswesens
→ Kap. 1

Debitorenbuchhaltung
→ Kap. 4.3

Absatzprozesse enden nicht mit Wareneingang und Rechnungsausgleich. In der Finanzbuchhaltung lösen sie **unterstützende Prozesse der Dokumentation** aus, die nach den Grundsätzen ordnungsmäßiger Buchhaltung im Rahmen der Debitorenbuchhaltung ausgeführt werden.

Konto	Soll	Haben
2400	42.376,79	
5000		35.610,75
4800		6.766,04
Gebucht: 02.06.20XX Lo/Ta		

FLY BIKE Werke GmbH

Ihr Zeichen: 10007
Ihre Bestellung Nr.: 22
Ihr Bestelldatum: 30.05.20XX
Unsere Lieferschein-Nr.: 336
Unser Lieferdatum: 02.06.20XX

FBW GmbH, Rostocker Str. 334, 26121 Oldenburg
Zweiradhandelsgesellschaft GmbH
Unter den Linden 42
10178 Berlin

Name: Herr Baumann
Telefon: 0441 8XX-12
E-Mail: lars.baumann@flybike-werke.dex

Rechnungsdatum: 02.06.20XX

Rechnungs-Nr. 258

Pos.-Nr.	Artikel-Nr.	Warenbezeichnung	Menge	Einzelpreis in €	Rabatt in %	Gesamtpreis in €
01	201	Trekking *Light*	85	598,50	30,00	35.610,75
					Nettorechnungsbetrag in €	35.610,75
					+ 19 % Umsatzsteuer in €	6.766,04
					Bruttorechnungsbetrag in €	42.376,79

Bitte überweisen Sie unter Angabe der Rechnungsnummer.

	Datum	Skonto in %	Skonto in €	Betrag in €
Innerhalb der Skontofrist bis:	10.06.20XX	2	847,54	41.529,25
Innerhalb der Zahlungsfrist bis:	01.07.20XX			42.376,79

Die Verkaufspreise der Fly Bike Werke GmbH sind die unverbindlichen Endverbraucherpreise zzgl. 19 % Umsatzsteuer (unverbindliche Preisempfehlung). Darauf erhalten die Kunden der Fly Bike Werke GmbH, die Fahrradhändler, einen mengenabhängigen **Wiederverkäuferrabatt**.

Rabattstaffel für Fahrräder der Fly Bike Werke GmbH

Stückzahl	1–10	11–50	51–100	101–250	251–500	> 500
Rabatt	27,5 %	29,0 %	30,0 %	31,0 %	32,0 %	33,0 %

BEISPIEL: Berechnung Nettorechnungsbetrag

Anzahl	·	Stückpreis in € =	Gesamtpreis in €
85	·	598,50 =	50.872,50
		– 30 % Rabatt =	15.261,75
		Nettorechnungsbetrag =	35.610,75

7.1 Sofortrabatte bei Ausgangsrechnungen

BEISPIEL: Verkauf von Fahrrädern (eigene Erzeugnisse) der Fly Bike Werke GmbH an die Zweiradhandelsgesellschaft GmbH, Berlin, auf Ziel.

Rechnung Nr. 258 (Auszug)

Rechnungs-Nr. 258

Pos.-Nr.	Artikel-Nr.	Warenbezeichnung	Menge	Einzelpreis in €	Rabatt in %	Gesamtpreis in €
01	201	Trekking *Light*	85	598,50	30,00	35.610,75
					Nettorechnungsbetrag in €	35.610,75
					+ 19 % Umsatzsteuer in €	6.766,04
					Bruttorechnungsbetrag in €	42.376,79

Bitte überweisen Sie unter Angabe der Rechnungsnummer.

Sofortrabatte aller Art sind in Ausgangsrechnungen bereits ausgewiesen und verringern den Listeneinkaufspreis für den Kunden. Auf den Umsatzerlöskonten werden nur die Nettorechnungsbeträge – nach Abzug der Rabatte – gebucht.

Grundbuch:

1) Buchung der Ausgangsrechnung an die Zweiradhandelsgesellschaft für eigene Erzeugnisse

Nr.	Soll	€	Haben	€
1)	2400 Forderungen a. L. L.	42.376,79	5000 Umsatzerlöse f. eigene Erzeugn. 4800 Umsatzsteuer	35.610,75 6.766,04

BEISPIEL: Verkauf von Fahrradanhängern (Handelswaren) der Fly Bike Werke GmbH an die Radbauer GmbH, München, auf Ziel.

Ausgangsrechnung Nr. 412 (Auszug)

Rechnungs-Nr. 412

Pos.-Nr.	Artikel-Nr.	Warenbezeichnung	Menge	Einzelpreis in €	Rabatt in %	Gesamtpreis in €
01	601	Fahrradanhänger *Kelly*	10	90,72	10,00	816,48
02	605	Fahrradanhänger *Sven*	10	196,57	10,00	1.769,13
					Nettorechnungsbetrag in €	2.585,61
					+ 19 % Umsatzsteuer in €	491,27
					Bruttorechnungsbetrag in €	3.076,88

Grundbuch:

1) Buchung der Ausgangsrechnung an die Radbauer GmbH für eigene Erzeugnisse

Nr.	Soll	€	Haben	€
1)	2400 Forderungen a. L. L.	3.076,88	5100 Umsatzerlöse f. Waren 4800 Umsatzsteuer	2.585,61 491,27

7.2 Weiterbelastungen von Aufwendungen an den Kunden

Konto Bezugskosten
→ Kap. 6.3

Werden den Kunden z. B. Verpackungs- oder Transportkosten in Rechnung gestellt, so sind diese den Umsatzerlösen hinzuzurechnen. Derartige Rechnungspositionen werden bei Absatzprozessen nicht auf gesonderten Konten erfasst – im Gegensatz zu den Buchungen im Beschaffungsbereich.

BEISPIEL: Verkauf von Handelswaren der Fly Bike Werke GmbH an die Radplus GmbH unter Berechnung von Transport- und Verpackungskosten auf Ziel.

Ausgangsrechnung Nr. 304 (Auszug)

Rechnungs-Nr. 304

Pos.-Nr.	Artikel-Nr.	Warenbezeichnung	Menge	Einzelpreis in €	Rabatt in %	Gesamtpreis in €
01	601	Fahrradanhänger *Kelly*	10	90,72	10,00	816,48
02	10	Verpackungskosten		25,00	0,00	25,00
03	20	Transportkostenanteil		50,00	0,00	50,00
					Nettorechnungsbetrag in €	891,48
					+ 19 % Umsatzsteuer in €	169,38
					Bruttorechnungsbetrag in €	1.060,86

Grundbuch:

1) Buchung der Ausgangsrechnung an die Radplus GmbH

Nr.	Soll	€	Haben	€
1)	2400 Forderungen a. L. L.	1.060,86	5100 Umsatzerlöse f. Waren 4800 Umsatzsteuer	891,48 169,38

Exkurs: Vertriebskosten

Weiterbelastungen von Aufwendungen an den Kunden, s. oben

Im Zusammenhang mit dem Absatz von Erzeugnissen und Handelswaren entstehen häufig sogenannte Vertriebskosten. Im folgenden Beispiel handelt es sich um Einkäufe, die nicht in der Debitorenbuchhaltung, sondern als Aufwendungen zu erfassen sind. Werden Vertriebskosten an einen Kunden weiterbelastet, werden sie in der Ausgangsrechnung aufgeführt und direkt als Umsatzerlöse verbucht.

Grundbuch:

1) Barkauf von Verpackungsmaterial, 595,00 € brutto
2) Transport von Erzeugnissen an einen Kunden auf Ziel, 1.904,00 € brutto
3) Abschluss der Aufwandskonten über das GuV-Konto

Nr.	Soll	€	Haben	€
1)	6040 Aufw. f. Verpackungsmaterial 2600 Vorsteuer	500,00 95,00	 2880 Kasse	 595,00
2)	6140 Frachten und Fremdlager 2600 Vorsteuer	1.600,00 304,00	 4400 Verbindlichkeiten a. L. L.	 1.904,00
3.1)	8020 GuV-Konto	500,00	6040 Aufw. f. Verpackungsmaterial	500,00
3.2)	8020 GuV-Konto	1.600,00	6140 Frachten und Fremdlager	1.600,00

7.3 Rücksendungen durch Kunden

BEISPIEL: Die Fly Bike Werke GmbH hat an die Radbauer GmbH in München eine Falschlieferung veranlasst, da eine falsche Artikelnummer eingegeben wurde. Die Radbauer GmbH sendet die Ware zurück und erhält eine Gutschrift.

Gutschrift Nr. 010 (Auszug)

Gutschrift Nr. 010

Pos.-Nr.	Artikel-Nr.	Warenbezeichnung	Menge	Einzelpreis in €	Rabatt in %	Gesamtpreis in €
01	601	Fahrradanhänger *Kelly*	10	90,72	10,00	816,48
					Nettorechnungsbetrag in €	816,48
					+ 19 % Umsatzsteuer in €	155,13
					Bruttorechnungsbetrag in €	971,61

Grundbuch:

1) Buchung der Ausgangsrechnung an die Radbauer GmbH, München
2) Buchung der Gutschrift an die Radbauer GmbH, München (Stornobuchung)

Nr.	Soll	€	Haben	€
1)	2400 Forderungen a. L. L.	971,61	5100 Umsatzerlöse f. Waren 4800 Umsatzsteuer	816,48 155,13
2)	5100 Umsatzerlöse f. Waren 4800 Umsatzsteuer	816,48 155,13	2400 Forderungen a. L. L.	971,61

Rücksendungen erhöhen die Menge und den Wert der wieder vorhandenen Artikel. Da auch das vereinbarte Entgelt (Nettorechnungsbetrag) für die Gesamtlieferung durch die Rücksendung mit anschließender Gutschrift sinkt, ist die Umsatzsteuer entsprechend zu vermindern. Die Umsatzsteuerminderung erfolgt durch eine Sollbuchung auf dem Konto 4800 Umsatzsteuer.

7.4 Nachträgliche Preisnachlässe

Nachträgliche Preisnachlässe für Kunden vermindern nur die Höhe der Umsatzerlöse, ohne dass Artikel zurückgenommen werden. Diese Preisnachlässe werden zur Erleichterung von Kontrollen auf Unterkonten der Umsatzerlöskonten, dem Konto 5001 Erlösberichtigungen, erfasst. Auch hier wird das vereinbarte Entgelt (ursprünglicher Nettorechnungsbetrag) für die Gesamtlieferung durch den Preisnachlass nachträglich gesenkt. Die Umsatzsteuer ist entsprechend durch eine Sollbuchung auf dem Konto 4800 Umsatzsteuer zu vermindern.

7.4.1 Preisnachlässe nach Mängelrügen von Kunden

Bei berechtigten Mängelrügen von Kunden ist es häufig sinnvoll, dem Kunden einen Preisnachlass zu gewähren, wenn er dann bereit ist, die gekauften Artikel trotz des Mangels zu behalten. Neben den eigenen Kosten, z. B. für eine Nachbesserung, entfallen für den Hersteller auch die zusätzlichen Transportkosten und eventuell weitere neue Vertriebskosten.

BEISPIEL: Gutschrift der Fly Bike Werke GmbH an den Kunden Zweiradhandelsgesellschaft GmbH, Berlin, aufgrund von Lackschäden an verschiedenen Fahrrädern in Höhe von 10 %.

Mängel an Fahrrädern	Nettorechnungsbetrag = 100 %	Umsatzsteuer = 19 %	Bruttorechnungsbetrag = 119 %
Ausgangsrechnung	30.000,00 €	5.700,00 €	35.700,00 €
Gutschrift (10 %)	3.000,00 €	570,00 €	3.570,00 €
Zahlung (90 %)	27.000,00 €	5.130,00 €	32.130,00 €

Grundbuch:
1) Buchung der Ausgangsrechnung an die Zweiradhandelsgesellschaft GmbH, Berlin
2) Buchung der Gutschrift an die Zweiradhandelsgesellschaft GmbH, Berlin
3) Buchung der Banküberweisung der Zweiradhandelsgesellschaft GmbH, Berlin
4) Umbuchung des Kontos Erlösberichtigungen am Ende der Abrechnungsperiode

Nr.	Soll	€	Haben	€
1)	2400 Forderungen a. L. L.	35.700,00	5000 Umsatzerlöse f. eigene Erzeugn. 4800 Umsatzsteuer	30.000,00 5.700,00
2)	5001 Erlösberichtigungen 4800 Umsatzsteuer	3.000,00 570,00	2400 Forderungen a. L. L.	3.570,00
3)	2800 Bankguthaben	32.130,00	2400 Forderungen a. L. L.	32.130,00
4)	5000 Umsatzerlöse f. eigene Erzeugn.	3.000,00	5001 Erlösberichtigungen	3.000,00

7.4.2 Preisnachlässe durch Kundenboni

BEISPIEL: Der Kunde Zweirad Ritter GmbH hat im letzten Geschäftsjahr 2 145 Fahrräder bei der Fly Bike Werke GmbH gekauft. Der Bonussatz beträgt 1 %.

Gewährung eines Jahresbonus	Nettorechnungsbetrag = 100 %	Umsatzsteuer = 19 %	Bruttorechnungsbetrag = 119 %
Jahresumsatz vor Bonusgutschrift	543.731,60 €	103.309,00 €	647.040,60 €
Bonusgutschrift (1 %)	5.437,32 €	1.033,09 €	6.470,41 €
Jahresumsatz nach Bonusgutschrift (99 %)	538.294,28 €	102.275,91 €	640.570,19 €

Grundbuch:
1) Buchung der Gutschrift für Jahresbonus an die Zweirad Ritter GmbH
2) Umbuchung der Erlösberichtigung am Ende der Abrechnungsperiode

Nr.	Soll	€	Haben	€
1)	5001 Erlösberichtigungen 4800 Umsatzsteuer	5.437,32 1.033,09	2400 Forderungen a. L. L.	6.470,41
2)	5000 Umsatzerlöse f. eigene Erzeugn.	5.437,32	5001 Erlösberichtigungen	5.437,32

7.4.3 Preisnachlässe durch Kundenskonti

BEISPIEL: Der Kunde Zweiradhandelsgesellschaft GmbH begleicht eine Ausgangsrechnung der Fly Bike Werke GmbH innerhalb der Skontofrist unter Ausnutzung von 2 % Skonto.

	Bruttoskonto	720,20 €
–	Vorsteuer	114,99 €
=	Nettoskonto	605,21 €

$\frac{BS \cdot 100}{119}$ = Nettoskonto

$\frac{BS \cdot 19}{119}$ = Vorsteuerberichtigung

BS = Bruttoskonto

Zahlung unter Abzug von Skonto	Nettorechnungsbetrag = 100 %	Umsatzsteuer = 19 %	Bruttorechnungsbetrag = 119 %
Rechnungsbetrag	30.260,37 €	5.749,47 €	36.009,84 €
Skonto (2 %)	605,21 €	114,99 €	720,20 €
Zahlungsbetrag (98 %)	29.655,16 €	5.634,48 €	35.289,64 €

Grundbuch:

1) Buchung der Ausgangsrechnung an die Zweiradhandelsgesellschaft GmbH
2) Buchung der Zahlung der Zweiradhandelsgesellschaft GmbH unter Abzug von 2 % Skonto
3) Umbuchung des Kontos Erlösberichtigungen am Ende der Abrechnungsperiode

Nr.	Soll	€	Haben	€
1)	2400 Forderungen a. L. L.	36.009,84	5000 Umsatzerlöse f. eigene Erzeugn. 4800 Umsatzsteuer	30.260,37 5.749,47
2)	2800 Bankguthaben 5001 Erlösberichtigungen 4800 Umsatzsteuer	35.289,64 605,21 114,99	2400 Forderungen a. L. L.	36.009,84
3)	5000 Umsatzerlöse f. eigene Erzeugn.	605,21	5001 Erlösberichtigungen	605,21

BEISPIEL: Bei der Inanspruchnahme von Skonto stellt sich für den Kunden die Frage, ob sich die vorzeitige Zahlung überhaupt lohnt. Dies kann der Kunde in einer Überschlagrechnung schnell feststellen:

Überschlagrechnung:

$$\frac{\text{Skontosatz in } \% \cdot 360 \text{ Tage}}{\text{Zahlungsziel in Tagen} - \text{Skontofrist in Tagen}} = \frac{2\,\% \cdot 360}{30 - 8} = 32{,}73\,\%$$

Genaue Berechnung:

$$\frac{\text{Nettoskonto in €} \cdot 360 \text{ Tage} \cdot 100\,\%}{\text{Überweisungsbetrag} \cdot \text{Lieferantenkreditfrist}} = \frac{605{,}21\,€ \cdot 360 \cdot 100\,\%}{35.289{,}64\,€ \cdot 22} = 28{,}06\,\%$$

Selbst bei einer kurzfristigen Kreditaufnahme zur Überweisung des Rechnungsbetrages zu den aktuellen Zinssätzen lohnt sich damit für den Kunden die Inanspruchnahme des Skonto, da er wohl kaum einen so hohen Zinssatz für den Kredit bezahlen müsste. Die Ersparnis errechnet sich aus der Differenz von Skontoertrag abzüglich Kreditzinsen. Bei einem Zinssatz von 8 % für einen Kredit über 22 Tage wären dies 432,68 € (605,21 € – 172,53 €). Für die Fly Bike Werke GmbH bedeuten nicht in Anspruch genommene Skonti eine Erhöhung der Umsatzerlöse und Gewinne, da der Skontoabzug bereits als Preisaufschlag im Verkaufspreis berücksichtigt wurde.

ÜBERSICHT: Buchungen bei Absatzprozessen (Beispiel für eigene Erzeugnisse)

Buchung Zielverkauf von eigenen Erzeugnissen		
2400 Forderungen a. L.L.	an	5000 Umsatzerlöse für eigene Erzeugnisse 4800 Umsatzsteuer
Buchung: Rücksendung von eignen Erzeugnissen nach Gutschrift		
5000 Umsatzerlöse für eigene Erzeugnisse 4800 Umsatzsteuer	an	2400 Forderungen a. L.L.
Buchung: nachträgliche Preisnachlässe für eigene Erzeugnisse nach Gutschrift		
5001 Erlösberichtigungen für eig. Erzeugnisse 4800 Umsatzsteuer	an	2400 Forderungen a. L.L.

Alles klar?

1 Geben Sie für nachfolgende Geschäftsvorfälle jeweils die Buchungssätze mit den Kontennummern des Industriekontenrahmens an. Umsatzsteuersatz in allen Fällen 19 %.

a Ausgangsrechnung: Einem Käufer von Erzeugnissen wird nachträglich eine Spezialverpackung in Rechnung gestellt. Der Bruttorechnungsbetrag beträgt 595,00 €.

b Kontoauszug mit Banklastschrift: Banküberweisung an einen Hilfsstofflieferer. Die just in time gelieferten Hilfsstoffe werden unter Abzug von 2 % Skonto bezahlt. Rechnungsbetrag 28.560,00 €.

c Gutschrift an einen Kunden: Preisnachlass für mangelhaft gelieferte Erzeugnisse in Höhe von 25 %. Der Kunde behält die gesamte Lieferung; der Bruttorechnungsbetrag betrug 11.900,00 €.

d Kontoauszug mit Bankgutschrift: Banküberweisung eines Kunden für eine Erzeugnislieferung unter Abzug von 2,5 % Skonto. Überweisungsbetrag 10.602,50 €.

e Gutschrift eines Lieferanten: Bevorratete Handelswaren wurden an den Lieferer zurückgeschickt. Die Handelswaren entsprachen nicht der vereinbarten Qualität. Gutschriftsbetrag inkl. 19 % USt. 2.380,00 €.

f Bonusgutschrift an einen Kunden: Nettoumsatz im 1. Quartal = 145.000,00 €, Bonussatz 1,5 % zzgl. 19 % USt.

2 Rohstoffeinkauf und Korrekturbuchungen nach dem Rohstoffeinkauf (bestandsorientiert) mit 19 % Umsatzsteuer:

a Rohstoffeinkauf auf Ziel, Rohstoffwert 300.000,00 € abzüglich 12 % Sofortrabatt zzgl. 19 % Umsatzsteuer

b Rücksendung von Rohstoffen an den Lieferer, Lieferergutschrift: 25 % des Rechnungsbetrages aus a

c Mängelrüge mit Preisnachlass ohne Rohstoffrücksendung, Lieferergutschrift: 5 % auf den Restbetrag nach Rücksendungsgutschrift

d Banküberweisung der Restschuld unter Abzug von 3 % Skonto

e Bonusgutschrift des Rohstofflieferers: 1,0 % auf den Nettoumsatz zzgl. 19 % Umsatzsteuer

3 Erzeugnisverkauf und Korrekturbuchungen nach dem Erzeugnisverkauf mit 19 % Umsatzsteuer

a Erzeugnisverkauf auf Ziel, Erzeugniswert 25.000,00 € abzüglich 12 % Sofortrabatt zzgl. 19 % Umsatzsteuer

b Rücksendung von Erzeugnissen vom Kunden, Gutschrift: 35 % des Rechnungsbetrags aus a

c Mängelrüge des Kunden ohne Erzeugnisrücklieferung, Gutschrift: 7 % auf den Restbetrag nach Rücksendungsgutschrift

d Banküberweisung der Restschuld vom Kunden unter Abzug von 2,5 % Skonto

e Bonusgutschrift an den Kunden: 1,2 % auf den Nettoumsatz zzgl. 19 % Umsatzsteuer

8 Planmäßige Wertminderung des Anlagevermögens

AB → Lernsituation 54
AB → Lernsituation 55

Hinweis: Lernsituation 55 ist kapitelübergreifend und kann zur Sicherung des erarbeiteten Wissens in Lernfeld 5 genutzt werden.

8.1 Definition und Ursachen

§ 253 HGB: Wertansätze der Vermögensgegenstände und Schulden
(3) Bei Vermögensgegenständen des Anlagevermögens, deren Nutzung zeitlich begrenzt ist, sind die Anschaffungs- oder die Herstellungskosten um planmäßige Abschreibungen zu vermindern. Der Plan muss die Anschaffungs- oder Herstellungskosten auf die Geschäftsjahre verteilen, in denen der Vermögensgegenstand voraussichtlich genutzt werden kann.

Planmäßige Abschreibung

Abnutzbare Anlagegüter → Nutzung zeitlich begrenzt	**Nicht abnutzbare Anlagegüter** → Nutzung zeitlich nicht begrenzt
Beispiele: immaterielle Vermögensgegenstände und Sachanlagen (ohne Grundstücke) wie Gebäude, technische Anlagen und Maschinen, Betriebs- und Geschäftsausstattung mit Fuhrpark	Beispiele: Grundstücke und alle Finanzanlagen
↓	↓
planmäßige Abschreibung gemäß § 253 HGB und §§ 6, 7 EStG	keine planmäßige Abschreibung möglich

Gründe für die planmäßige Abschreibung sind der normale technische Verschleiß, der Ablauf der Nutzungsdauer und in besonderen Fällen die Substanzverringerung (z. B. bei Kiesgruben).

Normaler technischer Verschleiß kann durch Nutzung, aber auch als natürlicher (ruhender) Verschleiß (z. B. Qualitätsminderung) entstehen.

Unter Anlagevermögen sind laut Handelsgesetzbuch (HGB) immaterielle Vermögenswerte, Sachanlagen und Finanzanlagen auszuweisen. Jedoch nur die Vermögenswerte, die bestimmt sind, **dauernd dem Geschäftsbetrieb zu dienen**.

Inhalt der Bilanz
→ § 247 Abs. 2 HGB

Anlagevermögen

immaterielle Werte	nicht stoffliche, aber werthaltige Vermögensgegenstände eines Unternehmens wie z. B. Konzessionen, gewerbliche Schutzrechte und ähnliche Rechte und Werte, Lizenzen an solchen Rechten und Werten sowie ein Geschäfts- oder Firmenwert
Sachanlagen	Grundstücke und Bauten, technische Anlagen und Maschinen, Betriebs- und Geschäftsausstattung einschließlich Fuhrpark
Finanzanlagen	Anteile an verbundenen Unternehmen oder Ausleihungen an sie, Beteiligungen, Wertpapiere des Anlagevermögens und sonstige Ausleihungen

8.2 Ermittlung der Anschaffungskosten laut HGB

aktivieren
Aufnahme als Vermögensgegenstand auf der Aktivseite der Bilanz

Alle Vermögensgegenstände müssen beim Kauf mit ihren Anschaffungskosten **aktiviert** werden. Selbst geschaffene, das heißt, nicht gekaufte immaterielle Vermögensgegenstände können in die HGB-Bilanz aufgenommen werden. Selbst hergestellte Sachanlagen müssen mit ihren Herstellungskosten bewertet werden.

Die Ermittlung der Anschaffungskosten erfolgt über das nachfolgende Schema:

  Anschaffungspreis
+ Anschaffungsnebenkosten
– Anschaffungspreisminderungen
+ nachträgliche Anschaffungskosten
= Anschaffungskosten

BEISPIEL: Die Fly Bike Werke GmbH kauft am 09.01.20X1 einen Lkw. Das Fahrzeug wird am 12.01.20X1 zugelassen und übergeben.

	Listenpreis		65.000,00 €
+	Sonderausstattungen	+	2.500,00 €
–	Firmenkundenrabatt 10 %	–	6.750,00 €
+	Überführungskosten	+	520,00 €
+	Zulassungskosten	+	200,00 €
=	Nettorechnungsbetrag	=	61.470,00 €
+	19 % Umsatzsteuer	+	11.679,30 €
=	Bruttorechnungsbetrag	=	73.149,30 €

Grundbuch:

1) Buchung der Lkw-Anschaffung auf Ziel bei Rechnungseingang

Nr.	Soll	€	Haben	€
1)	0840 Fuhrpark	61.470,00		
	2600 Vorsteuer	11.679,30	4400 Verbindlichkeiten a.L.L.	73.149,30

Hauptbuch:

S	0840 Fuhrpark		H
1) 4400	61.470,00		
= Anschaffungskosten			

Die Anschaffungskosten werden in diesem Beispiel abschließend erfasst. Anschaffungspreisminderungen oder nachträgliche Anschaffungskosten liegen nicht vor.

Erfassung der Anschaffungskosten in mehreren Schritten

BEISPIEL: Für die Geschäftsführung eines Industrieunternehmens wird ein neuer Schreibtisch erworben.

Alle Rechnungsbeträge beinhalten 19 % Umsatzsteuer. Die in Rechnungsbeträgen enthaltene Umsatzsteuer gehört nicht zu den Anschaffungskosten.

$$\text{Nettoskonto} = \frac{\text{Bruttoskonto} \cdot 100}{119} = \frac{89{,}25\,€ \cdot 100}{119} = 75{,}00\,€$$

Grundbuch:

1) Eingangsrechnung des Möbelhauses, Bruttorechnungsbetrag 2.975,00 €
2) Eingangsrechnung der Spedition für die Anlieferung und Aufstellung des Schreibtisches, Bruttorechnungsbetrag 119,00 € (Fracht und Aufstellung = Anschaffungsnebenkosten)
3) Kontoauszug mit Lastschrift, Überweisung des Rechnungsbetrags an das Möbelhaus unter Abzug von 3 % Skonto, Überweisungsbetrag 2.885,75 € (Nettoskonto = nachträgliche Anschaffungspreisminderung)

Nr.	Soll	€	Haben	€
1)	0870 Büromöbel 2600 Vorsteuer	2.500,00 475,00	4400 Verbindlichkeiten a.L.L.	2.975,00
2)	0870 Büromöbel 2600 Vorsteuer	100,00 19,00	4400 Verbindlichkeiten a. L. L.	119,00
3)	4400 Verbindlichkeiten a.L.L.	2.975,00	0870 Büromöbel 2600 Vorsteuer 2800 Bankguthaben	75,00 14,25 2.885,75

Hauptbuch:

S	0870 Büromöbel		H
1) 4400	2.500,00	3) 4400	75,00
2) 4400	100,00	**Saldo**	**2.525,00**
		= Anschaffungskosten	

Wie beim Einkauf von Umlaufvermögen ist bei nachträglichen Preisminderungen (hier Skonto) die Vorsteuer entsprechend zu korrigieren. Unterkonten gibt es im Anlagevermögen allerdings nicht. Alle Anschaffungsnebenkosten (Beispiele: Kosten der Lieferung und Montage), nachträgliche Anschaffungskosten (Beispiele: Ein- und Umbauten) oder Anschaffungspreisminderungen (Beispiele: Gutschriften für Mängelrügen, Rabatte, Skontoabzüge) werden direkt auf dem Anlagekonto gebucht.

Hauptbuch für Anlagekonten

S	Anlagekonto H
Anschaffungspreis (nach Sofortrabatten)	− nachträgliche Anschaffungspreisminderung
+ Anschaffungsnebenkosten	= Saldo (Anschaffungskosten)
+ nachträgliche Anschaffungskosten	

Buchungen bei Beschaffungsprozessen → Kap. 6

BEISPIEL: Ein Industrieunternehmen erwirbt eine Lagerhalle mit Grundstück zu einem Anschaffungspreis von 100.000,00 €. Die Anschaffungskosten und alle Anschaffungsnebenkosten sind dabei auf Grundstück und Gebäude im Verhältnis 20 % zu 80 % aufzuteilen.

Anschaffungskosten für ein Grundstück mit Gebäude[1]	Grundstück 20 %	Lagerhalle 80 %	Summen 100 %
		in €	
Anschaffungspreis	20.000,00	80.000,00	100.000,00
Anschaffungsnebenkosten:			
Grunderwerbsteuer (3,5 %)[2]	700,00	2.800,00	3.500,00
Maklergebühr (3,0 %)	600,00	2.400,00	3.000,00
Grundbuchkosten	120,00	480,00	600,00
Notarkosten für die Eigentumsübertragung (2,0 %)	400,00	1.600,00	2.000,00
nachträgliche Anschaffungskosten: Einbauten in der Lagerhalle	0,00	12.000,00	12.000,00
Summe Anschaffungskosten	21.820,00	99.280,00	121.100,00

[1] Alle Beträge – soweit umsatzsteuerpflichtig – sind ohne Umsatzsteuer anzugeben. Die Umsatzsteuer gehört nicht zu den Anschaffungskosten.
[2] Steuersatz in den Bundesländern unterschiedlich

8.3 Abschreibungsmethoden

Die **planmäßige Abschreibung** verteilt die Anschaffungs- oder Herstellungskosten eines Anlagegutes, dessen Nutzung zeitlich begrenzt ist, über die Jahre seiner betriebsgewöhnlichen Nutzungsdauer. Diese Nutzungsdauern werden vom Bundesministerium der Finanzen in sogenannten **AfA-Tabellen** festgelegt.

AfA
Absetzung für Abnutzung (planmäßige Abschreibung)

Die Höhe der Abschreibungswerte im Ablauf der Nutzungsjahre ist abhängig von der Art des Anlagegutes, der Höhe der Anschaffungs- oder Herstellungskosten und der gewählten Abschreibungsmethode.

Absetzung für Abnutzung und Substanzverringerung → § 7 Abs. 1 Satz 2 EStG

In der Abschreibungstabelle für allgemein verwendbare Anlagegüter (AfA-Tabelle AV) ist die betriebsgewöhnliche Nutzungsdauer für Anlagegüter ausgewiesen, die nicht branchenspezifisch genutzt werden.

Auszug aus der amtlichen AfA-Tabelle AV

Fundstelle	Anlagegüter	Nutzungsdauer in Jahren
3.5	Hochregallager	15
4.2.1	Personenkraftwagen und Kombiwagen	6
4.2.2	Motorräder, Motorroller, Fahrräder u. Ä.	7
4.2.3	Lastkraftwagen, Sattelschlepper, Kipper	9
5.23	Verpackungsmaschinen, Folienschweißgeräte	13
6.1	Wirtschaftsgüter der Werkstätten-, Labor- und Lagereinrichtungen	14

Die AfA-Tabellen sind unter der folgenden Internetadresse abrufbar: **www.bundesfinanzministerium.de** → Sucheingabe: AfA-Tabellen

Abschreibungsmethoden

lineare Abschreibung § 7 Abs. 1 Satz 1–3 EStG	Anwendung bei allen abnutzbaren Anlagegütern erlaubt.
Leistungsabschreibung § 7 Abs. 1 Satz 4 EStG	Anwendung nur bei beweglichen abnutzbaren Anlagegütern, wenn die Leistung des Anlagegutes messbar ist und die tatsächliche Leistung (z. B. km, produzierte Einheiten, Laufzeiten) nachgewiesen wird.

8.3.1 Lineare Abschreibung

Kennzeichen: unveränderter Prozentsatz von den Anschaffungskosten, gleich hohe Abschreibungsbeträge.

Hinweis: Die zeitweise erlaubte degressive Abschreibung ist nicht prüfungsrelevant und wird deshalb in diesem Lehrwerk nicht behandelt.

BEISPIEL: Die Fly Bike Werke GmbH hat im Rahmen der Anlagenverwaltung einen Abschreibungsplan für den im Januar erworbenen neuen Lkw erstellt. Die Abschreibungspläne werden von dem in der Anlagenbuchhaltung eingesetzten EDV-System automatisch erstellt.

Ermittlung der Abschreibungsbeträge:

$$\text{Abschreibungsbetrag } \mathbf{p.\,a.} = \frac{\text{Anschaffungskosten}}{\text{Nutzungsdauer}}$$

$$= \frac{61.470{,}00}{9} = 6.830{,}00\ €$$

$$\text{Abschreibungssatz in } \% = \frac{100}{\text{Nutzungsdauer}}$$

$$= \frac{100}{9} = 11{,}11\ \%$$

p. a.
(lat.) per annum = pro Jahr

8.3.2 Leistungsabschreibung

Kennzeichen: Ermittlung der Abschreibungsbeträge in Höhe der tatsächlich erbrachten Leistung.

BEISPIEL: Beträgt die Ist-Leistung im ersten Geschäftsjahr 40 000 km und die geplante Gesamtleistung des Lkws 300 000 km, ergibt sich folgende Berechnung.

$$\text{Abschreibungsbetrag} = \frac{\text{Anschaffungskosten} \cdot \text{Ist-Leistung}}{\text{geplante Gesamtleistung}} = \frac{61.470{,}00 \cdot 40\,000}{300\,000} = 8.196{,}00\ €$$

8.3.3 Auswahl einer Abschreibungsmethode

BEISPIEL: In der folgenden Abschreibungstabelle für beide Abschreibungsmethoden über die gesamte Nutzungsdauer des Lkws wurden die Leistungsabschreibungen für den Lkw mit Planwerten ermittelt (km-Leistung im jeweiligen Nutzungsjahr: 1. Jahr 40 000 km, 2. und 3. Jahr je 50 000 km, 4. und 5. Jahr je 40 000 km, 6. Jahr 30 000 km, 7. Jahr 20 000 km, 8. und 9. Jahr je 15 000 km). Die tatsächlichen Abschreibungsbeträge können immer erst am Ende des tatsächlichen Nutzungsjahres ermittelt werden.

Abschreibungstabelle: beide Abschreibungsmethoden (Abschreibungsbeträge in €):

Abschreibungsverlauf	lineare Abschreibung	Leistungsabschreibung
Anschaffungskosten	61.470,00	61.470,00
– Abschreibung 1. Jahr	6.830,00	8.196,00
= Buchwert Ende 1. Jahr	54.640,00	53.274,00
– Abschreibung 2. Jahr	6.830,00	10.245,00
= Buchwert Ende 2. Jahr	47.810,00	43.029,00
– Abschreibung 3. Jahr	6.830,00	10.245,00
= Buchwert Ende 3. Jahr	40.980,00	32.784,00

Wird das Anlagegut nach Ablauf der Nutzungsdauer weiter im Unternehmen genutzt, verbleibt es mit einem Erinnerungswert von 1,00 € in der Anlagendatei; die letzte Abschreibung wird dann um diesen Betrag gemindert.

Abschreibungen, die sich auf die Bilanz und die Gewinn-und-Verlust-Rechnung eines Unternehmens auswirken (bilanzielle Abschreibungen), werden unter Berücksichtigung der folgenden Auswirkungen ausgewählt.

Auswirkungen von Abschreibungen

Auswirkungen auf die Erfolgsrechnung	– Aufwand in der GuV – Verminderung des Gewinns – Verminderung der gewinnabhängigen Steuern – Verminderung der Gewinnausschüttung an die Unternehmenseigner
Auswirkungen auf die Bilanz	– Vermögensminderung in der Bilanz – geringerer Wert des Anlagevermögens – geringere Kreditwürdigkeit durch sinkende Vermögenswerte und Gewinne – höhere Liquidität durch geringeren Abfluss von flüssigen Mitteln für die Steuern und die Gewinnausschüttungen

Mit der Auswahl einer Abschreibungsmethode können **höhere oder geringere Abschreibungsbeträge** ermittelt werden. Je höher diese Beträge sind, desto größer sind die oben dargestellten Auswirkungen. Allerdings muss dabei beachtet werden, dass das Vorziehen hoher Abschreibungen am Ende der Nutzungsdauer zu niedrigeren Abschreibungsbeträgen führt, da während der Nutzungsdauer maximal die Höhe der Anschaffungskosten für die Gesamtabschreibung zur Verfügung steht.

- Ein Unternehmen wird dann eher die **höchstmöglichen Abschreibungsbeträge** erfassen, wenn hohe Gewinne erzielt werden. Damit kann der Abfluss von finanziellen Mitteln (für die Steuer und die Gewinnausschüttung) vermindert werden. Der Nachteil der sinkenden Kreditwürdigkeit kann durch die erhöhte Liquidität zumeist ausgeglichen werden.
- Eher **niedrige Abschreibungsbeträge** werden dann erfasst, wenn bereits Verluste gemacht werden. In diesem Fall können weder Steuern noch Gewinnausschüttungen gekürzt werden. Hier kann die Situation in der Bilanz und der Erfolgsrechnung durch hohe Abschreibungen nur verschlechtert werden.

Letztlich ist die Auswahl der Abschreibungsmethode ein Bestandteil der **Bilanzpolitik**, das heißt, es wird die Abschreibungsmethode ausgewählt, die den Erstellern des Jahresabschlusses als optimal erscheint.

8.4 Buchung der Abschreibung

BEISPIEL: Die Fly Bike Werke GmbH schreibt ihren neuen Lkw gemäß Anlagekartei linear ab, da sie von einer in etwa gleichmäßig verteilten km-Leistung während der betriebsgewöhnlichen Nutzungsdauer ausgeht. Für das erste Jahr wird deshalb ein Abschreibungsbetrag in Höhe von 6.830,00 € ermittelt. Der Buchwert am Ende des 1. Nutzungsjahres beträgt damit 54.640,00 €. Diese Daten können in der Praxis an ein Finanzbuchhaltungsprogramm übertragen werden. Die einzelne Buchung für diesen Lkw lautet wie folgt.

Grundbuch:

1) Buchung der Lkw-Abschreibung am Geschäftsjahresende
2) Abschluss Aufwandskonto Abschreibungen auf Sachlagen auf das Konto GuV-Konto
3) Abschluss Bestandskonto Fuhrpark auf das Konto SBK

Nr.	Soll	€	Haben	€
1)	6520 Abschreibungen a. S.	6.830,00	0840 Fuhrpark	6.830,00
2)	8020 GuV-Konto	6.830,00	6520 Abschreibungen auf Sachanlagen	6.830,00
3)	8010 SBK	54.640,00	0840 Fuhrpark	54.640,00

Hauptbuch mit Abschlussbuchungen:

S	0840 Fuhrpark		H
1) 4400	61.470,00	1) 6520	6.830,00
		3) 8010	54.640,00

S	6520 Abschreibungen a. S.		H
1) 0840	6.830,00	2) 8020	6.830,00

S	8010 SBK		H
3) 0840	54.640,00		

S	8020 GuV-Konto		H
2) 6520	6.830,00		

Zeitanteilige planmäßige Abschreibung auf Sachanlagen

Bei der Berechnung der planmäßigen Abschreibungen für ein bestimmtes Geschäftsjahr ist jedoch nicht nur die Höhe der Anschaffungskosten, sondern auch das **Anschaffungsdatum** zu berücksichtigen. Abnutzbare Anlagegüter dürfen beim Kauf oder Verkauf im Laufe eines Geschäftsjahres nämlich nur zeitanteilig – auf volle Monate aufgerundet – abgeschrieben werden.

BEISPIEL: Die Anschaffungskosten für einen Pkw betragen 60.000,00 € bei sechs Jahren betriebsgewöhnlicher Nutzungsdauer lt. AfA-Tabelle. Die Jahresabschreibung beträgt somit 10.000,00 €. Bei Anschaffung im April dürfen davon im Kaufjahr aber nur $\frac{9}{12}$ = 7.500,00 € abgeschrieben werden.

Zeitanteilige Abschreibung bei Anschaffung

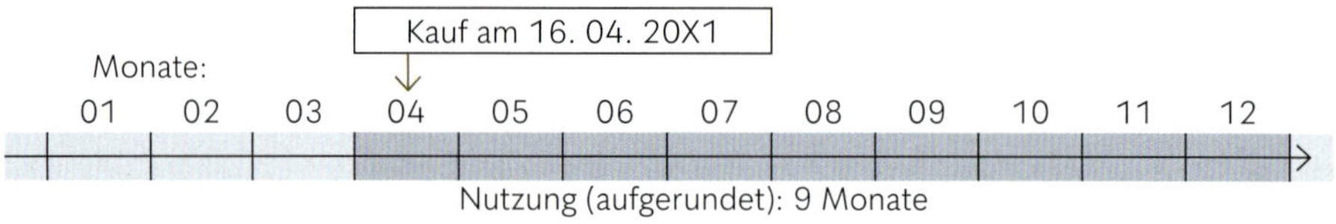

BEISPIEL: Im April des übernächsten Nutzungsjahres wird der Pkw wieder verkauft. Bei einer Jahresabschreibung von 10.000,00 € müssen im Verkaufsjahr noch $\frac{4}{12}$ = 3.333,33 € gebucht werden.

Zeitanteilige Abschreibung bei Verkauf

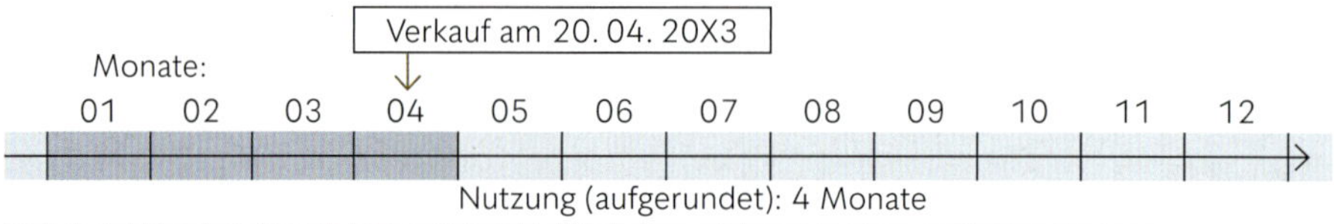

BEISPIEL: Verkaufsbuchung (Nettoverkaufspreis 42.000,00 €, Buchwert 39.166,67 €)

2400 Forderungen a. L.L	49.980,00	an	5410 Erlöse aus Anlagenabgängen	42.000,00
			4800 Umsatzsteuer	7.980,00
6979 Anlagenabgänge	39.166,67	an	0840 Fuhrpark	39.166,67

8.5 Digitale Wirtschaftsgüter

BMF
Bundesministerium der Finanzen

Mit verschiedenen **BMF**-Schreiben wurde 2022 die Nutzungsdauer von Computerhardware und Software zur Dateneingabe und -verarbeitung neu geregelt.

1. Die betriebsgewöhnliche Nutzungsdauer für materielle Wirtschaftsgüter („Computerhardware“) und für immaterielle Wirtschaftsgüter („Betriebs- und Anwendersoftware“) beträgt **ein Jahr**.
2. Der Begriff **Computerhardware** umfasst Computer, Desktop-Computer, Notebook-Computer, Desktop-Thin-Clients, Workstations, Dockingstations, externe Speicher- und Datenverarbeitungsgeräte (Small-Scale-Server), externe Netzteile sowie Peripheriegeräte (Eingabegeräte, externe Speicher, Ausgabegeräte).

3. Der Begriff **Software** umfasst die Betriebs- und Anwendersoftware zur Dateneingabe und -verarbeitung. Dazu gehören auch die nicht technisch physikalischen Anwenderprogramme eines Systems zur Datenverarbeitung sowie neben Standardanwendungen auch auf den individuellen Nutzer abgestimmte Anwendungen wie ERP-Software, Software für Warenwirtschaftssysteme oder sonstige Anwendersoftware zur Unternehmensverwaltung oder Prozesssteuerung.
4. Diese Regelung gilt für alle derartigen Wirtschaftsgüter, die ab dem **01.01.2021** angeschafft oder hergestellt wurden.
5. Da eine zeitanteilige Abschreibung (monatsgenaue Teilabschreibungen z. B. im Kaufjahr) gemäß § **7** Abs. **1** EStG nur für Wirtschaftsgüter mit einer betriebsgewöhnlichen Nutzungsdauer von mehr als einem Jahr notwendig ist, wurde vermutet, dass diese Wirtschaftsgüter im Jahr der Anschaffung oder Herstellung vollständig abgeschrieben werden können – und das unabhängig von der Höhe der Anschaffungs- oder Herstellungskosten.
   Das neuere BMF-Schreiben stellt dazu klar, dass dessen Vorgaben
   - keine besondere Form der Abschreibung,
   - keine neue Abschreibungsmethode und
   - keine Sofortabschreibung

   darstellt und deshalb auch andere Abschreibungsmethoden grundsätzlich möglich sind.
   Wichtige Ergänzung: Es wird nicht beanstandet, wenn die Abschreibung im Jahr der Anschaffung oder Herstellung in voller Höhe vorgenommen wird.
6. Derartige Wirtschaftsgüter, die vor dem **01.01.2021** angeschafft oder hergestellt wurden und bei denen eine andere Nutzungsdauer zugrunde gelegt war, konnten in **2021** mit ihrem Restbuchwert vollständig abgeschrieben werden.

Handelsrechtlich ist diese steuerrechtliche Sonderabschreibung nicht erlaubt.

ÜBERSICHT: Abschreibungsmethoden

Methode	lineare Abschreibung	Leistungsabschreibung
Anwendung	Anwendung bei allen abnutzbaren Anlagegütern erlaubt. Anwendung sinnvoll, wenn der Werteverlust gleichmäßig erfolgt.	Anwendung nur bei abnutzbaren Anlagegütern, deren tatsächliche Leistung gemessen wird. Anwendung sinnvoll, wenn der Werteverlust in Abhängigkeit von der Leistung schwankt.
AfA-Satz	$\frac{100}{\text{betriebsgewöhnliche Nutzungsdauer}}$	$\frac{\text{Ist-Leistung des Abschreibungsjahres} \cdot 100}{\text{geplante Gesamtleistung}}$
AfA-Betrag	$\frac{\text{Anschaffungskosten}}{\text{betriebsgewöhnliche Nutzungsdauer}}$	$\frac{\text{Anschaffungskosten} \cdot \text{Ist-Leistung}}{\text{geplante Gesamtleistung}}$

Alles klar?

1 Die geplante Gesamtproduktionsleistung einer Maschine beträgt 2 500 000 Einheiten eines Produktes. Im dritten Nutzungsjahr, in dem eine Produktionsmenge von 800 000 Einheiten geplant war, wurden tatsächlich nur 750 000 Einheiten produziert. Wie hoch ist die Abschreibung nach Leistung im dritten Nutzungsjahr, wenn die Anschaffungskosten 2.000.000,00 € betrugen?

2 Ein Lkw wird gemäß AfA-Tabelle über neun Jahre linear abgeschrieben. Die Anschaffungskosten für den Lkw betrugen 81.000,00 €. Ermitteln Sie:

a den Buchwert nach sechs vollständigen Nutzungsjahren,

b den Abschreibungssatz des Lkws in Prozent je Jahr.

3 Die Fly Bike Werke GmbH hat am 01.09.20X1 einen neuen Lkw gekauft, der vom Verkäufer zugelassen übergeben wird (siehe Auszug Kaufvertrag).

a Buchen Sie den Kauf des Lkws auf Ziel bei Rechnungseingang.

b Buchen Sie den Rechnungsausgleich unter Abzug von 3 % Skonto per Banküberweisung.

c Ermitteln Sie die Anschaffungskosten für den Lkw.

d Buchen Sie die lineare Abschreibung im Kaufjahr, wenn die betriebsgewöhnliche Nutzungsdauer neun Jahre beträgt.

e Ermitteln Sie den Buchwert des Lkws am 31.03.20X6, wenn der Lkw zu diesem Zeitpunkt verkauft werden soll.

Auszug aus dem Kaufvertrag
(alle Werte in €)

FAN-23.5

	Listenpreis	284.000,00 €
	Sonderausstattung lt. Vereinbarungen	2.400,00 €
–	Firmenrabatt	15 %
	Überführungskosten	1.200,00 €
	Zulassungskosten	200,00 €

(alle Werte verstehen sich zzgl. 19 % Umsatzsteuer)

Bei Zahlung des Rechnungsbetrages innerhalb von 8 Tagen wird ein Skonto von 3 % gewährt.

4 Ein Unternehmen hat am 14.08.20X1 eine Maschine (Konto 0700 Maschinen-Sammelkonto) mit Anschaffungskosten von 120.000,00 € zzgl. 19 % Umsatzsteuer gegen Banküberweisung erworben.

a Buchen Sie den Maschinenkauf.

b Die Maschine soll über acht Jahre linear abgeschrieben werden. Buchen Sie die Abschreibung in den Jahren

ba 20X1 (zeitanteilig) und

bb 20X2 (volle Jahresabschreibung).

c Anfang März 20X3 stellt sich heraus, dass die Leistung der Maschine für die notwendige Produktionsmenge nicht mehr ausreicht. Deshalb wird die Maschine im April 20X3 verkauft. Buchen Sie die zeitanteilige Abschreibung im Jahr des Verkaufs. Ein Käufer zahlt für diese Maschine 59.500,00 € inklusive 19 % Umsatzsteuer per Banküberweisung. Ermitteln Sie den Gewinn oder Verlust aus dem Anlageverkauf.

5 Beschreiben Sie die Voraussetzungen für die Abschreibung eines Anlagegutes nach Leistung.

6 Ist eine Auswahl der Abschreibungsmethode möglich, können ggf. höhere oder niedrigere Abschreibungsbeträge zu Beginn der Nutzung ermittelt werden. In welcher Situation wird ein Unternehmen sich eher für niedrigere Abschreibungsbeträge entscheiden?

7 Nennen Sie vier Auswirkungen von Abschreibungen auf die Erfolgsrechnung.

8 Erläutern Sie den Begriff „zeitanteilige Abschreibung".

9 Ein gebrauchter Pkw wird für einen Nettoverkaufspreis in Höhe von 24.500,00 € zzgl. 19 % Umsatzsteuer verkauft. Der Buchwert beträgt zum Verkaufszeitpunkt 18.000,00 €. Buchen Sie

a den Zielverkauf des Pkw und
b den Anlagenabgang.

10 Wählen Sie von den nachfolgenden Wirtschaftsgütern dasjenige aus, welches nicht zu den „Digitalen Wirtschaftsgütern" gehört.

a Notebook
b externe Speicherplatte
c Mobiltelefon
d Betriebssystem
e Software für das Warenwirtschaftssystem
f Laserdrucker

11 Welche Aussage zu den „Digitalen Wirtschaftsgütern" ist falsch?

a Sie können im Jahr der Anschaffung oder Herstellung unabhängig von der Höhe der Anschaffungskosten vollständig abgeschrieben werden.
b Eine Abschreibung über die normale Abschreibungsdauer gemäß AfA-Tabelle ist weiterhin möglich.
c Die vollständige Abschreibung im Kauf- oder Herstellungsjahr ist eine neue Abschreibungsmethode.
d Es handelt sich nicht um eine besondere Form der Abschreibung.

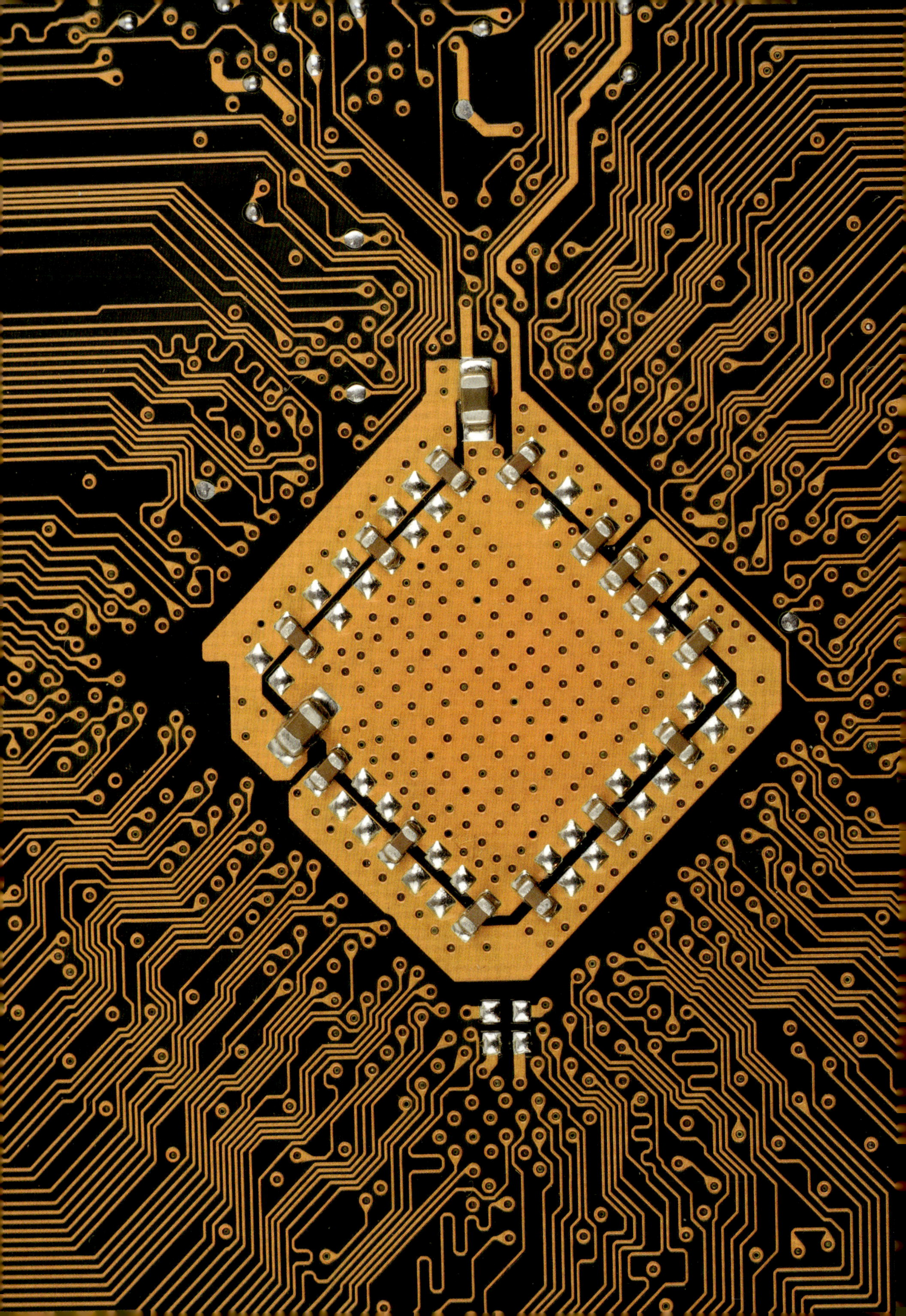

ANHANG
Kaufmännisches Rechnen

1 Dreisatz (Schlussrechnung)

Die Dreisatzrechnung ist grundlegend für andere Rechenverfahren, z. B. Prozent-, Verteilungs-, Zinsrechnen, Preiskalkulationen. Beim Dreisatz wird von einem bekannten Verhältnis über den Schluss auf eine Einheit auf ein neues Verhältnis geschlossen.

Der Dreisatz wird daher auch Schlussrechung genannt.

1.1 Einfacher Dreisatz mit proportionalem Verhältnis

Dreisatz in Tabellenform:

kg	€
5	45,00
14	?

BEISPIEL: 5 kg Ware kosten 45,00 €. Wie viel € kosten 14 kg dieser Ware?

Zunächst sollte man ein logisches Ergebnis schätzen, um eventuelle Eingabefehler am Taschenrechner oder Fehler bei der Multiplikation oder Division feststellen zu können: Ein Mehr an Ware (kg) bedeutet auch ein Mehr an Wert (€). Dies ist logisch, denn wer mehr einkauft, muss dafür auch mehr bezahlen: 14 kg sind ca. das Dreifache von 5 kg, daher muss als Ergebnis auch ca. der dreifache Preis herauskommen.

Hier liegt ein einfacher Dreisatz mit proportionalem (geradem) Verhältnis vor, d. h. eine Vermehrung der ersten Größe (z. B. Menge) bewirkt eine Vermehrung der zweiten Größe (z. B. Preis) und eine Verminderung der ersten Größe (z. B. Menge) eine Verminderung der zweiten Größe (z. B. Preis).

MERKE! Proportionales Verhältnis:
Je mehr, desto mehr, und je weniger, desto weniger.

Das ? steht für die gesuchte vierte Größe („wie viel?“).

Ausführliche Lösung in drei Schritten (Dreisatz)

Bedingungssatz (→ gegebenes Verhältnis):	5 kg kosten 45,00 €.
Fragesatz (→ gesuchte Größe):	14 kg kosten ? € ?
Dreisatz:	1. Gegeben ist: 5 kg → 45,00 € 2. Schluss auf die Einheit (1 kg = 5. Teil von 5 kg) $\rightarrow \frac{45{,}00\,€}{5\,\text{kg}} = 9\,€/\text{kg}$ 3. Schluss auf das Mehrfache (14 kg) → 9,00 €/kg · 14 kg = 126,00 €
Ergebnis:	14 kg der Ware kosten 126,00 €.

Lösung in verkürzter Darstellung

Bedingungssatz:	5 kg → 45,00 €.
Fragesatz:	14 kg →? €
Bruchsatz:	$? € = \frac{45{,}00\,€ \cdot 14\,\text{kg}}{5\,\text{kg}} = 126{,}00\,€$
Ergebnis:	14 kg der Ware kosten 126,00 €.

MERKE! Beim einfachen Dreisatz mit proportionalem Verhältnis wird zuerst dividiert (Schluss auf eine Einheit), dann multipliziert (Schluss auf das Mehrfache).

1.2 Einfacher Dreisatz mit umgekehrt proportionalem Verhältnis

BEISPIEL: 6 Lagerarbeiter benötigen für die Inventur im Fremdbauteilelager 12 Tage. Durch Krankheit fallen 2 Arbeiter aus. Wie viele Tage werden nun für die Inventurarbeiten benötigt?

Inventur,
LF 5 → Kap. 2.1

Zunächst wird wiederum auf ein logisches Ergebnis geschlossen: Ein Weniger an Lagerarbeitern bedeutet ein Mehr an Zeit (Tagen). Dies ist logisch, denn wenn weniger Arbeiter (4) das gleiche Arbeitsvolumen wie 6 Arbeiter schaffen sollen, dann benötigen sie mehr Zeit.

Hier liegt ein einfacher Dreisatz mit umgekehrt proportionalem (ungeradem) Verhältnis vor, d. h., eine Verminderung der ersten Größe (z. B. Arbeiter) bewirkt eine Vermehrung der zweiten Größe (z. B. Zeit) und eine Vermehrung der ersten Größe (z. B. Arbeiter) eine Verminderung der zweiten Größe (z. B. Zeit).

Dreisatz in Tabellenform:

Aushilfskräfte	Tage
6	12
4	?

MERKE! Umgekehrt proportionales Verhältnis:
Je mehr, desto weniger, und je weniger, desto mehr.

Ausführliche Lösung in drei Schritten (Dreisatz)

Bedingungssatz (→ gegebenes Verhältnis):	6 Arbeiter benötigen 12 Tage.
Fragesatz (→ gesuchte Größe):	4 Arbeiter benötigen ? Tage?
Dreisatz:	1. Gegeben ist: 6 Arbeiter → 12 Tage 2. Schluss auf die Einheit (1 Arbeiter; 6-fache Zeit) → $6 \cdot 12$ Tage = 72 Tage 3. Schluss auf das Mehrfache (4 Arbeiter, 4. Teil der Zeit, die ein Arbeiter benötigen würde) $\rightarrow \frac{72 \text{ Tage}}{4} = 18$ Tage
Ergebnis:	4 Arbeiter benötigen für die Inventur 18 Tage.

Lösung in verkürzter Darstellung

Bedingungssatz:	6 Arbeiter → 12 Tage
Fragesatz:	4 Arbeiter → ? Tage
Bruchsatz:	$? \text{ Tage} = \frac{6 \cdot 12 \text{ Tage}}{4} = 18 \text{ Tage}$
Ergebnis:	4 Arbeiter benötigen für die Inventur 18 Tage.

MERKE! Beim einfachen Dreisatz mit umgekehrt propotionalem Verhältnis wird zuerst multipliziert (Schluss auf eine Einheit), dann dividiert (Schluss auf das Mehrfache).

1.3 Zusammengesetzter Dreisatz

Der zusammengesetzte Dreisatz setzt sich aus mehreren einfachen Dreisätzen mit proportionalem und/oder umgekehrt proportionalem Verhältnis zusammen, die in einem Arbeitsgang (mit einem Bruchsatz) gelöst werden sollen.

BEISPIEL: Die Inventur im Fremdbauteilelager der Fly Bike Werke GmbH hat zum Geschäftsjahresende 20X1 mit 12 Arbeitskräften, die insgesamt 23 600 Komponentensets gezählt und bewertet haben, 6 Arbeitstage gedauert. Vor Beginn der Inventurarbeiten zum Geschäftsjahresende 20X2 erkranken 2 Arbeitskräfte. Wie lange werden die Inventurarbeiten im Fremdbauteilelager dauern, wenn 10 Mitarbeiter gemäß den Beständen der Artikelkartei insgesamt 32 800 Komponentensets zählen und bewerten müssen?

	(a) Arbeitskräfte	(b) Komponentensets	(c) Arbeitstage
Bedingungssatz:	12	23 600	6
Fragesatz:	10	32 800	?

1. (a) ↔ (c)
2. (b) ↔ (c)

1.+2.: zwei einfache Dreisätze

Alle Paare, die ein Verhältnis darstellen (a = Arbeitskräfte, b = Komponentensets), müssen zu der gesuchten Größe (c = Arbeitstage) in Beziehung gesetzt werden. Dabei muss jeweils geprüft werden, ob ein proportionales oder ein umgekehrt proportionales Verhältnis vorliegt.

1. Dreisatz: Verhältnis Arbeitskräfte (a) zu Arbeitstagen (c)

Arbeitskräfte	Arbeitstage
12	6
10	?

Bedingungssatz:	12 Arbeitskräfte → 6 Arbeitstage
Fragesatz:	10 Arbeitskräfte → ? Arbeitstage
1. Bruchsatz:	$? \text{ Arbeitstage} = \frac{6 \text{ Tage} \cdot 12 \text{ Arbeitskräfte}}{10 \text{ Arbeitskräfte}} = 7{,}2 \text{ Tage}$

Im 1. Dreisatz liegt ein umgekehrt proportionales Verhältnis vor: Weniger Arbeitskräfte benötigen mehr Arbeitstage.

2. Dreisatz: Verhältnis Komponentensets (b) zu Arbeitstagen (c)

Sets	Arbeitstage
23 600	6
32 800	?

Bedingungssatz:	23 600 Komponentensets → 6 Arbeitstage
Fragesatz:	32 800 Komponentensets → ? Arbeitstage
2. Bruchsatz:	$? \text{ Arbeitstage} = \frac{6 \text{ Tage} \cdot 32\,800 \text{ Sets}}{23\,600 \text{ Sets}} = 8{,}34 \text{ Tage}$

Im 2. Dreisatz liegt ein proportionales Verhältnis vor: Mehr Komponentensets sind in mehr Arbeitstagen zu erfassen.

Im zusammengesetzten Dreisatz werden die jeweiligen einfachen Dreisätze zu einem Bruchsatz zusammengefasst, wobei der erste Dreisatz nur um das Verhältnis der weiteren Paare ergänzt wird. Der Wert der gemeinsamen Größe aus dem Bedingungssatz (hier: 6 Tage) darf nur einmal im Bruchsatz erscheinen.

1. Bruchsatz:	$? \text{ Arbeitstage} = \frac{6 \cdot 12}{10}$
2. Bruchsatz:	$? \text{ Arbeitstage} = \frac{6 \cdot 32\,800}{23\,600}$
Zusammengesetzter Bruchsatz:	$? \text{ Arbeitstage} = \frac{6 \cdot 12 \cdot 32\,800}{10 \cdot 23\,600} = 10{,}00678$
Ergebnis:	10 Arbeitskräfte können die Inventurarbeiten für 32 800 Komponentensets in ca. 10 Tagen erledigen.

Alles klar?

1 Wenn 7,5 kg einer Ware 247,50 € kosten, wie viel kosten dann 2,5 kg?

2 Die Versandabteilung benötigt für das erste Quartal in insgesamt 64 Arbeitstagen 4 000 m² Verpackungsfolie. Wie viel m² Verpackungsfolie werden in den drei nachfolgenden Quartalen mit 192 Arbeitstagen benötigt, wenn das Verpackungsvolumen je Quartal gleich bleibt?

3 Ermitteln Sie das Gewicht für folgende Ware: A4-Blätter (29,7 cm · 21 cm; 16 Blätter = 1 m²), 80 g/m² im Wellpappkarton mit 5 000 Blatt.

4 Bei einem Brand entsteht ein Schaden von 500.000,00 €. Das Lager war versichert mit 7.500.000,00 €. Zur Zeit des Brandes hatte der Lagerbestand einen Wert von 10.000.000,00 €; das Lager war also unterversichert. Welchen Betrag zahlt die Versicherung?

5 1000 Blatt Kopierpapier kosten im Einkauf 7,20 €. Wie viel € kostet eine Palette mit 40 Kartons, wenn jeder Karton 5 Pakete zu je 1 000 Blatt enthält?

6 In einer Preisliste werden Overheadfolien zum Preis von 24,70 € je 100 Folien angeboten. Wie viel € muss ein Kunde bezahlen, wenn er 2 500 Folien bestellt?

7 Ein neuer Drucker für die Verkaufsabteilung kann 8 Rechnungen in der Minute erstellen. Wie viele Rechnungen können an einem späten Nachmittag eines Arbeitstages noch erstellt werden, wenn bis zum Arbeitsende noch 1,5 Stunden verbleiben?

8 Die Vorgabezeit für das manuelle Buchen von 12 Zahlungseingängen beträgt 30 Minuten.

a Ermitteln Sie die Vorgabezeit für das manuelle Buchen von 280 Zahlungseingängen.

b Nach dem Einsatz eines Computers mit einem Finanzbuchhaltungsprogramm wird die Vorgabezeit auf 8 Minuten für 12 Zahlungseingänge reduziert. Errechnen Sie die eingesparte Vorgabezeit bei 360 Zahlungseingängen.

9 125 Unternehmen betreiben Gemeinschaftswerbung, der Kostenbeitrag für jeden Partner beträgt 4.000,00 €. 5 Unternehmen scheiden aus dem Markt aus.

a Wie hoch ist der Kostenbeitrag für die verbliebenen Unternehmen?

b Um wie viel € erhöht sich der Kostenbeitrag je Unternehmen?

10 Für Verpackungsarbeiten sind 45 Arbeitskräfte eingesetzt, die täglich 6 Stunden arbeiten. 9 Arbeitskräfte kündigen. Wie lautet der Bruchsatz zur Ermittlung der Stunden, die die übrigen Arbeitskräfte jetzt länger arbeiten müssen?

11 Bei einem Heizölvorrat kommt ein Betrieb bei einem täglichen Verbrauch von 600 l 120 Tage aus. Durch sparsames Heizen wird der Verbrauch um 100 l täglich gesenkt. Wie viele Tage reicht der Vorrat jetzt?

12 18 Arbeitskräfte reinigen ein Verwaltungsgebäude in 6 Stunden. Die Arbeit soll jedoch in 4 Stunden erledigt sein. Wie viele Arbeitskräfte müssen dazu beschäftigt werden?

13 18 Angestellte benötigen für eine Abschlussarbeit 45 Stunden, für den nächsten Abschluss werden 3 Angestellte zusätzlich abgestellt. Wie viele Stunden werden jetzt benötigt?

14 In der Wareneingangsstelle einer Druckerei werden 240 t Zeitungspapier erwartet. Für das Abladen und Einlagern mit Gabelstaplern rechnet man, dass 3 Stapler 30 t in 20 Minuten bewältigen. Für die erwartete Zeitungspapierlieferung stehen 5 Stapler zur Verfügung. In wie vielen Minuten ist diese Sendung eingelagert?

15 Für den Druck von 600 Frühjahrspreislisten zu je 4 Seiten hat ein Drucker mit einer Leistung von 20 Seiten pro Minute insgesamt 2 Stunden benötigt. Wie viele Stunden dauert die Erstellung der neuen Herbstpreisliste in einer Auflage von 800 Stück mit je 6 Seiten, wenn ein neuer Drucker 40 Seiten pro Minute ausdruckt?

16 Eine Druckerei erhält den Auftrag, 300 Kataloge zu erstellen. Bei Einsatz von 3 Druckmaschinen und je 4 Stunden Druckzeit je Tag werden insgesamt 6 Arbeitstage benötigt. Um den Auftrag in 2 Arbeitstagen erfüllen zu können, setzt die Druckerei 4 Druckmaschinen ein. Wie viele Stunden je Tag müssen diese Maschinen im Einsatz sein?

17 Für die Herstellung von 100 000 Stücken des Bauteils „eu34“ benötigen 4 Mitarbeiter bei 8 Stunden täglicher Arbeitszeit insgesamt 2 Arbeitstage. Die Zahl der Arbeitnehmer in dieser Produktionsstätte wird um einen Mitarbeiter erhöht. Durch die zusätzliche Übernahme der Produktion des Bauteils „eu38“ verbleiben für die Produktion des Bauteils „eu34“ nur noch 6 Stunden täglich, obwohl die Anzahl der benötigten Bauteile „eu34“ auf 120 000 Stück gestiegen ist. In wie vielen Arbeitstagen ist die notwendige Produktionsmenge des Bauteils „eu34“ herzustellen?

2 Durchschnittsrechnen

2.1 Einfacher Durchschnitt

Durchschnittswerte, z. B. durchschnittliche Umsätze, durchschnittliche Lagerbestände, Umsätze je Reisender, werden zur Beurteilung der Wirtschaftlichkeit herangezogen. Beim Durchschnittsrechnen wird aus der Summe mehrerer Werte ein **Mittelwert** errechnet. Die einzelnen Werte müssen immer die gleiche Benennung haben.

Der **Mittelwert** wird oft auch als arithmetisches Mittel bezeichnet.

BEISPIEL: Ein Industrieunternehmen hat am Jahresanfang einen Erzeugnisbestand im Wert von 48.000,00 €. Am Jahresende beträgt der Wert des Erzeugnisbestandes 52.000,00 €. Wie hoch ist der durchschnittliche Wert des Erzeugnisbestands (durchschnittlicher Lagerbestand) des Geschäftsjahres?

Werte/Anzahl	Werte	Anzahl der Werte
Anfangsbestand	48.000,00 €	1
Endbestand	+ 52.000,00 €	+ 1
Summe	= 100.000,00 €	= 2

MERKE! $\text{einfacher Durchschnitt} = \frac{\text{Summe der Werte}}{\text{Anzahl der Werte}} = \frac{100.000{,}00\ €}{2} = 50.000{,}00\ €$

Ergebnis: Der durchschnittliche Wert des Erzeugnisbestands des Geschäftsjahres beträgt 50.000,00 €.

2.2 Gewogener Durchschnitt

Der gewogene Durchschnitt ist immer dann zu berechnen, wenn ein Mittelwert aus den Ergebnissen mehrerer Multiplikationen von zwei verschiedenen Größen gesucht wird. Das ist z. B. immer der Fall, wenn unterschiedliche Mengen mit verschiedenen Preisen bewertet werden müssen. Der gewogene Durchschnitt ist hier die Summe aller Einzelwerte (Menge · Preis), geteilt durch die Gesamtmenge.

BEISPIEL: Der Inventurbestand für Schrauben besteht aus mehreren Lieferungen zu unterschiedlichen Preisen.

Lieferungsdatum	Anzahl der Pakete	Preis je Paket in €
18.11.20XX	48	24,00
02.12.20XX	64	25,00
14.12.20XX	320	25,40

Wie hoch ist der durchschnittliche Einstandspreis für 1 Paket Schrauben?

Der gewogene Durchschnitt wird oft am besten mithilfe einer Tabelle berechnet:

[1] Multiplikation der Pakete mit dem jeweiligen Preis pro Paket
[2]+[3] Summenbildung
[4] Division: Gesamteinkaufswert : Summe der Pakete

(a) Anzahl der Pakete	(b) Preis je Paket in €	(c) Wert der Lieferung in €[1]
48	24,00	48 · 24,00 € = 1.152,00 €
64	25,00	64 · 25,00 € = 1.600,00 €
320	25,40	320 · 25,40 € = 8.128,00 €
Gesamtanzahl der Werte: 432 Pakete[2]		Summe der Werte: 10.880,00 €[3]

durchschnittlicher Einstandspreis pro Paket: $\frac{10.880{,}00\ €}{432\ \text{Pakete}} = 25{,}19\ €/\text{Paket}$[4]

Ergebnis: Der durchschnittliche Einstandspreis der am Inventurtag vorhandenen Pakete mit Schrauben beträgt 25,19 €.

MERKE! $\text{gewogener Durchschnitt} = \frac{\text{Summe der gewichteten Werte}}{\text{Anzahl der Werte}}$

Alles klar?

1 Eine Papierfabrik ermittelt für die Erzeugnisgruppe Kopierpapier jeden Monat den aktuellen Bestand. Ermitteln Sie den durchschnittlichen Bestand für Kopierpapier für die folgenden Geschäftsjahre.

	1. Jahr (in €)	2. Jahr (in €)	3. Jahr (in €)
Anfangsbestand am 01.01.	40.000,00	49.000,00	35.000,00
Endbestand Januar	45.000,00	34.000,00	25.000,00
Endbestand Februar	22.000,00	22.000,00	17.000,00
Endbestand März	18.000,00	15.000,00	13.000,00
Endbestand April	18.000,00	15.000,00	14.000,00
Endbestand Mai	25.000,00	18.000,00	16.000,00
Endbestand Juni	17.000,00	12.000,00	12.000,00
Endbestand Juli	25.000,00	20.000,00	18.000,00
Endbestand August	28.000,00	21.000,00	20.000,00
Endbestand September	35.000,00	29.000,00	23.000,00
Endbestand Oktober	32.000,00	25.000,00	22.000,00
Endbestand November	36.000,00	30.000,00	21.000,00
Endbestand Dezember	49.000,00	35.000,00	24.000,00

2 Zwei Industrieunternehmen ermitteln für 20XX folgende Warenbestände:

Werte in €	**Industrie-unternehmen A**	**Industrie-unternehmen B**
Anfangsbestand	85.000,00 €	124.000,00 €
Endbestand 1. Quartal	120.000,00 €	95.000,00 €
Endbestand 2. Quartal	125.000,00 €	90.000,00 €
Endbestand 3. Quartal	112.000,00 €	110.000,00 €
Endbestand 4. Quartal	82.000,00 €	105.000,00 €

Berechnen Sie den durchschnittlichen Warenbestand für beide Unternehmen im Geschäftsjahr 20XX.

3 Der Inventurbestand für Kopierpapier besteht aus Restbeständen mehrerer Lieferungen zu unterschiedlichen Preisen. Wie hoch ist der durchschnittliche Einstandspreis für ein Paket Kopierpapier?

Lieferungs-datum	**Anzahl der Pakete**	**Preis je Paket in €**	**Wert der Lieferung in €**
20.11.20XX	24	3,60	?
08.12.20XX	280	3,90	?
19.12.20XX	5 200	4,05	?

4 Die unten stehenden Warenbestände wurden zum Geschäftsjahresende im Rahmen der Stichtagsinventur aufgenommen.

a Berechnen Sie den durchschnittlichen Einstandspreis je Einheit eingekaufter Waren für jeden Warenbestand.

b Berechnen Sie den Gesamtwert aller Waren.

5 Die Reisekosten aller Außendienstmitarbeiter eines Industrieuntern ehmens betragen im Monat Januar 19.555,70 €, im Monat Februar 23.800,60 € und im Monat März 20.382,60 €. Um die Kosten für das restliche Geschäftsjahr schätzen zu können, möchte der zuständige Sachbearbeiter im Rechnungswesen (Controller) die durchschnittlichen Reisekosten je Monat ermitteln.

a Berechnen Sie die durchschnittlichen Reisekosten je Monat im 1. Quartal.

b Wie hoch wird die Reisekostenschätzung für das Jahr 20XX, wenn von einer gleich bleibenden Reisetätigkeit ausgegangen werden muss?

6 Der Umsatz (in €) in der Kantine eines Industrieunternehmens betrug in der 48. Kalenderwoche:

Montag	**Dienstag**	**Mittwoch**	**Donnerstag**	**Freitag**
3.200,00	4.600,00	2.200,00	2.200,00	1.200,00

Ermitteln Sie den durchschnittlichen Umsatz je Tag.

7 Ein Papierhersteller hat folgende Kopierpapierlieferungen an verschiedene Kunden zu unterschiedlichen Preisen in Rechnung gestellt:

Kunde	**Anzahl der Pakete**	**Preis je Paket**
Copy Shop	2 500	5,10 €
Klammer & Co.	8 200	4,80 €
Alldruck GmbH	1 000	6,00 €
Heinrich Kleist	1 000	4,10 €

Berechnen Sie den Durchschnittsverkaufspreis für diese Kopierpapierlieferungen.

Art der Ware	**Kopierpapier**		**Overheadfolien**		**Faxrpapierrollen**	
Mengen je Einheit Preise je Einheit	**Menge**	**Preis €**	**Menge**	**Preis €**	**Menge**	**Preis €**
Bestände aus verschiedenen Lieferungen	500	4,30	300	24,00	260	12,10
	230	4,10	780	25,10	680	11,30
	920	4,50	640	25,50	890	12,50

3 Prozentrechnung

3.1 Grundbegriffe der Prozentrechnung

Prozent
lat. pro centum (für das Hundert) = von Hundert (v. H.) = %

Die Prozentrechnung wird u. a. zur Berechnung von Preisnachlässen, Sozialabgaben, zur Kalkulation von Preisen und zur Bilanzauswertung angewendet. Mit ihrer Hilfe werden absolute Zahlen vergleichbar gemacht (bei der Auswertung der Bilanz sind diese absoluten Werte €-Beträge). Dies geschieht, indem man die absoluten Zahlen in Relation zur Basis 100 Prozent setzt. Üblicherweise benutzt man für **Prozent** abgekürzt „v.H." (von Hundert) oder das Zeichen „ %".

MERKE! In der Prozentrechnung unterscheidet man die folgenden Größen:
Prozentsatz = p   Prozentwert = w   Grundwert = G

Von diesen Größen sind jeweils zwei bekannt. Die dritte, gesuchte Größe wird mithilfe des Dreisatzes berechnet. Grundwert und Prozentwert haben immer die gleiche Benennung (hier: €).

3.2 Prozentsatz

BEISPIEL: Die mittelständischen Industrie- und Handelsunternehmen verfügen über eine Eigenkapitalquote von durchschnittlich 15,1 % der Bilanzsumme. Ein mittelständisches Industrieunternehmen möchte wissen, ob seine Eigenkapitalquote (Grad der Eigenfinanzierung) über dem Durchschnitt liegt. Es ermittelt auf Basis der Bilanz folgende Werte:

	Aktiva	**Bilanzwerte in €**		**Passiva**	
Gesamtvermögen	Anlagevermögen	300.000,00	Eigenkapital	630.000,00	Gesamtkapital
	Umlaufvermögen	600.000,00	Fremdkapital	270.000,00	
	Summe Aktiva	900.000,00	Summe Passiva	900.000,00	

Die Eigenkapitalquote ist der Anteil des Eigenkapitals in % am Gesamtkapital des Unternehmens. Das Gesamtkapital entspricht also dem Grundwert und damit 100 %.

Lösungsweg (mit Dreisatz)

Gegeben sind:	Grundwert (Gesamtkapital in €): 900.000,00 € Prozentwert (Eigenkapital in €): 630.000,00 €
gesuchte Größe:	Prozentsatz (Eigenkapital in % des Gesamtkapitals)
Dreisatz:	1. Gegeben ist: 900.000,00 € = 100 % 2. Schluss auf die Einheit (1,00 €) → $\frac{100\ \%}{900.000,00\ €}$ 3. Schluss auf das Mehrfache → $\frac{100\ \% \cdot 630.000,00\ €}{900.000,00\ €} = 0,70 = 70\ \%$
Ergebnis:	Die Eigenkapitalquote des Industrieunternehmens liegt bei 70 % und damit deutlich über dem ermittelten Durchschnittswert.

Lösungsweg in verkürzter Darstellung

Grundwert (G): 900.000,00 €	**Prozentwert (w): 630.000,00 €** **Prozentsatz (p): ? €**
Bedingungssatz:	900.000,00 € → 100 %
Fragesatz:	630.000,00 € → ? %
Bruchsatz:	$? \% = \frac{630.000{,}00 € \cdot 100 \%}{900.000{,}00 €} = 0{,}70 = 70 \%$
Ergebnis:	Die Eigenkapitalquote des Industrieunternehmens liegt bei 70 %.

In den nachfolgenden Kapiteln wird der Lösungsweg in dieser verkürzten Darstellung gezeigt.

€	%
900.000,00	100
630.000,00	?

Formel zur Berechnung des Prozentsatzes:

MERKE! $\text{Prozentsatz} = \frac{\text{Prozentwert} \cdot 100 \%}{\text{Grundwert}} = \frac{\text{Prozentwert} \cdot 1}{\text{Grundwert}} = \frac{\text{Prozentwert}}{\text{Grundwert}} \rightarrow p = \frac{w}{G}$

3.3 Prozentwert

BEISPIEL: In einer Strukturbilanz werden alle Werte in Prozent angegeben:

Aktiva		**Bilanzwerte**	**Passiva**	
Anlagevermögen	30 %		Eigenkapital	40 %
Umlaufvermögen	70 %		Fremdkapital	60 %
Summe Aktiva	100 %		Summe Passiva	100 %

Wie viel € beträgt das Anlagevermögen dieses Unternehmens, wenn die Summe des Gesamtvermögens (Summe Aktiva) 450.000,00 € beträgt?

Grundwert (G): 450.000,00 €	**Prozentsatz (p): 30 % = 0,30** **Prozentwert (W): ? €**
Bedingungssatz:	100 % → 450.000,00 €
Fragesatz:	30 % → ? €
Bruchsatz:	$? € = \frac{450.000{,}00 € \cdot 30 \%}{100 \%} = 135.000{,}00 €$
Ergebnis:	Das Anlagevermögen beträgt 135.000,00 €.

%	€
100	450.000,00
30	?

MERKE! Berechnung des Prozentwertes:
Prozentwert = Grundwert · Prozentsatz → G · p

3.4 Grundwert

BEISPIEL: Von einem Industrieunternehmen ist bekannt, dass das Anlagevermögen nur 15 % Anteil am Gesamtvermögen des Unternehmens hat. Der Wert dieses Anlagevermögens beträgt 45.000,00 €. Wie hoch ist der Wert des Gesamtvermögens des Unternehmens?

%	€
15	45.000,00
100	?

Prozentwert (w): 45.000,00 €	Prozentsatz (p): 15 % Grundwert (W): ? €
Bedingungssatz:	15 % → 45.000,00 €
Fragesatz:	100 % → ? €
Bruchsatz:	$? € = \frac{45.000,00 € \cdot 100 \%}{15 \%} = 300.000,00 €$
Ergebnis:	Das Gesamtvermögen beträgt 300.000,00 €.

MERKE! Berechnung des Grundwertes: $\text{Grundwert} = \frac{\text{Prozentwert}}{\text{Prozentsatz}} \rightarrow G = \frac{w}{p}$

3.5 Vermehrter Grundwert

BEISPIEL: Auf einer Quittung wird der Gesamtbetrag für den Einkauf von Büromaterial mit 59,50 € angegeben. Die in den 59,50 € enthaltene Umsatzsteuer in Höhe von 19 % soll gesondert auf der Quittung ausgewiesen werden.

Die 19 % Umsatzsteuer wurden vom Warenwert ermittelt. Im Preis von 59,50 € ist die Umsatzsteuer aber bereits enthalten. Für das Ausstellen der Quittung muss also
a) der Warenwert in € und
b) der Umsatzsteueranteil in € berechnet werden.

Warenwert (? €)	≙	100 %	Grundwert (G)
+ Umsatzsteuer (? €)	≙	19 % (= 0,19)	Prozentsatz (p)
= Gesamtpreis (59,50 €)	≙	119 % (= 1,19)	vermehrter Grundwert ($G_{vermehrt}$)

Lösungsweg

a) Berechnung des Warenwertes		b) Berechnung des Umsatzsteueranteils	
Bedingungssatz:	119 % → 59,50 €	**Bedingungssatz:**	119 % → 59,50 €
Fragesatz:	100 % → ? €	**Fragesatz:**	19 % → ? €
Bruchsatz:	$? € = \frac{59,50 € \cdot 100 \%}{119 \%}$ = 50,00 €	**Bruchsatz:**	$? € = \frac{59,50 € \cdot 19 \%}{119 \%}$ = 9,50 €
Ergebnis:	Der Warenwert beträgt 50,00 €.	**Ergebnis:**	Der Umsatzsteueranteil beträgt 9,50 €.

$\frac{100 \%}{119 \%} = \frac{100}{119}$

$\frac{19 \%}{119 \%} = \frac{19}{119}$

MERKE! Berechnung bei vermehrtem Grundwert:

$$\text{Grundwert} = \frac{\text{vermehrter Grundwert (€)}}{(100\,\% + \text{Prozentsatz})} \rightarrow G = \frac{G_{vermehrt}}{(100\,\% + \text{Prozentsatz})}$$

$$\text{Prozentwert} = \frac{\text{vermehrter Grundwert (€)} \cdot \text{Prozentsatz}}{(100\,\% + \text{Prozentsatz})} \rightarrow w = \frac{G_{vermehrt} \cdot p}{(100\,\% + \text{Prozentsatz})}$$

3.6 Verminderter Grundwert

BEISPIEL: Ein Lieferant gewährt der Fly Bike Werke GmbH aufgrund einer Mängelrüge einen Preisnachlass von 10 %. Nach Abzug der Gutschrift beträgt die Verbindlichkeit der Fly Bike Werke GmbH an den Lieferer noch 360,00 €. Wie hoch war der ursprüngliche Preis?

Die 10 % Preisnachlass wurden von dem alten Preis abgezogen. Der herabgesetzte neue Preis in Höhe von 360,00 € entspricht also nur 90 % des ursprünglichen Preises.

ursprünglicher Preis (? €)	≙	100 %	Grundwert (G)
+ Preisnachlass (? €)	≙	10 % (= 0,10)	Prozentsatz (p)
= reduzierter Preis (360,00 €)	≙	90 % (= 0,90)	verminderter Grundwert ($G_{vermindert}$)

Lösungsweg	
Bedingungssatz:	90 % → 360,00 €
Fragesatz:	100 % → ? €
Bruchsatz:	$? € = \frac{360{,}00\,€ \cdot 100\,\%}{90\,\%} = 400{,}00\,€$
Ergebnis:	Der ursprüngliche Preis betrug 400,00 €.

MERKE! Berechnung bei vermindertem Grundwert:

$$\text{Grundwert} = \frac{\text{verminderter Grundwert (€)}}{(100\,\% - \text{Prozentsatz})} \rightarrow G = \frac{G_{vermindert}}{(100\,\% - \text{Prozentsatz})}$$

Alles klar?

1 Die Bilanzwerte dreier Industrieunternehmen sind zu vergleichen. Ermitteln Sie für jedes Industrieunternehmen
- a das Gesamtkapital,
- b die Eigenkapitalquote in Prozent des Gesamtkapitals,
- c die Fremdkapitalquote in Prozent des Gesamtkapitals,
- d das Gesamtvermögen,
- e den Anteil des Anlagevermögens am Gesamtvermögen in Prozent,
- f den Anteil des Umlaufvermögens am Gesamtvermögen in Prozent.

Werte in €	Industrieunternehmen 1	Industrieunternehmen 2	Industrieunternehmen 3
Anlagevermögen	48.000,00	370.000,00	890.000,00
Umlaufvermögen	52.000,00	630.000,00	1.910.000,00
Eigenkapital	60.000,00	800.000,00	800.000,00
Fremdkapital	40.000,00	200.000,00	2.000.000,00

2 Das Umlaufvermögen eines Industrieunternehmens in Höhe von 1.000.000,00 € setzt sich wie folgt zusammen:

I.	Vorräte	600.000,00 €
II.	Forderungen	250.000,00 €
III.	Flüssige Mittel	? €

Berechnen Sie
- a den Wert der flüssigen Mittel in €,
- b den Anteil der Vorräte am Umlaufvermögen in Prozent,
- c den Anteil der flüssigen Mittel am Gesamtvermögen des Industrieunternehmens, wenn das Anlagevermögen des Unternehmens 200.000,00 € beträgt,
- d die Eigenkapitalquote in Prozent, wenn das Eigenkapital des Unternehmens 400.000,00 € beträgt.

3 Das Eigenkapital eines Unternehmens ist in einem Geschäftsjahr um 60.000,00 € gestiegen. Berechnen Sie die Eigenkapitalerhöhung in Prozent, wenn das Eigenkapital am Jahresanfang 250.000,00 € betrug.

4 Das Sachanlagevermögen eines Unternehmens hat sich wie folgt entwickelt:

	Wert 20X1	Wert 20X2
1. Maschinen	120.000,00 €	160.000,00 €
2. BGA	68.000,00 €	72.000,00 €
3. Fuhrpark	36.000,00 €	12.000,00 €

Berechnen Sie
- a die Werteveränderung in Prozent für jede Vermögensart,
- b die Werteveränderung in Prozent für das gesamte Sachanlagevermögen.

5 Die kurzfristigen Verbindlichkeiten eines Unternehmens betragen 85 % des gesamten Fremdkapitals. Berechnen Sie
- a die kurzfristigen Verbindlichkeiten in €, wenn das gesamte Fremdkapital 440.000,00 € beträgt,
- b das Eigenkapital des Unternehmens in € bei einer Fremdkapitalquote von 40 %.

6 Wie hoch ist das Umlaufvermögen in €, wenn das Gesamtvermögen 765.000,00 € beträgt? Der Anteil des Anlagevermögens am Gesamtvermögen wird mit 38 % angegeben.

7 Das Gesamtvermögen eines Industrieunternehmens beträgt 250.000,00 €. Der Anteil des Eigenkapitals am Gesamtkapital wird mit 40 % angegeben. Wie hoch sind das Eigenkapital und das Fremdkapital in €?

8 Folgende Angaben aus verschiedenen Unternehmensbilanzen liegen vor:

Ermitteln Sie für jedes Industrieunternehmen
a das Anlagevermögen in €,
b das Umlaufvermögen in €.

Bilanzwerte	Industrieunternehmen 1	Industrieunternehmen 2	Industrieunternehmen 3
Anlagevermögen	24,5 %	23,0 %	42,0 %
Umlaufvermögen	?	?	?
Gesamtvermögen	800.000,00 €	420.000,00 €	2.650.000,00 €

9 Folgende Angaben aus verschiedenen Unternehmensbilanzen liegen vor:
Berechnen Sie
a das Gesamtvermögen in €,
b den Wert des Anlagevermögens in Prozent und in €.

Bilanzwerte	Industrieunternehmen 1	Industrieunternehmen 2	Industrieunternehmen 3
Umlaufvermögen	125.000,00 € (82,5 %)	90.000,00 € (60,0 %)	62.000,00 € (80,0 %)

10 Das Eigenkapital betrug 20X1 insgesamt 420.000,00 €. Im Jahr 20X2 ist es um 10 % gestiegen. Am Ende des Jahres 20X2 betrug die Eigenkapitalquote 38 %. Wie hoch ist 20X2 die Bilanzsumme?

11 Das Umlaufvermögen eines Unternehmens setzt sich wie folgt zusammen:

I. Vorräte	400.000,00 €
II. Forderungen	150.000,00 €
III. Wertpapiere	50.000,00 €
IV. Flüssige Mittel	? €

Berechnen Sie
a den Wert der flüssigen Mittel, wenn die Vorräte 64 % des Umlaufvermögens ausmachen.
b den Wert des Gesamtvermögens, wenn der Anteil der flüssigen Mittel 2,5 % beträgt.

12 Die Fremdkapitalquote eines Unternehmens sank in den letzten Jahren stetig:

Jahre	1	2	3	4	5
Fremdkapitalquote	82,0 %	80,0 %	76,5 %	75,0 %	72,5 %

Ermitteln Sie
a für Jahr 1 die Eigenkapitalquote in Prozent,
b für Jahr 2 das Gesamtkapital in €, wenn das Eigenkapital 16.400,00 € betrug,
c für Jahr 3 das Gesamtkapital in €, wenn das Fremdkapital 64.000,00 € betrug,
d für Jahr 4 die Steigerung des Gesamtkapitals in Prozent, wenn das Gesamtkapital Ende Jahr 4 92.000,00 € betrug,
e für Jahr 5 das Fremdkapital in €, wenn das Gesamtkapital um 5 % seit Jahr 4 gestiegen ist.

13 Die Steigerungsraten für das Eigenkapital eines Unternehmens betrugen
- in Jahr 4 5,0 %,
- in Jahr 5 8,5 % und
- in Jahr 6 6,0 %.

Wie hoch ist das Eigenkapital am Ende des Jahres 6, wenn am Anfang des Jahres 4 62.000,00 € Eigenkapital zur Verfügung standen?

14 Das Gesamtvermögen beträgt 82.000,00 €, die Eigenkapitalquote 24 %. Ermitteln Sie den Wert des Anlagevermögens in €, wenn es zu 80 % mit Eigenkapital finanziert wird.

15 Neben einem Eigenkapital in Höhe von 86.000,00 € finanziert ein Industrieunternehmen sein Vermögen mit einem Darlehen in Höhe von 14.000,00 € und kurzfristigen Verbindlichkeiten in Höhe von 20.000,00 €. Der Anteil des Umlaufvermögens am Gesamtvermögen beträgt 65 %. Ermitteln Sie
a das Gesamtkapital,
b das Gesamtvermögen,
c das Anlagevermögen,
d das Umlaufvermögen.

16 Nach Abzug von 25 % Rabatt überweist ein Unternehmen an seinen Lieferanten 20.625,00 €. Errechnen Sie den Preis des Lieferanten ohne Rabattgewährung.

17 In einer Verkaufspreisliste (ohne Umsatzsteuer) wird eine Papiersorte mit 10,50 € je 100 Blatt angeboten. Der Preis ist in dieser Liste um 5 % angehoben worden. Berechnen Sie
a den Verkaufspreis vor der Preiserhöhung in € und
b die Preiserhöhung in €.

18 In einer Ausgangsrechnung wird der Bruttorechnungsbetrag einschließlich 19 % Umsatzsteuer mit 3.570,00 € angegeben. Vor zwei Wochen ist diese Ware im Preis um 10 % erhöht worden. Berechnen Sie
a den Nettorechnungsbetrag in €,
b die Umsatzsteuer in €,
c den Warenwert vor der Preiserhöhung.

19 Berechnen Sie jeweils den Warenwert und die Umsatzsteuer in €.

	Bruttorechnungsbeträge	Umsatzsteuersatz
A	7.140,00 €	19 %
B	15.232,00 €	19 %
C	3.852,00 €	7 %
D	462,24 €	7 %

20 Berechnen Sie die Listenverkaufspreise für folgende Waren:

Ware	Barverkaufspreis in €	Skonto in %	Rabatt in %
1	85,75	2,0	12,5
2	116,40	3,0	20,0
3	204,75	2,5	25,0
4	25,92	4,0	10,0

21 Ein Industrieunternehmen hat seinen Barverkaufspreis in Höhe von 661,50 € um 5 % erhöht. Das Kundenskonto (2 %) und der Kundenrabatt (25 %) bleiben unverändert.

Ermitteln Sie
a die Preiserhöhung in €,
b den neuen Barverkaufspreis,
c den Listenverkaufspreis vor der Preiserhöhung,
d den Listenverkaufspreis nach der Preiserhöhung.

22 Ein Kunde zahlt für eine Lieferung einschließlich 19 % Umsatzsteuer innerhalb der Skontofrist 3.778,49 €. Der Kunde erhielt 2 % Skonto und 10 % Rabatt.

Ermitteln Sie
a den Rabatt und das Skonto in €,
b den Listenverkaufspreis in €,
c den gesamten Preisnachlass in Prozent des Listenverkaufspreises.

23 Ein Angestellter erhält nach einer Gehaltserhöhung um 3 % ein Gehalt von 3.347,50 €.
- a Wie hoch war sein Gehalt vor der Gehaltserhöhung?
- b Wie viel € beträgt die Gehaltserhöhung?

24 Nach zwei Preiserhöhungen kostet eine Ware 133,56 €. Die erste Preiserhöhung betrug 5 %, die zweite 6 %.
- a Wie hoch war der ursprüngliche Preis vor den Preiserhöhungen?
- b Wie viel € beträgt die zweite Preiserhöhung?

25 Der Zieleinkaufspreis für 100 Blatt Kopierpapier beträgt 12,00 €. Der Lieferer gewährt 25 % Rabatt. Wie hoch ist der Listeneinkaufspreis?

26 Der Einstandspreis einer Ware soll 206,00 € betragen; die Bezugskosten werden mit 10,00 € angegeben. Wie viel € darf der Listeneinkaufspreis betragen, wenn 2 % Skonto und 20 % Rabatt gewährt werden?

27 Der Gewinn eines Industrieunternehmens ist um 4,5 % gesunken und beträgt nur noch 382.000,00 €. Wie hoch war der Gewinn im Vorjahr?

28 Der Umsatz eines Reisenden lag im letzten Geschäftsjahr um 3 % unter dem Umsatz des Vorjahres.
- a Wie hoch war sein Umsatz im Vorjahr, wenn er dieses Geschäftsjahr insgesamt 873.000,00 € Umsatz erzielte?
- b Wie hoch ist seine Provision in beiden Geschäftsjahren, wenn diese 2 % vom Umsatz beträgt?

29 Ein Einzelunternehmer hat im Vorjahr 12 % seines Eigenkapitals vom Geschäftsjahresbeginn privat entnommen. Der Gewinn des Geschäftsjahres beträgt 48.000,00 €. Dies entspricht einer Eigenkapitalverzinsung von 8 %, bezogen auf das Eigenkapital vom Geschäftsjahresbeginn.

Ermitteln Sie
- a das Eigenkapital am Geschäftsjahresbeginn,
- b die Höhe der Privatentnahmen in €.

30 Ein Kunde überweist nach Abzug von 3 % Skonto 6.925,80 € auf das Bankkonto des Lieferers. Wie viel € betrug der Rechnungsbetrag?

4 Verteilungsrechnen

Die Anwendung der Verteilungsrechnung ist immer dann notwendig, wenn Gesamtmengen (Stück, Gewichte usw.) oder Gesamtwerte (Gewinne, Einnahmen, Provisionen usw.) nach bestimmbaren Verteilungskriterien (Anteilen) aufzuteilen sind. Dazu werden z. B. mithilfe der Prozentrechnung Verhältniszahlen gebildet. Das Ergebnis wird üblicherweise in einer Tabelle festgehalten.

4.1 Verteilung ohne Vorleistung

BEISPIEL: An der Marwik GmbH, einem Lieferanten der FBW GmbH, sind drei Gesellschafter beteiligt. Der im Geschäftsjahr 20XX erwirtschaftete Gewinn in Höhe von 250.000,00 € soll gemäß Gesellschaftervertrag im Verhältnis der Kapitalanteile an die Gesellschafter verteilt werden.

Gewinnempfänger: Gesellschafter	Verteilungsschlüssel: Kapitalanteile in €	Verhältniszahlen: Gewinnanteile in %	Verteilungsergebnis: Gewinn in €
Klaus Vollmer	200.000,00	?	?
Werner Kreiner	120.000,00	?	?
Ute Kreiner	80.000,00	?	?
Summen	400.000,00	100 %	250.000,00

Wie kann der Gewinn nach Kapitalanteilen gerecht verteilt werden?

Lösungsweg: Die Lösung erfolgt mithilfe der Prozentrechung:

1. Schritt: Ermittlung der Kapitalanteile in % des Gesamtkapitals

Gegeben sind:	Grundwert (Gesamtkapital in €): 400.000,00 € Prozentwert (Kapitalanteile in €): Klaus Vollmer → w_1 = 200.000,00 € Werner Kreiner → w_2 = 120.000,00 € Ute Kreiner → w_3 = 80.000,00 €
gesuchte Größe:	Prozentsätze (p_1, p_2, p_3) → Kapitalanteile in % des Gesamtkapitals = Gewinnanteile in % des Gesamtgewinns
Ermittlung der Prozentsätze	Klaus Vollmer: $p_1 = \frac{200.000{,}00\,€ \cdot 100\,\%}{400.000{,}00\,€} = 0{,}50 = 50\,\%$ Werner Kreiner: $p_2 = \frac{120.000{,}00\,€ \cdot 100\,\%}{400.000{,}00\,€} = 0{,}30 = 30\,\%$ Ute Kreiner: $p_3 = \frac{80.000{,}00\,€ \cdot 100\,\%}{400.000{,}00\,€} = 0{,}20 = 20\,\%$

$p = \frac{W}{G}$

2. Schritt: Ermittlung der Gewinnanteile in € entsprechend den Kapitalanteilen

Gegeben sind:	Grundwert (Gewinn in €) → G = 250.000,00 € Prozentsätze (Kapitalanteile in % = Gewinnanteile in %): Klaus Vollmer → p_1= 50 % Werner Kreiner → p_2= 30 % Ute Kreiner → p_3= 20 %
gesuchte Größe:	Prozentwerte (w_1, w_2, w_3) → Gewinnanteile in € entsprechend den Kapitalanteilen
Ermittlung der Gewinnanteile in € entsprechend den Kapitalanteilen	Klaus Vollmer:w_1 = 250.000,00 € · 50 % = 125.000,00 € Klaus Kreiner:w_2 = 250.000,00 € · 30 % = 75.000,00 € Ute Kreiner:w_3 = 250.000,00 € · 20 % = 50.000,00 €
Ergebnis:	Klaus Vollmer erhält 125.000,00 € vom Gewinn. Werner Kreiner erhält 75.000,00 € vom Gewinn. Ute Kreiner erhält 50.000,00 € vom Gewinn.

$w = G \cdot p$

4.2 Verteilung mit Vorleistung

Bei der Gewinnverteilung von Offenen Handelsgesellschaften (OHG) und Kommanditgesellschaften (KG) sind häufig Vorleistungen (Vorabgewinnanteile) nach gesetzlichen oder vertraglichen Vorschriften zu berücksichtigen, bevor die Verteilung des Restgewinnes nach Verteilungsschlüsseln vorgenommen werden kann.

BEISPIEL: An einer Kommanditgesellschaft sind zwei Gesellschafter beteiligt:
- Gesellschafter Albertz erhält vom Gesamtgewinn in Höhe von 15.000,00 € vorab 4.000,00 € für seine Tätigkeiten im Unternehmen.
- Als weitere Vorleistungen erhalten Herr Albertz und Frau Bertram jeweils 4 % ihrer Kapitalanteile als Kapitalverzinsung.
- Der restliche Gewinn wird im Verhältnis der Kapitalanteile verteilt.

Gewinnverteilungstabelle einer KG:

Gewinnempfänge: Gesellschafter	Verteilungsschlüssel für den Restgewinn: Kapitalanteile	Vorleistungen:		Restgewinn:		Gesamtgewinn	EK-Rentabilität (ER):
		Arbeitsentgelte	4 % Verzinsung	Anteile am Restgewinn	Restgewinn		
Albertz	60.000,00 €	4.000,00 €	2.400,00 €	75 %	5.850,00 €	12.250,00 €	20,42 %
Bertram	20.000,00 €	0,00 €	800,00 €	25 %	1.950,00 €	2.750,00 €	13,75 %
Summen	**80.000,00 €**	**4.000,00 €**	**3.200,00 €**	**100 %**	**7.800,00 €**	**15.000,00 €**	**18,75 %**

Lösungsweg:

1. Ermittlung der Vorleistungen
   a) Das Arbeitsentgelt in Höhe von **4.000,00** € wird dem Gesellschafter Albertz in der Gewinnverteilungstabelle zugeordnet.
   b) Ermittlung der Kapitalverzinsung in Höhe von 4 % der Kapitalanteile mithilfe der Prozentrechnung (Prozentwertformel):

$w = G \cdot p$

Gesellschafter Albertz: w_1= 60.000,00 € · 4 % = **2.400,00 €**
Gesellschafterin Bertram: w_2= 20.000,00 € · 4 % = **800,00 €**

2. Ermittlung des Restgewinns

Gesamtgewinn:		15.000,00 €
– Vorleistungen Herr Albertz:	–	6.400,00 € (4.000,00 € + 2.400,00 €)
– Vorleistungen Frau Bertram:	–	800,00 €
= Restgewinn	=	**7.800,00 €**

3. Der Restgewinn wird im Verhältnis der Kapitalanteile verteilt.

a) Ermittlung der Kapitalanteile in % des Gesamtkapitals (= Gewinnanteile in % des Gesamtgewinns):

$p = \frac{w}{G}$

Herr Albertz: $p1 = \frac{60.000{,}00\,€ \cdot 100\,\%}{80.000{,}00\,€} = 0{,}75 = 75\,\%$

Frau Bertram: $p2 = \frac{20.000{,}00\,€ \cdot 100\,\%}{80.000{,}00\,€} = 0{,}25 = 25\,\%$

b) Ermittlung der Restgewinnanteile in € entsprechend den Kapitalanteilen:

$w = G \cdot p$

Herr Albertz: w1 = 7.800,00 € · 75 % = **5.850,00 €**
Frau Bertram: w2 = 7.800,00 € · 25 % = **1.950,00 €**

4. Der Gesamtgewinn pro Person ergibt sich aus der Summe der Vorleistungen und des Restgewinns:

a) Herr Albertz: 4.000,00 € + 2.400,00 € + 5.850,00 € = **12.250,00 €**
b) Frau Bertram: 800,00 € + 1.950,00 € = **2.750,00 €**

5. Jeder Unternehmer will wissen, ob sich der Einsatz des eigenen Kapitals und evtl. seiner Arbeitskraft auch gelohnt hat. Die Überprüfung erfolgt mithilfe der Kennzahl Eigenkapitalrentabilität (ER), auch Unternehmerrentabilität genannt.

$p = \frac{w \cdot 100\,\%}{G} = \frac{w}{G}$

$$\text{Eigenkapitalrentabilität (ER)} = \frac{\text{Gewinn} \cdot 100\,\%}{\text{Eigenkapital am Anfang des Geschäftsjahres bzw. durchschnittliches Eigenkapital}}$$

Herr Albertz: $\frac{12.250{,}00 \cdot 100\,\%}{60.000{,}00} = 0{,}2042 = \mathbf{20{,}42\,\%}$

Frau Bertram: $\frac{2.750{,}00 \cdot 100\,\%}{20.000{,}00} = 0{,}1375 = \mathbf{13{,}75\,\%}$

Bei der Beurteilung des Ergebnisses sollten folgende Kriterien berücksichtigt werden:
- Verzinsung des Eigenkapitals
- Unternehmerwagnis
- Substanzerhaltung
- Unternehmerlohn

4.3 Verteilung von Wert- und Gewichtsspesen

BEISPIEL: Die Fly Bike Werke GmbH bekommt gleichzeitig zwei verschiedene Warenposten geliefert. Die Bezugskosten (hier: Eilzustellung per Kurierdienst mit Versicherung) werden dabei nur in einer Summe angegeben. Um den genauen Preis jedes einzelnen Warenpostens einschließlich der darauf entfallenden Bezugskosten ermitteln zu können, müssen diese in drei Schritten aufgeteilt werden.

	Ware I	Ware II	Ware I + Ware II
Einkaufspreis	10.000,00 €	5.000,00 €	15.000,00 €
Nettogewicht der Ware	5,00 kg	10,00 kg	15,00 kg
Gewicht der Verpackung (Tara)	0,50 kg	1,00 kg	1,50 kg
Eilzustellung Kurierdienst			90,00 €
Versicherung			15,00 €

Wie können in diesem Fall die Bezugskosten nach Gewicht (Gewichtsspesen = Eilzustellung Kurierdienst) sowie nach Wert (Wertspesen = Versicherung) auf beide Warensorten aufgeteilt werden?

Lösungsweg
Die Lösung erfolgt mithilfe des Dreisatzes. Dabei geht man zunächst von der Gesamtmenge (Bruttogewicht) bzw. vom Gesamtwert (Summe der Einkaufspreise) aus und berechnet die Anteile der einzelnen Warenposten an der jeweiligen Gesamtheit (Menge bzw. Wert).

Schritt 1: Verteilung der Gewichtsspesen
Bruttogewicht = Nettogewicht + Verpackungsgewicht (Tara)

Bruttogewicht Ware I =	5,00 kg	+	0,50 kg	=	**5,50 kg**
Bruttogewicht Ware II =	10,00 kg	+	1,00 kg	=	**11,00 kg**
Bruttogewicht Ware I + Ware II =	5,50 kg	+	11,00 kg	=	**16,50 kg**

Gewichtsspesen	Ware I	Ware II
Bedingungssatz:	16,50 kg → 100 %	16,50 kg → 100 %
Fragesatz:	5,50 kg → ? %	11,00 kg → ? %
Bruchsatz:	$? \% = \frac{5{,}50 \text{ kg} \cdot 100 \%}{16{,}50 \text{ kg}}$	$? \% = \frac{11{,}00 \text{ kg} \cdot 100 \%}{16{,}50 \text{ kg}}$
Ergebnis:	Auf Ware I entfallen 33,33 % der Gewichtsspesen. 33,33 % von 90,00 € = 90,00 € · 0,33 = 30,00 € Die Gewichtsspesen für Ware I betragen 30,00 €.	Auf Ware II entfallen 66,66 % der Gewichtsspesen. 66,66 % von 90,00 € = 90,00 € · 0,66 = 60,00 € Die Gewichtsspesen für Ware II betragen 60,00 €.

Schritt 2: Berechnung der Wertspesen

Gesamtwert = Einkaufspreis Ware I + Einkaufspreis Ware II = 15.000,00 €

Gewichtsspesen	Ware I	Ware II
Bedingungssatz:	15.000,00 € → 100 %	15.000,00 € → 100 %
Fragesatz:	10.000,00 € → ? %	5.000,00 € → ? %
Bruchsatz:	$? \% = \frac{10.000{,}00 € \cdot 100 \%}{15.000{,}00 €}$	$? \% = \frac{5.000{,}00 € \cdot 100 \%}{15.000{,}00 €}$
Ergebnis:	Auf Ware I entfallen 66,66 % der Wertspesen. 66,66 % von 15,00 € = 15,00 € · 0,66 = 10,00 € Die Wertspesen für Ware I betragen 10,00 €.	Auf Ware II entfallen 33,33 % der Wertspesen. 33,33 % von 15,00 € = 15,00 € · 0,33 = 5,00 € Die Wertspesen für Ware II betragen 5,00 €.

Schritt 3: Berechnung der Gesamtspesen (Bezugskosten)

Gesamtspesen = Gewichtsspesen + Wertspesen

Gesamtspesen Ware I: 30,00 € + 10,00 € = 40,00 €

Gesamtspesen Ware II: 60,00 € + 5,00 € = 65,00 €

Alles klar?

1 Berechnen Sie die Gewinnverteilung einer GmbH nach Kapitalanteilen gemäß nachfolgender Tabelle, wenn der Gesamtgewinn 120.000,00 € beträgt.

Gewinnempfänger: Gesellschafter	Verteilungsschlüssel: Kapitalanteile in €	Verhältniszahlen: Gewinnanteile in %	Verteilungsergebnis: Gewinn in €
Ralf Wolter	120.000,00	?	?
Günter Krauser	180.000,00	?	?
Ruth Kaiser	60.000,00	?	?
Summen der Werte	360.000,00	?	= 120.000,00

2 Die Vertriebsprovisionen für das 4. Quartal 20XX eines Industrieunternehmens in Höhe von 63.000,00 € sollen im Verhältnis der Umsätze je Vertreter(in) verteilt werden. Die Vertreter(innen) erzielten folgende Umsätze: Herr Kreiner 600.000,00 €, Herr Wolfert 450.000,00 €, Frau Reinartz 500.000,00 €, Frau Diesterweg 550.000,00 €.

a Stellen Sie eine Verteilungstabelle auf.

b Ermitteln Sie den Provisionssatz der Vertreter(innen).

3 Vier Industrieunternehmen mieten gemeinsam ein Lagerhaus. Die monatliche Miete, die nach m^2 verteilt wird, beträgt insgesamt 54.000,00 €, sie ist quartalsweise im Voraus zu bezahlen. Wie viel € Miete sind zu Beginn eines Quartals zu überweisen, wenn folgende Nutzungsvereinbarung eingehalten wird: Allgrund GmbH = 1800 m^2, Bernd Bucher e. K. = 1200 m^2, Carl Carlson OHG = 2100 m^2 und Dieter Door & Co. KG = 2400 m^2.

4 Die Gesamtkosten für Büromaterial in Höhe von 2.430,00 € sollen zwecks gerechter Aufwandsverteilung auf alle Abteilungen eines Industrieunternehmens im Verhältnis der Mitarbeiter je Abteilung aufgeteilt werden: Abteilung Verkauf 12 Mitarbeiter, Abteilung Einkauf 6 Mitarbeiter, Abteilung Lager 3 Mitarbeiter, Abteilung Rechnungswesen 3 Mitarbeiter, Abteilung Allgemeine Verwaltung 2 Mitarbeiter und Personalabteilung 1 Mitarbeiter. Berechnen Sie die Büromaterialausgaben je Mitarbeiter und je Abteilung.

5 An einer OHG sind die Gesellschafter
- Adam mit 450.000,00 €,
- Bunse mit 375.000,00 € und
- Colmar mit 675.000,00 € beteiligt.

Ein Gewinn in Höhe von 435.000,00 € ist zu verteilen:
- Jeder Gesellschafter erhält vorab eine Kapitalverzinsung in Höhe von 4 %.
- Der Restgewinn ist nach Köpfen zu verteilen.

Ermitteln Sie den Gesamtgewinn und die Eigenkapitalrentabilität der einzelnen Gesellschafter.

6 Drei Gesellschafter sind an einer KG wie folgt beteiligt:
- Komplementär Greuner mit 250.000,00 €,
- Kommanditist Zöllner mit 500.000,00 € und
- Kommanditist Krummer mit 750.000,00 €.

Weitere Angaben:
- Greuner erhält eine Arbeitsvergütung in Höhe von 80.000,00 €.
- Die Kapitalverzinsung beträgt 10 %.
- Ein Drittel des Gesamtgewinns in Höhe von 450.000,00 € wird nach Köpfen verteilt.
- Der Restgewinn wird im Verhältnis 4 : 3 : 3 verteilt.

a Ermitteln Sie den Gesamtgewinn und die Eigenkapitalrentabilität der einzelnen Gesellschafter.

b Beurteilen Sie insbesondere die Eigenkapitalrentabilität des Vollhafters.

7 Eine OHG erzielt einen Gewinn in Höhe von 160.000,00 €. Davon erhält jeder Gesellschafter eine Kapitalverzinsung in Höhe von 4 %, der Rest wird nach Köpfen verteilt.

Berechnen Sie die Gewinnanteile der Gesellschafter, wenn diese mit
- 100.000,00 € (Gesellschafter Asser),
- 250.000,00 € (Gesellschafterin Kussert) und
- 50.000,00 € (Gesellschafterin Wollermann) an der OHG beteiligt sind.

Ermitteln Sie die EK-Rentabilität der einzelnen Gesellschafter und der OHG und beurteilen Sie diese.

8 Gewinnverteilungstabelle einer KG:

Gesellschafter	Kapitalanteile in €	Arbeitsentgelte in €	? % Verzinsung	Anteile am Restgewinn	Restgewinn in €	Gesamtgewinn in €	ER
Aser	400.000,00	?	?	40 %	?	?	?
Boller	320.000,00	?	?	20 %	?	?	?
Cürten	520.000,00	–	–	20 %	?	?	?
Doll	360.000,00	–	–	20 %	?	?	?
Summen	?	?	?	100 %	?	?	?

a Übernehmen Sie die Gewinnverteilungstabelle in Ihr Heft und berechnen Sie die Gewinnverteilung unter Berücksichtigung der folgenden Angaben:
- **Arbeitsentgelte:** Vollhafter Aser: 100.000,00 €
  Vollhafter Boller: 80.000,00 €
- Verzinsung der Kapitalanteile 7,5 %
- Gesamtgewinn 640.000,00 €
- Anteile am Restgewinn gemäß Gesellschaftsvertrag (siehe Tabelle).

b Ermitteln Sie die Eigenkapitalrentabilität der einzelnen Gesellschafter.

9 Verteilen Sie die Wert- und Gewichtsspesen gemäß folgender Tabelle:

	Bruttogewicht (kg)	Verhältniszahlen	Gewichtsspesen (GS)	Einkaufspreis	Verhältniszahlen	Wertspesen (WS)	Bezugskosten (GS + WS)
Ware I	110 kg	?	?	500,00 €	?	?	?
Ware II	220 kg	?	?	2.000,00 €	?	?	?
Summen	?	?	390,00 €	?	?	150,00 €	?

Die Tara beträgt bei
- Ware I 10 kg,
- bei Ware II 20 kg.

Berechnen Sie für Ware I und II

a den Einkaufspreis je kg Ware in €,

b den Bezugspreis je kg Ware in €.

10 In einer Importlieferung sind verschiedene Sorten enthalten:

Sorten	Bruttogewicht	Tara	Preis je kg Nettogewicht
Sorte 1	2 500 kg	200 kg	12,00 €
Sorte 2	500 kg	20 kg	50,00 €
Sorte 3	1 200 kg	150 kg	6,00 €

Die Bezugskosten betragen:
- Fracht und Ladekosten = 5.040,00 €
- Zoll und Versicherung = 2.895,00 €

Ermitteln Sie in einer Tabelle die Bezugskosten für alle drei Sorten und den Bezugspreis je kg für jede Sorte.

5 Währungsrechnen

5.1 Währungsrechnen außerhalb der EWU

EWU
Europäische Währungsunion

BEISPIEL: Die Fly Bike Werke GmbH bezieht Farben und Lacke bei dem Schweizer Lieferanten Basel Farben AG zum Preis von 5.000,00 CHF (Schweizer Franken). Zahlungsziel: 30 Tage. Die Basel Farben AG will den Rechnungsbetrag natürlich in Schweizer Franken erhalten. Zur Lösung dieses Problems des internationalen Zahlungsverkehrs benötigt man den Kurs für diese Währung.

Das Währungsrechnen ist eine Anwendung des Dreisatzes mit proportionalem Verhältnis
→ Kap. 1.1

MERKE! Der Wechselkurs ist der Preis für ausländische Währungseinheiten.

Der Wechselkurs kann in zwei Varianten notiert werden:

MERKE! Bei der Preisnotierung ist der Wechselkurs der Preis für eine ausländische Währungseinheit. Bei der Mengennotierung ist der Wechselkurs der Preis für eine inländische Währungseinheit (in Deutschland Euro).

In der Regel wird in Europa und in den USA die Mengennotierung verwendet.

Mengennotierung	Preisnotierung
1,00 € = 1,2511 CHF	1,00 CHF = 0,7993 €
Für 1 € erhält man 1,2511 CHF.	1 Schweizer Franken kostet 0,7993 €.

Die Preisnotierung ist der Kehrwert der Mengennotierung:

$$\frac{1}{1{,}2511} = 0{,}7993$$

Je nachdem, ob bargeldlos oder mit Bargeld bezahlt wird, unterscheidet man:

Devisenkurs	für bargeldlose Zahlung mit Devisen:	**Devisen:** an ausländischen Plätzen fällige Zahlungsanweisungen (z. B. Schecks, Wechsel, Überweisungen, Kreditkartenzahlung), die in der dort geltenden Währung ausgezahlt werden
Sortenkurs	für Barzahlung in Sorten:	**Sorten:** ausländische Zahlungsmittel in Form von Münzen und Banknoten (Bargeld, z. B. für eine Geschäftsreise)

Devisen- und Sortenkurs werden jeweils **aus der Sicht der inländischen Bank** in Verkaufspreis **(Briefkurs)** und Ankaufspreis **(Geldkurs)** unterteilt. Bei der Mengennotierung ist der Euro die gehandelte Währung: Beim Ankauf einer ausländischen Währung **verkauft eine Bank in Deutschland Euro** (zum **Briefkurs**) und beim Verkauf einer ausländischen Währung **kauft die Bank Euro an (Geldkurs)**.

Geld- und Briefkurs für Schweizer Devisen bei einer deutschen Bank:

Geldkurs (Ankaufskurs):	Briefkurs (Verkaufskurs):
Preis für den Ankauf eines €: 1,2511 CHF	Preis für den Verkauf eines €: 1,2551 CHF

Kostenziel

Wegen der großen Geldbeträge, die im internationalen Geschäftsverkehr gehandelt werden, sind die Preise für Devisen und Sorten üblicherweise mit bis zu sechs Stellen hinter dem Komma angegeben.

Mengennotierung: Devisenkurse für 1 €		Land	Währung	WKZ	Mengennotierung: Sortenkurse für 1 €	
Geld (Ankauf)	Brief (Verkauf)				Geld (Ankauf)	Brief (Verkauf)
7,36140	7,56140	Dänemark	Krone	DKK	7,81030	7,11030
0,85400	0,86200	Großbritannien	Pfund (£)	GBP	0,88300	0,83300
167,5800	168,78000	Japan	Yen (¥)	JPY	174,20000	164,20000
1,47410	1,49010	Kanada	Dollar ($)	CAD	1,55370	1,39370
11,53140	11,73140	Norwegen	Krone	NOK	12,24140	11,14140
11,51480	11,71480	Schweden	Krone	SEK	12,18150	11,18150
0,97540	0,98740	Schweiz	Franken	CHF	1,01000	0,96000
1,08140	1,09340	USA	Dollar ($)	USD	1,13600	1,04600
4,16430	4,36430	Polen	Zloty	PLN	4,2648	4,2685

Kurstabelle
Stand:
16.05.2024 (Devisenkurse) und 17.05.2024 (Sortenkurse)

Für den Umtausch von Fremdwährungen berechnen die Banken in der Regel eine zusätzliche Gebühr. Diese kann einen bestimmten Prozentsatz (z. B. 3 %) vom Gegenwert betragen. Bei geringen Beträgen verlangen die Banken eine pauschale Mindestgebühr, z. B. 2,00 €.

5.2 Währungsrechnen beim Einkauf

BEISPIEL: Da der Rechnungsbetrag für Farben und Lacke in Schweizer Franken (CHF) an die Basel Farben AG überwiesen werden soll, kauft die Bank von der FBW GmbH in Deutschland Euro an und bezahlt mit CHF. Für 1 € erhält die FBW GmbH 1,2511 CHF (Mengennotierung Devisen-Geldkurs für Überweisungen). Wie viel € muss die FBW GmbH (ohne Gebühren) bezahlen, um den Rechnungsbetrag von 5.000,00 CHF zu begleichen?

CHF	€
1,2511	1
5.000,00	?

Lösungsweg

Bedingungssatz:	1,2511 CHF → 1,00 €
Fragesatz:	5.000,00 CHF → ? €
Bruchsatz:	$? \text{€} = \frac{5.000,00 \text{ CHF} \cdot 1,00 \text{ €}}{1,2511 \text{ CHF}} = 3.996,48 \text{ €}$
Ergebnis:	Die FBW GmbH schuldet der Basel Farben AG bei Rechnungseingang 3.996,48 €.

Die meisten Währungen werden am Devisenmarkt frei gehandelt. Die Preise für Währungen schwanken daher ständig und sind kaum kalkulierbar. Die FBW GmbH muss sich deshalb fragen, wie sich der Wechselkurs für Schweizer Franken nach Ablauf des Zahlungsziels von 30 Tagen entwickelt hat.

MERKE! Die Rechnung wird erst nach Ablauf des Zahlungsziels überwiesen. Der Geldkurs (Devisen) des Schweizer Franken (CHF) lautet jetzt 1,2455 CHF für 1 €.

Lösungsweg

Bedingungssatz:	1,2455 CHF → 1,00 €
Fragesatz:	5.000,00 CHF → ? €
Bruchsatz:	$? € = \frac{5.000,00 \text{ CHF} \cdot 1,00 €}{1,2455 \text{ CHF}} = 4.014,45 €$
Ergebnis:	Die FBW GmbH schuldet der Basel Farben AG bei Ablauf des Zahlungsziels 4.014,45 €, also 17,97 € mehr als bei Rechnungseingang.

CHF	€
1,2455	1
5.000,00	?

5.3 Währungsrechnen beim Verkauf

BEISPIEL: Die Bestbike Ltd. in Großbritannien muss für eine Fahrradlieferung 4.000,00 Pfund (GBP) an die Fly Bike Werke GmbH zahlen (laut Ausgangsrechnung der FBW GmbH). Wie viel € erhält die FBW GmbH für den Rechnungsbetrag von der Bank?

Hier erhält die deutsche Bank von der FBW GmbH Britische Pfund und **verkauft** ihr dafür **Euro**. Die Bank zahlt den schlechteren **Briefkurs**, d. h., die FBW GmbH muss für einen Euro mehr Britische Pfund an ihre Bank abgeben, als sie beim Geldkurs für ein Pfund erhalten würde.

Bedingungssatz:	0,8744 GBP → 1,00 €
Fragesatz:	4.000,00 GBP → ? €
Bruchsatz:	$? € = \frac{4.000,00 \text{ GBP} \cdot 1,00 €}{0,8744 \text{ GBP}} = 4.574,57 €$
Ergebnis:	Die FBW GmbH erhält für ihre Ausgangsrechnung 4.574,57 €.

GBP	€
0,8744	1
4.000,00	?

5.4 Kauf bzw. Verkauf von Sorten (Mengennotierung)

Benötigt man ausländisches Bargeld (z. B. für Geschäftsreise oder Urlaub), so handelt man nicht mehr mit Devisen, sondern mit Sorten; entsprechend gilt der jeweilige Sortenkurs. Die Differenz zwischen dem Geldkurs (Ankaufskurs) und dem Briefkurs (Verkaufskurs) ist bei den Sortenkursen größer als bei den Devisenkursen, weil die Bank das ausländische Bargeld lagern muss.

BEISPIEL: Ewa Nowak, die Geschäftsführerin der Fly Bike Werke GmbH, benötigt für ein Treffen mit einem amerikanischen Lieferanten in den USA 800,00 US-amerikanische Dollar (USD) als Handgeld. Ihr Assistent Johannes Steinkrüger tauscht bei der Bank Euro gegen US-Dollar ein, d. h., die Bank kauft Euro an (zum Geldkurs) und bezahlt mit USD. Wie viel € muss Herr Steinkrüger für die 800,00 USD bezahlen?

USD	€
1,3664	1
800,00	?

Bedingungssatz:	1,3664 USD → 1,00 €
Fragesatz:	800,00 USD → ? €
Bruchsatz:	$? € = \frac{800,00 \text{ USD} \cdot 1,00 €}{1,3664 \text{ USD}} = 585,48 €$
Ergebnis:	Herr Steinkrüger muss für die 800 USD 585,48 € bezahlen.

BEISPIEL: Der amerikanische Lieferant sagt das Treffen mit Frau Nowak kurzfristig ab. Herr Steinkrüger tauscht bei der Bank die 800,00 US-Dollar USD wieder in Euro um, d. h., die Bank verkauft Euro (zum Briefkurs) und erhält dafür die 800,00 USD.

USD	€
1,5074	1
800,00	?

Bedingungssatz:	1,5074 USD → 1,00 €
Fragesatz:	800,00 USD → ? €
Bruchsatz:	$? € = \frac{800,00 \text{ USD} \cdot 1,00 €}{1,5074 \text{ USD}} = 530,72 €$
Ergebnis:	Herr Steinkrüger erhält für 800 USD nur 530,72 € zurück (also 54,76 € weniger als beim Kauf der US-Dollar).

5.5 Umrechnen ausländischer Währungseinheiten im Ausland

BEISPIEL: Zwei Monate später vereinbaren Frau Nowak, die Geschäftsführerin der Fly Bike Werke GmbH, und der US-amerikanische Lieferant kurzfristig einen neuen Termin. Da ihr Assistent Herr Steinkrüger in Urlaub ist und sie selbst vor der Reise nicht zur Bank gehen kann, beschließt Frau Nowak, sich die 800,00 € Handgeld für ihre Reise in den USA am Geldautomaten zu besorgen.

Sortenkurse am Umtauschtag in Mengennotierung in den USA:

	Geldkurs (Ankaufskurs)	Briefkurs (Verkaufskurs)
Preis eines US-Dollars in €	1 USD = 0,6414 €	1 USD = 0,7099 €

Wiederum aus Sicht der inländischen Bank (hier US-Bank):
Verkaufskurs = Briefkurs
Ankaufskurs = Geldkurs

In diesem Fall nimmt die US-amerikanische Bank in den USA (also die inländische Bank) ausländische Währungseinheiten (Euro) an und **verkauft** dafür **inländische Währung** (US-Dollar) an Frau Nowak. Aus Sicht der US-Bank ist also der **Briefkurs** (Verkaufskurs) maßgeblich.

USD	€
1	0,7099
800	? €

Bedingungssatz:	1 USD → 0,7099 €
Fragesatz:	800,00 USD → ? €
Bruchsatz:	$? € = \frac{800,00 \text{ USD} \cdot 0,7099 €}{1,00 \text{ USD}} = 567,92 €$
Ergebnis:	Frau Nowak muss am amerikanischen Geldautomaten für die 800,00 USD 567,92 € bezahlen.

Alles klar?

Hinweis: Benutzen Sie bei den folgenden Aufgaben die Kurstabelle in Kapitel 5.1.

1 Für den Ausgleich verschiedener Liefererrechnungen in Auslandswährungen benötigt die Fly Bike Werke GmbH unterschiedliche Devisen, die sie in Deutschland erwerben und an die Lieferer überweisen.

a Errechnen Sie den Preis in € für den Kauf der Devisen je Eingangsrechnung.

b Ermitteln Sie den Gesamtbetrag in € für diese Materialeinkäufe.

	Rechnungsbeträge in Auslandswährungen
1	23.000,00 USD
2	12.450,00 CHF
3	2.720.000,00 JPY
4	7.900,00 GBP
5	12.580,00 CAD

2 Verschiedene Ausgangsrechnungen an Kunden im Ausland werden per Überweisung in ausländischen Währungseinheiten (Devisen) ausgeglichen. Die Devisen werden an die Oldenburg-Bank verkauft und in € dem Konto der Fly Bike Werke GmbH gutgeschrieben.

a Berechnen Sie den Erlös in € nach dem Verkauf der Devisen an die Oldenburg-Bank.

b Ermitteln Sie den Gesamtbetrag der Gutschrift in € für diese Verkäufe eigener Erzeugnisse.

	Rechnungsbeträge in Auslandswährungen
1	12.300,00 USD
2	25.500,00 CHF
3	113.400,00 NOK
4	5.900,00 GBP
5	62.520,00 SEK

3 Zum Ausgleich verschiedener Ausgangsrechnungen hat die Fly Bike Werke GmbH unterschiedliche Sorten erhalten. Auf dem Konto bei der Oldenburg-Bank wurden die folgenden Euro-Beträge gutgeschrieben. Berechnen Sie die Rechnungsbeträge in ausländischen Währungseinheiten (Sorten).

	Euro-Beträge für die Umrechnung in Sorten	Land
1	3.500,00 €	Schweden
2	1.250,00 €	Polen
3	2.400,00 €	Norwegen
4	4.250,00 €	Dänemark

4 Für eine Geschäftsreise nach London benötigt der Leiter der Einkaufsabteilung 1.500,00 Britische Pfund. Berechnen Sie den Wert in €.

5 Ein Unternehmen hat folgende USD-Beträge gekauft (als Devisen):

	Beträge in €	Briefkurs	Geldkurs
1	10.000,00 €	1,3679	1,3739
2	30.000,00 €	1,4036	1,4096
3	60.000,00 €	1,3756	1,3716

a Ermitteln Sie den Durchschnittskurs in USD.

b Berechnen Sie den Gesamtwert in €.

6 Einem deutschen Unternehmen liegen folgende Warenangebote frei Lager vor:

1	Angebot aus Bremen	1 000 kg	4.500,00 €
2	Angebot aus London	10 160 kg	30.560,00 GBP
3	Angebot aus Stockholm	1 t	39.900,00 SEK

Ermitteln Sie die Euro-Beträge für 50 kg und entscheiden Sie sich für das günstigste Angebot.

7 Ein deutsches Unternehmen hat in der Schweiz für 250.000,00 CHF Waren gekauft. Es kann die Zahlung entweder durch seine Bank in Köln oder in Zürich leisten (Kurse in Deutschland siehe Kurstabelle; Kurs in Zürich: 0,8001 € für 1 CHF). Wie viel € spart das Unternehmen gegenüber dem ungünstigeren Kurs, wenn es den günstigeren Kurs in Anspruch nimmt?

8 Einkauf von Verpackungsmaterial in Norwegen. Der Listenpreis beträgt 48.000,00 NOK. Der Lieferant gewährt 20 % Rabatt und 3 % Skonto. Er liefert frei Lager. Berechnen Sie den Bezugspreis in €, wenn der Rechnungsbetrag innerhalb der Skontofrist überwiesen wird.

9 Ein Unternehmen importiert zwei Maschinen. Zahlungsziel: 30 Tage.

	Wert der Maschinen	Land
1	250.000,00 CHF	Schweiz
2	200.000,00 SEK	Schweden

a Berechnen Sie den Maschinenwert in € beim Eintreffen der Eingangsrechnung und erklären Sie, warum der Zahlungszeitpunkt bedeutsam sein kann.

b Angenommen, die Kurse hätten sich gegenüber den Kursen laut Kurstabelle (siehe Kapitel 5.1) bis zum Zahlungszeitpunkt wie folgt verändert: CHF = 1,2445; SEK = 9,0412. Welche Auswirkung hätte dies für die Bezahlung der Maschinen? Ermitteln Sie den Unterschiedsbetrag.

10 Ein Urlauber hat zum Kauf von 2.000,00 CHF 1.408,45 € benötigt. Nach seiner Rückkehr besitzt er noch 300,00 CHF, die er in € wechselt (Kurs für den Rückkauf siehe Kurstabelle in Kapitel 5.1).

a Wie hoch war der Kurs vor Antritt der Urlaubsreise?

b Welchen Verlust in € erleidet der Urlauber durch die unterschiedlichen Kurse bei seiner Rückkehr?

6 Zinsrechnen

Fremdkapitalgeber lassen sich das von ihnen geliehene Kapital durch Zinsen „bezahlen". Die Zinsrechnung ist ein notwendiges Instrument, um Finanzierungsentscheidungen treffen und die entstehenden Kosten kalkulieren zu können.

6.1 Vergleich von Prozent- und Zinsrechnung

BEISPIEL: Die Oldenburg-Bank unterbreitet der Fly Bike Werke GmbH ein Kreditangebot zur Anschaffung eines neuen Fahrzeuges. Wie hoch sind die Zinsen und die Bearbeitungsgebühr für diesen Kredit?

Oldenburg-Bank

Kreditangebot vom 23.06.20XX

Kreditsumme	45.000,00 €
Kreditzinsen	7,5 % pro Jahr
Kreditlaufzeit	4 Jahre
Zinszahlungen	jährlich, rückwirkend
Kapitalrückzahlungen	nach 4 Jahren in einer Summe (Fälligkeitsdarlehen)
einmalige Bearbeitungsgebühr	1,0 % der Kreditsumme

Für die Überlassung von Kapital verlangt der Kapitalgeber eine Vergütung **(Zinsen)** in Abhängigkeit von der Höhe und der Überlassungsdauer des Kapitals. Der Preis **(Zinssatz)** wird immer pro Jahr (per annum = p. a.) angegeben. Er ist abhängig von den jeweils gültigen Kapitalmarktzinssätzen, die im Wesentlichen von der Europäischen Zentralbank beeinflusst werden. Neben den laufenden Zinszahlungen während der Kreditlaufzeit wird für die Auszahlung der Kreditsumme häufig eine einmalige **Bearbeitungsgebühr** verlangt. Diese soll die Aufwendungen des Kreditgebers für die Bearbeitung des Vorgangs (z. B. Kreditwürdigkeitsprüfung, Einrichtung eines Kreditkontos) decken.

Prozentrechnung, → Kap. 3

Zinssatz: z. B. 7,5 % = 0,075

Zinsfuß: z. B. 7,5

$$\text{Zinssatz} = \frac{\text{Zinsfuß}}{100}$$

Für die Berechnung der Bearbeitungsgebühr ist die **Prozentrechnung** anzuwenden. Erweitert man die Prozentrechnung um die Größe Zeit, spricht man von der **Zinsrechnung**.

Allgemeiner Vergleich		Vergleich FBW-Beispiel	
Prozentrechnung	**Zinsrechnung**	**Prozentrechnung**	**Zinsrechnung**
Grundwert	Kapital	Kreditsumme 45.000,00 €	Kreditsumme 45.000,00 €
Prozentsatz	Zinssatz Zinsfuß	Bearbeitungsgebühr 1 %	Zinssatz 7,5 % Zinsfuß 7,5
Prozentwert	Zinsen	? = gesuchter Wert	? = gesuchter Wert
–	Zeit	Zeit ohne Bedeutung	Laufzeit 4 Jahre

Berechnung der Bearbeitungsgebühr mithilfe der Prozentrechnung
→ Kap. 3

MERKE! Berechnung des Prozentwertes: Prozentwert = Grundwert · Prozentsatz

Grundwert: 45.000,00 €	**Prozentsatz:** 1 %	**Prozentwert:** ? €
Kreditsumme in € · Bearbeitungsgebühr in % = Bearbeitungsgebühr in €		
$45.000,00 \cdot 1\,\% = 45.000,00 \cdot \frac{1}{100} = 450,00\,€$		
Ergebnis:	Die Kreditbearbeitungsgebühr beträgt 450,00 €.	

6.2 Die allgemeine Zinsformel

In der Zinsrechnung werden üblicherweise folgende Abkürzungen verwendet:

Kapital	Zinsfuß	Zinssatz	Zinsen	Zeit
K	p	i $i = \frac{p}{100}$	Z	j = Jahre m = Monate t = Tage

6.2.1 Jahreszinsen

BEISPIEL: Das Kreditangebot der Oldenburg-Bank sieht Kreditzinsen in Höhe von 7,5 % pro Jahr vor. Wie viel € betragen die Zinsen für die Laufzeit von 4 Jahren?

Die Berechnung der Jahreszinsen erfolgt mithilfe eines zusammengesetzten Dreisatzes.
→ Kap. 1.3

Zunächst wird die Höhe der Zinsen für ein Jahr ermittelt und das Ergebnis mit 4 multipliziert.

K = 45.000,00	**p** = 7,5; i = 7,5 %	**Z** = ? €	**j** = 4
Bedingungssatz:	100 % → 45.000,00 €		
Fragesatz:	7,5 % → ? €		
Bruchsatz:	$?\,€ = \frac{45.000,00\,€ \cdot 7,5\,\%}{100\,\%} = 3.375,00\,€$		
Ergebnis (1 Jahr):	Die Zinsen für 1 Jahr betragen 3.375,00 €.		
Ergebnis (4 Jahre)	Die Zinsen für 4 Jahre betragen 3.375,00 € · 4 = 13.500,00 €.		

MERKE! Berechnung der Jahreszinsen: Kapital · Zinssatz · Zeit in Jahren → $Z = K \cdot i \cdot j$

oder alternativ: $\frac{\text{Kapital} \cdot \text{Zinsfuß} \cdot \text{Zeit in Jahren}}{100} \rightarrow Z = \frac{K \cdot p \cdot j}{100}$

Die Gesamtkosten für das Kreditangebot der Oldenburg-Bank betragen 13.950,00 €. Diese Summe setzt sich zusammen aus den Kreditzinsen in Höhe von 13.500,00 € für 4 Jahre Laufzeit und der einmaligen Bearbeitungsgebühr in Höhe von 450,00 €. Da es sich um ein Fälligkeitsdarlehen handelt, ist am Ende der Kreditlaufzeit auch die Kreditsumme in Höhe von 45.000,00 € in einer Summe zurückzuzahlen.

6.2.2 Monatszinsen

BEISPIEL: Ein guter Kunde der Fly Bike Werke GmbH verlangt ein Zahlungsziel von 9 Monaten für einen Rechnungsbetrag von 24.000,00 €. Die Fly Bike Werke GmbH verlangt im Kaufvertrag einen Zinssatz von 6 %. Wie viel Zinsen muss der Käufer der Ware bezahlen?

Zunächst werden wieder die Zinsen für ein Jahr berechnet. Die Jahreszinsen werden dann in Monate umgerechnet, indem das Ergebnis mit $\frac{m}{12}$ multipliziert wird.

K = 24.000,00	p = 6,0; i = 6,0 %	**Z** = ? €	**m** = 9
Bedingungssatz:	100 % → 24.000,00 €		
Fragesatz:	6,0 % → ? €		
Bruchsatz:	$? € = \frac{24.000,00 € \cdot 6,0 \%}{100 \%}$		
Ergebnis (1 Jahr):	Die Zinsen für 1 Jahr betragen 1.440,00 €.		
Ergebnis (9 Monate)	Die Zinsen für 9 Monate betragen: $\frac{1.440,00 € \cdot 9}{12} = 1.080,00 €$		

MERKE! Berechnung der Monatszinsen: $\frac{\text{Kapital} \cdot \text{Zinsfuß} \cdot \text{Zeit in Monaten}}{12} \rightarrow Z = \frac{K \cdot i \cdot m}{12}$

oder alternativ: $\frac{\text{Kapital} \cdot \text{Zinsfuß} \cdot \text{Zeit in Monaten}}{100 \cdot 12} \rightarrow Z = \frac{K \cdot p \cdot m}{100 \cdot 12}$

6.2.3 Tageszinsen

BEISPIEL: Ein Kunde der Fly Bike Werke GmbH hat trotz mehrerer Mahnungen das im Kaufvertrag vereinbarte Zahlungsziel erheblich überschritten. Gemäß Kaufvertrag sind für diese Überschreitung von 48 Tagen 12 % Verzugszinsen zu zahlen. Der Kaufpreis beträgt 9.000,00 €. Wie viel € Verzugszinsen muss der säumige Käufer bezahlen?

Bei der kaufmännischen Zinsrechnung wird ein 360-Tage-Jahr zugrunde gelegt (vgl. Übersicht zur Ermittlung der Zinstage auf der nächsten Seite). Die Tageszinsen werden ermittelt, indem die Zinsen pro Jahr mit $\frac{t}{360}$ multipliziert werden.

kaufmännische Zinsformel

K = 9.000,00	p = 12,0; i = 12,0 %	**Z** = ? €	**t** = 48
Bedingungssatz:	100 % → 9.000,00 €		
Fragesatz:	12,0 % → ? €		
Bruchsatz:	$? € = \frac{9.000,00 € \cdot 12,0 \%}{100 \%} = 1.080,00 €$		
Ergebnis (1 Jahr):	Die Verzugszinsen für 1 Jahr betragen 1.080,00 €.		
Ergebnis (48 Tage)	Die Verzugszinsen für 48 Tage betragen: $\frac{1.080,00 € \cdot 48}{360} = 144,00 €$		

kaufmännische Zinsformel

MERKE! Berechnung der Tageszinsen: $\frac{\text{Kapital} \cdot \text{Zinsfuß} \cdot \text{Zeit in Tagen}}{360} \rightarrow Z = \frac{K \cdot i \cdot t}{360}$

oder alternativ: $\frac{\text{Kapital} \cdot \text{Zinsfuß}}{100} \cdot \frac{\text{Zeit in Tagen}}{360} \rightarrow Z = \frac{K \cdot p \cdot t}{100 \cdot 360}$

Regeln zur Ermittlung von Zinstagen / deutsche kaufmännische Zinsrechnung (angewendet z. B. bei Girokonten und Kreditgewährung)

Übersicht zur Ermittlung der Zinstage

- ein Zinsjahr = 360 Zinstage
- ein Zinsmonat (auch der Monat Februar) = 30 Zinstage
- Bei Zinslaufzeiten bis Ende Februar (28. oder 29. Februar) müssen 28 oder 29 Tage berechnet werden.
- Der erste Tag eines Zinszeitraumes (z. B. Auszahlungstag) wird nicht mitgezählt.
- Der letzte Tag eines Zinszeitraumes (z. B. Rückzahlungstag) wird mitgezählt.

BEISPIEL: Ermittlung der Zinstage für den Zeitraum 25. April bis 16. August:

25. April – 30. April:	5 Tage
01. Mai – 30. Juli: 3 · 30 =	90 Tage
01. August – 16. August:	15 Tage
	110 Tage

6.2.4 Zinszahl und Zinsteiler

summarische Zinsrechnung
→ Kap. 6.2.5

Tageszinsen konnen auch mithilfe von Zinszahl und Zinsteiler ermittelt werden. Zinszahl und Zinsteiler sind Hilfsmittel, die den Rechenaufwand z. B. bei der summarischen Zinsrechnung verringern. Sie lassen sich aus der kaufmännischen Zinsformel herleiten.

Herleitung von Zinszahl und Zinsteiler aus der kaufmännischen Zinsformel

Tageszinsen:	$\frac{\text{Kapital} \cdot \text{Zinsfuß} \cdot \text{Zeit in Tagen}}{100 \cdot 360}$	allgemeine Tageszinsformel
Tageszinsen:	$\frac{\text{Kapital} \cdot \text{Zeit in Tagen} \cdot \text{Zinsfuß}}{100 \cdot 360}$	Umstellung der Zähler
Tageszinsen:	$\frac{\text{Kapital} \cdot \text{Zeit in Tagen}}{100} \cdot \frac{\text{Zinsfuß}}{360}$	Zerlegung des Bruches
Tageszinsen:	$\frac{\text{Kapital} \cdot \text{Zeit in Tagen}}{100} : \frac{360}{\text{Zinsfuß}}$	Umstellung: Multiplikation = Division durch den Kehrwert
Zinszahl:	$\frac{\text{Kapital} \cdot \text{Zeit in Tagen}}{100}$	Zerlegung in zwei Formeln
Zinsteiler:	$\frac{360}{\text{Zinsfuß}}$	
Tageszinsen:	$\frac{\text{Zinszahl}}{\text{Zinsteiler}}$	neue Formel für Tageszinsen

Bei der Berechnung der Zinszahlen bleiben Centbeträge bei den Kapitalbeträgen unberücksichtigt. Es erfolgt **keine Rundung**.

K = 3.450,99 € → 3.450,00 €.

Zinszahlen haben keine Nachkommastellen, d. h., es sind immer **ganze Zahlen**. Dabei werden die Zinszahlen kaufmännisch gerundet.

Zinszahl = 4.567,49 → 4.567 | 4.567,50 → 4.568

Im Folgenden werden die Verzugszinsen für das Beispiel aus dem Abschnitt 6.2.3 noch einmal mithilfe von Zinszahl und Zinsteiler ermittelt. Beide Rechenwege führen zu demselben Ergebnis.

Berechnung der Tageszinsen mit Zinszahl und Zinsteiler

K = 9.000,00	**p** = 12,0; **i** = 12,0 %	**Z** = ? €	**t** = 48
Berechnung der Zinszahl:	$\frac{\text{Kapital} \cdot \text{Zeit in Tagen}}{100} = \frac{9.000{,}00 \cdot 48}{100} = 4.320$ €		
Berechnung des Zinsteilers:	$\frac{360}{\text{Zinsfuß}} = \frac{360}{12} = 30$		
Berechnung der Tageszinsen:	$\frac{\text{Zinszahl}}{\text{Zinsteiler}} = \frac{4.320}{30} = 144{,}00$ €		
Ergebnis (1 Jahr):	Die Verzugszinsen für 48 Tage betragen 144,00 €.		

6.2.5 Summarische Zinsrechnung

BEISPIEL: Ein Kunde der Fly Bike Werke GmbH ist mit der Zahlung mehrerer Rechnungen in Verzug. In allen Kaufverträgen sind 9 % Verzugszinsen vereinbart worden. Für den Kunden soll eine Aufstellung seiner Verbindlichkeiten gegenüber der Fly Bike Werke GmbH zum Jahresende (31.12.) einschließlich Verzugszinsen erstellt werden. Wie kann die für diese Aufstellung notwendige Rechenarbeit vereinfacht werden?

Werden mehrere Beträge zum gleichen Zinssatz, aber mit unterschiedlichen Laufzeiten verzinst, ist es sinnvoll, die Zinsen mithilfe von Zinszahl und Zinsteiler summarisch zu ermitteln.

Ausgangsrechnungen der Fly Bike Werke GmbH Nr.	 Beträge in €	Fälligkeit Datum	Zinstage bis 31.12.	Zinszahl = $\frac{\text{Kapital} \cdot \text{Zinstage}}{100}$
433	2.320,00	16.08.	134	$\frac{2.320,00 \cdot 134}{100} = 3.108$
467	11.600,00	14.09.	106	$\frac{11.600,00 \cdot 106}{100} = 12.296$
472	6.960,00	20.10.	70	$\frac{6.960,00 \cdot 70}{100} = 4.872$
481	4.640,00	15.11.	45	$\frac{4.640,00 \cdot 45}{100} = 2.088$
Summe Kapital = 25.520,00			Summe Zinszahlen = 22.364	

Zur Bestimmung der Verzugszinsen für die offenen Rechnungen wird zunächst der Zinsteiler ermittelt. Die Verzugszinsen (Tageszinsen) ergeben sich durch Division der Summe der Zinszahlen durch den Zinsteiler. Die so ermittelten Zinsen werden der Kapitalsumme (Summe der Rechnungsbeträge) hinzuaddiert. Im Ergebnis steht die Gesamtforderung der Fly Bike Werke GmbH an den säumigen Kunden zum 31.12.20XX.

Berechnung der Gesamtforderung mithilfe der summarischen Zinsrechnung

Zinsteiler:	$\frac{360}{9} = 40$
Tageszinsen (summarisch):	$\frac{\text{Zinszahl}}{\text{Zinsteiler}} = \frac{22.364}{40} = 559{,}10$ €
Gesamtforderung:	Summe der Rechnungsbeträge + Tageszinsen 25.520,00 € + 559,10 € = 26.079,10 €
Ergebnis:	Die Gesamtforderung zum 31.12.XX beträgt 26.079,10 € einschließlich Verzugszinsen.

MERKE! Tageszinsen (summarisch): $\frac{\text{Summe der Zinszahlen}}{\text{Zinsteiler}}$

6.3 Berechnung von Zinsfuß und Zinssatz

BEISPIEL: Die Fly Bike Werke GmbH hat einen kurzfristigen Liquiditätsüberschuss in Höhe von 80.000,00 €. Die Oldenburg-Bank bietet bei diesem Anlagebetrag für 60 Tage 800,00 € Zinsen. Wie hoch ist der Zinssatz für diese Kapitalanlage?

Die Formel zur Berechnung des Zinsfußes p wird durch Umstellung der kaufmännischen Zinsformel hergeleitet.

1	$Z = \frac{K \cdot p \cdot t}{100 \cdot 360}$		kaufmännische Zinsformel
2	$Z \cdot 100 \cdot 360 = p \cdot K \cdot t$ ←	| · 100; · 360 ← | : (K · t) ←	1. Umstellung 2. Umstellung
3	$\frac{Z \cdot 100 \cdot 360}{K \cdot t} = p$ ←		Formel zur Berechnung des Zinsfußes

Berechnung des Zinsfußes durch Umstellen der Tageszinsformel

Für das Ausgangsbeispiel ergibt sich:

Zinsfuß:	$\frac{800{,}00\,€ \cdot 100 \cdot 360}{80.000{,}00\,€ \cdot 60} = 6$
Zinssatz:	$\frac{6}{100} = 0{,}06 = 6\,\%$
Ergebnis:	Der Zinssatz für die Kapitalanlage beträgt 6 %.

MERKE! Berechnung des Zinsfußes: $\frac{\text{Zinsen} \cdot 100 \cdot 360}{\text{Kapital} \cdot \text{Zeit in Tagen}} \rightarrow p = \frac{Z \cdot 100 \cdot 360}{K \cdot t}$

6.4 Berechnung der Zeit

BEISPIEL: Ein Gläubiger der Fly Bike Werke GmbH verlangt für einen verspäteten Rechnungsausgleich 87,00 € Verzugszinsen. Der Rechnungsbetrag lautete über 6.960,00 €; der im Kaufvertrag vereinbarte Verzugszinssatz betrug 6 %. Wie viele Zinstage hat der Gläubiger für seine Berechnung berücksichtigt?

1	$Z = \frac{K \cdot p \cdot t}{100 \cdot 360}$		kaufmännische Zinsformel
2	$Z \cdot 100 \cdot 360 = p \cdot K \cdot t$ ←	| · 100; · 360 ← | : (K · p) ←	1. Umstellung 2. Umstellung
3	$\frac{Z \cdot 100 \cdot 360}{K \cdot p} = t$ ←		Formel zur Berechnung der Zeit in Tagen

Berechnung der Zeit durch Umstellen der Tageszinsformel

$$t = \frac{87{,}00\,€ \cdot 100 \cdot 360}{6.960{,}00\,€ \cdot 6} = 75$$

Ergebnis: Der Gläubiger hat bei seiner Berechnung 75 Zinstage zugrunde gelegt.

MERKE! Berechnung der Zeit in Tagen: $\frac{\text{Zinsen} \cdot 100 \cdot 360}{\text{Kapital} \cdot \text{Zinsfuß}} \rightarrow t = \frac{Z \cdot 100 \cdot 360}{K \cdot p}$

6.5 Berechnung des Kapitals

BEISPIEL: Ein säumiger Schuldner der Fly Bike Werke GmbH überwies für die Zeit vom 25.06.20XX bis zum 23.11.20XX (= 148 Zinstage) 24,67 € Verzugszinsen. Im Kaufvertrag war ein sehr günstiger Verzugszinssatz von 4 % vereinbart worden. Wie hoch war der geschuldete Rechnungsbetrag?

Berechnung des Kapitals durch Umstellen der Tageszinsformel

1	$Z = \frac{K \cdot p \cdot t}{100 \cdot 360}$		kaufmännische Zinsformel
2	$Z \cdot 100 \cdot 360 = K \cdot p \cdot t$ ←	← $\mid \cdot 100; \cdot 360$ $\mid : (K \cdot p)$	← 1. Umstellung ← 2. Umstellung
3	$\frac{Z \cdot 100 \cdot 360}{p \cdot t} = K$ ←		Formel zur Berechnung des Kapitals

$$K = \frac{24{,}67\,€ \cdot 100 \cdot 360}{4 \cdot 148} = 1.500{,}20\,€$$

Ergebnis: Der geschuldete Rechnungsbetrag lautete auf 1.500,20 €.

MERKE! Berechnung des Kapitals: $\frac{\text{Zinsen} \cdot 100 \cdot 360}{\text{Kapital} \cdot \text{Zinsfuß}} \rightarrow K = \frac{Z \cdot 100 \cdot 360}{p \cdot t}$

6.6 Die effektive Verzinsung

6.6.1 Die effektive Verzinsung von Krediten

p. a.
lat. pro anno = pro Jahr

BEISPIEL: Die Fly Bike Werke GmbH benötigt für die Modernisierung ihres Lagers ein Bankdarlehen in Höhe von 300.000,00 €. Die Oldenburg-Bank bietet nach einer Kreditwürdigkeitsprüfung mit positivem Ergebnis ein Darlehen zu den unten stehenden Bedingungen an. Darüber hinaus liegt der FBW GmbH ein Konkurrenzangebot einer ortsansässigen Bank vor. Welches Angebot ist für die FBW GmbH kostengünstiger?

	Kreditangebot 1 Oldenburg-Bank	Kreditangebot 2 Konkurrenzbank
Kreditsumme:	300.000,00 €	300.000,00 €
Kreditzinsen:	9,0 % p. a.	9,4 % p. a.
Kreditlaufzeit:	4 Jahre	4 Jahre
einmalige Bearbeitungsgebühr:	1,0 % der Kreditsumme	keine
Kapitalrückzahlung:	nach 4 Jahren in einer Summe	nach 4 Jahren in einer Summe

Das kostengünstigste Angebot ist bei Krediten mit gleicher Laufzeit das mit der **niedrigsten effektiven Verzinsung**. Will man für Kredite die effektive Verzinsung ermitteln, müssen alle Kreditkosten, also auch die Bearbeitungsgebühren und alle sonstigen bei der Kreditvergabe anfallenden Gebühren (z. B. Spesen), in den Jahreszinssatz eingerechnet werden. Nur durch einen Vergleich der effektiven Verzinsung kann der günstigste Kredit ermittelt werden.

Zinsen für 4 Jahre:	$Z = \frac{K \cdot p \cdot j}{100} \rightarrow Z = \frac{300.000,00 € \cdot 9 \cdot 4}{100} = 108.000,00 €$		
Bearbeitungsgebühr:	Kreditsumme in € 300.000,00 €	· Bearbeitungsgebühr in % · 1 %	 = 3.000,00 €
Kreditkosten:	Zinsen 108.000,00 €	+ Bearbeitungsgebühr + 3.000,00 €	 = 111.000,00 €

p = Zinsfuß

Ermittlung der Kreditkosten für ein Darlehen (Angebot 1)

Auszahlungsbetrag: Kreditsumme abzüglich Bearbeitungsgebühren

Die effektive Verzinsung berechnet sich nach der folgenden Formel (hier abgeleitet aus der Jahreszinsformel):

MERKE! effektive Verzinsung (p) = $\frac{\text{Kreditkosten} \cdot 100}{\text{Auszahlungsbetrag} \cdot \text{Jahre}} = \frac{111.000,00 \cdot 100}{297.000,00 \cdot 4} = 9,34$

Der effektive Zinssatz für das Angebot der Oldenburg-Bank beträgt (gerundet) etwa 9,34 %. Da beim Konkurrenzangebot keine Gebühren erhoben werden, entspricht dort der angegebene Zinssatz dem effektiven Zinssatz in Höhe von 9,4 %. Das Angebot der Oldenburg-Bank ist also günstiger.

Grundsätzlich gilt: Je höher die Gebühren und Spesen und je kürzer die Kreditlaufzeit, desto stärker steigt die effektive Verzinsung im Vergleich zur Nominalverzinsung.

6.6.2 Die effektive Verzinsung von Kapitalanlagen

BEISPIEL: Ein Industrieunternehmen will die effektive Verzinsung des Eigenkapitals ermitteln. Bei einem Eigenkapital von 588.000,00 € wurden in einem Geschäftsjahr 8.500.000,00 € Erträge und 8.350.000,00 € Aufwendungen in der GuV-Rechnung festgestellt. Wie hoch ist die effektive Verzinsung des eingesetzten Kapitals?

Will man den Einsatz von Kapital in einem Unternehmen mit alternativen Investitionen, z. B. Kauf von Aktien, Wertpapieren, Kauf von Immobilien usw., vergleichen, ist auch hier der effektive Jahreszinssatz die entscheidende Vergleichsgröße für die Beurteilung der Vorteilhaftigkeit der Kapitalanlage. Hierbei ist jedoch zusätzlich das unterschiedliche Risiko der Kapitalanlage, wie z. B. die Wahrscheinlichkeit und die Höhe des Gewinns (oder Verlustes) und die Wertentwicklung der Kapitalanlage in der Zukunft, zu berücksichtigen.

Im Nachhinein kann die effektive Verzinsung durch die Höhe des Reingewinns im Verhältnis zum eingesetzten Kapital als Jahreszinssatz ermittelt werden.

Die effektive Verzinsung des Eigenkapitals des im obigen Beispiel genannten Industrieunternehmens für das vergangene Geschäftsjahr berechnet sich wie folgt:

Ermittlung des Reingewinns:

Erträge – Aufwendungen (gemäß GuV-Rechnung)	8.500.000,00 € – 8.350.0000,00 € = 150.000,00 €

p = Zinsfuß

MERKE! effektive Verzinsung (p) = $\frac{\text{Reingewinn} \cdot 100}{\text{Eigenkapital} \cdot \text{Jahre}} = \frac{150.000,00 \cdot 100}{588.000,00 \cdot 1} = 25,51$

Der effektive Zinssatz des Eigenkapitals betrug damit im vergangenen Geschäftsjahr (gerundet) etwa 25,51 %. Zum Vergleich: Hätte der Unternehmer sein Kapital bei einer Bank angelegt, statt in sein Unternehmen zu investieren, hätte er eine Verzinsung in Höhe von 25,51 % aushandeln müssen, um dieselbe Rendite zu erwirtschaften, wie er sie durch die Investition in sein Unternehmen erreicht hat. Hätte er sein Eigenkapital z. B. zu einer Verzinsung von 5 % bei der Bank angelegt, hätte er nach einem Jahr nur 29.400,00 € Zinsen erhalten.

Natürlich ist bei der Entscheidungsfindung auch das Risiko zu berücksichtigen, das bei der Investition ins eigene Unternehmen höher ausgeprägt ist als z. B. bei einer Festanlage bei der Bank. Hierzu berücksichtigt man die so genannte **Risikoprämie**, die von der effektiven Verzinsung abgezogen wird. Unter der Annahme, dass die Risikoprämie im Beispiel oben 3 % beträgt, ist es also auch unter Berücksichtigung des Risikos noch günstiger, das Geld in das eigene Unternehmen zu investieren.

Beim Vergleich der effektiven Verzinsung unterschiedlicher Kapitalanlagen muss auch die möglicherweise bestehende **unterschiedliche Steuerbelastung** des Reingewinns berücksichtigt werden. Erst die effektive Verzinsung nach Abzug sämtlicher Steuern ist dann das Entscheidungskriterium.

Alles klar?

1 Berechnen Sie Bearbeitungsgebühren, Zinsen und Gesamtkosten für die folgenden Kreditangebote:

Kreditsumme in €	Bearbeitungsgebühr in %	Zinssatz in %	Kreditlaufzeit in Jahren
a 50.000,00	0,50	12,00	5,0
b 240.000,00	0,25	8,50	8,0
c 320.000,00	0,75	7,25	15,0
d 15.000,00	1,25	6,25	7,5

2 Berechnen Sie die Zinsen für folgende Kredite:

a 24.000,00 € zu	6,0 % für	3,0 Jahre
b 3.500,00 € zu	9,2 % für	8,0 Jahre
c 92.540,00 € zu	6,5 % für	12,5 Jahre
d 22.375,20 € zu	14,1 % für	3,25 Jahre

3 Der Industriekaufmann Werner Wolf kauft als Handlungsbevollmächtigter seines Unternehmens eine Maschine im Wert von 36.900,00 € ein. Zwei Drittel dieses Preises müssen als Fremdkapital für 3 Jahre aufgenommen werden. Der Zinssatz beträgt 9 %. Die Bearbeitungsgebühr beträgt 1,25 %. Berechnen Sie

a die Bearbeitungsgebühr in €,
b die Zinsen für ein und für drei Jahre,
c die Gesamtkosten für den Kredit.

4 Berechnen Sie die Zinsen für die folgenden Kreditangebote:

Kreditsumme in €	Zinssatz in %	Kreditlaufzeit in Monaten
a 60.000,00	10,00	6,0
b 200.000,00	8,50	2,0
c 380.000,00	7,50	14,0
d 5.000,00	6,75	7,5

5 Berechnen Sie die Zinsen für folgende Kredite:

a 12.000,00 € zu	6,0 % für	3,0 Monate
b 3.200,00 € zu	9,8 % für	7,0 Monate
c 92.000,00 € zu	6,5 % für	12,5 Monate

6 Saisonal bedingte Zahlungsschwierigkeiten zwingen ein Unternehmen zur Aufnahme eines kurzfristigen Darlehens in Höhe von 63.000,00 €. Wie viel Zinsen sind für das Darlehen in 5 Monaten bei einem Zinssatz von 10,8 % zu zahlen?

7 Ein Kaufmann muss nach Ablauf der Kreditlaufzeit von 9 Monaten die Kreditsumme einschließlich Zinsen zurückzahlen.

a Welchen Betrag muss er überweisen, wenn die Kreditsumme 45.000,00 € und der Zinssatz 8 % betrug?
b Wie viel € muss er überweisen, wenn er in Höhe der Kreditsumme zuzüglich Zinsen einen neuen Kredit für 3 Monate zu 12 % Zinsen aufnimmt?

8 Ermitteln Sie die Zinstage für folgende Zinszeiträume:

a 20.06.–31.10.
b 31.05.–01.12.
c 20.09.–10.05. (Folgejahr)
d 26.02.–31.07.
e 30.08.–28.02. (Folgejahr)
f 25.07.–30.12.
g 06.04.–01.12.
h 01.10.–31.03. (Folgejahr)

9 Berechnen Sie die Zinsen für die folgenden Kreditangebote:

Kreditsumme in €	Zinssatz in %	Kreditlaufzeit in Monaten
a 65.000,00	10,00	122
b 280.000,00	8,50	233
c 380.000,00	9,75	14
d 5.000,00	6,5	462

10 Eine Papierfabrik stundet einem Großkunden eine Rechnung vom 10.04. mit 60 Tagen Ziel bis zum 20.11. Sie berechnet dafür 12,5 % Zinsen. Berechnen Sie bei einem Rechnungsbetrag von 33.120,00 €
a den Zinsertrag der Papierfabrik und
b den Überweisungsbetrag zum 20.11.

11 Berechnen Sie die Zinsen für die folgenden Kreditangebote:

Kreditsumme in €	Zinssatz in %	Kreditlaufzeit von – bis
a 25.000,00	12,00	24.08.–31.12.
b 80.000,00	7,50	31.01.–14.09.
c 12.000,00	3,75	16.03.–17.06.
d 9.000,00	8,50	28.03.–29.11.

12 Wie viel € muss ein Kunde am 10.09. bezahlen, wenn er eine Rechnung in Höhe von 5.800,00 €, fällig am 14.08., zuzüglich 8 % Verzugszinsen ausgleichen will?

13 Ein Fremdwährungsdarlehen in Höhe von 30.000,00 Britischen GBP mit einem Zinssatz von 9 % muss nach 90 Tagen zurückgezahlt werden.

Wie viel € benötigt der Schuldner zur Zahlung von Zins und Tilgung, wenn zum Rückzahlungstermin (= Zinszahlungstermin) der Kurs für die englische Währung bei 1 € = 0,7084 GBP angegeben wird?

14 Ein Kunde bittet um Ratenzahlung für eine Rechnung in Höhe von 120.000,00 €, fällig am 14.02.
Zahlungstermine:
20.04. = 40.000,00 €,
20.06. = 60.000,00 €,
10.08. = Restbetrag einschließlich aller Zinsen.

Wie viel € muss der Kunde am 10.08. bezahlen, wenn 6 % Verzugszinsen auf den jeweils ausstehenden Betrag zu entrichten sind?

15 Auf einem Sparbuch befinden sich am 01.01. 4.800,00 €. Der Zinssatz beträgt bis zum 31.05. 2,50 % und wird dann auf 2,75 % erhöht. Wie viel € Zinsen sind am Jahresende gutzuschreiben, wenn am 24.08. 500,00 € abgehoben wurden?

16 Berechnen Sie die Zinszahlen:
a 4.200,00 € für 26 Tage
b 4.566,20 € für 139 Tage
c 984,49 € für 99 Tage
d 2.311,50 € für 84 Tage

17 Berechnen Sie die Zinsteiler für folgende Zinssätze:
a 12,0 %
b 9,0 %
c 6,0 %
d 8,0 %
e 4,5 %
f 2,5 %
g 31/3 %
h 34/5 %

18 Berechnen Sie die Zinsen bei einer Zinszahl von 14.500 bei:
a 6 % Zinsen
b 12 % Zinsen
c 16 % Zinsen

19 Berechnen Sie mit der kaufmännischen Zinsformel die Zinsen für die folgenden Kapitalbeträge:

	Kapital in €	Zinssatz	Zinstage
a	8.050,00	9 %	60
b	2.300,00	12 %	45
c	6.900,00	6 %	120
d	3.047,50	8 %	412
e	2.660,80	9 %	160
f	2.910,40	12 %	215
g	6.940,20	6 %	122

20 Berechnen Sie mit der kaufmännischen Zinsformel die Zinsen:
a Kapital 14.200,00 €, 9 % Zinssatz, Zinszeit vom 14.06. bis 23.09.
b Kapital 6.900,00 €, 12 % Zinssatz, Zinszeit vom 12.01. bis 31.07.

21 Ein Unternehmen legt überschüssige Guthaben auf einem Tagesgeldkonto an. Die Bank gewährt einen Guthabenzins in Höhe von 2,5 %.
Kontoeröffnung: 05. Feb.
Einzahlung:

5. Feb.	2.000,00 €
12. Feb.	1.200,00 €
3. März	6.500,00 €
9. März	16.500,00 €
12. März	4.200,00 €

a Ermitteln Sie die Zinsgutschrift der Bank zum Quartalsende (31. März).

b Wie hoch wäre die Zinsgutschrift zum 31. März ausgefallen, wenn der Zinssatz zum 1. März auf 3 % angehoben worden wäre?

c Wie viel Zinsen hätte das Unternehmen erhalten, wenn es das Tagesgeldkonto bei einer anderen Bank mit dem Zinssatz von 3,6 % eröffnet hätte?

22 Berechnen Sie die Zinssätze für folgende Kapitalanlagen (jeweils auf zwei Nachkommastellen runden):

	Anlagebetrag	Anlagezeitraum	Zinsertrag
a	120.000,00 €	14.08.–22.03. (Folgejahr)	5.813,33 €
b	30.000,00 €	23.02.–17.04.	303,75 €
c	58.000,00 €	84 Tage	1.647,68 €
d	9.000,00 €	12,5 Monate	375,00 €
e	1.500,00 €	4 Jahre, 3 Monate	1.041,25 €
f	320.000,00 €	7 Monate, 12 Tage	21.706,67 €

23 Wie viel Prozent Zinsen verlangt ein Kreditinstitut für einen Kreditbetrag von 25.000,00 €, wenn der Kredit am 24.06. gewährt wurde und am 31.09. einschließlich Zinsen mit 25.800,00 € zurückgezahlt wurde?

24 Eine Unternehmensbeteiligung in Höhe von 300.000,00 € erbrachte in 5 Jahren insgesamt 90.000,00 € Gewinn. Mit welchem Jahreszinssatz hat sich das eingesetzte Kapital durchschnittlich verzinst?

25 Ein OHG-Gesellschafter hat am Ende eines Geschäftsjahres 2.000,00 € Privatentnahmen getätigt. Vom Jahresgewinn der Gesellschaft erhält er unter Berücksichtigung der Barentnahme am Jahresende noch 5.500,00 € auf sein Eigenkapitalkonto gutgeschrieben. Am Anfang des Geschäftsjahres betrug seine Einlage 50.000,00 €. Wie hoch ist die Verzinsung seiner Einlage in diesem Geschäftsjahr?

26 Wie viele Tage wurden die folgenden Beträge zinswirksam angelegt?

	angelegtes Kapital in €	Zinssatz in %	Zinsen in €
a	45.000,00	6,00	1.125,00
b	500,00	2,50	18,75
c	412.000,00	12,75	2.188,75
d	22.560,00	3,25	152,75

27 Ein Kapital in Höhe von 6.480,00 € erbrachte 72,09 € Zinsen. Wie viele Zinstage war das Kapital angelegt, wenn die Verzinsung 4,5 Prozent betrug?

28 Ein Kapital in Höhe von 50.000,00 € erbrachte bei einer Verzinsung von 6 % Zinsen in Höhe von 750,00 €. Berechnen Sie:

a die Anzahl der Zinstage und

b das Datum der Kapitalanlage, wenn die Zinszahlung am 14.09. erfolgte.

29 Ein Industrieunternehmen gewährt seinen Kunden 30 Tage Ziel ab Rechnungsdatum. Für eine zu spät bezahlte Ausgangsrechnung in Höhe von 5.000,00 € vom 12.03. berechnet es 50,00 € Verzugszinsen bei einem vertragsgemäßen Zinssatz von 6 %. Zu welchem Datum erfolgte der Rechnungsausgleich?

30 Ein Anlageberater verspricht bei einer Kapitalanlage in Höhe von 50.000,00 € die Rückzahlung von 60.000,00 €. Nach wie vielen Zinstagen muss die Rückzahlung erfolgen, wenn ein Zinssatz von 15 % erreicht werden soll?

31 Bei der Erstanlage einer Sparsumme von 25.000,00 € werden in 180 Zinstagen 750,00 € Zinsen erwirtschaftet. Bei einer erneuten Anlage dieser 25.000,00 € werden nur noch 4 % Zinsen gezahlt. Berechnen Sie:

a den Zinssatz der Erstanlage und

b die notwendigen Zinstage, wenn bei der erneuten Anlage ebenfalls 750,00 € Zinsen erzielt werden sollen.

32 Berechnen Sie jeweils das eingesetzte Kapital.

Zinsen in €	Zinssatz in %	Zinszeitraum von bis
a 880,00	8,00	24.06. – 22.09.
b 314,17	7,25	31.01. – 12.12.
c 65,00	4,00	14.02. – 19.04.
d 170,14	3,50	50 Tage

33 Ein Sparer erzielt für ein am 31. Juli eingezahltes Kapital, das mit 4,5 % verzinst wurde, am 31. August desselben Jahres 7,50 € Zinsen. Wie hoch war sein eingezahltes Kapital?

34 Ein Kapital wurde für die Zeit vom 10.02. bis zum 22.04. desselben Jahres ausgeliehen. Bei einer Verzinsung von 10 % wurden in diesem Zeitraum 52,00 € Zinsen erwirtschaftet. Berechnen Sie das eingesetzte Kapital.

35 Ein Unternehmer will eine nicht mehr benötigte Lagerhalle verkaufen und den Erlös in festverzinslichen Wertpapieren anlegen. Wie hoch muss der Verkaufserlös sein, wenn er vierteljährlich 5.000,00 € Zinsen bei einem Zinssatz von 10 % erzielen möchte?

36 Ein Industrieunternehmen bezahlt monatlich 980,00 € Zinsen für zwei Kredite:
- Der erste Kredit in Höhe von 48.000,00 € wird mit 12 % verzinst.
- Der zweite Kredit hat einen Zinssatz von 15 %.

Berechnen Sie
a die Zinsen für den ersten Kredit und
b die Kreditsumme für den zweiten Kredit.

37 Für einen Großkredit sind jährlich 1 % Tilgung und 8 % Zinsen zu bezahlen. Am Ende des ersten Jahres werden insgesamt 18.000,00 € überwiesen. Wie hoch ist die Kreditsumme?

38 Am 31.12. schreibt eine Sparkasse 50,00 € Zinsen gut. Der Sparer hat sein Konto am 30.05. mit einer Einmalzahlung eröffnet und erhält 2,5 % Zinsen. Wie hoch war die Einmalzahlung?

39 Ein Anlageberater verspricht vierteljährliche Gewinnausschüttungen in Höhe von 10.000,00 € bei einem Zinssatz von 10 %. Wie hoch muss bei dieser Anlageform das angelegte Kapital sein?

40 Folgende Kreditangebote sind zu vergleichen:

Kreditsumme in €	Kreditlaufzeit	Nominalzins	Gebühren
1) 200.000,00	12 Jahre	10,0 %	0,75 % der Kreditsumme
2) 220.000,00	10 Jahre	9,5 %	2.750,00 €

a Berechnen Sie die effektive Verzinsung beider Kreditangebote.
b Welche weiteren Überlegungen muss der Kreditnehmer vor der Angebotsannahme machen?

41 Vergleichen Sie die effektive Verzinsung zweier konkurrierender Unternehmen:

Vergleichswerte	Unternehmen A	Unternehmen B
Eigenkapital	500.000,00 €	750.000,00 €
Erträge	2.550.000,00 €	4.250.000,00 €
Aufwendungen	2.450.000,00 €	4.190.000,00 €

ÜBERSICHT: Wichtige Formeln in der Zinsrechnung

Abkürzungen:

Kapital	Zinsfuß	Zinssatz	Zinsen	Zeit
K	p	i = p : 100	Z	j = Jahre, m = Monate, t = Tage

Ausgangsformel zur Zinsberechnung: Zinsen in € (Z)

$Z = \frac{K \cdot p \cdot j}{100}$	$Z = \frac{K \cdot p \cdot m}{100 \cdot 12}$	$Z = \frac{K \cdot p \cdot t}{100 \cdot 360}$
Jahreszinsen	Monatszinsen	Tageszinsen

Abgeleitete Formeln auf Basis der Tageszinsformel:

$p = \frac{Z \cdot 100 \cdot 360}{K \cdot t}$	$t = \frac{Z \cdot 100 \cdot 360}{K \cdot p}$	$K = \frac{Z \cdot 100 \cdot 360}{p \cdot t}$
Zinsfuß (p)	Zeit in Tagen (t)	Kapital in € (K)

Summarische Zinsrechnung (Zinszahl und Zinsteiler):

$Z = \frac{\text{Zinszahl (\#)}}{\text{Zinsteiler (Zt)}}$	$\# = \frac{K \cdot t}{100}$	$Zt = \frac{360}{p}$
Tageszinsen (Z)	Zinszahl	Zinsteiler

Effektive Verzinsung (Beispiele): Zinsfuß (p)

$p = \frac{\text{Kreditkosten} \cdot 100}{\text{Auszahlungsbetrag} \cdot \text{Jahre}}$	$p = \frac{\text{Reingewinn} \cdot 100}{\text{Eigenkapital} \cdot \text{Jahre}}$	$p = \frac{\text{Nettoskontobetrag} \cdot 100 \cdot 360}{\text{Überweisungsbetrag} \cdot \text{Lieferkreditfrist in Tagen}}$
bei Krediten	bei Kapitaleinsätzen	beim Skontoabzug

Stichwortverzeichnis

Bildquellenverzeichnis

Cornelsen Verlag GmbH/Claudia Hild: S. 34, 51, 52, 54, 57, 61, 137, 149, 154, 155, 159, 161, 162 (ob.)
Cornelsen Verlag GmbH/Joachim Gottwald: S. 332, 370, 374, 380, 391, 415, 418, 425
Cornelsen Verlag GmbH/PER Medien und Marketing GmbH: S. 202, 288, 290, 442
Cornelsen Verlag GmbH/Wolfgang Schulz-Heidorf: S. 229
Cornelsen Verlag GmbH/SPI: S. 210
Cornelsen Verlag GmbH/Vitaledesign: S. 65, 67, 68, 70 (ob.), 75, 81, 84 (un.), 85, 86, 87 (li.), 226 (Logo), 256, 257, 258, 285, 316, 346, 354, 355, 359, 360, 362, 365, 385, 388, 393, 408, 409, 410, 423, 424, 426, 427
Cornelsen Verlag GmbH/Zweiband: S. 94

Cover: stock.adobe.com/xiaoliangge | **S. 14:** Shutterstock.com/Praphan Jampala | **S. 16:** Shutterstock.com/NDAB Creativity | **S. 20:** Deutscher Gewerkschaftsbund | **S. 21 (re.):** dpa Picture-Alliance/dpa/dpa-infografik GmbH | **S. 24:** stock.adobe.com/arrowsmith2 | **S. 30:** Shutterstock.com/Zerbor | **S. 35:** Shutterstock.com/Helder Almeida | **S. 36:** dpa Picture-Alliance/picture-alliance/dpa-infografik | **S. 38:** stock.adobe.com/Alena Ozerova | **S. 40:** dpa Picture-Alliance/dpa/dpa-infografik GmbH | **S. 41:** Shutterstock.com/Platon Anton | **S. 43 (Verbots- und Rettungszeichen):** stock.adobe.com/thostr | **S. 43 (Gebots- und Warnzeichen):** Shutterstock.com/medicalstocks | **S. 47:** W.A.F. Institut für Betriebsräte-Fortbildung AG | **S. 49 (Schattenbilder):** stock.adobe.com/michalsanca | **S. 50:** Dr. Kluge Seminare für Betriebsräte GmbH | **S. 53:** stock.adobe.com/David | **S. 56:** Shutterstock.com/ABCDstock | **S. 60 (ob.):** Shutterstock.com/Drotyk Roman | **S. 60 (mi.):** stock.adobe.com/Kostiantyn | **S. 60 (un.):** Shutterstock.com/fizkes | **S. 64:** Shutterstock.com/Zyn Chakrapong | **S. 70:** stock.adobe.com/MP Studio | **S. 79:** Shutterstock.com/Josep Suria | **S. 82:** Cornelsen Inhouse/KI-generiert mit Bing Image Creator (Dall-e 3) | **S. 84 (ob.):** Cloud Science/ toonpool.com | **S. 87 (mi.):** stock.adobe.com/JLR&Co Awe Imaging | **S. 87 (re.):** Shutterstock.com/mentalmind | **S. 100:** stock.adobe.com/vegefox.com | **S. 102:** stock.adobe.com/starush | **S. 104:** stock.adobe.com/Anja Götz | **S. 105:** stock.adobe.com/Leon Waltz | S. **106 (ob.):** stock.adobe.com/Khalif | **S. 106 (un.):** stock.adobe.com/Krakenimages.com | **S. 107 (ob.):** stock.adobe.com/Xavier Lorenzo | **S. 107 (un.):** stock.adobe.com/peterschreiber.media | **S. 108:** Shutterstock.com/Skrypnykov Dmytro | **S. 109:** stock.adobe.com/Rainer Fuhrmann | **S. 113:** stock.adobe.com/Prathankarnpap | **S. 115:** stock.adobe.com/pressmaster | **S. 116:** stock.adobe.com/ajr_images | **S. 117:** stock.adobe.com/kranidi | **S. 118:** stock.adobe.com/Fotograf | **S. 120:** stock.adobe.com/MP Studio | **S. 122:** Shutterstock.com/Ground Picture | **S. 132:** stock.adobe.com/Phimwilai | **S. 134:** stock.adobe.com/kiatipol | **S. 140:** Shutterstock.com/Andrey_Popov | **S. 146:** Shutterstock.com/zefart | **S. 147:** dpa Picture-Alliance/dpa/dpa-infografik GmbH | **S. 148:** ClipDealer GmbH | **S. 150:** ClipDealer GmbH | **S. 158:** stock.adobe.com/pkproject | **S. 162 (un.):** stock.adobe.com/elmar gubisch | **S. 165:** Woessner/ toonpool.com | **S. 166:** stock.adobe.com/Vergani Fotografia | **S. 168:** Shutterstock.com/Rostislav_Sedlacek | **S. 172:** stock.adobe.com/chika_milan | **S. 173 (li.):** Panther Media GmbH/Goncalo Silva | **S. 173 (re.):** Shutterstock.com/canadastock | **S. 174:** dpa Picture-Alliance/PhotoAlto | **S. 176:** Shutterstock.com/jorrisg | **S. 177:** Shutterstock.com/Odua Images | **S. 178 (mi.):** Shutterstock.com/studioloco | **S. 178 (un.):** Shutterstock.com/Antonio Guillem | **S. 179:** Shutterstock.com/kelvn | **S. 180:** Shutterstock.com/Shark9208888 | **S. 182:** Shutterstock.com/Dolozin | **S. 184:** Shutterstock.com/Prostock-studio | **S. 187:** Shutterstock.com/Viktoria Kurpas | **S. 189:** Shutterstock.com/Rawpixel.com | **S. 190:** Shutterstock.com/Andrey_Popov | **S. 193:** Shutterstock.com/moreimages | **S. 196:** Shutterstock.com/Rido | **S. 198:** Shutterstock.com/Pla2na | **S. 199:** stock.adobe.com/doucefleur | **S. 204:** Shutterstock.com/Rawpixel.com | **S. 205:** Shutterstock.com/fizkes | **S. 212:** Shutterstock.com/SeventyFour | **S. 214:** Imago Stock & People GmbH/imago images/imagebroker | **S. 216:** Shutterstock.com/garetsworkshop | **S. 220:** Shutterstock.com/D.Alimkin| **S. 222 (ob.):** stock.adobe.com/mimagephotos | **S. 222 (un.):** Cornelsen Inhouse/KI-generiert mit Bing Image Creator (Dall-e 3) | **S. 230:** Shutterstock/Zivica Kerkez | **S. 234:** mauritius images/Maskot | **S. 236:** Shutterstock.com/fizkes | **S. 238:** Shutterstock.com/fizkes | **S. 240:** Reinhold Löffler | **S. 247:** Shutterstock/RATT_ANARACH | **S. 252:** Shutterstock/Romariolen | **S. 254:** stock.adobe.com/Stockfotos-MG | **S. 262:** Shutterstock.com/M-vector | **S. 266:** Verband der Vereine Creditreform e. V. | **S. 287:** dpa Picture-Alliance/dpa/dpa-infografik GmbH | **S. 290:** Shutterstock.com/Ewa Kasza | **S. 300:** stock.adobe.com/nordroden | **S. 307:** Shutterstock.com/khan3145 | **S. 309:** Shutterstock/Patryk Kosmider | **S. 310 (1):** Fairtrade Deutschland e.V. | **S. 310 (2):** RAL gemeinnützige GmbH | **S. 310 (3):** RAL gemeinnützige GmbH | **S. 322:** Shutterstock.com/Creativa Images | **S. 343:** markus-grolik/ toonpool.com | **S. 344:** Shutterstock.com/NDAB Creativity | **S. 416:** stock.adobe.com/Evgenia | **S. 438:** Shutterstock.com/Eduardo Pandu | **S. 440:** Shutterstock.com/Andrey_Popov | **S. 450:** Shutterstock.com/Thomas Soellner

Übersicht über die Lernvideos

Lernfeld	Seite	Titel
1	**46**	Betriebliche Mitbestimmung
1	**79**	Aufbauorganisation
1	**87**	Ablauforganisation
1	**103**	Rechtsfähigkeit
1	**104**	Geschäftsfähigkeit
1	**114**	Rechtsgeschäfte
1	**118**	Nichtigkeit
1	**120**	Anfechtbarkeit
1	**132**	Rechtliche Grundlagen
1	**139**	Vollmachten
1	**148**	Rechtsform: Einzelunternehmen
1	**150**	Rechtsform: Personengesellschaft
1	**156**	Rechtsform: Kapitalgesellschaft
2	**184**	Was ist ein Projekt?
2	**186**	Wie plane ich ein Projekt?
3	**252**	Annahmeverzug
3	**253**	Zahlungsverzug
3	**254**	Mahnverfahren
4	**295**	ABC-Analyse
4	**322**	Qualitativer Angebotsvergleich
4	**332**	Lieferungsverzug
4	**336**	Mangelhafte Lieferung
5	**354**	Inventur
5	**359**	Inventar
5	**362**	Bilanz
5	**366**	Bestandsbuchungen
5	**372**	Buchungssatz
5	**380**	Erfolgsbuchungen
5	**412**	Das System der Umsatzsteuer

Diese Videos finden Sie auch in der **Cornelsen Lernen App**.
In der App finden Sie außerdem einen Methodentrainer, der eine Übersicht über verschiedene Lern- und Arbeitsmethoden enthält.
Weitere Informationen zur App finden Sie auf **www.cornelsen.de**.
Suchen Sie nach **Cornelsen Lernen App**.